K-IFRS
중급회계입문

윤주석, 문태형 공저

K-IFRS Introduction to Intermediate Accounting

MEDIA JIPHIL
(주)지필미디어

|저자소개|

윤주석

성균관대학교 경영학과 졸업
경영학박사(동국대 대학원)
The University of Mississippi, Visiting Scholar
공무원 임용시험 출제위원
한국경영교육학회 부회장
한국상업교육학회 부회장
한국회계정보학회 부회장
목원대학교 사회과학연구소 소장 및 인터넷창업보육센타 센터장
목원대학교 사회과학대학 학장
현) 목원대학교 서비스경영학부 교수
E-mail : jsyun@mokwon.ac.kr

문태형

경영학박사
한국회계정보학회 부회장
재무와회계정보저널 편집위원장
회계저널 편집위원
현) 목원대학교 경영학과 교수
e-mail : mungini@mokwon.ac.kr

K-IFRS 중급회계입문

지 은 이 윤주석·문태형
발 행 처 (주)지필미디어
주 소 경기도 파주시 문발로 132 조에아울렛 402호
전 화 (031) 957-4504
팩 스 (031) 957-4503
이 메 일 book@jiphil.co.kr
홈페이지 jiphil.co.kr
발 행 인 김성남

발 행 일 2019년 2월 8일 초판 1쇄
등록번호 2제 312-1997-000043호 (1997년 07월 16일)
ISBN 979-11-86674-57-4 93320
값 29,000원

머리말

최근에는 우리 나라 기업에 적용되는 회계기준이 3가지가 있다. 첫째는 한국채택국제회계기준(K-IFRS)으로 상장기업이 재무제표를 작성하는데 의무적으로 준수하여야 할 회계기준이다. 둘째는 일반기업회계기준으로 「주식회사의 외부감사에 관한 법률」의 적용대상기업 중 한국채택국제회계기준에 따라 회계처리하지 아니하는 기업이 재무제표를 작성하는데 준수하여야 할 회계기준이다. 셋째는 「주식회사의 외부감사에 관한 법률을 적용받지 않는 중소기업」이 재무제표를 작성하는데 준수하여야 할 회계기준이다.

회계를 공부하는 학생들에게는 어느 때보다도 회계학습량도 많아지고 공부하기도 어려운 회계환경이 된 것 같다. 본서는 회계입문자의 학습에 도움을 주기 위해서 30여 년 간의 강의 경험을 바탕으로 3가지 회계기준에서 가장 수준이 높은 한국채택국제회계기준을 반영하여 집필한 재무회계원리 교과서이다.

본서의 주요 특징은 다음과 같다.

첫째, 본서의 구성과 내용 수준은 최근의 공무원 9급 시험에 출제된 문제의 범위와 수준을 참고하였다. 따라서 본서의 내용을 철저하게 학습하면 회계에 대한 기본을 완전히 습득할 수 있을 뿐만 아니라 공무원 9급 시험 준비에도 충분한 대비가 될 수 있을 것이며, 후속과목인 재무회계나 중급회계과목을 수월하게 이수할 수 있을 것으로 기대한다.

둘째, 최근의 높아진 공무원 9급 시험의 수준을 반영하다 보니까 본서의 내용에도 수준도 높은 내용이 포함되게 되었다. 따라서 학생들의 학업수준에 따라 일부 난해한 내용은 생략하고, 회계원리의 후속 과목인 재무회계에서 다루거나, 또는 쉬운 수준으로 재무회계과목을 강의하는 경우의 교과서로 사용하는 것도 하나의 방법이 될 것 같다.

셋째, 수업 시간에 학습한 내용을 강의실 현장에서 확실히 이해하고 나아갈 수 있도록 각 장의 본문 내용에 대한 충분한 예제 및 예제와 유사한 자습문제를 곧바로 수록하였다. 따라서 예제 설명 후 학생들에게 자습문제를 스스로 풀어볼 수 있는 시간을 부여하면서 학습 피이드백을 확인하는 식으로 강의가 진행되면 학습효과가 더 증진될 것으로 생각된다. 또한 다양한 연습문제를 통해 문제해결능력을 배양할 수 있도록 하였으며, 종합적인 이해와 응용능력을 향상시킬 수 있는 연습문제도 포함시켰다. 회계는 내용을 이해하는 것으로 학습목적을 달성할 수 있는 과목이 절대로 아니고, 이해와 더불어서 다양한 문제들을 많이 풀어보아야 완전한 습득이 가능해지는 학문이라는 것을 학습자는 명심하기를 당부한다.

넷째, 최근의 공무원 9급 시험에 출제된 문제의 범위와 수준을 참고할 수 있도록 각 장의 연습문제에다 최근 출제된 관련 문제를 포함시켰다. 공무원 9급 시험 준비에 참고가 될 것으로 기대된다.

30여 년 넘게 강의하면서 느낀 점들을 반영하고자 노력하였으나 저자의 능력 부족으로 흡족치 못한 부분이 눈에 띈다. 이러한 부분은 앞으로 보완하고 수정하여 회계입문자에게 실제로 도움이 되는 책으로 남을 수 있도록 노력하겠다.

마지막으로 본서의 발간을 위해 물심양면으로 도움을 주신 (주)지필미디어 김성남 사장님과 김성준 부장님의 배려에 감사드린다.

2019년 2월

저자 씀

목 차

Chapter 01 회계의 세계

Chapter 02 재무보고의 개념체계

Chapter 10 유형자산과 무형자산

Chapter 11 금융자산과 기타투자자산

01 회계의 세계

현대사회에서의 회계는 회계전문가만의 전유물이 아니다. 會計(accounting)는 모든 경제주체가 수행하는 경제적 행위의 결과를 측정하고 기술하는 수단으로 이용된다. 금전출납부·가계부를 작성하는 일, 은행의 금융상품을 선택하는 일, 납부할 각종 세금을 계산하는 일, 기업을 설립하여 경영하거나 여유자금의 증권투자 등 일상생활에서부터 기업경영에 이르기까지 누구나 회계개념을 이용하거나 또는 회계과정을 통하여 산출된 정보를 이용한다. 따라서 경제적 행위를 수행하는 모든 사람들이 회계정보가 어떻게 산출되고 그 정보가 담고 있는 의미가 무엇인가를 이해할 필요가 있다. 회계정보는 개인·가계·행정부·지방자치단체·학교·영리기업 등 그 작성주체가 아주 다양하지만 본서의 논의는 영리기업으로 한정한다.

1 회계의 의의와 목적

현대에는 기업과 이해관계를 갖고 있거나 또는 갖고자 하는 사람들이 특정 기업과 관련하여 경제적 의사결정을 하는 경우가 많아지고 있다. 이러한 경제적 의사결정의 예로는 특정 기업의 주식이나 사채를 구입 또는 처분하거나 은행의 대부담당자들이 금전을 대여 또는 회수하는 경우 등을 들 수 있다. 이들이 경제적 의사결정을 하기 위해서는 관련기업에 대한 각종 정보가 필요하다. 이러한 정보의 예를 들면 기업이 보유하고 있는 자산의 가치는 얼마인가, 채무는 어느 정도인가, 이익은 얼마나 창출하여 어느 정도 배당을 하고 있으며 앞으로 이익창출능력은 어떤 방향으로 변할 것인가, 또는 현금은 어떻게 유입되어 사용되었으며 배당과 신규투자에 필요한 현금은 어떻게 조달하였는가 등에 관한 정보를 들 수 있다.

현대 회계는 기업과 관련된 이해관계자집단(stakeholders)의 이러한 정보욕구를 충족시키기 위하여 기업의 경제적 행위를 측정하고 이를 회계정보로 전환하여 정보이용자에게 전달하는 과정을 말하는 것으로, 이는 다음 [표 1-1]과 같이 요약할 수 있다.

표 1-1 회계의 의의

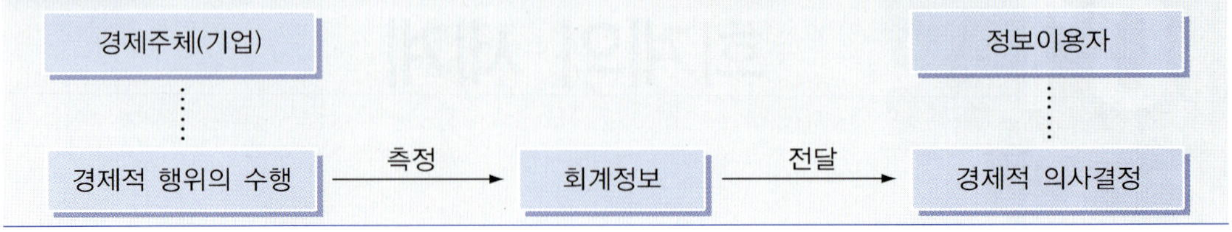

이와 같이 會計(accounting)란 정보이용자들의 경제적 의사결정에 유용한 정보를 제공하기 위하여 경제주체의 경제적 행위를 측정·전달하는 행위이다. 물론 회계의 대상은 기업의 경제적 행위 뿐만 아니라 가계·정부 등 모든 경제주체의 경제적 행위가 포함된다. 그러나 일반적으로 회계의 주요 관심대상은 기업의 경제적 행위이다.

회계의 목적은 정보이용자(information users) 또는 이해관계자의 경제적 의사결정에 **유용한 정보**(useful information)를 제공하는 것으로, 이는 현대 회계이론의 논리 전개과정에서 근간을 이루고 있다. 이러한 관점은 기업이 수행한 경제적 행위에 대한 역사적 기록을 통하여 경영자에게 부과된 정직한 보고책임인 **수탁책임**(stewardship)의 이행여부를 중시했던 전통적 회계와는 달리 회계정보의 유용성(usefulness of accounting information) 측면을 강조하는 새로운 관점으로 볼 수 있다.

한편 회계는 기업의 형태를 불문하고 이들 기업의 경제적 활동을 나타내는 데 널리 사용되고 있기 때문에 기업의 언어(the language of business)라고 불리우고 있다. 투자자, 채권자, 경영자 및 기업에 재무적 이해관계를 가지고 있는 사람들은 기업에 대해 이해하고 의사소통을 하고자 한다면 반드시 회계용어와 의미 및 회계개념에 대해서 분명히 이해하고 있어야 한다.

2 회계정보의 측정과 전달

[표 1-1]에서 설명하고 있는 것처럼 회계는 경제주체가 수행한 경제적 활동을 측정하여 회계정보를 산출하고 산출된 정보를 정보이용자들에게 전달하는 정보시스템(information system)이다. 따라서 회계의 주요 기능은 측정기능과 전달기능으로 나눌 수 있다.

1) 회계정보의 측정기능

測定機能(measuring function)이란 기업이 수행한 경제적 활동이 당해 기업의 경제적 자원과 이에 대한 청구권에 미치는 영향을 화폐액으로 측정·기록하여 회계정보를 산출하는 행위로, 기업이 수행한 거래를 인식한 다음 이를 화폐가치로 환산하여 회계정보로 전환하는 과정을 말한다. 이때 회계정보가 화폐가치로 측정되는 이유는 화폐단위가 가치비교를 위해서 가장 유용한 공통척도이기 때문이다. 그리고 기업의 경제적 활동을 회계정보로 전환하기 위한 회계처리시스템으로는 복식부기(double entry book-keeping)가 이용되고 있다.

2) 회계정보의 전달기능

傳達機能(communication function)이란 회계정보시스템에 의하여 산출된 회계정보를 정보이용자에게 전달하는 행위를 말한다. 회계정보이용자에게 전달되는 정보는 재무보고서에 포함되어 있다. 이 재무보고서는 보통 재무제표(financial statements)라고 부르며, 기업이 회계정보이용자에게 회계정보를 전달하는 주요 수단(principal means)이 되고 있다. 재무제표에는 재무상태표, 손익계산서, 현금흐름표, 자본변동표와 주석이 포함된다.

기업의 경제적 활동은 3가지 기업활동, 즉 재무활동·투자활동·영업활동으로 구분된다.

재무활동(financing activities)이란 기업을 설립·운영하는데 필요한 자금의 조달 그리고 이익분배와 이자지급 및 원금 상환 행위 등을 말한다. 투자활동(investing activities)은 재화나 용역의 판매와 제공에 필요한 각종 자산의 취득과 처분 활동을 말한다. 그리고 영업활동(operating activities)이란 기업의 목적사업과 관련된 활동으로, 상품이나 제품의 판매 또는 용역의 제공에 관련된 활동을 말한다.

이러한 3가지 기업의 경제적 활동은 모두 기업의 재무제표에 반영되는 데, ① 재무상태표는 투자활동과 재무활동, ② 포괄손익계산서는 영업활동, ③ 현금흐름표는 현금흐름에 관련된 영업활동·투자활동·재무활동, ④ 자본변동표는 자본의 변동에 관련된 재무활동·투자활동·영업활동을 반영하게 된다. 한편 5번째 재무제표인 주석은 위의 4가지 재무제표 본문의 내용을 정확히 이해하는데 도움이 되는 양적·질적 정보에 대한 자세한 설명이 포함된다.

기업의 3가지 활동과 재무제표간의 관계를 표로 나타내면 [표 1-2]와 같다.

표 1-2 기업활동과 재무제표의 관계

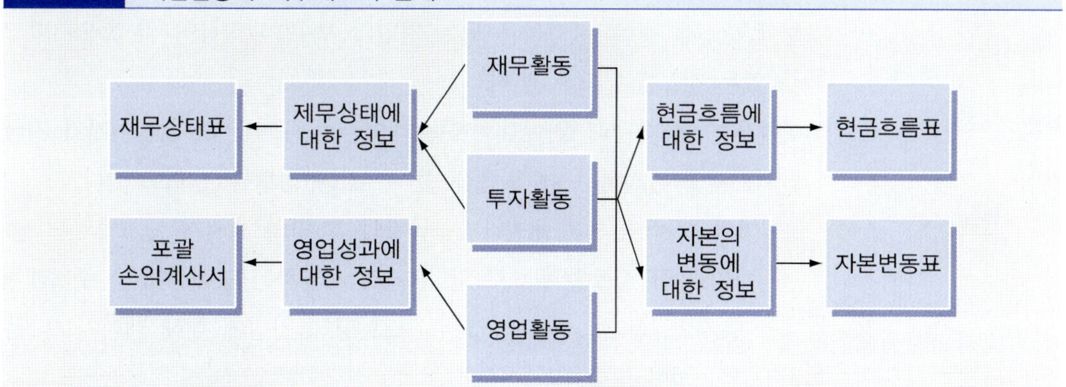

최근에는 정보기술의 발달로 인해 기업은 인터넷을 이용한 전자공시방법(기업의 홈페이지나 금융감독원의 전자공시시스템 등)을 이용해서 회계정보이용자에게 회계정보를 전달하고 있다.

사례 금융감독원 전자공시시스템 웹사이트 : http://dart.fss.or.kr

3 회계정보의 이용자와 정보수요

기업과 관련된 회계정보이용자는 **내부이용자**와 **외부이용자**로 구분된다. 내부이용자는 경영자집단을 지칭하며 외부이용자집단은 경영자 이외의 모든 이해관계자를 지칭하는 것으로, 현재 및 잠재적 투자자, 종업원, 대여자, 공급자와 그 밖의 거래 채권자, 고객, 정부와 유관기관, 일반대중 등을 포함한다.

다양한 이용자의 정보수요가 재무제표를 통해 모두 충족될 수는 없지만, 모든 이용자에게 공통으로 필요한 정보수요가 존재한다. 투자위험을 감수하고 기업에 자본을 제공하는 투자자의 정보수요를 충족시키기 위해 제공되는 재무제표 정보는 또한 그 밖의 이용자의 정보수요도 상당부분 충족시킬 것으로 보고 있다. 이들의 회계정보수요에 대해서 간단하게 설명하면 다음과 같다.

① **경영자** : 경영자는 제품의 가격 책정, 예산편성, 종업원의 성과평가를 통해 성과급 책정, 소유주에 대한 배당액 산정, 기존 사업의 확장 또는 축소나 폐지, 계획된 신규사업의 추진 등의 의사결정에 관련된 정보를 필요로 한다.

② **투자자** : 투자위험을 감수하는 자본제공자와 그들의 투자자문가는 투자에 내재된 위험과 투자수익에 대한 정보에 관심을 갖는다. 그들은 매수, 보유 또는 매도에 관한 의사결정을 위해 정보를 필요로 한다. 소유주는 또한 기업의 배당능력을 평가할 수 있는 정보를 필요로 한다.

③ **종업원** : 종업원과 종업원을 대표하는 기구는 고용주인 기업의 안정성과 수익성에 대한 정보에 관심을 갖는다. 그들은 또한 기업의 보수, 퇴직급여 및 고용기회 제공능력을 평가할 수 있는 정보를 필요로 한다.

④ **대여자** : 금융기관과 같은 대여자는 대여금과 대여금에 대한 이자가 지급기일에 적절히 지급되는지를 결정하는 데 도움을 줄 수 있는 정보를 필요로 한다.

⑤ **공급자와 그 밖의 거래 채권자** : 공급자와 그 밖의 채권자는 기업의 지급기일내 지급능력을 결정하기 위한 정보를 필요로 한다. 거래 채권자는 당해 기업을 주거래처로서 장기적인 관계를 유지할 목적이 아니면 일반적으로 당해 기업에 대해 대여자보다는 단기적인 관심을 가질 가능성이 높다.

⑥ **고객** : 고객은 특히 특정 기업과 장기간 거래관계를 유지하고 있거나 의존도가 높은 경우에 그 기업의 존속가능성에 대한 정보에 관심을 갖는다.

⑦ **정부와 유관기관** : 정부와 유관기관은 자원의 배분과 기업의 활동에 관심을 가진다. 이들은

기업 활동을 규제하고 조세정책을 결정하며 국민 소득이나 이와 유사한 통계자료의 근거로 사용하기 위해 정보를 필요로 한다.

⑧ 일반대중 : 기업은 다양한 방법으로 일반대중에게 영향을 미친다. 예를 들어, 기업은 종업원의 고용과 지역 내 공급자의 양성과 같은 다양한 방법으로 지역경제에 상당한 기여를 할 수 있다. 일반대중은 재무제표에서 기업의 성장과 활동범위에 관한 추세와 현황에 대한 정보를 얻을 수 있다.

4 회계정보 이용의 전제: 회계정보의 신뢰성

앞에서 설명한 것처럼 회계정보이용자는 아주 다양하고 광범위하다. 회계정보이용자는 각자 자신의 한정된 경제적 자원의 효율적인 배분과 경제적 효익의 극대화를 위해 회계정보를 이용하고 있다.

이와 같이 회계정보는 사회구성원의 각기 다른 경제적 의사결정에 기초자료로 이용되고 있는데, 이 경우 무엇보다 중요한 것은 기업이 제공하는 회계정보를 신뢰할 수 있어야 한다는 점이다. 그러나 기업에 대한 회계정보는 기업을 직접 운영하는 경영자가 작성·공시하기 때문에 기업의 자율에 맡기고서는 회계정보의 신뢰성을 높은 수준으로 확보하는 데 한계가 있다.

이에 따라 회계정보의 신뢰성(integrity)을 확보하기 위한 제도적 장치가 마련되고 있다. 그 장치 중의 하나는 기업이 회계처리 및 재무제표 작성시 준수해야 할 **기준**(standards)을 제정하여 모든 기업으로 하여금 이 기준을 반드시 준수하도록 하고 있다. 또 하나의 장치는 **외부감사제도**를 도입하여 회계전문가인 공인회계사(certified public accountants, CPA)로 하여금 독립적인 위치에서 기업이 작성한 재무보고서를 감사할 수 있도록 하고 있다.

그러나 이러한 제도적 장치가 마련되었다고 해서 저절로 회계정보의 신뢰성이 확보되는 것은 아니기 때문에 이러한 제도적 장치에 더해서 회계정보를 직접 생산하는 일에 관여하는 회계담당자들에게 뛰어난 개인적 역량과 탁월한 전문가적 식견 및 예리한 판단능력을 구비할 것이 요구되고 있을 뿐만 아니라, 여기에다 한 걸음 더 나아가 높은 **윤리의식**과 실천 행위를 필요로 하고 있다.

5 회계의 준수규정: 일반적으로 인정된 회계원칙

앞에서 회계정보의 신뢰성을 확보하기 위해서는 기업이 회계처리 및 재무제표 작성시 준수해야 할 기준(standards)이 필요하다고 하였다. 이 기준을 회계실무에서는 일반적으로 인정된 회계원칙(generally accepted accounting principles, GAAP)이라고 한다. 이 원칙은 지금까지 알려지고 수용되고 있는 회계의 기본개념과 규정에 의해서 지배를 받으며, 권위 있는 기관의 전폭적인 지지(substantial authoritative support)를 받아 제정된다. 이 원칙은 재무제표에 어떤 정보가 포함되어야 할지, 그리고 이 정보가 어떻게 만들어지고 공시되어야 할지를 결정하는 일반적인 체계(general framework)을 제공하게 된다. 따라서 재무제표를 작성하거나 효과적으로 사용하고 해석하기 위해서는 작성자와 이용자 모두 이 원칙을 이해하지 않으면 안 된다.

기업이 일반적으로 인정된 회계원칙을 준수하게 되면 기업이 작성해서 공시하는 재무제표에 포함된 회계정보는 목적적합하고, 신뢰할 수 있으며, 비교가능하게 되어 회계정보이용자는 그 정보들을 가지고 그들의 경제적 의사결정을 합리적으로 수행할 수 있게 된다.

다시 말해 목적적합한 정보(relevant information)는 회계정보이용자의 의사결정을 올바르게 하는 데 영향을 미치게 되며, 신뢰할 수 있는 정보(reliable information)는 이용자들이 안심하고 사용할 수 있는 믿음을 제공하게 되고, 또한 비교가능한 정보(comparable information)는 기업간의 비교를 하는 데 기여를 하기 때문에 이러한 특성을 지닌 회계정보를 제공받은 정보이용자는 그만큼 의사결정을 용이하게 합리적으로 수행할 수 있게 되는 것이다.

우리 나라의 경우 일반적으로 인정된 회계원칙으로는 상장기업에 적용되는 한국채택국제회계기준(International Financial Reporting Standards, IFRS)과 비상장기업에 적용되는 일반기업회계기준 두 가지가 존재하고 있다. 이와 같이 한 회계기준으로 통일하지 않은 이유는 상대적으로 규모가 작은 비상장기업의 경우 국제회계기준을 준수하도록 할 경우 경제적 부담이 너무 크기 때문에 그 부담을 덜어주기 위한 조치라고 보면 된다.

6 국제회계기준

최근 들어 국제회계기준위원회(International Accounting Standards Board, IASB)에서 제정된 국제회계기준이 전 세계 대부분 국가의 일반적으로 인정된 회계원칙으로 자리를 잡게 되었다. 그 배경으로는 오늘날 경제가 글로벌화되면서 전 세계기업을 상대로 자금을 투자하거나 대여해주는 외부정보이용자들이 각국의 고유한 특징을 반영하여 제정된 회계기준에 따른 회계정보를 이용하여 경제적 의사결정을 하게 되면 신뢰성과 비교가능성이 저하되어 합리적인 의사결정이 어려워지는 문제점이 발생할 수 있다는 점을 들 수 있다.

따라서 국가간의 경계를 넘어서 효율적인 자본 배분을 촉진시키기 위해 전 세계 기업의 재무보고 지침(guideline)인 고품질의 단일 국제회계기준(a single set of high quality inter- tional accounting standards)이 제정되고 각 국가들이 이를 속속 채택하고 있는 것은 전 세계시장의 글로벌화(Globalization)에 기인하는 것이다.

국제회계기준은 원칙중심(general principles-based)의 회계기준을 제정하는 접근방식을 택하고 있다. 이 접근법에서는 특정 경제적 사건이 발생하면 이에 대한 일반적인 회계처리 원칙을 규정하고 기업과 외부감사인으로 하여금 특정 상황에서 이 일반원칙을 적용하는 것에 대해 판단을 하도록 하는 방식이다. 결국 이 접근법에서는 근본적으로 투자자 등 정보이용자에게 기업의 경제적 실질(economic substance)을 충실하게 반영하는 정보를 제공해야 한다는 원칙하에 기업이 스스로 재량을 가지고 판단하여 회계처리 및 재무제표를 작성·공시하도록 하고 있는 것이다. 이에 따라 기업 회계담당자의 회계처리 부담과 책임이 한층 커졌으며, 이들 뿐만 아니라 기업의 재무제표를 감사하는 외부감사인에게도 기업의 자유재량적인 회계처리의 적정성에 대한 판단 업무로 인해 전보다 한층 강화된 고도의 전문성이 요구되는 쪽으로 회계환경이 급변하게 되었다.

그러나 이 접근법은 재무보고상의 광범위한 원칙을 가진 보고기준의 일관성을 더 한층 확보할 수 있게 해주며, 독립적인 외부감사인으로 하여금 전문적인 판단을 할 수 있는 더 많은 기회를 제공하여 외부감사인의 위상을 높이는 긍정적인 측면도 가지고 있다. 그러나 경영자로 하여금 재량권을 악용해서 기업경영상 바람직하지 못하다고 생각되는 보고를 회피할 여지를 제공할 수 있으며, 판단상의 차이로 인해 기업간의 상이한 회계처리와 제공 방식이 발생하여 기업간의 비교가능성이 저해되는 부정적인 측면도 함께 가지고 있다.

7 회계감사

앞에서 회계정보의 신뢰성을 확보하기 위한 제도적 장치의 하나로 외부회계감사제도가 도입되고 있다고 하였다.

외부감사제도는 기업이 작성 공시하는 재무제표가 기업의 재무상태와 경영성과 그리고 현금흐름을 완전하고 신뢰할 수 있는 수준으로 나타내고 있는지에 대해 기업과 독립적인 위치에 있는 회계전문가인 공인회계사로 하여금 보증(assurance)을 하게 하는 제도이다.

따라서 회계감사(auditing)의 일차적인 목적은 기업의 회계처리과정에서 발생한 오류나 부정행위를 적발하는 것이 아니라 재무제표를 작성·공시하는 과정에서 준수하여야 할 기준(이를 일반적으로 인정된 회계원칙이라 한다.)을 제대로 준수하였는지를 판단·평가하고 이에 대한 감사인의 의견을 표명하는 것이다.

감사인이 표명할 수 있는 감사의견은 적정의견, 한정의견, 부적정의견 및 의견거절 등 4가지로 구분된다. 적정의견(unqualified opinion)이란 감사범위의 제한을 받지 않고 회계감사기준을 지켜 감사한 결과 재무제표가 기준에 따라 적정(fairness)하게 작성되었다고 판단되는 경우에 표명되는 의견이다.

한정의견(qualified opinion)은 감사수행 결과 재무제표에 중요한 영향을 미치지 않는 감사범위의 제한이 있거나 또는 회계처리방법, 회계변경, 재무제표 표시방법에서 기준에 위배되는 사항을 일부 발견했을 때 표명된다.

부적정의견(adverce opinion)은 기준에 위배되는 사항이 매우 중대해 재무제표가 전체적으로 왜곡표시되어 무의미하다고 인정될 때 표명한다.

의견거절(disclaimer of opinion)은 감사인의 독립성이 결여돼 있거나 특히 감사범위에 중요한 제한이 있을 때 표명되는 의견이다.

따라서 부적정의견과 의견거절이 표명된 기업의 재무제표는 신뢰성이 매우 낮기 때문에 정보이용자는 의사결정에 그 재무제표에 포함된 정보를 이용할 경우 오도된 의사결정(misleading decision making)에 도달할 수 있게 될 것은 자명하다. 이런 회사는 대게 경영상에도 심각한 문제가 있는 부실기업인 경우가 보통이며, 이에 따라 기업도산으로 이어져 투자자나 채권자에게 큰 폭의 재산상의 손실을 끼치는 경우를 보게 된다.

8 회계전문직의 역량과 윤리의식

회계정보의 신뢰성을 확보하기 위한 조건 중의 하나로 회계직 종사자는 개인적인 우수한 역량, 고도의 회계지식, 탁월한 판단능력과 더불어 높은 수준의 윤리수준과 실천 의지 등을 갖추어야 한다고 앞에서 언급한 바 있다.

원칙중심(general principles-based)의 회계기준인 국제회계기준이 도입된 상황에서 기업은 일반적인 회계처리 원칙 범위 내에서 재량권을 가지고 판단하여 회계처리 및 재무제표를 작성·공시하도록 하고 있다. 이에 따라 기업의 회계종사자의 회계처리 부담과 책임이 한층 커졌으며, 이에 따른 회계종사자 개인의 우수한 역량, 고도의 회계지식, 탁월한 판단능력 뿐만 아니라 더 나아가 높은 수준의 윤리 의식과 실천 의지가 요구되게 되었다. 또한 기업의 재무제표를 감사하는 외부감사인에게도 기업의 자유재량적인 회계처리 적정성에 대한 판단 업무로 인해 전보다 한층 강화된 고도의 전문성이 요구되는 쪽으로 회계환경이 급변하게 되었다. 이러한 환경에 부응하는 역량 있는 인재들의 체계적인 교육 및 배양을 통해 회계전문 인력으로의 배출과 충원 및 업무수행이 이루어지지 않으면 회계정보 신뢰성 확보를 위한 기본 토대를 탄탄하게 구축하기가 어려워질 것이다.

한편 회계감사는 기업의 회계처리과정에서 발생한 오류나 부정행위를 적발하는 것이 주된 목적이 아니기 때문에 공인회계사의 감사보고서가 첨부된 재무제표라 하더라도 현실적으로 오류나 악의적인 회계수치의 조작 등이 완전 배제된 것이라 보장할 수 없다. 실제로 이런 부분을 공인회계사가 실수로 또는 의도적으로 간과 내지는 묵과하는 경우도 있고, 심한 경우에는 기업과 공모해서 재무제표 조작(이를 회계분식이라고 함)에 가담한 경우를 뉴스를 통해 접하기도 한다. 따라서 공인회계사들에게는 자본주의 파수꾼으로 회계정보이용자의 보호라는 투철한 사명의식과 더불어 고도의 윤리수준과 실천이 요구되고 있다.

윤리(ethics)란 옳고 그름을 구별하는 도덕적인 원칙 또는 가치를 의미하는 것으로서 올바른 행동과 잘못된 행동을 구별하는 기준이 된다. 다행스럽게도 최근에는 윤리가 기업의 중요한 자산이며, 장기적 관점에서 볼 때도 윤리적 행동이 경영자와 주주 및 감사인 모두에게 이익이 된다는 인식이 기업계 전반에 걸쳐 확산되고 있다.

기업의 경우 윤리의 가치를 인식해서 종업원들에게 윤리적 행동을 고취시키기 위한 윤리강령을 제정하고 이와 관련하여 특별히 고안된 특수프로그램을 설치한 윤리적 기업의 수가 확산되고 있으며, 이에 따라 대학에서도 기업윤리과정을 설치하여 윤리교육을 강화하는 방향으로 나아가고 있다. 한편 공인회계사회에서도 이에 부응해서 최근에 고도의 윤리적 기준을 고취시키는 데 초점을 맞추어서 감사과정에서 준수해야 하는 실천적 행동규범인 직업윤리규정을 강화시키는 윤리의식 제고 노력을 추진하고 있다.

결국 재무회계과정이 하나의 통제시스템이며, 경영자나 감사인의 부정이 계속해서 발생하는 한, 도덕적·경제적 관점에서 볼 때 윤리의식 제고를 통해 회계의 투명성을 확보하는 것이 최상이란 인식의 전환이 무엇보다도 제일 바람직하다.

9 회계분류

회계는 분류관점에 따라 여러 유형으로 나눌 수 있는데, 이중 정보이용자에 따른 분류가 가장 대표적이다.

1) 회계정보이용자에 따른 분류

이는 산출된 회계정보의 이용자에 따른 분류방법으로 財務會計(financial accounting)와 管理會計(managerial accounting)로 나뉜다. 현대의 회계목적을 정보이용자들의 경제적 의사결정에 유용한 정보를 제공하는 것이라 하였으므로, 이러한 정보이용자에 따른 분류방법이 현대적 회계사고에 부합되는 분류방법이라 할 수 있다.

① **재무회계** : 외부이용자집단(투자자, 채권자, 종업원, 정부 당국, 고객, 지역 주민 등)의 경제적 의사결정에 유용한 정보를 제공하기 위하여 수행하는 회계를 말한다.

재무회계에서의 정보이용자집단은 다양하다는 것이 특징이다. 따라서 각 집단의 정보욕구 또한 다양할 수밖에 없으므로 이를 모두 충족시킨다는 것은 매우 어려울 뿐만 아니라, 충족시킨다 하더라도 많은 정보량이 필요할 것이다.

그리하여 재무회계에서의 재무제표는 정보이용자들의 공통된 정보욕구만을 충족시킬 수 있는 회계정보를 반영·보고한다는 의미에서 일반목적 재무제표(general purpose financial statements)라 한다.

또한 관리회계와는 달리 재무회계는 기업이 이미 수행한 경제적 행위에 대한 결과만을 표준적인 회계처리지침(국제회계기준이 이에 해당됨)을 준수하여 보고하므로 객관적인 과거 재무정보만을 제공하게 된다.

② **관리회계** : 내부이용자(경영자)의 경영의사결정에 유용한 정보를 제공하는 것을 목적으로 하는 회계로, 경영자의 경영의사결정으로는 예산편성, 성과평가, 제품의 가격결정, 신규투자 여부의 결정 등을 들 수 있다. 따라서 관리회계는 경영의사결정의 유형에 적합한 회계정보를 제공하여야 한다.

관리회계의 재무보고서는 특정 의사결정에 적합한 회계정보만을 보고하므로, 이러한 점에서 특수목적 재무보고서라 한다. 경영자의 경영의사결정은 주로 미래에 대한 현재의 선택으로, 관리회계에서 제공하는 회계정보는 일반적으로 주관적인 미래 예측정보이며 재무정보뿐만 아니라 물량단위로 표시된 정보도 보고된다.

2) 개별 경제주체에 따른 분류

이는 개별 경제주체에 따라 분류한 것으로 비영리회계(non-profit making accounting)와 영리회계(profit making accounting)로 나뉜다. 영리회계는 영리조직인 기업을 대상으로 수행하는 회계분야로 일명 기업회계(business accounting)라고도 한다. 비영리회계는 비영리조직을 대상으로 수행하는 회계분야로 이에는 정부회계, 학교회계, 병원회계, 사회복지법인회계, 종교단체회계 등이 포함된다.

비영리회계를 대표하는 정부회계에 대해서 간단히 설명하면 다음과 같다. 정부회계는 중앙정부와 지방자치단체와 같은 정부조직에 직·간접적인 이해관계가 있는 정부회계 이용자(국회와 지방의회, 투자자와 채권자, 규제기관, 행정책임자, 유권자와 납세자, 시민단체 등)에게 정부조직의 재정활동에 관한 정보를 제공하는 회계이며, 국가회계와 지방자치단체회계가 포함된다.

정부회계의 가장 중요한 목적은 회계보고책임(수탁책임)이다. 이 책임은 정부가 납세자나 국민의 대표기관인 의회에게 국민으로부터 징수한 세금을 정당하고 효율적으로 사용하여 서비스를 얼마나 적절하게 수행했는지를 회계보고서를 통해 보고하는 책임을 말한다. 그밖에도 재정상태 및 재무건전성 정보제공, 정부재정의 운영성과 정보제공 및 정책결정을 위한 정보 제공과 같은 여러 가지 목적이 있다.

정부회계는 회계처리와 재무보고서 작성하는데 있어서 국가회계기준과 지방자치단체 회계기준을 준수하여야 하며, 기업회계와 마찬가지로 복식부기제도 방식을 사용하도록 하고 있다.

3) 회계교과과정에 따른 분류

대학에서 배우는 회계 교과목에는 재무회계 관련과목(회계원리, 중급회계, 고급회계), 관리회계와 원가회계, 회계감사, 세무회계, 비영리회계(정부회계)와 회계정보시스템 등이 있다. 회계전문가로 진출하고자 하는 학생은 대학 4년을 통해서 이 모든 과목을 충실히 이수하여야 한다.

10 회계직업

회계를 전공한 학생들이 진출할 수 있는 직업 세계에는 사적 회계분야로 기업의 회계 또는 경리직, 공적 회계분야로 회계법인에서 근무하는 공인회계사직, 세무법인이나 개인 세무사무소의 세무사직, 공무원으로서의 회계직과 세무직 그리고 중등학교와 대학에서의 회계교육을 담당하는 교직 등이 있다.

사적 회계(private accounting)분야로 기업의 회계 또는 경리직에 진출하기 위해서는 대학 4년의 회계교육과정의 충실한 이수 및 우수한 학점 취득뿐만 아니라 회계관련 자격증(전산회계 1·2급, 전산세무 1·2급, 회계정보처리 1·2급, 세무정보처리 1·2급, 재경관리사, 회계관리 1·2급 등)의 취득도 필요하다.

공적 회계(public accounting)분야로 회계법인에서 근무하는 공인회계사가 되기 위해서는 금융감독원이 주관하여 실시하는 공인회계사 시험에 합격한 후 소정의 절차를 거쳐 자격증을 취득하여야 한다.

공인회계사 시험은 1·2차 시험으로 구성되어 있으며, 시험과목은 다음과 같다.

1차 시험: 회계학(회계원리, 회계이론), 경영학, 경제원론, 상법, 세법개론, 영어
2차 시험: 재무회계, 원가회계, 회계감사, 세법, 재무관리

공인회계사 시험에 응시하기 위해서는 회계학 및 세무관련 과목, 경영학 과목, 경제학 과목 등을 24학점 이수해야 한다. 그리고 영어 과목은 토플, 토익 등 전문시험기관의 영어시험 성적으로 대체되었다. 2차 시험에 합격한 후 1년 이상의 실무수습 과정을 거쳐 금융위원회에 등록하면 공인회계사 자격증이 주어진다.

세무사가 되기 위해서는 기획재정부가 주관하고 한국산업인력공단에서 시행하는 세무사시험에 합격해야 한다.

세무사 자격시험은 1차(객관식), 2차(주관식) 필기시험으로 나누어지고 학력, 전공 등의 제한은 없지만 시험과목에 재정학, 세법학, 회계학, 법학 관련 과목 등이 포함되기 때문에 대학에서 경영, 세무, 법학 등과 관련한 학과를 전공하면 유리하다. 세무사 1·2차 시험과목은 다음과 같다.

1차 시험: 회계학개론, 재정학, 세법학개론(국세기본법, 국세징수법, 조세범처벌법, 소득세법,

법인세법, 부가가치세법, 국제조세조정에 관한 법률), 상법(회사편), 민법(총칙), 행정소송법(민사소송법준용규정 포함) 중 택1, 영어(토플, 토익 등 전문시험기관의 영어시험 성적으로 대체되었으며, 그 기준점수는 토플 ibt 71점, 토익 700점, 텝스 625점임)

2차 시험: 회계학1부(재무회계, 원가관리회계), 회계학2부(세무회계), 세법학1부(국세기본법, 소득세법, 법인세법, 상속세및증여세법), 세법학2부[부가가치세법, 개별소비세법, 조세특례제한법, 지방세법(취득세, 등록세, 재산세에 한함)]

세무사 자격시험에 합격하고 한국세무사회에서 실시하는 1개월간의 집합교육과 각 세무사 사무소, 세무법인, 국세청 위탁교육 등을 통한 5개월간의 실무교육을 이수하면 세무대리 업무를 시작할 수 있게 된다.

세무사의 업무는 개인사무소나 세무법인을 설립하여 개인과 법인의 회계장부의 작성과 세무신고업무를 대행하게 된다.

회계 및 세무직 공무원이 되기 위해서는 특별채용이나 공개채용에 응시해서 합격되어야 한다. 회계직 공채의 경우 시험과목은 다음과 같다.

5급 공무원: <1차 시험> 공직 적격성 평가(PSAT), 영어, 한국사
<2차 시험> 행정법, 회계학, 재정학, 행정학 등 4개 필수과목과 상법, 경영학, 세법, 통계학, 경제학 중 1과목 선택

7급 공무원: 국어, 한국사, 영어, 헌법, 행정법, 회계학, 경제학

9급 공무원: <필수과목> 국어, 한국사, 영어 <선택과목> 경제학개론, 회계학, 사회, 과학, 수학, 행정학개론 중 2과목 선택

세무직 공채의 경우 시험과목은 다음과 같다.

7급 공무원: 국어, 한국사, 영어, 세법, 헌법, 회계학, 경제학

9급 공무원: <필수과목> 국어, 한국사, 영어 <선택과목> 세법개론, 회계학(회계원리, 원가회계), 사회, 과학, 수학, 행정학개론 중 2과목 선택

11 회계와 부기

簿記란 장부기록(bookkeeping)의 준말로, 장부를 사용하여 개인이나 기업과 같은 경제주체의 재산의 증감변화를 체계적으로 기록·계산·정리하여 그 원인과 결과를 명백히 하는 기술(art)을 의미한다. 따라서 기업을 중심으로 한 부기는 기업의 재무상태와 경영성과 등을 파악하기 위하여 기업의 거래를 체계적으로 기록·계산·정리하는 과정이라 할 수 있다.

이와 같이 부기는 회계정보를 산출하기 위하여 수행되는 기계적이고 반복적인 기술적 측면만

을 포함하는 것으로 회계의 일부분에 불과하다. 그러나 기업의 경제적 행위는 장부기록과정을 거쳐 의사결정에 필요한 회계정보로 전환되므로, 회계의 전반적인 내용을 이해하기 위해서는 반드시 기업의 거래가 어떻게 장부에 기입되어 회계정보로 전환되는가에 대한 조직적이고 체계적인 절차를 이해하고 습득하여야 한다.

12 회계와 컴퓨터

1950년대 컴퓨터가 처음 등장한 이래 오늘날은 컴퓨터가 없이는 살아갈 수 없을 정도로 보편화되었다. 컴퓨터는 시간·노력·처리비용을 감소시킬 뿐만 아니라 정확성을 높여주는 장점을 가지고 있기 때문에 오늘날 대부분의 회계처리도 컴퓨터화 되고 있다. 따라서 회계정보의 작성·분석 및 활용을 하기 위해서는 회계에서의 컴퓨터의 중요한 역할을 이해할 필요가 있다.

본질적으로 컴퓨터는 회계담당자가 의사결정자에게 유용한 정보를 제공할 수 있도록 지원하는 도구이다. 컴퓨터의 대규모 확산과 처리능력의 확대로 인하여 회계담당자들의 업무방식이 크게 변화된 것은 사실이지만 회계를 배워야 할 필요성을 제거시키지는 못한다. 회계시스템의 설계·감독·복잡한 거래의 분석 및 보고서 해석을 위해서는 회계지식의 습득이 필수적이다. 컴퓨터가 많은 전형적인 업무를 대신할 수는 있지만, 회계정보의 창출 및 활용능력을 가진 회계전문가를 대신할 수는 없다.

연습문제

❖ 객관식 문제

1 현대재무회계의 목적은 무엇인가?

① 경영자의 수탁책임 이행여부에 관한 정보 제공
② 이해관계자들의 이해관계 조정을 위한 정보 제공
③ 외부정보이용자의 합리적인 의사결정에 유용하고 적정한 정보 제공
④ 회사의 회계와 감사인의 감사에 통일성과 객관성을 부여하기 위한 정보제공

2 다음 설명 중 전통적인 회계와 비교하여 현대회계의 특징이라고 볼 수 없는 것은?

① 회계정보의 제공자보다 회계정보의 이용자를 더 중요시한다.
② 정보의 의사결정 유용성을 중요시한다.
③ 경영자의 소유자에 대한 수탁책임(stewardship)을 가장 중요시한다.
④ 정보의 신뢰성뿐만 아니라 정보의 목적적합성을 중요시한다.

3 기업이 공인회계사로부터 매년 회계감사를 받는 주된 이유는 무엇인가?

① 재무제표의 공정성과 신뢰성에 대한 독립된 전문가로서의 의견을 표명하기 위해
② 회사직원들의 내부공모에 의한 부정을 적발하기 위해
③ 기업의 회계부서에서 연차재무제표를 작성하는 방대한 작업을 지원하기 위해
④ 주주 등의 외부이해관계자들에 대한 경영자의 재무보고책임을 대신하기 위해

4 다음 중 회계의 기본적 기능에 해당하는 것은?

① 측정과 전달 ② 내부통제
③ 수탁책임의 이행여부의 평가 ④ 재무제표분석

5 기업과 관련된 회계를 정보이용자를 기준으로 분류한 경우 가장 적절한 분류는?

① 정부회계와 기업회계 ② 재무회계와 관리회계
③ 거시회계와 미시회계 ④ 세무회계와 의사결정회계

6 재무회계에 대한 다음 설명 중 틀린 것은?

① 현대재무회계의 목적은 수탁책임의 이행여부를 보고하기 위한 것이다.
② 일반목적 재무보고서를 작성·공시한다.
③ 주로 과거의 경제적 사실을 화폐단위로 측정·보고한다.
④ 일반적으로 인정된 회계원칙에 준하여 재무제표를 작성한다.
⑤ 외부이용자의 경제적 의사결정에 유용한 정보를 제공한다.

7 재무회계에서 작성·보고하는 회계정보의 특성에 대한 설명 중 틀린 것은?

① 재무정보
② 과거 경제적 행위에 대한 결과
③ 주기적으로 작성·공시
④ 회계기준에 준하여 작성
⑤ 특정 의사결정에 관련된 세부적 정보

8 관리회계는 다음 중 주로 누구의 의사결정에 필요한 정보를 제공하는가?

① 경영자
② 투자자
③ 채권자
④ 세무당국
⑤ 종업원

9 다음 중 재무제표에 포함되지는 않지만 재무보고서의 하나로 기업의 이해관계자에게 전달되는 보고서는?

① 재무상태표
② 재무제표의 주석
③ 경영자확인서
④ 자본변동표

10 일반목적 재무제표는 다음 중 어떤 것의 산물인가?

① 재무회계
② 관리회계
③ 재무회계와 관리회계
④ 세무회계

❖ 주관식 문제

1-1 당신은 이번 학기에 회계원리를 수강신청하였다. 당신이 회계분야 직업에 종사할 생각을 갖고 있지 않다는 것을 잘 알고 있는 당신의 절친한 친구가 당신에게 왜 쓸데없이 시간낭비를 하고 있느냐고 물었다.

당신의 친구에게 회계원리를 이수하는 이유를 당신의 일상적인 생활과 앞으로 희망하는 직업과 관련해서 설명하시오.

1-2 회계담당자에게 있어 윤리의식의 함양이 중요한 문제로 부각되고 있다. 이와 관련해서 윤리의식을 함양하기 위한 교육을 대학에서 반드시 실시해야 한다는 주장이 있는 반면에, 또 다른 한편에서는 윤리를 교육시킨다는 것이 가능하지 않기 때문에 그럴 필요가 없다는 주장도 있다. 여러분의 생각은 어떠한가?

❖사례문제

1-3 20×3년 11월 말경에 당신의 회사가 극심한 자금난에 빠지게 되었다. 이 위기를 극복하기 위해서는 은행에서 거액의 대출을 받는 수밖에 없다. 당신은 은행에 대출신청을 한 결과 은행에서 먼저 공인회계사의 감사필 재무제표를 제출해줄 것을 요구받았다. 당신은 장시간 심사숙고한 끝에 다음과 같은 방안을 생각해내었다. 이 회사의 사업년도는 12월 31일로 종료된다.

방안 1 : 12월에 8억원에 인수할 예정으로 있는 타회사의 취득일을 1월로 잠시 미룬다. 이렇게 할 경우 기말현금잔액을 8억원 이상 증가시키게 되어 그만큼 회사의 지급능력이 더 양호해 보일 것이다.

방안 2 : 기말에 매입채무가 18억원 정도 남아 있을 것으로 예상되는 데 이 채무를 반만 재무상태표의 부채란에 계상하고 나머지 반은 자본란에 계상하여 회사의 재무상태를 그만큼 양호하게 보이도록 한다.

방안 3 : 현재 가지고 있는 90일짜리 지급어음을 연 12%의 이자를 지급하는 조건으로 발행회사와 협상해서 1년 이상 지급기일을 연장한다.

방안 4 : 회사보유토지의 원가가 2억원으로 계상되어 있는데 현재 시가가 적어도 6억원 이상은 되기 때문에 재무상태표에 6억원으로 계상하여 자산과 자본을 각각 4억원씩 증액시킨다.

물음

이상의 4가지 방안을 회계적, 윤리적 및 법적 관점에서 평가하시오.

❖ 공무원시험(9급) 기출문제

1 우리 나라의 주식 회사는 직전연도의 자산총액이 120억원 이상인 경우에 의무적으로 공인회계사로부터 외부회계감사를 받아야 한다. 이와 같이 기업이 공인회계사로부터 매년 회계감사를 받는 주요 이유는?

① 외부전문가의 도움에 의한 재무제표 작성
② 회사 종업원들의 내부 공모에 의한 부정과 횡령의 적발
③ 경영자의 재무제표 작성 및 표시에 대한 책임을 외부전문가에게 전가
④ 독립된 외부전문가의 검증을 통한 회계정보의 신뢰성 제고

2 한국채택국제회계기준에 대한 설명으로 옳지 않은 것은?

① 2011년부터 상장법인은 한국채택국제회계기준을 의무적으로 적용하여야 한다.
② 과거의 기업회계기준이 규칙중심의 회계기준이었던 데 비하여 한국채택국제회계기준은 원칙중심의 회계기준이다.
③ 한국채택국제회계기준은 연결재무제표를 주 재무제표로 한다.
④ 한국채택국제회계기준은 과거의 기업회계기준에 비해 자산과 부채를 측정함에 있어 공정가치보다는 역사적 원가를 반영하도록 하고 있다.

정답 1. ④ 2. ④

02 재무보고의 개념체계

재무회계는 외부이용자들의 공통적인 정보욕구를 충족시키기 위한 재무제표를 작성·공시하는데 초점을 맞추고 있다. 재무제표는 기업에서 마음에 내키는 대로 아무렇게나 작성해서 공시하는 것이 아니다. 반드시 일반적으로 인정된 회계원칙이란 표준이 되는 회계처리지침 즉, 회계기준을 준수해서 외부이용자의 의사결정에 유용하고 신뢰할 수 있는 정보를 담은 재무제표를 작성·공시하도록 되어 있다. 이에 따라 회계기준은 재무제표가 달성해야 할 목적, 재무제표의 기본전제인 회계공준, 회계 정보가 유용하기 위해서 갖추어야 할 바람직한 질적 특성, 재무제표의 기본 원칙 등을 바탕으로 해서 제정된 것이다. 이 장에서는 회계기준의 바탕이 되고 있는 재무보고의 개념체계에 대해서 설명한다.

1 재무보고를 위한 개념체계

재무제표 작성·공시에 관련된 기초개념 및 회계원칙을 재무보고 개념체계(The Conceptual Framework for Financial Reporting)라고 하는데 이는 회계기준을 제정하거나 개정함에 있어서 일관되고 적정한 지침을 제공하기 위해서 만들어진 것이다. 개념체계는 다음 [표 2-1]과 같은 체계로 구성되어 있다.

표 2-1 재무보고 개념체계

구분	내용
재무보고의 목적 (재무제표의 목적)	투자자와 채권자의 의사결정에 유용한 정보제공
재무제표의 기본 가정	명시적 가정(계속기업), 묵시적 가정
재무제표의 질적 특성	근본적 질적 특성, 보강적 질적 특성
재무제표의 요소 인 식 측 정	자산, 부채, 자본, 수익, 비용 미래경제적효익의 발생가능성, 측정의 신뢰성 역사적원가 공정가치 [현행원가 순실현가능가치(이행가치) 현재가치]

재무보고를 위한 개념체계는 회계의 토대가 되는 기본 개념을 정립하는 것을 목적으로 하고 있기 때문에 그 자체로서는 회계기준이 아니다. 만일 재무보고 개념체계의 내용이 특정 회계기준과 상충되는 경우에는 개념체계가 특정 회계기준에 우선하지 않는다.

재무보고를 위한 개념체계를 제정한 이유는 회계 관련 집단에게 다음과 같은 지침을 제공해주기 때문이다.

① 회계기준제정기구가 회계기준을 제정 또는 개정 과정에서 적용하는 재무회계의 기본방향과 일관성 있는 지침을 제공한다.

② 재무제표 이용자가 회계기준에 의해 작성된 재무제표를 해석하는데 도움이 되도록 재무제표작성에 기초가 되는 기본가정과 개념을 제시한다.

③ 재무제표 작성자가 회계기준을 해석하고 적용하여 재무제표를 작성 및 공시하거나, 특정 거래 또는 회계사건에 대하여 회계기준이 미비된 경우에 적용할 수 있는 일관성 있는 지침을 제공한다.

④ 외부감사인이 감사의견을 표명하기 위해 적용된 회계기준의 적정성을 판단하거나, 회계기준이 미비된 거래 또는 경제적 사건에 대한 회계처리의 적정성을 판단하는데 있어서 의견형성의 기초가 되는 일관된 지침을 제공한다.

2 재무보고의 목적

재무보고는 정보이용자들에게 유용한 정보를 제공하는 것을 그 목적으로 한다. 재무보고가 이러한 목적을 달성하기 위해서는 정보이용자들의 관심사를 충족시킬 수 있는 회계정보를 재무제표에 반영·보고할 수 있어야 한다.

재무보고 개념체계에서의 최상위 개념으로서 재무정보이용자의 정보수요로부터 도출한 재무보고의 목적을 정리하면 다음과 같다.

(1) 투자 및 신용의사결정에 유용한 정보 제공

재무보고의 목적은 현재 및 잠재적 투자자, 대여자 및 기타 채권자가 기업에 자원을 제공하는 것에 대한 의사결정을 할 때 유용한 재무정보를 제공하는 것이다. 그 의사결정은 지분상품 및 채무상품을 매수, 매도 또는 보유하는 것과 대여 및 기타 형태의 신용을 제공 또는 결제하는 것을 포함한다.

지분상품 및 채무상품을 매수, 매도 또는 보유하는 것에 대한 현재 및 잠재적 투자자의 의사결정은 그 금융상품 투자에서 그들이 기대하는 수익, 예를 들어, 배당, 원금 및 이자의 지급 또는 시장가격의 상승에 의존한다. 마찬가지로 대여 및 기타 형태의 신용을 제공 또는 결제하는 것에 대한 현재 및 잠재적 대여자 및 기타 채권자의 의사결정은 그들이 기대하는 원금 및 이자의 지급이나 그 밖의 수익에 의존한다. 투자자, 대여자 및 기타 채권자의 수익에 대한 기대는 기업에 유입될 미래 순현금유입(prospective net cash inflows)의 금액(amounts), 시기(timing) 및 불확실성(uncertainty)에 대한 그들의 평가에 달려 있다. 따라서 현재 및 잠재적 투자자, 대여자 및 기타 채권자는 기업에 유입될 미래 순현금유입에 대한 전망을 평가하는 데 도움을 주는 정보를 필요로 한다.

(2) 경제적 자원, 청구권 그리고 자원 및 청구권의 변동에 관한 정보 제공

재무보고서는 기업의 재무상태에 관한 정보, 즉 기업의 경제적 자원과 기업에 대한 청구권에 관한 정보를 제공한다. 재무보고서는 기업의 경제적 자원과 청구권을 변동시키는 거래와 그 밖의 사건의 영향에 대한 정보도 제공한다. 이 두 유형의 정보는 기업에 대한 자원 제공 관련 의사결정에 유용한 투입요소를 제공한다.

기업의 경제적 자원과 청구권의 성격 및 금액에 대한 정보는 정보이용자가 기업의 재무적 강점과 약점을 식별하는 데 도움을 줄 수 있다. 그 정보는 정보이용자가 기업의 유동성과 지급능력, 추가적인 자금 조달의 필요성 및 그 자금 조달이 얼마나 성공적일지를 평가하는 데 도움을 줄 수 있다. 기업의 경제적 자원과 청구권의 변동은 그 기업의 재무성과, 그리고 채무상품 또는 지분상품의 발행과 같은 그 밖의 사건 또는 거래에서 발생한다. 기업의 미래 현금흐름에 대한 전망(prospects)을 올바르게 평가하기 위하여 정보이용자는 이 두 변동을 구별할 수 있는 능력이 필요하다.

(3) 발생기준 회계가 반영된 재무성과 정보 제공

기업의 재무성과(financial performance)에 대한 정보는 그 기업의 경제적 자원에서 해당 기업이 창출한 수익을 정보이용자가 이해하는 데 도움을 준다. 기업이 창출한 수익에 대한 정보는 경영진이 기업의 자원을 효율적이고 효과적으로 사용해야 하는 책임을 얼마나 잘 이행하였는지를 보여준다. 기업의 과거 재무성과와 그 경영진이 책임을 어떻게 이행했는지 즉, 수탁책임(stewardship)의 이행에 대한 정보는 기업의 경제적 자원에서 발생하는 미래 수익을 예측하는 데 일반적으로 도움이 된다.

발생기준 회계(accrual accounting)는 거래와 그 밖의 사건 및 상황이 기업의 경제적 자원과 청구권에 미치는 영향을, 비록 그 결과로 발생하는 현금의 수취와 지급이 다른 기간에 이루어지더라도, 그 영향이 발생한 기간에 보여준다. 이것이 중요한 이유는, 기업의 경제적 자원과 청구권 그리고 기간 중 그 변동에 관한 정보는 그 기간 동안의 현금 수취와 지급만의 정보보다 기업의 과거 및 미래 성과를 평가하는 데 더 나은 근거를 제공하기 때문이다.

(4) 과거 현금흐름이 반영된 재무성과 정보 제공

어느 한 기간의 기업의 현금흐름에 대한 정보도 정보이용자가 기업의 미래 순현금유입 창출능력을 평가하는 데에 도움이 된다. 이는 재무의 차입과 상환, 현금 배당 등 투자자에 대한 현금 분배 그리고 기업의 유동성이나 지급능력에 영향을 미치는 그 밖의 요인에 대한 정보를 포함하여, 기업이 어떻게 현금을 획득하고 사용하는지 보여준다.

현금흐름에 대한 정보는 정보이용자가 기업의 영업을 이해하고, 재무활동과 투자활동을 평가하며, 유동성이나 지급능력을 평가하고, 재무성과에 대한 그 밖의 정보를 해석하는 데 도움이 된다.

3 회계정보(또는 재무 정보)의 질적 특성

회계의 목적은 정보이용자들의 의사결정에 유용한 정보를 제공하는 것이다. 그런데 유용성(usefulness)이란 다분히 추상적인 개념으로 어떠한 정보가 유용한 정보인지를 판단하기가 어렵다. 따라서 유용성이라는 추상적인 개념을 보다 구체화하기 위하여 제시된 것이 바로 회계정보의 질적 특성이다. 會計情報의 質的 特性(qualitative characteristics)이란 회계정보가 유용한 정보가 되기 위해서 갖추어야 할 특성으로, 이는 동일한 경제적 현상에 대해 둘 이상의 대체적 회계처리방법이 존재하는 경우 그 중에서 어떤 회계처리방법을 선택할 것인지를 판단해 주는 기준이 된다. 또한 경영자와 감사인이 회계정책을 선택 또는 평가하거나, 재무제표이용자가 회계처리에서 사용한 방법의 적절성을 평가할 때 판단기준이 된다.

회계정보를 유용하게 만들거나 어느 정보가 더 유용한지를 판단할 수 있게 하는 질적 특성을 표로 나타내면 [표 2-2]와 같다.

표 2-2 회계정보의 질적 특성

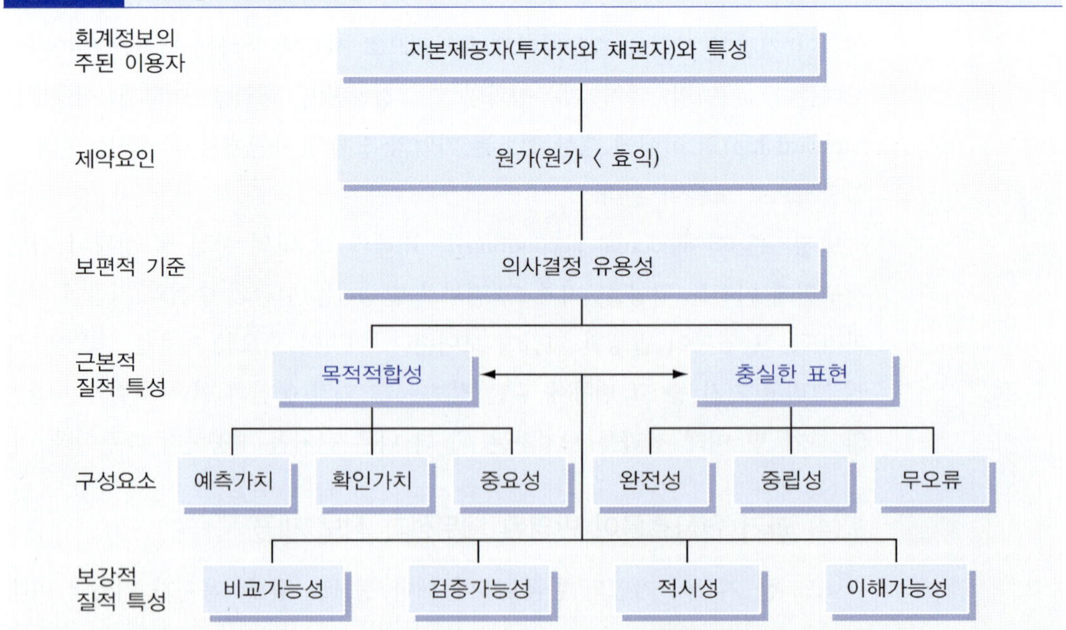

재무정보가 유용하기 위해서는 목적적합해야 하고 나타내고자 하는 바를 충실하게 표현해야 한다. 또한 재무정보가 비교가능하고, 검증가능하며, 적시성 있고, 이해가능한 경우 그 재무정보의 유용성은 보강된다.

1) 근본적 질적 특성(fundamental qualities)

(1) 목적적합성

목적적합성(relevance)은 정보를 이용하여 의사결정을 하는 경우 정보 없이 의사결정을 하는 경우와 비교하여 미래의 불확실성이 감소되거나 의사결정에 차이가 발생하도록 하는 정보의 속성을 말한다. 즉, 목적적합성이란 미래의 불확실성을 감소시키거나 의사결정에 차이를 야기시킬 수 있는 정보의 능력을 말한다. 회계정보가 목적적합성을 갖추기 위해서는 ① 예측가치(predictive value), ② 확인가치(confirmatory value) 및 ③ 중요성(materiality)을 지녀야 한다.

예측가치는 회계정보가 기업의 미래 재무상태, 경영성과, 순현금흐름, 자본변동을 예측할 수 있는 능력을 말한다. 확인가치는 회계정보가 기업의 재무상태, 경영성과, 순현금흐름, 자본변동 등에 대한 정보이용자의 원래 기대치나 예상치를 확인(confirm) 또는 수정(correct)하는 능력을 말한다. 예측가치와 확인가치는 서로 관련이 되어 있는 경우가 많다. 예를 들어 분기분고서는 연간 순이익을 예측하는 토대를 제공해줄 뿐만 아니라 과거 성과에 대한 확인 정보를 제공해주기도 한다.

중요성은 어떤 정보가 누락되거나 잘못 기재된 경우 특정 기업의 재무정보에 근거한 정보이용자의 의사결정에 영향을 줄 수 있다면 그 정보는 중요한 것이다. 즉, 중요성은 개별 기업 재무보고서 관점에서 해당 정보와 관련된 항목의 성격이나 규모 또는 이 둘 모두에 근거하여 해당 기업에 특유한 측면의 목적적합성(entity specific aspect of relevance)을 의미한다.

(2) 충실한 표현(faithful representation)

재무보고서는 경제적 현상을 글(words)과 숫자(numbers)로 나타내는 것이다. 재무정보가 유용하기 위해서는 목적적합한 현상을 표현하는 것뿐만 아니라 나타내고자 하는 현상을 충실하게 표현해야 한다. 만약 어떤 기업이 1년 동안 매출액이 30억원인데, 이를 20억원으로 보고한다면 이 정보는 충실한 표현이 결여된 정보가 되는 것이다. 회계정보가 완벽하게 충실한 표현을 달성하기 위해서는 ① 완전성(completeness), ② 중립성(neutrality), ③ 무오류(free from error)의 속성을 갖추어야 한다.

정보이용자에게 필요한 모든 사실, 기술 및 설명을 포함하여 정보이용자가 보고되는 정보를 이해하는 데 필요한 모든 정보의 완전공시(full disclosure)가 제공될 때 그 정보는 완전성을 갖춘 정보가 된다.

중립성은 사전에 의도된 결과나 성과를 유도할 목적을 가지고 재무제표에 특정정보를 표시함으로써 정보이용자의 의사결정이나 판단에 영향을 미쳐서는 안 된다는 것을 의미한다.

무오류는 회계정보의 보고시 오류나 누락이 없고, 정보를 제공하는 데 사용된 절차의 선택과 적용에 절차상 오류가 없다는 것을 의미한다.

2) 보강적 질적 특성(enhancing qualities)

목적적합하고 충실하게 표현된 정보의 유용성을 보강시키기 위해서는 보강적 질적 특성이 필요하다. 보강적 질적 특성에는 비교가능성, 검증가능성, 적시성, 및 이해가능성이 있다. 보강적 질적 특성은 만일 어떤 두 가지 방법이 현상을 동일하게 목적적합하고 충실하게 표현하는 것이라면 이 두 가지 방법 가운데 어느 방법을 현상의 서술에 사용해야 할지를 결정하는 데에도 도움을 줄 수 있다.

보강적 질적 특성은 가능한 한 극대화되어야 한다. 그러나 보강적 질적 특성은, 정보가 목적적합하지 않거나 충실하게 표현되지 않으면, 개별적으로든 집단적으로든 그 정보를 유용하게 할 수 없다.

(1) 비교가능성

비교가능성(comparability)이란 정보이용자가 여러 경제적 현상 간의 유사점과 차이점을 식별하고 이해할 수 있게 하는 질적 특성이다. 비교가능성은 기업간의 비교 또는 동일 기업의 기간별 비교와 관련된다.

일관성(consistency)은 비교가능성과 관련은 되어 있지만 동일하지는 않다. 일관성은 한 보고기업 내에서 기간 간 또는 같은 기간 동안에 기업 간, 동일한 항목에 대해 동일한 절차와 방법을 적용하는 것을 말한다. 비교가능성은 목표이고 일관성은 그 목표를 달성하는 데 도움을 준다.

비교가능성은 통일성이 아니다. 정보가 비교가능하기 위해서는 비슷한 것은 비슷하게 보여야 하고 다른 것은 다르게 보여야 한다. 재무정보의 비교가능성은 비슷한 것을 달리 보이게 하여 보강되지 않는 것처럼, 비슷하지 않은 것을 비슷하게 보이게 한다고 해서 보강되지 않는다.

(2) 검증가능성(verifiability)

검증가능성은 정보가 나타내고자 하는 경제적 현상을 충실히 표현하는지를 정보이용자가 확인하는 데 도움을 준다. 검증가능성은 합리적인 판단력이 있고 독립적인 서로 다른 관찰자가 어떤 서술이 충실한 표현이라는 데, 비록 반드시 완전히 일치하지는 못하더라도, 의견의 일치(consensus)에 도달할 수 있다는 것을 의미한다.

검증은 직접적 또는 간접적으로 이루어질 수 있다. 직접 검증은, 예를 들어, 현금을 세는 것과 같이, 직접적인 관찰을 통하여 금액이나 그 밖의 표현을 검증하는 것을 의미한다. 간접 검증은 모형, 공식 또는 그 밖의 기법에의 투입요소를 확인하고 같은 방법을 사용하여 그 결과를 재계산하는 것을 의미한다. 예를 들어, 투입요소(수량과 원가)를 확인하고 같은 원가흐름가정을 사용(예 선입선출법 사용)하여 기말 재고자산을 재계산하여 재고자산의 장부금액을 검증하는 것이다.

(3) 적시성(timeliness)

적시성은 의사결정에 영향을 미칠 수 있도록 의사결정자가 정보를 제때에 이용가능하게 하는 것을 의미하는 회계정보의 한 속성이다. 일반적으로 정보는 오래될수록 유용성이 낮아진다. 그러나 일부 정보는 보고기간 말 후에도 오랫동안 적시성이 있을 수 있다. 예를 들어, 일부 정보이용자는 추세를 식별하고 평가할 필요가 있을 수 있기 때문이다.

(4) 이해가능성

이해가능성(understandability)이란 기업의 경영활동과 회계처리과정에 대하여 어느 정도 합당한 수준의 지식을 가지고 있거나 그 지식을 습득하기 위해 지속적으로 노력하고 있는 정보이용자를 전제로 그들이 쉽게 이해될 수 있는 수준과 방식 및 내용으로 회계정보가 작성·보고되어야 한다는 회계정보의 속성이다.

정보를 명확하고 간결하게 분류하고, 특징지으며, 표시하면 이해가능하게 된다. 그러나 일부 현상은 본질적으로 복잡하여 이해하기 쉽게 할 수 없다. 그 현상에 대한 정보를 재무보고서에서 제외하면 그 재무보고서의 정보를 더 이해하기 쉽게 할 수 있다. 그러나 그 보고서는 불완전하여 잠재적으로 오도할 수 있다.

재무보고서는 사업활동과 경제활동에 대해 합리적인 지식이 있고, 부지런히 정보를 검토하고 분석하는 정보이용자를 위해 작성된다. 때로는 박식하고 부지런한 정보이용자도 복잡한 경제적 현상에 대한 정보를 이해하기 위해 전문가의 도움을 받는 것이 필요할 수 있다.

3) 제약요인: 원가

원가는 재무보고로 제공될 수 있는 정보에 대한 포괄적 제약요인이다. 따라서 보고 기업은 제공되는 특정 정보에서 기대되는 효익과 그 정보를 제공하는데 소요되는 원가를 비교하여 정보제공 여부를 판단하여야 한다. 결국 해당 정보 제공의 효익이 그 원가를 정당화하는 정보를 보고해야 되는데, 이를 위해서는 정보 제공에 다른 원가와 그 에 따른 효익을 고려할 필요가 있다.

회계정보의 제공에는 반드시 원가(예 정보수집 및 처리비용, 배포비용, 감사비용, 분석 및 해석비용, 정보공시로 인한 피해발생비용 등)가 발생하고, 그 정보를 이용하는 정보이용자에게는 측정하기가 간단치는 않지만 분명히 효익(예 자본비용의 절감 효익, 올바른 의사결정 등)과 원가가 발생하게 된다.

4 회계가정

會計假定(accounting postulates or assumptions)은 재무제표를 작성·공시하는데 있어 기초가 되는 기본전제로서, 일반적으로 "논의 이전의 자명한 명제" 또는 "공리적인 명제"를 의미한다. 이러한 회계가정은 기업실체를 둘러싼 환경으로부터 귀납적으로 도출되며 일명 환경적 가정이라 부른다.

국제회계기준의 개념체계에서는 명시적 가정으로 계속기업의 가정 하나를 제시하고 있지만, 이밖에도 전통적으로 회계가정으로 인정하고 있는 실체의 가정, 화폐단위 측정의 가정 및 기간별 보고의 가정도 묵시적인 가정이라고 해서 가정의 범위에 포함시킨다.

1) 실체의 가정

實體의 가정(entity postulate)은 특정기업실체를 형성하는 구성원, 즉 소유주·종업원 등과는 독립적으로 존재하는 기업 자체를 독자적으로 경제적 행위를 수행할 수 있는 경제적 실체(economic entity), 즉 특정 회계단위로 간주하고 특정 회계단위의 입장에서 그 경제활동에 대한 재무정보를 측정·보고하는 가정이다. 그러므로 기업의 경우 자산은 소유주의 것이 아닌 기업 자체의 것이고, 부채 역시 기업의 채무인 것이다.

따라서 회계행위를 수행한다는 것은 곧 해당 실체의 경제적 행위를 측정하여 재무제표에 반영·보고하는 것이다. 예를 들어 (주)한빛의 이재통이라는 주주가 은행으로부터 개인 명의로 금전을 차입하였다고 하자. 이러한 거래는 이재통 주주라는 개인과 관련된 경제적 행위로 (주)한빛과는 아무런 관계가 없다. 따라서 (주)한빛의 재무제표에 반영되지 않는다. 그러나 이재통 씨가 자기 자신을 회계실체로 하여 작성하는 재무제표에는 이러한 거래의 영향이 반영된다.

이와 같이 실체의 가정은 특정실체가 작성하는 당해 실체에 관한 정보만을 포함하여야 함을 의미하는 것으로 특정 실체가 재무제표를 작성함에 있어 그 재무제표에 포함시켜야 할 정보의 범위를 결정하는 기준이 된다.

회계실체의 단위로는 개인, 동창회, 정부, 대학, 기업, 기업의 사업부, 기업 집단(그룹) 등 독립적인 경제적 행위를 수행하는 경제단위는 모두 가능하며, 경제단위의 판단시 법적 형식보다는 경제적 실질을 기준으로 한다. 예를 들어 지배회사와 종속회사는 단일 법적 실체는 아니지만 단일 경제적 실체를 형성하여 하나의 특정 회계단위로서 연결재무제표의 작성대상이 된다.

2) 계속기업의 가정

기업은 설립된 후 부실 경영으로 인하여 도산이 되기도 하고 또는 수요의 급격한 변화나 관련 법규의 변경 등 다른 이유에 의하여 영업을 중지하기도 한다. 그러나 대부분의 기업은 기업의 창립 목적(예 사회에서 필요한 제품의 생산, 부가가치의 창출, 이익의 창출 등)이 달성되는 한 계속해서 영업활동을 수행하게 된다.

繼續企業의 가정(going concern postulate)이란 이와 같이 반증이 없는 한 기업은 목적과 의무를 이행하기에 충분할 정도로 장기간 존속한다는 가정으로, 이러한 가정 하에서만 과거의 경제활동의 결과인 재무제표가 미래를 예측할 수 있는 정보가 되는 것이다. 또한 기업이 계속하여 존재한다는 전제가 되므로, 이해관계자집단의 의사결정에 필요한 정보를 기업의 청산시점까지 기다렸다 제공하는 것이 아니라 인위적으로 기간을 구분하여 기간별로 제공하게 된다.

만약 기업실체의 중요한 경영활동이 축소되거나 기업실체 자체를 청산시킬 의도나 필요가 있어 계속기업을 가정하기 어려운 경우에는 계속기업을 전제로 한 기준과는 다른 기준을 적용하는 것이 타당할 수 있으며 이때 그 적용된 기준은 공시되어야 한다.

그러나 계속기업의 가정이 전제되는 상황에서는 기업이 영업활동에 사용하기 위하여 취득한 경제적 자원은 청산가치가 아닌 역사적 원가(historical cost)로 측정하여야 하며, 이후 영업기간에 걸쳐서 원가를 기간별로 배분시키는 대응(matching)과정을 통하여 비용으로 인식한다. 따라서 재무제표상의 측정치는 기업이 영업을 중지하지 않고 정상적인 경영활동을 계속 수행한다는 전제하에서 의미를 갖게 된다는 점을 유의하여야 한다.

3) 화폐단위 측정의 가정

貨幣單位 測定의 가정(monetary measurement postulate)은 기업이 수행한 경제적 행위를 화폐단위로 계량화하여 재무제표에 반영·보고한다는 것으로, 화폐단위를 이용하는 경우 설명과 전달에 있어서 오해를 줄일 수 있고 비교가능성을 높이게 된다.

예를 들어 한 청과물상점이 현금 ₩20,000, 귤 10상자, 사과 200개를 가지고 있다고 하자. 그러면 여러분은 이 정보만을 가지고서는 이 청과물상점의 총자산 가치가 얼마나 되는지를 알 수 없을 것이다. 왜냐하면 귤과 사과를 현금에 합산할 수 없기 때문이다. 그러나 만약 귤 1상자의 원가가 ₩30,000이고 사과의 개당 원가가 ₩500이라는 것을 알게 된다면 이때 비로소 이들 과일의 가격을 현금에 가산할 수 있게 되어 총자산의 가치를 알 수 있게 될 것이다. 그 결과 이 청과물상점의 총자산이 ₩420,000(=₩20,000+10×@₩30,000+200×@₩500)이 되게 된다.

이와 같이 상이한 종류의 경제적 자원을 의미있는 정보로 전환하기 위해서는 동일한 단위로 나타낼 수 있어야 하며 이를 위해 회계에서 사용하는 공통적인 측정단위가 바로 화폐단위인 것이다. 상이한 경제적 사실을 화폐금액으로 전환시킴으로써 우리는 이를 산술적으로 다룰 수 있게 되어 한 계정과목을 다른 계정과목에 가산하거나 차감할 수 있게 되는 것이다. 이에 따라 재무제표 작성이 가능해지며, 또한 재무제표 항목간의 비교와 기간별 및 기업간 비교도 가능해지게 된다.

4) 기간별 보고의 가정

期間別 報告의 가정(periodicity postulate)은 한 기업실체의 존속기간을 일정 기간 단위로 인위적으로 분할하여 각 기간에 대해 경제적 의사결정에 유용한 회계정보를 산출하여 정보이용자에게 보고하자는 가정이다. 이는 계속기업의 공준으로부터 기업은 경영활동을 계속 수행한다는 전제가 되므로 기업의 청산시점까지 기다렸다가 기업의 경영 결과를 보고하는 경우 정보이용자들은 의사결정에 필요한 정보를 적기에 전달받을 수가 없게 된다.

그러나 기업실체의 이해관계자들은 지속적으로 경제적 의사결정을 해야 하므로 적시성이 있는 정보를 요구하게 되고 이러한 요구를 충족시키기 위하여 기업실체의 경영성과를 특정 회계기간에 귀속시켜야 할 필요가 있다.

따라서 기업실체의 존속기간을 일정기간으로 구분하고 각 회계기간에 대한 재무제표를 작성하여 기간별 재무상태, 경영성과 및 재무상태의 변동내역에 대한 정보를 제공하게 된다.

5 회계원칙

會計原則(accounting principles)이란 특정 거래나 사건을 측정하고 이를 재무제표에 보고하는 방법을 기술한 것으로, 기본원칙에는 측정원칙과 인식원칙 및 공시원칙 등을 들 수 있다.

1) 측정원칙

測定(measurement)이란 측정대상에 측정치를 부여하는 과정으로, 회계상 측정은 기업의 경제적 행위를 화폐단위로 환산하는 절차라 할 수 있다. 국제회계기준에서의 측정원칙에는 역사적 원가원칙과 공정가치 원칙이 있으며, 이 중 하나를 사용하도록 하고 있다.

(1) 역사적 원가원칙

역사적 원가(또는 취득원가)는 자산을 취득하였을 때 필요한 지출금액을 말하며, 역사적 원가원칙은 자산을 취득시 및 보유기간에 걸쳐서 이러한 역사적 원가로 기록해야 한다는 원칙이다. 예를 들어 어떤 회사가 20×3년에 토지를 ₩2,000,000에 구입하였다면 그 해의 재무상태표상에 토지를 ₩2,000,000으로 보고하게 된다. 그러나 그 다음 연도에 그 토지의 공정가치가 ₩3,000,000으로 상승되었다면 토지를 얼마로 보고해야 하나? 역사적 원가원칙하에서는 계속해서 ₩2,000,000으로 보고하게 된다.

(2) 공정가치 원칙

공정가치(fair value)는 독립된 당사자 간의 현행 거래에서 자산이 매각되거나 부채가 결제될 때의 가격을 말한다.

공정가치 원칙은 자산을 보유기간에 걸쳐서 공정가치로 기록해야 한다는 원칙이다. 특정한 자산이나 부채의 경우에 있어서는 역사적 원가보다는 공정가치가 더 유용할 수도 있다. 예를 들어 투자목적으로 보유하고 있는 유가증권은 시가정보가 용이하게 이용가능한 경우가 많기 때문에 공정가치로 보고되고 있다. 어떤 원칙을 선택할 것인지를 결정하는데 있어서 기업들은 원가 수치의 사실적 성격과 공정가치의 목적적합성에 대해 저울질하게 된다. 일반적으로 국제회계기준이 기업에 대해 유형자산과 무형자산을 공정가치로 재평가할 수 있도록 허용해주고 있는데 얼마나 많은 기업들이 공정가치모형을 사용해서 보고하는 방법을 선택할지 관심의 대상이 되고 있다. 현재로서는 투자유가증권과 같은 자산의 경우 활발하게 거래되고 있는 활성시장이 존재하기 때문에 기업들은 주저함이 없이 공정가치원칙을 적용하고 있다.

2) 수익과 비용의 인식원칙 : 발생주의

오늘날 회계정보 중에서 기업의 순이익(net income)은 가장 중요한 관심사항 중의 하나이다. 회계상 순이익의 측정방법으로는 거래접근법을 사용한다고 하였다. 거래접근법이란 수익(이득 포함)에서 비용(손실 포함)을 차감하여 순이익을 산출하는 방법이다.

수익과 비용은 특정 시점이나 특정 회계기간의 특정 경제적 사건에 의하여 발생하기 시작하여 같은 시점이나 같은 회계기간에 그 발생과정이 완료되기도 하지만 그렇지 않은 경우가 대부분이다.

예를 들어 판매업의 경우 상품의 매매과정을 살펴보면, 매입한 시점이 속하는 회계기간과 판매한 시점이 속하는 회계기간 및 대금이 결제된 시점이 속하는 회계기간이 모두 같을 수도 있지만 모두 다른 경우도 있을 수 있다. 전자의 경우에는 문제가 없으나, 후자의 경우에는 어느 회계기간에 수익과 비용으로 계상·보고하여야 할 것인가 하는 문제가 발생한다.

이와 같이 회계상의 거래를 특정 회계기간의 재무제표항목(자산, 부채, 수익, 비용 등)으로 기록하거나 포함시키는 과정을 認識(recognition)이라 한다. 따라서 회계상 이익을 측정하기 위해서는 먼저 수익과 비용을 언제 인식할 것인가 라는 인식문제부터 해결되어야 한다. 수익과 비용의 인식원칙에는 현금주의와 발생주의가 있다.

(1) 현금주의

現金主義(cash basis)는 수익은 현금을 수취한 시점에 인식하고, 이러한 수익을 창출하기 위하여 발생한 비용은 현금이 지급된 시점에 인식하는 방법이다.

현금주의는 적용이 간편하고 추정 등이 개입되지 않는 장점을 지니고 있으나, 인식된 수익과 수익을 창출하기 위하여 발생한 비용이 같은 시점 또는 같은 회계기간에 귀속되지 않아 수익과 비용이 적절히 대응(matching)되지 않는다는 문제점을 지닌다. 이를 예를 들어 설명하면 다음과 같다.

예제 2-1 ▶ 현금주의

20×1년에 원가 ₩10,000의 상품을 현금매입한 후 20×2년에 ₩20,000에 외상으로 판매하여 그 대금을 20×3년에 회수하였다고 하자. 이를 현금주의로 수익과 비용을 인식하여 이익을 측정하면 그 결과는 다음과 같다. 즉, 수익은 현금이 회수된 20×3년에, 비용은 현금이 지급된 20×1년에 각각 인식된다. 현금주의의 결과를 요약하면 다음과 같다.

	20×1년	20×2년	20×3년	합 계
수익	₩ 0	₩ 0	₩20,000	₩20,000
비용	10,000	0	0	10,000
이익(손실)	(10,000)	0	20,000	10,000

이와 같이 현금주의는 수익과 관련된 비용이 인식되는 기간이 달라 손익계산서에 보고되는 당기순이익이 당기의 적정한 경영성과를 반영하지 못한다. 즉, 수익을 창출하기 위한 노력(비용)과 이에 대한 대가(수익)가 같은 시점이나 같은 회계기간에 귀속되지 않는다는 것이다. 따라서 각 회계기간의 경영자가 다른 경우 노력한 자와 그에 대한 대가를 향유하는 자가 각기 달라 각 경영자의 경영성과도 왜곡되게 된다.

(2) 발생주의

發生主義(accrual basis)는 수익과 비용을 현금의 수취나 지급과는 관계없이, 기업의 거래나 사건이 실제로 발생한 시점 또는 그 시점이 속하는 회계기간에 인식하는 방법이다. 기업의 거래나 사건이 발생하면 그 결과 언젠가는 기업의 현금이 증감되겠지만, 발생주의는 이러한 현금의 증감사실을 기준으로 거래나 사건의 영향을 재무제표에 반영하는 것이 아니라, 현금의 증감을 가져올 거래나 사건이 발생한 시점이나 그 시점이 속한 회계기간에 반영하는 것이다.

발생주의하에서 수익은 수익의 창출과정 중 결정적인 사건이 발생하였을 때 인식에는 실현주의가 적용되고, 비용은 관련된 수익이 인식되는 시점이나 그 시점이 속한 회계기간에 인식한다는 대응 원칙(matching principle)이 적용된다. 여기서 수익의 창출과정 중 결정적인 사건(critical event)이란 기업의 정상적인 영업활동의 전 과정(예를 들어 상품의 매입, 보관, 판매 및 대금의 회수활동) 중 가장 중요한 활동을 지칭하는 것으로, 이는 곧 수익의 획득과정이 완료되었거나 거의 완료된 상태를 의미한다. 정상적인 영업활동과정 중에서 결정적인 사건이란 일반적으로 판매활동을 의미하므로, 수익의 인식시점은 바로 판매시점이 된다.

이와 같이 상품의 판매시점에 수익을 인식하는 것을 판매기준 또는 인도기준이라 한다. 그러나 예외적으로 판매이전에 수익을 인식하는 진행기준과 판매이후 대금의 회수시점에 수익을 인식하는 회수기준이 있다.

현금주의에서 설명한 예를 그대로 사용하여 발생주의에 의한 수익과 비용을 인식하여 이익을 산출하면 그 결과는 다음과 같다.

예제 2-2 발생주의

20×1년에 원가 ₩10,000의 상품을 현금매입한 후 20×2년에 ₩20,000에 외상으로 판매하여 그 대금을 20×3년에 회수하였다고 하자. 이를 발생주의로 수익과 비용을 인식하여 이익을 측정하면 그 결과는 다음과 같다. 즉, 20×2년도에 상품이 판매되었으므로 수익은 현금수수와 관계없이 20×2년도에 인식하며 비용 역시 관련된 수익이 인식된 20×2년도에 인식하게 된다. 발생주의의 결과를 요약하면 다음과 같다.

	20×1년	20×2년	20×3년	합 계
수익	₩ 0	₩20,000	₩ 0	₩20,000
비용	0	10,000	0	10,000
이익(손실)	0	10,000	0	10,000

이와 같이 발생주의는 실현된 수익과 관련된 비용을 적절하게 대응시켜 순이익을 산출하므로 현금주의에 비해 보다 적정한 경영성과를 반영·보고하며, 경영성과를 기초로 한 당해 기업의 미래이익창출능력 즉, 미래현금흐름의 창출 능력을 평가하는 데 보다 유용한 정보를 제공한다.

그러나 발생주의를 적용하는 경우 수익과 비용에 영향을 미치는 거래나 사건이 실제로 어느 시점에 발생하였는지에 대한 판단문제(인식시기의 결정문제)와 수익과 비용의 인식시점과 현금의 수취나 지급이 동시에 이루어지지 않은 경우 수익과 비용을 얼마로 계상할 것인가의 판단문제(측정기준 결정문제)가 발생하게 된다. 이에 대하여 앞에서 언급한 것처럼 수익은 결정적인 사건이 발생한 시점에 수익을 인식한다는 수익의 실현주의(realization basis)가 적용되고, 비용은 관련된 수익이 인식되는 기간에 관련된 비용을 인식하는 수익·비용대응의 원칙(matching principle)이 적용된다.

발생주의의 적용시 또 하나의 문제는 손익계산서에 계상·보고된 당기순이익이 이용가능한 현금을 나타내는 것이 아니라는 것이다. 흔히 일상생활에서 이익이 남았다 하는 것은 현금투자액보다 현금회수액이 많은 것으로 이해하고 있어 손익계산서상 당기순이익도 이와 같이 해석하는 경우가 있을 수 있다. 그러나 손익계산서는 앞에서 설명한 것처럼 현금수수와는 관계없이 발생주의를 근거로 수익과 비용이 인식되므로 손익계산서의 당기순이익은 당기의 현금흐름과는 일치하지 않는다. 따라서 당기순이익을 많이 보고한 기업이라 하더라도 현금의 부족으로 현금배당을 할 수 없거나 자금의 부족이 심한 경우 흑자 도산이 이루어질 수도 있다. 이러한 문제점을 보완하고자 현금의 유입과 유출에 관한 정보를 현금흐름표를 통하여 제공하고 있다.

3) 공시원칙 : 완전공시

公示基準은 정보량을 재무제표에 어느 정도 반영·보고할 것인가의 문제로, 일반적으로 인정된 회계원칙에서는 완전공시를 수용하고 있다.

完全公示(full disclosure)란 정보이용자들의 의사결정에 목적적합한 기업의 모든 경제적 사건에 대한 정보는 빠짐없이 재무제표에 반영·보고하자는 것이다.

완전공시의 이론적 근거는 목적적합성과 표현의 충실성으로, 목적적합하고 충실한 표현이 가능한 정보라면 공개 여부 결정시 아무런 편의(bias)없이 양적으로 충분히 공시하여야 한다.

외부정보이용자가 의사결정에 사용하도록 기업이 제공하는 정보원천은 다음과 같다.

표 2-4 회계정보의 보고형태

- 정보
  - 재무보고
    - GAAP적용 부분
      - 기본 재무제표
        - 재무제표
        - 주석
      - 보충명세서 : 필수적·임의적 보충명세서
    - 기타 재무보고 : 경영자의 검토 분석보고서·사업보고서
  - 기타 질적 정보 : 경제 동향, 분석가의 보고서 등

6 회계관습 : 보수주의

보수주의(conservatism)는 논리적 일관성이 결여되었다는 단점을 지니고는 있지만 오랫동안 회계실무에서 불확실성에 대처하기 위해 수용되어 온 관행으로서, 일명 예외원칙 또는 수정원칙이라 한다.

保守主義는 회계평가에 불확실성이 존재하고, 두 가지 이상의 대체적 회계처리방법이 존재하는 경우, 가능한 이익을 가장 과대계상되지 않게 하는 방법을 선택하여 회계처리하는 접근법이다. 곧, 자산과 이익은 가능한 적게, 부채와 비용은 가능한 많게 계상하면 기업의 보고 이익이 과대계상되는 것을 억제할 수 있게 된다.

이러한 회계처리의 관행은 과거 채권자의 권익을 보호한다는 관점에서 유래되었다. 즉, 이익을 가능한 낮게 보고하는 회계처리방법을 사용함으로써 기업으로부터 자금이 유출(세금이나 배당 등)되는 것을 방지하여 기업의 재무적 기초를 견고히 한다는 것이다.

보수주의가 개념적 체계에 명시되고 있지는 않지만 여전히 회계처리 방법에 영향을 미치고 있는 무시할 수 없는 중요한 회계 기초개념임에는 틀림없다.

연습문제

✤ 객관식 문제

1 건전한 개념체계가 가지고 있는 특징은 무엇인가?

① 재무제표 이용자의 재무보고에 대한 이해와 신뢰를 증가시킨다.

② 기업간의 재무제표에 대한 비교가능성을 제고시킨다.

③ 새롭게 대두되는 실무상의 현안 문제를 더 신속하게 해결해준다.

④ 위의 열거된 ①, ②, ③ 모두 포함된다.

2 '재무보고는 현재 및 잠재적 투자자, 채권자, 기타의 정보이용자가 배당금과 이자 등으로 미래에 받게 될 현금수입의 금액·시기 및 그 불확실성의 정도를 평가하는데 도움이 되는 정보를 제공하는 것을 목적으로 하고 있다'라는 재무보고의 목적은 다음 어느 측면을 강조하고 있는가?

① 이익흐름을 예측할 수 있는 정보 제공

② 단기지급능력에 관한 정보 제공

③ 미래의 현금흐름을 평가할 수 있는 정보 제공

④ 장기적 수익창출능력에 관한 정보 제공

3 재무보고의 주된 목적은?

① 경영자의 의사결정에 유용한 정보 제공

② 비재무적 거래를 명백하게 나타내는 정보 제공

③ 미래의 현금흐름을 평가할 수 있는 정보 제공

④ 자원의 청구권을 제외하는 정보 제공

4 다음 중 재무보고의 목적이 아닌 것은?

① 투자 및 신용의사결정에 유용한 정보 제공

② 기업의 자원, 자원에 대한 청구권 및 자원의 변도에 관한 정보 제공

③ 기업의 청산가치에 관한 정보 제공

④ 현금흐름전망을 평가하는 데 유용한 정보 제공

5 국제회계기준에서는 재무보고의 목적 중의 하나로 현금흐름전망의 평가를 강조하고 있다. 그 의미는 무엇인가?

① 현금주의 회계가 발생주의 회계보다 더 선호된다.

② 현금유입과 유출의 재무효과에 관한 정보가 일반적으로 기업의 현재 및 지속적인 현금흐름창출능력의 최적 지표로 간주된다.

③ 장기적인 관점에서 보면 수익과 비용의 추세가 일반적으로 현금 유입과 유출의 추세보다 더 의미가 있다.
④ 위의 열거된 ①, ②, ③ 모두 포함된다.

6 회계가정의 일반적 성격을 잘 나타내지 못하고 있는 내용은?
① 직접적으로 검증될 수 없는 가설
② 추론의 기초
③ 명백한 사실
④ 이론구조를 수립하는 토대

7 다음 중 국제회계기준에서 정하고 있는 재무제표의 기본가정은?
① 계속기업
② 발생주의
③ 기업실체와 기간별보고
④ 기업실체와 계속기업

8 다음 중 재무제표에 반영시켜야 할 정보의 범위를 한정시켜 주는 가정은?
① 회계실체
② 계속기업
③ 화폐단위 측정
④ 회계기간

9 기업은 일정시점을 택하여 재무제표를 작성한다. 이와 관련된 회계개념은?
① 적시성
② 검증가능성
③ 실체의 가정
④ 회계기간의 가정

10 회계정보 질적 특성이 가지고 있는 특징은 무엇인가?
① 근본적 질적 특성과 보강적 질적 특성이 포함되고 있다.
② 재무보고 정보의 의사결정 유용성에 기여한다.
③ 의사결정 목적을 위해 양질의 정보와 저질의 정보를 구별해준다.
④ 위의 열거된 ①, ②, ③ 모두 포함된다.

11 다음 중 목적적합성과 관련이 없는 것은?
① 중요성
② 예측가치
③ 확인가치
④ 완전성

12 취득원가는 외부보고를 위한 재무제표의 작성에 필요할 뿐만 아니라 세무보고를 위해서도 유용한 정보라고 할 수 있다. 그러나 건물소유주가 건물을 처분하거나 화재로 인한 보험보상액을 청구하기 위한 보험계산에는 취득원가 대신 순실현가능가치가 보다 적절하다고 생각되는데, 이때 적용되는 회계정보의 질적 특성은?
① 비교가능성
② 목적적합성
③ 충실한 표현
④ 검증가능성

13 다음 중 재무제표의 질적 특성인 충실한 표현과 관련이 없는 것은?

① 무오류 ② 적시성
③ 완전성 ④ 중립성

14 회계에 있어서 계속성의 질적 특성이 권장되는 이유를 바르게 묶은 것은?

a. 정보의 비교가능성을 제고한다.
b. 회계수치의 조작을 억제한다.
c. 경제적 실질내용을 적절히 반영한다.
d. 미실현이익의 계상을 방지한다.

① a, c, d ② b, d
③ a, d ④ a, b ⑤ a

15 측정원칙으로서 역사적 원가와 공정가치가 지니는 회계정보의 질적 특성간의 상충관계를 가장 잘 설명한 것은?

① 충실한 표현과 목적적합성 ② 목적적합성과 이해가능성
③ 비교가능성과 충실한 표현 ④ 목적적합성과 비교가능성

16 다음 중 목적적합성과 충실한 표현에 대한 제약요인이 아닌 것은?

① 적시성 ② 중요성
③ 질적 특성간의 균형 ④ 효익과 비용간의 균형

17 A기업은 결산일 후 1개월 이내에 연차보고서를 공시하고 있다. 이 기업이 충족시키고 있는 보강적 질적 특성은?

① 적시성 ② 검증가능성
③ 확인가치 ④ 예측가치

18 발생주의에 대한 설명 중 틀린 것은?

① 적정한 경영성과를 반영한다.
② 객관적인 측정이 이루어진다.
③ 미래현금흐름의 창출 능력을 평가하는데 유용하다.
④ 일반적으로 인정된 회계원칙에서 사용되고 있다.
⑤ 수익은 실현주의, 비용은 대응의 원칙이 적용된다.

19 수익은 일반적으로 매출이 발생하였을 때 수익으로 장부에 기입한다. 이는 다음 중 어떤 개념과 관련되어 있는가?

① 계속성 ② 대응원칙
③ 수익인식원칙 ④ 목적적합성

20 완전한 재무제표가 되기 위해서는 다음 중 어느 것이 재무제표에 포함되어 공시되어야 하는가?

① 감사보고서 ② 미래예측정보
③ 주석 ④ 재무비율자료

❖ 주관식 문제

1 질적 특성과 관련해서 다음 물음에 답하시오.

(1) ₩120,000에 구입한 프린터기를 자산으로 처리하는 대신에 비용으로 처리하는 것을 가능하게 하는 질적 특성은?

(2) 목원전자는 수익인식기준을 변경하였다. 이 변경은 어떤 질적 특성을 손상시키는가?

(3) 상장회사인 서울상사는 금융감독원에 분기별 및 연차 재무제표를 제출하고 있다. 재무제표의 기간별 제출은 어떤 질적 특성과 관련되어 있나?

(4) 일반적으로 목적적합한 정보가 소유하는 질적 특성은?

(5) 측정하고자 하는 현상과 그 측정치가 일치하는 경우 그 정보는 어떤 질적 특성을 소유하고 있는가?

(6) 나투자 씨는 관심 있는 두 기업의 미래 투자 잠재력을 평가하고 있다. 두 기업이 재무제표 작성시에 사용하는 방법이 동일하기 때문에 나 씨는 평가업무를 수월하게 할 수 있었다. 나 씨가 사용한 정보가 소유하고 있는 질적 특성은?

(7) 기업은 공시로 인한 인지된 효익이 정보제공원가(비용)를 초과하고 있는 경우에만 그 정보를 제공하여야 하는데, 어떤 질적 특성 때문인가?

2 다음의 상황에 적용할 수 있는 회계의 기본개념은 무엇인가?

(1) 김하나 사장은 도원상사의 단독 소유주이다. 김 씨는 개인 주거용으로 주택을 구입하면서 은행에서 주택구입 자금을 차입하였다. 이 부채는 도원상사의 장부에 기록되지 않는다.

(2) 삼성전자는 매년 연차보고서를 주주총회에서 배포하고 있다.

(3) 현대자동차는 자동차 제작 설비를 내용연수 동안에 감가상각하고 있다.

(4) 농심은 보유 토지의 현행공정가치가 취득원가보다 훨씬 높지만 재무상태표에 원래의 취득원가로 보고한다.

(5) 엘지전자는 제품 판매시 판매대금을 수취하지 않았더라도, 고객에게 제품이 인도되면 수익으로 장부에 기록한다.

(6) 실제로 많은 기업이 도산하고 있음에도 불구하고 청산가치를 사용해서 재무제표를 작성하는 회사는 없다.

(7) 재무제표에 중대한 영향을 미치는 회계처리방법을 변경한 기업은 변경 사실을 주석에 보고한다.

(8) 주가 시세차익을 목적으로 타 회사의 주식에 투자한 회사는 재무상태표에 취득원가로 보고하는 대신에 결산일의 종가를 확인해서 그 종가로 보고한다.

❖ 공무원시험(9급) 기출문제

1 재무회계개념체계에 관한 설명 중 가장 옳지 않은 것은?

① 회계기준제정기구가 회계기준을 제정 또는 개정함에 있어서 기본적 방향과 일관성 있는 지침을 제공한다.

② 외부감사인이 감사의견을 표명하기 위해 회계기준 적용의 적정성을 판단하거나, 회계기준이 미비된 거래 또는 경제적 사건에 대한 회계처리의 적정성을 판단하는데 일관된 지침을 제공한다.

③ 재무회계개념체계가 특정 회계기준과 상충되는 경우에는 재무회계개념체계가 특정 회계기준에 우선한다.

④ 재무제표 이용자가 회계기준에 의해 작성된 재무제표를 해석하는데 도움이 되도록 재무제표작성에 기초가 되는 기본가정과 개념을 제시한다.

2 재무회계개념체계와 관련된 설명 중 옳지 않은 것은?

① 재무회계는 한정된 경제적 자원을 효율적으로 배분할 수 있도록 유용한 정보를 제공하며, 주주들로부터 수탁받은 자원의 경영책임을 보고하는 기능이 있다.

② 회계는 미래 현금흐름 예측에 유용한 정보를 제공할 필요가 없다.

③ 현금흐름표를 제외한 재무제표는 발생기준에 따라 작성된다.

④ 회계정보의 질적특성이란 회계정보가 유용하기 위해 갖추어야 할 주요 속성을 말하며, 회계정보의 유용성의 판단기준이 된다.

3 재무보고를 위한 개념체계에 대한 설명으로 옳지 않은 것은?

① 정보가 누락되거나 잘못 기재된 경우 특정 보고기업의 재무정보에 근거한 정보이용자의 의사결정에 영향을 줄 수 있다면 그 정보는 중요한 것이므로 중요성은 목적적합성의 한 측면이라고 할 수 있다.

② 충실한 표현(faithful presentation)이란 중대한 오류(errors)나 편의 (bias)가 없고 객관적으로 검증가능하며 표현하고자 하는 바를 충실하게 표현하고 있다고 이용자가 믿을 수 있다는 것을 의미한다.

③ 기업이 전액 정부보조금을 받아 유형자산을 취득한 경우 실제 지출하거나 희생한 원가가 없기 때문에 취득원가를 ₩0으로 보고함으로써 표현충실성의 질적 특성과 의사결정에의 유용성을 동시에 충족시켜 줄 수 있다.

④ 재무회계정보의 바람직한 속성 중 목적적합성과 충실한 표현(표현충실성)은 근본적 질적 특성으로서 이에 대한 보강적 질적 특성으로 비교가능성, 검증가능성, 적시성, 이해가능성이 있다.

4 자산의 측정에 대한 설명으로 옳지 않은 것은?

① 역사적 원가는 자산의 보유에 따라 발생하는 손익을 무시한다.

② 취득시점에서 취득원가로 기록한 후 자산이나 부채의 기간경과에 따라 조정하는 상각후원가는 현행원가의 범주에 속한다.

③ 순실현가능가치는 당해 자산이 현금 또는 현금등가액으로 전환될 때 수취할 것으로 예상되는 금액에서 이러한 전환에 직접 소요될 비용을 차감한 금액이다.

④ 기업이 가장 보편적으로 사용하는 측정기준은 역사적 원가이며 이러한 역사적 원가는 다른 측정기준과 함께 사용되기도 한다.

5 휴지통, 스테이플러, 종이클립 등과 같은 단순한 사무용 자산은 꽤 오래 동안 사용할 것으로 예상되더라도 회사의 규모나 매출액에 비하여 자산의 취득가액이 상대적으로 매우 작다고 한다면, 일반적으로 이를 자산으로 계상하지 않고 편의상 취득한 기간에 비용으로 계상할 수 있다. 이와 관련이 있는 회계의 기본개념으로 가장 옳은 것은?

① 보수주의(conservatism)
② 중요성(materiality)
③ 발생주의(accrual basis)
④ 계속기업(going concern)의 가정

6 보수주의는 오랜 회계 관행 중의 하나이다. 다음의 회계처리 내용 중 보수주의 개념에 가장 부합되는 회계처리는?

① 유형자산의 수선·유지를 위한 지출을 수익적 지출보다는 자본적 지출로 처리

② 유형자산의 회수가능액이 장부가액에 미달하는 경우에 그 차액을 손실로 처리

③ 물가상승시 선입선출법에 의한 재고자산의 평가

④ 경상개발비를 무형자산인 개발비로 처리

정답 1. ③ 2. ② 3. ③ 4. ② 5. ② 6. ③

03 기업의 활동과 재무제표

회계(accounting)란 정보이용자들에게 유용한 정보를 제공하기 위하여 기업의 경제적 행위를 측정·전달하는 서비스 활동이다. 회계의 측정은 복식부기(double-entry bookkeeping)시스템을 이용하여 재무제표를 작성하는 과정으로, 회계의 전반적인 내용을 파악하기 위해서는 재무제표의 의미와 그 유용성 및 복식부기의 기본 원리를 먼저 이해하여야 한다. 이와 같은 관점에서 제3장부터 제6장까지는 재무제표의 의의와 그 유용성 및 복식부기의 기본 원리와 회계순환과정을 체계적으로 설명하기로 한다.

재무제표는 재무상태표·손익계산서·자본변동표·현금흐름표 및 주석으로 구성된다. 본 장에서는 기업활동의 결과가 재무제표에 어떻게 반영·보고되는지를 설명하고, 각 재무제표의 기본양식과 유용성 및 재무제표간의 상호관계를 설명하기로 한다.

1 기업활동과 재무제표

1) 기업의 목표와 활동

기업은 투자자에게 이익을 분배하기 위하여 재화나 용역을 고객에게 판매하고 이를 통하여 이익을 창출하는 것을 목적으로 설립·운영된다. 일부 기업의 예를 들어 그들이 판매하고자 하는 주된 재화와 용역을 살펴보면 다음과 같다.

회 사 명	주된 재화 또는 용역
빙 그 레	유제품·아이스크림·스낵류
쌍 방 울	패션내의
삼성전자	반도체·가전제품
강원랜드	관광·레저문화서비스
호텔신라	객실서비스·부대시설서비스
대한항공	항공여객·화물운송서비스

이들 각 기업은 판매하는 주된 재화나 용역이 상이함에도 불구하고 수익성(이익창출능력)과 유동성(지급능력)의 확보라는 동일한 목표를 가지고 있으며 이러한 목표를 달성하기 위하여 **재무활동·투자활동** 및 **영업활동**을 똑같이 수행한다. 기업의 목표와 활동간의 관계를 정리하면 다음 [표 3-1]과 같다.

표 3-1 기업의 목표와 활동

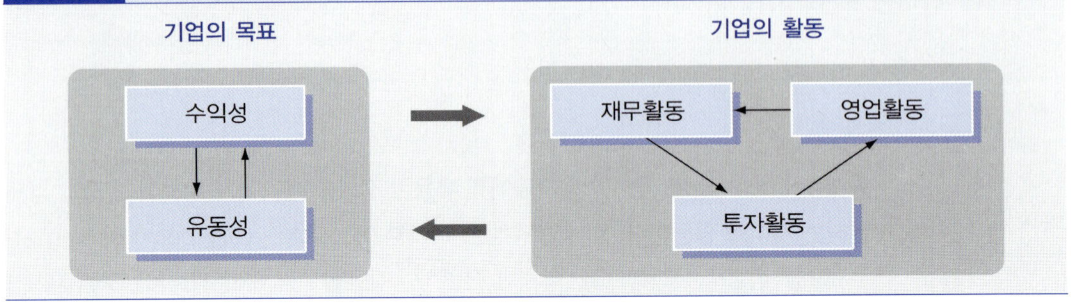

각 기업들은 고객으로부터 충분한 돈을 벌어들여서 기업 자체의 경비를 지출할 수 있어야 하며, 또한 투자자에게 적정한 배당을 하여 지속적인 투자가 이루어질 수 있도록 충분한 이익을 창출하여야 한다.

새로운 투자자를 유치하고 기존 투자자의 지속적인 투자를 유지하기 위해서는 충분한 이익을 창출하여야 하므로 이러한 필요성에서 수익성이란 목표가 생겨났으며, 기업의 경비를 충당하고 투자자에게 배당을 하며 만기가 도래한 부채를 상환하기 위해서는 충분한 자금을 보유하고 있어야 하는데 이러한 필요성에서 유동성이란 목표가 생겨났다.

예를 들어, 현대자동차가 이익을 남길 수 있는 가격으로 많은 자동차를 판매한 경우 수익성이란 목표는 달성할 수 있으나, 만약 차를 구입한 고객이 제때에 구입대금을 갚지 않는다면 현대자동차는 거래처와 종업원에게 지불할 수 있는 자금이 부족하여 유동성이라는 목표는 달성할 수 없게 된다.

이와 같이 收益性(profitability)과 流動性(liquidity)은 수레의 두 바퀴와 같은 것으로서 기업이 생존하고 성장하기 위해서는 반드시 달성하여야 할 목표이다. 모든 기업들은 이 목표를 달성하기 위하여 3가지 기업활동, 즉 재무활동·투자활동·영업활동을 수행한다.

財務活動(financing activities)이란 기업을 설립·운영하는데 필요한 자금을 조달하는 활동과 관련된 것으로, 주식을 발행하여 투자자로부터 자금을 조달하거나 이익을 분배하는 행위 및 채권자로부터 자금을 차입하거나 차입된 자금을 상환하는 행위 등을 말한다. **投資活動**(investing activities)은 기업이 재화나 용역을 생산·판매하는 과정에서 필요한 각종 자산을 취득하거나 처분하는 것과 관련된 활동을 말한다. 그리고 **營業活動**(operating activities)이란 기업의 목적사업과 관련된 활동으로, 원재료나 상품의 구입, 제품의 생산, 상품이나 제품 또는 용역의 판매 및 대금의 회수, 종업원의 급여 등 판매비와 관리비의 지급, 정부에 대한 세금납부 등이 포함된다. 기업활동을 요약하면 다음 [표 3-2]와 같다.

표 3-2 기업활동

재무활동 : 자금의 조달과 상환

↓ 조달된 자금의 이용

투자활동 : 생산 및 판매활동에 필요한 자산의 취득 및 처분

↓ 취득한 자산의 활용

영업활동 : 상품이나 제품의 구입 · 생산 · 판매 또는 용역제공

2) 기업활동과 재무제표

기업활동은 측정과정을 거쳐 재무제표(Financial Statements)에 반영된다. **재무상태표**(statement of financial position, balance sheet)는 특정 시점의 기업의 자산과 부채 및 자본을 표시한다. 재무상태표상 자산은 재화나 용역을 생산·판매하는데 필요한 경제적 자원으로, 이는 투자활동의 결과를 표시하며, 부채와 자본은 기업이 소유하고 있는 자산을 취득하는데 필요한 자금을 조달하기 위하여 채권자나 투자자로부터 각각 조달한 자금의 크기를 표시하는 것으로, 이는 재무활동의 결과를 표시한다. 이때 자본은 투자자가 출자한 부분과 기업이 창출한 이익 중 재투자를 위하여 유보된 이익잉여금으로 구분된다.

손익계산서(profit and loss statement)는 재화나 용역을 생산·판매하는 활동인 영업활동의 결과가 보고되어 기업의 이익이 어떻게 창출되었는지를 설명한다. **자본변동표**(statement of changes in equity)는 재무상태표에 표시되어 있는 자본 구성항목인 자본금이나 이익잉여금이 어떻게 변동되어 현재의 금액이 되었는지를 설명한다.

현금흐름표(statement of cash flows)는 기업을 운영하는데 있어서 현금이 영업활동과 투자활동 및 재무활동을 통하여 각각 얼마나 유입되고 유출되었는지를 설명한다. 기업활동과 재무제표 간의 관계를 요약하면 다음과 같다.

- 재무상태표
  - 자 산 : 투자활동의 결과
  - 부 채 : ┐ 재무활동의 결과
  - 자 본
    - 투자자(주주)출자분 ┘ 재무활동의 결과
    - 이익잉여금 : 영업활동의 결과인 이익 중 재투자액
- 손익계산서 : 영업활동의 결과인 이익의 원인 설명
- 자본변동표 : 자본항목의 증감원인 설명
- 현금흐름표 : 기업활동별 현금의 유입과 유출내용 설명

2 재무상태표

1) 재무상태표의 의의

財務狀態表(statement of financial position)란 기업의 일정 시점의 재무상태를 나타내는 재무보고서로 일명 대차대조표(貸借對照表, balance sheet)라고도 한다. 재무상태란 기업이 소유하고 있는 경제적 자원의 재산적 가치와 기업이 채권자와 투자자에게 지급하여야 할 의무의 크기를 의미하는 것으로, 재무상태표에는 자산·부채·자본이 표시되어 작성·보고된다. 자산·부채·자본의 크기는 기업이 경영활동을 수행하는 과정에는 계속하여 증감되므로 재무상태표란 기업의 연속적인 경영활동과정 중 일정 시점을 기준으로 작성된 것이며, 이러한 의미에서 기업의 재무상태를 어느 시점에서 순간적으로 촬영한 스냅(snap)사진에 비유할 수 있다.

2) 재무상태표의 구성요소

(1) 자 산

資産(assets)이란 기업이 소유하고 있는 경제적 자원으로서, 과거의 거래나 사건의 결과로 특정 기업에 의해 획득된 미래의 경제적 효익(future economic benefit) 또는 용역잠재력(service potentials)을 의미한다. 일반적으로 이러한 자산은 당해 기업에 귀속된 재화(예 상품, 비품, 건물 등)와 채권(예 외상매출금, 받을어음, 대여금 등)을 말하며, 이들은 미래 언젠가는 기업에 현금을 유입시키게 된다. 이와 같이 미래의 순현금흐름을 창출할 수 있는 능력을 미래의 경제적 효익 또는 용역잠재력이라 한다.

따라서 재무상태표상 자산으로 계상되기 위해서는 다음과 같은 조건을 충족시켜야 한다.

① **소유 및 통제** : 기업실체가 수행한 거래 또는 기업실체에 발생된 사건의 결과로 해당 기업에 소유되어 배타적으로 사용할 수 있는 권리가 있어야 한다. 그러므로 임차하여 사용하고 있는 건물은 자산으로 계상할 수 없다.

② **경제적 효익** : 기업실체가 소유 및 통제하고 있다 하더라도 해당기업에 경제적 효익이 있어야 한다. 그러므로 소유하고 있는 상품일지라도 부패되거나 진부화 되어 매각 가능성이 없는 경우에는 이미 상품의 경제적 효익은 상실된 것이므로 자산으로 계상할 수 없다.

③ **화폐단위 측정** : 기업실체가 획득한 경제적 가치를 화폐단위로 측정가능 해야 한다. 그러므로 외부에서 유상으로 취득한 상표권은 자산으로 계상할 수 있다. 왜냐하면 취득 시 그 가치를 화폐단위로 측정할 수 있기 때문이다. 그러나 자체적으로 개발한 자기 회사의 상표가 경제적 가치를 인정받고 있다 하더라도 그 가치를 화폐단위로 측정할 수 없기 때문에, 자기 회사의 상표를 자산으로 계상하지 않는다.

(2) 자산의 구분

자산은 결산일로부터 1년 이내에 현금으로 전환가능한 자산을 유동자산, 1년 이상의 기간이 소요되는 자산을 비유동자산으로 구분한다. 이를 1년 기준(one year basis)에 의한 구분 방법이라 한다. 그러나 정상영업주기가 1년을 초과하는 경우는 정상영업주기 기준(normal operating cycle basis)을 적용해서 결산일로부터 정상영업주기 이내에 현금으로 전환가능한 자산을 유동자산, 정상영업주기 이상의 기간이 소요되는 자산을 비유동자산으로 구분해야 한다. 여기서 정상영업주기란 제조 또는 판매과정에 투입될 재화와 용역을 취득한 시점부터 제조 및 판매과정을 거쳐 최종적인 대금회수시점까지 소요되는 기간을 말하며, 1년을 초과하는 경우만 적용된다.

자산을 유동자산과 비유동자산으로 구분하는 이유는 운전자본으로 사용되는 자산과 장기적인 경영활동에 사용되는 자산을 구분·표시해 줄 수 있고, 기업의 유동성과 지급능력을 평가하는 데에 유용한 정보를 제공해 주기 때문이다. 이는 부채에도 똑같이 적용된다.

流動資産(current assets)이란 결산일로부터 1년 이내에 현금으로 전환가능한 자산을 의미하는 것으로, 금융자산(현금과 현금성자산·단기금융상품·외상매출금·받을어음·단기대여금 등)과 재고자산(상품)이 포함된다. 따라서 단기에 현금으로 전환이 가능한 유동자산을 많이 보유하고 있다는 것은 만기일이 도래한 부채의 상환능력이 높다는 것으로, 유동자산의 크기는 채권자입장에서 볼 때 중요한 정보라 할 수 있다.

非流動資産(noncurrent assets)이란 현금으로 전환하기 보다는 투자목적이나 영업활동에 사용하기 위하여 장기적으로 보유하고자 하는 자산으로, 투자자산·유형자산·무형자산 및 기타비유동자산으로 구분된다. 투자자산(long-term investments)이란 이자의 증식 등을 위하여 또는 타회사를 지배하기 위하여 장기간 보유하고 있는 자산으로, 장기금융자산(장기성예금·투자유가증권·장기대여금)과 투자부동산 등이 포함된다. 유형자산(property, plant and equipment)이란 장기간 영업활동에 사용할 목적으로 보유하고 있는 실물자산으로, 토지·건물·구축물·기계장치·차량운반구·비품 등이 포함된다. 무형자산(intangible assets)이란 장기간 영업활동에 사용할 목적으로 보유하고 있는 계약 또는 법률적 권한으로, 영업권·산업재산권(특허권이나 상표권 등)·광업권·어업권·개발비 등이 포함된다.

(3) 부 채

負債(liabilities)란 과거의 거래나 사건의 결과로 특정 기업이 제3자에게 미래에 재화나 용역을 이전하여야 하는 특정 기업의 현재의 의무를 말한다. 이때 제3자를 일반적으로 채권자(creditor)라 하는데, 그 이유는 이들이 기업실체에 대하여 신용을 제공하였기 때문이다. 따라서 채권자는 부채로 계상된 만큼 기업의 자산에 대한 청구권을 가지게 된다.

부채는 자산과 마찬가지로 1년 기준과 정상영업주기 기준(1년 초과 시)으로 유동부채와 비유동부채로 분류한다. **流動負債**(current liabilities)란 결산일로부터 1년 이내에 또는 1년 초과 시

정상영업주기 기간 내에 만기일이 도래하는 부채를 의미하는 것으로, 금융부채(외상매입금·지급어음·단기차입금·유동성장기부채·미지급금)와 비금융부채(선수금·예수금 등)가 포함된다. 그러므로 재무상태표상 유동자산과 유동부채의 크기를 비교하여 당해 기업의 단기적 지급능력을 평가할 수 있다. 그리고 **非流動負債**(noncurrent liabilities)란 만기일이 결산일로부터 1년 이후에 또는 정상영업주기(1년 초과 시) 이후에 도래하는 부채로, 장기금융부채(장기차입금과 사채), 장기충당부채(퇴직급여부채와 판매보증충당부채) 및 기타비유동부채 등이 포함된다.

(4) 자 본

資本(capital)은 총자산에서 총부채를 차감한 금액으로 소유주지분(owner's equity) 또는 주주지분(stockholders' equity)에 해당되며, 일명 잔여지분(residual equity)·순자산(net assets)이라고도 한다. 여기서 잔여지분(residual equity)이라 함은 기업의 자산 중 채권자 지분인 부채를 차감한 잔액만이 소유주(주주)에게 귀속되기 때문이다.

자본의 분류는 기업의 형태에 따라 다르다. 개인기업이나 합명회사 또는 합자회사와 같은 인적결합기업(partnership)의 자본은 자본금계정 하나로 기입되나, 주식회사의 자본은 발생원천에 따라 자본금·자본잉여금·이익잉여금 등으로 분류하여 기입한다.

자본금(capital stock)은 발행한 주식의 액면총액인 법정자본금을 의미하고, **자본잉여금**은 주주와의 거래에서 발생한 이익을 의미하며, **이익잉여금**은 기업의 경영성과인 이익 중 배당을 하지 않고 재투자를 위해 기업 내 유보한 금액을 의미한다.

자본 중 이익잉여금에 대한 의미를 해석할 때 유의할 점은 이익잉여금이 현금 등 특정 자산으로 유보된 것이 아니라는 것이다. 재무상태표상 자산총액 중에서 부채는 채권자로부터 조달된 자금의 크기를, 자본금과 자본잉여금은 투자자로부터 조달된 자금의 크기를 표시하듯이, 이익잉여금은 이익 중 배당을 하지 않고 재투자를 위해 유보한 기업의 경영성과에 대한 크기를 나타낼 뿐이라는 것이다.

3) 재무상태표의 양식

재무상태표의 양식은 보고식과 계정식으로 구분된다. **보고식**이란 재무상태표를 자산·부채·자본순으로 나열하여 작성한 양식을 말하며, **계정식**이란 T자 형식(이를 T계정이라 한다)을 이용하여 왼쪽에는 자산을, 오른쪽에는 부채와 자본을 대응하는 형식으로 기입·작성한 것이다. 이때 왼쪽 변을 차변이라 하고, 오른쪽 변을 대변이라 한다. 따라서 계정식으로 작성된 재무상태표의 양식은 [표 3-3]과 같다.

표 3-3 계정식 재무상태표의 양식(유동/비유동 구분, 유동성배열법)

재무상태표

××회사 ××년 ×월 ×일 현재 (단위 : 원)

자 산		부채와 자본	
유동자산	(×××)	Ⅰ. 유동부채	(×××)
Ⅰ. 금융자산	×××	Ⅱ. 비유동부채	(×××)
Ⅱ. 재고자산	×××	부채총계	×××
비유동자산	(×××)	Ⅰ. 자 본 금	(×××)
Ⅰ. 투자자산	×××	Ⅱ. 자본잉여금	(×××)
Ⅱ. 유형자산	×××	Ⅲ. 자본조정	(×××)
Ⅲ. 무형자산	×××	Ⅳ. 기타포괄손익누계액	(×××)
Ⅳ. 기타비유동자산	×××	Ⅴ. 이익잉여금	(×××)
		자본총계	×××
자산총계	×××	부채 및 자본총계	×××

재무상태표는 재무상태표라는 문구와 작성기업 및 작성일자가 표시되어야 하며, 차변에는 자산을 대변에는 부채와 자본을 기입한다. [표 3-3]의 양식을 보면 자산은 유동자산과 비유동자산으로 그리고 부채도 유동부채와 비유동부채로 분류해서 유동항목을 가장 먼저 보고하고 있는데, 이런 보고 방식을 유동/비유동 구분식 및 **유동성배열법**이라고 한다.

그러나 이 방식과는 반대로 차변에서는 비유동자산을 가장 먼저 보고하고 대변에서는 자본을 그리고 그 다음에는 비유동부채를 보고하는 **유동성배열법의 역순 방식**도 가능하다. 이 방식은 영국에서 사용되어 왔으며, 국제회계기준에서도 이 영향을 받아 이 방식이 주로 사용되고 있다. 그러나 어느 방식을 선택하든 문제는 없다.

한편 자산을 기입하는 왼쪽 변을 차변이라 했고 부채와 자본을 기입하는 오른쪽 변을 대변이라 했는데, 그 명칭을 사용하는 유래는 다음과 같이 생각해 볼 수 있다. 기업이 보유하고 있는 경제적 자원인 자산은 채권자나 소유주(주주)로부터 조달된 자금을 가지고 획득한 것이다. 따라서 기업의 입장에서는 언젠가는 이들에게 돌려주어야 할 경제적 의무이므로, 이러한 경제적 의무를 기입한다는 의미에서 왼쪽 변을 **차변**(借邊 ; debit)이라 한 것이다. 그리고 부채와 자본은 채권자나 소유주 입장에서는 기업에 자금을 대여 또는 위탁해준 것으로, 채권자나 소유주의 입장에서 대여 또는 위탁한 자금을 기입한다는 의미로 오른쪽 변을 **대변**(貸邊 ; credit)이라 한 것이다. 그러나 오늘날에는 단지 자산과 부채 및 자본을 기입 표시하는 위치의 의미를 지니고 있는 것으로 받아들이면 된다.

한편 채권자와 소유주로부터 조달된 자금을 이용하여 경제적 자원을 취득한 결과인 자산의 합계와 자금조달의 원천인 부채와 자본의 합계는 항상 같을 수밖에 없다. 이와 같이 재무상태표의 차변의 합계와 대변의 합계가 같다는 것을 **대차평균의 원리**(principle of equilibrium)라 한다. 이에 따라 조달된 자금을 운용하여 취득한 자산의 합계는 자금의 조달원천인 부채 및 자본의 합계와 언제나 일치·균형 또는 대조를 이룬다고 해서 자산·부채·자본을 집계한 표를 전통적으로 'Balance Sheet', 즉 대차대조표(貸借對照表)라고 이름을 붙여 사용해 온 것이다.

유동/비유동 구분 및 유동성배열법에 따른 간단한 재무상태표 양식의 예를 들면 다음과 같다.

예제 3-1 재무상태표의 작성 예

재무상태표

(주)너와나 20×4년 1월 1일 현재 (단위 : 천원)

차변 : 자산		대변 : 부채와 자본	
유동자산		유동부채	
현 금	800,000	매입채무	1,200,000
매출채권	1,000,000	선 수 금	100,000
선 급 금	300,000	단기차입금	800,000
상 품	1,000,000	비유동부채	
비유동자산		사 채	700,000
토 지	550,000	장기차입금	200,000
건 물	500,000	자 본	
차량운반구	100,000	자 본 금	1,000,000
		이익잉여금	250,000
자 산 총 계	4,250,000	부채 및 자본총계	4,250,000

참고 3-1 재무상태표와 관련된 기본적인 계정과목

1. 자산

① **현금과 현금성자산** : 통화 및 통화대용증권(타인발행수표, 자기앞수표 등)과 당좌예금·보통예금으로서 기한이 1년 이내에 도래하는 예금 및 현금성자산. 현금성자산은 큰 거래비용 없이 쉽게 현금으로 전환할 수 있고, 이자율변동에 따른 가치변동의 위험이 낮은 금융자산으로 취득시점에서 만기가 3개월 이내에 도래하는 금융자산으로 예금증서(CD), 단기국채, 단기기업어음(CP), 금리연동제 투자신탁(MMF) 등이 있음.

② **단기투자금융자산** : 시장성이 있는 유가증권(다른 회사 발행의 주식이나 사채·공채·국채) 중 여유자금의 활용 목적으로 보유하고 있는 유가증권(단기매매금융자산과 FVPL금융자산, FVOCI금융자산), 단기예금(정기예금), 단기대여금 등.

③ **외상매출금** : 일반적인 상거래(영업활동)에서 상품이나 제품을 외상으로 판매하여 발생한 채권

④ **받을어음** : 일반적인 상거래(영업활동)에서 상품이나 제품을 외상으로 판매하고 어음을 받아 발생한 어음상 채권 단, 외상매출금과 받을어음을 묶어서 매출채권이라 한다.

⑤ **단기대여금** : 차용증서나 어음을 받고 금전을 대여함으로써 발생한 만기가 1년 이내의 채권

⑥ **미수금** : 일반적인 상거래가 아닌 영업외활동에서 유가증권이나 건물 등을 외상으로 처분하여 발생한 채권

⑦ **상품** : 판매업을 영위하는 기업이 일반적인 상거래 과정(당해 기업의 목적사업)을 통하여 판매를 목적으로 보유하고 있는 재화(예 서점의 책, 부동산 매매업자의 토지나 건물 등) 단, 제조업을 영위하는 기업에서는 제품이라 한다. 이와 같이 영업활동에서 판매를 목적으로 보유하고 있는 상품이나 제품을 재고자산이라 한다.

⑧ **소모품(저장품)** : 업무용으로 사용되는 종이, 볼펜, 장부, 청소도구 등

⑨ **선급금** : 상품이나 원재료 등을 구입하기로 하고 계약금으로 대금 중 일부를 미리 지급한 것

⑩ **토지** : 영업활동에 사용할 목적으로 보유하고 있는 대지·임야·전답·잡종지 등. 단, 영업상 판매를 목적으로 보유하고 있는 경우에는 '상품'이 되고, 영업활동과 관계없이 투자목적으로 보유하고 있는 경우에는 '투자부동산'이 된다.

⑪ **건물** : 영업활동에 사용할 목적으로 보유하고 있는 건물과 냉난방·조명·통풍 및 기타의 건물부속설비

⑫ **기계장치** : 영업활동에 사용할 목적으로 보유하고 있는 기계설비

⑬ **차량운반구** : 영업활동에 사용할 목적으로 보유하고 있는 육상운반구(철도차량, 자동차 등)

⑭ **비품** : 영업활동에 사용할 목적으로 보유하고 있는 책상·응접세트·컴퓨터 등 단, 토지, 건물, 기계장치 차량운반구 및 비품은 장기간 영업활동에 사용할 목적으로 보유하고 있는 실물자산으로 이를 유형자산이라 한다.

⑮ **감가상각누계액** : 토지를 제외한 유형자산의 경제적 가치의 감소분은 매 연도 감가상각비란 비용으로 계상되는데, 매 연도의 감가상각비를 모두 합산해 놓은 것을 감가상각누계액이라 말한다. 감가상각누계액은 자산란에서 해당 유형자산의 차감항목으로 보고된다.

2. 부 채

① **외상매입금** : 일반적인 상거래(제품이나 상품의 매입)에서 발생한 외상으로 인한 채무

② **지급어음** : 일반적인 상거래(제품이나 상품의 매입)에서 발생한 외상으로 인한 어음상 채무 단, 외상매입금과 지급어음을 묶어서 매입채무라 한다.

③ **단기차입금** : 차용증서나 어음을 발행하여 주고 금전을 차입함으로써 발생한 상환기간이 1년 이내인 금융부채

④ **미지급금** : 일반적인 상거래가 아닌 영업외활동에서 유가증권이나 건물 등의 외상 구입으로 발생한 채무

⑤ **선수금** : 상품이나 원재료 등을 판매하기로 하고 계약금으로 대금 중 일부를 미리 받은 금액

⑥ **장기금융부채** : 차용증서나 어음을 발행하여 주고 금전을 차입함으로써 발생한 상환기간이 1년 이상인 채무(장기차입금)와 일시 거액의 자금을 사채권을 발행하여 차입한 경우 발생한 채무(사채)

3. 자 본

① **자본금** : 주주의 출자분으로 발행주식수의 액면총액(발행주식수×액면단가).

단, 개인기업의 경우에는 소유주의 출자분 전액을 자본금계정 하나에 기입한다.

② **자본잉여금** : 주주 또는 자본가와의 거래에서 발생한 잉여. 여기서 주주 또는 자본가와의 거래란, 주식회사의 경우에는 주식발행을 통한 자본금을 증가시키는 증자(增資) 또는 발행된 주식을 매입·소각하여 자본금을 감소시키는 감자(減資) 등을 의미하고, 개인기업의 경우에는 소유주의 추가출자나 자본의 인출을 말한다. 따라서 자본잉여금을 주주에게 배당하는 경우 자본의 환급에 해당되므로 배당에는 사용할 수 없고 결손보전이나 자본전입에만 사용할 수 있다.

③ **이익잉여금** : 기업이 창출한 이익 중 배당을 하지 않고 기업내 유보한 금액. 이익잉여금의 증감원인은 당기순손익과 배당 등을 들 수 있다.

자습문제 3-1 다음 자료를 이용하여 각 기업의 20×4년 1월 1일 현재의 재무상태표를 작성하시오.

(1) (주)미래의 재무상태

현 금	₩100,000	당좌예금	₩300,000	대여금	₩150,000	외상매출금	₩250,000
상 품	500,000	건 물	1,500,000	입 금	300,000	외상매입금	200,000
사 채	1,000,000	미지급금	200,000	자본금	1,000,000	이익잉여금	?

(2) (주)희망의 재무상태

현 금	₩400,000	금융상품	₩600,000	미수금	₩150,000	받을어음	₩350,000
상 품	500,000	비 품	500,000	선수금	300,000	지급어음	400,000
사 채	600,000	미지급금	100,000	자본금	?	이익잉여금	200,000

(3) (주)자유의 재무상태

현 금	₩?	금융상품	₩400,000	선급금	₩150,000	소 모 품	₩50,000
상 품	600,000	토 지	900,000	선수금	300,000	단기차입금	400,000
사 채	700,000	미지급금	200,000	자본금	600,000	이익잉여금	200,000

4) 재무상태표와 관련된 산식

(1) 회계(재무상태표)등식

會計等式이란 앞에서 설명한 대차평균의 원리를 등식화한 것으로, 기업이 소유하고 있는 경제적 자원의 가치(자산합계)와 이러한 경제적 자원을 획득하기 위하여 조달된 자금(부채와 자본)은 항상 같다는 원리를 말한다. 기업의 자산이란 채권자와 소유주의 몫(지분 ; equity)으로 나눌 수 있으므로 부채를 채권자지분, 자본을 소유주지분 또는 주주지분이라 한다. 회계등식을 정리하면 다음과 같다.

자산(경제적 자원) = 부채(채권자 지분) + 자본(소유주 지분 또는 주주 지분)

(2) 자본등식

資本等式이란 자본을 중심으로 등식을 유도한 것으로 자본가(소유주)에게 귀속되는 순부(純富) 또는 순재산을 중요시 여기는 회계사고에서 유래된 것이다. 기업의 자산이란 소유주의 재산으로 적극적 재산이라 하고, 부채란 소유주의 채무로 소극적 재산이라 한다. 자본등식은 다음과 같다.

자산(적극적 재산) − 부채(소극적 재산) = 자본(순재산 또는 순자산)

5) 재무상태표의 유용성

재무상태표의 유용성은 다음과 같다.

(1) 기업실체의 재무상태에 관한 정보제공

財務狀態(financial position)란 해당기업의 경제적 자원의 가치인 자산과 이에 대한 채권자지분인 부채 및 투자자지분인 자본에 대한 크기를 말한다. 기업이 경제적 자원을 획득하기 위해서는 자금이 필요한데 이러한 자금의 조달방법을 부채와 자본을 통하여 설명한다. 그리고 조달된 자금을 이용하여 필요한 경제적 자원을 취득하게 되는데 이러한 자금의 운용결과를 자산으로 설명한다. 따라서 재무상태표는 기업활동으로 인한 재무상태의 변동결과가 자산·부채·자본으로 요약된 것으로, 이를 세밀하게 분석하면 기업의 경영정책방향 등을 알 수 있다. 예를 들어 토지와 건물 등이 증가한 경우에는 내적인 기업성장의 추구로 이후 영업규모가 확대될 것이라는 추정을 할 수 있게 된다.

(2) 당해 기업의 유동성(단기 지급능력)에 관한 정보제공

流動性(liquidity)이란 자산의 경우 현금으로의 전환가능성을 의미하고, 부채는 만기까지의 기간을 의미한다. 이때 현금으로의 전환가능성이 높을수록, 만기까지의 기간이 짧을수록 유동성이 높다. 따라서 자산과 부채의 각 항목은 유동성에 차이가 있다. 이미 설명한 것처럼 결산일로부터 1년을 기준으로 하여 1년 내에 현금화할 수 있는 자산을 유동자산으로, 1년 이내에 만기가 도래하는 부채를 유동부채로 분류하고 있다. 따라서 유동자산과 유동부채를 비교하여 당해 기업의 단기 지급능력(solvency)을 파악할 수 있게 된다.

(3) 당해 기업의 재무구조에 관한 정보제공

財務構造란 부채와 자본의 구성비율을 의미한다. 채권자에 대한 기업의 최종적인 담보는 자본이라 할 수 있다. 따라서 부채와 자본의 크기를 상호 비교함으로써 채권자에 대한 기업의 담보능력을 측정할 수 있게 된다. 담보능력이 클수록 기업은 장기적으로 안정성(safety)을 지닌다.

예제 3-2 재무상태표와 단기지급능력

재무상태표

(주)너와나　　20×4년 12월 31일 현재　　(단위 : 천원)

차변 : 자산		대변 : 부채와 자본	
현 금	1,000,000	매 입 채 무	1,100,000
매 출 채 권	800,000	선 수 금	200,000
선 급 금	200,000	단기차입금	900,000
상 품	800,000	사 채	700,000
토 지	550,000	장기차입금	150,000
건 물	800,000	자 본 금	1,000,000
차량운반구	200,000	이익잉여금	300,000
	4,350,000		4,350,000

(주)너와나의 20×4년도 말 현재의 유동자산(현금, 매출채권, 선급금, 상품)은 ₩2,800,000,000이고, 유동부채(매입채무, 선수금, 단기차입금)는 ₩2,200,000,000이다. 따라서 1년 이내에 만기가 도래하는 유동부채보다 1년 이내 현금으로 전환할 수 있는 유동자산이 크므로 유동부채를 상환할 수 있는 단기지급능력은 양호한 것으로 평가할 수 있다.

3 포괄손익계산서

1) 포괄손익계산서의 의의

包括損益計算書(statement of comprehensive income)는 일정기간의 기업의 경영성과를 표시하는 재무보고서로서, 일명 경영성과보고서(income statement)라고도 한다. 앞에서 재무상태표를 일정 시점의 재무상태에 대한 순간의 스냅(snap)사진이라 하였듯이 손익계산서(이하에서는 포괄이란 명칭을 생략하겠음)는 일정 회계기간 동안 기업의 경영성과를 촬영한 비디오 테이프에 비유할 수 있다.

손익계산서에는 수익과 비용 및 당기순손익이 포함되어 작성·보고된다. 손익계산서상 당기순손익의 크기는 기업의 경영성과를 평가하기 위해 사용되는 가장 일반적이고 유용한 측정치로, 많은 정보이용자들이 관심을 갖는 정보중의 하나이다.

회계상 수익과 비용 및 이익이란 일상생활에서는 다음과 같이 표현된다. 예를 들어, 아르바이트를 하여 하루 ₩50,000을 번다고 하자. 그러면 하루 ₩50,000을 벌기 위해서는 교통비와 식비 등 경제적 희생이 따르는데 그 금액이 ₩10,000이라 하자. 이러한 경우 일상생활에서는 ₩50,000을 벌어 ₩10,000은 사용하고 ₩40,000이 남았다고 한다. 회계상 표현으로는 벌어들인 ₩50,000은 수익이고 ₩50,000을 벌기 위해 사용된 ₩10,000은 비용이며 남은 ₩40,000은 이익인 것이다. 이와 같이 수익이란 벌어들인 것을 의미하고, 비용이란 벌기 위하여 소비된 가치를 말한다. 그래서 이익이란 수익에서 비용을 차감한 나머지가 된다. 앞에서 언급한 것처럼 이익은 투자자에게 배당을 통하여 분배되며, 배당되지 않고 재투자를 위하여 유보한 미분배 금액은 재무상태표상 이익잉여금으로 표시된다.

2) 손익계산서의 구성요소

(1) 수 익

收益(revenues)이란 상품이나 제품의 판매 및 용역의 제공 등 해당 기업의 목적 사업인 일반적인 상거래에서 발생한 순자산(자본)의 증가분으로, 이에는 **매출**과 **용역수익**이 포함된다.

앞에서 인용한 예를 이제 회계상 예로 바꾸어 보자. 예를 들어, 원가 ₩30,000의 상품을 ₩40,000에 현금매출한 경우, 상품을 판매하여 벌어들인 매출액 ₩40,000이 수익이 된다. 이를 회계상 의미로 분석하면 자산인 현금 ₩40,000이 증가하고 그 결과 투자자의 몫인 자본이 증가하였기 때문이다.

한편, 투자자의 추가적인 투자(추가출자 또는 증자라 함)를 제외한 영업외활동에서 발생한 순자산의 증가분(예 단기금융자산처분이익·유형자산처분이익 등)은 기타수익(또는 차익; gains)이라고 한다.

(2) 비 용

費用(expenses)이란 상품이나 제품의 판매 및 용역의 제공 등 해당 기업의 목적 사업인 일반적인 상거래에서 발생한 순자산(자본)의 감소분으로, 이에는 판매된 상품이나 제품의 원가인 **매출원가**와 판매 및 관리활동에서 발생한 물류원가(운송비)와 관리활동원가(급여, 광고선전비, 수도광열비 등)가 포함된다.

예를 들어, 원가 ₩30,000의 상품을 ₩40,000에 현금매출한 경우, 매출액 ₩40,000을 벌기 위하여 상품의 원가 ₩30,000이 희생되었으므로 상품의 원가 ₩30,000이 비용인 매출원가가 된다. 이를 회계상 의미로 분석하면 수익인 매출액 ₩40,000을 얻기 위하여 상품이라는 자산이 ₩30,000 감소하였고, 그 결과 자본가 몫인 자본이 감소되었기 때문이다.

한편, 투자자에 대한 환급(감자 또는 인출) 및 배당을 제외한 영업외활동에서 발생한 순자산의 감소분(예 단기금융자산처분손실·유형자산처분손실 등)은 차손(또는 손실; losses)이라고 한다.

(3) 순이익(순손실)

일정 기간 동안 발생한 특정 기업의 수익에서 비용을 차감한 금액을 순이익이라 하고, 수익보다 비용이 큰 경우에는 그 차액을 순손실이라 한다. 이때 특정 회계기간의 순이익이나 순손실을 당기순이익 또는 당기순손실이라 한다. 따라서 당기순손익에는 당해 기업이 일정기간 동안 창출한 영업활동에 의한 성과와 영업외활동에 의한 성과가 모두 포함된다.

3) 손익계산서의 양식

손익계산서는 손익계산서라는 문구와 작성기업 및 회계기간이 표시되어야 하며, 수익과 비용 및 당기순손익을 기입한다. 손익계산서의 양식은 보고식과 계정식으로 구분된다. 계정식이란 대변에 수익, 차변에 비용과 당기순이익(당기순손실은 대변에 표시됨)을 표시해서 작성하는 방식이며, 보고식이란 수익·비용·당기순손익의 순으로 위에서 아래로 나열하여 작성한 것으로, 그 기본양식은 [표 3-4] 및 [표 3-5]와 같다.

표 3-4 계정식 손익계산서의 양식

손익계산서

(주)××회사 20×4년 1월 1일부터 12월 31일까지 (단위 : 원)

비 용	×××	수 익	×××
당기순이익	×××		
	×××		×××

표 3-5 보고식 손익계산서의 양식

손익계산서

(주)××회사 20×4년 1월 1일부터 12월 31일까지 (단위 : 원)

수 익	×××
비 용	(×××)
당기순이익	×××

그러나 회계기준에서는 포괄손익계산서의 양식을 보고식으로 작성하도록 하고 있다. 보고식으로 작성되는 포괄손익계산서도 다시 ① 단일의 포괄손익계산서(a combined statement of comprehensive income)를 작성하는 방법과 ② 두 개의 포괄손익계산서(a second income statement)를 작성하는 방법으로 나눌 수 있으며, 이 중 한 가지를 선택해서 작성된다.

단일의 포괄손익계산서를 작성하는 방법은 당기손익과 기타포괄손익이 함께 반영된 단일보고서를 작성하는 방법이며, 이 보고서를 포괄손익계산서라고 부른다. 반면에 두 개의 손익계산서를 작성하는 방법은 당기손익의 구성항목만을 반영한 보고서(손익계산서라고 함)와 별도로 손익계산서의 당기순이익에다 기타포괄손익항목을 반영한 또 하나의 보고서(포괄손익계산서라 함)를 작성하는 분리 방법이다. 다시 말해 단일의 포괄손익계산서를 두 부분으로 나누어서 표시하는 방법인 것이다.

이 두 방법에 따른 간단한 양식을 제시하면 다음 [표 3-6] 및 [표 3-7]와 같다.

표 3-6 단일의 포괄손익계산서의 작성

포괄손익계산서

(주)××회사	회계기간	(단위 : 원)
수　　익		×××
비　　용		(×××)
당기순이익		×××
기타포괄손익		×××
총포괄손익		×××

표 3-7 손익계산서(두 개의 보고서)의 작성

손익계산서

(주)××회사	회계기간	(단위 : 원)
수　　익		×××
비　　용		(×××)
당기순이익		×××

포괄손익계산서

(주)××회사	회계기간	(단위 : 원)
당기순이익		×××
기타포괄손익		×××
총포괄손익		×××

한편 국제회계기준에서는 손익계산서 표시항목에 대해서 최소한도로 수익, 금융원가, 법인세비용, 당기순이익 등의 계정과목을 별도로 표시하도록 하고 있으며, 비용에 대해서는 성격별 또는 기능별로 분류해서 포괄손익계산서에 표시하도록 요구하고 있다.

성격별 비용법(nature of expense method)은 비용을 원재료 구입, 종업원급여비용, 감가상각비, 광고선전비처럼 성격별로 구분해서 표시하는 방법이며, 기능별 비용법(function of expense method)은 비용을 매출원가, 물류원가, 관리비용처럼 기능별로 구분해서 표시하는 방법을 말한다. 기능별 비용법이 전통적인 방식과 유사하며, 그 양식은 [표 3-8]과 같다.

표 3-8 보고식 포괄손익계산서의 양식(기능별 비용법)

포괄손익계산서

××회사	회계기간	(단위 : 원)
Ⅰ. 매 출 액		×××
Ⅱ. 매 출 원 가		(×××)
Ⅲ. 매출총손익		×××
Ⅳ. 물 류 원 가		(×××)
Ⅴ. 관 리 비 용		(×××)
Ⅵ. 영 업 손 익		(×××)
Ⅶ. 기 타 수 익		(×××)
Ⅷ. 기 타 비 용		×××
Ⅸ. 금 융 비 용		(×××)
Ⅹ. 법인세비용차감전순손익		×××
Ⅺ. 법인세비용		(×××)
Ⅻ. 당기순손익		×××
XIII. 기타포괄손익		×××
XV. 총 포괄손익		×××
주 당 이 익(단위 : 원)		××

이후 설명과정에서는 일단 이해하기 쉬운 계정식을 이용하기로 한다. 계정식 손익계산서 양식의 예를 들면 다음과 같다.

예제 3-3 손익계산서의 작성 예(계정식)

손익계산서

(주)너와나 20×4년 1월 1일부터 12월 31일까지 (단위 : 원)

차변	금액	대변	금액
매 출 원 가	4,000,000	매 출	6,000,000
급 여	1,000,000	임 대 료	1,500,000
이 자 비 용	500,000		
당기순이익	2,000,000		
	7,500,000		7,500,000

손익계산서

(주)우리 20×4년 1월 1일부터 12월 31일까지 (단위 : 원)

차변	금액	대변	금액
매 출 원 가	4,000,000	매 출	6,000,000
급 여	1,000,000	임 대 료	1,000,000
이 자 비 용	2,500,000	당기순손실	500,000
	7,500,000		7,500,000

(주)너와나는 대변의 수익총액은 ₩7,500,000이고 차변의 비용총액은 ₩5,500,000이므로 대변금액이 ₩2,000,000이 크다. 그러므로 차변합계와 대변합계를 일치시키기 위하여 당기순이익 ₩2,000,000을 차변에 기입한 것이다. 그리고 (주)우리는 대변의 수익총액은 ₩7,000,000이고 차변의 비용총액은 ₩7,500,000이므로 차변금액이 ₩500,000이 크다. 그러므로 차변합계와 대변합계를 일치시키기 위하여 당기순손실 ₩500,000을 대변에 기입한 것이다.

참고 3-2 손익계산서와 관련된 기본적인 계정과목

1. 수 익

① **매출** : 재고자산(상품이나 제품)의 판매대가(매출액 = 매출원가 + 매출총이익). 단, 서비스업종인 경우에는 용역의 제공대가를 용역수익, 용역매출 또는 수수료수익이라 한다.

② **이자수익** : 대여금이나 예금으로부터 발생한 이자

③ **임대료** : 건물이나 토지 등을 임대함으로써 발생하는 집세나 텃세

④ **수수료수익** : 거래의 알선 등을 통하여 받는 수수료

⑤ **단기금융자산처분이익** : 유동자산에 속한 금융자산을 원가 이상으로 처분하여 남은 이익

⑥ **유형자산처분이익** : 토지나 건물 등 유형자산을 원가(또는 장부가액) 이상으로 처분하여 남은 이익

⑦ **잡이익** : 영업외활동에서 발생한 비교적 적은 이익(예 폐품의 처분액 등)

2. 비 용

① **매출원가** : 판매된 상품이나 제품의 원가

② **급여** : 사무직 종업원에게 지급되는 보수

③ **여비교통비** : 종업원의 출장 시 지급되는 교통비나 숙박비

④ **통신비** : 전화, 전보, 우표 및 엽서 등에 지급되는 금액

⑤ **수도광열비** : 수도요금, 전기요금, 연료비 등으로 지급되는 금액

⑥ **세금과공과** : 법인세나 부가가치세 등을 제외한 각종 세금(예 재산세, 자동차세, 사업소세 등)과 공과금(예 상공회의소회비, 적십자회비, 국민연금 사용자부담분 등). 단, 건물 등의 취득 시에 발생하는 취득세나 등록세는 해당 자산의 취득원가에 포함하여 자산으로 기록한다.

⑦ **임차료** : 건물이나 토지 등을 임차하여 사용함으로써 지급하는 집세나 텃세

⑧ **보험료** : 보험에 가입하고 납부하는 각종 보험료

⑨ **광고선전비** : 광고 및 선전활동에 지급되는 금액

⑩ **운반비** : 상품이나 제품 등을 판매하면서 발생한 운임 등의 발송비용. 단, 상품이나 비품 등의 구입 시 발생하는 운임은 해당 자산의 취득원가에 포함하여 자산으로 기록한다.

⑪ **판매수수료** : 상품이나 제품 등의 판매사원에게 지급되는 수수료

⑫ **소모품비** : 소모품의 사용으로 발생한 비용

⑬ **감가상각비** : 토지를 제외한 유형자산의 경제적 가치의 감소분으로 계상된 비용

⑭ **잡비** : 영업활동에서 발생한 비교적 적은 금액의 비용

⑮ **잡손실** : 영업외활동에서 발생한 비교적 적은 손실(예 현금분실로 인한 손실 등)

⑯ **이자비용** : 차입금 등 채무에 대한 이자와 어음 등의 할인시 발생하는 할인료

⑰ **단기금융자산처분손실** : 유동자산에 속한 금융자산을 원가 이하로 처분하여 발생하는 손실

⑱ **유형자산처분손실** : 토지나 건물 등 유형자산을 원가(또는 장부가액) 이하로 처분하여 발생한 손실

⑲ **법인세비용** : 법인세와 이에 부가하는 세액

자습문제 3-2 20×4년 1월 1일부터 12월 31일까지 발생한 다음 자료를 이용하여 각 기업의 손익계산서를 작성하시오.

(1) (주)미래의 수익과 비용

매 출 액	₩3,000,000	이 자 수 익	₩500,000	단기금융자산처분이익	₩300,000
매출원가	2,000,000	급 여	700,000	이자비용	100,000
통 신 비	40,000	광고선전비	60,000	유형자산처분손실	200,000
소모품비	50,000	임 차 료	100,000		

(2) (주)희망의 수익과 비용

매 출 액	₩8,000,000	임 대 료	₩600,000	이자수익	₩400,000
매출원가	5,000,000	급 여	2,000,000	이자비용	600,000
운 반 비	150,000	여비교통비	500,000	단기금융자산처분손실	550,000
보 험 료	170,000	잡 비	130,000	세금과공과	100,000

4) 손익계산서의 유용성

손익계산서의 유용성은 다음과 같다.

(1) 당해 기업의 경영성과에 대한 원인표시

기업활동은 영업활동·투자활동 및 재무활동으로 분류된다. 기업의 목적사업과 관련된 활동이 영업활동이고, 이외의 활동은 영업활동을 지원하기 위한 것으로 영업외활동이라 한다. 따라서 각 활동에서 발생된 성과는 그 의미가 다를 수밖에 없다. 그리하여 손익계산서항목 중 영업활동에서 발생한 것을 수익(revenues ; 매출액)과 비용(expenses ; 매출원가와 판매비와 관리비)이라 하고, 영업외활동에서 발생된 것을 이익(gains)과 손실(losses)이라 하여 이들을 손익계산서에 발생원천별로 구분하여 보고한다. 따라서 손익계산서는 당해 기업의 경영성과의 발생원천에 대한 정보를 제공한다.

(2) 수익성(이익창출능력)과 미래현금흐름을 예측하는데 유용한 정보제공

정보이용자들의 궁극적인 관심사는 당해 기업으로 유입되리라 예상되는 순현금흐름이다. 미래의 순현금흐름에 대한 예측은 여러 정보를 이용할 수 있다. 그러나 순현금흐름은 이익창출능력에 의하여 영향을 받게 되므로, 일반적으로 미래의 순현금흐름의 대용치(proxy)로 미래의 이익창출능력을 이용한다. 이러한 미래의 이익창출능력은 과거의 수익성을 이용하여 예측할 수 있다. 이때 매기 경상적이고 반복적인 항목과 비경상적이고 비반복적인 항목은 미래에 그 발생가능성이 다르므로 미래의 이익창출능력에 대한 예측력이 다르다. 따라서 경상적이고 반복적인 항목과 비경상적이고 비반복적인 항목을 구분하여 미래의 이익창출능력을 예측할 필요가 있다.

(3) 가처분 부(배당가능한 이익)에 관한 정보제공

기업은 창출한 이익을 투자자(소유주)에게 배당형식으로 분배하게 된다. 손익계산서에는 해당 기업의 경영성과가 보고되므로 이를 통하여 배당가능이익이 어느 정도가 되는지를 알 수 있게 된다. 그러므로 기업활동에서 창출된 것이 아닌 성과는 손익계산서에 포함시켜서는 안 된다. 이러한 것에는 소유주와의 거래에서 발생한 이익과 손실(예 자본잉여금)이 해당된다.

예제 3-4 **손익계산서의 유용성 : 경영성과의 원인 설명**

다음은 자산 규모가 유사한 자동차 판매회사인 (주)씽씽과 (주)낑낑의 손익계산서이다. 두 회사의 20×4년도 당기순이익은 각각 ₩70,000이다. 손익계산서를 이용하여 두 기업의 경영성과의 건전성 여부를 비교하면 다음과 같다.

손익계산서

(주)씽씽	1/1－12/31	(단위 : 원)
매출액		400,000
매출원가		(200,000)
관리비용		(50,000)
물류원가		(50,000)
유형자산처분손실		(30,000)
당기순이익		70,000

손익계산서

(주)낑낑	1/1－12/31	(단위 : 천원)
매출액		400,000
매출원가		(200,000)
관리비용		(90,000)
물류원가		(60,000)
유형자산처분이익		20,000
당기순이익		70,000

20×4년도 두 회사의 당기순이익은 ₩70,000으로 동일하지만 (주)씽씽의 경영성과가 보다 양호하다고 할 수 있다. 그 이유는 다음과 같다.

(주)씽씽은 목적사업인 영업활동에서 ₩100,000의 경영성과를 창출하였으나 (주)낑낑은 ₩50,000의 경영성과를 창출하였으며, 영업이익(매출액에서 매출원가, 관리비, 물류원가를 차감한 금액)의 차이에 대한 원인은 (주)낑낑의 관리비용과 물류원가가 (주)씽씽에 비하여 많이 발생하였기 때문이다.

5) 당기순손익의 산출방법

기업의 목적은 이윤추구이므로 많은 회계정보 중 정보이용자들의 주요 관심사 중 하나가 바로 당기순이익이나 당기순손실이다. 당기순손익의 산출방법은 자본유지접근법과 거래접근법으로 구분된다.

(1) 자본유지접근법

資本維持接近法(capital maintenance approach)은 기업의 이익을 기초의 자본을 그대로 기말에도 유지하면서 일정기간 동안의 최대 배당가능액으로 보아 재무상태표상 기말자본과 기초자본을 비교하여 순손익을 산출하는 방법이다. 이러한 자본유지접근법은 순손익의 발생원인을 설명하지 못하고, 다만, 당기의 기업 경영의 결과인 당기순손익의 수치만 제시하여 준다. 자본유지접근법의 산식을 정리하면 다음과 같다.

당기순손익 = 기말자본 − (기초자본 + 증자액 − 자본의 환급 및 배당액)

여기서 증자란 주식의 발행을 통한 주식회사의 자본금의 증가나 개인기업의경우 소유주의 추가출자를 의미하고, 자본의 환급이란 주식의 매입·소각으로 인한 주식회사의 자본금이 감소하는 감자나 개인기업의 경우 소유주에 의한 자본의 인출을 의미한다.

예제 3-5 **주식회사의 기말재무상태표**

(주)너와나의 기초자본은 자본금 ₩2,000,000과 이익잉여금 ₩600,000이었으며, 당기 이익 중 ₩200,000을 배당하였다. 기말 현재 자산과 부채는 다음과 같으며, 기중증자나 감자는 없었다고 하자.

현 금 ₩1,300,000 상 품 ₩1,500,000 비 품 ₩700,000 차입금 ₩1,000,000

이상의 자료를 이용하여 자본유지접근법에 따라 당기순이익을 산출하면 다음과 같다.

기초자본 = ₩2,000,000 + ₩600,000 = ₩2,600,000
기말자본 = ₩1,300,000 + ₩1,500,000 + ₩700,000 − ₩1,000,000 = ₩2,500,000
당기순이익 = ₩2,500,000 − (₩2,600,000 − ₩200,000) = ₩100,000

재무상태표를 작성하면 다음과 같다. 기초이익잉여금 ₩600,000과 당기순이익 ₩100,000이 합산된 배당가능이익 ₩700,000중 ₩200,000을 배당하였으므로 기말재무상태표상 이익잉여금은 ₩500,000으로 기입된다.

재무상태표

(주)너와나	20×4년 12월 31일 현재		(단위 : 원)
현 금	1,300,000	차 입 금	1,000,000
상 품	1,500,000	자 본 금	2,000,000
비 품	700,000	이익잉여금	500,000
	3,500,000		3,500,000

예제 3-6 ▶ 개인기업의 기말재무상태표

개인기업인 한나라상회의 기초자본은 ₩2,600,000이었으며, 당기중 자본가가 ₩200,000을 인출하였다. 기말 현재 자산과 부채는 다음과 같으며, 기중 추가출자는 없었다고 하자.

현 금 ₩1,300,000　　상 품 ₩1,500,000　　비 품 ₩700,000　　차입금 ₩1,000,000

이상의 자료를 이용하여 자본유지접근법에 따른 당기순이익을 산출하면 다음과 같다.

당기순이익 = ₩2,500,000 − (₩2,600,000 − ₩200,000) = ₩100,000

재무상태표를 작성하면 다음과 같다. 기초자본 ₩2,600,000에서 ₩200,000을 인출하였고 당기순이익 ₩100,000이 계상되었으므로 기말재무상태표상 자본금은 ₩2,500,000으로 기입된다.

재무상태표

한나라상회	20×4년 12월 31일 현재		(단위 : 원)
현 금	1,300,000	차 입 금	1,000,000
상 품	1,500,000	자 본 금	2,500,000
비 품	700,000		
	3,500,000		3,500,000

(2) 거래접근법

去來接近法(transaction approach)은 일정 기간 동안 발생한 수익과 비용을 비교하여 순손익을 산출하는 방법이다. 이는 자본유지접근법과는 달리 경영성과의 원인을 설명함으로써 정보이용자들에게 당기순손익의 원인에 관한 유용한 정보를 제공한다. 그리하여 회계상 당기순손익은 거래접근법을 이용하여 산출되며 이를 반영한 재무제표가 바로 손익계산서이다. 거래접근법의 산식을 정리하면 다음과 같다.

당기순손익 = 수익(이익포함) − 비용(손실포함)

6) 재무상태표와 손익계산서와의 관계

자본유지접근법과 거래접근법에 의하여 각각 산출된 일정 기간의 당기순손익은 같다. 자본유지접근법은 기초와 기말시점의 재무상태(구체적으로는 자본)를 비교하여 당기순손익을 산출하지만, 거래접근법은 일정 기간 발생한 수익(이익포함)과 비용(손실포함)을 집계하여 당기순손익을 산출함으로써 이익잉여금의 변동요인 중 가장 중요한 당기순손익의 원인을 설명하여 준다.

따라서 손익계산서는 재무상태표의 기초이익잉여금이 기말이익잉여금으로 변동된 원인 중 가장 중요한 당기순손익의 원인을 설명함으로써, 기초재무상태표와 기말재무상태표를 연결해주는 역할을 수행한다. 이를 예를 들어 설명하면 다음과 같다.

예제 3-7 ▶ 재무상태표와 손익계산서와의 관계

아래 예에서 보는 바와 같이 이 기업의 기초이익잉여금 ₩10,000이 기말이익잉여금 ₩28,000으로 변동되었다. 기중에 배당을 하지 않았다는 전제하에서 재무상태표에는 이익잉여금, 즉 당기순이익 ₩18,000이 증가된 결과만 제시될 뿐 그 증가이유를 설명하지 못한다. 이익잉여금의 증가요인인 당기순이익의 원인은 손익계산서에서 수익항목과 비용항목으로 자세하게 설명되고 있다.

재무상태표 (기초시점)

현 금	30,000	차 입 금	40,000
상 품	50,000	자 본 금	50,000
비 품	20,000	이익잉여금	10,000
	100,000		100,000

재무상태표 (기말시점)

현 금	50,000	차 입 금	50,000
상 품	60,000	자 본 금	50,000
비 품	18,000	이익잉여금	28,000
	128,000		128,000

*이익잉여금 ₩18,000 증가

⇓ 증가원인

손익계산서

매출원가	30,000	매 출 액	50,000
통 신 비	2,000		
당기순이익	18,000		
	50,000		50,000

자습문제 3-3 (주)너와나의 재무상태와 경영성과에 대한 다음 자료를 이용하여 자본유지접근법과 거래접근법에 의한 당기순손익을 산출하고 재무상태표와 손익계산서를 작성하시오. 단, 이익잉여금의 배당은 없었다.

(1) 20×4년 1월 1일 현재의 재무상태

현 금	₩200,000	당좌예금	₩400,000	대 여 금	₩150,000	외상매출금	₩250,000
선 급 금	500,000	상 품	1,500,000	차 입 금	300,000	외상매입금	200,000
지급어음	200,000	사 채	1,000,000	자 본 금	1,000,000	이익잉여금	300,000

(2) 20×4년 12월 31일 현재의 재무상태

현 금	₩250,000	당좌예금	₩450,000	유가증권	₩850,000	외상매출금	₩550,000
선 급 금	300,000	소 모 품	50,000	상 품	900,000	외상매입금	200,000
지급어음	300,000	사 채	1,000,000	자 본 금	1,000,000	이익잉여금	?

(3) 20×4년 1월 1일부터 12월 31일까지의 경영성과

매 출 액	₩7,000,000	이 자 수 익	₩500,000	단기금융자산처분이익	₩200,000
매출원가	5,000,000	급 여	1,500,000	수도광열비	225,000
통 신 비	140,000	광고선전비	100,000	이 자 비 용	35,000
소모품비	50,000	임 차 료	100,000		

4 자본변동표

1) 자본변동표의 의의

자본변동표(statement of changes in equity)는 자본의 변동내용에 대한 포괄적인 정보를 제공한다. 자본변동표는 재무상태표에 표시되어 있는 자본의 변동내용을 설명하는 재무보고서로서, 자본을 구성하고 있는 모든 항목의 변동내용에 대한 정보를 제공하게 된다.

자본변동표는 재무제표간의 연계성을 제고시키며 재무제표의 이해가능성을 높인다. 재무상태표에 표시되어 있는 자본의 기초잔액과 기말잔액을 모두 제시함으로써 재무상태표와 연결할 수 있고, 자본의 변동내용은 손익계산서와 현금흐름표에 나타난 정보와 연결할 수 있어 정보이용자들이 보다 명확히 재무제표간의 관계를 파악할 수 있게 된다.

2) 자본변동표의 양식

자본변동표는 자본금, 자본잉여금, 및 이익잉여금 등의 자본구성항목을 각 항목별로 기초잔액과 변동사항 및 기말잔액으로 표시한다. 기초잔액은 전기말의 금액이고 기말잔액은 기초잔액에

기중변동사항을 가감한 것으로 각 항목별 변동사항이 자본변동표의 핵심정보라고 말할 수 있다. 자본에 증감변동을 발생시키는 기중의 변동사항에는 증가요인인 주식발행과 당기순이익 그리고 감소요인으로 배당금이 있다.

자본변동표의 간단한 기본 양식은 [표 3-9]와 같다.

표 3-9 자본변동표의 기본 양식

자본변동표

회사명 제×기 20×4년 1월 1일부터 20×4년 12월 31일까지 (단위 : 원)

구 분	자 본 금	자본잉여금	이익잉여금	총 계
20×4. 1. 1(기초잔액)	×××	×××	×××	×××
유 상 증 자(감자)	×××	×××		×××
당기순이익(손실)			×××	×××
배 당 금			(×××)	(×××)
20×4. 12. 31(기말잔액)	×××	×××	×××	×××

5 현금흐름표

1) 현금흐름표의 의의와 구성항목

기업을 운영하는데 있어 인체의 혈액과 같은 역할을 하는 것이 현금이다. 기업의 도산 원인 중 상당 부분이 현금부족으로 인한 자금압박에서 기인하는 것으로 현금의 유입과 유출내용에 관한 정보는 정보이용자의 입장에서 볼 때 주요 관심사 중의 하나라 할 수 있다. 이러한 정보요구를 충족시키기 위하여 작성·보고하는 것이 현금흐름표이다.

현금흐름표가 제공하는 현금흐름 정보는 기업실체의 현금지급능력, 재무적 탄력성, 수익성 및 위험 등을 평가하는 데 유용하며, 여러 기업실체의 미래현금흐름의 현재가치를 비교하고 기업가치를 평가하는 데 필요한 기초자료를 제공한다.

손익계산서를 통해서 산출된 회계이익은 영업활동에서의 순현금흐름과 일치하지 않으므로 현금흐름표는 회계이익과 현금흐름간의 차이 및 그 차이의 원인에 대한 정보를 제공한다는 점에서 재무상태표와 손익계산서를 보완하는 중요한 역할을 담당하고 있다.

현금흐름표(statement of cash flows)란 일정 기간 동안 기업의 영업활동과 투자활동 및 재무활동으로 인한 각각의 현금의 유입액과 유출액을 설명하기 위한 재무보고서로, 이는 다시 말해 기초의 현금잔액이 기말의 현금잔액으로 변동한 원인을 기업의 3가지 활동으로 나누어서 설명한다.

기업의 경영활동별 현금의 유입과 유출의 주요 내용을 살펴보면 다음 [표 3-10]과 같다.

(1) 영업활동 현금흐름은 사업활동의 지속, 차입금상환, 배당금지급 및 신규 투자 등에 필요한 현금을 외부로부터 조달하지 않고 자체적인 영업활동으로부터 얼마나 창출하였는지에 대한 정보를 제공한다.

영업활동은 주로 제품의 생산과 판매활동, 상품과 용역의 구매와 판매활동 및 관리활동을 포함한다.

(2) 투자활동 현금흐름은 미래이익과 미래현금흐름을 창출할 자원의 확보와 처분에 관련된 현금흐름에 대한 정보를 제공한다. 투자활동은 현금의 대여와 회수활동, 투자자산 · 유형자산 및 무형자산의 취득과 처분활동을 포함한다.

(3) 재무활동 현금흐름의 정보는 주주, 채권자 등이 미래현금흐름에 대한 청구권을 예측하는 데 유용하다. 재무활동은 현금의 차입과 상환, 신주발행과 배당금의 지급을 포함한다.

표 3-10 활동별 현금흐름

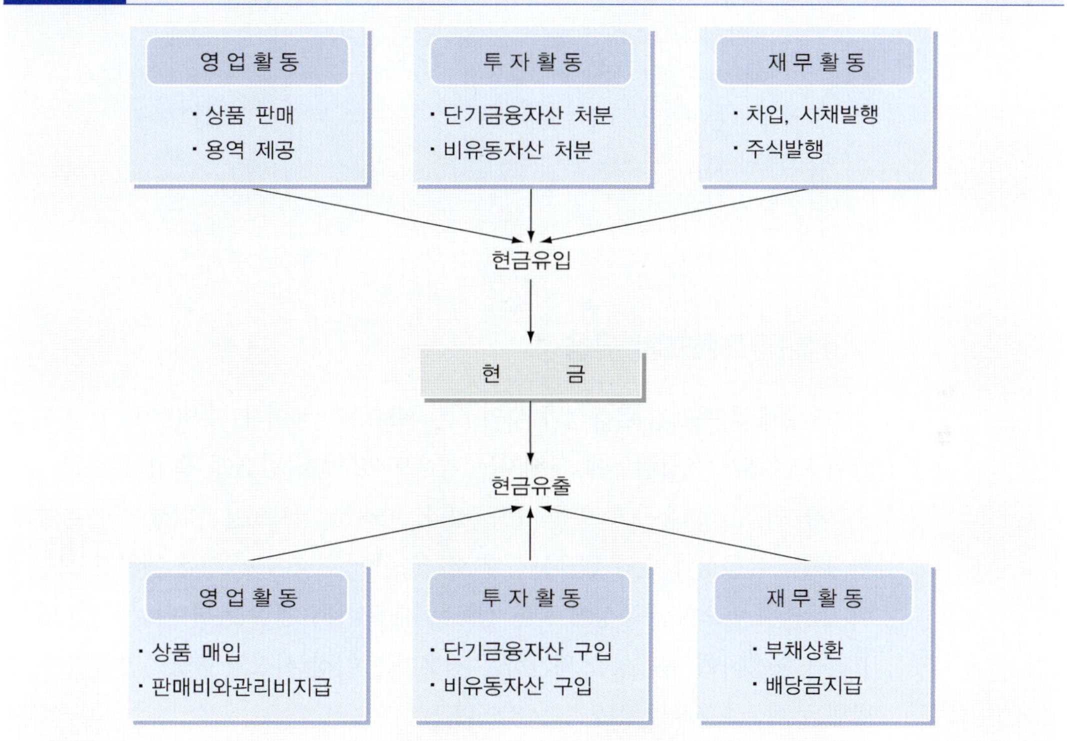

2) 현금흐름표의 양식

현금흐름표의 양식은 직접법과 간접법이 있는데, 3가지 기업활동별 현금의 유입내용과 유출내용을 그대로 직접 반영한 양식을 직접법이라 한다. 직접법의 양식은 [표 3-11]과 같다.

표 3-11 현금흐름표의 양식

현금흐름표

(회사명)	(회계기간)	(단위 : 원)
Ⅰ. 영업활동 현금흐름		×××
가. 매출 등 수익활동으로부터의 유입액	×××	
나. 매입 등 비용활동으로부터의 유출액	(×××)	
Ⅱ. 투자활동 현금흐름		×××
1. 투자활동으로 인한 현금유입액	×××	
2. 투자활동으로 인한 현금유출액	(×××)	
Ⅲ. 재무활동 현금흐름		×××
1. 재무활동으로 인한 현금유입액	×××	
2. 재무활동으로 인한 현금유출액	(×××)	
Ⅳ. 현금의 증가(감소) (Ⅰ + Ⅱ + Ⅲ)		×××
Ⅴ. 기초의 현금		×××
Ⅵ. 기말의 현금		×××

3) 현금흐름표의 유용성

기업활동의 목표인 유동성과 수익성은 서로 독립적이다. 수익성이 있는 기업이라 하더라도 현금이 부족해서 지급불능에 처해지는 경우도 있으며, 반면에 수익성이 없는 기업이라 하더라도 충분한 현금을 보유하고 있을 수도 있다. 따라서 정보이용자입장에서 기업의 미래를 평가하기 위해서는 유동성과 수익성을 동시에 평가하여야 한다. 수익성에 관한 정보는 손익계산서를 통하여 얻을 수 있으며 유동성에 관한 정보는 재무상태표를 이용하여 얻을 수 있다. 그러나 재무상태표만을 이용하여 유동성을 평가하는 경우에는 일정 시점의 유동성만을 나타내므로 보다 유용한 방법은 현금흐름표를 이용하는 것이다.

기업이 건전한 재무구조를 갖기 위해서는 영업활동을 통하여 유입된 현금으로 영업비용과 주주에 대한 배당금을 지급하고 부채를 상환하여야 한다. 그러나 영업활동에서 유입된 현금보다 지출된 금액이 많은 경우에는 부족한 영업자금을 보충하기 위하여 보유하고 있는 자산을 처분한다든가 아니면 외부에서 자금을 조달하여야만 할 것이다. 만약에 영업활동에서 발생한 부족자금이 계속해서 누적되는 경우 심한 자금압박으로 인한 도산 가능성도 고려할 수 있을 것이다. 이러한 정보는 현금흐름표에 반영·보고된다. 따라서 몇 개 연도의 현금흐름표를 이용하면 다음과 같은 질문에 대한 답을 얻을 수 있게 된다.

① 기업의 지급능력이 개선되고 있는가 아니면 악화되고 있는가?
② 영업활동을 통해서 영업비용, 만기가 도래한 부채, 이자 및 배당금의 지급을 신속하게 이행할 수 있을 정도의 충분한 현금을 계속적으로 창출해내고 있는가?
③ 영업활동을 통해서 성장을 뒷받침할 수 있을 정도와 주주에게 배당금을 지급할 수 있을 정도의 충분한 현금이 창출되고 있는가?
④ 영업활동으로부터 현금을 창출시킬 수 있는 기업의 능력이 개선되고 있는가 아니면 악화되고 있는가?

이와 같이 현금흐름표는 재무상태표·손익계산서 및 자본변동표에서 제공되지 않는 현금의 증감원인을 기업활동별로 구분하여 현금흐름표에 반영·보고함으로써 기업의 지급능력과 또한 투자와 재무활동으로 인한 자산·부채 및 자본의 변동내용도 아울러 설명하게 된다. 현금흐름표에 대한 보다 자세한 설명은 제14장에서 이루어진다.

6 재무제표간의 상호관련성

지금까지 재무제표의 각각에 대한 기본 양식과 그 유용성을 설명하였다. 이러한 재무제표는 각각 다른 정보내용을 반영하고 있지만 이들은 상호 유기적인 관련성을 지니고 있는 것으로, 손익계산서와 자본변동표 및 현금흐름표는 기초의 재무상태에서 기말의 재무상태로 변동한 원인을 설명한다. 즉, 손익계산서는 이익잉여금의 주요 변동원인인 당기순손익의 발생원인을 설명하고, 자본변동표는 자본의 증감원인을 설명함으로써 자본의 기초잔액이 기말잔액으로 변동된 원인을 설명하며, 현금흐름표는 현금의 증감액을 기업활동별로 구분·표시함으로써 기초현금이 기말현금으로 변동된 원인과 투자활동과 재무활동으로 인한 자산·부채 및 자본의 변동원인을 설명함으로써 기초의 자산·부채 및 자본이 기말의 자산·부채 및 자본으로 변동한 원인을 대부분 설명하게 된다. 이들 관계를 예를 들면 다음과 같다.

예제 3-8 재무제표간의 관계

현금흐름표

영업활동 현금흐름	13,000
투자활동 현금흐름	2,000
재무활동 현금흐름	5,000
현금의 증가	20,000
기초의 현금	30,000
기말의 현금	50,000

재무상태표 (기초시점)

현 금	30,000	차 입 금	40,000
상 품	50,000	자 본 금	50,000
비 품	20,000	이익잉여금	10,000
	100,000		100,000

재무상태표 (기말시점)

현 금	50,000	차 입 금	50,000
상 품	60,000	자 본 금	50,000
비 품	18,000	이익잉여금	28,000
	128,000		128,000

자본변동표(이익잉여금항목)

이익잉여금기초잔액	10,000
가산 : 당기순이익	23,000
미처분이익잉여금	33,000
차감 : 현금배당금	(5,000)
이익잉여금기말잔액	28,000

손익계산서

매 출 원 가	25,000	매 출 액	50,000
통 신 비	2,000		
당기순이익	23,000		
	50,000		50,000

예에서 보는 바와 같이 기초재무상태표가 기말재무상태표로 변동한 원인을 현금흐름표와 자본변동표(이익잉여금 항목) 및 손익계산서가 설명하고 있다. 즉, 현금은 ₩30,000에서 ₩50,000으로 변동되어 ₩20,000이 증가하였는데 그 원인은 현금흐름표상 경영활동별로 구분·표시되고 있고, 이익잉여금은 ₩10,000에서 ₩28,000으로 변동되어 ₩18,000이 증가하였는데 그 원인은 당기순이익 ₩23,000과 배당액 ₩5,000으로 설명되고 있으며, 당기순이익 ₩23,000에 대한 원인은 손익계산서상 수익(이익)과 비용(손실)항목으로 설명되고 있다. 다만, 본 예에서는 비교재무상태표상 현금과 이익잉여금의 변동원인만 설명되었을 뿐 나머지 자산·부채 및 자본의 증감원인에 대한 설명은 이루어지지 않고 있으나 이는 현금흐름표상 투자활동과 재무활동으로 인한 현금흐름의 구체적인 내용으로 대부분 설명되는 것으로 이에 대한 내용은 생략된 것이다. 이는 제14장 현금흐름표에서 자세하게 설명된다.

7 재무제표와 주석

재무제표는 작성자의 편의와 이용자들의 재무제표에 대한 이해가능성을 높이기 위하여 관련 계정과목의 통합 등 그 양식을 간소화하고 있다. 또한 재무제표의 본문에는 계량화된 재무 정보만을 반영·보고함으로써 기업과 관련된 질적 정보는 제공되지 않는다. 대신 질적 정보와 의사결정에 중요한 정보는 주석을 통하여 자세하게 공시하도록 하고 있다. **주석**(notes)이란 재무제표상의 해당 과목 또는 금액에 기호를 붙이고 난외(欄外) 또는 별지에 동일한 기호를 표시하여 그 내용을 간결명료하게 기재하는 방법을 말한다. 따라서 정보이용자는 재무제표를 이용 시 주석사항을 충분히 검토·분석하여 의사결정에 활용하여야 한다.

주석에 포함되는 내용은 다음과 같다.

(1) 재무제표 작성 기준 및 중요한 거래와 회계사건의 회계처리에 적용한 회계정책

(2) 기업회계기준에서 주석공시를 요구하는 사항

(3) 재무제표 본문에 표시되지 않는 사항으로서 재무제표를 이해하는 데 필요한 추가정보

연습문제

❖ 주관식 문제

3-1 (주)늘봄의 재무상태와 경영성과에 대한 다음 자료를 이용하여 자본유지접근법과 거래접근법에 의한 당기순손익을 산출하고 재무상태표와 손익계산서를 작성하시오. 단, 당기에 ₩200,000을 배당하였다.

(1) 20×4년 1월 1일 현재의 재무상태

현금	₩200,000	당좌예금	₩400,000	받을어음	₩150,000	외상매출금	₩250,000
단기금융자산	800,000	상품	1,500,000	소모품	100,000	외상매입금	200,000
지급어음	300,000	선수금	400,000	자본금	2,000,000	이익잉여금	500,000

(2) 20×4년 12월 31일 현재의 재무상태

현금	₩300,000	당좌예금	₩500,000	받을어음	₩350,000	외상매출금	₩300,000
단기금융자산	700,000	상품	1,200,000	소모품	50,000	외상매입금	200,000
지급어음	200,000	선수금	300,000	자본금	2,000,000	이익잉여금	?

(3) 20×4년 1월 1일부터 12월 31일까지의 경영성과

매출액	₩8,000,000	임대료	₩800,000	단기금융자산처분이익	₩200,000
매출원가	6,000,000	급여	2,000,000	수도광열비	120,000
통신비	140,000	광고선전비	100,000	세금과공과	60,000
소모품비	80,000	이자비용	100,000		

3-2 다음은 (주)꿈나무의 20×4년도 12월 31일 현재의 재무상태표이다.

재무상태표

(주)꿈나무 20×4. 12. 31

현금	3,400,000	받을어음	14,000,000
광고비	300,000	이자비용	2,000,000
토지	40,500,000	소모품	800,000
급여	3,000,000	외상매출금	2,600,000
건물	6,700,000	지급어음	30,000,000
외상매입금	3,000,000	자본	9,900,000
	59,300,000		59,300,000

이 회사의 회계담당자가 갑자기 병이 나서 병원에 입원하는 바람에 관리업무를 담당하고 있는 나몰라씨에게 경영학과를 나왔다는 이유로 대신 재무상태표 작성업무가 맡겨졌다. 나씨는 학교 다닐 때 회계원리를 열심히 공부하지 않았기 때문에 걱정이 태산 같았다. 희미한 기억을 되살려 가면서 자산계정과 부채계정을 각각 차변과 대변에 배열하였다. 그런데 재무상태표는 차변과 대변의 합계가 언제나 균형을 이루어야 한다는 정도는 확실히 기억하고 있었기 때문에 차이나는 금액을 자본의 금액

으로 해서 대차가 일치된 재무상태표를 완성하였다.

물음

이 회사의 재무상태표를 올바르게 수정하시오(자본을 제외한 모든 계정의 금액은 정확함).

3-3 다음 각 기업의 자료를 이용하여 빈 칸에 들어갈 금액을 산출하시오.

		갑 기 업	을 기 업	병 기 업	정 기 업
기 초 :	자 산	₩10,000	₩25,000	₩40,000	₩50,000
	부 채	6,000	15,000	20,000	(④)
기 말 :	자 산	15,000	(②)	50,000	70,000
	부 채	10,000	20,000	25,000	40,000
기중변동 :	자 본 금 증 자	2,000	1,500	(③)	15,000
	배 당 액	3,000	500	3,000	5,000
	수 익	13,000	20,000	40,000	50,000
	비 용	(①)	17,000	42,000	55,000

3-4 대전은행의 대부계 대리인 김신용씨는 (주)둔산과 (주)목동으로부터 각각 기계취득을 위한 자금 ₩50,000,000(6개월 만기)의 대부신청을 받았다. 김신용씨는 대부결정을 위하여 각 기업의 재무상태표를 받아 이를 검토하였다. 각 기업의 재무상태표는 다음과 같다.

재무상태표

(주)둔산 (단위 : 천원)

유 동 자 산	150,000	유동부채	130,000
유 형 자 산	250,000	비유동부채	120,000
		자 본	150,000
	400,000		400,000

재무상태표

(주)목동 (단위 : 천원)

유 동 자 산	150,000	유 동 부 채	90,000
유 형 자 산	250,000	비유동부채	160,000
		자 본	150,000
	400,000		400,000

귀하가 김신용씨라면 두 기업 중 어느 기업에 대출을 허용할 것인가? 그 이유를 설명하고 추가적으로 필요한 정보가 있다면 이를 열거하시오.

3-5 동일업종이면서 자산규모가 유사한 (주)외길과 (주)외도의 당기순이익은 각각 ₩1,000,000이었다. 각 기업의 손익계산서는 다음과 같다.

손익계산서

(주)대박

차변	금액	대변	금액
매출원가	4,000,000	매 출	7,000,000
기타영업비	2,000,000		
당기순이익	1,000,000		
	7,000,000		7,000,000

손익계산서

(주)쪽박

차변	금액	대변	금액
매출원가	3,000,000	매 출	4,000,000
기타영업비	3,000,000	유형자산	
당기순이익	1,000,000	처분이익	3,000,000
	7,000,000		7,000,000

두 회사 중 경영성과가 양호한 기업을 지적하고 그 이유를 설명하시오.

3-6 (주)부자부동산은 영업개시후 첫 달의 영업을 반영한 다음과 같은 재무제표를 작성하였다. 재무제표 간의 상호 관련성을 고려하여 빈 칸의 금액을 계산하시오.

손익계산서

(주)부자부동산 20×4. 3. 1 – 3. 31 (단위: 천원)

수 익		(a)
용역매출		
비 용	(a)	7,500
급 여		
임 차 료	3,680	
수도광열비	2,000	
잡 비	(b)	
이 자 비 용	440	
당기순이익	200	(c)

자본변동표처분계산서

(주)부자부동산 20×4. 3.1 – 3. 31 (단위: 천원)

이익잉여금기초잔액	(d)
가산 : 당기순이익	5,500
수정후 이익잉여금	(e)
차감 : 배당금	(f)
이익잉여금기말잔액	(g)

재무상태표

(주)부자부동산 20×4. 3. 31 (단위: 천원)

자산	금액	부채 및 자본	금액
현금예금	(h)	단기차입금	12,000
토 지	20,000	자 본 금	(i)
		이익잉여금	(j)
자산합계	26,500	부채 및 자본 합계	(k)

현금흐름표

(주)부자부동산	20×4. 3. 1 – 3. 31	(단위: 천원)
영업활동으로 인한 현금흐름		(l)
용역대금회수액	13,000	
영업비용지급액	7,300	
이자비용지급액	200	
투자활동으로 인한 현금흐름		(20,000)
토지매입대금 지급액	20,000	
재무활동으로 인한 현금흐름		(m)
단기차입금 차입대금	(n)	
주식발행대금	10,000	
배당금 지급액	(1,000)	
현금의 증가		(o)
기초의 현금(3월 1일)		(p)
기말의 현금(3월 31일)		(q)

3-7 (주)꿈과 사랑은 20×4년에 영업을 시작하였다. 회계담당자인 당신은 사장으로부터 이사회에 제출할 현금흐름표를 작성해 달라는 지시를 받았다.

20×4년 동안의 현금흐름에 관련된 자료를 살펴본 결과 다음과 같았다.

(1) 매출로부터의 현금유입액	₩3,200,000
(2) 매입과 종업원에 대한 지출액	1,480,000
(3) 기타 영업비용으로 지출된 금액	1,000,000
(4) 토지와 건물 구입대금으로 지출된 금액	1,650,000
(5) 은행으로부터의 차입금	500,000
(6) 주식 발행으로 인한 불입금액	1,000,000
(7) 배당금 지급액	120,000

물음

20×4년도의 현금흐름표를 작성하고 현금흐름의 건전성을 평가하시오.

3-8 당신은 세계로 그룹의 회계직 입사시험에 응시하였다. 다행히도 서류 및 필기시험에 합격해서 마지막 관문인 면접시험을 치루게 되었다. 면접관인 그룹 계열사 사장 7명이 당신에게 다음과 같은 질문을 했다.

[질문 1] 재무상태표하면 먼저 떠오르는 것이 대차 양쪽이 균형을 이룬다는 것이네. 진짜 그런지 내가 알게 뭔가? 아무튼 이러한 사고는 어디서 온 것이며, 그것이 왜 그렇게 중요한 문제인가?

[질문 2] 감사인은 재무상태표가 회사의 자금조달에 대해 말해주는 것과 내가 이 자금을 어떻게 관리했는지에 대해 말하길 원하네. 그러나 나는 언제나 미래의 일만 생각하지. 그런데 단지 과거의 것이 담겨있는 재무상태표에 대해 내가 관심을 가져야 할 이유는 무엇인가?

[질문 3] 작년에 나는 재무상태표에 대해 좋은 생각을 하나 갖고 있었네. 나는 우리 그룹의 경영자들을 우리 그룹기업들이 갖고 있는 가장 중요한 자산이라고 생각하고 있지. 그래서 나는 경영자들을 재무상태표에 자산으로 계상하는 방안을 검토하라고 지시를 했지. 그런데 회계담당자

나 감사인들은 내 생각에 관심도 보이지 않는 것 같애. 왜 그런가?

[질문 4] 재무상태표는 특정 시점에 기업을 순간적으로 촬영한 사진과 같은 것인데, 일부 회계담당자들은 사진의 흠을 없애기 위해 그 사진을 수정하는 경우도 있으니까 조심해야 한다는 말을 누군가한테 들은 적이 있지. 이 말이 의미하는 바는 무엇인가? 재무상태표는 회사의 모든 자산과 부채를 정확하게 보여주는 것이 아닌가?

[질문 5] 재무회계에서 의미하는 당기순이익은 무엇인가? 당기순이익은 왜 자본(또는 소유주지분)의 한 부분이 되는가? 당기순이익이 자본의 한 부분이라면 별도로 손익계산서를 작성하는 것이 필요한가?

[질문 6] 주주에 대한 배당금은 당기순이익을 계산하는데 있어 비용으로 간주하지 않는 이유는 무엇인가? 종업원 급여나 소비자에게 판매된 제품의 원가는 다 비용으로 처리되고 있지 않은가? 그리고 급여를 받은 종업원이나 물건을 구입한 소비자와 마찬가지로 배당을 받은 주주도 똑같이 기쁨을 느끼게 되는데 왜 다르게 회계처리하는지 모르겠다.

[질문 7] 최근 들어 현금흐름정보가 매우 중요하다고 하면서 현금흐름정보를 제공하는 새로운 재무제표인 현금흐름표를 만들라고 그러는데 꼭 그럴 필요가 있는가? 재무상태표와 손익계산서로서는 그런 정보를 알 수 없는가?

물음

이상 7명의 면접관이 던진 질문을 명쾌하게 이해가 가능하도록 답변을 하시오.

3-9 (주)경정은 20×4년 3월 1일에 컴퓨터 소프트웨어와 하드웨어를 온라인상으로 판매하는 사업을 시작하였다. 다음 자료는 첫 사업연도 동안의 영업을 마친 20×4년 12월 31일 현재까지의 회계자료이다.

현 금	?
매출채권	₩48,000
재고자산	90,000
유형자산	378,000
매입채무	30,000
미지급법인세	20,000
장기차입금	100,000
자 본 금	250,000
이익잉여금	?
매 출 액	885,000
매 출 원 가	400,000
판매비와 관리비	105,000
이 자 비 용	15,000
법인세비용	140,000
영업활동현금유입액	837,000
영업활동현금유출액	700,000
배당금 지급액	25,000

물음

재무상태표, 손익계산서 및 현금흐름표를 작성하시오.

❖ 공무원시험(9급) 기출문제

1 한국채택국제회계기준에 의한 재무제표의 종류가 아닌 것은?

① 재무상태표　② 포괄손익계산서
③ 현금흐름표　④ 사업보고서

2 (주)한국의 재무상태표상 기말 자산항목과 기말 부채항목이 다음과 같을 경우 기말자본의 금액은?

상 품	500,000	선급비용	100,000
매입채무	120,000	비 품	200,000
미지급금	50,000	현 금	60,000
매출채권	140,000	선수수익	70,000

① ₩360,000　② ₩560,000
③ ₩760,000　④ ₩900,000

3 (주)도안의 20×3년도 기초자산은 ₩400,000, 기초부채는 ₩200,000, 기말자산은 ₩600,000, 기말부채는 ₩340,000이다. 20×3년도 총비용이 ₩350,000인 경우 20×3년도의 총수익은? 단 (주)도안의 자본은 자본금과 이익잉여금으로만 구성되어 있고, 20×3년도 중에 증자나 감자 및 배당은 없었다고 가정한다.

① ₩340,000　② ₩360,000
③ ₩410,000　④ ₩460,000

4 (주)대한의 20×3년 회계연도 기초자산 총계는 ₩4,000,000이며, 기초와 기말 시점의 부채총계는 각각 ₩2,000,000과 ₩1,500,000이다. 또한 당기 포괄손익계산서상 수익총액이 ₩7,000,000, 비용총액이 ₩6,500,000이고, 당기 중 주주의 출자액이 ₩1,000,000일 때 기말자산총계는? 단 기타포괄손익은 없는 것으로 가정한다.

① ₩2,500,000　② ₩3,000,000
③ ₩3,500,000　④ ₩5,000,000

정답 1. ④　2. ③　3. ③　4. ④

04 회계거래 식별과 계정 및 재무제표작성

1 회계거래와 회계등식

1) 회계거래의 의의

會計去來(accounting transactions)란 재무제표를 작성하기 위하여 장부에 기록되는 기업의 경제적 행위를 말한다. 일상생활에서의 거래란 거래 당사자 간에 이루어진 경제적 합의를 의미하나, 회계상 거래는 기업이 수행한 경제적 행위나 사건이 당해 기업의 재무상태에 변동을 야기시키고, 또한 재무상태의 변동액을 화폐단위로 측정가능한 경우만 포함한다. 일상생활에서의 거래는 회계상 거래와 대부분 일치하지만 그렇지 않은 경우도 있다. 예를 들어, 기업 내의 사업부간의 자원이동이나, 화재나 지진 등의 재난으로 인한 피해 또는 자산의 분실 및 도난 등의 경우 일상생활에서는 거래로 보지 않으나 회계상으로는 거래에 해당하므로 이는 장부에 기입하여야 한다. 이와는 달리 종업원의 채용이나 상품 등의 주문 또는 매매계약 등은 회계상 거래가 되기 위한 조건을 충족시키지 못하므로 회계상 거래에 해당되지 않아 회계장부에 기입하지 않는다.

예제 4-1 **다음 중 회계상 거래에 해당하는 것을 지적하시오.**

1) 은행으로부터 현금 ₩10,000의 대출 결정을 통보받다.
2) 현금 ₩10,000을 대여하다.
3) 상품 ₩100,000을 매입하기로 거래처와 계약을 체결하다.
4) 상품 ₩50,000을 현금매입하다.
5) 상품 ₩100,000을 매출하기로 계약을 체결하다.
6) 세무서비스를 제공하고 수수료 ₩70,000을 현금으로 받다.
7) 월 ₩700,000의 급여를 지급하기로 하고 종업원 1명을 채용하다.
8) 현금 ₩50,000을 도난당하다.
9) 건물을 월세 ₩100,000에 임차하기로 임대인과 계약을 체결하다.
10) 홍수로 인하여 ₩1,000,000의 상품에 재해가 발생되다.

11) 차입금 ₩100,000을 상환하기로 결정하다.
12) 차입금에 대한 이자 ₩50,000 현금 지급하다.
13) 주식 10주를 주당 ₩5,000에 발행하고 현금으로 납입받다.
14) 상품 ₩1,000,000을 매입하기로 하고, 계약금 ₩100,000을 현금으로 지급하다.

답 회계상 거래 2) 4) 6) 8) 10) 12) 13) 14)

2) 거래의 8요소와 거래의 이중성

회계상 거래가 발생하면 재무상태에 변동이 발생한다. 변동내용은 자산이나 부채 또는 자본이 증가하거나 감소하게 된다. 물론 수익과 비용도 변동되지만 수익의 발생(또는 실현)은 결국 자본을 증가시키므로 자본의 증가로, 비용의 발생은 결국 자본을 감소시키므로 자본의 감소로 설명할 수 있다. 회계상 모든 거래는 재무상태에 변동을 야기시키면서 그 변동액을 화폐단위로 측정할 수 있어야 한다고 했으므로, 회계상 거래는 이들 자산·부채·자본의 증감으로 파악할 수 있다.

자산·부채·자본의 증감내용은 차변요소와 대변요소로 구분되어지는데, 이는 계정식 재무상태표와 손익계산서의 차변과 대변항목을 생각하면 쉽게 이해될 수 있다. 계정식 재무상태표와 손익계산서는 다음 [표 4-1]과 같다.

표 4-1 계정식 재무상태표와 손익계산서

재무상태표

(차변)			(대변)
자 산	×××	부 채	×××
		자 본	×××

손익계산서

(차변)			(대변)
비 용	×××	수 익	×××

먼저 자산·부채·자본 그리고 비용·수익의 원래의 위치를 다시 한 번 확인하기 바란다. 이들 항목의 증가는 원래의 위치에다 기입하며, 반대로 감소 시는 원래 위치의 반대쪽에 기입하는 것이 바로 **기입법칙**인 것이다. 즉, 자산과 비용의 증가는 차변에 기입하고 부채, 자본 그리고 수익의 증가는 대변에 기입한다는 것이다. 반대로 감소 시는 반대편 위치에 기입하면 되는 것이다.

이러한 증감내용을 수익과 비용을 포함하여 차변요소와 대변요소로 분류한 것을 거래의 8요소라 하며 그 내용은 다음 [표 4-2]와 같다.

표 4-2 거래의 8요소

(차변요소)	(대변요소)
자산의 증가	자산의 감소
부채의 감소	부채의 증가
자본의 감소	자본의 증가
비용의 발생	수익의 발생
(자본의 감소)	(자본의 증가)

회계상 거래를 거래의 8요소로 분류하는 경우, 회계상 거래는 동시에 차변요소와 대변요소가 각각 하나 이상씩 발생하며, 또한 차변과 대변의 변동액은 항상 똑같은 금액이 된다. 이와 같이 차변요소와 대변요소가 동시에 발생하고 변동액이 언제나 일치하는 현상을 **去來의 二重性** 또는 **去來의 結合關係**라 한다.

회계상 거래에 대한 분석방법의 특징은 거래의 한 면만을 파악하는 것이 아니라 거래의 양면성을 파악하는 독특한 방법이다. 따라서 회계를 처음 접하는 독자들이 어렵게 느끼는 부분 중 하나이나 이후 설명처럼 **접시저울**을 생각하면서, 모든 거래는 차변과 대변에 동시에 같은 금액이 기입되어야 균형이 이루어진다는 점을 염두에 두고 거래를 대하면 보다 쉽게 이해할 수 있을 것이다. 거래의 이중성의 의미를 예를 들어 설명하면 다음과 같다.

예제 4-2 **거래의 이중성**

예 1] 현금 ₩10,000을 차입하였다고 하자. 그러면 기업으로 현금이 유입되었으므로 현금이라는 자산이 증가하고, 이 현금은 차입하여온 것이므로 이후에 갚아야 할 차입금이라는 부채가 증가한다. 따라서 이를 자산(현금)의 증가와 부채(차입금)의 증가는 대변에 기입한다. 이를 정리하면 다음과 같다.

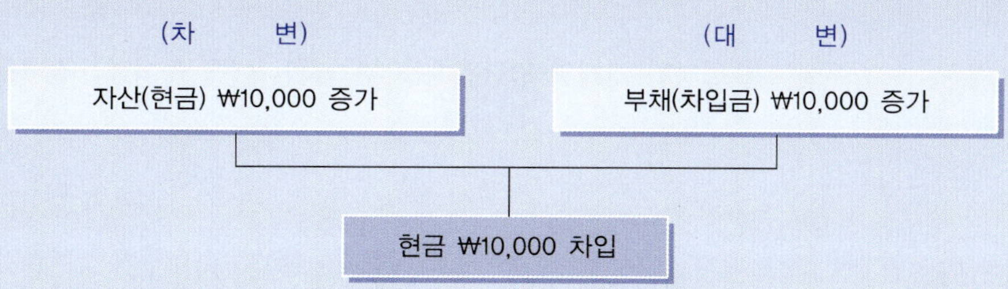

예 2] 이자 ₩10,000을 현금으로 지급하였다고 하자. 현금은 지급되어 감소되었으므로 현금이라는 자산은 감소하고, 현금이 감소된 이유는 이자를 지급한 것이므로 이자비용이라는 비용이 발생한 것이다. 따라서 자산(현금)의 감소와 비용(이자비용)의 발생으로 요약할 수 있으며, 계정의 기입법칙에 따라 비용의 발생은 차변에 자산의 감소는 대변에 기입한다. 이를 정리하면 다음과 같다.

(차 변)	(대 변)
비용(이자비용) ₩10,000 발생	자산(현금) ₩10,000 감소

이자 ₩10,000 현금지급

예 3] 원가 ₩10,000의 상품을 ₩15,000에 현금매출하였다고 하자. 이러한 거래는 다음과 같이 두 거래로 나누어 분석하는 것이 쉽다. 하나는 상품을 ₩15,000에 판매하여 현금 ₩15,000이 유입된 것이다. 현금 ₩15,000이 유입되었으므로 현금이라는 자산은 증가하고, 이 현금이 유입된 원인은 상품을 판매하여 번 것이므로 매출이라는 수익 ₩15,000이 발생한 것이다. 그리고 다른 하나는 수익 ₩15,000을 벌기 위하여 상품을 인도한 것으로, 상품이라는 자산 ₩10,000은 감소하고 상품이 감소한 이유는 수익 ₩15,000을 벌기 위한 것이므로 매출원가라는 비용 ₩10,000이 발생한 것이다. 따라서 이 거래는 자산(현금)의 증가와 수익(매출)의 발생, 그리고 자산(상품)의 감소와 비용(매출원가)의 발생으로 요약할 수 있다. 자산의 증가와 비용의 발생은 차변에, 수익의 발생과 자산의 감소는 대변에 기입한다. 이를 정리하면 다음과 같다.

(차 변)	(대 변)
자산(현 금) ₩15,000 증가 비용(매출원가) ₩10,000 발생	수익(매 출) ₩15,000 발생 자산(상 품) ₩10,000 감소

원가 ₩15,000의 상품을
₩15,000에 현금매출

이상에서 설명한 거래의 결합관계를 추가적인 예를 들어 그 결과를 요약하면 다음과 같다.

예제 4-3 거래의 결합관계

거래내용	차변요소	대변요소
(1) 현금 ₩10,000을 대여하다.	자산(대여금)증가	자산(현금)감소
(2) 현금 ₩20,000을 차입하다.	자산(현금)증가	부채(차입금)증가
(3) 신주를 발행하고 ₩50,000을 현금으로 납입받는다.	자산(현금)증가	자본(자본금)증가
(4) 이자 ₩30,000을 현금으로 받다	자산(현금)증가	수익(이자수익)발생
(5) 차입금 ₩10,000을 현금으로 갚다.	부채(차입금)감소	자산(현금)감소
(6) ₩20,000의 현금배당을 실시하다.	자본(이익잉여금)감소	자산(현금)감소
(7) 급여 ₩30,000을 현금지급하다.	비용(급여)발생	자산(현금)감소
(8) 법률서비스를 제공하고 수수료 ₩15,000 현금으로 받다.	자산(현금)증가	수익(용역매출)발생
(9) 대여금 ₩50,000과 그 이자 ₩5,000을 현금으로 받다.	자산(현금)증가	자산(대여금)감소 수익(이자수익)발생

자습문제 4-1 다음 거래의 결합관계를 설명하시오.

(1) 현금 ₩30,000을 대여하다.
(2) 이자 ₩5,000을 현급 지급하다.
(3) 집세 ₩10,000을 현금으로 지급하다.
(4) 이자 ₩10,000을 현금으로 받다.
(5) 임대료 ₩30,000을 현금으로 받다.
(6) 경영컨설팅 대가로 ₩40,000을 현금으로 받다.
(7) 회계서비스 수수료 ₩70,000은 다음 달에 받기로 하다.
(8) 차입금 ₩100,000과 그 이자 ₩10,000을 현금 지급하다.
(9) 대여금 ₩200,000과 그 이자 ₩10,000을 현금으로 받다.
(10) ₩50,000의 배당금을 현금으로 지급하다.

3) 거래의 이중성과 회계등식

거래의 이중성이란 개념을 기본원리로 하여 장부기입이 이루어지는 회계기록을 복식부기(double entry book-keeping)라 하는데, 이는 곧 거래로 인한 가치의 변동을 차변과 대변에 동시에 같은 금액을 이중으로 기록(double entry)하는 특징을 지닌다.

이러한 거래의 이중성에 의하여 어떤 거래를 기록하여도 「자산=부채+자본」이라는 회계등식은 변하지 않고 유지된다. 이들 거래는 개별적으로나 전체적으로나 모두 회계등식이 성립된다. 이러한 관계는 [예제 4-4]에서 확인할 수 있다.

예제 4-4 거래의 이중성과 회계등식

거래내용	자 산	부 채	자 본	부채+자본
(1) 주식 ₩10,000을 현금발행하다.	₩10,000		₩10,000	₩10,000
(2) 현금 ₩2,000을 단기차입하다.	2,000	₩2,000		2,000
(3) 차량 ₩5,000을 현금구입하다.	5,000			
	(5,000)			
(4) 수수료 ₩2,000을 현금으로 받다.	2,000		2,000	2,000
(5) 전기요금 ₩200을 현금으로 지급하다.	(200)		(200)	(200)
(6) 차입금 ₩1,000을 현금으로 갚다.	(1,000)	(1,000)		(1,000)
(7) 급여 ₩1,000을 현금으로 지급하다.	(1,000)		(1,000)	(1,000)
(8) ₩200의 배당을 선언하고 현금지급하다.	(200)		(200)	(200)
합 계	₩11,600	₩1,000	₩10,600	₩11,600

4) 거래와 재무제표

회계상 거래는 재무제표를 작성하기 위하여 장부에 기록되는 경제적 행위이므로, 재무제표는 일정 기간 동안 발생한 거래의 결과가 반영된다. [예제 4-5]의 거래내용이 재무제표에 반영된 결과를 설명하면 다음과 같다. 재무제표에는 자산·부채·자본·수익·비용이 구체적인 계정과목으로 표시되므로 앞의 분석과는 달리 거래가 재무상태에 미치는 영향을 해당 계정과목에 가감하기로 한다.

다만, 수익과 비용 그리고 배당금은 자본의 원천중의 하나인 이익잉여금의 증감요인이므로 별도로 이익잉여금에서 가감하기로 한다.

회계등식에 기입된 모든 거래는 재무제표에 반영되게 된다. 자산·부채·자본의 잔액은 재무상태표에 반영되며, 수익과 비용의 총액은 손익계산서에 나타난다. 그리고 손익계산서에서 계산된 당기순이익과 이익잉여금의 처분항목인 배당금은 자본변동표의 이익잉여금 항목란 반영되며, 마지막으로 현금흐름표는 회계등식상의 현금란에 기입된 모든 현금거래의 증감분을 가지고 기업의 3가지 활동, 즉 영업활동·투자활동·재무활동으로 나누어서 작성되게 된다.

예제 4-5 거래와 재무제표

거래내용	자산		부채	자본	
	현 금	차량운반구	단기차입금	자본금	이익잉여금
(1) 주식 ₩10,000을 현금발행하다.	₩10,000			₩10,000	
(2) 현금 ₩2,000을 단기차입하다.	2,000		₩2,000		
(3) 차량 ₩5,000을 현금구입하다.	(5,000)	₩5,000			
(4) 수수료 ₩2,000을 현금으로 받다.	2,000				₩2,000
(5) 전기요금 ₩200을 현금으로 지급하다.	(200)				
(6) 차입금 ₩1,000을 현금으로 갚다.	(1,000)		(1,000)		(200)
(7) 급료 ₩1,000을 현금으로 지급하다.	(1,000)				(1,000)
(8) ₩200의 배당을 선언하고 현금지급하다.	(200)				(200)
잔 액	₩6,600	₩5,000	₩1,000	₩10,000	₩600

거래에 대한 분석 결과를 재무제표에 반영하면 다음과 같다.

1) 재무상태표

재무상태표는 결산일 현재의 재무상태를 표시하므로 거래로 인한 각 계정과목의 증감 결과인 잔액을 모아 작성한다. 재무상태표의 작성 결과는 다음과 같다.

재무상태표

차변	금액	대변	금액
현 금	6,600	단기차입금	1,000
차량운반구	5,000	자 본 금	10,000
		이익잉여금	600
	11,600		11,600

2) 손익계산서

손익계산서는 일정 기간의 경영성과에 대한 원인을 설명하므로 당기에 발생한 수익과 비용을 모아 작성한다. 수익은 (4)의 거래에 의한 용역매출(수수료수익) ₩2,000이며, 비용은 (5)와 (7)의 거래에 의한 수도광열비 ₩200과 급여 ₩1,000이다. 손익계산서의 작성 결과는 다음과 같다.

손익계산서

차변	금액	대변	금액
수도광열비	200	용역매출	2,000
급 여	1,000		
당기순이익	800		
	2,000		2,000

3) 자본변동표(이익잉여금항목)

자본변동표의 이익잉여금 항목은 일정 기간 동안 이익잉여금의 변동 원인을 설명한다. 이익이여금의 변동 원인 중 수익과 비용은 손익계산서에서 설명되었으므로 그 결과인 당기순손익과 배당내용을 기입하여 작성한다. 예에서 이익잉여금의 증가액은 당기순이익 ₩800이고 감소액은 배당액 ₩200이므로 자본변동표상의 이익잉여금항목은 다음과 같다.

자본변동표(이익잉여금항목)

이익잉여금기초잔액	0
가산 : 당기순이익	800
처분전이익잉여금	800
차감 : 배 당 액	(200)
이익잉여금기말잔액	600

4) 현금흐름표

현금흐름표는 일정 기간의 현금의 증감(유입과 유출)내용을 영업활동·투자활동·재무활동별로 구분하여 표시한다. 예의 현금거래를 활동별로 구분하면 다음과 같다. 단, 활동별 현금의 유출액은 ( )로 표시한다.

거래내용	현금흐름		활동구분		
	유 입	유 출	영업활동	투자활동	재무활동
(1) 주식 ₩10,000을 현금발행하다.	₩10,000				₩10,000
(2) 현금 ₩2,000을 단기차입하다.	2,000				2,000
(3) 차량 ₩5,000을 현금구입하다.		₩5,000		₩(5,000)	
(4) 수수료 ₩2,000을 현금으로 받다.	2,000		₩2,000		
(5) 전기요금 ₩200을 현금으로 지급하다.		200	(200)		
(6) 차입금 ₩1,000을 현금으로 갚다.		1,000			(1,000)
(7) 급료 ₩1,000을 현금으로 지급하다.		1,000	(1,000)		
(8) ₩200의 배당을 선언하고 현금지급하다.		200			(200)
합 계	₩14,000	₩7,400	₩800	₩(5,000)	₩10,800

이상의 내용을 현금흐름표에 반영하여 작성하면 다음과 같다.

현금흐름표

Ⅰ. 영업활동 현금흐름		800
가. 용역매출대금의 유입액	2,000	
나. 영업비용의 유출액	(1,200)	
Ⅱ. 투자활동 현금흐름		(5,000)
1. 투자활동으로 인한 현금유출액	(5,000)	
가. 차량구입	(5,000)	
Ⅲ. 재무활동 현금흐름		10,800
1. 재무활동으로 인한 현금유입액	12,000	
가. 주식발행	10,000	
나. 현금차입	2,000	
2. 재무활동으로 인한 현금유출액	(1,200)	
가. 차입금 상환	(1,000)	
나. 배당금 지급	(200)	
Ⅳ. 현금의 증가(Ⅰ + Ⅱ + Ⅲ)		6,600
Ⅴ. 기초의 현금		0
Ⅵ. 기말의 현금		6,600

자습문제 4-2 다음 (주)하나부동산의 거래가 회계등식에 미치는 영향을 분석하고 이를 이용하여 재무제표를 작성하시오.

5/ 1 주식 100주(액면단가 ₩5,000)를 액면가액으로 발행하여 현금 ₩500,000을 납입받아 (주)하나를 설립하다.

5/ 7 영업용 차량 ₩300,000을 구입하고 대금은 현금으로 지급하다.

5/10 현금 ₩100,000을 차입하다.

5/12 거래를 알선하고 수수료 ₩150,000을 외상으로 하다.

5/20 건물임차료 ₩50,000을 현금으로 지급하다.

5/26 거래를 알선하고 수수료 ₩100,000을 현금으로 받다.

5/27 종업원 급료 ₩100,000을 현금으로 지급하다.

5/31 배당금으로 ₩100,000을 현금으로 지급하다.

2 계정의 기입법칙과 종류

1) 계정의 의의와 기입법칙

기업의 거래가 발생하면 자산·부채·자본·수익 및 비용 등이 각각 변동하게 되는데, 이러한 변동내용을 체계적이고 명료하게 기록·계산하기 위해서 거래의 종류나 성질에 따라 계산단위를 설정하여 이용한다. 이러한 회계상의 기록 및 계산단위를 **계정**(account ; a/c)이라 하고, 계정의 명칭을 **계정과목**이라 하며, 각 계정과목의 계산 및 기입장소를 **계정계좌**라 한다. 각 계정의 기입내용은 다음과 같다.

① 계정과목과 계정번호
② 거래의 발생일자와 해당 계정의 증감원인이나 결과
③ 다른 회계기록(예 분개장)과 상호 연관관계
④ 거래로 인한 계정의 증감액(기초잔액, 기중증가액, 기중감소액 및 기말잔액)

각 계정의 증감액을 기입하는 원리(**계정식 계산방법 또는 회계식 계산방법**)는 앞에서 설명한 회계등식을 가지고 이용하면 훨씬 이해하기가 쉽다. 회계등식은 다음과 같다.

자산 = 부채 + 자본
자본 = 자본금 + 이익잉여금
이익잉여금 = (+)수익 (−)비용

이 등식을 정리하면 다음과 같다.

차 변		**대 변**
자산+비용	=	부채+자본금+수익

모든 거래를 계정에 기입하는 원리는 위의 등식에 따른다. 즉, 자산과 비용에 속하는 계정들의 증가액은 제 위치인 차변에 기입하고, 반대로 감소액은 반대편 위치인 대변에 기입한다.

부채, 자본 및 수익에 속하는 계정들의 증가액은 제 위치인 대변에 기입하며, 반대로 감소액은 반대편 위치인 차변에 기입한다.

이상의 내용을 T계정에다 나타내면 다음 [표 4-3]과 같다.

표 4-3 계정기입법칙

자 산 = 부 채 + 자 본

자산계정	
(차변)	(대변)
증가	감소

부채계정	
(차변)	(대변)
감소	증가

자본계정	
(차변)	(대변)
감소	증가

자본금	
(차변)	(대변)
감소	증가

이익잉여금	
(차변)	(대변)
감소	증가

비용계정	
(차변)	(대변)
증가	감소

수익계정	
(차변)	(대변)
감소	증가

계정의 기입내용을 상세히 설명하면 다음과 같다.

① **기초잔액** : 자산은 차변에, 부채와 자본은 대변에 기입한다. 단, 수익과 비용은 당해 기간의 당기순손익을 산출하기 위한 임시계정으로, 당기순손익이 산출되어 자본계정으로 대체되면 수익과 비용계정은 소멸(자세한 것은 제6장에서 설명)되므로 기초잔액은 발생하지 않는다.

② **증가하는 경우** : 자산과 비용은 차변에, 부채와 자본 및 수익은 대변에 기입하여 해당계정에 가산한다.

③ **감소하는 경우** : 자산과 비용은 대변에, 부채와 자본 및 수익은 차변에 기입하여 해당계정에서 차감한다.

④ **기말잔액** : 이는 각 계정의 합계를 일치시키기 위하여 기입한다. 그러므로 자산과 비용은 그 잔액이 차변에 있으므로 그 금액을 기말잔액으로 해서 대변에 기입하고, 부채와 자본 및 수익은 그 잔액이 대변에 있으므로 마찬가지로 그 금액을 기말잔액으로 해서 차변에 기입한다. 각 계정잔액의 위치와 기말잔액의 위치를 혼동하면 안 된다. 지금으로서는 각 계정잔액의 위치만 알고 있어도 된다. 기말잔액의 기입은 장부마감을 위해 필요한 것이기 때문에 뒤에서 다시 다루어진다.

현 금 1

기초잔액	×××	감소액	×××
증가액	×××	**기말잔액**	×××
	×××		×××

차 입 금 3

감소액	×××	기초잔액	×××
기말잔액	×××	증가액	×××
	×××		×××

이상에서 설명한 계정의 기입원리를 일련의 거래를 이용하여 설명하면 다음과 같다.

예제 4-6 **계정의 기입원리**

현금과 차입금의 기초잔액과 기중거래로 인한 변동액이 다음과 같다고 하자.

(1) 기초잔액 : 현금 ₩10,000 차입금 ₩10,000

(2) 갑은행에서 현금 ₩30,000을 차입하다.

(3) 갑은행의 차입금 ₩20,000을 현금으로 갚다.

(4) 을은행에서 현금 ₩50,000을 차입하다.

이상의 내용을 일반 산수식을 이용하여 현금과 차입금의 기말잔액을 구하면 다음과 같다.

(5) ┌ 현금의 기말잔액＝₩10,000＋₩30,000－₩20,000＋₩50,000＝₩70,000
└ 차입금의 기말잔액＝₩10,000＋₩30,000－₩20,000＋₩50,000＝₩70,000

이상의 계산과정을 회계식 계산방법을 이용하여 각 계정계좌에 기입하면 다음과 같다.

현　　금

(1)	10,000	(3)	20,000
(2)	30,000	(5)	70,000
(4)	50,000		
	90,000		90,000

차 입 금

(3)	20,000	(1)	10,000
(5)	70,000	(2)	30,000
		(4)	50,000
	90,000		90,000

기입원리는 다음과 같다.

(1)은 기초잔액으로 현금계정에는 원래 위치인 차변에, 차입금계정에는 원래 위치인 대변에 기입한다.

(2)와 (4)는 현금과 차입금이 각각 증가하였으므로, 이를 가산하기 위하여 원래 위치와 같은 변에 기입한다.

(3)은 현금과 차입금이 각각 감소하였으므로, 이를 차감하기 위하여 원래의 위치와 반대변에 기입한다.

(5)는 양변의 합계를 일치시키기 위하여 현금과 차입금의 잔액을 각각 원래의 위치와 반대변에 기입한다. 그래서 현금잔액은 차변에 ₩70,000이 있으므로 대변에, 차입금잔액은 대변에 ₩70,000이 있으므로 차변에 기입한 것이다.

이상에서 살펴본 바와 같이 기업의 거래가 발생하면 해당 계정의 금액이 증감되므로, 이를 각 계정의 계정계좌에 기입하여 가감하게 되면 언제든지 각 계정의 잔액을 알 수 있게 된다. 따라서 기말시점에 재무제표를 작성하기 위해서는 기말 현재 각 계정의 잔액을 산출하여 자산·부채·자본은 재무상태표에, 수익·비용은 손익계산서에 기입하고, 이익잉여금의 변동 사항은 자본변동표의 이익잉여금란에 그리고 현금의 증감사항은 3가지 활동별로 구분하여 현금흐름표에 기입하면 된다.

각 기업은 회계기간중 발생한 거래를 기입하여 재무제표를 산출하기 위해서는 각 기업의 특성에 맞도록 관련된 계정과목을 설정하여 이들의 증감내용을 기입하기 위한 장부를 지니게 되는데, 이를 **총계정원장(general ledger)**이라 한다.

거래를 총계정원장의 각 계정계좌에 기입하여 재무제표를 작성하는 과정에 대한 예를 들면 다음과 같다.

예제 4-7 **재무제표의 작성과정**

(주)늘봄의 1개월간 거래는 다음과 같다고 하자.

4월 1일 주식 20주(액면단가 ₩5,000)를 주당 ₩5,000에 발행하고 대금은 현금으로 납입받다.
3일 차량 ₩50,000을 현금구입하다.
5일 비품 ₩60,000을 외상매입하다.
10일 세무서비스를 제공하고 ₩20,000 현금으로 받다.
13일 상품 ₩80,000을 외상매입하다.
15일 광고비 ₩2,000을 현금으로 지급하다.
25일 세무서비스를 ₩80,000에 제공하고 다음 달에 받기로 하다.
27일 외상구매대금 ₩30,000을 현금으로 갚다.
30일 급여 ₩30,000을 현금으로 지급하다.

이상의 거래를 먼저 회계등식표에 기입하면 다음과 같다.

	자산				부채	자본		
일자	현금	외상매출금	비품	차량운반구	미지급금	자본금	이익잉여금	
4/ 1	₩100,000					₩100,000		
4/ 3	(50,000)			₩50,000				
4/ 5			₩30,000		₩30,000			
4/10	20,000						₩20,000	매출수익
4/15	(2,000)						(2,000)	광고비
4/25		₩80,000					80,000	매출수익
4/27	(10,000)				(10,000)			
4/30	(30,000)						(30,000)	급여
잔액	₩28,000	₩80,000	₩30,000	₩50,000	₩20,000	₩100,000	₩68,000	

회계등식에 기입된 내용을 총계정원장에 기입하면 다음과 같다.

자 산 =

현 금

날짜	금액	날짜	금액
4/ 1	100,000	4/ 3	50,000
10	20,000	15	2,000
		27	10,000
		30	30,000

비 품

날짜	금액	날짜	금액
4/ 5	30,000		

외상매출금

날짜	금액	날짜	금액
4/25	80,000		

차량운반구

날짜	금액	날짜	금액
4/ 3	50,000		

부 채 + **자 본 금** +

미지급금

날짜	금액	날짜	금액
4/27	10,000	4/ 5	30,000

자 본 금

날짜	금액	날짜	금액
		4/ 1	100,000

이익잉여금

용역매출

날짜	금액	날짜	금액
		4/10	20,000
		4/25	80,000

광고선전비

날짜	금액	날짜	금액
4/15	2,000		

급 여

날짜	금액	날짜	금액
4/30	30,000		

회계등식에 기입된 내용과 총계정원장에 기입된 내용이 똑같음을 알 수 있다. 그러나 회계등식표에 기입된 것보다 총계정원장에 기입된 것이 훨씬 복잡하지 않고 체계적임을 한 눈에 알아볼 수 있다. 더군다나 수많은 거래를 회계등식에다 기입한다는 것은 현실성이 없는 것이다. 그래서 실무에서는 회계등식을 이용하지 않고 계정을 이용해서 거래를 기입하는 것이다.

총계정원장에 기입된 내용을 토대로 재무제표를 작성하면 다음과 같다.

재무상태표

(주)늘봄 4월 30일 현재 (단위 : 원)

차변	금액	대변	금액
현　　금	28,000	미지급금	20,000
외상매출금	80,000	자 본 금	100,000
비　　품	30,000	이익잉여금	68,000
차량운반구	50,000		
	188,000		188,000

손익계산서

(주)늘봄 4/1~4/30 (단위 : 원)

차변	금액	대변	금액
급　　여	30,000	매　　출	100,000
광고선전비	2,000		
당기순이익	68,000		
	100,000		100,000

자본변동표(이익잉여금항목)

(주)늘봄 4/1~4/30 (단위 : 원)

이익잉여금기초잔액	0
가산 : 당기순이익	68,000
미처분이익잉여금	68,000
차감 : 배 당 액	(0)
이익잉여금기말잔액	68,000

현금흐름표

(주)늘봄 4/1~4/30 (단위 : 원)

Ⅰ. 영업활동 현금흐름		(12,000)
가. 매출 대금의 유입액	20,000	
나. 급여의 유출액	(30,000)	
다. 광고비의 유출액	(2,000)	
Ⅱ. 투자활동 현금흐름		(60,000)
1. 차량구입	(50,000)	
2. 비품구입	(10,000)	
Ⅲ. 재무활동 현금흐름		100,000
1. 주식발행	100,000	
Ⅳ. 현금의 증가(Ⅰ+Ⅱ+Ⅲ)		28,000
Ⅴ. 기초의 현금		0
Ⅵ. 기말의 현금		28,000

영업활동 현금흐름은 손익계산서를 현금주의로 작성할 경우의 순이익에 해당한다. 따라서 현금흐름표상의 영업활동 부분은 현금주의에 따른 손익계산서라고 보면 된다. 위의 현금흐름표에 나타난 영업활동

현금흐름 즉 현금주의 순이익은 - ₩12,000으로 적자를 나타내고 있다. 그러나 손익계산서에서 계산된 당기 순이익은 ₩68,000으로 영업활동 현금흐름과 정반대의 흑자를 나타내고 있다. 이는 현금흐름이 수반되지 않은 수익과 비용 항목이 반영되는 발생주의와 현금흐름이 수반되는 수익과 비용 항목만 반영되는 현금주의 간의 차이에 기인하는 것임을 기억할 필요가 있다.

연습문제

❖ 주관식 문제

4-1 다음 중 회계상 거래에 해당하는 것을 지적하고, 해당거래가 재무상태에 미치는 영향을 설명하시오.

(1) 현금 ₩100,000을 차입하기로 하다.
(2) 현금 ₩100,000을 대여하다.
(3) 비품 ₩100,000을 구입하기로 계약을 체결하다.
(4) 상품 ₩150,000을 현금매입하다.
(5) 상품 ₩100,000을 매출하기로 계약을 체결하다.
(6) 원가 ₩150,000의 상품을 ₩200,000에 매출하기로 하고 계약금 ₩20,000을 현금으로 받다.
(7) 화재로 인하여 ₩1,000,000의 건물이 소실되다.
(8) 외상매입금 ₩100,000을 현금으로 지급하다.
(9) 대여금 ₩250,000과 그 이자 ₩10,000을 현금으로 받다.
(10) 주식 100주를 주당 ₩5,000에 발행하고 현금으로 납입받다.

4-2 다음 거래를 총계정원장에 기입한 다음 재무상태표와 손익계산서를 작성하시오.

5/ 1 주식 100주(액면단가 ₩5,000)를 액면가액으로 발행하고 대금은 현금으로 납입받아, (주)애플 정보시스템을 설립하다.
5/ 2 건물을 임차하고 5월분 임차료 ₩200,000을 현금지급하다.
5/ 3 은행에서 현금 ₩500,000을 차입하다.
5/ 5 신문에 광고를 게재하고 ₩50,000을 현금으로 지급하다.
5/12 A회사에 정보시스템을 구축하고 대금 ₩200,000을 현금으로 받다.
5/17 B회사에 정보시스템을 구축하고 대금 ₩300,000은 다음 달에 받기로 하다.
5/25 전화요금 ₩50,000을 현금으로 지급하다.
5/26 직원 급여 ₩200,000을 현금 지급하다.
5/29 전기료 ₩50,000을 현금 지급하다.
5/30 배당금 ₩100,000을 현금 지급하다.

4-3 정다운씨는 인테리어 디자인 회사인 (주)정다운 디자인의 대주주이자 경영자로서 경영에 참여하고 있다. 다음은 20×3년 4월 30일 현재의 이 회사의 재무상태를 요약한 것이다.

	자 산							=	부 채	+	자 본		
	현금예금	+	매출채권	+	소 모 품	+	토 지	=	매입채무	+	자 본 금	+	이익잉여금
잔액	17,200		22,400				241,000		54,000		100,000		126,600

20×3년 5월 동안 다음과 같은 사건이 발생하였다.

(1) 정씨는 증여받은 돈 ₩120,000을 이 회사의 은행계좌에 입금시키고 이 회사의 주식을 교부받았다.
(2) 월초의 매입채무 잔액을 모두 지급하였다.
(3) 고객에게 용역을 제공하고 현금 ₩11,000을 받았다.
(4) 매출채권 중 ₩7,500이 회수되었다.
(5) 소모품 ₩7,200을 외상으로 구입하였다.
(6) 대형건물의 인테리어 디자인에 대한 자문을 해주고 그 대가로 ₩50,000을 고객에게 청구하였다.
(7) 정씨로부터 현금 ₩17,000을 받고 주식을 발행해 주었다.
(8) 5월에 기록된 비용은 다음과 같다.

① 사무실 임차료 지급액	₩12,000
② 광고비 지급액	6,600
③ 타 인테리어 디자이너에게 원가로 매각한 소모품	800
④ 배당금 선언 및 지급액	24,000

물음

(1) 5월에 발생된 거래를 회계등식에 기입하시오.
(2) 5월 한달간의 손익계산서, 자본변동표(이익잉여금항목), 현금흐름표를 작성하시오.
(3) 5월 31일 현재의 재무상태표를 작성하시오.
(4) 물음에 답하면서 배운 것은 무엇입니까?

✤ 공무원시험(9급) 기출문제

1 다음 중 거래요의 결합관계로 적절하지 못한 것은?

	차 변	대 변
①	자산의 증가	자산의 감소
②	부채의 감소	부채의 증가
③	자산의 증가	수익의 발생
④	비용의 발생	자본의 감소

2 회계상 거래에 포함될 수 없는 것은?

① 장부가액이 ₩2,500,000인 건물이 화재로 소실되었다.
② 상품을 판매하고 아직 대금을 받지 않았다.
③ 원료 공급회사와 100톤의 원재료를 ₩1,000,000에 구입하기로 계약을 체결하였다.
④ 기계장치를 구입하여 인도받았으나 아직 대금은 지급하지 않았다.

정답 1. ④ 2. ③

05 회계순환과정: 분개와 전기

기업은 정보이용자들의 경제적 의사결정에 유용한 정보를 적기에 제공하기 위하여 기업이 수행한 경제적 행위에 대한 결과인 재무제표를 매 회계기간마다 작성하여 정보이용자에게 전달한다. 이와 같은 재무보고를 위하여 기업은 회계거래의 기록으로부터 재무제표를 작성하기까지 일련의 회계처리과정을 거치게 되는데, 이러한 일련의 회계처리과정을 회계순환과정(accounting cycle)이라 한다. 순환과정이라 하는 이유는 매 회계기간마다 재무제표를 작성하기 위하여 동일한 일련의 회계처리과정을 반복적으로 수행하기 때문이다.

회계의 순환과정은 크게 두 단계로 나눌 수 있는데, 첫번째 단계는 기업의 경제적 행위 중 거래를 식별하여 장부에 기록하는 과정이고, 또 하나는 기록된 장부를 이용하여 정보이용자에게 보고할 재무제표를 작성하는 결산과정이다. 순환과정을 단계별로 간단하게 요약하면 다음과 같다.

제1단계 : 거래의 식별 및 장부기록과정

(1) 거래의 식별 및 분개장에 분개
(2) 총계정원장에 전기

제2단계 : 재무제표작성을 위한 결산과정

(1) 수정전 시산표 작성
(2) 기말정리사항 수정분개(재고조사표 작성)
(3) 수정후 시산표 작성
(4) 정산표 작성(반드시 작성이 필요한 것은 아님)
(5) 재무제표작성
(6) 장부마감

본 장에서는 순환과정의 제1단계인 거래의 분개와 총계정원장에 대한 전기를 설명하고 제2단계인 재무제표 작성을 위한 결산과정은 제6장에서 설명하기로 한다.

1 분 개

1) 분개의 필요성과 의의

제4장 거래와 계정에서 본 바와 같이 기술적으로는 발생한 각 거래를 직접 총계정원장에 기입하여 재무상태표와 손익계산서 등 재무제표를 작성할 수 있다. 그러나 이와 같이 하는 경우 특정 거래의 내용파악이 어려울 뿐만 아니라 거래의 발생순서에 따른 일자별 추적이 어렵다. 특히 거래를 총계정원장에 직접 기입함으로써 나타나는 가장 큰 문제점은 일부 계정의 누락 또는 다른 계정에의 기입 등 오류의 발생가능성이 높다는 것이다. 이러한 문제를 보완하기 위하여 고안된 것이 바로 분개다.

分介(journalizing)란 거래가 각 계정에 미치는 영향(증가나 감소)을 총계정원장에 기입하기 전에 계정과목과 금액으로 차변항목과 대변항목을 분류하는 것이다. 즉, 회계상 특정 거래가 발생하면 특정 계정이 증감하므로 이를 총계정원장의 해당계정에 직접 기입하기 전에 해당 계정과목과 금액을 위치(차변과 대변)별로 분류하여 기입(이를 分介라 한다)한 후 이를 확인하면서 총계정원장의 해당계정에 옮겨 적게 된다(이를 轉記라 한다). 예를 들어, 현금 ₩100,000을 차입한 경우 현금과 차입금이 각각 증가했으므로 총계정원장의 현금계정 차변에 ₩100,000과 차입금계정 대변에 ₩100,000을 직접 기입하기 전에 위치별로 계정과목과 금액을 다음과 같이 일단 분류한다.

(차 변)		(대 변)	
현 금	100,000	차 입 금	100,000

이와 같이 거래가 각 계정에 미치는 영향을 차변에 기입하여야 할 계정과목과 금액으로 또한 대변에 기입하여야 할 계정과목과 금액으로 분류하여 각 계정에 전기를 하는 경우 오류의 발생가능성이 감소할 뿐만 아니라 거래의 발생순서별 정리도 가능하게 된다. 이러한 분개를 기입하는 장부를 분개장(journal)이라 하며, 분개장의 내용은 제5장 보론에서 설명한다.

2) 분개절차

이상에서 본 바와 같이 기업의 거래는 분개과정을 통하여 회계정보인 재무제표(financial statements)에 반영된다. 분개과정을 단계별로 세분하면 다음과 같다.

① 거래로 인하여 영향을 받는 계정과목을 정리한다.

② 각 계정과목의 금액이 증가하는지 아니면 감소하는지를 정리한다.

③ 계정의 기입법칙에 따라 각 계정의 증감내용을 차변요소와 대변요소로 분류한다.

④ 차변과 대변에 해당 계정과목과 금액을 나누어 기입한다.

이상의 분개절차를 거치면 거래의 이중성에 의하여 차변에 기입된 금액과 대변에 기입된 금액은 항상 일치한다. 이상의 분개절차에 따라 각각의 기업활동별 분개에 대한 예를 설명하면 다음과 같다.

(1) 재무활동 관련 거래

- **현금 ₩100,000을 출자해서 회사를 설립하다.**

① 거래로 인하여 영향을 받는 계정과목은 현금과 자본금계정이다.
② 각 계정과목의 금액이 증가하는지 아니면 감소하는지를 정리하면, 출자한 현금 ₩100,000이 증가하였고, 출자한 지분을 나타내는 자본금 ₩100,000이 증가되었다.
③ 계정 기입법칙에 따라 각 계정의 증감내용을 차변요소와 대변요소로 분류하면, 자산증가인 현금계정이 차변에, 자본증가인 자본금계정이 대변에 기입된다.
④ 차변과 대변에 해당 계정과목과 금액을 나누어 기입하면 다음과 같다.

(차 변)		(대 변)	
현 금	100,000	자 본 금	100,000

- **주식을 액면가로 발행하고 주식발행대금 ₩100,000(발행주식 100주 액면금액 ₩1,000)을 현금 납입해서 주식회사를 설립하다.**

① 거래로 인하여 영향을 받는 계정과목은 현금과 자본금계정이다.
② 각 계정과목의 금액이 증가하는지 아니면 감소하는지를 정리하면, 납입한 현금 ₩100,000이 증가하였고, 납입한 지분을 나타내는 자본금 ₩100,000이 증가되었다.
③ 계정 기입법칙에 따라 각 계정의 증감내용을 차변요소와 대변요소로 분류하면, 자산증가인 현금계정이 차변에, 자본증가인 자본금계정이 대변에 기입된다.
④ 차변과 대변에 해당 계정과목과 금액을 나누어 기입하면 다음과 같다.

(차 변)		(대 변)	
현 금	100,000	자 본 금	100,000

- **주식을 할증발행하고 주식발행대금 ₩150,000(발행주식 100주 액면금액 ₩1,000)을 현금 납입해서 주식회사를 설립하다.**

① 거래로 인하여 영향을 받는 계정과목은 현금 및 자본금과 주식발행초과금계정이다.

② 각 계정과목의 금액이 증가하는지 아니면 감소하는지를 정리하면, 출자한 현금 ₩150,000이 증가하였고, 납입한 지분 중 액면금액을 나타내는 자본금 ₩100,000과 액면금액을 초과한 부분을 나타내는 주식발행초과금 ₩50,000이 증가되었다.

③ 계정 기입법칙에 따라 각 계정의 증감내용을 차변요소와 대변요소로 분류하면, 자산증가인 현금계정이 차변에, 자본증가인 자본금계정과 주식발행초과금이 대변에 기입된다.

④ 차변과 대변에 해당 계정과목과 금액을 나누어 기입하면 다음과 같다.

(차 변)		(대 변)	
현 금	150,000	자 본 금	100,000
		주식발행초과금	50,000

- **현금 ₩100,000을 은행에서 차입하다.**

① 거래로 인하여 영향을 받는 계정과목은 현금과 차입금계정이다.

② 각 계정과목의 금액이 증가하는지 아니면 감소하는지를 정리하면, 차입한 현금 ₩100,000이 증가하였고, 차입한 사실을 나타내는 차입금 ₩100,000이 증가되었다.

③ 계정 기입법칙에 따라 각 계정의 증감내용을 차변요소와 대변요소로 분류하면, 자산증가인 현금계정이 차변에, 부채증가인 차입금계정이 대변에 기입된다.

④ 차변과 대변에 해당 계정과목과 금액을 나누어 기입하면 다음과 같다.

(차 변)		(대 변)	
현 금	100,000	차 입 금	100,000

(2) 투자활동 관련 거래

- **비품 ₩100,000을 현금 구입하다.**

① 거래로 인하여 영향을 받는 계정과목은 현금과 비품계정이다.

② 각 계정과목의 금액이 증가하는지 아니면 감소하는지를 정리하면, 구입한 비품 ₩100,000이 증가하였고, 구입대금으로 지출한 현금 ₩100,000이 감소되었다.

③ 계정 기입법칙에 따라 각 계정의 증감내용을 차변요소와 대변요소로 분류하면, 자산증가인 비품계정이 차변에, 자산감소인 현금계정이 대변에 기입된다.

④ 차변과 대변에 해당 계정과목과 금액을 나누어 기입하면 다음과 같다.

(차 변)		(대 변)	
비 품	100,000	현 금	100,000

- **건물 ₩100,000을 외상 구입하다.**

① 거래로 인하여 영향을 받는 계정과목은 건물과 미지급금계정이다.

② 각 계정과목의 금액이 증가하는지 아니면 감소하는지를 정리하면, 구입한 건물 ₩100,000이 증가하였고, 외상구입대금 ₩100,000이 증가되었다.

③ 계정 기입법칙에 따라 각 계정의 증감내용을 차변요소와 대변요소로 분류하면, 자산증가인 건물계정이 차변에, 부채증가인 미지급금계정이 대변에 기입된다.

④ 차변과 대변에 해당 계정과목과 금액을 나누어 기입하면 다음과 같다.

(차 변)		(대 변)	
건 물	100,000	미 지 급 금	100,000

- **건물 외상구입대금 ₩100,000을 현금지급하다.**

① 거래로 인하여 영향을 받는 계정과목은 현금과 미지급금계정이다.

② 각 계정과목의 금액이 증가하는지 아니면 감소하는지를 정리하면, 외상구입대금을 나타내는 미지급금 ₩100,000이 감소하였고, 구입대금으로 지출한 현금 ₩100,000이 감소되었다.

③ 계정 기입법칙에 따라 각 계정의 증감내용을 차변요소와 대변요소로 분류하면, 부채감소인 미지급금계정이 차변에, 자산감소인 현금계정이 대변에 기입된다.

④ 차변과 대변에 해당 계정과목과 금액을 나누어 기입하면 다음과 같다.

(차 변)		(대 변)	
미 지 급 금	100,000	현 금	100,000

(3) 영업활동 관련 거래

- **회계서비스를 제공하고 ₩100,000을 현금으로 수취하다.**

① 거래로 인하여 영향을 받는 계정과목은 현금과 용역매출계정이다.

② 각 계정과목의 금액이 증가하는지 아니면 감소하는지를 정리하면, 현금으로 수취한 서비스 제공 대가 ₩100,000이 증가하였고, 서비스 제공 대가만큼 수익인 용역매출 ₩100,000이 증가하였다.

③ 계정 기입법칙에 따라 각 계정의 증감내용을 차변요소와 대변요소로 분류하면, 자산증가인 현금계정이 차변에 기입되고, 수익증가인 용역매출계정이 대변에 기입된다.

④ 차변과 대변에 해당 계정과목과 금액을 나누어 기입하면 다음과 같다.

(차 변)		(대 변)	
현 금	100,000	용 역 매 출	100,000

• **상품 ₩100,000을 외상으로 매입하다.**

① 거래로 인하여 영향을 받는 계정과목은 상품과 외상매입금계정이다.

② 각 계정과목의 금액이 증가하는지 아니면 감소하는지를 정리하면, 매입한 상품 ₩100,000이 증가하였고, 나중에 지급하기로 한 상품매입대금을 나타내는 외상매입금 ₩100,000이 증가되었다.

③ 계정 기입법칙에 따라 각 계정의 증감내용을 차변요소와 대변요소로 분류하면, 자산증가인 상품계정이 차변에, 부채증가인 외상매입금계정이 대변에 기입된다.

④ 차변과 대변에 해당 계정과목과 금액을 나누어 기입하면 다음과 같다.

(차 변)		(대 변)	
상 품	100,000	외상매입금	100,000

• **원가 ₩100,000인 상품을 ₩200,000에 현금을 받고 판매하였다.**

① 거래로 인하여 영향을 받는 계정과목은 현금, 매출, 매출원가 및 상품계정이다.

② 각 계정과목의 금액이 증가하는지 아니면 감소하는지를 정리하면, 현금으로 수취한 판매대금 ₩200,000이 증가하였고, 상품 판매대금 만큼 수익인 매출 ₩200,000이 증가하였다. 한편 ₩100,000의 상품이 판매로 인해 감소되었고, 이에 따라 판매된 상품의 원가를 나타내는 비용인 매출원가 ₩100,000이 증가되었다.

③ 계정 기입법칙에 따라 각 계정의 증감내용을 차변요소와 대변요소로 분류하면, 자산증가인 현금계정과 비용증가인 매출원가가 차변에 기입되고, 수익증가인 매출계정과 자산감소인 상품계정이 대변에 기입된다.

④ 차변과 대변에 해당 계정과목과 금액을 나누어 기입하면 다음과 같다.

(차 변)		(대 변)	
현 금	200,000	매 출	200,000
매 출 원 가	100,000	상 품	100,000

• **원가 ₩100,000인 상품을 ₩200,000에 외상으로 판매하였다.**

① 거래로 인하여 영향을 받는 계정과목은 외상매출금, 매출, 매출원가 및 상품계정이다.

② 각 계정과목의 금액이 증가하는지 아니면 감소하는지를 정리하면, 앞으로 수취할 외상 판매대금 ₩200,000이 증가하였고, 상품 판매대금 만큼 수익인 매출 ₩200,000이 증가하였다. 한편 ₩100,000의 상품이 판매로 인해 감소되었고, 이에 따라 판매된 상품의 원가를 나타내는 비용인 매출원가 ₩100,000이 증가되었다.

③ 계정 기입법칙에 따라 각 계정의 증감내용을 차변요소와 대변요소로 분류하면, 자산증가인 외상매출금계정과 비용증가인 매출원가가 차변에 기입되고, 수익증가인 매출계정과 자산감소인 상품계정이 대변에 기입된다.

④ 차변과 대변에 해당 계정과목과 금액을 나누어 기입하면 다음과 같다.

(차 변)		(대 변)	
외상매출금	200,000	매 출	200,000
매 출 원 가	100,000	상 품	100,000

- **외상판매대금 ₩200,000을 현금으로 수취하다.**

① 거래로 인하여 영향을 받는 계정과목은 현금과 외상매출금계정이다.

② 각 계정과목의 금액이 증가하는지 아니면 감소하는지를 정리하면, 외상판매대금이 현금으로 수취됨에 따라 현금 ₩200,000이 증가하였고, 이에 따라 외상판매 시 계상되었던 외상매출금 ₩200,000이 감소되었다.

③ 계정 기입법칙에 따라 각 계정의 증감내용을 차변요소와 대변요소로 분류하면, 자산증가인 현금계정이 차변에, 자산감소인 외상매출금계정이 대변에 기입된다.

④ 차변과 대변에 해당 계정과목과 금액을 나누어 기입하면 다음과 같다.

(차 변)		(대 변)	
현 금	200,000	외상매출금	200,000

- **외상매입대금 ₩100,000을 수표발행 지급하다.**

① 거래로 인하여 영향을 받는 계정과목은 당좌예금과 외상매입금계정이다.

② 각 계정과목의 금액이 증가하는지 아니면 감소하는지를 정리하면, 외상매입대금이 수표를 발행해서 지급됨에 따라 당좌예금 ₩100,000이 감소하였고, 이에 따라 외상매입 시 계상되었던 매입채무를 나타내는 외상매입금 ₩100,000이 감소되었다. 당좌예금은 대금결제 목적으로 개설된 예금으로 은행에 보관시킨 현금으로 생각하면 된다. 대금지급을 위해 수표를 발행하면 당좌예금계정을 감소시키고, 계좌에 입금한 경우에는 당좌예금계정을 증가시킨다.

③ 계정 기입법칙에 따라 각 계정의 증감내용을 차변요소와 대변요소로 분류하면, 자산감소인 당좌예금계정이 대변에, 부채감소인 외상매입금계정이 차변에 기입된다.

④ 차변과 대변에 해당 계정과목과 금액을 나누어 기입하면 다음과 같다.

(차 변)		(대 변)	
외상매입금	100,000	당 좌 예 금	100,000

- **원가 ₩100,000인 상품을 ₩200,000에 매출하고 대금은 거래처가 발행한 약속어음으로 받다.**

① 거래로 인하여 영향을 받는 계정과목은 받을어음, 매출, 매출원가 및 상품계정이다.

② 각 계정과목의 금액이 증가하는지 아니면 감소하는지를 정리하면, 앞으로 수취할 외상판매로 인한 어음대금 ₩200,000이 증가하였고, 상품 판매대금 만큼 수익인 매출 ₩200,000이 증가하였다. 한편 ₩100,000의 상품이 판매로 인해 감소되었고, 이에 따라 판매된 상품의 원가를 나타내는 비용인 매출원가 ₩100,000이 증가되었다.

③ 계정 기입법칙에 따라 각 계정의 증감내용을 차변요소와 대변요소로 분류하면, 자산증가인 받을어음계정과 비용증가인 매출원가가 차변에 기입되고, 수익증가인 매출계정과 자산감소인 상품계정이 대변에 기입된다.

④ 차변과 대변에 해당 계정과목과 금액을 나누어 기입하면 다음과 같다.

(차 변)		(대 변)	
받 을 어 음	200,000	매 출	200,000
매 출 원 가	100,000	상 품	100,000

- **종업원 급여 ₩100,000을 현금 지급하다.**

① 거래로 인하여 영향을 받는 계정과목은 급여와 현금계정이다.

② 각 계정과목의 금액이 증가하는지 아니면 감소하는지를 정리하면, 급여가 현금 지급됨에 따라 현금 ₩100,000이 감소하였고, 이에 따라 급여라는 비용계정 ₩100,000이 증가되었다.

③ 계정 기입법칙에 따라 각 계정의 증감내용을 차변요소와 대변요소로 분류하면, 자산감소인 현금계정이 대변에, 비용증가인 급여계정이 차변에 기입된다.

④ 차변과 대변에 해당 계정과목과 금액을 나누어 기입하면 다음과 같다.

(차 변)		(대 변)	
급 여	100,000	현 금	100,000

- **차입금에 대한 이자 ₩100,000을 현금 지급하다.**

① 거래로 인하여 영향을 받는 계정과목은 이자비용과 현금계정이다.

② 각 계정과목의 금액이 증가하는지 아니면 감소하는지를 정리하면, 차입금에 대한 이자가 현금 지급됨에 따라 현금 ₩100,000이 감소하였고, 이에 따라 이자비용이라는 비용계정 ₩100,000이 증가되었다.

③ 계정 기입법칙에 따라 각 계정의 증감내용을 차변요소와 대변요소로 분류하면, 자산감소인 현금계정이 대변에, 비용증가인 이자비용계정이 차변에 기입된다.

④ 차변과 대변에 해당 계정과목과 금액을 기입하면 다음과 같다.

(차 변)		(대 변)	
이 자 비 용	100,000	현 금	100,000

- **임차료 ₩100,000을 현금 지급하다.**

① 거래로 인하여 영향을 받는 계정과목은 임차료와 현금계정이다.

② 각 계정과목의 금액이 증가하는지 아니면 감소하는지를 정리하면, 임차료가 현금 지급됨에 따라 현금 ₩100,000이 감소하였고, 이에 따라 임차료라는 비용계정 ₩100,000이 증가되었다.

③ 계정 기입법칙에 따라 각 계정의 증감내용을 차변요소와 대변요소로 분류하면, 자산감소인 현금계정이 대변에, 비용증가인 임차료계정이 차변에 기입된다.

④ 차변과 대변에 해당 계정과목과 금액을 기입하면 다음과 같다.

(차 변)		(대 변)	
임 차 료	100,000	현 금	100,000

- **법인세 ₩100,000을 세무서에 현금 납부하다.**

① 거래로 인하여 영향을 받는 계정과목은 법인세비용과 현금계정이다.

② 각 계정과목의 금액이 증가하는지 아니면 감소하는지를 정리하면, 법인세가 현금 지급됨에 따라 현금 ₩100,000이 감소하였고, 이에 따라 법인세비용이라는 비용계정 ₩100,000이 증가되었다.

③ 계정 기입법칙에 따라 각 계정의 증감내용을 차변요소와 대변요소로 분류하면, 자산감소인 현금계정이 대변에, 비용증가인 법인세비용계정이 차변에 기입된다.

④ 차변과 대변에 해당 계정과목과 금액을 기입하면 다음과 같다.

(차 변)		(대 변)	
법인세비용	100,000	현 금	100,000

예제 5-1 거래에 대한 분개

거래내용	(차 변)		(대 변)	
① 상품 ₩10,000을 현금매입하다.	상품	10,000	현금	10,000
② 현금 ₩20,000을 대여하다.	대여금	20,000	현금	20,000
③ 차입금 ₩30,000을 현금으로 상환하다.	차입금	30,000	현금	30,000
④ 전화요금 ₩5,000을 현금으로 지급하다.	통신비	5,000	현금	5,000
⑤ 대여금 ₩15,000을 현금으로 받다.	현금	15,000	대여금	15,000
⑥ 신주 10주(주당 액면금액 ₩5,000)를 액면금액으로 발행하고 현금으로 납입받다.	현금	50,000	자본금	50,000
⑦ 용역수익 ₩10,000을 현금으로 받다.	현금	10,000	용역매출	10,000
⑧ 차입금 ₩80,000과 그 이자 ₩5,000을 현금으로 지급하다.	차입금	80,000	현금	85,000
	이자비용	5,000		
⑨ 원가 ₩50,000의 상품을 ₩60,000에 현금매출하다.	현금	60,000	매출	60,000
	매출원가	50,000	상품	50,000
⑩ 1개월 후 탑승할 항공권을 ₩50,000에 현금 판매하다.	현금	50,000	선수금	50,000

자습문제 5-1 다음 거래를 분개하시오.

(1) 상품 ₩50,000을 현금매입하다.

(2) 상품 ₩100,000을 매입하고 대금은 수표를 발행하여 지급하다.

(3) 상품 ₩80,000을 외상매입하다.

(4) 상품 ₩150,000을 매입하고 대금은 약속어음을 발행하여 지급하다.

(5) 상품 ₩300,000을 매입하고 대금중 ₩50,000은 현금으로 지급하고 잔액은 외상으로 하다.

(6) 상품 ₩500,000을 매입하고 대금중 ₩200,000은 수표를 발행하여 지급하고 잔액은 약속어음을 발행하여 지급하다.

(7) 원가 ₩100,000의 상품을 ₩150,000에 현금매출하다.

(8) 원가 ₩200,000의 상품을 ₩300,000에 외상매출하다.

(9) 원가 ₩150,000의 상품을 ₩250,000에 매출하고 대금은 현금으로 회수하여 즉시 당좌예입하다.

(10) 원가 ₩350,000의 상품을 ₩500,000에 매출하고 대금은 동점발행 약속어음으로 받다.

(11) 원가 ₩650,000의 상품을 ₩950,000에 매출하고 대금 중 ₩100,000은 현금으로 회수하고 잔액은 외상으로 하다.

(12) 원가 ₩500,000의 상품을 ₩800,000에 매출하고 대금 중 ₩300,000은 현금으로 회수하고 잔액은 동점발행 약속어음으로 받다.

자습문제 5-2 다음 거래를 분개하시오.

(1) 비품 ₩150,000을 현금구입하다.
(2) 건물 ₩900,000을 구입하고 대금은 수표를 발행하여 지급하다.
(3) 토지 ₩800,000을 구입하고 대금은 외상으로 하다.
(4) 사무용 문구류 ₩200,000을 구입하고 대금은 수표를 발행하여 지급하다.

자습문제 5-3 다음 거래를 분개하시오.

(1) 외상매입금 ₩150,000을 현금으로 지급하다.
(2) 미지급금 ₩300,000을 수표발행하여 지급하다.
(3) 차입금 ₩500,000중 ₩200,000은 현금으로 지급하고 잔액은 수표를 발행하여 지급하다.
(4) 어음대금 ₩400,000을 수표발행하여 지급하다.
(5) 외상매출금 ₩300,000을 현금으로 받다.
(6) 대여금 ₩150,000을 현금으로 회수하여 즉시 당좌예입하다.
(7) 미수금 ₩600,000을 현금으로 받다.
(8) 어음대금 ₩500,000을 현금으로 회수하여 즉시 당좌예입하다.
(9) 외상매입금 ₩400,000을 약속어음을 발행하여 지급하다.
(10) 외상매출금 ₩500,000을 동점발행 약속어음으로 받다.

자습문제 5-4 다음 거래를 분개하시오.

(1) 종업원의 급여 ₩700,000을 현금으로 지급하다.
(2) 종업원 출장비 ₩350,000을 현금으로 지급하다.
(3) 판매사원의 매출액에 대한 수수료 ₩100,000을 현금으로 지급하다.
(4) 전기요금 ₩300,000과 수도요금 ₩100,000을 수표발행하여 지급하다.
(5) 난방용 석유 ₩500,000을 구입하고 대금은 수표를 발행하여 지급하다.
(6) 사무용 문방구류 ₩150,000을 현금구입하다.
(7) 전화요금 ₩300,000을 수표발행하여 지급하다.
(8) 우표와 엽서 ₩230,000을 구입하고 대금은 현금으로 지급하다.
(9) 신문대금 ₩300,000을 현금으로 지급하다.
(10) 현금 ₩50,000을 분실하다.
(11) 자동차세 ₩350,000과 상공회의소 회비 ₩50,000을 현금으로 지급하다.
(12) 법인세 ₩400,000을 현금으로 납부하다.
(13) 건물에 대한 화재보험료 ₩250,000을 현금으로 지급하다.
(14) 광고료 ₩750,000을 수표발행하여 지급하다.

(15) 건물임차료 ₩550,000을 수표발행하여 지급하다.
(16) 인터넷 이용대금 ₩300,000을 현금으로 지급하다.
(17) 복사 및 프린트용지 구입대금 ₩300,000을 수표발행 지급하다.
(18) 프린터기 토너 구입대금 ₩200,000을 현금으로 지급하다.
(19) 복사기 수리대금 ₩300,000을 현금으로 지급하다.
(20) 종교단체 후원금 ₩500,000을 수표발행 지급하다.

자습문제 5-5 다음 거래를 분개하시오.

(1) 용역수익 ₩50,000을 현금으로 받다.
(2) 건물임대료 ₩600,000을 현금으로 받아 즉시 당좌예입하다.
(3) 이자 ₩150,000을 현금으로 받다.
(4) 폐품처분하고 대금 ₩100,000을 현금으로 받다.
(5) 부동산중개업을 목적사업으로 하는 (주)부동산은 중개수수료 ₩500,000을 현금으로 받다.
(6) 세탁업을 목적사업으로 하는 (주)맑은샘은 세탁료 ₩300,000을 현금으로 받다.
(7) (주)예쁜눈은 안경을 5일 후에 제작해서 고객에게 인도하기로 하고 안경 판매대금 ₩300,000 중 ₩100,000을 선금으로 받다.
(8) (주)예쁜눈은 안경을 5일 후에 고객에게 인도하고 안경 판매대금 ₩300,000 중 잔액 ₩200,000을 현금으로 받다.
(9) (주)날아라항공은 15일 후에 탑승할 비행기표를 ₩300,000에 현금받고 판매하다.
(10) (주)날아라항공의 비행기표를 구입한 승객이 15일 후 탑승한 사실이 확인되다.

2 전 기

1) 전기의 의의

轉記(posting)란 발생된 거래의 분개내용을 총계정원장의 각 계정계좌에 옮겨 적는 절차를 말한다. 분개에서 언급한 것처럼 발생된 거래는 직접 총계정원장에 기입할 수 있으나, 일반적인 회계처리과정에서는 발생된 거래를 총계정원장에 기입하기 위한 예비적 절차로서 먼저 관련 계정과목과 금액을 계정의 기입법칙을 이용하여 차변과 대변으로 나누어 기입(분개)한다고 하였다. 따라서 총계정원장을 이용한 재무제표를 작성하기 위해서는 거래로 인한 각 계정의 증감내용을 해당계정에 가감하여 각 계정의 잔액을 산출하여야 하므로, 이를 위하여 분개된 내용을 각 계정으로 전기하게 된다.

2) 전기절차

일반적으로 회계를 처음 접하는 경우 전기절차를 혼동하는 경우가 많다. 그러나 다음과 같은 예를 이용하여 거래를 분개한 후 전기하는 절차를 이해하면 그러한 문제는 쉽게 극복할 수 있다.

예를 들어, 현금 ₩10,000을 차입하였다고 가정하자. 그러면 먼저 전기를 위한 예비적 절차로 다음과 같이 분개한다.

(차) 현 금 10,000 (대) 차 입 금 10,000

분개가 이루어진 후 현금과 차입금이 각각 증가하였으므로 총계정원장의 현금계정과 차입금계정에 각 금액을 가산하기 위하여 전기를 하여야 하는데 각 계정의 증가액만을 다음과 같이 기입하였다고 하자. 물론 현금의 증가는 차변이므로 현금계정 차변에 ₩10,000을 기입하고, 차입금의 증가는 대변이므로 차입금계정 대변에 ₩10,000을 기입하면 된다.

현 금	
10,000	

차 입 금	
	10,000

이와 같이 각 계정에 각 계정의 증감액만을 기입하는 경우 해당계정이 어떻게 증감했는지 그 원인이나 결과를 알 수가 없다. 따라서 현금의 증가는 차입으로 인하여 발생하였으므로 현금계정 차변에 ₩10,000을 기입하면서 상대계정인 차입금계정을 동시에 기입하면 그 증가 원인을 알 수 있게 된다. 차입금도 마찬가지로 차입금계정 대변에 ₩10,000을 기입하면서 상대계정인 현금계정을 동시에 기입한다. 이와 같은 과정을 거친 후의 전기결과는 다음과 같다.

(차) 현 금 10,000 (대) 차 입 금 10,000

현 금	
차 입 금 10,000	

차 입 금	
	현 금 10,000

다른 예를 들어 상품 ₩10,000을 외상으로 매입하였다고 가정하자. 그러면 먼저 전기를 위한 예비적 절차로 다음과 같이 분개한다.

(차) 상 품 10,000 (대) 외상매입금 10,000

분개가 이루어진 후 상품과 외상매입금이 각각 증가하였으므로 총계정원장의 상품계정과 외상매입금계정에 각 금액을 가산하기 위한 전기 시 상품계정 차변에 ₩10,000을 기입하면서 상대계정인 외상매입금을 기입하고, 또한 외상매입금계정 대변에 ₩10,000을 기입하면서 상대계정인 상품을 기입하면 된다. 이와 같은 과정을 거친 후의 전기결과는 다음과 같다.

상　　품	
외상매입금　10,000	

외상매입금	
	상　　품　10,000

이와 같이 전기함으로써, 총계정원장에 기입된 각 계정의 내용만 보고도 발생된 거래를 역으로 추정할 수 있게 된다. 추정과정을 예를 들어 설명하면 다음과 같다. 예를 들어 다음과 같이 총계정원장의 현금계정 차변에 외상매출금 ₩10,000이 기입되어 있다고 하자.

현　　금	
외상매출금　10,000	

위의 현금계정에서 현금계정 차변에 외상매출금 ₩10,000이 기입되어 있다는 것은 현금 ₩10,000이 증가하고 외상매출금 ₩10,000이 감소(현금계정의 차변에 기입된 외상매출금은 분개시 현금계정의 상대계정이므로 대변에 기입된 것이다.)한 것으로써, 이는 외상매출금 ₩10,000이 현금으로 회수된 것을 나타낸다.

지금까지 설명한 전기절차를 단계별로 정리하면 다음과 같다.

① 발생된 거래를 분개한다.

② 각 계정의 증감액을 계정 기입법칙에 따라 총계정원장의 해당계정에 기입한다. 즉, 자산과 비용의 증가액은 차변에 감소액은 대변에 기입하고, 부채와 자본 및 수익의 증가액은 대변에 감소액은 차변에 기입한다.

③ 각 계정의 증감원인이나 결과를 표시하기 위하여 상대계정과목을 기입한다. 이때 상대계정이 둘 이상인 경우에는 상대계정과목 대신에 제좌(諸座)라 표시한다.

이상에서 설명한 분개 및 전기절차를 예를 들어 살펴보면 다음과 같다.

예제 5-2 **거래의 분개 및 전기**

거래가 다음과 같이 발생하였다고 하자.

5월 1일　현금 ₩20,000을 차입하다.

5월 7일　상품 ₩40,000을 매입하고 대금 중 ₩10,000은 현금으로 지급하고 잔액은 외상으로 하다.

이상의 거래를 분개하면 다음과 같다.

	(차　　변)		(대　　변)	
5/1	현　　금	20,000	차 입 금	20,000
5/7	상　　품	40,000	현　　금	10,000
			외상매입금	30,000

위의 분개된 내용을 총계정원장에 전기하면 다음과 같다.

현 금

차변			대변		
5/1	차 입 금	20,000	5/7	상 품	10,000

차 입 금

차변			대변		
			5/1	현 금	20,000

상 품

차변			대변		
5/7	제 좌	40,000			

외상매입금

차변			대변		
			5/7	상 품	30,000

예제 5-3 **다음 일련의 거래를 분개하여 원장에 전기하고 재무상태표와 손익계산서 및 현금흐름표를 작성하시오.**

3/ 2 주식 100주(주당 액면가액 ₩5,000)를 주당 ₩5,000에 발행하고 현금으로 납입받다.

3/ 5 비품 ₩300,000을 구입하고 대금은 현금으로 지급하다.

3/ 7 상품 ₩400,000을 외상으로 매입하다.

3/10 원가 ₩300,000의 상품을 ₩450,000에 외상매출하다.

3/15 상품 ₩400,000을 외상으로 매입하다.

3/20 전화요금 ₩20,000을 현금으로 지급하다.

3/24 원가 ₩250,000의 상품을 ₩350,000에 외상매출하다.

3/28 외상매출금 ₩450,000을 현금으로 회수하다.

3/30 외상매입금 ₩300,000을 현금으로 지급하다.

[분개]

	(차 변)		(대 변)	
3/ 2	현 금	500,000	자 본 금	500,000
3/ 5	비 품	300,000	현 금	300,000
3 /7	상 품	400,000	현 금	400,000
3/10	외상매출금	450,000	매 출	450,000
	매 출 원 가	300,000	상 품	300,000
3/15	상 품	400,000	외상매입금	400,000
3/20	통 신 비	20,000	현 금	20,000
3/24	외상매출금	350,000	매 출	350,000
	매 출 원 가	250,000	상 품	250,000
3/28	현 금	450,000	외상매출금	450,000
3/30	외상매입금	300,000	현 금	300,000

[총계정원장의 전기]

현 금

차변		대변	
3/ 2 자 본 금	500,000	3/ 5 비 품	300,000
3/28 외상매출금	450,000	3/20 통신비	20,000
		3/30 외상매입금	300,000

비 품

차변		대변	
3/ 5 현 금	300,000		

상 품

차변		대변	
3/ 7	400,000	3/10	300,000
3/15	400,000	3/24	250,000

외상매출금

차변		대변	
3/10	450,000	3/28	450,000
3/24	350,000		

외상매입금

차변		대변	
3/30	300,000	3/7	400,000
		3/15	400,000

자 본 금

차변		대변	
		3/2	500,000

매 출

차변		대변	
		3/10	450,000
		3/24	350,000

통 신 비

차변		대변	
3/20	20,000		

매출원가

차변		대변	
3/10	300,000		
3/24	250,000		

[재무제표 작성]

(1) 재무상태표

재무상태표

자산		부채 및 자본	
현 금	330,000	외상매입금	500,000
외상매출금	350,000	자 본 금	500,000
상 품	250,000	이익잉여금	230,000
비 품	300,000		
	1,230,000		1,230,000

(2) 손익계산서

손익계산서

매출원가	550,000	매 출	800,000
통 신 비	20,000		
당기순이익	230,000		
	800,000		800,000

(3) 현금흐름표

현금흐름표는 현금계정에 기입된 거래가 반영되기 때문에 현금계정에 기입된 거래를 영업활동, 투자활동, 재무활동으로 각각 구분해서 현금흐름표의 양식에 따라 작성하면 된다.

현 금

3/2 자 본 금(재무활동)	500,000	3/5 비 품(투자활동)	300,000
3/28 외상매출금(영업활동)	450,000	3/20 통신비(영업활동)	20,000
		3/30 외상매입금(영업활동)	300,000

현금흐름표

영업활동 현금흐름		130,000
1. 매출 대금 유입액	450,000	
2. 매입 대금 유출액	(300,000)	
3. 영업비용의 유출액	(20,000)	
투자활동 현금흐름		
1. 비품의 구입	(300,000)	(300,000)
재무활동 현금흐름		
1. 주식발행	500,000	500,000
현금의 증가		330,000
기초의 현금		0
기말의 현금		330,000

예제 5-4 T계정과 거래추정

T계정은 나타나 있지 않은 거래를 찾아내는데 유용하게 사용된다. 예를 들어 당기 중에 외상매출금에 영향을 미치는 주된 거래는 상품의 외상매출과 외상매출액의 회수이다. 만약 외상매출금의 기초잔액 ₩50,000과 기말잔액 ₩60,000, 그리고 당기 외상매출액 ₩650,000이 주어졌다고 하자. 그리고 당기에 외상매출금으로 회수된 금액이 얼마인지 알 수 없다고 하자. 이 상황에서 이를 알고자 한다면 바로 앞에서 배운 T계정 기입원리를 이용하면 쉽게 추정해낼 수 있다.

외상매출금

기초잔액	50,000	현 금	?
매 출	650,000	기말잔액	60,000
	700,000		700,000

즉, 위의 T계정을 보면 알 수 있듯이 외상매출금계정 차변에 기초잔액 ₩50,000과 당기 외상매출액 ₩650,000이 기입되어 차변 합계액이 ₩700,000이 된다. 대차평균의 원리에 따라 대변과 차변의 합계액이 일치되어야 하므로 대변의 합계도 ₩700,000이 되며, 차변 합계액에서 대변 기입액인 기말잔액 ₩60,000을 차감하면 잔액 ₩640,000이 계산되어 나오는데 이 금액이 바로 외상매출액 중 당기에 현금으로 회수된 금액이 되는 것이다.

만약 외상매출금의 기초와 기말잔액, 그리고 외상매출금 회수액이 주어졌을 경우에는 똑같은 방식으로 당기의 외상매출액을 알아낼 수 있다. 외상매입금의 경우도 외상매입금계정의 기입을 통해서 당기 외상매입액이나 지급액을 똑같은 방식으로 추정해낼 수 있다.

연습문제

❖ 주관식 문제

5-1 다음 분개내용을 보고 거래를 추정하시오.

	(차 변)		(대 변)	
(1)	현 금	10,000	자 본 금	10,000
(2)	현 금	20,000	차 입 금	20,000
(3)	현 금	30,000	당 좌 예 금	30,000
(4)	현 금	40,000	임 대 료	40,000
(5)	현 금	50,000	대 여 금	50,000
(6)	현 금	60,000	외상매출금	60,000
(7)	현 금	70,000	받 을 어 음	70,000
(8)	당 좌 예 금	80,000	현 금	80,000
(9)	상 품	90,000	현 금	90,000
(10)	비 품	10,000	현 금	10,000
(11)	소 모 품 비	20,000	현 금	20,000
(12)	임 차 료	30,000	현 금	30,000
(13)	차 입 금	40,000	현 금	40,000
(14)	외상매입금	50,000	현 금	50,000
(15)	지 급 어 음	60,000	현 금	60,000
(16)	단기금융자산	70,000	현 금	70,000
(17)	건 물	80,000	당 좌 예 금	80,000
(18)	상 품	100,000	외상매입금	30,000
			지 급 어 음	70,000
(19)	당 좌 예 금	50,000	매 출	50,000
	매 출 원 가	30,000	상 품	30,000

5-2 나목원 사장은 재테크컨설팅 사업을 하기 위해 (주)부자재테크를 설립하였다. 다음은 사업 첫 달인 9월 한 달 동안의 거래이다. 거래를 분개하고 총계정원장에 전기한 후 재무상태표와 손익계산서 및 현금흐름표를 작성하시오.

1일 나 사장은 주식 200주(액면단가 ₩5,000)를 받고 현금 ₩1,000,000을 납입하다.
2일 업무용 컴퓨터와 사무실 비품을 ₩500,000에 구입하고 현금 지급하다.
3일 은행으로부터 만기 6개월 조건으로 ₩1,000,000을 차입하다.
4일 9월분 임차료 ₩200,000 현금 지급하다.
5일 소모품 ₩100,000을 현금구입하다.(비용으로 처리함)
6일 신문에 광고하고 ₩100,000 현금지급하다.
10일 소형밴을 ₩1,000,000에 구입하고 대금 중 ₩500,000은 현금 지급하고 나머지는 5개월 동안에 분할 지급하기로 하다.

12일 차량의 유류비 ₩100,000 현금 지급하다.

13일 A고객에게 주식투자 컨설팅을 해주고 ₩500,000을 현금으로 받다.

15일 B고객에게 ₩500,000에 부동산 컨설팅을 해주고 대금 중 ₩200,000은 현금 수취하고, 나머지는 다음 달에 받기로 하다.

20일 전화요금 ₩50,000과 인터넷 사용료 ₩30,000을 현금지급하다.

25일 9월 분 직원 급여 ₩100,000을 현금 지급하다.

5-3 나관광 씨는 관광지에서 (주)아늑모텔을 개업하였다. 4월 한 달 동안의 거래를 분개하고 T계정에 전기한 후 재무상태표와 손익계산서 및 현금흐름표를 작성하시오.

1일 주식 400주(액면단가 ₩5,000)를 액면단가로 발행하고 대금은 현금으로 납입하다.

2일 모텔을 ₩1,000,000에 구입하고 대금 중 ₩500,000은 현금 지급하고 나머지는 5월에 지급하기로 하다.

3일 업무용 컴퓨터와 모텔 비품을 ₩500,000에 현금구입하다.

7일 소모품 ₩100,000을 현금구입하고 구입 즉시 비용으로 처리하기로 하다.

8일 신문에 광고하고 ₩100,000 현금지급하다.

9일 투숙객 숙박료 ₩600,000을 현금으로 받다.

10일 다음 달 단체 관광객 숙박을 ₩500,000에 계약하고 계약금으로 ₩100,000 현금으로 받다.

20일 전화요금 ₩20,000과 인터넷 사용료 ₩30,000을 현금지급하다.

25일 4월 분 직원 급여 ₩100,000을 현금 지급하다.

26일 전기료 ₩40,000과 수도료 ₩10,000을 현금지급하다.

29일 숙박료 ₩200,000을 신용카드로 결제하다. 카드대금은 다음 달에 입금된다.

30일 배당금 ₩50,000 현금 지급하다.

5-4 이경영씨는 대학에서 경영학을 전공하고 있다. 전공도 살리고 사업경영의 경험을 쌓을 겸해서 (주)푸른 꿈이라는 소규모의 컴퓨터판매회사를 설립하였다. 다음은 이 회사의 5월 한 달 동안의 거래이다. 이 거래를 분개하고 총계정 원장에 기입한 다음 5월의 재무상태표와 손익계산서 및 현금흐름표를 작성하시오.

5/ 1 주식 140주 (주당 액면가액 ₩5,000)를 주당 ₩5,000에 발행하고 현금으로 납입하다.

5/ 2 은행에서 2년 후에 상환하기로 하고 ₩100,000을 차입하다.

5/ 3 책상과 의자를 ₩300,000에 구입하고 대금은 다음 달에 지급하기로 하다.

5/ 4 업무용 컴퓨터 2대를 ₩200,000에 구입하고 대금은 현금으로 지급하다.

5/ 5 프린트용지와 필기류를 ₩10,000에 현금 구입하다(구입시 비용처리할 것).

5/ 7 판매용 컴퓨터 8대를 ₩800,000에 외상으로 매입하다.

5/ 10 컴퓨터 3대 (원가 ₩300,000)를 ₩450,000에 외상매출하다.

5/ 15 광고비 ₩20,000을 다음 달에 지급하기로 하고 광고전단지를 제작·배포하다.

5/20 전화요금 ₩20,000을 현금으로 지급하다.

5/24 컴퓨터 3대(원가 ₩300,000)를 ₩450,000에 외상매출하다.

5/28 외상매출금 ₩450,000을 현금으로 회수하다.

5/30 외상매입금 ₩800,000 중 ₩400,000은 현금 지급하고 나머지는 약속어음을 발행하다.

5/31 임차료 ₩30,000을 현금으로 지급하다.

5/31 종업원 급료 ₩50,000을 현금으로 지급하다.

5-5 나관광 씨는 관광지에서 기념품을 판매하는 사업을 하기 위해 (주)명품숍을 설립하였다. 4월 한 달 동안의 거래를 분개하고 총계정 원장에 전기한 후 재무상태표와 손익계산서 및 현금흐름표를 작성하시오.

1일 주식 200주(액면단가 ₩5,000)를 액면단가로 발행하고 대금은 현금으로 납입하다.

2일 업무용 컴퓨터와 점포 비품을 ₩600,000에 구입하고 대금 중 ₩300,000은 현금으로 지급하고 나머지는 5월에 지급하기로 하다.

5일 기념품 ₩1,000,000을 구입하고 대금은 외상으로 하다.

6일 신문에 광고하고 ₩100,000 현금지급하다.

8일 기념품 ₩300,000(원가 ₩150,000)을 판매하고 현금으로 받다.

10일 외상대금 ₩200,000을 현금지급하다.

12일 차량을 구입하기 위해 은행으로부터 만기 6개월 조건으로 ₩1,000,000을 차입하다.

15일 소형트럭을 ₩1,000,000에 구입하고 대금 중 ₩500,000은 현금지급하고 나머지는 외상으로 하다.

20일 전화요금 ₩20,000과 인터넷 사용료 ₩30,000을 현금지급하다.

22일 기념품 ₩600,000(원가 ₩300,000)을 판매하고 현금으로 받다.

25일 4월 분 직원 급여 ₩100,000을 현금 지급하다.

29일 전기료 ₩40,000과 수도료 ₩10,000을 현금지급하다.

30일 4월 분 임차료 ₩100,000 현금 지급하다.

5-6 다음 (주)희망의 4월초 재무상태표와 4월중 거래내용이다. 이를 이용하여 다음 물음에 답하시오.

(자료 1 : 4월초 재무상태표)

재무상태표

(주)희망 4월 1일 현재 (단위 : 원)

현 금	750,000	차 입 금	50,000
외상매출금	200,000	외상매입금	350,000
상 품	250,000	자 본 금	1,000,000
비 품	500,000	이익잉여금	300,000
	1,700,000		1,700,000

(자료 2 : 4월중 거래)

3일 비품 ₩50,000을 구입하고 대금은 현금으로 지급하다.

5일 상품 ₩500,000을 현금매입하다.

10일 원가 ₩600,000의 상품을 ₩900,000에 현금매출하다.

13일 상품 ₩200,000을 외상매입하다.

20일 전화요금 ₩10,000을 현금으로 지급하다.

22일 1개월분의 건물임차료 ₩100,000을 현금으로 지급하다.

25일 원가 ₩150,000의 상품을 ₩220,000에 현금매출하다.

26일 차입금 ₩20,000과 외상매입금 ₩200,000을 현금으로 지급하다.

29일 외상매출금 ₩150,000을 현금으로 회수하다.

30일 주주에게 ₩60,000의 현금배당을 실시하다.

물음

(1) 4월초 재무상태표의 내용을 총계정원장에 기입하시오.

(2) 4월중 거래를 분개장에 분개한 후 총계정원장에 전기하시오.

(3) 4월말 재무상태표와 4월중 손익계산서 및 현금흐름표를 작성하시오.

5-7 다음 총계정원장의 전기된 내용을 보고 일자별 거래를 추정하시오.

현 금	
5/ 1 자 본 금 300,000	5/ 7 상 품 100,000
5/ 2 차 입 금 100,000	5/15 외상매입금 40,000
	5/20 차 입 금 60,000

차 입 금	
5/20 현 금 60,000	5/ 2 현 금 100,000

상 품	
5/ 7 제 좌 200,000	5/10 제 좌 180,000

외상매입금	
5/15 현 금 40,000	5/ 7 상 품 100,000

외상매출금	
5/10 제 좌 250,000	

매 출	
	5/10 제 좌 250,000

매 출 원 가	
5/10 제 좌 180,000	

자 본 금	
	5/ 1 현 금 300,000

❖ 공무원시험(9급) 기출문제

1 회계상의 거래는 분개와 전기의 과정을 거쳐 계정에 기입된다. 다음은 어떤 계정에 대한 전기 내역의 일부이다. 이 때 (㉠) 속에 기입할 계정과목으로 옳은 것은?

(㉠)	
:	:
3월 5일 매 출 ×××	3월 10일 현 금 ×××
3월 30일 대손충당금 ×××	3월 15일 매출환입 ×××
:	:

① 매출채권계정 ② 상품계정
③ 대손상각비계정 ④ 매입채무계정

2 다음은 (주)갑을의 20×3년도 회계자료의 일부이다. (주)갑을의 20×3년도 매입과 매출은 모두 외상으로 거래되었다. (주)갑을의 20×3년도 손익계산서에 보고될 매출총이익은?

기초매출채권	400,000	기말매출채권	750,000
기초매입채무	300,000	기말매입채무	400,000
기초상품재고액	150,000	매출채권회수액	1,235,000
기말상품재고액	300,000	매입채무지급액	1,275,000

① ₩345,000 ② ₩355,000
③ ₩360,000 ④ ₩375,000

정답 1. ① 2. ③

보론 1 회계장부

1 회계장부의 필요성과 의의

회계란 정보이용자들의 경제적 의사결정에 유용한 정보를 제공하기 위하여 경제주체의 경제적 행위를 측정·전달하는 행위라 했다. 따라서 단순한 경제행위가 이루어진 원시경제시대에는 인간의 기억이나 단순한 기록만으로도 경제행위에 대한 결과를 쉽게 얻을 수 있으나, 경제발전으로 경제행위의 규모가 방대하고 복잡해짐에 따라 경제행위에 대한 정보를 얻기 위해서는 경제행위에 대한 조직적이고 체계적인 기록과 관리가 필요하다. 이와 같은 요구에 의하여 기업의 경제활동에서 발생한 모든 거래를 조직적이고 체계적인 기록·계산 및 관리를 위하여 만들어진 장부를 **會計帳簿**(accounting book)라 한다.

회계장부는 모든 거래의 내역과 근거가 되는 증빙서류(예 영수증 등)와 함께 공시된 재무제표(financial statements)의 기본적인 근거자료가 되기 때문에 기록·보관 및 취급에 있어서 관련규정(예 상법이나 세법 등)을 준수하여야 하며, 또한 재무제표의 작성을 위한 거래의 신속·정확한 처리, 오류나 부정의 방지와 통제, 재무제표 작성의 편의뿐만 아니라 경영의사결정에 필요한 정보의 제공 등을 고려하여 기업의 실정에 부합되도록 설계·운용되어야 한다.

2 회계장부의 종류

회계장부의 종류는 분류관점에 따라 여러 가지로 구분할 수 있으나, 재무제표의 작성과 관련된 장부의 기능에 따른 분류만을 설명하기로 한다. 회계장부의 기능을 고려하여 분류하면 주요장부와 보조장부로 나뉜다.

회계장부 중 **主要帳簿**(main book)란 재무제표 작성을 위한 회계처리과정에서 모든 거래를 반드시 기입하여야 하는 장부로, 이에는 분개장과 총계정원장이 있다. 따라서 재무제표의 작성은 주요장부를 이용하여 이루어진다.

이에 비해 **補助帳簿**(subsidiary book)란 기업의 거래 중 중요한 특수거래(예를 들면, 현금의 수입과 지출 또는 상품의 매입과 매출 등)나 계정에 대한 상세한 내용을 기입하기 위하여 작성되는 것으로, 주요장부를 보완하는 역할을 수행할 뿐 재무제표의 작성 시에는 직접 이용되지 않는다. 이러한 보조장부에는 보조기입장과 보조원장으로 구분된다. 補助記入帳이란 발생빈도가 높은 중요한 거래를 발생순서별로 거래내용을 상세하게 기록하는 장부로 이에는 현금출납장, 소액현금출납장, 당좌예금출납장, 매입장, 매출장, 받을어음기입장, 지급어음기입장 등이 있다. 이에 비해 補助元帳이란 통제계정의 증감내용을 항목별로 자세하게 기록하기 위하여 설정되는 보조장부로 이에는 매출처원장, 매입처원장, 상품재고장, 토지대장, 주주원장 등이 있다.

3 분개장과 총계정원장의 작성방법

본 장에서는 주요장부인 분개장과 총계정원장의 기입내용과 작성방법만을 설명하고, 보조장부의 작성방법은 이후 각 관련 계정과목의 설명 시 설명하기로 한다. 분개장과 총계정원장의 기입내용과 그 작성방법은 다음과 같다.

1) 분개장

(1) 분개장의 의의와 기능

分介帳(journal)이란 거래의 발생순서별로 거래의 분개를 기입하는 장부로, 이는 발생된 거래가 최초로 기입되는 회계장부이기 때문에 원시기입장이라고도 한다. 분개장의 기능은 다음과 같다.

① 거래를 발생순으로 기입하므로 발생순서별 거래의 추적이 용이하다.
② 각 거래가 재무상태에 미치는 영향을 한 곳에 나타내며, 거래에 대한 추가적인 설명도 이루어져 거래내용의 파악이 용이하다.
③ 발생된 거래를 총계정원장에 직접 기입하는 경우 발생할 수 있는 오류를 줄여 준다.
④ 오류를 추적하거나 거래를 재분류 또는 분석하는데 필요한 기본자료를 제공한다.

분개장의 양식에는 병립식과 분할식으로 구분된다. 일반적으로 많이 사용되는 병립식만 이후 설명하기로 한다.

(2) 분개장의 기입내용과 작성방법

병립식 분개장의 양식과 그 작성방법은 다음 [표 5-1]과 같다.

표 5-1 분개장의 양식과 작성방법

분 개 장

(면수 : 1)

일 자		적 요	원 면	차 변	대 변

① 분개장의 면수 : 일련번호로 된 분개장의 해당 면수(面數)를 기입한다.
② 일자 : 거래의 발생일자를 기입한다.
③ 적요 : 분개의 계정과목과 거래에 대한 설명을 기입한다. 기입방법은 다음과 같다.
　a) 한 줄에 하나의 계정과목만 기입하며, 계정과목은 (　　)로 묶어서 기입한다.
　b) 계정과목 기입시 차변항목은 왼쪽에 붙여 쓰고, 대변항목은 오른쪽에 붙여 쓴다.
　c) 하나의 거래에서 차변이나 대변의 계정과목이 둘 이상인 경우에는 계정과목 위에 제좌(諸座 ; sundries)라 표시하고 그 밑에 계정과목을 기입한다.
　d) 거래에 대한 설명은 거래의 내용을 간단·명료하게 요약하여 기입한다.
④ 원면 : 원면에는 총계정원장의 면수(面數)를 기입하는 곳으로, 분개된 계정을 원장으로 전기시 해당 계정과목의 일련번호 또는 해당 계정과목의 원장의 면수를 기입한다. 따라서 분개장의 원면이 기입된 것은 전기가 완료되었다는 것을 의미한다. 이와 같이 분개장에 원면을 기입함으로써 분개장의 내용을 원장에서 쉽게 추적할 수 있게 된다.
⑤ 금액(차변과 대변) : 거래의 차변과 대변의 금액을 계정과목과 같은 줄에 기입한다.
⑥ 거래의 구분 : 한 거래의 기입이 완료되면 다음 거래와 구분하기 위하여 적요란에 붉은 줄을 긋는다. 거래의 기입시 주의할 점은 한 거래는 한 면에 전부 기입하여야 한다는 점이다.
⑦ 면의 이월 : 분개장의 한 면(面)이 사용된 후 다음 면으로 이월하는 과정은 다음과 같다.
　a) 사용된 면의 적요란에 '다음 면으로'라는 내용을 기입한다.
　b) 사용된 면의 차변과 대변의 합계액을 산출하여, 금액란에 붉은색으로 한 줄을 긋고 합계액을 기입한다.
　c) 시작되는 면의 적요란에 '앞면에서'라는 내용을 기입하고, 금액란에 앞면에서 산출된 차변과 대변의 합계액을 기입한다.

2) 총계정원장

(1) 총계정원장의 의의와 기능

總計定元帳(general ledger)이란 거래로 인하여 발생하는 각 계정의 증감내용을 기입·계산하기 위한 각 계정계좌를 모은 장부로 원장(ledger)이라고도 한다. 이러한 총계정원장의 기능은 다음과 같다.

① 각 계정의 증감내용을 일목요연하게 파악할 수 있도록 한다.
② 각 계정의 최신 잔액을 알려준다.
③ 재무상태표와 손익계산서를 작성할 수 있는 정보를 제공한다.

총계정원장의 양식에는 표준식과 잔액식으로 구분된다. 일반적으로 많이 사용되는 표준식만 설명하기로 한다.

(2) 총계정원장의 기입내용과 기입방법

표준식 총계정원장의 양식과 그 작성방법은 다음 [표 5-2]와 같다.

표 5-2 총계정원장의 양식과 작성방법

××계정

(면수 : 1)

일 자		적 요	분면	금 액	일 자		적 요	분면	금 액

① 총계정원장의 면수 : 일련번호로 된 총계정원장의 면수나 계정과목의 번호를 기입한다.
② 일자 : 거래의 발생일자를 기입한다.
③ 적요 : 분개시 나타난 상대계정과목을 기입한다. 상대계정과목이 둘 이상인 경우에는 상대계정과목 대신 제좌라 기입한다. 이와 같이 상대계정과목을 기입함으로써 해당계정의 증감원인이나 결과를 알 수 있게 된다.
④ 분면 : 해당거래가 기입된 분개장의 면수를 기입한다. 분개장의 면수를 기입함으로써 총계정원장에 기입된 내용을 분개장에서 쉽게 찾아낼 수 있다.
⑤ 금액 : 해당계정의 증감액을 기입한다.

3) 분개장과 총계정원장의 작성사례

다음 거래를 분개장에 분개하여 총계정원장에 전기하면 다음과 같다.

1월 1일 주식 10주(액면단가 ₩5,000)를 주당 ₩5,000에 발행하고 대금은 현금으로 납입받다.
5일 비품 ₩15,000을 구입하고 대금은 현금으로 지급하다.
7일 상품 ₩10,000을 매입하고 대금은 현금으로 지급하다.
11일 원가 ₩3,000의 상품을 ₩5,000에 판매하고 대금은 현금으로 받다.
17일 상품 ₩15,000을 매입하고 대금은 현금으로 지급하다.
23일 전화요금 ₩3,000을 현금으로 지급하다.
28일 원가 ₩4,000의 상품을 ₩6,000에 판매하고 대금은 현금으로 받다.

분 개 장

1

일	자	적 요	원 면	차 변	대 변
1	1	(현 금)	1	50,000	
		(자 본 금)	4		50,000
		회사설립(10주 보통주 발행)			
	5	(비 품)	3	15,000	
		(현 금)	1		15,000
		비품을 현금구입			
	7	(상 품)	2	10,000	
		(현 금)	1		10,000
		상품을 현금구입			
	11	제 좌			
		(현 금)	1	5,000	
		(매 출 원 가)	6	3,000	
		제 좌			
		(매 출)	5		5,000
		(상 품)	2		3,000
		원가 ₩3,000의 상품을 ₩5,000에 현금매출			
	17	(상 품)	2	15,000	
		(현 금)	1		15,000
		상품을 현금구입			
	23	(통 신 비)	7	3,000	
		(현 금)	1		3,000
		전화요금의 현금지급			
		다음 면으로		101,000	101,000

분 개 장

2

일	자	적 요	원 면	차 변	대 변
		앞면에서		101,000	101,000
1	28	제 좌			
		(현 금)	1	6,000	
		(매 출 원 가)	6	4,000	
		제 좌			
		(매 출)	5		6,000
		(상 품)	2		4,000
		원가 ₩4,000의 상품을 ₩6,000에 현금매출			
				111,000	111,000

(총계정원장)

현 금 1

일	자	적 요	분 면	금 액	일	자	적 요	분 면	금 액
1	1	자 본 금	1	50,000	1	5	비 품	1	15,000
	11	제 좌	1	5,000		7	상 품	1	10,000
	28	제 좌	2	6,000		17	상 품	1	15,000
						23	통 신 비	1	3,000

상 품

2

일	자	적 요	분 면	금 액	일	자	적 요	분 면	금 액
1	7	현 금	1	10,000	1	11	제 좌	1	3,000
	17	현 금	1	15,000		28	제 좌	2	4,000

비 품

3

일	자	적 요	분 면	금 액	일	자	적 요	분 면	금 액
1	5	현 금	1	15,000					

자 본 금

4

일	자	적 요	분 면	금 액	일	자	적 요	분 면	금 액
					1	1	현 금	1	50,000

매 출

5

일	자	적 요	분 면	금 액	일	자	적 요	분 면	금 액
					1	11	제 좌	1	5,000
						28	제 좌	2	6,000

매 출 원 가

6

일자		적요	분면	금액	일자		적요	분면	금액
1	11	제좌	1	3,000					
	28	제좌	2	4,000					

통 신 비

7

일자		적요	분면	금액	일자		적요	분면	금액
1	23	현금	1	3,000					

이상에서 본 바와 같이 전형적인 회계처리과정은 발생된 거래를 먼저 분개장에 분개하고 총계정원장에 이를 전기하면서 동시에 보조장부에 관련내용을 기입한 후 결산시 총계정원장을 이용하여 재무제표를 작성하게 된다. 그러나 실무에서는 분개장 대신에 **전표**를 주로 이용하고 있다.

보론 2 전표제도

1) 전표와 전표제도의 의의

傳票(slip)란 거래의 발생사실을 증명하고 그 거래내용을 기입하며 아울러 분개까지 기입하는 지편을 말하며, 분개장 대신 전표를 이용하는 장부조직을 **傳票制度**라 한다. 전표에 기입되는 내용은 일반적으로 다음과 같다.

① 관련담당자의 결제란

② 거래의 발생일자

③ 거래의 발생원인(적요, 계정과목 등)과 거래의 내용(상품명, 수량, 단가 등)

④ 거래 상대방의 주소와 성명 등

⑤ 거래의 금액

2) 거래의 분류와 전표의 종류

거래는 현금수지 여부에 따라 입금거래, 출금거래, 대체거래로 나누어진다고 하였다. 이와 마찬가지로 전표도 입금전표, 출금전표, 대체전표로 일반적으로 분류하며 이의 주요 내용은 다음과 같다.

(1) 입금전표

入金傳票란 현금의 수입시 기입하는 전표로 일반적으로 赤色으로 인쇄하여 사용한다. 따라서 입금전표에 기입된 금액은 현금수입(분개시 현금계정의 차변)을 나타내며, 계정과목란의 기입내용은 상대계정(분개시 해당계정의 대변)을 나타낸다.

예를 들어, 현금 ₩10,000을 차입한 경우, 계정과목과 적요 및 금액만을 기입하는 간단한 전표양식에 기입하면 다음과 같다.

입 금 전 표

20×3년 3월 3일

계 정 과 목	적　　요	금　　액
차 입 금	한국은행(만기 5월 10일)	10,000

(2) 출금전표

出金傳票란 현금의 지출시 기입하는 전표로 일반적으로 靑色으로 인쇄하여 사용한다. 따라서 출금전표에 기입된 금액은 현금지급(분개 시 현금계정의 대변)을 나타내며, 계정과목란의 기입내용은 상대계정(분개 시 해당계정의 차변)을 나타낸다.

예를 들어, 상품 ₩10,000을 현금매입한 경우, 계정과목과 적요 및 금액만을 기입하는 간단한 전표양식에 기입하면 다음과 같다.

출 금 전 표

20×3년 3월 10일

계 정 과 목	적　　요	금　　액
상　　품	갑상회(갑상품 10개, @1,000)	10,000

(3) 대체전표

對替傳票란 현금을 수반하지 않는 거래를 기입하는 전표로 일반적으로 黑色으로 인쇄하여 사용한다. 따라서 대체전표에는 차변계정과 대변계정이 모두 기입된다.

예를 들어, 상품 ₩10,000을 외상매입한 경우, 계정과목과 적요 및 금액만을 기입하는 간단한 전표양식에 기입하면 다음과 같다.

대 체 전 표

20×3년 3월 15일

계 정 과 목	금 액	적 요	계 정 과 목	금 액
상 품	10,000	갑상회(갑상품 10개, @1,000)	외상매입금	10,000

이러한 전표는 일상생활에서도 접할 수 있는 것으로, 예를 들면 은행거래를 들 수 있다. 예금주가 현금을 예입하기 위하여 예입청구서를 작성하게 되는데 이는 은행입장에서 보면 입금전표가 되며, 현금을 인출하기 위하여 지급청구서를 작성하는 경우 은행입장에서는 출금전표가 되는 것이다.

3) 전표제도에서 원장으로의 전기

전표제도를 이용하는 경우 발생된 거래는 거래의 종류별로 각 전표에 기입하여 분개한다. 이후 원장으로 전기를 하려면 각 계정의 증감된 총액을 산출하여야 하는데, 이때 이용되는 것이 日計表, 週計表 또는 月計表이다. 따라서 전표제도하에서 원장으로의 전기는 일정 기간의 합계전기가 이루어지게 된다. 그리고 총계정원장의 각 계정의 적요란에는 상대계정과목 대신 '일계표에서' 등으로 기입한다.

4) 전표의 기능 및 전표제도의 이점

① 전표는 거래의 발생사실을 증명하는 증빙서류로 이용된다.
② 전표는 거래승인에 필요한 결재서류로 이용된다.
③ 전표는 부서간의 업무연락수단으로 이용된다.
④ 분개장 대신 이용되므로 장부조직을 간소화 한다.

06 회계순환과정: 결산과 재무제표 작성

회계순환과정의 단계를 다시 요약하여 제시하면 다음과 같다.

제1단계 : 거래의 식별 및 장부기록과정
(1) 거래의 식별 및 분개장에 분개
(2) 총계정원장에 전기

제2단계 : 재무제표작성을 위한 결산과정
(1) 수정전 시산표 작성
(2) 기말정리사항 수정분개(재고조사표 작성)
(3) 수정후 시산표 작성
(4) 정산표 작성(반드시 작성이 필요한 것은 아님)
(5) 재무제표작성
(6) 장부마감

이상의 순환과정 중 제2단계인 재무제표 작성을 위한 결산과정을 제외한 나머지 단계는 이미 앞장에서 설명하였다. 따라서 본 장에서는 제2단계의 결산과정 내용을 자세히 설명하기로 한다.

決算(closing)이란 기업이 정보이용자에게 재무제표를 작성·공시하기 위하여 기업의 영업활동과정 중 일정기간을 회계기간으로 구분하고, 회계기간이 종료함에 따라 당해 회계기간과 관련된 재무제표(financial statements)를 작성하는 제반절차를 말한다. 결산절차는 시산표의 작성, 기말정리사항의 수정기입, 정산표의 작성, 재무제표의 작성 및 장부마감으로 구분된다.

1 시산표의 작성원리와 오류의 정정

1) 거래의 이중성과 대차평균의 원리

거래에서 설명한 바와 같이 발생된 거래를 분개하는 경우 거래의 이중성개념에 의하여 차변과 대변에 동시에 같은 금액이 기입된다고 하였다. 따라서 분개된 내용을 총계정원장에 전기하는 경우 각 계정의 차변과 대변에 똑같은 금액으로 기입된다. 그러므로 일정기간 동안 총계정원장의 각 계정에 기입된 차변금액의 합계액과 대변금액의 합계액은 일치하게 되는데, 이를 貸借平均의 原理(principle of equilibrium)라 한다. 이는 복식부기의 중요한 기본원칙으로 이를 이용하여 차변합계와 대변합계의 일치 여부를 확인함으로써 기장상 오류가 있는지를 장부기입과정에서 자동적으로 확인할 수 있게 된다. 이와 같은 오류의 유무를 확인할 수 있는 복식부기의 기능을 自己檢證機能(self-control function)이라 한다.

2) 대차평균의 원리와 시산표

대차평균의 원리를 이용하여 원장에 기입된 내용의 정확성을 확인하기 위해 작성한 표를 **試算表**(trial balance)라 한다. 따라서 시산표는 원장에 기입된 모든 계정의 차변금액과 대변금액을 단순 합계하여 이들이 일치하는지를 확인하는 것으로, 만약 일치하지 않는 경우에는 장부기입과정에서 오류가 있음을 알 수 있게 한다. 그러나 어떤 계정에서 또는 어떤 거래의 기입과정에서 오류가 발생하였는가에 대한 정보를 제공하는 것은 아니다. 따라서 시산표상 대차합계가 일치하지 않는 경우 일반적으로 다음 절차에 의하여 해당오류를 추적한다.

① 시산표의 작성과정에서 계산상 오류가 있는지 또는 시산표상 각 계정과목의 차변과 대변의 위치 분류가 잘못되었는지를 확인한다.
② 원장의 각 계정을 시산표에 기입할 때 계산상 오류나 기입상 오류가 있는지를 확인한다.
③ 각 거래의 분개 후 원장으로의 전기시 오류가 있는지를 확인한다.
④ 각 거래의 분개시 차변금액과 대변금액을 일치하지 않게 기입하였는지를 확인한다.

3) 시산표상 발견할 수 없는 오류

시산표는 원장에 기입된 모든 계정의 차변금액과 대변금액을 단순 합계하여 이들이 일치하는지를 확인하는 것으로, 어떤 오류가 차변과 대변에 동시에 같은 금액만큼 과대 또는 과소계상된 경우에는 이를 발견할 수 없다. 이러한 오류의 유형에는 다음과 같은 것들이 있다.

① 어떤 거래의 분개나 전기가 누락된 경우
② 어떤 거래가 이중으로 분개되거나 이중으로 전기된 경우
③ 거래내용과는 다른 금액이 차변과 대변에 각각 동일하게 분개되거나 전기된 경우
④ 같은 변의 다른 계정과목으로 분개되거나 전기된 경우
⑤ 오류가 우연히 서로 상계되었을 경우

4) 시산표의 종류

시산표는 관점에 따라 다음과 같이 분류된다.

① **작성기간에 따른 분류** : 일계표, 주계표, 월계표, 시산표

② **작성형태(양식)에 따른 분류** : 합계시산표, 잔액시산표, 합계잔액시산표

③ **작성단계에 따른 분류** : 수정전시산표, 수정후시산표, 이월시산표

5) 시산표의 작성

시산표의 작성시 일반적으로 계정과목은 자산·부채·자본·수익·비용 순으로 배열한다. 거래의 발생에서 잔액시산표 작성까지의 과정을 정리하면 다음과 같다.

예제 6-1 시산표의 작성

총계정원장에 전기된 결과는 다음과 같다고 하자.

(총계정원장)

현 금 (1)

4/ 1	100,000	4/13	80,000
10	70,000	20	5,000
26	50,000	28	40,000

상 품 (3)

4/ 5	60,000	4/10	40,000
13	80,000	25	50,000

외상매출금 (2)

4/25	80,000	4/26	50,000

외상매입금 (4)

4/28	40,000	4/ 5	60,000

자 본 금 (5)

		4/ 1	100,000

매 출 (6)

		4/10	70,000
		25	80,000

매 출 원 가 (7)

4/10	40,000		
25	50,000		

통 신 비 (8)

4/20	5,000		

위의 총계정원장을 이용하여 합계시산표, 잔액시산표 및 합계잔액시산표를 작성하면 다음과 같다.

(1) 합계시산표 : 이는 총계정원장에 기입된 각 계정의 차변합계와 대변합계를 모아 작성한다.

합계시산표

차변	원면	계정과목	대변
220,000	1	현금	125,000
80,000	2	외상매출금	50,000
140,000	3	상품	90,000
40,000	4	외상매입금	60,000
	5	자본금	100,000
	6	매출	150,000
90,000	7	매출원가	
5,000	8	통신비	
575,000		합계	575,000

(2) 잔액시산표 : 이는 총계정원장에 기입된 각 계정의 잔액을 모아 작성한다.

잔액시산표

차변	원면	계정과목	대변
95,000	1	현금	
30,000	2	외상매출금	
50,000	3	상품	
	4	외상매입금	20,000
	5	자본금	100,000
	6	매출	150,000
90,000	7	매출원가	
5,000	8	통신비	
270,000		합계	270,000

(3) 합계잔액시산표 : 이는 합계시산표와 잔액시산표를 하나로 모은 것이다.

합계잔액시산표

차변		원면	계정과목	대변	
잔액	합계			합계	잔액
95,000	220,000	1	현금	125,000	
30,000	80,000	2	외상매출금	50,000	
50,000	140,000	3	상품	90,000	
	40,000	4	외상매입금	60,000	20,000
		5	자본금	100,000	100,000
		6	매출	150,000	150,000
90,000	90,000	7	매출원가		
5,000	5,000	8	통신비		
270,000	575,000		합계	575,000	270,000

자습문제 6-1 다음 총계정원장의 각 계정합계를 이용하여 합계시산표와 잔액시산표 및 합계잔액시산표를 작성하시오.

(총계정원장)

현 금	1
250,000	110,000

외상매출금	2
60,000	40,000

차 입 금	3
30,000	50,000

자 본 금	4
	80,000

용 역 매 출	5
	140,000

수도광열비	6
80,000	

6) 오류의 정정분개

시산표를 작성하여 양변합계가 일치하지 않는 경우에는 장부기입상 오류가 있으므로 이를 추적하여 기입된 내용을 정정하여야 한다. **會計上 誤謬**(accounting errors)에는 계정과목 분류상 오류, 계산상 오류, 회계처리방법의 적용상 오류, 회계추정상 오류 등을 들 수 있다. 총계정원장으로의 전기시 오류가 발생한 경우에는 총계정원장에 해당내용을 정정 기입한다. 정정방법은 해당 내용에 붉은색으로 두 줄을 긋고 정확한 내용을 다시 기입하면 된다. 그러나 분개상 오류는 **정정분개**를 통하여 수정을 하여야 한다.

분개상 오류에는 당기에 발생된 오류를 당기에 발견한 경우와 전기에 발생된 오류를 당기에 발견(이를 전기손익수정사항이라 한다.)한 오류로 구분되며, 이들에 관한 회계처리는 각기 다르다. 먼저 당기에 발생된 오류를 당기에 발견한 경우에 대한 회계처리만을 설명하고, 전기에 발생된 오류를 당기에 발견한 경우에 대한 회계처리는 뒤에서 설명하기로 한다.

당기에 발생된 오류를 당기에 발견한 경우에 대한 회계처리는 잘못된 분개를 취소하기 위하여 먼저 해당 분개내용을 반대로 분개한 후 정확한 분개를 하여 정정한다. 이를 단계별로 구분하면 다음과 같다.

① 잘못된 분개를 반대로 분개한다.

② 정확한 분개를 실시한다.

예제 6-2 **오류에 대한 정정분개**

현금 ₩10,000을 차입하고 다음과 같이 분개했다고 가정하자.

(차) 현 금 10,000 (대) 대 여 금 10,000

물론 이러한 오류는 시산표상 발견할 수는 없다. 왜냐하면 차변과 대변에 동시에 같은 금액이 기입되었으므로 시산표상 차변합계와 대변합계가 일치하기 때문이다. 이와 같이 시산표를 작성하는 경우 위와 같은 오류를 발견할 수는 없지만, 분개상의 오류로 인하여 대변에 차입금계정으로 기입하여야 할 것을 대여금계정으로 기입하였으므로 차입금잔액은 ₩10,000이 과소계상되고 대여금잔액도 ₩10,000이 과소계상된다. 따라서 이를 정확한 금액으로 수정하기 위하여 정정분개를 하는 것이다.
정정분개를 단계별로 정리하면 다음과 같다.

(반대분개)	(차) 대 여 금	10,000	(대) 현 금	10,000
(정확한 분개)	현 금	10,000	차 입 금	10,000

그러나 일반적인 정정분개는 이를 압축하여 다음과 같이 행한다.

(차) 대 여 금 10,000 (대) 차 입 금 10,000

위의 분개는 처음 분개시 잘못 사용한 대변의 대여금계정을 차변에 기입하여 소멸시키고 대신에 올바른 계정인 차입금계정을 대변에 기입하여, 대변에 기입된 대여금계정을 차입금계정으로 바꾸어 놓는 또 하나의 정정방법이다. 오류의 수정과정을 다시 정리해 보면 다음과 같다.

(잘못된 분개)	(차) 현 금	10,000	(대) 대 여 금	10,000
(정정분개)	(차) 대 여 금	10,000	(대) 차 입 금	10,000
(정정결과)	(차) 현 금	10,000	(대) 차 입 금	10,000

자습문제 6-2 **다음 오류를 각각 정정분개를 통하여 수정하시오.**

(1) 대여금 ₩200,000과 그 이자 ₩10,000을 현금으로 회수하고 다음과 같이 분개하였다.

(차) 현 금 210,000 (대) 대 여 금 210,000

(2) 상품 ₩10,000을 외상매입하고 (차) 상품 100,000 (대) 외상매입금 100,000으로 기입하였다.

(3) 급여 ₩500,000을 현금으로 지급하고 (차) 현금 500,000 (대) 급여 500,000으로 기입하였다.

(4) 단기자금의 운용을 위해 구입한 원가 ₩10,000의 유가증권을 ₩12,000에 현금처분하고 다음과 같이 분개하였다.

(차) 현 금 12,000 (대) 단기매매금융자산 12,000

2 기말정리사항에 대한 수정분개

1) 기말정리사항의 의의

정보이용자들에게 유용한 정보를 제공하기 위한 재무제표의 작성과정에서는 일반적으로 인정된 회계원칙(GAAP)을 준수하여야 한다고 하였다. 일반적으로 인정된 회계원칙 중 기본적으로 중요한 원칙으로는 역사적 원가주의, 발생주의(수익은 실현주의, 비용은 대응의 원칙) 등을 들 수 있다. 회계처리과정 중 제1단계인 거래의 식별 및 장부기록과정에서의 대부분 회계처리는 역사적 원가주의와 발생주의가 적용된다. 그러나 일부의 회계처리는 완전한 발생주의가 적용되지 않아 이를 결산과정에서 발생주의로 수정하기 위한 회계처리가 필요하며 또한 시가법이나 저가법 적용대상에 대한 평가를 위한 회계처리 및 오류에 대한 정정분개 등이 결산 시 수행된다.

이와 같이 재무제표를 일반적으로 인정된 회계원칙(GAAP)에 부합되도록 작성하기 위해서 결산시 수정전 총계정원장의 잔액을 수정하기 위한 회계처리대상을 기말정리사항이라 하며, 이들 내용을 요약한 것을 재고조사표 또는 재물조사표라 한다. 본 장에서는 기말정리사항 중 발생주의로 수정하기 위한 회계처리대상과 전기오류에 대한 정정분개를 중심으로 설명하고, 시가법이나 저가법의 적용을 위한 평가부분은 이후 해당계정의 설명시 언급하기로 한다.

2) 기말정리사항의 유형별 수정분개

(1) 수익과 비용에 대한 수정분개 : 발생과 이연

발생주의에서 수익의 인식기준은 실현주의, 비용의 인식기준은 대응의 원칙이라 하였다. 그러나 원장에 계상된 수익항목 중 당기에 실현된 수익이 아직 계상되지 않은 부분이 있을 수 있고, 또한 미실현된 수익이 당기 수익으로 계상된 부분이 있을 수 있다. 마찬가지로 비용항목 중에서도 당기 수익을 창출하기 위하여 발생된 비용이 비용으로 계상되지 않은 부분과, 차기수익과 관련된 비용이 당기의 비용으로 계상된 부분이 있을 수 있다. 따라서 당기의 경영성과와 재무상태를 적정하게 산출·보고하기 위해서는 이들을 수정기입하여 재무제표를 작성하여야 한다.

당기에 실현된 수익 중 현금이 회수되지 않아 아직 수익으로 계상되지 않은 부분을 당기 수익과 자산(미수수익)으로 계상하고, 당기 수익을 창출하기 위하여 발생된 비용 중 현금이 지급되지 않아 아직 비용으로 계상되지 않은 부분을 비용과 부채(미지급비용)로 계상하기 위한 회계처리과정을 발생(accrual)이라 한다. 그리고 이미 현금을 수취하여 당기 수익으로 계상된 부분 중 미실현된 수익을 당기 수익에서 제거하면서 부채(선수수익)로 계상하고, 이미 현금을 지급하여 당기 비용으로 계상하였으나 차기 수익과 관련된 비용을 당기 비용에서 제거하면서 자산(선급비용)으로 계상하기 위한 회계처리과정을 이연(deferral)이라 한다. 발생과 이연에 대한 회계처리과정을 정리하면 다음 [표 6-1]과 같다.

표 6-1 발생과 이연

	(발 생)	(이 연)
(원장의 수익과 비용잔액)	□	□ 제거 선수수익·선급비용
	↓	↓
(손익계산서상 수익과 비용)	□ 추가 계상 미수수익·미지급비용	□

손익의 발생	수익의 발생(미수수익)	당기의 수익에 가산	자산
	비용의 발생(미지급비용)	당기의 비용에 가산	부채
손익의 이연	수익의 이연(선수수익)	수익에서 차감	부채
	비용의 이연(선급비용)	비용에서 차감	자산

부 채			수 익			자 산
선수수익			수 익			미수수익
	부 채 계 상	⇔	이 연 (수익차감)	발 생 (수익계상)	⇔	자 산 계 상

(가) 수익 : 실현된 수익의 추가계상(수익의 발생)

결산시 당기에 실현된 수익 중 현금이 회수되지 않아 아직 수익으로 계상되지 않은 부분은 당기 수익과 자산으로 추가 계상하여야 한다. 수정분개는 수익을 증가시키기 위하여 대변에 해당 수익계정을 기입하고, 차변에는 유동자산인 미수수익계정으로 기입한다. 즉, 수정분개는 다음과 같다.

(차) 미수수익 ××× (대) 해당 수익계정 ×××

수익의 발생에 대한 회계처리과정을 예를 들어 설명하면 다음과 같다.

예제 6-3 수익의 발생(미수수익 계상)

건물을 20×3년 1월 1일부터 2년간 임대하기로 하고, 20×3년 1월 1일 10개월분 임대료 ₩100,000을 현금으로 수취한 후 결산일인 20×3년 12월 31일이 되었다고 가정하자. 이러한 경우 20×3년 손익계산서에는 실현수익으로 임대료 ₩120,000이 보고되어야 하나 결산일 현재 원장의 임대료계정에는 ₩100,000만 계상되어 있으므로 실현된 수익 중 미수분 ₩20,000을 추가계상하기 위한 수정분개를 결산 시 수행하게 된다. 예에 대한 도표와 일련의 회계처리과정을 정리하면 다음과 같다.

(원장의 임대료 잔액 : ₩100,000) ₩100,000

↓

(손익계산서상 임대료 : ₩120,000) ₩100,000 + ₩20,000

20×3년 1월 1일	(차) 현 금	100,000	(대) 임 대 료	100,000
12월 31일	(차) 미수임대료	20,000	(대) 임 대 료	20,000

이와 같이 20×3년 12월 31일에 임대료 중 미수분 ₩20,000을 추가 계상함으로써 손익계산서상 임대료는 당기 실현분인 ₩120,000으로 계상·보고되며, 미수임대료 ₩20,000은 재무상태표상 유동자산으로 계상·보고된다. 이상의 절차에 의하여 적정한 재무상태와 경영성과가 재무상태표와 손익계산서에 반영·보고된 후 장부마감이 이루어지면 20×3년 회계처리과정은 종결된다.

이후 20×4년도에 임대료의 추가수취가 이루어지는 경우, 이에는 전기 미수분과 당기분으로 구분된다. 예를 들어 20×4년 3월 1일에 임대료 10개월분 ₩100,000을 현금으로 수취한 경우 이에는 20×3년도분 ₩20,000과 20×4년도분 ₩80,000으로 구분된다. 따라서 당기분만 당기 임대료로 계상하기 위해서는 전기 미수임대료 계정을 당기 초에 임대료계정으로 대체(transfer)하는 회계처리를 한다. 즉, 20×4년도 초에 다음과 같은 회계처리를 한다.

20×4년 1월 1일	(차) 임 대 료	20,000	(대) 미수임대료	20,000

이러한 회계처리를 하게 되면 20×4년도 초에 임대료계정의 차변에 ₩20,000이 기입되므로 당기에 임대료 ₩100,000의 현금수취 시 전액을 임대료계정의 대변에 기입하면 차변에 기입된 전기분 ₩20,000과 상계되어 당기분 ₩80,000만 임대료로 계상되는 결과를 가져온다.

이와 같이 전년도에 계상된 미수수익계정을 당년도 초에 해당 수익계정으로 대체하는 분개를 결산 시 수정분개의 반대분개라 하여 재대체분개 또는 역분개(reversing entry)라 한다.

앞의 예를 재정리하여 일련의 회계처리와 수익과 관련된 계정에 대한 원장의 전기 및 마감결과를 설명하면 다음과 같다.

(예의 재정리)

20×3년 1월 1일 임대료 10개월분 ₩100,000 현금수취

20×4년 3월 1일 임대료 10개월분 ₩100,000 현금수취

(일련의 회계처리)

20×3년 1월 1일	(차) 현 금	100,000	(대) 임 대 료	100,000
12월 31일	(수정분개)			
	(차) 미수임대료	20,000	(대) 임 대 료	20,000
12월 31일	(대체분개 : 수익마감)			
	(차) 임 대 료	120,000	(대) 집 합 손 익	120,000
20×4년 1월 1일	(재대체분개 또는 역분개)			
	(차) 임 대 료	20,000	(대) 미수임대료	20,000
3월 1일	(차) 현 금	100,000	(대) 임 대 료	100,000

(원장의 전기결과)

임 대 료

×3/12/31	집 합 손 익	120,000	×3/ 1/ 1	현 금	100,000
			12/31	미수임대료	20,000
		120,000			120,000
×4/ 1/ 1	미수임대료	20,000	×4/ 3/ 1	현 금	100,000

20×4년 임대료 ₩100,000의 수취분은 전액 임대료계정에 계상하나 결과적으로 재대체분개에 의하여 임대료계정 차변에 기입된 ₩20,000과 상계되어 잔액은 당기분 임대료 ₩80,000만 남게 된다.

이와 같이 수익과 비용을 결산 시 발생이나 이연개념에 의한 수정분개 후에는 차기회계년도의 기초시점에 이를 재대체분개하며, 이러한 재대체분개에 의하여 수익과 비용에 대한 현금수수 시 전기분이나 당기분을 인위적으로 구분하지 않아도 회계처리상 자동적으로 구분되게 된다. 그리고 미수임대료계정은 통합하여 미수수익계정으로 기입하여도 된다. 이는 중요성 원칙에서 설명한 바와 같이 중요한 경우에는 계정과목을 구분하여 사용할 수 있고, 그렇지 않은 경우에는 통합하여 사용할 수 있기 때문이다.

한편 수익이 발생하면 일단 부채인 선수임대료계정에 기입하여 처리하는 방법도 있다. 이 방법에 의해 위의 예제를 회계처리하면 다음과 같다.

20×3년 1월 1일	(차) 현 금	100,000	(대)	선수임대료	100,000
12월 31일	(수정분개)				
	(차) 선수임대료	100,000	(대)	임 대 료	100,000
	(차) 미수임대료	20,000	(대)	임 대 료	20,000
12월 31일 (대체분개)	(차) 임 대 료	120,000	(대)	집 합 손 익	120,000
20×4년 1월 1일	재대체분개 없음				
3월 1일	(차) 현 금	100,000	(대)	미수임대료	20,000
				선수임대료	80,000

자습문제 6-3 다음 일련의 거래를 일자별로 분개한 후 원장에 전기하고 마감하시오(재대체분개도 할 것).

(1) 20×3년 2월 1일 건물을 2년간 임대하고 10개월분 임대료 ₩50,000을 현금으로 받다.

(2) 20×3년 12월 31일 결산시 미수임대료 ₩5,000을 계상하다.

자습문제 6-4 다음 일련의 거래를 일자별로 분개한 후 이자수익계정과 미수이자계정만 원장에 전기하고 마감하시오(재대체분개도 할 것).

(1) 20×3년 3월 1일 현금 ₩100,000을 대여하다. 대여금에 대한 이자는 연 12%이며 6개월마다 받기로 하였다.

(2) 20×3년 8월 31일에 이자 ₩6,000을 현금으로 받다.

(3) 20×3년 12월 31일 4개월분 이자미수액 ₩4,000을 계상하다.

(나) 수익 : 차기 수익의 제거(이연)

결산시 이미 현금을 수취하여 당기 수익으로 계상된 부분 중 차기 수익에 해당하는 부분은 당기 수익에서 제거하면서 부채로 계상하여야 한다. 수정분개는 수익을 차감하기 위하여 차변에 해당 수익계정을 기입하면서, 대변에 유동부채인 선수수익계정으로 기입한다. 즉, 수정분개는 다음과 같다.

(차) 해당 수익계정 ××× (대) 선수수익 ×××

예제 6-4 **수익의 이연(선수수익의 계상)**

20×3년 4월 1일 건물을 2년간 임대하기로 하고, 20×3년 4월 1일에 1년분 임대료 ₩120,000을 현금으로 수취한 후 20×3년 12월 31일 결산일이 도래하였다고 하자. 그러면 20×3년 손익계산서에는 당기 실현수익인 ₩90,000만 임대료로 계상하여야 하는데, 결산 시 원장의 임대료계정의 잔액은 ₩120,000으로 기록되어 있으므로 ₩30,000을 임대료에서 차감하여 선수임대료로 대체하는 수정분개를 한다. 선수임대료로 대체된 ₩30,000은 이후 20×4년이 경과하면 자동적으로 20×4년의 임대료가 되므로 20×4년도 초에 재대체분개를 하여 이를 임대료계정에 다시 대체한다. 예에 대한 도표와 일련의 회계처리과정을 정리하면 다음과 같다. 단, 원장의 전기결과는 생략한다.

(원장의 임대료 잔액 : ₩120,000) ₩120,000

↓

(손익계산서상 임대료 : ₩90,000) ₩90,000

일자	차변	금액	대변	금액	비고
20×3년 4월 1일	(차) 현 금	120,000	(대) 임 대 료	120,000	
12월 31일	(차) 임 대 료	30,000	(대) 선수임대료	30,000	(수정분개)
12월 31일	(차) 임 대 료	90,000	(대) 집 합 손 익	90,000	(대체분개)
20×4년 1월 1일	(차) 선수임대료	30,000	(대) 임 대 료	30,000	(재대체분개)

한편 수익이 발생하면 일단 부채로 선수임대료계정에 기입하는 방법에 의해 회계처리하면 다음과 같다.

20×3년 4월 1일	(차) 현 금	120,000	(대) 선수임대료	120,000
12월 31일(수정분개)	(차) 선수임대료	90,000	(대) 임 대 료	90,000
12월 31일(대체분개)	(차) 임 대 료	90,000	(대) 집 합 손 익	90,000
20×4년 1월 1일	재대체분개 없음			

자습문제 6-5 다음 일련의 거래를 일자별로 분개한 후 원장에 전기하고 마감하시오(재대체분개도 할 것).

(1) 20×3년 7월 1일 건물을 2년간 임대하고 10개월분 임대료 ₩50,000을 현금으로 받다.

(2) 20×3년 12월 31일 결산 시 선수임대료 ₩20,000을 계상하다.

자습문제 6-6 다음 일련의 거래를 일자별로 분개한 후 이자수익계정과 선수이자계정만 원장에 전기하고 마감하시오(재대체분개도 할 것).

(1) 20×3년 3월 1일 현금 ₩100,000을 대여하기로 하고, 대여금에 대한 일년분 이자 ₩12,000을 차감한 ₩88,000을 현금으로 지급하다.

(2) 20×3년 12월 31일 이자선수분 ₩2,000을 계상하다.

(다) 비용 : 당기 발생비용 추가 계상(발생)

당기의 수익을 창출하기 위하여 발생된 비용 중 현금을 지급하지 않아 아직 해당 비용계정에 반영이 안 된 경우 결산 시 수정분개를 통하여 해당비용을 증가시키면서 부채를 계상하여야 한다. 수정분개는 비용계정을 증가시키기 위하여 차변에 비용계정을 기입하고 대변에는 유동부채인 미지급비용계정을 기입한다. 즉, 수정분개는 다음과 같다.

(차) 해당 비용계정	×××	(대) 미지급비용	×××

예제 6-5 **비용의 발생(미지급비용의 계상)**

건물을 20×3년 1월 1일부터 2년간 임차하기로 하고 20×3년 1월 1일 10개월분 임차료 ₩100,000을 현금으로 지급한 후 결산일인 20×3년 12월 31일이 되었다고 가정하자. 이러한 경우 20×3년 손익계산서에는 비용으로 임차료 ₩120,000이 보고되어야 하나, 결산일 현재 원장의 임차료계정에는 ₩100,000만 계상되어 있으므로 발생된 비용 중 미지급분 ₩20,000을 추가계상하기 위한 수정분개를 결산 시 수행하게 된다. 예에 대한 도표와 일련의 회계처리과정을 정리하면 다음과 같다.

(원장의 임차료 잔액 : ₩100,000) ₩100,000

↓

(손익계산서상 임차료 : ₩120,000) ₩100,000 + ₩20,000

20×3년 1월 1일	(차) 임 차 료	100,000	(대) 현 금	100,000	
12월 31일	(차) 임 차 료	20,000	(대) 미지급임차료	20,000	(수정분개)
12월 31일	(차) 집 합 손 익	120,000	(대) 임 차 료	120,000	(대체분개)
20×4년 1월 1일	(차) 미지급임차료	20,000	(대) 임 차 료	20,000	(재대체분개)

한편 비용이 발생하면 일단 자산인 선급임차료계정에 기입하는 방법이 있는데, 이 방법은 결산시 확정된 당기분의 미지급 임차료와 합산하여 임차료계정으로 대체한다. 이 방법에 따라 회계처리하면 다음과 같다.

20×3년 1월 1일	(차)	선급임차료	100,000	(대) 현 금	100,000
12월 31일(수정분개)	(차)	임 차 료	100,000	(대) 선급임차료	100,000
	(차)	임 차 료	20,000	(대) 미지급임차료	20,000
12월 31일(대체분개)	(차)	집 합 손 익	120,000	(대) 임 차 료	120,000
20×4년 1월 1일	재대체분개 없음				
3월 1일	임차료 ₩100,000 지급시				
3월 1일	(차)	미지급임차료	20,000	(대) 현 금	100,000
		선급임차료	80,000		

자습문제 6-7 다음 일련의 거래를 일자별로 분개한 후 원장에 전기하고 마감하시오(재대체분개도 할 것).

(1) 20×3년 2월 1일 건물을 2년간 임차하고 10개월분 임차료 ₩50,000을 현금으로 지급하다.

(2) 20×3년 12월 31일 결산 시 미지급임차료 ₩5,000을 계상하다.

자습문제 6-8 다음 일련의 거래를 일자별로 분개한 후 이자비용계정과 미지급이자계정만 원장에 전기하고 마감하시오(재대체분개도 할 것).

(1) 20×3년 3월 1일 현금 ₩100,000을 차입하다. 차입금에 대한 이자는 연 12%이며 6개월마다 지급하기로 하였다.

(2) 20×3년 8월 31일에 이자 ₩6,000을 현금으로 지급하다.

(3) 20×3년 12월 31일 4개월분 이자미지급액 ₩4,000을 계상하다.

(라) 비용 : 차기비용의 제거(이연)

결산시 이미 현금을 지급하여 당기 비용으로 계상된 부분 중 차기 비용에 해당하는 부분은 당기 비용에서 제거하면서 자산으로 계상하여야 한다. 수정분개는 비용을 차감하기 위하여 대변에 해당 비용계정을 기입하면서 차변에 유동자산인 선급비용계정으로 기입한다. 즉, 수정분개는 다음과 같다.

(차) 선급비용	×××	(대) 해당 비용계정	×××

예제 6-6 **비용의 이연(선급비용의 계상)**

20×3년 4월 1일 건물을 2년간 임차하기로 하고 20×3년 4월 1일에 1년분 임차료 ₩120,000을 현금으로 지급한 후, 20×3년 12월 31일 결산일이 도래하였다고 하자. 그러면 20×3년 손익계산서에는 당기 발생비용인 ₩90,000만 임차료로 계상하여야 하는데, 결산 시 원장의 임차료계정의 잔액은 ₩120,000으로 기록되어 있으므로 ₩30,000을 임차료에서 차감하여 선급임차료로 대체하는 수정분개를 한다. 예에 대한 도표와 일련의 회계처리과정을 정리하면 다음과 같다.

(원장의 임차료 잔액 : ₩120,000) ₩120,000

↓

(손익계산서상 임차료 : ₩90,000) ₩90,000

20×3년4월 1일	(차) 임 차 료 120,000	(대) 현 금 120,000	
12월 31일	(차) 선급임차료 30,000	(대) 임 차 료 30,000	(수정분개)
12월 31일	(차) 집합손익 90,000	(대) 임 차 료 90,000	(대체분개)
20×4년1월 1일	(차) 임 차 료 30,000	(대) 선급임차료 30,000	(재대체분개)

선급임차료계정으로 기입하는 방법에 따르면, 비용이 발생하면 일단 자산인 선급임차료계정에 기입하였다가 결산 시 확정된 당기분의 비용에 해당하는 임차료만을 임차료계정으로 대체하고, 잔액(미경과비용)을 차기로 이월한다. 이 방법에 따른 회계처리는 다음과 같다.

20×3년 4월 1일	(차) 선급임차료	120,000	(대) 현 금	120,000
12월 31일(수정분개)	(차) 임 차 료	90,000	(대) 선급임차료	90,000
12월 31일(대체분개)	(차) 손 익	90,000	(대) 임 차 료	90,000
20×4년 1월 1일	재대체분개 없음			

자습문제 6-9 다음 일련의 거래를 일자별로 분개한 후 원장에 전기하고 마감하시오(재대체분개도 할 것).

(1) 20×3년 7월 1일 건물을 2년간 임차하고 10개월분 임차료 ₩50,000을 현금으로 지급하다.
(2) 20×3년 12월 31일 결산시 선급임차료 ₩20,000을 계상하다.

자습문제 6-10 다음 일련의 거래를 일자별로 분개한 후 이자비용계정과 선급이자계정만 원장에 전기하고 마감하시오(재대체분개도 할 것).

(1) 20×3년 3월 1일 현금 ₩100,000을 차입하기로 하고, 차입금에 대한 일년분 이자 ₩12,000을 차감한 ₩88,000을 현금으로 받다.
(2) 20×3년 12월 31일 이자선급분 ₩2,000을 계상하다.

(2) 비유동자산에 대한 수정분개 : 배분 또는 상각

(가) 감가상각의 의미

유형자산은 장기간 영업활동에 사용하기 위하여 보유하고 있는 자산으로 해당 계정과목으로는 토지, 건물, 구축물, 차량운반구, 비품 등을 들 수 있다. 토지를 제외한 나머지 유형자산은 기간이 경과하거나 이를 사용하면 그 경제적 가치는 감소하게 되는데, 이 경제적 가치의 감소분을 비용으로 기록하는 과정을 회계에서는 **減價償却**(depreciation)이라 한다. 감가상각의 의미를 예를 들어 설명하면 다음과 같다.

예제 6-7 **감가상각의 의미**

3년간 탈 목적으로 승용차를 ₩10,000,000(취득원가)에 구입하였다고 하자. 3년 후 중고차를 처분했을 때 처분가치가 ₩4,000,000(잔존가치)이라고 하면, 3년 동안 이 승용차를 사용하여 감소된 경제적 가치는 얼마가 될 것인가? 당연히 3년 동안 소멸된 경제적 가치는 취득원가 ₩10,000,000에서 잔존가치 ₩4,000,000을 차감한 ₩6,000,000으로, 이것이 3년간 감가상각비가 된다. 따라서 승용차의 구입 시 원가 ₩10,000,000은 자산(차량운반구)이지만, 3년 동안 사용함으로써 경제적 가치가 소멸된 ₩6,000,000은 비용(감가상각비)이 되고 잔존가치 ₩4,000,000만 자산으로 남게 된다. 그렇다면 매년 감가상각비는 얼마로 계상하여야 하는가? 이에 대한 설명은 제10장에서 이루어진다. 여기서는 가장 간단한 정액법을 이용하여 설명하기로 한다. 정액법이란 매년 감가상각비를 동일하게 계상하는 방법으로, ₩6,000,000을 3년 동안 동일하게 계상하기 위해서는 매년 ₩2,000,000을 감가상각비로 계상한다. 이를 도표로 정리하면 다음과 같다.

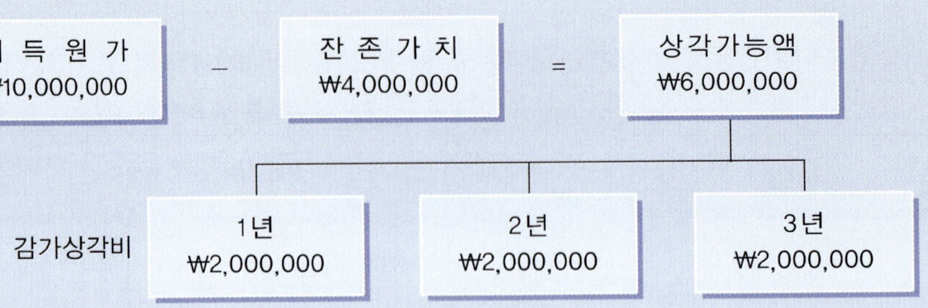

(나) 상각액의 계상방법

감가상각비를 계상하는 방법에는 직접법과 간접법으로 구분된다. **직접법**이란 차변에 비용인 감가상각비를 기입하고 대변에 해당 유형자산계정을 직접 기입하는 방법을 말한다. 앞의 예제에서 1차년도말 1년분 감가상각비를 인식하는 회계처리를 하면 다음과 같다.

(차) 감가상각비 2,000,000 (대) 차량운반구 2,000,000

간접법이란 해당 유형자산을 직접 차감하는 것이 아니라 차감성 평가계정인 감가상각누계액을 이용하여 해당 유형자산에서 차감하는 형식으로 기입하는 방법으로, 감가상각비의 계상시 대변의 유형자산계정 대신에 감가상각누계액을 기입하면 된다. 앞의 예제에서 1차년도말 1년분 감가상각비를 인식하는 회계처리를 하면 다음과 같다.

(차) 감가상각비 2,000,000 (대) 감가상각누계액 2,000,000

간접법 적용 시 나타나는 **감가상각누계액계정**은 분개 시 대변에 기입되나 이는 부채나 자본을 의미하는 것이 아니라 자산의 원가를 간접적으로 감소시키기 위한 것으로, 지금까지 기록한 감가상각비 모두를 합산해 놓은 상각누계액이다.

회계기준에서는 유형자산에 대한 상각액은 간접적으로 차감하는 방법을, 무형자산은 직접 또는 간접 차감하는 방법을 사용하도록 하고 있다. 그리고 무형자산에 대한 상각액은 무형자산상각비 또는 해당계정에 상각비를 붙여 사용한다.

(유형자산인 경우) (차) 감가상각비 ××× (대) 감가상각누계액 ×××
(무형자산인 경우) (차) 무형자산상각비 ××× (대) 해당계정 ×××

예제 6-8 **상각액의 계상방법**

당기 건물에 대한 상각액은 ₩3,000,000이고 특허권에 대한 상각액은 ₩300,000이라 하자. 이에 대한 결산시 수정분개는 다음과 같다. 단 무형자산은 직접 차감하는 방법으로 처리함.

(건 물)	(차)	감가상각비	3,000,000	(대)	감가상각누계액	3,000,000
(특허권)	(차)	무형자산상각비	300,000	(대)	특 허 권	300,000

자산에 대한 상각액을 해당 자산계정에서 차감하는 형식으로 계상하는 방법과 해당 자산계정을 직접 차감하는 방법에 의한 재무상태표의 계상결과는 다음과 같이 차이가 난다. 예를 들어, 건물의 취득원가는 ₩10,000,000이고 이에 대한 상각액이 ₩3,000,000이며, 특허권의 취득원가는 ₩1,000,000이고 이에 대한 상각액이 ₩300,000인 경우 재무상태표를 작성하면 다음과 같다.

재무상태표

건 물	10,000,000	
감가상각누계액	(3,000,000)	
	7,000,000	
특 허 권	700,000	

결과적으로 상각액을 차감하는 형식으로 계상하는 유형자산은 취득원가와 상각누계액 및 당기말 미상각액(**장부금액＝취득원가－감가상각누계액**)이 재무상태표상에 모두 보고된다. 그러나 무형자산의 경우 상각액을 직접 차감하면 취득원가와 상각누계액에 대한 정보는 제공되지 않고 다만 해당 계정의 미상각액(장부금액)만 재무상태표상에 보고된다.

자습문제 6-11 다음 기말정리사항에 대하여 수정분개를 하시오.

(1) 비품에 대한 당기분 상각액 ₩150,000을 계상하다.
(2) 차량운반구에 대한 당기분 상각액 ₩50,000을 계상하다.
(3) 기계장치에 대한 당기분 상각액 ₩200,000을 계상하다.
(4) 특허권에 대한 당기분 상각액 ₩30,000을 계상하다.
(5) 개발비에 대한 당기분 상각액 ₩50,000을 계상하다.

(3) 소모품계정과 소모품비계정에 대한 수정분개 : 배분

소모품은 영업활동에 사용하기 위한 문방구류나 청소도구 등을 지칭하는 것으로, **소모품계정**이란 소모품의 미사용액을 계상하는 자산(유동자산)계정이고, **소모품비계정**이란 소모품의 사용액을 계상하는 비용계정이다. 이들 소모품은 기업 전체적으로 볼 때에는 중요할지 모르나 개별적으로는 그리 중요하지 않은 항목이다. 따라서 소모품이 중요하지 않은 경우에는 당기 구입한 전액을 소모품비라는 비용으로 계상하여도 되나, 중요한 경우에는 미사용액은 소모품이라는 자산으로, 사용액은 소모품비라는 비용으로 각각 계상하여야 한다. 따라서 후자의 경우에는 결산시 소모품의 사용가능액을 소모품(미사용액)과 소모품비(사용액)로 배분하는 수정분개가 필요하다. 즉, 이를 정리하면 다음과 같다.

> 소모품의 당기 사용가능액(=소모품의 기초잔액+당기 구입액)
> ⇒ 당기 사용액(소모품비계정)과 당기말 미사용액(소모품계정)으로 배분

소모품에 대한 수정분개는 소모품 구입시의 회계처리방법에 따라 달라지게 된다. 만약 소모품의 구입 시에 소모품비라는 비용으로 처리하였다면 결산시 미사용액만큼 소모품비계정을 감소시켜 소모품계정으로 대체하는 수정분개가 필요하며, 구입 시 소모품이라는 자산으로 처리한 경우에는 사용액만큼 소모품계정을 감소시켜 소모품비계정으로 대체하는 수정분개가 필요하다. 소모품의 회계처리에 대한 도표와 수정분개를 정리하면 다음과 같다.

(가) 소모품 구입 시 비용으로 처리한 경우 : 미사용액을 소모품계정으로 대체

(원장상 소모품비계정 잔액)	소 모 품 비	
	↓	
(손익계산서와 재무상태표)	(P/L)소모품비	(B/S)소모품

수정분개 : (차) 소 모 품 ×××(미사용액) (대) 소모품비 ×××

(나) 소모품 구입 시 자산으로 처리한 경우 : 사용액을 소모품비계정으로 대체

(원장의 소모품계정 잔액)	소 모 품	
	↓	
(손익계산서와 재무상태표)	(P/L)소모품비	(B/S)소모품

수정분개 : (차) 소모품비 ×××(사용액) (대) 소 모 품 ×××

예제 6-9 소모품에 대한 회계처리

20×3년	5월	1일	소모품 ₩30,000을 구입하고 대금은 현금으로 지급하다.
	9월	10일	소모품 ₩50,000을 구입하고 대금은 현금으로 지급하다.
	12월	31일	소모품 미사용액이 ₩20,000(또는 사용액 ₩60,000)으로 확인되다.

(구입 시 비용으로 처리한 경우)

20×3년 5월 1일	(차)	소모품비	30,000	(대)	현 금	30,000
9월 10일	(차)	소모품비	50,000	(대)	현 금	50,000
12월 31일	(차)	소 모 품	20,000	(대)	소모품비	20,000

(구입 시 자산으로 처리한 경우)

20×3년 5월 1일	(차)	소 모 품	30,000	(대)	현 금	30,000
9월 10일	(차)	소 모 품	50,000	(대)	현 금	50,000
12월 31일	(차)	소모품비	60,000	(대)	소 모 품	60,000

자습문제 6-12 다음 일련의 거래를 일자별로 분개한 후 원장에 전기하여 마감하시오.

20×3년 3월 15일 소모품 ₩60,000을 구입하고 대금은 현금으로 지급하다.
8월 25일 소모품 ₩80,000을 구입하고 대금은 현금으로 지급하다.
12월 31일 소모품 미사용액이 ₩30,000으로 확인되다.

(1) 소모품의 구입 시 비용으로 처리한 경우
(2) 소모품의 구입 시 자산으로 처리한 경우

자습문제 6-13 소모품의 기초잔액은 ₩30,000이고 당기구입액은 ₩120,000이었다. 당기말에 소모품 미사용액이 ₩20,000으로 확인된 경우 다음 각 방법에 따른 수정분개를 하시오.

(1) 소모품의 구입 시 비용으로 처리한 경우
(2) 소모품의 구입 시 자산으로 처리한 경우

(4) 전기오류에 대한 정정분개와 미지급법인세의 계상

(가) 전기오류에 대한 정정분개

전기에 발생한 오류를 당기에 발견한 경우에는 오류가 오류발생년도의 당기순이익에 미친 영향을 산출하여 이를 기초이익잉여금에서 수정한다. 이때 전기오류수정손익에 해당하는 만큼 자산이나 부채가 과대 또는 과소계상되어 있으므로 해당 계정과목의 금액도 동시에 정정하여야 한다. 정정분개는 다음과 같다.

(전기오류수정손실 : 오류발생연도의 이익을 과대계상한 경우)

(차)	이익잉여금	×××	(대)	자산·부채계정	×××

(전기오류수정이익 : 오류발생연도의 이익을 과소계상한 경우)

(차) 자산·부채계정 ××× (대) 이익잉여금 ×××

(나) 미지급법인세의 계상

세법상 당기에 납부할 법인세액과 이미 납부한 법인세액과의 차액을 유동부채인 **미지급법인세**로 결산시 다음과 같이 추가 계상하여야 한다.

(차) 법인세비용 ××× (대) 미지급법인세 ×××

다만, 뒤에서 설명하는 법인세비용차감전순손익에 법인세법 등의 규정에 의하여 과세하였거나 과세할 세율을 적용하여 계산한 법인세비용과 당기에 납부할 법인세액과의 차이는 이연법인세자산 또는 이연법인세부채의 과목으로 계상하여야 한다.

예제 6-10 ▶ 전기오류수정손익과 미지급법인세

(가) 전기오류수정손익

예 1] 전기에 감가상각비 ₩10,000을 계상하지 않았음을 발견하다.

이러한 경우 전기에 감가상각비 ₩10,000의 과소계상으로 이익은 ₩10,000이 과대계상되고 감가상각누계액이 ₩10,000 과소계상되어 유형자산은 ₩10,000이 과대 계상된다. 따라서 전기손익수정손실 ₩10,000을 이익잉여금 차변에 계상하면서 감가상각누계액 ₩10,000을 증가시키기 위하여 다음과 같이 분개한다.

(차) 이익잉여금 10,000 (대) 감가상각누계액 10,000

예 2] 전기에 소모품 ₩10,000을 과소계상하였음을 발견하다.

이러한 경우 소모품 ₩10,000의 과소계상으로 소모품비는 ₩10,000이 과대계상되어 이익은 ₩10,000이 과소계상된다. 따라서 전기오류수정이익 ₩10,000을 이익잉여금 대변에 계상하면서 소모품 ₩10,000을 증가시키기 위하여 다음과 같이 분개한다.

(차) 소 모 품 10,000 (대) 이익잉여금 10,000

(나) 미지급법인세 계상

예 3] 당기에 납부할 법인세는 ₩100,000이고 이미 납부한 법인세는 ₩40,000이다. 그리하여 법인세 미지급액 ₩60,000을 계상하다. 이는 다음과 같이 분개한다.

(차) 법인세비용 60,000 (대) 미지급법인세 60,000

자습문제 6-14 다음 거래를 분개하시오.

(1) 전기에 소모품 ₩10,000이 과대계상되었음을 발견하다.
(2) 전기에 미지급급료 ₩40,000을 계상하지 않았음을 발견하다.
(3) 전기에 감가상각비 ₩50,000이 과대계상되었음을 발견하다.
(4) 전기에 미수이자 ₩20,000을 계상하지 않았음을 발견하다.
(5) 미지급 법인세 ₩30,000을 추가계상하다.

3 수정전 시산표와 수정후 시산표

수정전 시산표란 결산시 기말정리사항을 수정·기입하기 전에 작성된 것으로 기중 거래의 전기 시 오류의 유무를 확인하기 위하여 작성하는 것이고, **수정후 시산표**란 기말정리사항을 수정·기입한 후 수정분개의 전기 시 오류유무의 확인과 재무상태표와 손익계산서를 작성하기 위하여 작성된 시산표를 말한다. 따라서 수정전 시산표와 수정후 시산표는 기말정리사항에 의하여 수정·기입된 부분이 차이가 난다.

수정후 잔액시산표의 작성과정은 먼저 기말정리사항에 대한 수정분개를 한 후 이를 수정전 잔액시산표의 해당계정에 반영하여 수정후 잔액시산표를 작성한다.

예제 6-11 **수정후 잔액시산표의 작성**

(주)수정의 20×3년도 12월 31일 수정전 잔액시산표와 기말정리사항은 다음과 같다.

수정전 잔액시산표

현 금	100,000	외상매입금	20,000
외상매출금	30,000	차 입 금	25,000
대 여 금	50,000	감가상각누계액	20,000
상 품	40,000	자 본 금	220,000
비 품	120,000	이익잉여금	30,000
특 허 권	30,000	매 출	170,000
매출원가	100,000	이자수익	7,000
소모품비	20,000		
이자비용	2,000		
	492,000		492,000

(기말정리사항)

1. 이자 미지급액 ₩1,000
2. 이자 선수액 ₩2,000
3. 비품의 감가상각액 ₩20,000
4. 특허권의 상각액 ₩10,000
5. 소모품 미사용액 ₩5,000
6. 전기에 감가상각비 ₩20,000의 계상누락
7. 법인세 미지급액 ₩2,000

먼저 기말정리사항에 대한 수정분개를 하여야 하므로 예에 대한 기말정리사항의 수정분개는 다음과 같다.

(차 변)		(대 변)	
1. 이 자 비 용	1,000	미 지 급 이 자	1,000
2. 이 자 수 익	2,000	선 수 이 자	2,000
3. 감 가 상 각 비	20,000	감가상각누계액	20,000
4. 무형자산상각비	10,000	특 허 권	10,000
5. 소 모 품	5,000	소 모 품 비	5,000
6. 이 익 잉 여 금	20,000	감가상각누계액	20,000
7. 법 인 세 비 용	2,000	미 지 급 법 인 세	2,000

수정분개후 수정후 잔액시산표의 작성절차는 다음과 같다. 정상적인 회계처리과정에서는 기말정리사항에 대한 수정분개의 내용이 총계정원장에 전기되며, 수정후 잔액시산표는 수정기입된 총계정원장을 이용하여 작성하는 것이다. 그러나 여기에서는 수정전 잔액시산표와 수정후 잔액시산표를 비교·설명하기 위한 것으로, 기말정리사항에 대한 수정분개의 내용을 총계정원장에 전기하는 과정을 생략한 것이다. 이와 같이 수정전 잔액시산표를 수정후 잔액시산표로 직접 작성하는 경우에는 다음과 같은 작성절차를 따르는 것이 쉽고 정확하다. 먼저 기말정리사항에 대한 수정분개를 순차적으로 하면서 동시에 그 분개내용을 직접 수정전 잔액시산표의 해당계정에 가감하여 수정하고, 만약 해당계정이 없는 경우에는 수정분개 시 새로 생긴 계정이므로 각 계정을 해당위치에 따라 차변과 대변에 기입한다. 그러면 주어진 수정전 잔액시산표는 이제 수정후 잔액시산표로 수정되었으므로 이를 다시 정리하기만 하면 된다. 이와 같은 방법은 이후 수정전 잔액시산표와 기말정리사항을 주고 재무상태표와 손익계산서를 직접 작성하는 문제에서도 유용하게 사용될 수 있다. 예제의 기말정리사항에 대한 수정분개의 내용이 수정전 잔액시산표의 각 계정에 가감된 후 수정후 잔액시산표를 작성하면 그 결과는 다음과 같다.

수정후 잔액시산표

현 금	100,000	외 상 매 입 금	20,000
외 상 매 출 금	30,000	차 입 금	25,000
대 여 금	50,000	미 지 급 이 자	1,000
상 품	40,000	미 지 급 법 인 세	2,000

비 품	120,000	선 수 이 자	2,000
소 모 품	5,000	감가상각누계액	60,000
특 허 권	20,000	자 본 금	220,000
매 출 원 가	100,000	이 익 잉 여 금	10,000
소 모 품 비	15,000	매 출	170,000
감 가 상 각 비	20,000	이 자 수 익	5,000
무형자산상각비	10,000		
이 자 비 용	3,000		
법 인 세 비 용	2,000		
	515,000		515,000

자습문제 6-15 다음 수정전 잔액시산표와 기말정리사항을 이용하여 수정후 잔액시산표를 작성하시오.

수정전 잔액시산표

현 금	610,000	차 입 금	100,000
외상매출금	300,000	자 본 금	400,000
특 허 권	150,000	이익잉여금	30,000
소 모 품 비	100,000	용 역 매 출	700,000
수도광열비	70,000		
	1,230,000		1,230,000

(기말정리사항)

1. 이자 미지급액 ₩12,000
2. 특허권의 상각액 ₩30,000
3. 소모품 미사용액 ₩20,000
4. 연료비 선급액 ₩10,000
5. 현금 ₩20,000을 차입한 후 다음과 같이 분개하다.

   (차) 현 금 20,000 (대) 외상매출금 20,000

자습문제 6-16 다음 수정전 잔액시산표의 내용과 기말정리사항을 이용하여 수정후 잔액시산표를 작성하시오.

(1) 수정전 잔액시산표의 내용

현 금	₩300,000	외상매출금	₩200,000	특 허 권	₩150,000
차 입 금	150,000	자 본 금	400,000	이익잉여금	50,000
매 출	200,000	매출원가	100,000	임 차 료	50,000

(2) 기말정리사항

1. 전기분 이자 미지급액 ₩5,000 계상누락
2. 특허권의 상각액 ₩20,000
3. 임차료 선급액 ₩10,000
4. 법인세 미지급액 ₩12,000

4 8위식 정산표

精算表(work sheet)란 결산 시 재무상태표와 손익계산서 등 재무제표를 작성하기 위하여 관련된 회계자료를 하나의 표에서 체계적으로 정리할 수 있도록 고안된 양식으로, 재무제표의 작성을 위한 보조수단으로 이용된다. 그러므로 정산표는 기업의 공식적인 회계장부에는 포함되지 않지만 실무적으로나 또는 회계문제를 다룰 때 아주 많이 사용되고 있다.

정산표에는 8위식 정산표와 10위식 정산표가 있다. **10위식 정산표**란 수정전 잔액시산표, 기말정리사항에 대한 수정기입, 수정후 잔액시산표, 손익계산서 및 재무상태표가 포함되어 작성되는 것을 말한다. 여기서 수정후 잔액시산표의 내용이 그대로 손익계산서와 재무상태표에 이기(移記)되어 작성되므로 편의상 수정후 잔액시산표를 정산표에 포함시키지 않아도 된다. 이와 같이 수정후 잔액시산표가 생략된 정산표를 **8위식 정산표**라 한다. 본서에서는 지면의 크기에 적합한 8위식 정산표의 작성절차만을 설명하기로 한다. 8위식 정산표의 양식과 작성방법은 다음 [표 6-2]와 같다.

표 6-2 8위식 정산표의 양식과 작성방법 (다음 페이지에 계속)

정 산 표

계정과목	잔액시산표		정리기입		손익계산서		재무상태표	
	차변	대변	차변	대변	차변	대변	차변	대변
자산계정	×××	···	△△△(+)	△△△(−)	···	···	×××	
부채계정		×××	△△△(−)	△△△(+)	···	···	···	×××
자본계정		×××	△△△(−)	△△△(+)	···	···	···	×××
수익계정		×××	△△△(−)	△△△(+)	···	×××		
비용계정	×××	···	△△△(+)	△△△(−)	×××			
당기순이익					×××			×××
	×××	×××	×××	×××	×××	×××	×××	×××

① 계정과목란에는 자산·부채·자본·수익·비용 순으로 각 계정과목만을 기입한다.

② 잔액시산표란에는 각 계정의 잔액을 차변과 대변으로 분류하여 금액만을 기입한 후 차변과 대변의 합계를 기입하고 합계가 일치하는지를 확인한다.
③ 기말정리사항을 수정분개하여 그 내용을 해당 계정의 수정기입란에 차변과 대변으로 분류하여 기입한다. 해당계정이 없는 경우에는 계정과목란의 하단에 계정과목을 추가하여 기입하고 금액은 수정기입란에 기입한다.
④ 기말정리사항에 대한 수정분개와 수정기입란의 기입이 끝난 후 수정기입란의 차변 과 대변의 합계를 산출하여 검산을 한 후 합계가 같으면 합계를 기입한다.
⑤ 수정전 잔액시산표의 금액에 수정기입란의 금액을 가감하여 그 잔액을 재무상태표와 손익계산서에 각각 기입한다.
⑥ 손익계산서와 재무상태표에서 각각 당기순손익을 산출한다. 이때 당기순손익은 같아야 한다.
⑦ 계정과목란에 당기순이익(당기순손실)을 붉은색으로 기입하고 해당금액을 손익계산서와 재무상태표에 각각 기입한다. 당기순이익(당기순손실)은 손익계산서의 차변(대변)에 주기(朱記)하고 재무상태표의 대변(차변)에 흑기(黑記)한다.
⑧ 손익계산서와 재무상태표의 차변과 대변합계를 기입하고 각각 합계가 일치하는지를 확인하여 검산한다.

이상에서 설명한 8위식 정산표의 작성과정을 예를 들어 설명하면 다음과 같다.

예제 6-12 **8위식 정산표의 작성**

(주)완성의 20×3년도 12월 31일 수정전 잔액시산표와 기말정리사항은 다음과 같다.

수정전 잔액시산표

차변	금액	대변	금액
현금	130,000	외상매입금	20,000
외상매출금	30,000	장기차입금	25,000
단기대여금	50,000	감가상각누계액	20,000
상품	40,000	자본금	240,000
비품	120,000	이익잉여금	30,000
매출원가	100,000	매출	157,000
소모품비	20,000		
이자비용	2,000		
	492,000		492,000

(기말정리사항)

1. 이자비용 미지급액 ₩1,000
2. 이자수익 미수액 ₩2,000
3. 비품 감가상각액 ₩20,000
4. 소모품 미사용액 ₩5,000

먼저 기말정리사항에 대한 수정분개를 하여야 하므로 예에 대한 기말정리사항의 수정분개를 하면 다음과 같다.

	(차 변)		(대 변)	
1.	이 자 비 용	1,000	미 지 급 이 자	1,000
2.	미 수 이 자	2,000	이 자 수 익	2,000
3.	감 가 상 각 비	20,000	감가상각누계액	20,000
4.	소 모 품	5,000	소 모 품 비	5,000

이후 수정전 잔액시산표의 내용을 정산표의 잔액시산표란에 기입하고 수정분개내용을 수정기입란에 기입한 후 앞에서 설명한 작성절차에 따라 손익계산서와 재무상태표를 작성한다. 작성결과는 다음과 같다.

정 산 표

(주)완성 20×3년 12월 31일

계정과목	잔액시산표		수정기입		손익계산서		재무상태표	
	차변	대변	차변	대변	차변	대변	차변	대변
현 금	130,000						130,000	
외상매출금	30,000						30,000	
단기대여금	50,000						50,000	
상 품	40,000						40,000	
비 품	120,000						120,000	
외상매입금		20,000						20,000
장기차입금		25,000						25,000
감가누계액		20,000		20,000				40,000
자 본 금		240,000						240,000
이익잉여금		30,000						30,000
매 출		157,000				157,000		
매 출 원 가	100,000				100,000			
소 모 품 비	20,000			5,000	15,000			
이 자 비 용	2,000		1,000		3,000			
	492,000	492,000						
미지급이자				1,000				1,000
미 수 이 자			2,000				2,000	
이 자 수 익				2,000		2,000		
감가상각비			20,000		20,000			
소 모 품			5,000				5,000	
당기순이익					21,000			21,000
합 계			28,000	28,000	159,000	159,000	377,000	377,000

정산표상의 재무상태표와 손익계산서를 회계기준에 따라 작성하면 다음과 같다.

예제 6-13 **재무상태표와 손익계산서**

재무상태표

(주)완성　　20×3년 12. 31 현재　　(단위 : 원)

자 산	금	액	부채와 자본	금	액
유동자산		257,000	Ⅰ. 유동부채		21,000
Ⅰ. 당좌자산			1. 매입채무	20,000	
1. 현 금	130,000		2. 미지급이자	1,000	
2. 매출채권	30,000		Ⅱ. 비유동부채		25,000
3. 단기대여금	50,000		1. 장기차입금	25,000	
4. 미수이자	2,000		부채총계	150,000	46,000
5. 소 모 품	5,000		Ⅰ. 자 본 금		240,000
Ⅱ. 재고자산			1. 보통주자본금	240,000	
1. 상 품	40,000		Ⅱ. 이익잉여금		51,000
비유동자산			1. 미처분이월	51,000	
Ⅰ. 유형자산		80,000	이익잉여금		
1. 비 품	120,000				
감가상각누계액	(40,000)		자본총계		295,000
자산총계		337,000	부채 및 자본총계		337,000

손익계산서

(주)완성　　20×3년 12. 31 현재　　(단위 : 원)

과 목	금	액
Ⅰ. 매 출 액		157,000
Ⅱ. 매출원가		(100,000)
Ⅲ. 매출총이익		57,000
Ⅳ. 관 리 비		(35,000)
1. 소모품비	15,000	
2. 감가상각비	20,000	
Ⅴ. 영업이익		22,000
Ⅵ. 금융원가		(1,000)
1. 이자수익	2,000	
2. 이자비용	(3,000)	
Ⅶ. 법인세비용차감전순이익		21,000
Ⅷ. 법인세비용		(0)
Ⅸ. 당기순이익		21,000

5 재무제표작성

재무제표는 재무상태표·손익계산서·이익잉여금처분계산서·자본변동표 및 현금흐름표로 구성되며, 주석을 포함한다.

본장에서는 재무상태표와 손익계산서의 작성방법만을 설명하기로 한다.

1) 재무상태표

(1) 재무상태표의 작성기준

회계기준서상 재무상태표의 작성기준을 정리해보면 다음과 같다.

① 재무상태표는 자산·부채 및 자본으로 구분하고, 자산은 유동자산 및 비유동자산인 투자자산·유형자산·무형자산·기타비유동자산으로, 부채는 유동부채 및 비유동부채로, 자본은 자본금·자본잉여금·자본조정·기타포괄손익누계액 및 이익잉여금으로 각각 구분한다(구분표시).

② 자산·부채 및 자본은 총액에 의하여 기재함을 원칙으로 하고, 자산의 항목과 부채 또는 자본의 항목과를 상계함으로써 그 전부 또는 일부를 재무상태표에서 제외하여서는 아니된다(총액주의).

③ 자산은 1년을 기준으로 유동자산과 비유동자산으로 분류한다. 다만, 정상적인 영업주기 내에 판매 혹은 사용되는 재고자산과 회수되는 매출채권 등은 재무상태표일로부터 1년 내에 실현되지 않더라도 유동자산으로 분류한다. 또한, 유가증권이나 미수금 등의 비유동자산 중 1년 내에 실현될 부분은 유동자산으로 분류한다.

부채는 1년을 기준으로 유동부채와 비유동부채로 분류한다. 다만, 정상적인 영업주기 내에서 소멸할 것으로 예상되는 매입채무와 미지급비용 등은 재무상태표일로부터 1년 내에 결제되지 않더라도 유동부채로 분류한다. 당좌차월, 단기차입금 및 유동성장기차입채무 등은 재무상태표일로부터 1년 내에 결제되어야 하므로 영업주기와 관계없이 유동부채로 분류한다. 또한, 비유동부채 중 재무상태표일로부터 1년 내에 자원의 유출이 예상되는 부분은 유동부채로 분류한다(1년 기준 및 1년을 초과할 경우 정상영업주기 기준).

④ 재무상태표에 기재하는 자산과 부채는 유동성이 큰 항목부터 배열하는 방법(유동성배열법)과 유동성이 낮은 항목부터 배열하는 방법(역유동성배열법) 중에서 선택해서 사용할 수 있다(유동성배열법 또는 역유동성배열법).

⑤ 자산, 부채, 자본 중 중요한 항목은 재무상태표 본문에 별도 항목으로 구분하여 표시한다. 중요하지 않은 항목은 성격 또는 기능이 유사한 항목에 통합하여 표시할 수 있으며, 통합할 적절한 항목이 없는 경우에는 기타항목으로 통합할 수 있다(중요성에 따른 항목의 구분

과 통합 표시).

⑥ 회계기준에서 변경을 요구하거나 다른 표시방법이 명백하게 더 적절한 경우를 제외하고는 재무제표 항목의 표시와 분류는 매기 동일해야 한다(표시의 계속성).

(2) 재무상태표의 양식

재무상태표의 양식은 보고식과 계정식으로 구분된다. 보고식이란 재무상태표를 자산·부채·자본 순으로 나열하여 작성한 양식을 말하며, 계정식이란 T자 형식(이를 T계정이라 한다)을 이용하여 왼쪽에는 자산을, 오른쪽에는 부채와 자본을 대응하는 형식으로 기입·작성한 것이다. 이때 왼쪽 변을 차변이라 하고, 오른쪽 변을 대변이라 한다.

여기에서는 계정식을 가지고 설명하고자 한다. 먼저 재무상태표는 재무상태표라는 문구와 작성기업 및 작성일자가 표시되어야 하며, 차변에는 자산을 대변에는 부채와 자본을 기입한다. [표 6-3]의 양식을 보면 자산은 유동자산과 비유동자산으로 그리고 부채도 유동부채와 비유동부채로 분류해서 유동항목을 가장 먼저 보고하고 있는데, 이런 보고 방식을 **유동성배열법**이라고 하며, 우리나라에서 지금까지 작성해오고 있는 방식이다.

표 6-3 계정식 재무상태표의 양식

재무상태표

××회사 ××년 ×월 ×일 현재 (단위 : 원)

자　　산		부채와 자본	
유동자산	(×××)	Ⅰ. 유동부채	(×××)
Ⅰ. 당좌자산	×××	Ⅱ. 비유동부채	(×××)
Ⅱ. 재고자산	×××	부채총계	×××
비유동자산	(×××)	Ⅰ. 자　본　금	(×××)
Ⅰ. 투자자산	×××	Ⅱ. 자본잉여금	(×××)
Ⅱ. 유형자산	×××	Ⅲ. 자본조정	(×××)
Ⅲ. 무형자산	×××	Ⅳ. 기타포괄손익누계액	(×××)
Ⅳ. 기타비유동자산	×××	Ⅴ. 이익잉여금	(×××)
		자본총계	×××
자산총계	×××	부채 및 자본총계	×××

그러나 이 방식과는 반대로 차변에서는 비유동자산을 가장 먼저 보고하고 대변에서는 자본을 그리고 그 다음에는 부채를, 부채 중에서도 비유동부채를 먼저 보고하는 방식도 가능하다. 이 방식은 유동성배열법의 역순 방식으로 **역유동성배열법**이라고 명칭을 부칠 수 있다. 이 방식은 영국에서 사용되어 왔으며, 국제회계기준에서도 이 영향을 받아 이 방식이 주로 사용되고 있다. 그러나 어느 방식을 선택하든 문제는 없다. 역유동성배열법에 따라 작성된 재무상태표의 양식은

[표 6-4]와 같다.

표 6-4 계정식 재무상태표의 양식(역유동성배열법)

재무상태표

××회사	××년 ×월 ×일 현재		(단위 : 원)
자　　산		자본과 부채	
비유동자산	(×××)	Ⅰ. 자　본　금	(×××)
Ⅰ. 유형자산	×××	Ⅱ. 자본잉여금	(×××)
Ⅱ. 무형자산	×××	Ⅲ. 자본조정	(×××)
Ⅲ. 투자자산	×××	Ⅳ. 기타포괄손익누계액	(×××)
Ⅳ. 기타비유동자산	×××	Ⅴ. 이익잉여금	(×××)
유동자산	×××	자본총계	×××
Ⅰ. 재고자산	×××	Ⅰ. 유동부채	(×××)
Ⅱ. 당좌자산	×××	Ⅱ. 비유동부채	(×××)
		부채총계	×××
자산총계	×××	자본 및 부채총계	×××

회계기준상 자산·부채·자본의 주요 계정을 정리하면 다음과 같다. 재무제표 보고 시에는 유사한 계정과목들을 통합하여 사용하지만 이후 회계처리과정에서는 이들을 구분하여 사용하기로 한다.

- **자 산**

① **당좌자산** : 현금 및 현금성자산, 단기금융자산(단기예금, 단기매매금융자산, FVPL금융자산 단기대여금 및 유동자산으로 분류되는 FVOCI금융자산과 AC금융자산), 매출채권(외상매출금과 받을어음), 선급금, 선급비용, 미수금, 미수수익 등

② **재고자산** : 상품, 제품, 반제품, 재공품, 원재료, 저장품 등

③ **투자자산** : 투자부동산, 장기금융자산(FVOCI금융자산과 AC금융자산), 관계기업투자주식, 장기대여금 등

④ **유형자산** : 토지, 설비자산(건물, 구축물, 기계장치), 건설중인자산, 차량운반구, 선박, 비품 등

⑤ **무형자산** : 영업권, 산업재산권(특허권·실용신안권·의장권 및 상표권), 개발비, 라이선스와 프랜차이즈, 저작권, 컴퓨터소프트웨어, 광업권, 어업권 등

⑥ **기타비유동자산** : 이연법인세자산, 기타자산(임차보증금, 장기매출채권, 장기미수금, 장기선수금, 장기선급비용) 등

- **부 채**

① 유동부채 : 단기차입금(당좌차월 포함), 매입채무(외상매입금, 지급어음), 미지급금, 선수금, 예수금, 선수수익, 미지급비용, 미지급법인세, 미지급배당금, 유동성장기부채, 이연법인세부채 등

② 비유동부채 : 사채, 장기차입금, 퇴직급여충당부채, 장기판매보증충당부채 등

③ 기타비유동부채 : 이연법인세부채 등

- **자 본**

① 자본금 : 보통주자본금, 우선주자본금 등

② 자본잉여금 : 주식발행초과금, 기타자본잉여금(감자차익, 자기주식처분이익) 등

③ 자본조정 : 자기주식, 주식할인발행차금, 배당건설이자, 자기주식처분손실, 감자차손 등

④ 기타포괄손익누계액 : 재평가잉여금, FVOCI금융자산평가손익, 해외사업환산손익 및 현금흐름위험회피 파생상품평가손익 등

⑤ 이익잉여금 또는 결손금 : 이익준비금, 사업확장적립금, 감채적립금, 배당평균적립금, 결손보전적립금, 미처분이월이익잉여금 또는 미처리이월결손금 등

2) 손익계산서

(1) 손익계산서의 작성기준

회계기준상 손익계산서의 작성기준은 다음과 같다.

① 손익계산서는 한 회계기간에 속하는 수익과 이에 대응하는 비용을 적정하게 표시하기 위한 재무보고서로서 매출총손익, 법인세비용차감전계속사업손익, 계속사업손익, 중단사업손익(법인세효과 차감후)과 당기순손익, 총포괄손익 및 주당순이익으로 구분 표시하여야 한다. 다만, 제조업·판매업 및 건설업 이외의 기업에 있어서는 매출총손익의 구분표시를 생략할 수 있다.

② 수익과 비용은 각각 총액으로 보고하는 것을 원칙으로 한다. 다만, 다른 회계기준에서 요구하거나 허용하는 경우에는 수익과 비용을 상계하여 표시할 수 있다.

③ 해당 기간에 인식한 모든 수익과 비용은 단일포괄손익계산서에 표시해서 보고하던가 아니면 당기손익 구성항목을 표시하는 보고서(손익계산서라 칭함)와 당기순손익에 기타포괄손익 구성항목을 표시하는 보고서(포괄손익계산서라 칭함)로 구분해서 보고하는 방식을 선택할 수 있다.

④ 비용의 성격별 또는 기능별 분류방법 중에서 신뢰성 있고 더 목적적합한 정보를 제공할 수 있는 방법을 선택하여 당기손익으로 인식한 비용의 분석내용을 표시한다.

이상의 손익계산서 작성기준 중 ②의 총액주의는 해석상 유의할 사항으로, 영업손익의 산출시에는 수익과 비용을 총액으로 표시하지만 영업외수익이나 영업외비용은 순액으로 표시하여야 한다. 영업외수익과 영업외비용을 순액으로 표시하는 이유는 재고자산 이외의 재화를 처분하는 경우에는 처분가격에서 원가를 차감한 잔액만이 손익계산서에 처분손익으로 계상되며, 또한 영업활동에서 발생한 수익과 비용처럼 관련 영업외수익과 영업외비용이 대응표시되는 것이 아니기 때문이다.

예를 들어 원가 ₩10,000의 토지를 ₩15,000에 처분하고 수수료 ₩1,000을 차감한 잔액을 현금으로 수취하였다고 하자. 부동산판매업을 주목적 사업으로 하는 경우에는 토지의 처분이 상품의 판매이므로, 손익계산서에 영업수익(매출액) ₩15,000, 영업비용 ₩11,000(매출원가 ₩10,000, 판매비와관리비 ₩1,000)으로 표시하여 영업수익과 영업비용을 대응시키고 그 성과인 영업이익을 ₩4,000으로 계상한다. 그러나 일반 기업이 영업용 자산인 토지를 처분한 경우에는 영업외활동이므로, 손익계산서에는 토지의 처분결과를 기타수익인 유형자산처분이익으로 ₩4,000만 계상한다. 이때 총액으로 표시한다고 하여 유형자산처분이익 ₩5,000, 수수료비용 ₩1,000으로 계상하는 경우 유형자산처분이익과 수수료비용이 대응 표시되지 않으므로 토지처분으로 인한 성과가 ₩5,000으로 보고되어 결과가 왜곡된다.

(2) 포괄손익계산서의 구성과 양식

손익계산서는 포괄손익계산서라는 문구와 작성기업 및 회계기간이 표시되어야 하며, 구성항목으로는 수익·비용 및 당기순손익·기타포괄손익·총포괄손익이 표시된다.

포괄손익계산서의 양식은 보고식만을 허용하고 있다. 보고식으로 작성되는 포괄손익계산서는 다시 ① 단일의 포괄손익계산서를 작성하는 방법과 ② 두 개의 손익계산서로 분리 작성하는 방법으로 나눌 수 있으며, 이중 한 가지를 선택해서 작성된다.

단일의 포괄손익계산서를 작성하는 방법은 당기손익과 기타포괄손익이 함께 반영된 단일보고서를 작성하는 방법이며, 이 보고서를 포괄손익계산서라고 부른다. 반면에 두 개의 손익계산서로 분리 작성하는 방법은 당기손익의 구성항목만을 반영한 보고서(손익계산서라고 함)와 별도로 손익계산서의 당기순이익에다 기타포괄손익항목을 반영한 또 하나의 보고서(포괄손익계산서라 함)를 작성하는 방법이다. 다시 말해 단일의 포괄손익계산서를 두 부분으로 나누어서 작성하는 방법인 것이다.

한편, 당기순이익에 가산되는 기타포괄손익은 국제회계기준에 의해 이익이나 손실로 인식되지 않는 수익과 비용항목을 말하며, 유형자산의 재평가이익, FVOCI금융자산의 평가손익, 외화재무제표환산손익, 파생금융상품평가손익 등이 이에 해당된다.

보고식 양식에서도 비용을 어떻게 표시하느냐에 따라서 다시 두 가지 방식이 존재하게 된다. 즉, 비용의 표시 방법은 비용을 성격별 또는 기능별로 분류해서 표시하는 것이 가능하기 때문에 성격별 비용법(nature of expense method)과 기능별 비용법(function of expense method)으로 구분할 수 있다.

비용을 기능에 따라 분류하면 매출활동에서의 원가, 물류활동과 관리활동에서의 원가, 금융활동으로 인한 원가 등으로 분류된다. 기능별 비용법에 따라 손익계산서를 작성할 경우 수익은 먼저 매출액에서 매출원가를 차감 표시하면서 그 차액을 매출총이익으로 표시하고, 이어서 기타수익을 표시한다. 그 다음에 비용을 물류원가, 관리비, 기타비용, 금융원가 순으로 표시하고, 이들 비용을 매출총이익과 기타수익 합산액에서 차감한 잔액을 법인세비용차감전순이익으로 나타낸다. 기능별 비용분류는 성격별 분류보다 재무제표이용자에게 더 목적적합한 정보를 제공할 수 있지만, 비용을 기능별로 배분하는데 자의적인 판단이 개입될 수 있는 문제점을 가지고 있다. 기능별 비용법에 따른 포괄손익계산서 양식은 [표 6-5]와 같다.

표 6-5 보고식 포괄손익계산서의 양식(기능별 비용법)

포괄손익계산서

××회사	회계기간	(단위 : 원)
Ⅰ.	매 출 액	×××
Ⅱ.	매 출 원 가	(×××)
Ⅲ.	매 출 총 손 익	×××
Ⅳ.	물 류 원 가	(×××)
Ⅴ.	관 리 비 용	(×××)
Ⅵ.	영 업 손 익	(×××)
Ⅶ.	기 타 수 익	×××
Ⅷ.	기 타 비 용	(×××)
Ⅸ.	금 융 원 가	(×××)
Ⅹ.	법인세비용차감전순손익	×××
Ⅺ.	법 인 세 비 용	(×××)
Ⅻ.	당 기 순 손 익	×××
XIII.	기타포괄손익	×××
XV.	총 포괄손익	×××
	주당이익(단위 : 원)	××

비용을 성격에 따라 분류하면 재료구입비, 종업원급여비용, 감가상각비, 운송비, 광고선전비 등처럼 분류된다. 성격별 비용법에 따라 손익계산서를 작성할 경우 수익항목을 먼저 표시하고 그 다음에 비용항목들을 나열 표시한 다음 법인세비용차감전순이익을 표시하게 된다. 성격별 비용법에 따른 포괄손익계산서 양식은 [표 6-6]과 같다.

기능별 비용법과 성격별 비용법 중 어떤 방법을 선택할 것인가는 역사적 요인, 산업적 요인과 기업의 성격에 달려있다. 각 방법은 기업의 유형에 따라 장단점이 있기 때문에 경영진으로 하여

금 신뢰성 있고 목적적합한 방법을 선택하도록 하고 있다. 그러나 비용의 성격에 대한 정보가 미래현금흐름을 예측하는데 유용하기 때문에 비용을 기능별로 분류하는 경우에는 추가공시가 필요하다.

한편 주당이익(earnings per share, EPS)을 손익계산서 본문 마지막 란에 별도 표시하여야 한다. **주당이익**은 기업의 이익을 기간 중의 가중평균유통주식수로 나누어 계산한 것으로, 이는 기업의 규모에 관계없이 모든 기업의 수익성을 비교할 수 있는 정보를 제공하기 때문에 의사결정에 유용하게 이용된다. 예를 들어 주당순이익을 이용하면 ₩2,000,000의 순이익과 200,000주의 유통주식 수를 가진 기업의 성과와 순이익이 ₩600,000이고 유통주식수가 30,000주인 기업의 성과를 비교할 수 있다.

표 6-6 보고식 손익계산서의 양식(성격별 비용법)

포괄손익계산서

××회사 회계기간	(단위 : 원)
Ⅰ. 수 익	×××
Ⅱ. 기 타 수 익	×××
Ⅲ. 제품과 재공품의 변동	(×××)
Ⅳ. 원재료와 소모품의 사용액	(×××)
Ⅴ. 종업원급여비용	(×××)
Ⅵ. 감가상각비와 기타상각비	(×××)
Ⅶ. 기 타 비 용	(×××)
Ⅷ. 금 융 원 가	(×××)
Ⅸ. 법인세비용차감전순손익	×××
Ⅹ. 법인세비용	(×××)
Ⅺ. 당기순손익	×××
Ⅻ. 기타포괄손익	×××
XIII. 총포괄손익	×××
주당이익(단위 : 원)	×××

포괄손익계산서에 표시되는 수익과 비용의 주요 계정을 정리하면 다음과 같다.

① **매출액** : 상품매출액, 용역매출

② **매출원가** : 상품매출원가, 제품매출원가

③ **판매비와관리비** : 급여(임원급여, 급료, 임금 및 제수당 포함), 퇴직급여, 복리후생비, 임차료, 여비교통비, 접대비, 차량유지비, 교육훈련비, 감가상각비, 무형자산상각비, 세금과공과, 광고선전비, 통신비, 수도광열비, 운반비, 보험료, 판매수수료, 지급수수료, 대손상각비, 도서인쇄비, 소모품비, 잡비, 경상연구개발비 등

④ **영업외수익** : 배당금수익, 임대료, FVPL금융자산처분이익, FVPL금융자산평가이익, 외환차익, 관계기업투자이익, FVOCI금융자산손상차손환입, FVOCI금융자산처분이익, 관계기업투자자산처분이익, 유형자산처분이익, 유형자산손상차손환입, 사채상환이익, 법인세환급액, 자산수증이익, 채무면제이익, 보험차익 등

⑤ **영업외비용** : 기타의 대손상각비, FVPL금융자산처분손실, FVPL금융자산평가손실, 재고자산감모손실, 외환차손, 기부금, 관계기업투자손실, FVOCI금융자산손상손실, FVOCI금융자산처분손실, 유형자산처분손실, 유형자산손상차손, 사채상환손실, 자산재평가손실, 법인세추납액, 재해손실, 잡손실 등

⑥ **금융수익** : 이자수익

⑦ **금융비용** : 이자비용

⑧ **법인세비용** : 계속사업이익을 기준으로 산정된 법인세와 법인세에 부가하는 세액

⑨ **중단사업손익** : 사업중단직접비용, 중단사업자산감액손실 및 기타 당해연도 중단사업으로부터의 영업손익과 영업외손익의 합계금액(법인세효과 차감)

⑩ **기타포괄이익** : FVOCI금융자산평가이익, 자산재평가잉여금, 현금흐름위험 회피 파생상품이익, 해외사업장 외화환산이익

⑪ **기타포괄손실** : FVOCI금융자산평가손실, 현금흐름위험 회피 파생상품손실, 해외사업장 외화환산손실

자습문제 6-17 다음 수정전 잔액시산표와 기말정리사항을 이용하여 정산표를 작성하고 회계기준에 따른 재무상태표와 손익계산서를 작성하시오.

수정전 잔액시산표

계정과목	금액	계정과목	금액
현 금	120,000	외 상 매 입 금	40,000
외 상 매 출 금	50,000	차 입 금	55,000
대 여 금	35,000	감가상각누계액	40,000
상 품	30,000	자 본 금	250,000
비 품	200,000	이 익 잉 여 금	30,000
특 허 권	40,000	매 출	255,000
매 출 원 가	150,000	이 자 수 익	2,000
소 모 품 비	40,000		
이 자 비 용	7,000		
	672,000		672,000

(기말정리사항)
1. 이자 선급액 ₩2,000
2. 이자 미수액 ₩4,000
3. 비품의 감가상각액 ₩20,000
4. 특허권의 상각액 ₩8,000
5. 소모품 사용액 ₩30,000
6. 전기분 감가상각비 ₩20,000 계상누락
7. 법인세 비용 계상액 ₩10,000

6 장부마감

1) 장부마감과 대체분개

한 회계기간이 종료하여 당해 회계기간의 재무제표를 작성·공시하면 당해 연도의 회계처리과정은 완료된다. 따라서 이론적으로는 당해 연도에 사용하던 장부를 그대로 차기연도에 다시 사용하여도 된다. 그러나 실무적으로는 당해 연도의 회계처리과정과 차기연도의 회계처리과정을 구분하기 위하여 당해 연도에 사용하던 장부는 마감하고 차기연도의 회계처리를 위한 준비작업을 수행하게 되는데, 이를 **장부마감**이라 한다. 따라서 장부마감이란 당기 회계장부의 기입을 완료하고 차기의 회계기록을 위한 준비작업이라 할 수 있다.

장부의 마감방법은 일반적으로 사용하던 장부의 차변과 대변의 합계를 같게 하여 금액란에 붉은색으로 한 줄을 긋고 합계액을 차변과 대변에 기입한 후, 일자란과 합계 밑에 붉은색으로 두 줄을 긋는다. 그리고 잔액이 차기로 이월되는 경우(재무상태표계정)에는 차기 장부기입을 위한 준비작업으로 이월된 금액을 차기 기초잔액으로 해당장부에 기입한다.

장부마감 단계에서 각 계정의 마감을 위하여 행하는 분개를 결산분개(closing entry) 또는 대체분개(transfer entry)라 한다. 여기서 對替(transfer)란 어떤 계정의 금액을 다른 계정으로 옮기는 것을 말한다. 따라서 장부마감시 **대체분개**의 특징은 각 계정의 차변과 대변의 합계를 일치시켜 모든 계정을 마감하기 위하여 인위적으로 어떤 계정의 금액을 다른 계정으로 옮긴다는 점이다.

대체분개의 대상은 장부마감방법에 따라 다르다. 영미식 마감법에서는 손익계산서계정과 집합손익계정만이 그 대상이 되나, 대륙식 마감법에서는 재무상태표계정도 그 대상이 된다. 자세한 설명은 총계정원장의 마감단계에서 설명하기로 한다.

2) 장부마감절차

회계처리과정에서 사용하던 장부는 주요장부와 보조장부로 구분되는데, 본 장에서는 주요장부의 마감만 설명한다. 주요장부에는 분개장과 총계정원장이 있다. 이 중 총계정원장을 먼저 마감하는데 그 이유는 총계정원장의 마감시 대체분개를 하여야 하므로 분개장을 먼저 마감할 수 없기 때문이다.

총계정원장의 각 계정은 재무상태표계정(영구계정)과 손익계산서계정(임시계정)으로 구분된다. 앞에서 언급한 것처럼 손익계산서계정은 재무상태표상 당기순손익(이익잉여금의 증감요인)의 원인을 설명하기 위한 것으로, 재무상태표계정과는 달리 한 회계기간이 종료하면 재무상태표상 이익잉여금에 가감된 후 소멸된다. 따라서 손익계산서계정이 재무상태표상 이익잉여금에 가감되어야 하므로 손익계산서계정부터 먼저 마감하게 된다.

이때 손익계산서계정은 직접 재무상태표상 이익잉여금계정에 대체하여 마감할 수 있지만, 일반적으로 직접 대체하지 않고 임시적으로 집합손익(income summary)계정에 대체한 후 집합손익계정에서 당기순손익을 산출하여 재무상태표상 이익잉여금계정으로 대체한다. 다만, 개인기업이나 합명회사·합자회사와 같은 인적결합기업(partnership)은 자본금과 이익잉여금을 구분하지 않고 자본을 자본금계정 하나로 기입하므로 집합손익계정에서 산출된 당기순손익을 자본금계정으로 대체하여 마감한다. 이상에서 설명한 주요장부의 마감절차를 정리하면 다음과 같다.

① 총계정원장마감
   (가) 손익계산서계정을 집합손익계정으로 대체하여 마감
   (나) 집합손익계정에서 당기순손익을 산출하여 재무상태표상 이익잉여금(개인기업의 경우 자본금계정)에 대체
   (다) 재무상태표계정마감

② 분개장마감

3) 손익계산서계정의 마감

손익계산서계정은 재무상태표상 이익잉여금의 증감요인인 당기순손익의 원인을 설명하기 위한 임시계정으로, 일단 집합손익계정으로 대체되어 마감된 후 집합손익계정에서 당기순손익이 산출되어 당기순손익만 재무상태표상 이익잉여금(개인기업은 자본금계정)으로 대체된다. 이 과정을 정리하면 다음과 같다.

① **집합손익계정**을 설정한다.

② 총계정원장의 모든 수익계정의 잔액을 집합손익계정으로 대체한 후 수익계정을 마감한다. 이때 수익계정을 마감하기 위한 대체분개는 총계정원장의 수익계정잔액을 차변에 기입하면서 동시에 집합손익계정을 대변에 기입한다. 여기서 수익계정을 차변에 기입하는 이유는

다음과 같다. 수익 발생시 대변에 기입하므로 수익의 잔액은 대변에 기입되어 있어 인위적으로 차변금액과 대변금액을 일치시키기 위해서는 대변의 잔액을 차변에 기입하여야 하기 때문이다. 따라서 수익의 대체분개는 다음과 같다.

(차) 수 익 계 정	×××	(대) 잡 합 손 익	×××

③ 총계정원장의 모든 비용계정의 잔액을 집합손익계정으로 대체한 후 비용계정을 마감한다. 비용계정을 마감하기 위한 대체분개도 수익계정의 마감 논리와 같다. 따라서 비용계정의 차변에 있는 잔액을 대변에 기입하면서 차변에 집합손익계정을 기입한다. 비용의 대체분개는 다음과 같다.

(차) 집 합 손 익	×××	(대) 비 용 계 정	×××

④ 집합손익계정에서 당기순손익을 산출한다.

⑤ 당기순손익을 이익잉여금계정(개인기업의 경우에는 자본금계정)으로 대체한 후 집합손익계정을 마감한다. 이때 당기순손익을 대체하는 논리도 마찬가지이다. 당기순이익인 경우 집합손익계정의 대변에 잔액(왜냐하면 집합손익계정의 차변에 기입된 비용보다 대변에 기입된 수익이 크므로)이 있으므로 집합손익계정의 차변에 당기순이익의 금액을 기입하면서 대변에 이익잉여금을 기입하면 된다. 따라서 당기순손실인 경우에는 반대가 된다. 이를 정리하면 대체분개는 다음과 같다.

(가) 당기순이익(집합손익계정의 대변잔액)인 경우

(차) 집 합 손 익	×××	(대) 이익잉여금	×××

(나) 당기순손실(집합손익계정의 차변잔액)인 경우

(차) 이익잉여금	×××	(대) 집 합 손 익	×××

여기서 당기순손익을 대체하는 구체적인 이익잉여금의 계정은 미처분이익잉여금(또는 미처리결손금)계정이다. 이에 대한 구체적인 내용은 제13장의 이익잉여금에서 설명한다. 이상의 손익계산서계정의 마감절차를 간단한 예를 들어 정리하면 다음과 같다.

예제 6-14 손익계산서계정의 마감

당기 비용계정과 수익계정으로 매출원가 ₩25,000, 매출 ₩40,000만이 기입되어 있으며 이익잉여금의 잔액은 ₩20,000이라 하고 결산일은 12월 31일이라 하자. 이를 T계정으로 표시하면 다음과 같다.

매출원가 (차변)	매출원가 (대변)	매출 (차변)	매출 (대변)	이익잉여금 (차변)	이익잉여금 (대변)
25,000			40,000		20,000

결산시 수익과 비용의 마감절차는 다음과 같이 수행된다. 먼저 집합손익계정을 설정한 후, 비용인 매출원가계정 차변에 잔액 ₩25,000이 기입되어 있으므로 이를 대변에 기입하면서 집합손익계정을 차변에 기입하고, 수익인 매출계정 대변에 잔액 ₩40,000이 기입되어 있으므로 이를 차변에 기입하면서 집합손익계정을 대변에 기입한다. 그러면 집합손익계정 차변에는 매출원가 ₩25,000이 기입되고 대변에는 매출 ₩40,000이 기입되므로 그 차액 ₩15,000이 당기순이익이 된다. 따라서 집합손익계정의 대변이 당기순이익 ₩15,000만큼 크므로 집합손익계정 차변에 기입하면서 이를 이익잉여금 대변에 기입한다. 이상의 회계처리과정을 정리하면 다음과 같다.

(대체분개의 결과)

	차변	금액	대변	금액
비용:	(차) 집합손익	25,000	(대) 매출원가	25,000
수익:	(차) 매출	40,000	(대) 집합손익	40,000
당기순이익:	(차) 집합손익	15,000	(대) 이익잉여금	15,000

위 대체분개를 원장에 전기하여 매출계정과 매출원가계정 및 집합손익계정을 마감하면 그 결과는 다음과 같다.

(총계정원장 마감결과)

단, 고딕체는 양변의 합계를 일치시키기 위하여 기입된 것이다.

매출원가

차변	금액	대변	금액
	25,000	12/31 집합손익	25,000

매출

차변	금액	대변	금액
12/31 집합손익	40,000		40,000

집합손익

차변	금액	대변	금액
12/31 매출원가	25,000	12/31 매출	40,000
12/31 이익잉여금	15,000		
	40,000		40,000

이익잉여금

차변	금액	대변	금액
			20,000
		12/31 집합손익	15,000

자습문제 6-18 (주)마무리의 총계정원장의 일부이다. 다음 손익계산서계정을 마감하시오. 대체분개도 할 것.

매 출	
	300,000

임 대 료	
	100,000

매출원가	
200,000	

수도광열비	
20,000	

통 신 비	
10,000	

이익잉여금	
	400,000

4) 재무상태표계정의 마감과 이월시산표의 작성

(1) 재무상태표계정의 마감절차

재무상태표계정의 마감방법에는 英美式과 大陸式이 있다. 일반적으로 영미식 마감법이 사용되므로 영미식 마감법을 설명하기로 한다.

재무상태표계정은 영구계정의 성격을 지니고 있으므로 당기말 잔액이 존재하는 경우 이는 차기로 이월되어 계속 사용되게 된다. 따라서 **재무상태표계정**의 마감시에는 이와 같은 성격을 반영하여 대체분개없이 각 계정의 잔액을 반대변(자산은 대변, 부채와 자본은 차변)에 '**차기이월**'로 기입하여 차변금액과 대변금액을 일치시킨 후 마감하면 된다. 이를 정리하면 다음과 같다.

① 재무상태표계정의 잔액을 산출한다.

② 양변의 합계를 일치시키기 위하여 산출된 잔액을 잔액이 있는 반대 변(자산은 대변, 부채와 자본은 차변)에 '차기이월'이라는 내용과 금액을 기입하고 마감한다. 이때 차기이월과 금액은 주기(朱記)한다.

③ 차기 장부기입을 위한 준비작업으로 각 계정의 잔액을 잔액이 있는 변(자산은 차변, 부채와 자본은 대변)에 '전기이월'이라는 내용과 금액을 기입한다.

(2) 이월시산표의 작성

이상의 재무상태표계정 마감과정에서 오류가 있는지를 확인하기 위하여 자산·부채·자본의 잔액만을 모아 작성한 시산표를 **이월시산표**(마감후 시산표)라 한다. 따라서 이월시산표의 차변에는 각 자산계정의 기말잔액이 대변에는 각 부채계정과 자본계정의 기말잔액이 기입된다. 이때 이월시산표의 차변합계와 대변합계가 일치하지 않는 경우에는 장부마감단계에서 오류가 있음을 알 수 있다.

이와 같이 작성된 이월시산표의 자산·부채·자본의 당기 기말잔액이 차기 기초시점에 각 자산·부채·자본계정의 기초잔액으로 기입된 후 회계거래가 발생하면 이를 기입하게 된다. 그러므로 손익계산서계정과는 달리 재무상태표계정은 기업의 존속기간 동안 계속하여 이어지게 된다.

장부마감단계에서 작성되는 이월시산표는 자산·부채·자본의 기말잔액만이 기입되므로 앞에서 설명한 잔액시산표(이를 이월시산표와 구분하기 위하여 마감전 잔액시산표라 하자)와는 그 구성항목에 차이가 있다는 것에 유의하여야 한다. 왜냐하면 마감전 잔액시산표에는 자산·부채·자본·수익·비용의 잔액이 모두 기입되기 때문이다. 따라서 장부마감이 이루어지면 마감전 잔액시산표상의 수익과 비용은 집합손익계정으로 대체되어 소멸되고 집합손익계정에서 산출된 당기순손익만 자본계정으로 대체되므로, 마감전 잔액시산표상의 기초자본이 마감후 작성한 이월시산표상에는 기말자본으로 바뀌게 된다. 이 과정을 도표로 설명하면 다음 [표 6-7]과 같다.

표 6-7 총계정원장의 마감결과

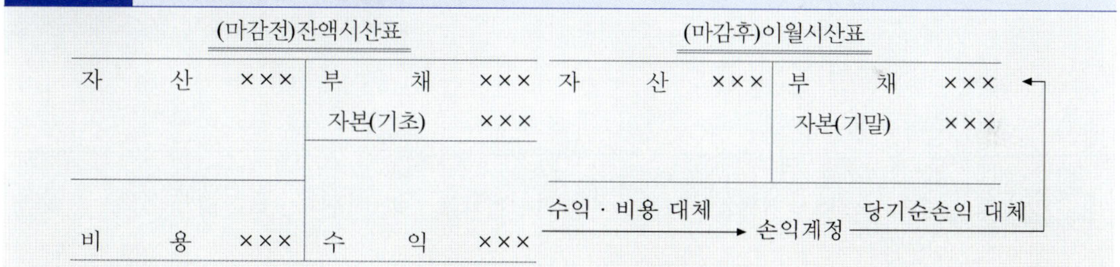

결과적으로 수익과 비용은 집합손익계정으로 대체마감되어 소멸하고 집합손익계정에서 산출된 당기순손익만 자본계정(이익잉여금)으로 대체된다. 따라서 마감 전까지의 기초자본이 마감 후에는 기말자본으로 변하게 된다. 재무상태표계정의 마감과정을 예를 들어 설명하면 다음과 같다.

예제 6-15 **재무상태표계정의 마감**

결산일은 12월 31일이고 결산일 현재 총계정원장의 재무상태표계정은 다음과 같다고 할 때 마감결과는 다음과 같다. 단, 차기이월 부분은 주기한다.

현 금

	800,000		400,000
		12/31 차기이월	400,000
	800,000		800,000
12/31 전기이월	400,000		

차 입 금

	50,000		150,000
12/31 차기이월	100,000		
	150,000		150,000
		1 / 1 전기이월	100,000

자 본 금

12/31 차기이월	250,000		250,000
		1 / 1 전기이월	250,000

이익잉여금

12/31 차기이월	50,000		40,000
		12/31 손 익	100,000
	50,000		50,000
		1 / 1 전기이월	50,000

이월시산표

현 금	400,000	차 입 금	100,000
		자 본 금	250,000
		이익잉여금	50,000
	400,000		400,000

자습문제 6-19 재무상태표계정을 마감하고 이월시산표를 작성하시오. 결산일은 12월 31일이다.

현 금

5,000,000	2,000,000

외상매출금

800,000	500,000

상 품

1,000,000	400,000

외상매입금

200,000	500,000

자 본 금	
	3,000,000

이익잉여금	
	400,000
	12/31 손 익 200,000

5) 분개장마감

분개장은 거래의 이중성개념에 의하여 양변의 합계가 항상 일치하므로 인위적인 마감절차없이 합계액을 산출하여 기입하고 마감한다.

연습문제

✤ 주관식 문제

6-1 다음 합계잔액시산표를 완성하시오.

합계잔액시산표

차변 잔액	차변 합계	원면	계정과목	대변 합계	대변 잔액
440,000	(　　)	1	현금	300,000	
60,000	180,000	2	외상매출금	(　　)	
210,000	(　　)	3	상품	(　　)	
	140,000	4	외상매입금	(　　)	120,000
		5	자본금	(　　)	500,000
		6	매출	(　　)	(　　)
(　　)	190,000	7	매출원가		
(　　)	(　　)	8	통신비		
(　　)	1,670,000		합계	(　　)	920,000

6-2 다음 오류를 각각 정정분개를 통하여 정정하시오.

(1) 차입금 ₩300,000과 그 이자 ₩20,000을 현금으로 지급하고 다음과 같이 분개하였다.

(차) 차입금 210,000 (대) 현금 320,000

(2) 상품 ₩100,000을 외상매입하고 (차)상품 100,000 (대)미지급금 100,000으로 기입하였다.

(3) 보험료 ₩500,000을 현금으로 지급하고 (차)현금 500,000 (대)급여 500,000으로 기입하였다.

(4) 대여금 ₩100,000과 이자 ₩10,000을 수취하고 (차)현금 110,000 (대)대여금 110,000으로 기입하였음을 발견하다.

6-3 당해 회계연도 중에 (주)야망은 다음과 같은 오류를 저질렀다.

오류	당기순이익	총자산	총부채	총자본
예 매출기입 누락	U	U	N	U
(1) 비품 현금구입을 외상구입으로 처리				
(2) 상품 외상구입 기입누락				
(3) 외상매출금 회수액을 매출대금의 회수액으로 처리				
(4) 외상매출 기입누락				

(5) 기말에 은행으로부터의 대출금을 매출 수익으로 처리				
(6) 당기의 감가상각비 계상누락				

물음

위의 오류가 당기순이익, 총자산, 총부채 및 총자본에 미친 영향을 기입하시오. 단, U는 과소, O는 과대, N은 무영향을 의미한다.

6-4 (주)빈수레의 회계담당자인 정산만씨는 기말 수정기입 작업을 밤새워 하다가 그만 다음과 같은 실수를 하게 되었다.

	오류영향					
오 류	수 익	비 용	당기순이익	자 산	부 채	자 본
예 미지급 급여 ₩2,000	N	U ₩2,000	O ₩2,000	N	U ₩2,000	O ₩2,000
(1) 선급보험료 ₩4,000 기입누락						
(2) 당기분 이자비용 ₩5,000 기입누락						
(3) 동일한 설비에 대해 감가상각비 ₩3,000을 중복계상						
(4) 당기분 이자수익 ₩1,000 기입누락						
(5) 선수수익 중 당기에 실현된 수익금액 ₩6,000기입누락						

물음

위의 오류가 발견되지 못했을 경우, 위의 오류가 당기말의 수익, 비용, 당기순이익, 자산, 부채 및 자본에 미친 영향을 기입하시오. 단, U는 과소, O는 과대, N은 무영향임.

6-5 다음 수정전 잔액시산표와 기말정리사항을 이용하여 8위식 정산표를 작성하시오.

수정전 잔액시산표

현 금	700,000	단기차입금	100,000
대 여 금	400,000	자 본 금	500,000
비 품	180,000	이익잉여금	100,000
소 모 품 비	100,000	용 역 매 출	700,000
이 자 비 용	20,000		
	1,400,000		1,400,000

(기말정리사항)

1. 당기분 이자비용 ₩15,000
2. 비품의 상각액 ₩20,000
3. 소모품 미사용액 ₩30,000
4. 임차료 미지급액 ₩50,000
5. 법인세 미지급액 ₩85,000

6-6 다음 수정전 잔액시산표와 기말정리사항을 이용하여 8위식 정산표와 회계기준에 따른 재무상태표와 손익계산서를 작성하시오.

수정전 잔액시산표

현 금	120,000	외 상 매 입 금	40,000
외상매출금	50,000	단 기 차 입 금	55,000
대 여 금	35,000	감가상각누계액	40,000
상 품	30,000	자 본 금	200,000
건 물	150,000	이 익 잉 여 금	30,000
특 허 권	40,000	매 출	255,000
매 출 원 가	150,000	이 자 수 익	2,000
소 모 품 비	40,000		
이 자 비 용	7,000		
	622,000		622,000

(기말정리사항)

1. 이자 선급액 ₩3,000
2. 이자 미수액 ₩5,000
3. 건물의 감가상각액 ₩20,000
4. 특허권의 상각액 ₩10,000
5. 소모품 사용액 ₩30,000
6. 비품 ₩10,000을 현금매입 후 다음과 같이 분개하다.

   (차) 상 품 10,000 (대) 현 금 10,000

7. 법인세 미지급액 ₩4,000
8. 현금배당 선언액 ₩10,000

6-7 다음은 (주)미리내의 4월초 재무상태표와 4월중 거래내용이다. 이를 이용하여 다음 물음에 답하시오.

(자료 1 : 4월초 재무상태표)

재무상태표

(주)미리내 　　　　4월 1일 현재 　　　　(단위 : 원)

자산	금액	부채 및 자본	금액
당좌예금	800,000	단기차입금	400,000
외상매출금	250,000	외상매입금	300,000
상품	350,000	자본금	1,000,000
비품	600,000	이익잉여금	300,000
	2,000,000		2,000,000

(자료 2 : 4월중 거래)

2일 　수표를 발행하여 현금 ₩200,000을 인출하다.
3일 　비품 ₩300,000을 구입하고 대금은 수표발행하여 지급하다.
5일 　상품 ₩200,000을 외상매입하다.
10일 　원가 ₩300,000의 상품을 ₩450,000에 외상매출하다.
13일 　상품 ₩300,000을 외상매입하다.
20일 　전화요금 ₩80,000과 연료비 ₩90,000을 현금으로 지급하다.
22일 　2개월분(4월분과 5월분)의 건물임차료 ₩300,000을 수표발행하여 지급하다.
25일 　원가 ₩450,000의 상품을 ₩800,000에 외상매출하다.
26일 　외상매출금 ₩1,000,000을 현금으로 회수하여 즉시 당좌예입하다.
27일 　차입금 ₩200,000과 그 이자 ₩2,000을 수표발행하여 지급하다.
30일 　외상매입금 ₩300,000을 수표발행하여 지급하다.

(자료 3 : 기말정리사항)

1. 비품에 대한 감가상각액 ₩9,000을 계상하다.
2. 건물임차료 선급분을 계상하다.
3. 차입금에 대한 미지급이자 ₩3,000을 계상하다.
4. 현금배당 ₩20,000을 선언하다.

물음

(1) 분개 후 총계정원장에 전기하여 수정전 잔액시산표를 작성하시오.
(2) 기말정리사항에 대하여 수정분개를 하고 8위식 정산표를 작성하시오.
(3) 회계기준에 따른 손익계산서와 재무상태표 및 현금흐름표를 작성하시오.
(4) 기말정리사항에 대한 수정분개 내용을 총계정원장에 전기하고 총계정원장을 마감하시오.

6-8 마을 신문을 발행하는 김소식 사장은 다음과 같이 20×3년의 요약 재무제표를 작성하였다.

요약 재무제표

수 익	₩3,460,000
비 용	2,820,000
당기순이익	₩640,000
자산합계	₩1,720,000
부 채	480,000
소유주지분	1,240,000
부채와 소유주지분 합계	₩1,720,000

위의 재무제표에 나와 있는 수치를 토대로 해서 김소식 사장은 ₩500,000의 배당금을 지급하려고 하고 있다. 그러나 김사장은 회계에 대한 전문지식을 갖고 있지 않기 때문에 재무제표에 문제가 없는지 회계사 친구한테 자문을 구해 보았다. 그 결과 다음과 같은 문제점이 지적되었다.

(1) 소모품계정잔액이 ₩320,000이지만 연말 현재 보유하고 있는 소모품은 ₩140,000뿐이다.
(2) 인쇄설비에 대한 감가상각비 ₩200,000이 계상되지 않았다.
(3) 인쇄공 급여 ₩94,000이 누락되었다.
(4) 아직 지급하지는 않았으나 당기의 법인세로 계상되어야 할 금액이 ₩108,000으로 추산되었다.
(5) 구독료로 미리 받은 ₩162,000이 선수수익이란 부채계정의 잔액으로 계상되어 있는데, 이 금액의 $\frac{1}{3}$에 해당되는 신문은 이미 구독자에게 발송된 것이다.

물음

(1) 필요한 수정분개를 하시오.
(2) 수정분개를 반영한 요약재무제표를 작성하시오.
(3) 수정이 이루어진 후 김씨의 신문사 영업성과에 대해서 논의하시오. 배당금을 지급하는 것에 문제가 없다고 생각하십니까?

❖ 공무원시험(9급) 기출문제

1 다음 글의 ( )에 들어갈 내용으로 가장 옳은 것은?

> 복식부기제도 하에서 모든 회계거래는 반드시 어떤 계정의 차변과 다른 계정의 대변에 같은 금액을 기입한다. 따라서 아무리 많은 거래를 기입하더라도 계정 전체의 차변 합계 금액과 대변 합계 금액은 반드시 일치해야 하는데 이것을 ( )(이)라고 한다.

① 계정기입의 법칙
② 검증가능성
③ 전기(posting)의 원칙
④ 대차평균의 원리

2 다음 중 그 잔액이 시산표의 대변에 나타나지 않는 것은?

① 대여금　　② 미지급비용

③ 자본금　　④ 선수수익

3 시산표를 작성하는 목적 중의 하나는 회계기록상의 오류를 발견하는 데 있다. 다음 중 시산표에서 발견될 수 없는 오류는?

① 특정 거래를 중복하여 기입한 오류

② 총계정원장의 대변 금액을 시산표의 차변에 기입한 오류

③ 총계정원장의 현금계정 잔액을 시산표에 기입하지 않은 오류

④ 분개장의 차변 금액을 총계정원장의 대변 금액에 기입한 오류

4 시산표의 작성을 통해서 발견할 수 있는 오류는?

① 비품 ₩100,000을 현금으로 구입하면서 비품계정에 ₩100,000 차기하고, 현금계정에 ₩100,000 대기하는 기록을 두 번 반복하였다.

② 매입채무 ₩200,000을 현금으로 지급하면서 현금계정에 ₩100,000 대기하고, 매입채무계정에 ₩100,000 차기하였다.

③ 매출채권 ₩100,000을 현금으로 회수하면서 매출채권계정에 ₩100,000 차기하고, 현금계정에 ₩100,000 대기하였다.

④ 대여금 ₩100,000을 현금으로 회수하면서 현금계정에 ₩100,000 차기하고, 대여금계정에 ₩200,000 대기하였다.

5 (주)한국은 20×3년 초에 주식발행을 통해 ₩20,000의 자금을 조달하였다. 주식은 액면발행되었으며, 다음과 같이 분개하였다.

(차) 현　　금	20,000	(대) 자　본　금	20,000

(주)한국의 회계담당자는 20×3년도의 회계기록을 마감하기 전에 위와 같은 기록상의 오류를 발견하였다. 이 오류를 수정하기 위한 분개로 가장 옳은 것은?

①	(차변) 현　　금	20,000	(대변) 자　본　금	0,000
②	(차변) 매　　출	20,000	(대변) 자　본　금	20,000
③	(차변) 이익잉여금	20,000	(대변) 자　본　금	20,000
④	(차변) 매　　출	20,000	(대변) 이익잉여금	20,000

6 기말결산시 수정분개를 할 때 고려해야 하는 것으로 차기에 현금유입 또는 유출을 수반하는 계정 중에 미수수익과 미지급비용이 있다. 두 계정에 관한 설명 중 옳은 것은?

① 당기 미지급비용이 증가하든 미수수익이 증가하든 차기 현금이 감소한다.
② 당기 미지급비용이 증가하면 일반적으로 차기 현금이 감소하지만 당기미수수익이 증가하면 일반적으로 차기 현금은 증가한다.
③ 당기 미지급비용이 증가하면 일반적으로 차기 현금이 증가하지만 당기미수수익이 증가하면 차기 현금의 증감에는 영향이 없다.
④ 당기 미지급비용이 증가하든 미수수익이 증가하든 차기 현금이 증가한다.

7 회계처리를 왜곡시켜 당기 경영성과나 당기 말 재무상태를 실제보다 좋게 표시한 기업이 있다. 이 기업이 실제보다 당기 경영성과나 당기 말 재무상태를 좋게 표시하기 위하여 회계처리한 내용으로 적절한 것은?

① 자산 과소계상 또는 부채 과대계상
② 자산 과소계상 또는 비용 과대계상
③ 비용 과대계상 또는 수익 과소계상
④ 자산 과대계상 또는 부채 과소계상

8 결산정리사항 중 당기순이익에 미치는 영향이 나머지와 다른 하나는?

① 선급보험료 계상
② 선수임대료 계상
③ 대손상각비 계상
④ 미지급이자 계상

9 12월 말 결산법인인 (주)한국은 당기와 전기 금액을 비교표시하고하는 형태로 재무제표를 작성하고 있다. (주)한국은 20×2년 급여 ₩20,000에 대한 회계처리를 누락하고, 20×2년도 결산이 마무리 된 후인 20×3년 6월 30일에 동 급여를 지급하여 비용으로 계상하였다. (주)한국이 20×3년 11월 1일에 이러한 오류를 발견하였다면 전기오류수정을 위한 회계처리로 옳은 것은?

	차변	금액	대변	금액
①	(차변) 급　　여	20,000	(대변) 현　　금	20,000
②	(차변) 이익잉여금	20,000	(대변) 급　　여	20,000
③	(차변) 급　　여	20,000	(대변) 이익잉여금	20,000
④	(차변) 미지급급여	20,000	(대변) 급　　여	20,000

10 (주)한국의 20×3년도 수정후시산표의 계정잔액은 다음과 같다. (주)한국의 20×3년도 말 자본의 총계를 계산하면?

계정	금액	계정	금액
매출채권	3,600	매입채무	3,450
건 물	89,800	현 금	7,800
자본금	30,000	보험료	3,300
급 여	18,000	용역매출	95,250
중간배당	5,000	이익잉여금(기초)	6,800
감가상각비	22,000	단기차입금	14,000

① ₩76,950 ② ₩80,450
③ ₩83,750 ④ ₩85,250

11 (주)대한의 회계담당자는 20×3년 회계연도 말 결산조정분개 시 다음의 사항을 누락하여 재무제표를 작성하였다. 이들 누락이 재무제표에 미치는 영향으로 옳은 것은?

(1) 기중에 구입한 소모품 ₩1,000,000을 소모품비로 처리했으나 기말 현재 남아 있는 소모품은 ₩200,000이다.
(2) 20×3년 3월 1일 3년분 보험료 ₩3,600,000을 지급하면서 선급보험료로 처리하였다.
(3) 20×3년 12월 31일 현재 다음 달에 지급해야 할 12월분 급여 ₩5,000,000에 대한 회계처리가 이루어지지 않았다.
(4) 20×3년 당기에 발생한 이자수익 ₩1,000,000에 대한 회계처리가 이루어지지 않았다.

① 수익 ₩1,000,000 과소계상, 비용 ₩5,800,000 과소계상
② 자산 ₩800,000 과소계상, 부채 ₩5,000,000 과소계상
③ 당기순이익 ₩4,800,000 과대계상, 자산 ₩800,000 과소계상
④ 자본 ₩1,000,000 과대계상, 부채 ₩5,000,000 과소계상

12 다음 (주)한국의 재무자료를 이용하여 계산한 20×3년의 당기순이익은?

(1) 20×3년의 수정전 당기순이익은 ₩46,000이다.
(2) 기말에 발견된 오류는 다음과 같다.
- 기말재고자산을 ₩10,000 과대계상하였다.
- 선급비용 ₩5,000을 당기 비용으로 처리하였다.
- 미지급비용 ₩3,000을 누락하였다.
- 20×3년 초에 현금으로 지급한 기계장치에 대한 자본적 지출액 ₩20,000을 수선비로 처리하였다.
- 기계장치의 잔존가치는 없으며, 내용연수는 20×3년 초부터 시작하여 5년이며, 정액법으로 감가상각한다.
- 법인세는 무시하며, 모든 오류는 중대하다고 가정한다.

① ₩50,000 ② ₩54,000
③ ₩58,000 ④ ₩64,000

13 발생주의 회계를 사용하는 (주)한국의 20×3년도 포괄손익계산서상 이자비용은 ₩1,000,000, 급여는 ₩5,000,000이었다. 20×3년과 20×4년 말 재무상태표의 관련계정이 다음과 같을 때 20×4년에 현금으로 지급한 이자비용과 급여는?

구 분	20×3년	20×4년
미지급이자비용	₩200,000	₩100,000
미지급급여	₩300,000	₩500,000

	이자비용	급 여
①	₩1,100,000	₩4,800,000
②	₩ 900,000	₩5,200,000
③	₩1,100,000	₩5,200,000
④	₩1,000,000	₩5,000,000

정답 1. ④ 2. ① 3. ① 4. ④ 5. ② 6. ④ 7. ① 8. ② 9. ③ 10. ①
11. ② 12. ①

보론 수익과 비용의 계산

수익과 관련된 미수수익과 선수수익 그리고 비용과 관련된 선급비용과 미지급비용 등이 포함된 경우 당기 손익계산서에 계상·보고하여야 할 금액을 산출하는 과정을 T계정을 이용하여 설명하기로 한다. 이 방법을 설명하는 이유는 일반적인 수익과 비용에 대한 계산문제와 현금주의와 발생주의에 의한 수익과 비용을 상호 전환하는 과정에서 유용하게 사용되기 때문이다.

1) 수익과 관련된 T계정 계산방법

수익과 관련하여 당기 현금수입액과 전기 및 당기의 미수수익과 선수수익이 포함된 경우 당기 실현수익(손익계산서상 계상액)은 다음과 같이 산출된다. 먼저 전기말 미수수익과 선수수익은 당기초에 재대체분개가 이루어져 전기말 미수수익은 수익계정의 차변에, 전기말 선수수익은 수익계정의 대변에 기입되며, 당기 현금수취시 수익계정의 대변에 기입된다.

그리고 당기말 결산시 당기말 미수수익과 선수수익은 수정분개를 통하여 당기말 미수수익은 수익계정의 대변에, 당기말 선수수익은 수익계정의 차변에 기입되며, 장부마감을 통하여 당기실현수익만이 집합손익계정으로 대체되어 종결된다. 이러한 회계처리과정을 분개로 다시 정리하면 다음과 같다.

	(차 변)		(대 변)	
① 전기말 미수수익	해당수익계정	×××	미수수익계정	×××
② 전기말 선수수익	선수수익계정	×××	해당수익계정	×××
③ 당기현금수취시	현 금	×××	해당수익계정	×××
④ 당기말 미수수익	미수수익계정	×××	해당수익계정	×××
⑤ 당기말 선수수익	해당수익계정	×××	선수수익계정	×××
⑥ 당기말 장부마감	해당수익계정	×××	손 익	×××

이상의 분개내용을 수익계정에 전기하면 그 결과는 다음과 같다. 전기 시에는 상대계정과목을 적요란에 기입하여야 하나 여기서는 결과를 이해하고 이를 계산문제에 응용하기 위한 것으로 상대계정과목 대신에 해당 내용을 기입한다.

해당 수익계정

전기말 미수수익	×××	전기말 선수수익	×××
당기말 선수수익	×××	당기 현금수취액	×××
당 기 실 현 수 익	×××	당기말 미수수익	×××

이때 차변합계와 대변합계는 같아야 하므로 6가지 항목중 하나를 산출하는 문제에 응용하면 쉽고 정확하게 계산할 수 있다. 또한 당기 실현수익은 발생주의에 의하여 산출된 것으로 이를 현금주의 수익으로 계산하면 바로 당기 현금수취액이 된다. 따라서 개별항목에 대한 발생주의 수익을 현금주의 수익으로 전환하는 문제에서도 쉽게 응용할 수 있다.

T계정에 기입된 내용은 결과적으로 전기말 미수수익은 자산이므로 전기이월된 자산과 같이 차변에, 전기말 선수수익은 부채이므로 전기이월된 부채와 같이 대변에 기입된다. 그리고 당기말 미수수익은 자산이 차기이월된 것처럼 대변에, 당기말 선수수익은 부채가 차기이월된 것처럼 차변에 기입된다. 따라서 미수수익과 선수수익의 기입결과는 자산과 부채로 이해하여도 무방하다. 이상에서 설명한 내용을 직접 예를 들어 계산하면 다음과 같다.

예제 6-16 **수익의 계산**

이자의 당기 현금수취액은 ₩10,000이고 전기말 미수이자는 ₩3,000, 당기말 미수이자는 ₩2,000이며 전기말 선수이자는 ₩1,000, 당기말 선수이자는 ₩4,000인 경우 당기 실현된 이자수익(손익계산서상 이자수익)을 계산하면 그 결과는 다음과 같다. 물론 T계정을 이용하는 경우 해당 내용을 기입할 필요가 없지만 여기서는 이해를 돕기 위하여 해당내용을 기입하도록 한다.

이자수익

전기말 미수이자	3,000	전기말 선수이자	1,000
당기말 선수이자	4,000	당기 현금수취액	10,000
당기 이자수익(?)	6,000	당기말 미수이자	2,000
	13,000		13,000

자습문제 6-20 다음 각 자료를 이용하여 당기의 실현된 수익을 산출하시오.

(1) (주)한우리

건물임대료의 당기 현금수취액	₩320,000	전기말 미수임대료	₩40,000
전기말 선수임대료	30,000	당기말 미수임대료	20,000
당기말 선수임대료	10,000		

(2) (주)맑은샘

용역수익의 당기 현금수취액	₩120,000	전기말 미수수익	₩10,000
전기말 선수수익	20,000	당기말 미수수익	30,000
당기말 선수수익	15,000		

자습문제 6-21 다음 각 자료를 이용하여 현금주의 수익을 산출하시오.

(1) (주)한우리

손익계산서상 임대료	₩350,000	전기말 미수임대료	₩30,000
전기말 선수임대료	10,000	당기말 미수임대료	40,000
당기말 선수임대료	20,000		

(2) (주)맑은샘

손익계산서상 용역수익	₩150,000	전기말 미수수익	₩15,000
전기말 선수수익	20,000	당기말 미수수익	25,000
당기말 선수수익	10,000		

2) 비용과 관련된 T계정 계산방법

비용과 관련된 계산방법도 수익과 관련하여 설명된 내용과 같다. 따라서 상세한 설명은 생략하고 T계정에 반영된 그 결과만 제시하기로 한다. 물론 T계정에 반영된 내용을 이해하지 못하는 경우에는 수익과 관련된 회계처리와 마찬가지로 비용과 관련된 회계처리를 하여 이를 전기해 보면 된다.

해당 비용계정

전기말 선급비용	×××	전기말 미지급비용	×××
당기 현금지급액	×××	당기말 선급비용	×××
당기말 미지급비용	×××	당기 발생비용	×××

T계정에 기입된 내용은 결과적으로 전기말 선급비용은 자산이므로 전기이월된 자산과 같이 차변에, 전기말 미지급비용은 부채이므로 전기이월된 부채와 같이 대변에 기입된다. 그리고 당기말 선급비용은 자산이 차기이월된 것처럼 대변에, 당기말 미지급비용은 부채가 차기이월된 것처럼 차변에 기입된다. 따라서 선급비용과 미지급비용의 기입결과는 자산과 부채로 이해하여도 무방하다. 비용과 관련된 문제를 직접 예를 들어 계산하면 다음과 같다.

예제 6-17 **비용의 계산**

이자의 당기 현금지급액은 ₩20,000이고 전기말 선급이자는 ₩3,000, 당기말 선급이자는 ₩2,000이며 전기말 미지급이자는 ₩1,000, 당기말 미지급이자는 ₩4,000인 경우 당기 발생한 이자비용(손익계산서상 이자비용)을 계산하면 그 결과는 다음과 같다. 물론 T계정을 이용하는 경우 해당 내용을 기입할 필요가 없지만 여기서는 이해를 돕기 위하여 해당 내용을 기입하도록 한다.

이 자 비 용

차변		대변	
전기말 선급이자	3,000	전기말 미지급이자	1,000
당기 현금지급액	20,000	당기말 선급이자	2,000
당기말 미지급이자	4,000	당기 발생이자(?)	24,000
	27,000		27,000

자습문제 6-22 다음 각 자료를 이용하여 당기 발생된 비용을 산출하시오.

(1) (주)한우리

건물임차료의 당기 현금지급액	₩220,000	전기말 선급임차료	₩30,000
전기말 미지급임차료	40,000	당기말 선급임차료	10,000
당기말 미지급임차료	20,000		

(2) (주)맑은샘

보험료의 당기 현금지급액	₩250,000	전기말 선급보험료	₩40,000
전기말 미지급보험료	50,000	당기말 선급보험료	30,000
당기말 미지급보험료	20,000		

자습문제 6-23 다음 각 자료를 이용하여 현금주의 비용을 산출하시오.

(1) (주)한우리

손익계산서상 임차료	₩320,000	전기말 선급임차료	₩30,000
전기말 미지급임차료	25,000	당기말 선급임차료	10,000
당기말 미지급임차료	20,000		

(2) (주)맑은샘

손익계산서상 보험료	₩350,000	전기말 선급보험료	₩40,000
전기말 미지급보험료	60,000	당기말 선급보험료	35,000
당기말 미지급보험료	20,000		

보론 연습문제

6-1 다음은 (주)산마루의 재무상태표에서 입수한 자료이다.

	×3/1/1	×3/12/31
미 수 이 자	₩6,400	₩5,900
선 급 보 험 료	2,300	1,400
미 지 급 이 자	4,900	5,600
미지급배당금	2,000	1,500

회계기간 동안에 이 회사는 위의 항목과 관련해서 다음과 같이 현금지급하거나 수취가 이루어졌다.

미수이자로부터의 현금수취액	₩5,100
여러 기간분의 추가적 보험료 지급액	8,000
이자 지급액	4,000
배당금 지급액	12,000

물음

다음 정보를 계산하시오.

① 금년도에 발생된 이자수익
② 금년도의 보험료
③ 금년도의 이자비용
④ 금년도에 선언된 배당금

6-2 (주)솔밭의 재무상태표에서 입수한 자료는 다음과 같다.

	×3/1/1	×3/12/31
매 출 채 권	₩150,000	₩210,000
소 모 품	8,000	9,200
미지급급여	17,000	15,000
선수임대료	8,200	7,000

손익계산서에서 입수한 자료는 다음과 같다.

매 출 액(전액외상)	₩700,000
소 모 품 비	16,000
급 여	54,000
임 대 료	22,000

물음

다음 정보를 계산하시오.

① 매출채권 회수액
② 소모품 지급액(모든 소모품도 현금구입)
③ 급여 지급액
④ 임대료 회수액

07 상품의 회계처리

商品(goods)의 판매를 주 목적사업으로 하는 기업의 거래 중 가장 많은 부분을 차지하는 것이 상품과 관련된 거래이다. 상품과 관련된 거래의 회계처리방법은 기업의 특성이나 규모에 따라 또는 상품 자체의 특성에 따라 다양하다. 따라서 본 장에서는 상품과 관련된 거래의 회계처리방법 중 가장 기본이 되는 계속기록법과 실사법을 설명하기로 한다.

1 상품의 거래내용

기초에서 기말까지 발생가능한 상품과 관련된 기본적인 거래를 먼저 설명하기로 한다.

기업은 상품의 품절로 인해 매출이 이루어지지 못하는 것을 방지하기 위하여 대부분 어느 정도의 상품은 항상 보유하게 된다. 따라서 기초시점과 기말시점에 보유하고 있는 상품재고액을 각각 **기초상품재고액**과 **기말상품재고액**이라 한다. 그리고 기중에 매입하거나 매출한 상품 중 불량품이나 파손품 등이 있는 경우 해당 상품을 반품하게 되는데 이를 각각 **매입환출**(purchase returns)과 **매출환입**(sales returns)이라 하며, 불량품이나 파손품 등으로 인하여 반품 대신에 일정금액을 할인하는 것을 **매입에누리**와 **매출에누리**라 한다. 또한 매매조건에 따라서 일정기일 내에 대금결제가 이루어짐에 따라 현금할인이 발생하는 것을 **매입할인**과 **매출할인**이라 한다.

상품의 매입시에는 상품이라는 자산은 증가하지만 매입한 상품에 대한 매입환출이나 매입에누리 그리고 매입할인이 발생한 경우에는 상품가액은 감소한다. 따라서 일정기간 동안 실질적인 상품의 **매입액**(이를 순매입액이라고도 한다)은 일정기간의 총매입액에서 매입에누리와 환출 및 매입할인을 차감한 잔액이 된다. 또한 상품의 판매시에는 판매가격만큼 매출액이라는 수익이 증가하며 매출한 상품에 대한 환입이나 매출에누리 그리고 매출할인이 발생하는 경우에는 매출액이 감소한다. 따라서 일정기간 동안 실질적인 상품의 **매출액**(이를 순매출액이라고도 한다)은 일정기간의 총매출액에서 매출에누리와 환입 및 매출할인을 차감한 잔액이 된다. 이상에서 설명한 내용을 식으로 정리하면 다음과 같다.

(순)매입액 = 총매입액 − 매입에누리와 환출 − 매입할인
(순)매출액 = 총매출액 − 매출에누리와 환입 − 매출할인

이때 기초상품재고액에 매입액(순매입액)을 가산한 금액은 일정기간 동안 판매가능한 상품가액으로 이를 **판매가능액**(goods available for sale)이라 하며, 이는 상품의 판매가 이루어지면 수익을 창출하기 위하여 소멸된 원가이므로 **매출원가**(cost of goods sold)라는 비용이 되고 나머지는 기말상품재고액으로 남게 된다. 즉, 일정기간 동안의 기초상품재고액에 순매입액을 가산한 금액(판매가능액)은 매출원가와 기말상품재고액으로 전환되게 된다. 이를 요약하면 다음과 같다.

$$\text{기초상품재고액} + (\text{순})\text{매입액} \overset{\text{전환}}{\Longrightarrow} \text{매출원가} + \text{기말상품재고액}$$

따라서 일정기간의 매출원가는 기초상품재고액에 순매입액을 가산한 금액(판매가능액)에서 기말상품재고액을 차감하여 산출할 수 있다. 이를 식으로 정리하면 다음과 같다.

매출원가 = 기초상품재고액 + (순)매입액 − 기말상품재고액

상품은 상품매입시의 취득원가에 이익(이를 상품매출이익 또는 매출총이익이라 한다.)을 가산하여 판매하므로 매출액(순매출액)은 위의 매출원가에 매출총이익(gross profit on sales ; 상품매출이익)을 가산한 것이 된다. 따라서 **매출총이익**은 순매출액에서 매출원가를 차감하여 산출된다. 이를 식으로 정리하면 다음과 같다.

매출총이익 = (순)매출액 − 매출원가

이상에서 설명한 상품과 관련된 거래 내용에서 산출된 식을 다시 정리하면 다음과 같다.

매출총이익 = (순)매출액 − 매출원가
(순)매출액 = 총매출액 − 매출에누리와 환입 − 매출할인
매출원가 = 기초상품재고액 + (순)매입액 − 기말상품재고액
(순)매입액 = 총매입액 − 매입에누리와 환출 − 매입할인

예제 7-1 **매출원가와 매출총이익의 산출**

기초상품재고액 ₩15,000, 총매입액 ₩70,000, 매입에누리와 환출 ₩3,000, 매입할인 ₩2,000, 총매출액 ₩90,000, 매출에누리와 환입 ₩7,000, 매출할인 ₩3,000, 기말상품재고액이 ₩20,000인 경우 매출원가와 매출총이익의 산출결과는 다음과 같다. 물론 해당내용을 기입할 필요가 없으나 여기서는 이해를 돕기 위하여 해당내용을 기입하기로 한다.

매출원가

기초상품재고액	15,000	매입에누리와 환출	3,000
총매입액	70,000	매입할인	2,000
		기말상품재고액	20,000
		매출원가(?)	60,000

매　　출

매출에누리와 환입	7,000	총매출액	90,000
매출할인	3,000		
매출원가	60,000		
매출총이익(?)	20,000		

자습문제 7-1 다음 자료를 이용하여 매출원가와 매출총손익을 산출하시오.

(1)	기초상품재고액	₩30,000	총매입액	₩250,000	매입에누리와 환출	₩20,000
	기말상품재고액	45,000	총매출액	400,000	매출에누리와 환입	40,000
(2)	기초상품재고액	₩50,000	총매입액	₩750,000	매입에누리와 환출	₩20,000
	기말상품재고액	80,000	매입할인	10,000	총매출액	400,000
	매출에누리와 환입	30,000	매출할인	10,000		

2 상품의 거래와 손익계산서

회계기준상 판매업종에 해당하는 기업의 손익계산서는 매출액에서 매출원가를 차감하여 매출총손익을 표시한다. 이때 매출액은 총매출액에서 매출에누리와 환입 및 매출할인을 차감한 금액으로 하고, 매출원가는 기초상품재고액과 당기상품매입액의 합계액에서 기말상품재고액을 차감하는 형식으로 기재하며, 당기매입액은 상품의 총매입액에서 매입에누리와 환출 및 매입할인을 차감한 금액으로 한다. 이를 [예제 7-1]을 이용하여 상품과 관련된 거래만 표준식 손익계산서(기능별 비용 분류법)의 양식으로 정리하면 다음과 같다.

손익계산서

Ⅰ. 매 출 액		80,000
Ⅱ. 매 출 원 가		
1. 기초상품재고액	15,000	
2. 당기매입액	65,000	
3. 기말상품재고액	(20,000)	(60,000)
Ⅲ. 매출총이익		20,000

3 상품매매거래의 기록방법

상품의 매매와 관련된 거래의 회계처리방법에는 계속기록법과 실사법(또는 실제재고조사법)이 있다. 두 방법 간의 기본적인 차이는 ① 사용하는 계정과목과 ② 기말 결산시의 수정분개에 있다.

계속기록법(perpetual inventory system)은 상품의 매입시에는 상품(merchandise inventory)계정을 사용하여 상품의 증가를 기록하고, 판매시에는 상품계정을 사용하여 상품의 감소를 기록하면서 동시에 판매한 상품의 원가를 매출원가계정에 그리고 판매액은 매출계정에 기록하는 방법이다. 이 방법은 손익계산서에 표시되는 매출원가가 기중에 매출원가계정에서 집계되기 때문에 매출원가 산정을 위한 별도의 기말 수정분개가 필요하지 않게 된다.

실사법(periodic inventory system)은 상품의 매입시에는 매입(purchases)계정을 사용하여 상품의 증가를 기록하고, 판매시에는 판매한 상품의 판매액을 매출계정에 기록할 뿐 판매한 상품의 원가에 대해서는 기록하지 않는다. 따라서 이 방법은 손익계산서에 표시되는 매출원가가 회계기간 중에는 기록이 되지 않기 때문에 기말에 실사과정을 거친 후 매출원가 산정을 위한 별도의 기말 수정분개가 필요하게 된다.

계속기록법과 실사법의 회계처리에 대한 기본적 차이를 정리하면 다음과 같으며, 자세한 내용은 다음 절부터 설명된다.

계속기록법과 실사법 회계처리의 기본적 차이

	계속기록법				실사법			
	(차 변)		(대 변)		(차 변)		(대 변)	
① 상품매입시	상 품	×××	외상매입금	×××	매 입	×××	외상매입금	×××
② 상품매출시	외상매출금	×××	매 출	×××	외상매출금	×××	매 출	×××
	매 출 원 가	×××	상 품	×××				
③ 결산시 결산수정분개	수정분개 필요없음				매출원가 산정을 위한 수정분개 필요함			
					상품(기말)	×××	상품(기초)	×××
					매 출 원 가	×××	매 입	×××

4 계속기록법

繼續記錄法(perpetual inventory system)이란 상품의 판매시마다 일일이 매출원가를 기록하는 방법을 말한다. 따라서 지금까지의 회계처리과정에서 사용한 방법이 바로 계속기록법에 해당한다. 지금까지는 상품의 매출시마다 매출원가가 주어진 것으로 설명하였으나 이 매출원가는 상품재고장(상품의 입고와 출고를 거래 발생 순서로 기록하는 장부)을 이용하여 산출된다. 상품재고장과 관련된 내용은 제11장 재고자산 편에서 설명하기로 한다.

상품과 관련된 거래를 계속기록법으로 회계처리하기 위해서는 지금까지와 마찬가지로 **상품계정**과 **매출계정**, 그리고 **매출원가계정**이 사용된다. 상품과 관련된 거래내용을 계속기록법을 이용하여 회계처리과정을 설명하면 다음과 같다. 이때 회계처리과정은 기초시점과 기중거래 및 기말결산 순으로 설명한다.

1) 기초시점

기초시점에는 기초상품재고액을 상품계정의 차변에 분개없이 **전기이월**로 기입한다. 이는 장부마감단계에서 설명한 것으로 기초상품재고액은 전기말 기말상품재고액이 이월된 것이기 때문이다.

2) 기중거래

(1) 상품매입

상품을 매입하면 상품이라는 자산이 증가하므로 상품계정 차변에 취득원가로 기입한다. 상품매입시 발생한 운임은 상품에 가산한다. 외상거래라는 가정 하에서 이를 분개하면 다음과 같다.

(차) 상　　품	×××	(대) 외상매입금	×××

예제 7-2 상품매입시 분개

상품 ₩50,000을 2/10 n/30 조건으로 외상매입하고 운임 ₩5,000을 현금 지급하다.

(차) 상　　품	55,000	(대) 외상매입금	50,000
		현　　금	5,000

(2) 매입환출

매입한 상품 중 반품이 이루어지는 경우 상품이 감소하므로 이를 차감하기 위하여 상품계정 대변에 기입한다. 이때 상품의 매입 시 외상매입 한 것으로 가정하면 매입한 상품을 반품하는 경우 해당 외상매입금을 지급할 필요가 없으므로 외상매입금도 차감하기 위하여 외상매입금계정 차변에 기입한다. 이는 상품 매입 시의 분개를 반대로 분개한 것과 같다. 이를 분개하면 다음과 같다.

(차) 외상매입금	×××	(대) 상　　품	×××

예제 7-3 매입상품 반품시 분개

외상매입한 상품중 ₩5,000을 반품하다.

(차) 외상매입금	5,000	(대) 상　　품	5,000

(3) 매입에누리

매입에누리는 매입환출과 달리 상품을 반품하는 것이 아니라 매입대금 중 일부를 할인받은 것으로, 매입 시에 외상매입 한 것으로 가정하면 상품의 취득원가와 외상매입금이 동시에 감소하므로 매입환출과 마찬가지로 상품과 외상매입금에서 각각 차감한다. 따라서 이는 상품 매입 시의 분개를 반대로 분개한 것과 같다.

(차) 외상매입금	×××	(대) 상　　품	×××

예제 7-4 **매입 상품 에누리시 분개**

외상매입한 상품중 ₩5,000을 에누리 받다.

(차) 외상매입금	5,000	(대) 상 품	5,000

(4) 매입할인

매입할인은 외상매입대금을 일정기한 내에 지급할 경우 매입대금에 대해 일정 비율의 할인을 받을 수 있다는 매매 조건하에서 약정된 기일 내에 대금을 지급함으로써 발생하게 된다.

예를 들어 2/10, n/30(two-ten, net thirty라고 읽음)의 신용조건으로 외상매입 하였다면 이는 10일 이내에 지급하면 외상매입대금의 2%를 할인받을 수 있고, 10일이 경과되면 할인 혜택없이 만기일 30일까지는 외상매입대금을 전부 지급하여야 한다는 것을 말한다. 따라서 외상매입대금을 10일 이내에 지급할 때 매입할인이 발생하게 된다. 이와 같은 현금할인제도는 외상구입자에게는 현금을 절약할 수 있게 해주고 외상판매자에게는 매출채권을 조기에 현금으로 회수시킬 수 있게 해주기 때문에 양쪽 모두에게 유리한 제도이다. 매입할인은 외상구입으로 인해 상품 매입대금에 추가로 포함된 이자에 해당되는 금액이기 때문에 상품의 차감으로 표시한다.

(차) 외상매입금	×××	(대) 현 금	×××
		상 품	×××(매입할인)

예제 7-5 **매입 할인시 분개**

2/10 n/30 조건으로 외상매입한 상품 ₩50,000에 대해 현금할인액을 제외한 매입대금을 지급하다.

(차) 외상매입금	50,000	(대) 현 금	49,000
		상 품	1,000

(5) 매 출

상품을 판매하는 경우 매출가격만큼 수익이 발생하므로 이를 수익으로 계상하기 위하여 매출계정 대변에 기입하면서 외상거래로 가정하면 차변에 외상매출금을 기입한다. 또한 계속기록법이란 상품의 판매시마다 매출원가를 기입하는 방법이므로 판매된 상품의 원가를 상품계정 대변에 기입하여 감소시키면서 매출원가계정 차변에 기입한다. 이는 곧 수익을 창출하기 위하여 소멸된 원가(자산)가 매출원가라는 비용으로 전환되는 것이다. 그리하여 차변의 매출원가는 대변에 기입된 매출수익과 대응(matching)되어 비용으로 인식되는 것이다.

상품을 판매할 때 발생한 운임은 매출자가 부담하는 경우에 매출이라는 수익을 창출하기 위하여 발생된 비용이므로 운반비계정으로 처리한다.

(차)	외상매출금	×××	(대)	매 출	×××
	매출원가	×××		상 품	×××
(차)	운 반 비	×××	(대)	현 금	×××

예제 7-6 상품매출시 분개

원가 ₩30,000의 상품을 ₩40,000에 2/10 n/30 조건으로 외상매출하고 운임 ₩10,000을 현금 지급하다.

(차)	외상매출금	40,000	(대)	매 출	40,000
	매 출 원 가	30,000		상 품	30,000
(차)	운 반 비	10,000	(대)	현 금	10,000

(6) 매출환입

외상으로 판매한 상품이 환입되는 경우 매출수익이 감소하므로 매출에서 차감하기 위하여 매출계정 차변에 기입하면서 외상매출금도 받을 수 없으므로 이를 감소시키기 위하여 외상매출금계정 대변에 기입한다. 또한 환입된 상품만큼 상품은 증가하고 매출원가는 감소하므로 상품을 증가시키기 위하여 상품계정 차변에 기입하면서 매출원가를 감소시키기 위하여 대변에 기입한다. 이는 곧 매출시 분개의 반대분개와 같다.

매출환입을 매출계정 차변에 기입하여 직접 차감시키지 않고 매출환입계정 차변에 기입하는 경우에는 결산시에 매출환입계정 차변에 기입된 금액 전액을 매출계정 차변에 기입하여 차감시키는 회계처리가 필요하다.

(차)	매 출(또는 매출환입)	×××	(대)	외상매출금	×××
	상 품	×××		매 출 원 가	×××

예제 7-7 매출상품 반품시 분개

외상매출한 상품중 결격품 ₩10,000(원가 ₩7,500)이 반품되어 오다.

(차)	매 출(또는 매출환입)	10,000	(대)	외상매출금	10,000
	상 품	7,500		매출원가	7,500

(7) 매출에누리

매출에누리는 매출환입과 달리 상품이 반품되어 오는 것이 아니므로 상품과 매출원가는 조정할 필요가 없다. 다만, 외상매출한 상품에 대하여 매출에누리가 발생하였다는 것은 매출수익과 외상매출금이 각각 감소하므로 이를 감소시키기 위한 분개만 하면 된다. 매출에누리를 매출계정 차변에 기입하여 직접 차감시키지 않고 매출에누리계정 차변에 기입하는 경우에는 결산시에 매출에누리계정 차변에 기입된 금액 전액을 매출계정 차변에 기입하여 차감시키는 회계처리가 필요하다.

(차) 매 출(또는 매출에누리) ××× (대) 외상매출금 ×××

예제 7-8 매출상품 에누리시 분개

외상매출한 상품중 구매자가 품질에 이의를 제기해서 ₩10,000을 에누리해주다.

(차) 매 출(또는 매출에누리) 10,000 (대) 외상매출금 10,000

(8) 매출할인

매출할인은 매입할인과 반대 입장으로서 현금할인을 제공하는 쪽(외상판매자)에서 발생하게 된다. 따라서 외상판매대금이 신용조건에 명시된 할인기일 내에 회수되었을 때 매출할인이 발생하며, 매출할인 금액만큼을 매출계정 차변에 기입하여 직접 차감시키거나, 매출할인계정 차변에 기입하고 결산시에 매출할인계정 차변에 기입된 금액 전액을 매출계정 차변에 기입하여 차감시킨다.

(차) { 현 금 ××× (대) 외상매출금 ×××
　　 { 매 출(또는 매출할인) ×××

예제 7-9 매출할인 발생시 분개

2/10 n/30 조건으로 외상매출한 상품 ₩50,000에 대해 현금할인액을 제외한 매출대금을 회수하다.

(차) { 현 금 49,000 (대) 외상매출금 50,000
　　 { 매 출(또는 매출할인) 1,000

지금까지 설명한 계속기록법에 대한 회계처리과정을 예를 들어 설명하면 다음과 같다.

예제 7-10 계속기록법의 회계처리과정

(주)푸른숲의 5월중 상품 관련 거래는 다음과 같다고 하자(단, 회계기간은 1개월).

5/ 1	기초상품재고액 ₩10,000
7	상품 ₩50,000을 2/10 n/30 조건으로 외상매입하다.
8	외상매입한 상품중 ₩5,000을 반품하다.
10	원가 ₩30,000의 상품을 ₩40,000에 2/10 n/30 조건으로 외상매출하다.
11	외상매출한 상품중 ₩10,000(원가 ₩7,500)이 반품되어 오다.
17	7일 외상매입분에 대해 현금할인액을 제외한 매입대금을 지급하다.
20	10일 외상매출액에 대해 현금할인액을 제외한 대금이 회수되다.
23	상품 ₩70,000을 2/10 n/30 조건으로 외상매입하다.
24	외상매입한 상품중 ₩7,000을 에누리받다.
25	원가 ₩60,000의 상품을 ₩80,000에 2/10 n/30 조건으로 외상매출하다.
26	외상매출한 상품중 ₩4,000을 에누리하여 주다.

이상의 거래를 분개하면 다음과 같다.

일자	차변	금액	대변	금액
5/ 1	분 개 없 음			
7	상품	50,000	외상매입금	50,000
8	외상매입금	5,000	상품	5,000
10	외상매출금	40,000	매출	40,000
	매출원가	30,000	상품	30,000
11	매출	10,000	외상매출금	10,000
	상품	7,500	매출원가	7,500
17	외상매입금	45,000	현금	44,100
			상품	900
20	현금	29,400	외상매출금	30,000
	매출	600		
23	상품	70,000	외상매입금	70,000
24	외상매입금	7,000	상품	7,000
25	외상매출금	80,000	매출	80,000
	매출원가	60,000	상품	60,000
26	매출	4,000	외상매출금	4,000
31	(마감을 위한 대체분개)			
	매출	105,400	집합손익	105,400
	집합손익	82,500	매출원가	82,500

이상의 분개내용을 해당계정에 전기한 결과는 다음과 같다. 다만, 여기서는 상품과 관련된 거래만을 설명하기 위하여 상품과 관련된 계정만 기입한다.

상 품

5/ 1	전 월 이 월	10,000	5/ 8	외상매입금	5,000
7	외상매입금	50,000	10	제 좌	30,000
11	제 좌	7,500	17	외상매입금	900
23	외상매입금	70,000	24	외상매입금	7,000
			25	제 좌	60,000
			31	차 기 이 월	34,000
		137,500			137,500

매 출

5/11	제 좌	10,000	5/10	제 좌	40,000
20	외상매출금	600	25	제 좌	80,000
26	외상매출금	4,000			
31	집 합 손 익	105,400			
		120,000			120,000

매 출 원 가

5/10	제 좌	30,000	5/11	제 좌	7,500
25	제 좌	60,000	31	집 합 손 익	82,500
		90,000			90,000

집 합

5/31	매 출 원 가	82,500	5/31	매 출	105,400

자습문제 7-2 다음 (주)맑은샘의 10월중 거래를 분개하고 상품과 관련된 계정만을 전기하여 마감하시오(단, 상품의 회계처리는 계속기록법 이용).

10/ 1 기초상품재고액 ₩50,000
7 상품 ₩150,000을 외상매입하다.
8 외상매입한 상품중 ₩20,000을 반품하다.
10 원가 ₩90,000의 상품을 ₩150,000에 외상매출하다.
11 외상매출한 상품중 ₩50,000(원가 ₩30,000)이 반품되어 오다.
15 상품 ₩100,000을 외상매입하다.
16 외상매입한 상품에 대하여 ₩10,000을 에누리받다.
25 원가 ₩150,000의 상품을 ₩220,000에 외상매출하다.
26 외상매출한 상품에 대하여 ₩20,000을 에누리하여 주다.

5 계속기록법과 8위식 정산표

상품에 대한 회계처리 시 계속기록법을 적용하는 경우에는 기말정리사항에 대한 수정분개가 필요 없다고 하였다. 따라서 제6장에서 설명한 8위식 정산표의 작성과 아무런 차이가 없다.

예제 7-11 **계속기록법과 8위식 정산표**

수정전 잔액시산표와 기말정리사항은 다음과 같다고 하자.

수정전 잔액시산표

계정	금액	계정	금액
현 금	90,000	외상매입금	10,000
외상매출금	12,000	차 입 금	20,000
(이월)상품	5,000	자 본 금	55,000
매 출 원 가	63,000	이익잉여금	5,000
운 반 비	2,000	매 출	80,000
급 여	3,000	이 자 수 익	5,000
	175,000		175,000

(기말정리사항)

1. 이자미지급액 ₩1,000

먼저 기말정리사항에 대한 수정분개를 하여 이를 정산표의 수정기입란에 기입하고 8위식 정산표를 완성하면 되므로, 이에 따른 수정분개와 정산표의 작성결과는 다음과 같다.

(수정분개) 1. (차) 이자비용 1,000 (대) 미지급이자 1,000

8위식 정산표

계정과목	잔액시산표		수정기입		손익계산서		재무상태표	
	차 변	대 변	차 변	대 변	차 변	대 변	차 변	대 변
현 금	90,000						90,000	
외상매출금	12,000						12,000	
(이월)상품	5,000						5,000	
외상매입금		10,000						10,000
차 입 금		20,000						20,000
자 본 금		55,000						55,000
이익잉여금		5,000						5,000
매 출		80,000				80,000		

이 자 수 익		5,000				5,000		
매 출 원 가	63,000				63,000			
운 반 비	2,000				2,000			
급 여	3,000				3,000			
	175,000	175,000						
이 자 비 용			1,000		1,000			
미지급이자				1,000				1,000
당기순이익					16,000			16,000
합 계			1,000	1,000	85,000	85,000	107,000	107,000

1) 시산표상 (이월)상품계정 ₩5,000은 기말상품재고액이다.

자습문제 7-3 (주)수정의 수정전 잔액시산표와 기말정리사항을 이용하여 정산표를 작성하시오(상품은 계속기록법).

수정전 잔액시산표

차변	금액	대변	금액
현 금	150,000	외상매입금	20,000
외상매출금	30,000	차 입 금	25,000
(이월)상품	50,000	감가상각누계액	20,000
비 품	120,000	자 본 금	240,000
특 허 권	30,000	이익잉여금	35,000
매출원가	90,000	매 출	150,000
이자비용	20,000		
	490,000		490,000

(기말정리사항)

1. 이자 미지급액 ₩1,000
2. 비품의 감가상각액 ₩20,000
3. 특허권의 상각액 ₩10,000

6 실사법

實査法(periodic inventory system)이란 상품판매시마다 계속기록법처럼 매출원가를 기입하는 것이 아니라 매출수익만 기입하는 방법이다. 매출시마다 매출원가를 산출하여 기입할 필요가 없으므로 회계처리가 간편하여, 상품거래가 빈번한 경우 일반적으로 실사법을 이용한다. 그러나 실사법을 이용하는 경우에는 판매시마다 매출원가를 기입하지 않으므로 기말상품재고액이나 매출원가에 대한 정보를 회계장부에서 얻을 수가 없고, 기말 결산시 기말상품재고액은 보유하고 있는 상품의 재고를 조사하여 산출하여야 한다. 이러한 의미에서 실사법 또는 실지재고조사법이라 하는 것이다. 실사를 통하여 결산 시 기말상품재고액이 산출되면 이를 이용하여 매출원가를 산출하게 된다.

상품과 관련된 거래를 실사법으로 회계처리하는 경우 매입운임, 매입에누리와 환출 및 매입할인, 매출에누리와 환입 및 매출할인을 해당계정에서 직접 가감하는 방법과 간접적으로 가감하는 방법(부가성 및 차감성 평가계정의 이용)으로 구분된다. 먼저 보다 간편한 직접 차감하는 방법으로 설명한 후 간접적으로 차감하는 방법을 직접 차감하는 방법과 비교하는 형식으로 설명하기로 한다.

1) 직접 가감하는 방법

직접 차감하는 방법을 이용하는 경우에는 **상품계정, 매입계정, 매출계정**이 사용된다. 상품계정은 기초상품재고액과 기말상품재고액만을 기입하며, 매출계정은 매출, 매출에누리와 환입, 매출할인을 기입하고, 매입계정은 매입운임, 매입에누리와 환출, 매입할인을 각각 기입한다. 상품계정은 이월이란 명칭을 추가해서 이월상품계정을 사용하기도 한다. 따라서 이후 설명과정에서는 상품계정을 '(이월)상품'으로 표기하도록 한다. 실사법에 의한 회계처리과정을 설명하면 다음과 같다. 이때 회계처리과정은 기초시점과 기중거래 및 기말결산 순으로 설명한다.

(1) 기초시점

기초시점에는 기초상품재고액을 (이월)상품계정의 차변에 분개없이 **전기이월**로 기입한다. 이는 장부마감단계에서 설명한 것으로 기초상품재고액은 전기 기말상품재고액이 이월된 것이기 때문이다.

(2) 기중거래

(가) 상품매입

상품을 매입하면 매입계정 차변에 취득원가로 기입한다. 따라서 매입계정의 차변합계는 총매입액이 된다. 상품매입시 발생한 운임은 매입에 가산시킨다. 외상거래라는 가정하에서 이를 분개하면 다음과 같다.

(차) 매 입	×××	(대) 외상매입금	×××

예제 7-12 **상품매입시 분개**

상품 ₩50,000을 2/10 n/30 조건으로 외상매입하고 운임 ₩5,000을 현금 지급하다.

(차)	매　　입	55,000	(대)	외상매입금	50,000
				현　　금	5,000

(나) 매입에누리와 환출

매입한 상품중 반품이 이루어지거나 일정금액을 할인받은 경우 매입액이 감소하므로 이를 차감하기 위하여 매입계정 대변에 기입한다. 이때 상품의 매입시 외상매입한 것으로 가정하면 매입한 상품을 반품하는 경우 또는 에누리를 받은 경우에는 해당 외상매입금을 지급할 필요가 없으므로 외상매입금도 차감하기 위하여 외상매입금계정 차변에 기입한다. 이는 매입시 분개의 반대분개와 같다. 이를 분개하면 다음과 같다.

(차)	외상매입금	×××	(대)	매　　입	×××

예제 7-13 **매입상품 반품과 에누리의 분개**

외상매입한 상품중 ₩5,000을 반품하다.

(차)	외상매입금	5,000	(대)	매　　입	5,000

외상매입한 상품중 ₩5,000을 에누리 받다.

(차)	외상매입금	5,000	(대)	매　　입	5,000

(다) 매입할인

외상매입대금을 일정 기한 내에 지급할 경우 매입대금에 대해 일정 비율의 할인을 받을 수 있다는 매매 조건하에서 약정된 기일 내에 대금을 지급하면 매입할인이 발생하게 된다. 이 때 할인받은 금액만큼은 매입의 차감으로 표시하며, 다음과 같이 분개된다.

(차)	외상매입금	×××	(대)	현　　금	×××
				매　　입	×××(매입할인)

예제 7-14 **매입 할인시 분개**

2/10 n/30 조건으로 외상매입한 상품 ₩50,000에 대해 현금할인액을 제외한 매입대금을 지급하다.

(차) 외상매입금	50,000	(대) 현 금	49,000
		매 입	1,000

(라) 매 출

상품을 판매하는 경우 매출가격만큼 수익이 발생하므로 이를 수익으로 계상하기 위하여 매출계정 대변에 기입하면서 외상거래로 가정하면 차변에 외상매출금을 기입한다. 따라서 매출계정의 대변합계는 총매출액이 된다. 이때 계속기록법과는 달리 매출원가가 기입되지 않는다. 판매자가 부담하는 운임은 판매자의 비용계정인 운반비로 기입한다. 이를 분개하면 다음과 같다.

(차) 외상매출금	×××	(대) 매 출	×××

예제 7-15 **상품매출시 분개**

상품을 ₩40,000에 2/10 n/30 조건으로 외상매출하고 운임 ₩10,000을 현금 지급하다.

(차) 외상매출금	40,000	(대) 매 출	40,000
(차) 운 반 비	10,000	(대) 현 금	10,000

(마) 매출에누리와 환입

외상으로 판매한 상품이 환입되거나 일정금액을 할인하여 주는 경우 매출수익이 감소하므로 매출에서 차감하기 위하여 매출계정 차변에 기입하면서 동시에 외상매출금도 받을 수 없으므로 이를 감소시키기 위하여 외상매출금계정 대변에 기입한다. 이때 계속기록법과는 달리 매출원가를 기입하지 않으므로 매출에누리와 매출환입은 회계처리가 같다. 이는 곧 매출시 분개의 반대분개와 같다. 이를 분개하면 다음과 같다.

(차) 매 출	×××	(대) 외상매출금	×××

예제 7-16 **매출상품 반품시 분개**

외상매출한 상품중 결격품 ₩10,000이 반품되어 오다.

(차) 매 출	10,000	(대) 외상매출금	10,000

(바) 매출할인

외상구입자가 외상매입대금을 신용조건에 명시된 할인기한 내에 지급할 경우 상품판매자 쪽에서는 매출할인이 발생하게 된다. 매출할인 금액만큼은 매출에서 시킨다.

(차) ┌ 현　　금　　×××　　　　(대) 외상매출금　　×××
　　 └ 매　　출　　×××(매출할인)

예제 7-17 **매출할인 발생시 분개**

2/10 n/30 조건으로 외상매출한 상품 ₩50,000에 대해 현금할인액을 제외한 매출대금을 회수하다.

(차) ┌ 현　　금　　49,000　　　　(대) 외상매출금　　50,000
　　 └ 매　　출　　1,000

(3) 기말결산 시

기말결산 시에는 재무상태표와 손익계산서를 작성하고 장부를 마감하여야 한다. 이때 재무상태표에 보고하여야 할 **기말상품재고액**은 기말 현재 보유하고 있는 상품의 재고를 조사하여 산출한다고 하였다. 그리고 손익계산서에 보고할 **매출액**은 매출계정에서 산출되나 **매출원가**는 회계장부에서 얻을 수가 없으므로 매출원가를 산출하는 것이 실사법에 대한 회계처리과정 중 결산시 가장 중요한 부분이 된다.

회계처리상 매출원가의 산출방법은 다양하다. 그러나 기본적인 방법으로 매출원가계정에서 매출원가를 산출하는 방법만을 설명하기로 한다.

상품과 관련된 거래내용에서 이미 설명한 매출원가의 산출식을 유도하기 위한 과정을 다시 정리하면 다음과 같다. 즉, 일정기간 동안의 기초상품재고액에 매입액(순매입액)을 가산한 금액(판매가능액)은 매출원가와 기말상품재고액으로 전환되므로 이를 요약하면 다음과 같다.

전환
기초상품재고액+(순)매입액 ⟹ 매출원가+기말상품재고액

따라서 기초상품재고액과 당기 상품의 순매입액을 기말결산시 매출원가와 기말상품재고액으로 전환시키면 되므로, 이를 반영한 회계처리방법이 바로 매출원가계정에서 매출원가를 산출하는 방법이다.

결산시점까지의 회계처리결과 기초상품재고액은 (이월)상품계정의 차변에 기입되어 있고, 당기 상품의 순매입액은 매입계정의 차변잔액이 되며, 기말상품재고액은 이미 실사를 통하여 산출되어 있으므로 다음과 같은 수정분개를 이용하여 차변합계와 대변합계가 같도록 매출원가를 산출·기입하면 된다.

(차)	(이월)상품	×××(기말상품재고액)	(대)	(이월)상품	×××(기초상품재고액)
	매출원가	×××(?)		매　　입	×××(순매액)

위의 수정분개는 바로 기초상품재고액과 순매입액을 기말상품재고액과 매출원가로 전환하기 위한 것으로, 차변에 있던 기초상품재고액과 매입액은 소멸시키기 위하여 대변에 기입한 것이며 기말상품재고액과 매출원가는 지금까지 장부에 계상되지 않았으므로 이를 계상하기 위하여 차변에 기입한 것이다. 따라서 실사법을 이용하는 경우 결산 시 매출원가계정을 추가로 설정하게 된다.

수정분개를 통하여 매출원가가 산출되면 이후의 회계처리과정은 장부마감단계이다. 기말상품재고액은 상품계정에서 차기이월하여 마감하고 손익계산서항목인 매출계정과 매출원가계정은 집합손익계정으로 대체하기 위한 대체분개를 하여 마감하면 된다. 이때 매입계정은 이미 차변합계와 대변합계가 같으므로 합계만 기입하고 마감하면 된다. 마감을 위한 대체분개를 정리하면 다음과 같다.

(매출계정 : 순매출액)	(차) 매　　출	×××	(대) 집합손익	×××
(매출원가계정 : 매출원가)	(차) 집 합 손 익	×××	(대) 매출원가	×××

이상에서 설명한 회계처리과정을 요약하면 다음과 같다.

관련거래내용	(차	변)	(대	변)
(기중거래)				
① 상품매입시	매　　입	×××	외상매입금	×××
② 매입에누리와 환출	외상매입금	×××	매　　입	×××
③ 매 입 할 인	외상매입금	×××	현　　금	×××
			매　　입	×××
④ 상품매출시	외상매출금	×××	매　　출	×××
⑤ 매출에누리와 환입	매　　출	×××	외상매출금	×××
⑥ 매 출 할 인	현　　금	×××	외상매출금	×××
	매　　출	×××		
(결산시)				
⑤수정분개(매출원가산출)	이월(상품)	×××(기말)	이월(상품)	×××(기초)
	매 출 원 가	×××	매　　입	×××
⑥ 장부마감(매출계정)	매　　출	×××	집 합 손 익	×××
(매출원가계정)	집 합 손 익	×××	매 출 원 가	×××

지금까지 설명한 실사법에 대한 회계처리과정을 예를 들어 설명하면 다음과 같다.

예제 7-18 실사법의 회계처리과정(직접가감법)

(주)푸른숲의 5월중 상품과 관련된 거래는 다음과 같다고 하자(단, 회계기간은 1개월).

5/ 1 기초상품재고액 ₩10,000
7 상품 ₩50,000을 2/10 n/30 조건으로 외상매입하다.
8 외상매입한 상품중 ₩5,000을 반품하다.
10 상품을 ₩40,000에 2/10 n/30 조건으로 외상매출하다.
11 외상매출한 상품중 ₩10,000이 반품되어 오다.
17 7일 외상매입분에 대해 현금할인액을 제외한 매입대금을 지급하다.
20 10일 외상매출액에 대해 현금할인액을 제외한 매출대금이 회수되다.
23 상품 ₩70,000을 2/10 n/30 조건으로 외상매입하다.
24 외상매입한 상품중 ₩7,000을 에누리받다.
25 상품을 ₩80,000에 2/10 n/30 조건으로 외상매출하다.
26 외상매출한 상품 중 ₩4,000을 에누리하여 주다.
31 실사결과 기말상품재고액은 ₩34,600이다.

이상의 거래를 분개하면 다음과 같다.

	(차 변)		(대 변)	
5/ 1	분 개 없 음			
7	매 입	50,000	외상매입금	50,000
8	외상매입금	5,000	매 입	5,000
10	외상매출금	40,000	매 출	40,000
11	매 출	10,000	외상매출금	10,000
17	외상매입금	45,000	현 금	44,100
			매 입	900
20	현 금	29,400	외상매출금	30,000
	매 출	600		
23	매 입	70,000	외상매입금	70,000
24	외상매입금	7,000	매 입	7,000
25	외상매출금	80,000	매 출	80,000
26	매 출	4,000	외상매출금	4,000
31	(매출원가 산출을 위한 수정분개)			
	(이월)상품	34,600	(이월)상품	10,000
	매 출 원 가	82,500	매 입	107,100
	(마감을 위한 대체분개)			

매　　출	105,400	집 합 손 익	105,400
집 합 손 익	82,500	매 출 원 가	82,500

이상의 분개내용을 해당계정에 전기한 결과는 다음과 같다. 다만, 여기서는 상품과 관련된 거래만을 설명하기 위하여 상품과 관련된 계정만 기입한다.

(이월)상품

5/ 1	전월이월	10,000	5/31	제　　좌	10,000
31	제　　좌	34,600	31	차기이월	34,600
		44,600			44,600

매　　입

5/ 7	외상매입금	50,000	5/ 8	외상매입금	5,000
23	외상매입금	70,000	17	외상매입금	900
			24	외상매입금	7,000
			31	제　　좌	107,100
		120,000			120,000

매　　출

5/11	외상매출금	10,000	5/10	외상매출금	40,000
20	외상매출금	600	25	외상매출금	80,000
26	외상매출금	4,000			
31	집 합 손 익	105,400			
		120,000			120,000

매출원가

5/31	제　　좌	82,500	5/31	집 합 손 익	82,500

집 합 손 익

5/31	매출원가	82,500	5/31	매　　출	105,400

자습문제 7-4 다음 (주)한우리와 (주)맑은샘의 거래를 분개하고 상품과 관련된 계정만을 전기하여 마감하시오.

(1) (주)한우리

5/ 1　기초상품재고액 ₩50,000

7　상품 ₩150,000을 외상매입하다.

10　상품을 ₩150,000에 외상매출하다.

15 상품 ₩100,000을 외상매입하다.
25 상품을 ₩220,000에 외상매출하다.
31 실사를 통한 기말상품재고액₩30,000

(2) (주)맑은샘

10/1 기초상품재고액 ₩50,000
7 상품 ₩150,000을 외상매입하다.
8 외상매입한 상품중 ₩20,000을 반품하다.
10 상품을 ₩150,000에 외상매출하다.
11 외상매출한 상품중 ₩50,000이 반품되어 오다.
15 상품 ₩100,000을 외상매입하다.
16 외상매입한 상품에 대하여 ₩10,000을 에누리받다.
25 상품을 ₩220,000에 외상매출하다.
26 외상매출한 상품에 대하여 ₩20,000을 에누리하여 주다.
31 실사를 통한 기말상품재고액 ₩60,000

2) 간접적으로 가감하는 방법: 별도계정 설정법

간접적으로 가감하는 방법은 매입운임, 매입에누리, 매입환출 및 매입할인을 매입에서 직접 가감하지 않고 대신에 매입운임, 매입에누리와 환출계정 및 매입할인계정을 별도로 설정해서 대변에 기입하고, 마찬가지로 매출에누리나 매출환입 및 매출할인을 매출에서 직접 차감하지 않고 대신에 매출에누리와 환입계정 및 매출할인계정을 별도로 설정해서 차변에 기입하는 것이다.

이상에서 설명한 내용을 직접 가감하는 방법과 비교하기 위하여 기중거래의 회계처리를 요약하면 다음과 같다.

	직접 가감하는 경우				간접적으로 가감하는 경우			
	(차 변)		(대 변)		(차 변)		(대 변)	
① 상품매입 및 운임지급 시	매입	×××	외상매입금 현금	××× ××	매입 매입운임	××× ××	외상매입금 현금	××× ××
② 매입에누리와 환출	외상매입금	×××	매입	×××	외상매입금	×××	매입에누리와 환출	×××
③ 매입할인	외상매입금	×××	현금 매입	××× ×××	외상매입금	×××	현금 매입할인	××× ×××
④ 상품매출시	외상매출금	×××	매출	×××	외상매출금	×××	매출	×××
⑤ 매출에누리와 환입	매출	×××	외상매출금	×××	매출에누리와 환입	×××	외상매출금	×××

⑥ 매출할인	현 금	×××	외상매출금	×××	현 금	×××	외상매출금	×××
	매 출	×××			매 출 할 인	×××		

간접적으로 가감하는 방법을 이용하는 경우 매입계정에는 총매입액이, 매입운임계정에는 매입운임이, 매입에누리와 환출계정에는 매입에누리와 환출액이, 매입할인계정에는 매입할인액만이 기입되며, 매출계정에는 총매출액이, 매출에누리와 환입계정에는 매출에누리와 환입액이, 매출할인계정에는 매출할인액이 기입되게 된다.

따라서 결산 시 매출원가를 산출하기 위한 수정분개 이전에 매입운임, 매입에누리와 환출계정 및 매입할인계정은 매입계정으로 대체하여 매입계정에서 순매입액을 산출하고, 매출에누리와 환입계정 및 매출할인계정은 매출계정으로 대체하여 매출계정에서 순매출액을 산출하게 된다.

매입운임, 매입에누리와 환출계정 및 매입할인계정을 매입계정으로, 매출에누리와 환입계정 및 매출할인계정을 매출계정으로 대체하는 대체분개를 정리하면 다음과 같다.

(매 입 운 임)	(차)	매 입	×××	(대)	매 입 운 임	×××
(매입에누리와 환출)	(차)	매입에누리와 환출	×××	(대)	매 입	×××
(매 입 할 인)	(차)	매 입 할 인	×××	(대)	매 입	×××
(매출에누리와 환입)	(차)	매 출	×××	(대)	매출에누리와 환입	×××
(매 출 할 인)	(차)	매 출	×××	(대)	매 출 할 인	×××

이상의 대체분개 결과 매입계정의 잔액은 순매입액이 매출계정의 잔액은 순매출액이 되므로, 이후 매출원가를 산출하기 위한 수정분개나 장부마감을 위한 대체분개는 앞에서 설명한 것과 같으므로 설명을 생략한다.

매입운임, 매입에누리액, 매입환출액, 매입할인액, 매출에누리액, 매출환입액 및 매출할인액에 대한 정보를 각각 따로 얻기 위한 목적인 경우에는 부가성 또는 차감성 평가계정을 이용하여야 한다. 이 방법은 예외에 의한 관리(management by exception)라는 경영목적을 달성하는데 유용하다. 왜냐하면 예외적으로 많이 발생하는 부분에 대해서 경영자가 적절한 시정조치를 취할 수 있기 때문이다.

예제 7-19 **실사법 : 간접적으로 가감하는 방법(별도계정 설정법)**

(주)푸른숲의 5월중 상품과 관련된 거래는 다음과 같다(단, 회계기간은 1개월).

5/ 1	기초상품재고액 ₩10,000
7	상품 ₩50,000을 2/10, n/30의 조건으로 외상매입하다.
8	외상매입한 상품중 ₩5,000을 반품하다.

10　상품을 ₩40,000에 2/10, n/30의 조건으로 외상매출하다.
11　외상매출한 상품중 ₩10,000이 반품되어 오다.
23　상품 ₩70,000을 2/10, n/30의 조건으로 외상매입하다.
24　외상매입한 상품중 ₩7,000을 에누리받다.
25　상품을 ₩80,000에 2/10, n/30의 조건으로 외상매출하다.
26　외상매출한 상품중 ₩4,000을 에누리하여 주다.
31　실사 결과 기말상품재고액은 ₩35,500이다.

이상의 거래를 분개하면 다음과 같다.

5/ 1	분개없음			
7	매　　입	50,000	외상매입금	50,000
8	외상매입금	5,000	매입에누리와환출	5,000
10	외상매출금	40,000	매　　출	40,000
11	매출에누리와환입	10,000	외상매출금	10,000
23	매　　입	70,000	외상매입금	70,000
24	외상매입금	7,000	매입에누리와환출	7,000
25	외상매출금	80,000	매　　출	80,000
26	매출에누리와환입	4,000	외상매출금	4,000
31	(매입에누리와환출 및 매출에누리와환입의 대체분개)			
	매입에누리와환출	12,000	매　　입	12,000
	매　　출	14,000	매출에누리와환입	14,000
	(매출원가 산출을 위한 수정분개)			
	매 출 원 가	82,500	(이월)상품	10,000
	(이월)상품	35,500	매　　입	118,000
	(마감을 위한 대체분개)			
	매　　출	106,000	집 합 손 익	106,000
	집 합 손 익	82,500	매 출 원 가	82,500

이상의 분개 내용을 해당 계정에 전기한 결과는 다음과 같다.

(이월)상품

5/ 1	전 월 이 월	10,000	5/31	제　　좌	10,000
31	제　　좌	35,500	31	차 기 이 월	35,500
		45,500			45,500

매　　입

5/ 7	외상매입금	50,000	5/31	매입에누리와 환　　출	12,000
15	외상매입금	70,000	31	(이월)상품	35,500
31	(이월)상품	10,000	31	집 합 손 익	82,500
		130,000			130,000

매입에누리와 환출

5/31	매 입	12,000	5/ 8	외상매입금	5,000
			24	외상매입금	7,000
		12,000			12,000

매 출

5/31	매출에누리와 환 입	14,000	5/10	외상매출금	40,000
31	집 합 손 익	106,000	25	외상매출금	80,000
		120,000			120,000

매출에누리와 환입

5/11	외상매출금	10,000	5/31	매 출	14,000
26	외상매출금	4,000			
		14,000			14,000

매 출 원 가

5/31	제 좌	82,500	5/31	집 합 손 익	82,500

집 합 손 익

5/31	매 입	82,500	5/31	매 출	106,000

7 실사법과 8위식 정산표

실사법을 이용하는 경우에는 기말결산 시 매출원가를 산출하기 위한 수정분개가 필요하다.

예제 7-20 실사법과 8위식 정산표

수정전 잔액시산표와 기말정리사항은 다음과 같다고 하자.

수정전 잔액시산표

현 금	90,000	외상매입금	10,000
외상매출금	12,000	차 입 금	20,000
(이월)상품	7,000	자 본 금	55,000

매　　입	61,000	이익잉여금	5,000
운 반 비	2,000	매　　출	80,000
급　　여	3,000	이 자 수 익	5,000
	175,000		175,000

(기말정리사항)

1. 기말상품재고액 ₩5,000
2. 이자미지급액 ₩1,000

먼저 기말정리사항에 대한 수정분개를 하여 이를 정산표의 수정기입란에 기입하고 8위식 정산표를 완성하면 되므로, 이에 따른 수정분개와 정산표의 작성결과는 다음과 같다.

(수정분개)

	차변	금액	대변	금액
1.	(이월)상품	5,000	(이월)상품	7,000
	매출원가	63,000	매　　입	61,000
2.	이자비용	1,000	미지급이자	1,000

(1) 수정전 잔액시산표의 (이월)상품 ₩7,000은 기초상품재고액이고, 매입 ₩61,000은 순매입액이다. 수정분개에서 차변의 (이월)상품 ₩5,000은 기말상품재고액이고 대변의 (이월)상품 ₩7,000은 기초상품재고액으로, 기초상품재고액과 순매입액을 매출원가와 기말상품재고액으로 전환하기 위한 것이다.

8위식 정산표

계정과목	잔액시산표		수정기입		손익계산서		재무상태표	
	차 변	대 변	차 변	대 변	차 변	대 변	차 변	대 변
현　　금	90,000						₩90,000	
외상매출금	12,000						12,000	
(이월)상품	7,000		5,000	7,000			5,000	
외상매입금		10,000						10,000
차 입 금		20,000						20,000
자 본 금		55,000						55,000
이익잉여금		5,000						5,000
매　　출		80,000				80,000		
이 자 수 익		5,000				5,000		
매　　입	61,000			61,000				
운 반 비	2,000				2,000			
급　　여	3,000				3,000			
	175,000	175,000						

매 출 원 가			63,000		63,000			
이 자 비 용			1,000		1,000			
미지급이자				1,000				1,000
당기순이익					16,000			16,000
합 계			69,000	69,000	85,000	85,000	107,000	107,000

1) (이월)상품계정은 시산표잔액 ₩7,000(기초상품재고액)에 차변 ₩5,000은 가산하고 대변 ₩7,000은 차감하여 그 잔액 ₩5,000(기말상품재고액)이 재무상태표에 기입된 것이다.
2) 매입계정 차변의 ₩61,000(순매입액)은 대변 ₩61,000이 차감되어 소멸된다.
3) 매출원가계정은 기말결산 시 추가된 것으로 비용이므로 손익계산서에 기입된 것이다.

자습문제 7-5 다음 수정전 잔액시산표와 기말정리사항을 이용하여 정산표를 작성하시오(상품은 실사법).

수정전 잔액시산표

현 금	130,000	외상매입금	20,000
외상매출금	30,000	지 급 어 음	30,000
대 여 금	40,000	감 가 상 각 누 계 액	20,000
(이월)상품	50,000	자 본 금	240,000
비 품	120,000	이익잉여금	30,000
매 입	200,000	매 출	250,000
소 모 품 비	20,000		
	590,000		590,000

(기말정리사항)
1. 기말상품재고액 ₩20,000
2. 이자 미수액 ₩5,000
3. 비품의 감가상각액 ₩20,000
4. 소모품 미사용액 ₩5,000

연습문제

✿ 주관식 문제

7-1 다음은 각 기업의 3년간 연속된 상품과 관련된 거래 내용이다. 이를 완성하시오.

(1) (주)희망

연도	기초상품재고액	총매입액	기말상품재고액	매출원가	총매출액	매출총손익
20×2	100,000	500,000	(　　)	520,000	700,000	(　　)
20×3	(　　)	550,000	(　　)	(　　)	(　　)	70,000
20×4	(　　)	450,000	50,000	420,000	480,000	

(2) (주)늘푸른산

연도	기초상품재고액	총매입액	기말상품재고액	매출원가	총매출액	매출총손익
20×2	150,000	(　　)	200,000	520,000	700,000	(　　)
20×3	(　　)	650,000	(　　)	(　　)	(　　)	100,000
20×4	(　　)	550,000	100,000	520,000	(　　)	−50,000

7-2 다음 (주)미리내의 11월중 거래를 다음 각 방법에 의하여 분개하고 상품과 관련된 계정만을 전기하여 마감하시오.

11/ 1 기초상품재고액 ₩300,000

5 상품 ₩650,000을 외상으로 매입하고 인수운임 ₩20,000은 현금으로 지급하다.

6 외상매입한 상품 중 ₩50,000을 반품하다.

7 상품 ₩750,000(원가 ₩525,000)을 외상매출하고 발송운임 ₩30,000은 현금으로 지급하다.

8 외상매출한 상품 중 ₩30,000(원가 ₩21,000)이 반품되어 오다.

15 상품 ₩500,000을 외상매입하고 매출자 부담의 운임 ₩10,000은 현금으로 대신 지급하다.

16 외상매입한 상품에 대하여 ₩20,000을 에누리받다.

25 상품 ₩700,000(원가 ₩490,000)을 외상으로 매출하고 매입자부담의 운임 ₩20,000은 현금으로 대신 지급하다.

28 외상매출한 상품에 대하여 ₩50,000을 에누리하여 주다.

(1) 계속기록법

(2) 실사법 : 실사를 통한 기말상품재고액 ₩406,000

7-3 다음 (주)오솔길의 수정전 잔액시산표와 기말정리사항을 이용하여 정산표를 작성하고 손익계산서 및 재무상태표를 작성하시오.

수정전 잔액시산표

계정	금액	계정	금액
현 금	140,000	외상매입금	40,000
외상매출금	30,000	차 입 금	50,000
단기매매증권	40,000	감가상각누계액	40,000
(이월)상품	50,000	자 본 금	250,000
비 품	200,000	이익잉여금	40,000
특 허 권	20,000	매 출	260,000
매 입	173,000	매출할인	5,000
소 모 품 비	22,000		
운 반 비	7,000		
매 출 할 인	3,000		
	685,000		685,000

(기말정리사항)

1. 상품 ₩20,000을 현금매입 후 다음과 같이 분개하다.

   (차) 비 품 20,000 (대) 현 금 20,000

2. 기말상품재고액 ₩40,000
3. 광고비 미지급액 ₩10,000
4. 비품의 감가상각액 ₩10,000
5. 특허권의 상각액 ₩5,000
6. 소모품 미사용액 ₩7,000
7. 법인세 미지급액 ₩3,000

7-4 다음은 (주)도안상사의 9 월 중 거래내용이다.

(자료 1 : 9월중 거래)

1일 회사를 설립하고 주식발행대금 ₩1,000,000을 현금 납입하다.
2일 현금 ₩300,000을 단기차입하다.
5일 차량을 ₩1,000,000에 할부구입하고 한 달분 ₩200,000을 현금 지급하다.
6일 한 달분 사무용 문방구류 ₩50,000을 구입하고 대금은 현금으로 지급하다.
7일 상품 ₩630,000을 외상으로 매입하다.
8일 앞서 매입한 상품 중 불량품이 있어 상품 ₩30,000을 반품하다.
11일 원가 ₩400,000의 상품을 ₩820,000에 외상으로 판매하다.
12일 앞서 매출한 상품 중 불량품 ₩20,000이 반품되다.
20일 종업원 급여 ₩100,000을 현금 지급하다.
23일 전화요금 ₩30,000을 현금 지급하다.
26일 임차료 2개월분 ₩200,000을 현금으로 지급하다.

27일 외상매출금 ₩500,000을 현금으로 회수하다.

28일 외상매입금 ₩500,000을 현금 지급하다.

30일 차량 유류대금 ₩40,000을 현금지급하다.

(자료 2 : 기말정리사항)

1. 임차료 선급분 ₩100,000
2. 비품에 대한 감가상각액 ₩10,000
3. 차입금에 대한 미지급이자 ₩5,000
4. 소모품 미사용액은 ₩20,000

물음

(1) 월중 거래를 분개한 후 총계정원장에 전기하여 수정전 잔액시산표를 작성하시오.

(2) 기말정리사항에 대하여 수정분개를 하고 8위식 정산표를 작성하시오.

7-5 다음은 (주)신세계의 4월초 재무상태표와 4월중 거래내용이다. 이를 이용하여 다음 물음에 답하시오.

(자료 1 : 4월초 재무상태표)

재무상태표

(주)신세계 4월 1일 현재 (단위 : 원)

차변	금액	대변	금액
당좌예금	800,000	단기차입금	400,000
매출채권	250,000	매입채무	300,000
상품	350,000	자본금	1,000,000
비품	600,000	이익잉여금	300,000
	2,000,000		2,000,000

(자료 2 : 4월중 거래)

2일 현금 ₩300,000을 단기차입하여 ₩200,000은 즉시 당좌예입하다.

5일 비품 ₩600,000을 구입하고 대금은 수표를 발행하여 지급하다.

6일 한달분 사무용 문방구류 ₩15,000을 구입하고 대금은 현금으로 지급하다.

7일 상품 ₩200,000을 외상으로 매입하고 운임 ₩10,000은 현금으로 지급하다.

8일 앞서 매입한 상품중 불량품이 있어 상품 ₩30,000을 반품하다.

11일 상품 ₩500,000을 외상으로 판매하고 운임 ₩20,000은 현금으로 지급하다.

12일 앞서 매출한 상품중 불량품이 있어 ₩20,000을 에누리해 주다.

17일 상품 ₩250,000을 매입하고 대금은 약속어음을 발행하여 주다.

23일 전화요금 ₩30,000과 광고비 ₩50,000을 수표를 발행하여 지급하다.

28일 상품 ₩300,000을 외상으로 판매하고 운임 ₩10,000은 현금으로 지급하다.

29일 외상매출금 ₩150,000을 현금으로 회수하여 즉시 당좌예입하다.

30일 외상매입금 ₩300,000을 수표를 발행하여 지급하다.

(자료 3 : 기말정리사항)

1. 기말상품재고액 ₩300,000
2. 비품에 대한 감가상각액 ₩12,000
3. 차입금에 대한 미지급이자 ₩5,000
4. 소모품 미사용액은 ₩2,000

물음

(1) 월중 거래를 분개한 후 총계정원장에 전기하여 수정전 잔액시산표를 작성하시오(상품의 회계처리는 실사법).

(2) 기말정리사항에 대하여 수정분개를 하고 8위식 정산표를 작성하시오.

(3) 회계기준에 따른 손익계산서와 재무상태표를 작성하시오.

(4) 기말정리사항에 대한 수정분개 내용을 총계정원장에 전기하고 총계정원장을 마감하시오.

7-6 다음 자료에 의하여 매출총이익을 산출하면?

<자료 1>	3월 1일	3월 31일
외상매출금	₩1,800,000	₩1,950,000
상 품	₩1,820,000	₩1,770,000
외상매입금	₩1,500,000	₩1,090,000

<자료 2>

3월중 외상대금 지급액 : ₩4,000,000

3월중 외상대금 회수액 : ₩4,050,000

모든 거래는 외상 거래임

✣ 공무원시험(9급) 기출문제

1 (주)대한의 20×3회계연도의 매출과 매입관련 자료에 대한 설명으로 옳은 것은?

총매출액	₩1,000	총매입액	₩700
기초재고	400	기말재고	300
매출환입	100	매입에누리	100
매출할인	100	매입할인	100
매입운임	100		

① 순매출액은 ₩900 ② 순매입액은 ₩800

③ 매출원가는 ₩700 ④ 매출총이익은 ₩200

2 (주)우리는 20×3년 기말에 감사를 실시한 결과 회계담당자가 매출채권 회수대금 중 일부를 횡령한 사실을 발견하였다. 감사결과 기말 매출채권잔액은 ₩15,000으로 확인되었다. 이 회사는 매출원가에 25%의 이익을 가산한 가격으로 신용판매하고 있다. 다음 자료를 이용하여 회계담당자가 횡령한 금액을 추정하면?

기초상품재고액	₩30,000	당기매입액	₩90,000
기말상품재고액	20,000	기초매출채권	10,000
당기매출채권회수액	100,000		

① ₩10,000 ② ₩15,000
③ ₩20,000 ④ ₩25,000

정답 1. ③ 2. ③

08 금융자산과 금융부채: 현금 및 현금성자산, 수취채권과 지급채무

유동자산은 금융자산과 재고자산으로 분류된다. 금융자산(financial assets)이란 유동성이 가장 높은 자산으로 기업의 주된 영업활동인 상품의 판매나 용역의 제공과정을 거치지 않고도 1년 이내에 현금화가 가능한 자산으로 현금 및 현금성자산·유가증권·금융상품·수취채권·대여금 등이 이에 해당되며, 재고자산(inventory)은 주된 영업활동을 거쳐야만 현금화가 가능한 자산을 말한다. 본 장에서는 유동성이 가장 높은 금융자산 중 현금 및 현금성자산과 수취채권 그리고 금융부채인 지급채무를 설명하기로 한다.

1 현금 및 현금성자산

1) 현금 및 현금성자산의 범위

現金 및 現金性資産은 流動性(liquidity)이 가장 높은 자산으로, 유동자산인 현금 및 현금성자산으로 분류되기 위해서는 부채를 상환하는데 쉽게 이용될 수 있어야 하며 사용에 제한을 받지 않아야 한다. 회계기준상 현금 및 현금성자산은 통화 및 타인발행수표 등 통화대용증권과 당좌예금·보통예금 및 현금성자산으로 한다. 현금성자산이라 함은 큰 거래비용 없이 현금으로 전환이 용이하고 이자율변동에 따른 가치변동의 위험이 중요하지 않은 유가증권 및 단기금융상품으로서 취득당시 만기(또는 상환일)가 3개월 이내에 도래하는 것을 말한다.

현금 및 현금성자산은 [표 8-1]에 정리되어 있다. 현금·예금 및 현금성자산을 독립적인 계정으로 사용할 경우 재무상태표상에 표시할 때는 현금 및 현금성자산계정으로 통합해서 보고해야 한다.

한편 금융회사의 요구에 따라 즉시 상환하여야 하는 당좌차월의 경우 현금 및 현금성자산의 구성요소에 포함시키며 현금 및 현금성자산의 차감으로 처리한다. 이밖에 선일자수표(받을어음), 당점발행수표 또는 기발행미인도수표(당좌예금), 우표와 수입인지(선급비용) 등은 현금 및 현금성자산으로 분류되지 않는다.

현금 및 현금성자산이라 할지라도 유동성에 제약을 받는 경우에는 단기금융상품으로 분류하여야 한다. 그러나 1년 이상 사용이 제한된 현금 및 현금성자산은 투자자산(장기금융상품)으로 분류하도록 하고 그 내용을 주석으로 기재한다. 사용이 제한된 현금 및 현금성자산에는 보상예금(실무에서는 꺾기라는 말로 사용됨)을 들 수 있다. 보상예금(compensating balance)이란 기업이 은행으로부터 자금을 대출받을 때 대출금액의 일부를 일정기간 동안 은행에 강제로 예입하여 유동성에 제약을 받는 예금을 말하며 일명 담보성 예금이라 한다.

표 8-1 현금 및 현금성자산의 범위

- 현금 및 현금성자산
  - 현 금
    - 통화 : 지폐, 동전
    - 통화대용증권 : 타인발행수표, 자기앞수표, 송금수표, 송금환증서, 우편환증서, 대체저금환급증서, 전신환증서, 국고지급통지서, 배당금영수증, 공사채만기이자표, 일람출급어음, 만기도래어음 등
  - 예 금 : 당좌예금, 보통예금
  - 현금성자산 : 취득당시 만기가 3개월 이내에 도래하는 채권
    취득당시 상환일까지의 기간이 3개월 이내인 상환우선주
    환매채(3개월 이내의 환매조건)
    기업어음(3개월 이내의 만기도래)
    양도성예금증서(3개월 이내의 만기도래)
    정기적금(3개월 이내의 만기도래)
    정기예금(3개월 이내의 만기도래) 등

자습문제 8-1 다음 거래를 분개하시오.

(1) 상품 ₩50,000을 매출하고 대금은 대전은행 발행 자기앞수표로 받다.

(2) 상품 ₩150,000을 매입하고 대금 중 ₩50,000은 대전은행 발행 자기앞수표로 지급하고 잔액은 외상으로 하다.

(3) 상품 ₩100,000을 (주)한마을에 매출하고 대금은 (주)한마을 발행(동점발행)수표로 받다.

(4) (주)해운대의 외상매출금 ₩200,000을 송금수표로 받다.

(5) 상품 ₩300,000을 매출하고 대금 중 ₩200,000은 앞서 당점이 발행한 수표로 받고 잔액은 거래처가 발행한 수표로 받다.

(6) 전신환증서 ₩100,000, 배당금영수증 ₩200,000, 공사채만기이자표 ₩150,000 및 국고지급통지서 ₩50,000을 현금으로 교환하다.

2) 현금관리와 내부통제

현금과 예금은 유동성이 아주 높을 뿐만 아니라 거래가 빈번하게 발생하므로 도난이나 부정 및 회계상 오류 등이 발생할 가능성이 많아 적절한 내부통제가 요구된다. 內部統制(internal control)란 기업의 자산을 효율적으로 보전·관리하고, 경영방침의 준수와 업무를 능률적으로 수행할 수 있도록 하며, 부정이나 회계처리상 오류를 방지하고 자동적으로 검증할 수 있도록 설계된 제반절차를 말한다.

현금과예금의 내부통제를 위하여 사용하는 방법은 ① 현금의 수취, 지급 및 기장업무의 분담, ② 현금수취 즉시 예입, ③ 수표에 의한 대금결제, ④ 소액현금제도의 이용, ⑤ 정기적인 현금과 예금의 잔액검증 등을 들 수 있다.

3) 당좌예금과 당좌차월

(1) 당좌예금

현금에 대한 내부통제를 위해서는 기업으로 현금이 유입되는 경우, 이를 즉시 은행에 예입하고, 거래대금은 가능한 수표를 발행하여 결제하도록 하여야 한다. 이와 같이 수표를 발행하여 대금을 지급하기 위해서는 은행과 당좌거래약정을 체결하고 당좌예금 계좌를 개설하게 되는데 이에 대한 회계처리를 위하여 이용되는 계정을 **當座預金**이라 한다. 따라서 기업이 당좌예입을 하는 경우 당좌예금계정 차변에 기입하여 이를 증가시키고, 수표를 발행한 경우는 이를 당좌예금계정 대변에 기입하여 감소시키게 된다. 회계처리과정을 예를 들어 설명하면 다음과 같다.

예제 8-1 당좌예금의 회계처리

대전은행과 당좌거래약정을 체결하고 현금 ₩600,000을 예입하다.

(차) 당좌예금	600,000		(대) 현 금	600,000

상품 ₩500,000을 매입한 후 이중 ₩300,000은 수표를 발행하여 지급하고 잔액은 둔산은행 발행 자기앞수표로 지급하다.

(차) 매 입	500,000		(대) 당좌예금	300,000
			현 금	200,000

(2) 당좌차월

당좌거래를 개설하여 이용하는 경우 원칙적으로 기업은 당좌예금의 한도 내에서 수표를 발행할 수 있다. 그러나 기업이 일정범위 내에서 당좌예금의 잔액을 초과하여 수표를 발행한 경우 은행이 이를 대신 지급해주기로 하는 계약을 은행과 체결할 수 있는데, 이를 **當座借越**(bank overdraft)계약이라 한다. 당좌차월계약을 체결하고 당좌예금잔액을 초과하여 수표를 발행한 부분은 은행으로부터 자금을 일시적으로 차입한 것으로, 이러한 부채를 계상하기 위하여 이용되는 계정이 당좌차월이다. 당좌차월은 이후 기업이 예입하면 즉시 상환되는 것으로 유동성이 가장 높은 유동부채(단기차입금)로 분류된다. 그러나 금융회사의 요구에 따라 즉시 상환하여야 하는 당좌차월의 경우 현금및현금성자산의 구성요소에 포함시키며 현금및현금성자산의 차감으로 처리한다.

당좌예금의 잔액을 초과하여 수표를 발행한 경우에는 당좌차월계정 대변에 기입하고, 이후 당좌예입을 통하여 상환하는 경우에는 당좌차월계정 차변에 기입한다. 기업이 여러 은행과 당좌거래를 하는 경우 유의할 점은 당좌예금잔액과 당좌차월잔액을 상계하지 않고 총액으로 재무상태표에 계상·보고하여야 한다는 점이다.

예제 8-2 **당좌예금과 당좌차월에 대한 회계처리**

(1) 대전은행과 당좌거래약정을 체결하고 현금 ₩600,000을 예입하다.

(차) 당좌예금	600,000	(대) 현 금	600,000

(2) 상품 ₩900,000을 매입하고 대금은 대전은행앞 당좌수표를 발행하여 지급하다. 단, 대전은행과는 당좌차월계약을 맺었으며 차월한도액은 ₩2,000,000이다.

(차) 매 입	900,000	(대) 당좌예금	600,000
		당좌차월	300,000

(3) 상품 ₩200,000을 매출하고 대금은 동점발행수표로 받아 즉시 대전은행에 당좌예입하다.

(차) 당좌차월	200,000	(대) 매 출	200,000

자습문제 8-2 다음 거래를 분개하시오.

(1) 상품 ₩700,000을 매출하고 대금은 서울은행 발행 자기앞수표로 받아 즉시 당좌예입하다.

(2) 상품 ₩500,000을 매출하고 대금은 송금수표로 받아 즉시 당좌예입하다. 단, 당좌차월잔액은 ₩200,000이다.

(3) 상품 ₩600,000을 매입하고 대금은 서울은행앞 당좌수표를 발행하여 지급하고 인수운임 ₩10,000은 현금으로 지급하다.

(4) 상품 ₩800,000을 매입하고 대금은 대전은행앞 당좌수표를 발행하여 지급하고 인수운임 ₩10,000은 현금으로 지급하다. 단, 대전은행에 대한 당좌예금잔액은 ₩500,000이었으며 당좌차월계약이 체결된 상태이다.

(5) 상품 ₩500,000을 매출하고 대금 중 ₩300,000은 자기앞수표로 받아 즉시 당좌예입하고 잔액은 외상으로 하다. 그리고 발송운임 ₩10,000은 현금으로 지급하였으며 당좌차월잔액은 ₩200,000이었다.

(6) 상품 ₩900,000을 매입하고 대금중 ₩600,000은 대전은행앞 당좌수표를 발행하여 지급하고 잔액은 외상으로 하다. 그리고 인수운임 ₩10,000은 현금으로 지급하다. 단, 대전은행에 대한 당좌예금잔액은 ₩400,000이었으며 당좌차월계약이 체결된 상태이다.

4) 소액현금제도

내부통제 목적상 현금수입액은 당일부로 즉시 은행에 입금시켜야 하며 지출시에는 가능한 수표를 발행하여 지출하여야 한다. 그러나 수시로 발생하는 소액의 현금지출시 수표를 발행하여 지급하는 것은 거의 불가능하고 비경제적이다. 이러한 문제를 해결하기 위해서 마련된 제도가 소액현금제도이다.

少額現金制度(petty cash system)란 현금관리 및 업무상 편의를 기하면서 동시에 통제목적을 달성하기 위해서 일상적인 일정금액 이하의 현금지급을 요하는 거래에 대해서는 정식 승인절차를 거치지 아니하고 현금을 지출한 뒤 일정기간 후에 지출된 금액을 보충하여 주는 제도이다. 소액현금제도는 **정액자금전도제**와 **부정액자금전도제**로 구분된다.

소액현금계정과 관련된 회계처리는 ① 최초 소액현금제도를 채택하는 시점, ② 일정기간 경과 후 지출된 소액현금을 해당 비용계정으로 처리하고 자금을 보충하여 주는 경우, ③ 소액현금설정액을 증감시키는 경우에 이루어진다. 이와 같이 소액현금의 실질적인 사용시점에는 해당내용에 대하여 회계처리를 하지 않게 되는데 이는 그 발생빈도는 많으나 금액상 중요하지 않기 때문에 지출시점마다 이를 회계처리하는 경우 많은 회계처리업무가 발생하여 비능률적이기 때문이다. 따라서 소액현금의 지출과 관련된 부분은 소액현금출납장에 기입한 후 일정 기간이 경과하면 이를 일괄하여 회계처리하게 된다. 결산 시 소액현금계정의 잔액은 현금계정에 포함시켜 보고한다.

(1) 정액자금전도제

定額資金前渡制(imprest fund system)란 일정기간 소액자금으로 사용할 금액을 미리 일정금액으로 설정하고 일정기간의 경과 후에는 사용된 자금만을 당좌예금에서 다시 보충함으로써 항상 매기 초에는 규정된 일정금액이 유지되도록 하는 제도를 말한다. 따라서 회계처리의 시점은 소액자금을 최초로 설정하는 시점과 일정기간 경과 후 사용된 자금을 당좌예금에서 보충하는 시점으로 구분된다. 이에 대한 회계처리과정을 정리하면 다음과 같다.

① 소액자금의 최초 설정시

(차) 소액현금	×××	(대) 당좌예금	×××

② 일정기간 경과 후 소액자금의 보충시

(차) 해당 비용계정	×××	(대) 당좌예금	×××

예제 8-3 **정액자금전도제의 회계처리**

(1) 소액자금제도를 운용하기로 하고 1개월간의 자금으로 ₩800,000을 설정하다.

(차) 소액현금	800,000	(대) 당좌예금	800,000

(2) 1개월 동안 소액현금에서 총 ₩700,000이 사용되어 이를 다시 보충하다. 사용 내용은 사무용품비 ₩150,000, 각종 공과금 ₩250,000 및 교통비 ₩300,000이다.

(차) 소모품비	150,000	(대) 당좌예금	700,000
세금과공과	250,000		
여비교통비	300,000		

(2) 부정액자금전도제

不定額資金前渡制란 일정기간 사용할 소액자금을 미리 설정한 것이 아니라 필요시마다 필요자금을 보충하는 제도로 일명 **수시전도제**라 한다. 따라서 소액현금을 설정하여 일정기간 동안 소액자금을 사용한 후에는 먼저 소액자금의 사용내용을 기입하면서 소액현금계정을 감소시킨 후 다음 기간 동안 필요한 금액만큼 다시 설정하는 경우에 해당 금액만큼 소액현금계정을 증가시키게 된다. 이에 대한 회계처리과정을 정리하면 다음과 같다.

① 소액자금의 설정시

(차) 소액현금	×××	(대) 당좌예금	×××

② 일정기간 동안 소액자금의 사용시

(차) 해당 비용계정	×××	(대) 소액현금	×××

예제 8-4 **부정액자금전도제의 회계처리**

(1) 소액자금제도를 운용하기로 하고 1개월간의 자금으로 ₩800,000을 설정하다.

(차) 소액현금	800,000	(대) 당좌예금	800,000

(2) 1개월 동안 소액현금에서 총 ₩700,000이 사용되었으며 사용내용은 사무용품비 ₩150,000, 각종 공과금 ₩250,000 및 교통비 ₩300,000이다.

(차) 소모품비	150,000	(대) 소액현금	700,000
세금과공과	250,000		
여비교통비	300,000		

(3) 1개월간의 사용할 자금으로 ₩850,000을 설정하고 부족액 ₩750,000을 보충하다.

(차) 소액현금	750,000	(대) 당좌예금	750,000

자습문제 8-3 다음 소액현금과 관련된 일련의 거래를 분개하시오.

1. (주)목원

(1) (주)목원은 소액현금제도를 운영하기로 하고 매월 정액자금 ₩600,000으로 규정한 후 1월분 ₩600,000을 소액자금으로 설정하다.

(2) 1월말에 1개월 동안 사용된 소액자금을 보충하다. 사용내용은 다음과 같다.

사무용품비	150,000	각종 공과금	250,000	교 통 비	100,000

(3) 2월말에 1개월 동안 사용된 소액자금을 보충하다. 사용내용은 다음가 같다.

사무용품비	100,000	각종 공과금	200,000	교 통 비	250,000

2. (주)도원

(1) (주)도원은 소액현금제도를 운영하기로 하고 1월분 ₩600,000을 소액자금으로 설정하다.

(2) 1월 동안 사용된 소액자금은 다음과 같다.

사무용품비	150,000	각종 공과금	250,000	교 통 비	100,000

(3) 2월초에 1개월 동안 사용될 소액자금 ₩700,000을 보충하다.

(4) 2월 동안 사용된 소액자금은 다음과 같다.

사무용품비	200,000	각종 공과금	250,000	교 통 비	300,000

5) 현금과부족

수시로 발생하는 소액의 현금사용을 위하여 소액현금제도를 운용하는 경우 현금 자체에 대한 내부통제를 위하여 수시로 현금의 장부상 잔액과 실제 잔액이 일치하는지를 확인하게 된다. 이 때 장부상 현금계정의 잔액과 실제 현금보유액이 일치하지 않는 경우 장부상 현금계정의 잔액을 실제 보유액으로 증감시키면서 상대계정으로는 원인이 밝혀질 때까지 임시적으로 **現金過不足計定**(현금과부족계정)을 사용한다. 이후 원인이 밝혀지면 임시계정인 현금과부족계정을 반대변에 기입하여 소멸시키면서 원인에 해당하는 계정으로 대체하고, 결산시까지 원인이 밝혀지지 않으면 임시계정인 현금과부족계정은 재무상태표에 계상할 수 없으므로 현금과부족계정의 잔액을 **잡손실**이나 **잡이익**으로 대체한다. 이상의 회계처리과정을 정리하면 다음과 같다.

(1) 장부상 현금잔액보다 실제 잔액이 많은 경우

① 현금과잉액이 발견된 경우

(차) 현　금	×××	(대) 현금과부족	×××

② 과잉액의 원인이 밝혀진 경우

(차) 현금과부족	×××	(대) 해당원인계정	×××

③ 결산시까지 원인이 밝혀지지 않은 경우

(차) 현금과부족 ××× (대) 잡 이 익 ×××

④ 결산시 원인을 알 수 없는 현금과잉액이 발견된 경우

(차) 현 금 ××× (대) 잡 이 익 ×××

(2) 장부상 현금잔액보다 실제 잔액이 적은 경우

① 현금부족액이 발견된 경우

(차) 현금과부족 ××× (대) 현 금 ×××

② 부족액의 원인이 밝혀진 경우

(차) 해당원인계정 ××× (대) 현금과부족 ×××

③ 결산시까지 원인이 밝혀지지 않은 경우

(차) 잡 손 실 ××× (대) 현금과부족 ×××

④ 결산시 원인을 알 수 없는 현금부족액이 발견된 경우

(차) 잡 손 실 ××× (대) 현 금 ×××

자습문제 8-4 다음 각 거래를 분개하시오.

1. (주)목원

(1) 현금 실제잔액이 장부잔액보다 ₩250,000이 많음을 발견하다.

(2) 현금과잉액의 원인을 조사한 결과 ₩200,000은 외상매출금을 회수하고 이를 계상하지 않은 것으로 밝혀지다.

(3) 현금과잉액 ₩50,000은 결산시까지 원인을 밝혀내지 못하다.

2. (주)도원

(1) 현금 실제잔액이 장부잔액보다 ₩200,000이 적음을 발견하다.

(2) 현금부족액의 원인을 조사한 결과 ₩150,000은 교통비를 지급하고 이를 계상하지 않은 것으로 밝혀지다.

(3) 현금부족액 ₩50,000은 결산시까지 원인을 밝혀내지 못하다.

6) 은행계정조정표

기업은 정기적으로 현금과 당좌거래를 관리 및 통제하기 위하여 또는 결산시 당좌예금잔액을 정확히 산출·보고하기 위하여 회사장부상 당좌예금계정의 잔액과 당좌예금의 입출금내역이 기재된 은행의 예금잔액증명서상의 잔액이 일치하는지를 대조해 보게 된다. 이 과정에서 작성되는 것

이 銀行計定調整表(bank reconciliation statement)이다. 회사장부상 당좌예금계정의 잔액과 은행의 예금잔액증명서상의 잔액이 일치하지 않는 이유는 부정이나 오류도 있을 수 있지만 대부분 기업이 당좌예금에 대한 회계처리를 하는 시점과 은행이 입금과 출금으로 처리하는 시점이 차이가 나기 때문이다. 이러한 차이의 원인을 살펴보면 다음과 같다.

(1) 기발행미인출수표(또는 미결제수표 : outstanding check) : 이는 기업에서 이미 수표를 발행하여 당좌예금계정에서 차감하였으나 은행에는 아직 지급청구되지 않아 은행잔고에는 그대로 남아 있는 것을 말한다. 따라서 은행의 잔액은 과대계상된다.

(2) 은행미기입예금(deposit in transit) : 이는 기업에서는 은행에 예입한 금액을 당좌예금계정에 가산하였으나 은행에서는 아직 입금으로 처리하지 않은 것으로 은행잔액은 과소계상된다. 이러한 예로는 은행의 업무 마감시간 이후에 기업에 유입된 현금을 은행에 입금시키는 경우 은행에서는 당일로 입금처리를 할 수가 없어 임시보관하는 경우를 들 수 있다.

(3) 기업미통지예금(deposit by third parties) : 이는 거래처가 기업에 통지하지 않고 은행의 당점계좌에 직접 입금한 것으로 기업의 당좌예금계정의 잔액은 과소계상된다.

(4) 은행수수료(bank service charges) : 은행이 기업에 필요한 서비스를 제공(예를 들어, 어음의 추심 등)하고 그에 대한 대가로 일정 수수료를 기업의 당좌예금계좌에서 직접 차감하였으나 아직 기업에 통보가 되지 않은 경우, 기업의 당좌예금계정의 잔액은 과대계상된다.

(5) 이자비용과 이자수익(interest expense or income) : 기업에 대한 이자를 은행이 직접 기업의 당좌예금계좌에 가감하였으나 기업에는 아직 이 사실이 통보되지 않은 경우로, 이자비용시에는 기업의 당좌예금계정의 잔액이 과대계상되고 이자수익시에는 기업의 당좌예금계정의 잔액이 과소계상된다.

(6) 부도수표(Not-Sufficient-Fund checks : NSF checks) : 기업이 거래처 등에서 받은 수표를 은행에 입금시킨 후 은행이 지급조회를 한 결과 부도로 판명된 경우, 은행에서는 이전에 입금으로 처리한 것을 취소시켰으나 기업에 이 사실이 통보되지 않은 경우로 기업의 당좌예금계정의 잔액이 과대계상된다.

(7) 기발행미인도수표 : 기업측이 대금을 결제하기 위하여 수표를 발행하였으나 해당 거래처에 수표를 인도하지 않고 그대로 보유하고 있는 것으로, 이는 기업측의 당좌예금계정 잔액에 포함시켜야 한다.

이상에서 설명한 불일치 원인을 정리하면 [표 8-2]와 같다.

표 8-2 은행계정조정표의 조정항목

은행측 잔액	×××	기업측 잔액	×××
① 기발행미인출수표	−	③ 기업미통지예금	+
② 은행미기록예금	+	④ 은행수수료	−
⑨ 오　　류	+, −	⑤ 이 자 수 익	+
		⑥ 이 자 비 용	−
		⑦ 부 도 수 표	−
		⑧ 기발행미인도수표	+
		⑨ 오　　류	+, −

이상에서 설명한 원인을 반영하여 은행계정조정표를 작성하는 방법에는 다음과 같은 3가지가 있다.

① 은행측 잔액을 기업의 당좌예금잔액에 일치시키는 방법
② 기업의 당좌예금잔액을 은행측 잔액에 일치시키는 방법
③ 양측 잔액을 실제 잔액으로 일치시키는 방법

이중 ③의 방법으로 조정된 금액이 재무상태표에 보고할 금액과 일치하고 또한 작성이 용이하므로 이 방법에 의한 은행계정조정표의 작성과정을 설명하기로 한다. 은행계정조정표의 작성과정에서 기업장부상의 내용이 은행측의 예금잔액증명서상의 내용과 일치하지 않는 경우에는 기업장부를 수정하기 위한 정정분개를 행한다.

은행측 잔액과 회사장부상 당좌예금잔액을 일치하지 않게 하는 원인을 ③의 방법으로 조정하는 과정을 예를 들어 설명하면 다음과 같다.

예제 8-5 **은행계정조정표의 작성방법**

20×3년 12월 31일 (주)고향나들이의 당좌예금계정과 관련된 자료는 다음과 같다.

은행측 예금잔액증명서상의 잔액	₩800,000
기업측 당좌예금계정의 잔액	760,000

차액의 원인은 다음과 같이 밝혀지다.

① (주)고향나들이가 발행한 수표중 은행에 지급·청구되지 않은 것은 다음과 같다.

수표번호	발 행 일	금　　액
#121	12월 26일	₩20,000
#124	12월 30일	30,000

② 12월 31일 입금시킨 ₩30,000이 은행의 당좌예금계좌에 입금으로 기록되지 않았다.

③ 거래처에서 (주)고향나들이에 통보하지 않고 직접 은행에 입금시킨 외상매출금의 대금이 ₩20,000이었다.

④ (주)고향나들이에 통보하지 않고 은행측에서 당월 발생한 수수료 ₩20,000, 이자비용 ₩20,000, 이자수익 ₩30,000을 (주)고향나들이의 당좌예금계좌에 직접 가감하였다.

⑤ (주)고향나들이가 거래처에서 받아 예입한 수표 ₩20,000이 부도처리되었으나 (주)고향나들이에는 아직 통보되지 않았다.

⑥ (주)고향나들이가 외상매출금 ₩30,000을 회수하여 이를 즉시 은행에 예입하였으나 이를 기입하지 않았다.

이상의 내용을 반영하여 20×3년 12월 31일 작성한 은행계정조정표는 다음과 같다.

은행계정조정표

(주)고향나들이 20×3년 12월 31일

은행측 잔액	₩800,000	기업측 잔액		₩760,000
가 산 :		가 산 :		80,000
② 미기입예금	30,000	③ 미통지예금	₩20,000	
		④ 이자수익	30,000	
		⑥ 기장오류	30,000	
차 감 :		차 감 :		(60,000)
① 미결제수표	(50,000)	④ 은행수수료	20,000	
		④ 이자비용	20,000	
		⑤ 부도수표	20,000	
수정 후 잔액	₩780,000	수정 후 잔액		₩780,000

이와 같이 은행계정조정표를 작성하면서 기업측의 조정내용을 당좌예금계정에 반영하기 위하여 정정분개를 하여야 한다. (주)고향나들이의 12월 31일 정정분개는 다음과 같다.

③	(차)	당좌예금	20,000	(대)	외상매출금	20,000
④	(차)	지급수수료	20,000	(대)	당좌예금	40,000
		이자비용	20,000			
	(차)	당좌예금	30,000	(대)	이자수익	30,000
⑤	(차)	부도수표	20,000	(대)	당좌예금	20,000
⑥	(차)	당좌예금	30,000	(대)	외상매출금	30,000

자습문제 8-5 다음 자료를 이용하여 은행계정조정표를 작성하고 필요한 정정분개를 하시오.

(주)너와 나의 당좌예금계정의 잔액은 ₩130,500이고, 은행의 예금잔액증명서상의 잔액은 ₩210,000이었다. 불일치의 원인은 다음과 같다.

① 당월분 이자 ₩1,500이 (주)너와나에 통보되지 않고 당좌예금계좌에서 직접 차감되었다.
② 당월에 발행한 수표 중 은행에 지급청구되지 않은 것은 다음과 같다.

수표번호	금 액
#121	₩50,000
#124	30,000
#126	60,000

③ 거래처에서 (주)너와나에 통보하지 않고 외상매출금을 은행에 직접 예입한 금액이 ₩120,000이었다.
④ (주)너와나가 현금 ₩78,000을 예입하고 ₩87,000으로 잘못 기입하였다.
⑤ 당월에 예입한 금액 중 업무 마감시간이 지나 입금처리되지 않은 것이 ₩170,000이었다.

2 수취채권과 지급채무

1) 수취채권과 지급채무의 의의와 종류

受取債權(receivables)은 기업이 재화나 용역을 외상으로 판매하고 그 대가로 미래에 현금을 수취할 권리를 획득하거나 금전을 대여하고 차용증서나 어음 등을 수취하여 발생하는 채권을 의미하고, **支給債務**(payables)란 기업이 재화나 용역을 외상으로 구입하여 그 대가로 미래에 현금을 지급할 의무가 발생하거나 금전을 차입하고 차용증서나 어음 등을 발행하여 발생하는 채무를 의미한다.

수취채권과 지급채무는 그 발생원천에 따라 매출채권과 매입채무 및 기타채권과 기타채무로 구분되며 그 내용은 다음과 같다.

(1) 매출채권과 매입채무

賣出債權(trade receivables)과 **買入債務**(trade payables)란 기업의 주 목적사업인 일반적인 상거래에서 발생한 채권과 채무로, 이에는 외상매출금(accounts receivable)과 받을어음(notes receivable) 및 외상매입금(accounts payable)과 지급어음(notes payable) 등이 포함된다. 외상매출금과 받을어음은 거래 상대방으로부터 현금을 받기로 하는 계약상의 권리에 해당하므로 금융자산(financial assets)에 속하며, 외상매입금과 지급어음은 거래 상대방에게 현금을 지급하는 계약상의 의무에 해당하므로 금융부채(financial liabilities)에 속한다.

(2) 기타채권과 기타채무

其他債權(nontrade receivables)과 **其他債務**(nontrade payables)란 일반적인 상거래 이외에서

발생한 채권과 채무로 매출채권과 매입채무를 제외한 모든 채권과 채무를 총칭하는 것이다. 이러한 기타채권에는 대여금·미수금·선급금 등을 들 수 있고, 기타채무에는 차입금·유동성장기부채·미지급금·미지급법인세·미지급배당금·선수금·예수금 등을 들 수 있다.

대여금과 미수금은 거래 상대방으로부터 현금을 받기로 하는 계약상의 권리에 해당하므로 금융자산(financial assets)에 속하며, 차입금·유동성장기부채·미지급금·미지급배당금은 거래 상대방에게 현금을 지급하는 계약상의 의무에 해당하므로 금융부채(financial liabili- ties)에 속한다.

그러나 선급금(선급비용 포함)은 거래 상대방으로부터 미래에 재화나 용역을 제공받기 로 약정하고 계약의 이행을 보증하기 위해 거래 상대방에게 대금의 전부 또는 일부를 지급한 것이기 때문에 금융자산이 되지 않는다. 또한 선수금(선수수익 포함)도 거래 상대방에게 미래에 재화나 용역을 제공하기로 약정하고 계약의 이행을 보증하기 위해 거래 상대방으로부터 대금의 전부 또는 일부를 수취한 것이기 때문에 금융부채가 되지 않는다. 한편 미지급법인세는 계약상의 의무가 아니라 법적의무이기 때문에 금융부채에 해당되지 않으며, 예수금도 계약의 이행이나 용역의 제공을 보증받기 위해서 또는 임시로 보관하기 위해 직원이나 고객으로부터 일시적으로 수취한 현금이기 때문에 금융부채에 해당되지 않는다.

2) 수취채권과 지급채무의 분류 및 측정기준

수취채권과 지급채무는 만기가 도래하여야 현금수수가 이루어지므로 재무상태표일로부터 만기까지의 기간에 따라 단기수취채권과 장기수취채권, 단기지급채무와 장기지급채무로 구분된다. 이때 장·단기의 구분은 재무상태표일로부터 1년을 기준으로 한다.

(1) 단기수취채권과 단기지급채무

短期受取債權(short-term receivables)과 **短期支給債務**(short-term payables)는 유동자산과 유동부채로 분류된다. 수취채권과 지급채무는 일정기간이 경과된 후에나 현금이 수수되므로 이론적으로 수취채권과 지급채무의 금액은 미래에 수수될 현금흐름의 현재가치(현재가치의 산출은 제17장 보론 참고)로 평가하여야 하나, 단기수취채권과 단기지급채무의 경우에는 신용기간 동안 이자상당액이 중요하지 않으므로 현재가치 대신 명목상 가액(또는 액면가액)으로 평가한다.

(2) 장기수취채권과 장기지급채무

長期受取債權(long-term receivables)과 **長期支給債務**(long-term payables)는 투자자산과 고정부채로 분류된다. 장기수취채권과 장기지급채무의 경우에는 만기까지의 이자상당액이 중요하므로 명목상 가액과 현재가치가 차이가 나는 경우 현재가치(present value)로 평가하여야 한다.

그러나 수취채권의 경우에는 만기에 전액회수가 이루어진다는 보장이 없으므로 일반적으로 수취채권의 명목상 가액이나 현재가치에서 대손예상액을 차감한 순실현가능가치를 재무상태표에 계상하게 된다. 따라서 일반적인 수취채권의 측정속성은 순실현가능가치(net realizable value)라고 할 수 있다. 지금까지 설명한 수취채권과 지급채무의 분류 및 측정속성을 요약·정리하면 다음 [표 8-3]과 같다.

표 8-3 채권과 채무의 분류 및 측정속성

내 용		분 류	측정속성	
			대손이 예상되지 않는 경우	대손이 예상되는 경우
수 취 채 권	단기수취채권	유 동 자 산	명목상 가액	순실현가능가치
	장기수취채권	비유동자산	현 재 가 치	순실현가능가치
지 급 채 무	단기지급채무	유 동 부 채	명목상 가액	
	장기지급채무	비유동부채	현 재 가 치	

이상에서 설명한 수취채권과 지급채무의 회계처리는 매출채권과 매입채무 및 기타채권과 기타채무로 구분하여 설명하기로 한다.

3 매출채권과 매입채무

1) 매출채권과 매입채무의 인식시점과 측정기준

매출채권은 수익이 계상되면서 외상거래인 경우 상대계정으로 이용되므로, 매출채권을 어느 시점에 자산으로 기록하여야 할 것인가 하는 문제는 수익의 인식기준에 의하여 결정된다. 따라서 일반적인 수익의 인식기준이 판매기준이라고 하였으므로 매출채권은 재고자산이 인도되거나 용역이 제공되는 시점에 자산으로 계상되게 된다. 그리고 매입채무는 재고자산을 외상으로 매입하는 경우 상대계정으로 이용되므로 해당 재고자산의 구입시점(이는 소유권이 이전되는 시점을 말한다)에 부채로 계상되게 된다.

그리고 단기수취채권과 단기지급채무는 명목상 가액(또는 액면가액)으로 평가되고 장기수취채권과 장기지급채무는 현재가치로 평가된다고 하였다.

그러나 매출채권과 매입채무를 명목상 가액이나 현재가치로 평가하는 경우 거래할인, 에누리와 반품 및 현금할인제도 등 매출채권과 매입채무의 수정항목에 대한 회계처리문제가 발생하게 된다. 에누리와 반품 및 현금할인제도는 이미 제7장 상품의 회계처리에서 설명하였다. 그리고 거래할인이란 재고자산의 매매계약시 정찰가격에서 일정금액을 할인(이를 매매할인이라 한다)하거나 수량을 덤으로 더 주는 것(이를 수량할인이라 한다)으로, 정찰가격을 매매가격(또는 송장가격)으로 전환해주는 역할만 할 뿐 회계처리 대상에는 해당되지 않는다. 왜냐하면 재고자산의 매매시 회계처리는 매매가격으로 이루어지기 때문이다. 예를 들어, 정찰가격이 ₩100,000인 상품을 20% 할인(매매할인)하여 외상으로 판매하는 경우에는 외상매출금계정에 ₩80,000, 매출계정에 ₩80,000으로 계상되므로 매매할인가격 ₩20,000은 회계처리 대상이 되지 않는다. 따라서 거래할인은 재고자산의 매매가 성사된 이후에 이루어지는 매출에누리와 매입에누리 및 외상대금을 조기 결제함으로써 나타나는 매출할인 또는 매입할인과는 구분하여야 한다.

또한 매출채권의 경우에는 대손(또는 손상)이 예상되면 명목상 가액이나 현재가치에서 대손예상액을 차감한 순실현가능가치로 평가하여야 하는데 이는 뒤에서 설명한다.

매출채권과 매입채무 중 외상매출금계정과 외상매입금계정은 제7장 상품의 회계처리에서 설명하였다. 이후는 받을어음계정 및 지급어음계정을 중심으로 설명하기로 한다.

2) 받을어음과 지급어음

(1) 어음의 종류

어음은 법률상으로 **약속어음**(promissory note)과 **환어음**(bill of exchange)으로 구분된다. 기업회계기준에서는 일반적인 상거래에서 발생한 어음상 채권·채무를 매출채권과 매입채무로 처리하도록 하고 있다. 그리고 금전의 대차에서 발생하는 어음상의 채권·채무는 대여금계정과 차입금계정으로 처리하고, 또한 재고자산 이외의 재화(투자자산이나 유형자산 등)를 외상으로 매매하고 발생한 어음상의 채권·채무는 미수금계정과 미지급금계정으로 처리한다. 이때 만기까지의 기간이 장기인 경우에는 해당계정에 장기를 붙여 투자자산이나 비유동부채로 분류하면 된다. 이상에서 설명한 회계기준에서의 어음상 채권·채무에 대한 계정과목을 정리하면 다음과 같다.

> ① 일반적인 상거래에서 발생한 어음상 채권·채무 : 매출채권과 매입채무
> ② 이외의 거래에서 발생한 어음상 채권·채무 : 대여금과 차입금, 미수금과 미지급금

(2) 약속어음에 대한 회계처리

約束어음(promissory note)이란 어음을 발행한 자가 만기에 어음상 금액을 지급하기로 약정한 것으로 발행인과 지급인이 같다는 특징을 지닌다. 따라서 어음의 발행·수취 및 만기결제에 대한 발행인과 수취인의 관계를 요약하면 다음 [표 8-4]와 같다.

약속어음의 **발행자**는 어음의 발행시 어음상 채무를 **지급어음계정**으로 대변에 기입한 후 만기에 대금을 지급하면 지급어음계정 차변에 기입하여 소멸시키면 된다. 그리고 어음의 **수취인**은 어음의 수취시 **받을어음계정**으로 차변에 기입한 후 만기에 대금을 회수하면 받을어음계정 대변

에 기입하여 소멸시키면 된다.

표 8-4 약속어음의 발행인과 수취인의 관계

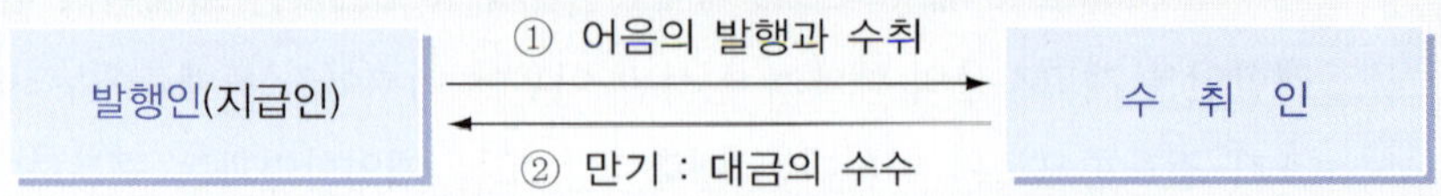

① 약속어음의 발행과 수취

(가) 발행인(지급인)	(차) 매 입	×××	(대) 지급어음	×××
(나) 수취인	(차) 받을어음	×××	(대) 매 출	×××

② 만기 결제시

(가) 발행인(지급인)	(차) 지급어음	×××	(대) 현 금	×××
(나) 수취인	(차) 현 금	×××	(대) 받을어음	×××

예제 8-6 약속어음의 회계처리

(주)한마음은 (주)사랑으로부터 상품 ₩100,000을 매입하고 (주)한마음 발행 (주)사랑 수취의 3개월 만기 무이자부 약속어음 ₩100,000을 발행하여 지급하다. 그리고 3개월 후 어음대금은 현금으로 결제되다. 이상의 거래를 (주)한마음과 (주)사랑의 입장에서 각각 분개하면 다음과 같다.

① 약속어음의 발행과 수취

(주) 한마음	(차) 매 입	100,000	(대) 지급어음	100,000
(주) 사 랑	(차) 받을어음	100,000	(대) 매 출	100,000

② 만기결제시

(주) 한마음	(차) 지급어음	100,000	(대) 현 금	100,000
(주) 사 랑	(차) 현 금	100,000	(대) 받을어음	100,000

자습문제 8-6 다음 거래를 어음의 발행시와 대금 결제시 발행인과 수취인의 입장에서 각각 분개를 하시오.

(주) 마을은 (주)사랑방으로부터 상품 ₩300,000을 매입하고 (주)마을 발행 (주)사랑방 수취의 4개월 만기 무이자부 약속어음을 발행하여 지급하다. 그리고 4개월 후 어음대금은 현금으로 결제되다.

(3) 환어음에 대한 회계처리

換어음(bill of exchange)이란 환어음의 발행인이 지명인(지급인)에게 어음대금을 수취인에게 대신 지급하여 줄 것을 위탁한 증서로, 약속어음과는 달리 발행인과 지급인이 같지 않다는 것이 특징이다. 따라서 대부분의 경우 환어음의 발행시에는 발행인과 지급인 사이에 이미 채권(외상매출금)·채무(외상매입금)의 관계가 형성되어 있어, 발행인이 지급인으로부터 받아야 될 채권(외상매출금)을 수취인에게 대신 지급하도록 위탁하는 것이다. 그리하여 지급인이 발행인의 대신 지급요청에 동의하지 않는 경우 환어음은 그 효력이 발생되지 않게 되므로 환어음의 발행시 발행인은 먼저 지급인에게 대신 지급할 의사가 있는지를 확인하여야 하는데, 이때 지급인이 대신 지급하겠다는 의사표시를 환어음의 인수라 하며 이러한 의미에서 지급인을 일명 인수인이라고도 한다.

이와 같이 환어음이란 발행인이 지급인으로부터 받아야 할 채권(외상매출금)을 받지 않는 대신에 지급인이 수취인에게 어음상 대금을 지급하기로 약정하는 것으로, 지급인의 입장에서는 발행인에 대한 채무(외상매입금)가 수취인에 대한 어음상 채무(지급어음)로 이전되는 의미를 지니게 된다. 환어음의 발행인과 지급인(인수인) 및 수취인 간의 관계를 정리하면 [표 8-5]와 같다.

표 8-5 환어음의 발행인과 지급인(인수인) 및 수취인 간의 관계

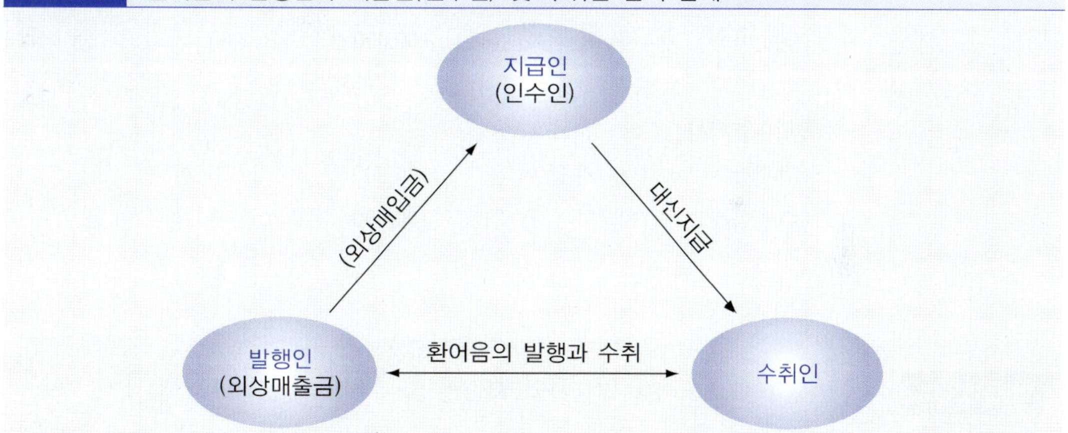

이상에서 보는 바와 같이 환어음의 발행시 발행인은 상품을 구입하는 대가로 지급인으로부터 받을 외상매출금이 감소하므로 대변에 외상매출금계정으로 기입하고, **지급인**은 환어음의 인수로 발행인한테 갚아야 할 외상매입금이 감소하는 대신 수취인에게 갚아야 할 어음상 채무가 발생하므로 차변에 외상매입금계정을 대변에 **지급어음계정**을 기입하며, 환어음의 **수취인**은 발행인에게 상품을 판매한 대가로 지급인으로부터 받아야 할 어음상 채권이 발생하므로 차변에 **받을어음계정**을 기입하면 된다. 그리고 만기 시에는 지급인이 어음 대금을 결제하는 경우 지급인은 지급어음계정을 차변에 기입하여 감소시키고 수취인은 받을어음계정을 대변에 기입하여 감소시키면 된다.

① 환어음의 발행과 인수 및 수취

(가) 발행인	(차) 매 입	×××	(대) 외상매출금	×××
(나) 지급인(인수인)	(차) 외상매입금	×××	(대) 지 급 어 음	×××
(다) 수취인	(차) 받 을 어 음	×××	(대) 매 출	×××

② 만기 결제시

(가) 지급인(인수인)	(차) 지 급 어 음	×××	(대) 현 금	×××
(나) 수취인	(차) 현 금	×××	(대) 받 을 어 음	×××

예제 8-7 **환어음의 회계처리**

(주)나갑돌은 (주)한마을로부터 상품 ₩100,000을 매입하고 (주)나갑돌 발행, 외상매출금이 있는 (주)한갑순 앞, (주)한마을 수취의 3개월 만기 환어음 ₩100,000을 발행하여 지급하다. 그리고 (주)한갑순은 환어음을 즉시 인수하였으며 3개월 후 어음대금을 현금으로 결제하다. 이상의 거래를 (주)나갑돌과 (주)한갑순 및 (주)한마을의 입장에서 각각 분개하면 다음과 같다.

① 환어음의 발행과 인수 및 수취

(주)나갑돌	(차) 매 입	100,000	(대) 외상매출금	100,000
(주)한갑순	(차) 외상매입금	100,000	(대) 지 급 어 음	100,000
(주)한마을	(차) 받 을 어 음	100,000	(대) 매 출	100,000

② 만기 결제시

(주)한갑순	(차) 지 급 어 음	100,000	(대) 현 금	100,000
(주)한마을	(차) 현 금	100,000	(대) 받 을 어 음	100,000

자습문제 8-7 다음 환어음의 거래를 발행자와 지급인 및 수취인의 입장에서 각각 분개하시오.

(1) (주)우리는 (주)푸른산으로부터 상품 ₩500,000을 매입하고 (주)우리 발행, 외상매출금이 있는 (주)미리내 앞, (주)푸른산 수취의 3개월 만기 환어음 ₩500,000을 발행하여 지급하다. 그리고 (주)미리내는 환어음을 즉시 인수하다.

(2) (주)나래는 (주)푸른창공으로부터 상품 ₩300,000을 매입하고 (주)나래 발행, 외상매출금이 있는 (주)제비 앞, (주)푸른창공 수취의 3개월 만기 환어음 ₩300,000을 발행하여 지급하다. 그리고 (주)제비는 환어음을 즉시 인수하다.

(3) (주)나래는 (주)창공의 외상매입금 ₩400,000을 지급하기 위하여 (주)나래발행, 외상매출금이 있는 (주)서울 앞, (주)창공 수취의 3개월 만기 환어음 ₩400,000을 발행하여 지급하다. 그리고 (주)서울은 환어음을 즉시 인수하다.

(4) 어음의 배서

어음의 背書(endorsement)란 어음소지인이 만기 이전에 어음상의 채권을 제 3자에게 양도하는 것을 말한다. 이때 어음의 양도인을 배서인이라 하고 어음을 받은 제3자를 양수인 또는 피배서인이라 한다. 따라서 배서란 배서인이 어음의 뒷면에 어음상 채권을 양도한다는 의사를 표시하고 기명날인하여 피배서인에게 어음을 교부하는 것이다. 배서에는 그 목적에 따라 추심위임배서와 양도배서로 구분된다.

(가) 추심위임배서

추심위임배서란 어음대금의 추심을 은행 등 금융기관에 의뢰하기 위하여 어음 뒷면에 추심위임의 사실을 기입하여 양도하는 것을 말한다. 따라서 추심위임배서는 어음상의 채권이 이전되는 것이 아니고 어음대금의 추심을 의뢰하는 것일 뿐이다. 그러므로 추심위임배서시에는 받을어음계정은 변동되지 않고 수수료의 지급시에만 지급수수료계정으로 처리한 후 이후 추심이 완료되었다는 통지를 받은 시점에 받을어음계정을 대변에 기입하여 소멸시키면 된다.

① 추심위임배서를 하면서 수수료의 지급시

(차) 지급수수료 ××× (대) 현 금×××

② 추심이 완료된 경우

(차) 당좌예금 ××× (대) 받을어음×××

(나) 양도배서

어음의 背書(endorsement)란 어음소지인이 만기 이전에 어음상의 채권을 제3자에게 양도하는 것을 말한다.

배서인(양도인)의 회계처리과정

① 어음의 배서양도시 : (차) 매 입 ××× (대) 받을어음 ×××

② 만기시 : 회계처리 없음

③ 만기시 지급거절로 대신 지급시 : (차) 부도어음 ××× (대) 현 금 ×××

예제 8-8 어음의 양도배서에 대한 회계처리

까치는 상품 ₩500,000을 매입하고 참새로부터 받아 두었던 약속어음을 배서 양도하다. 만기일에 ₩300,000만 결제되고 나머지는 부도 처리되어 현금 ₩200,000을 대신 지급하다.

이상의 거래에 대한 일련의 회계처리과정을 까치 입장에서 설명하면 다음과 같다.

① 어음의 배서양도시 : (차) 매 입 500,000 (대) 받을어음 500,000

② 만기시

ⓐ 대금의 결제시 : 회계처리(분개) 없음

ⓑ 부도 처리시 : (차) 부도어음 200,000 (대) 현 금 200,000

(5) 어음의 할인

어음의 割引(discounting)이란 만기 이전에 어음을 은행 등 금융기관에 양도하고 현금을 조달하는 것을 말한다. 어음의 할인이 어음을 담보로 제공하고 자금을 융통하는 차입거래인 경우에는 어음의 만기가액에서 할인일로부터 만기까지의 이자(이를 할인료라 한다)를 차감한 잔액만이 현금으로 수취되게 된다. 이때 이자(할인료)는 이자비용계정으로 처리하면 된다.

그러나 어음의 할인이 매각거래에 해당되는 경우에는 받을어음을 곧바로 대변에 기입해서 소멸시킨다. 이때 이자(할인료)는 매출채권처분손실로 처리하면 된다.

어음의 할인에 대한 회계처리를 위해서는 할인료를 산출할 수 있어야 하는데, 무이자부어음의 할인료의 계산방법은 이자의 계산방법과 유사하다. 다만, 할인료 계산 시에는 할인율(이자율에 해당)을 액면가액에 곱한다(이를 은행할인법이라 한다)는 것이 특징이다. 따라서 할인료와 할인료를 차감한 실수금은 다음과 같이 산출된다.

> 할인료 = 액면가액×할인율×할인기간
> 실수금 = 액면가액 − 할인료

차입거래시 회계처리과정

① 어음의 할인시 :	(차) 현 금	×××	(대) 단기차입금	×××
	이 자 비 용	×××		
② 만기시				
ⓐ 대금이 결제된 경우 :	(차) 단기차입금	×××	(대) 받 을 어 음	×××
ⓑ 지급거절로 대신 지급시 :	(차) 부 도 어 음	×××	(대) 현 금	×××
	(차) 단기차입금	×××	(대) 받 을 어 음	×××

매각거래시 회계처리과정

① 어음의 할인시 :	(차) 현 금	×××	(대) 받을어음	×××
	매 출 채 권 처 분 손 실	×××		

② 만기시 : 회계처리 없음

예제 8-9 **어음의 할인에 대한 회계처리**

(주)방랑자는 소유하고 있던 (주)정상이 발행한 무이자부 약속어음 ₩1,000,000을 은행에서 할인하고 할인료를 제외한 실수금은 현금으로 받다. 발행일로부터 만기까지의 기간은 6개월이며 할인기간은 2개월이고 할인율은 연 12%이다. 할인된 어음은 만기에 결제되다.

이상의 거래를 회계처리하면 다음과 같다.

$$\text{할인료} = ₩1{,}000{,}000 \times 0.12 \times \frac{2}{12} = ₩20{,}000$$

$$\text{실수금} = ₩1{,}000{,}000 - ₩20{,}000 = ₩980{,}000$$

차입거래

① 어음의 할인시 :	(차) 현금	980,000	(대) 단기차입금	1,000,000
	이자비용	20,000		
② 만기시 :	(차) 단기차입금	1,000,000	(대) 받을어음	1,000,000

매각거래

① 어음의 할인시 :	(차) 현금	980,000	(대) 받을어음	1,000,000
	매출채권처분손실	20,000		

② 만기시 : 회계처리 불필요

자습문제 8-8 다음 거래를 일자별로 회계처리하시오.

(주)제대로는 6월 1일에 소유하고 있던 (주)정상이 발행한 무이자부 약속어음 ₩1,000,000을 은행에서 할인하고 할인료를 제외한 실수금은 현금으로 받다. 발행일로부터 만기까지의 기간은 3개월이며 할인기간은 2개월이고 할인율은 연 12%이다. 할인된 어음은 만기일인 9월 1일에 결제되다.

이자부어음의 할인료의 계산방법은 무이자부어음의 계산방법과는 달리 할인료는 만기가액에 할인율과 할인기간을 곱해서 계산한다. 만기가액에서 할인료를 차감한 차액을 실수금이라고 하며, 실수금이 액면금액보다 적으면 그 차액을 이자비용으로, 많으면 그 차액을 이자수익으로 처리한다. 관련된 산식은 다음과 같다.

> 할인료 = 만기가액 × 할인율 × 할인기간
> 실수금 = 만기가액 − 할인료
> 단, 만기가액 = 액면가액 + 액면가액 × 이자율 × 기간

차입거래시 회계처리과정

① 실수금 < 액면금액 (차) 현 금 ××× (대) 단기차입금 ×××
이자비용 ×××

② 실수금 > 액면금액 (차) 현 금 ××× (대) 단기차입금 ×××
이자수익 ×××

또는 다음과 같이 분개해도 좋다.

(차) 현 금 ××× (대) 단기차입금 ×××
이자비용 ×××*2 이 자 수 익 ×××*1

*1. 액면가액×이자율×(어음수령일~할인일)/365

2. 이자수익 인식액을 가감한 차액임. 즉 단기차입금에 이자수익 가산한 금액에서 실수금을 차감한 잔액이 이자비용임.

예제 8-10 이자부어음의 할인에 대한 회계처리

(주)방랑자는 소유하고 있던 (주)정상이 발행한 발행일로부터 5개월 만기의 액면가액 ₩1,000,000인 연 12%의 이자부어음을 발행일로부터 1개월 후, 할인율 연 15%로 할인하다. 할인된 어음은 만기에 결제되다.

이상의 거래를 차입거래로 보고 회계처리하면 다음과 같다.

만기가액 = ₩1,000,000 + ₩1,000,000×0.12×5/12 = ₩1,050,000
할인료 = ₩1,050,000×0.15×4/12 = ₩52,500
실수금 = ₩1,050,000 − ₩52,500 = ₩997,500
손익계산서상 이자비용 = ₩1,000,000 − ₩997,500 = ₩2,500

① 어음의 할인시 : (차) 현 금 997,500 (대) 단기차입금 1,000,000
이자비용 2,500

② 만기시 : (차) 단기차입금 1,000,000 (대) 받을어음 1,000,000

자습문제 8-9 다음 거래를 일자별로 회계처리하시오.

(주)제대로는 6월 1일에 소유하고 있던 (주)정상이 연 12%에 발행한 이자부 약속어음 ₩1,000,000을 은행에서 할인하고 할인료를 제외한 실수금은 현금으로 받다. 발행일로부터 만기까지의 기간은 5개월이며 할인기간은 2개월이고 할인율은 연 15%이다. 할인된 어음은 만기일에 결제되다.

(6) 어음의 부도

만기에 어음의 대금이 결제되지 않고 부도처리된 경우에는 채권의 보전절차를 수행하기 위하여 발생한 수수료 등 비용을 어음의 만기가액에 가산하여 부도어음계정으로 처리한다. 어음의 부도시 회계처리는 다음과 같다.

(차)	부도어음	×××	(대)	받을어음	×××
				현 금	×××

부도어음의 회수가 불가능해지면 대손으로 처리하여야 한다. 대손에 대한 설명은 본장의 수취채권의 평가와 대손에서 다루어진다.

(7) 어음의 개서

만기일에 어음의 지급인이 자금의 부족으로 어음의 소지인(수취인)에게 만기의 연기를 요청하여 어음의 소지인이 이를 승낙하는 경우 지급인은 새로운 어음을 발행하여 교부하게 되는데, 이를 어음의 **改書**(renewal of notes)라 한다. 어음의 개서에 대한 회계처리는 이전의 어음은 소각되므로 지급어음계정이나 받을어음계정에서 제거하고 새로이 발행·교부된 어음에 대하여 지급어음계정이나 받을어음계정으로 추가 계상하면 된다. 이때 만기가 연기되는 기간에 대한 이자를 주고받는 경우에는 이자비용과 이자수익으로 계상한다. 어음의 개서에 대한 회계처리를 지급인과 수취인의 입장에서 각각 정리하면 다음과 같다.

(지급인)	(차)	지급어음	××× (구어음)	(대)	지급어음	××× (신어음)
		이자비용	×××		현 금	×××
(수취인)	(차)	받을어음	××× (신어음)	(대)	받을어음	××× (구어음)
		현 금	×××		이자수익	×××

자습문제 8-10 다음 거래를 분개하시오.

(1) 소유하고 있던 어음 ₩400,000이 부도 처리되다. 상환청구를 위하여 지급거절증서작성비 등 ₩20,000을 현금으로 지급하다.

(2) 당사가 발행한 약속어음 ₩300,000이 만기일이 되었으나 자금이 부족하여 3개월간 지급연기를 요청하고 신어음으로 개서하여 교부하다. 그리고 이자 ₩6,000은 현금으로 지급하다.

(3) 보유하고 있던 약속어음₩500,000이 만기일이 되었으나 지급인의 요청으로 3개월간 지급기한을 연장하여 주고 이에 대한 이자 ₩10,000을 가산한 신어음을 교부받다.

4 기타채권과 기타채무

其他債權(nontrade receivables)과 **其他債務**(nontrade payables)란 일반적인 상거래 이외에서 발생한 채권과 채무로 매출채권과 매입채무를 제외한 모든 채권과 채무를 총칭하는 것이다. 기타채권에는 대여금계정·미수금계정·선대금계정·미수수익계정 등을 들 수 있고, 기타채무에는 차입금계정·미지급금계정·예수금계정·미지급비용계정·유동성장기부채계정 등을 들 수 있다.

기타채권 중에서 대여금과 미수금은 금융자산(financial assets)에 속하지만, 선급금(선급비용 포함)과 선대금계정 등은 금융자산에 속하지 않는다. 또한 차입금·유동성장기부채·미지급금·미지급배당금은 금융부채(financial liabilities)에 속하지만, 선수금(선수수익 포함)·미지급법인세·예수금 등은 금융부채에 속하지 않는다.

그러나 본 장에서는 금융자산과 금융자산에 속하지 않은 항목들도 편의상 함께 설명하고자 한다.

1) 대여금과 차입금

貸與金과 **借入金**은 금전 대차시 발생하는 채권과 채무를 계상하기 위한 계정으로, 금전의 대여시에는 대여금계정의 차변에 금전의 차입시에는 차입금계정의 대변에 기입한다. 그리고 만기까지의 기간이 1년 이내인 경우에는 단기대여금계정과 단기차입금계정으로 하여 유동자산과 유동부채로 분류하고, 만기까지의 기간이 1년 이후인 경우에는 장기대여금계정과 장기차입금계정으로 하여 투자자산과 비유동부채로 분류한다. 대여금과 차입금에 대한 이자는 이자수익과 이자비용으로 처리한다.

예제 8-11 다음 거래를 분개하시오.

(1) 현금 ₩500,000을 대여(대여기간 3개월)하고 차용증서를 받다.

(차) 단기대여금	500,000	(대) 현 금	500,000

(2) 현금 ₩600,000을 차입(차입기간 5개월)하고 차용증서를 교부하다.

(차) 현 금	600,000	(대) 단기차입금	600,000

(3) 현금 ₩1,000,000을 대여(대여기간 2년)하고 약속어음을 받다.

(차) 장기대여금	1,000,000	(대) 현 금	1,000,000

(4) 현금 ₩2,000,000을 차입(차입기간 2년)하고 약속어음을 발행하여 교부하다.

(차) 현 금	2,000,000	(대) 장기차입금	2,000,000

자습문제 8-11 다음 거래를 분개하시오.

(1) 현금 ₩500,000을 대여(대여기간 3개월)하고 차용증서를 받다.
(2) 위의 대여금 ₩500,000과 그 이자 ₩15,000을 현금으로 받다.
(3) 현금 ₩600,000을 차입(차입기간 5개월)하고 차용증서를 교부하다.
(4) 위의 차입금 ₩600,000과 그 이자 ₩30,000을 수표를 발행하여 지급하다.
(5) 현금 ₩1,000,000을 대여(대여기간 2년)하고 약속어음을 받다.
(6) 현금 ₩2,000,000을 차입(차입기간 2년)하고 약속어음을 발행하여 교부하다.

2) 미수금과 미지급금

未受金과 **未支給金**은 일반적인 상거래가 아닌 유가증권·유형자산 또는 투자자산 등을 외상으로 매매하여 발생한 채권과 채무를 계상하기 위한 계정으로, 해당항목을 처분하여 발생한 채권은 차변에 미수금계정으로, 외상으로 구입하여 발생한 채무는 대변에 미지급금계정으로 기입한다.

예제 8-12 **다음 거래를 분개하시오.**

(1) 원가 ₩500,000의 토지를 ₩550,000에 처분하고 3개월 만기 약속어음을 받다.

(차)	미 수 금	550,000	(대)	토 지	500,000
				유형자산 처분이익	50,000

(2) 원가 ₩350,000의 사무용 가구를 외상으로 구입하다.

(차)	비 품	350,000	(대)	미지급금	350,000

자습문제 8-12 다음 거래를 분개하시오.

(1) 원가 ₩300,000의 유가증권(단기자금 운용목적 취득)을 ₩400,000에 외상으로 처분하다.
(2) 원가 ₩500,000의 토지를 ₩550,000에 처분하고 3개월 만기 약속어음을 받다.
(3) 원가 ₩350,000의 사무용 가구를 외상으로 구입하다.
(4) 원가 ₩1,000,000의 건물을 구입하고 4개월 만기 약속어음을 발행하여 교부하다.

3) 선급금과 선수금

先給金은 상품 등을 매입하기 위하여 계약금 형식으로 미리 지급한 금액을 기입하기 위한 계정으로, 계약금의 지급시 차변에 선급금계정을 이후 해당상품 등을 인수하는 경우 대변에 선급금계정을 기입한다. **先受金**은 반대로 상품 등을 판매하기로 약정하고 계약금 형식으로 미리 받은 금액을 기입하기 위한 계정으로, 계약금의 수취시 대변에 선수금계정을 이후 상품 등을 인도하는 경우 차변에 선수금계정을 기입한다.

예제 8-13 다음 거래를 분개하시오.

(1) 상품 ₩1,000,000을 매입하기로 하고 계약금 ₩100,000을 현금으로 지급하다.

(차)	선 급 금	100,000	(대) 현 금	100,000

(2) 상기 상품을 인수하고 잔액은 외상으로 하다(실사법 사용).

(차)	매 입	1,000,000	(대) 선 급 금	100,000
			외상매입금	900,000

(3) 상품 ₩500,000을 판매하기로 하고 계약금 ₩50,000을 자기앞수표로 받다.

(차)	현 금	50,000	(대) 선 수 금	50,000

(4) 상기 상품을 인도하고 잔액은 거래처가 발행한 약속어음으로 받다.

(차)	선 수 금	50,000	(대) 매 출	500,000
	받을어음	450,000		

자습문제 8-13 다음 거래를 분개하시오.

(1) 상품 ₩1,000,000을 매입하기로 하고 계약금 ₩100,000을 현금으로 지급하다.
(2) 상기 상품을 인수하고 잔액은 외상으로 하다.
(3) 상품 ₩500,000을 판매하기로 하고 계약금 ₩50,000을 자기앞수표로 받다.
(4) 상기 상품을 인도하고 잔액은 거래처가 발행한 약속어음으로 받다.

4) 선대금과 예수금

先貸金이란 기업이 앞으로 지급하여야 할 금액 중 일부를 미리 종업원 등에게 지급하는 경우 발생하는 채권을 기입하는 것으로, 대표적인 예로는 종업원에게 가불을 해주는 경우를 들 수 있다. 이 경우 종업원대여금계정으로 기입하여도 된다.

預受金은 언젠가는 제3자에게 지급하여야 할 금액을 일시적으로 기업이 보관하는 경우 발생하는 채무를 기입하기 위하여 사용되는 계정이다. 이러한 예로는 종업원이 납부하여야 할 각종 세금이나 공과금 등을 대신 납부하기 위하여 급료의 지급시 공제하여 보관하는 경우, 종업원의 입사시 신원보증금을 받은 경우, 맥주 등을 판매하면서 빈병대금을 받아 보관하는 경우 등을 들 수 있다.

예제 8-14 **선대금과 예수금의 회계처리**

(주) 성실은 종업원 안성실씨가 요청한 가불금 ₩400,000을 현금으로 지급하다. 그리고 급료지급일에 안성실씨의 급료 ₩1,200,000중 가불금 ₩400,000과 근로소득세 ₩20,000 및 조합비 ₩20,000을 차감한 잔액을 현금으로 지급하다. 이후 근로소득세와 조합비는 해당 기관에 현금으로 납부하다.

이상의 거래를 회계처리하면 다음과 같다.

① 가불금 지급시	(차)	선 대 금	400,000	(대)	현 금	400,000
② 급료지급시	(차)	급 여	1,200,000	(대)	현 금	760,000
					선 대 금	400,000
					소득세예수금	20,000
					조합비예수금	20,000
③ 예수금의 대납시	(차)	소득세예수금	20,000	(대)	현 금	40,000
		조합비예수금	20,000			

자습문제 8-14 다음 거래를 분개하시오.

(1) (주)푸른내는 종업원 금하나씨가 요청한 가불금 ₩300,000을 현금으로 지급하다.
(2) 급료 지급일에 종업원 금하나씨의 급료 ₩1,300,000중 가불금 ₩300,000과 근로소득세 ₩20,000 및 조합비 ₩10,000을 차감한 잔액을 현금으로 지급하다.
(3) 종업원의 근로소득세 ₩300,000과 보관하고 있는 조합비 ₩200,000을 해당기관에 현금으로 납부하다.
(4) (주)맑은샘은 음료수 ₩1,000,000을 판매하면서 빈병 대금 ₩50,000과 함께 현금 ₩1,050,000을 받다.
(5) (주)맑은샘은 이미 받아 놓은 빈병 대금 중 빈병과 교환하여 현금 ₩30,000을 지급하다.

5) 유동성장기부채

비유동부채였던 채무는 시간이 경과됨에 따라 만기가 1년 이내에 도래하게 된다. 이와 같이 시간의 경과에 따라 비유동부채가 유동부채로 전환되는 경우에는 이를 재무상태표상 유동부채로 계상하여야 하는데, 이때 이용하는 계정을 **流動性長期負債**라 한다. 따라서 결산시 만기가 1년 이내에 도래하는 비유동부채는 해당계정을 차변에 기입하여 감소시키면서 대변에 유동성장기부채 계정으로 기입한다.

예제 8-15 다음 거래를 분개하시오.

(1) 20×3년 1월 1일 현금 ₩600,000을 은행에서 차입(차입기간 2년)하다.

(차) 현 금	600,000	(대) 장 기 차 입 금	600,000

(2) 20×3년 12월 31일 결산일에 상환기간이 1년 이내에 해당되는 장기차입금을 유동성장기부채로 재분류하다.

(차) 장기차입금	600,000	(대) 유동성장기부채	600,000

6) 임시계정

臨時計定이란 특정 경제적 사건은 발생하였으나 그에 대한 계정과목이나 금액이 확정되지 않아 임시적으로 사용되는 것으로, 이에는 현금과부족계정 · 가지급금계정 · 가수금계정 · 미결산계정 등이 있다.

임시계정은 재무상태표상에 계상할 수 없으므로 결산시에는 그 내용을 확정하여 해당계정으로 대체하여야 한다.

(1) 가지급금과 가수금

假支給金이란 현금이 지급되었으나 그 내용이나 금액이 확정되지 않은 경우 사용되는 것으로, 현금의 지급사실을 기입하면서 차변에 가지급금계정으로 기입한다. 이러한 예로는 기업의 이사에게 내용불명의 현금을 지급한 경우 또는 종업원의 출장비가 확정되지 않아 임시적으로 출장비(이를 여비 개산액이라 한다)를 지급한 경우 등을 들 수 있다. **假受金**이란 기업으로 현금이 수입되었으나 그 내용이 확정되지 않은 경우 사용되는 것으로 현금의 수입을 기입하면서 대변에 가수금계정으로 기입한다. 이러한 예로는 출장 중인 사원이 내용불명의 현금을 송금해 오거나 거래처에서 내용을 통보하지 않고 현금만을 온라인으로 송금해 오는 경우 등을 들 수 있다.

예제 8-16 가지급금과 가수금에 대한 회계처리

(주)푸른강은 종업원에게 출장을 명하고 여비 개산액 ₩200,000을 현금으로 지급하다. 이후 출장중인 종업원으로부터 내용불명의 송금수표 ₩500,000을 받다. 종업원이 귀사하여 출장비 ₩200,000중 ₩50,000이 남아 현금으로 반환하였으며 송금수표 ₩500,000은 상품의 계약금을 받은 것으로 확인되다.

이상의 거래를 회계처리하면 다음과 같다.

① 출장비 지급시	(차) 가 지 급 금	200,000	(대) 현 금	200,000
② 내용불명의 현금수취시	(차) 현 금	500,000	(대) 가 수 금	500,000

③ 내용의 확인시	(차) 여비교통비	150,000	(대) 가지급금	200,000
	현 금	50,000		
	(차) 가 수 금	500,000	(대) 선 수 금	500,000

(2) 미결산계정

未決算計定은 현금의 수수가 없는 특정 경제적 사건은 발생하였으나 그에 대한 내용 등이 확정되지 않아 임시적으로 처리하기 위한 계정이다. 이러한 예로는 종업원이 거래처의 외상대금을 회수하여 횡령하였으나 신원보증인 등으로 부터의 변상여부가 확정되지 않은 경우 또는 보험에 가입된 건물 등이 화재로 인하여 소실되었으나 보험금이 아직 확정되지 않은 경우 등을 들 수 있다.

예제 8-17 **미결산에 대한 회계처리**

(주)푸른솔은 화재로 인하여 공장건물 취득원가 ₩4,000,000(감가상각누계액 ₩1,000,000)이 전소되었다. 이 공장은 보험에 가입된 것으로 화재 발생 후 1개월 경과된 날짜에 보험금 보상액이 ₩2,500,000으로 확정되었다는 통지를 받다.

이상의 거래를 회계처리하면 다음과 같다.

(화재 발생시)	(차) 미 결 산 계 정	3,000,000	(대) 건 물	4,000,000
	감가상각누계액	1,000,000		
(보험금 확정시)	(차) 미 수 금	2,500,000	(대) 미결산계정	3,000,000
	재 해 손 실	500,000		

자습문제 8-15 다음 거래를 분개하시오.

1) (1) (주)푸른강은 종업원에게 출장을 명하고 여비 개산액 ₩150,000을 현금으로 지급하다.
(2) 이후 출장 중인 종업원으로부터 내용 불명의 송금수표 ₩300,000을 받다.
(3) 종업원이 귀사하여 출장비가 ₩200,000으로 확인되어 ₩50,000을 현금으로 지급하였으며 송금수표 ₩300,000은 외상매출금의 회수로 확인되다.

2) (1) (주)푸른솔은 화재로 인하여 공장건물 ₩6,000,000(감가상각누계액 ₩1,000,000)이 전소되었다. 이 공장은 보험에 가입된 것이다.
(2) 화재발생 후 1개월 경과된 날에 보험금이 ₩4,500,000으로 확정되었다는 통지를 받다.

5 수취채권의 평가와 대손(또는 손상차손)

수취채권의 경우에는 만기에 전액 회수된다는 보장이 없다. 따라서 기업은 수취채권과 같은 금융사산에 대해서 손상발생에 대한 객관적인 증거가 있는지를 매 결산일에 평가해야 한다. 만약 거래처의 부도 또는 파산과 같은 재무적 곤경 등의 객관적인 사유에 의하여 수취채권을 회수할 수 없게 되면, 이때 발생가능한 손실 즉, 회수불능채권에 대한 부분을 **貸損償却費**(bad debt expenses) 또는 손상차손이란 계정으로 비용처리해야 한다. 대손에 대한 회계처리방법은 직접상각법과 충당금설정법 중 하나를 선택할 수 있다.

1) 직접상각법

直接償却法(direct write-off method)이란 대손발생이 객관적으로 입증될 때마다 차변에 대손상각비계정으로 기입하고 대변에 해당 수취채권계정을 기입하여 직접 감소시키는 방법을 말한다. 이 방법은 매출이 발생된 기간과 대손이 발생한 기간이 같지 않은 경우 수익과 비용이 인식되는 기간이 달라 수익·비용대응 원칙(matching principle)에 위배되는 문제를 가지고 있어 과거에는 일반적으로 인정된 회계원칙에서 인정하지 않던 방법이다. 따라서 직접상각법은 중요성 제약요인(materiality constraint)의 관점에서 소규모 기업이나 또는 대손금이 매출액이나 순이익 규모에 비해 매우 적어서 재무제표에 미치는 영향이 중요하지 않은 것으로 판단되는 경우에 한해서 제한적으로 사용할 수 있는 방법이다.

대손처리한 이후에 회수되는 경우에는 상각한 기간과 동일한 기간이면 대변에 대손상각비, 차변에 현금을 기입하고, 상각한 기간 이후이면 대변에 대손상각비환입, 차변에 현금을 기입한다. 대손상각비환입은 손익계산서상의 이익으로 보고한다.

회계기준에 의한 직접상각법에 따른 회계처리과정을 정리하면 다음과 같다.

① 결산일 대손예상액 평가한 경우

(대손처리시)	(차) 대손상각비	×××	(대) 수취채권계정	×××

② 당기에 대손처리된 수취채권이 회수된 경우

(현금회수시)	(차) 현　　금	×××	(대) 대손상각비	×××

③ 전기에 대손처리된 수취채권이 당기에 회수된 경우

(현금회수시)	(차) 현　　금	×××	(대) 대손상각비환입	×××

예제 8-18 직접상각법의 회계처리

① 7월 8일에 외상매출금 ₩15,000이 대손되다.

② 7월 8일에 대손처리한 ₩15,000이 회수되다.

③ 전기에 대손처리한 외상매출금 ₩20,000이 회수되다.

분개:

①	(차) 대손상각비	15,000	(대) 외상매출금	15,000
②	(차) 현 금	15,000	(대) 대손상각비	15,000
③	(차) 현 금	20,000	(대) 대손상각비환입	20,000

2) 충당금설정법

充當金設定法(allowance method)이란 일부 채권이 회수되지 않을 가능성이 높고 회수불능채권의 금액을 객관적으로 입증할 수 있는 경우, 대손예상액을 대손충당금계정으로 계상하여 해당 수취채권에서 차감하는 형식으로 회계처리하는 방법이다.

예제 8-19 충당금설정법의 회계처리

(주)청솔이 1기중에 (주)나무에 상품 ₩10,000을 외상매출하다. 외상매출금의 만기는 2기중이었으나 (주)나무의 부도로 인해 외상매출금 ₩10,000의 회수가능성이 불투명해졌으며, 결국 2기중에 대손 처리하다.

먼저 1기말 기말 외상매출금 잔액에 대한 평가결과 대손예상액은 ₩10,000이고 실제로 회수가능액은 ₩990,000(=₩1,000,000−₩10,000)이 된다. 따라서 재무상태표상 외상매출금은 ₩990,000으로 보고하여야 한다. 그러나 외상매출금 ₩10,000이 실제로 대손이 된 것은 아니므로 이를 외상매출금에서 직접 줄일 수가 없다. 그리하여 대손예상액 ₩10,000을 외상매출금계정에서 간접적으로 줄이기 위하여 차감성 평가계정인 대손충당금계정으로 대변에 ₩10,000을 기입하면서 동시에 대손상각비계정으로 차변에 ₩10,000을 기입한다. 이후 외상매출금이 실제로 대손되는 경우 차변에 대손충당금계정으로, 대변에 외상매출금계정으로 기입하면 실제로 대손이 발생한 회계기간에 비용으로 처리되지 않고 상품이 판매된 회계기간, 즉 수익이 계상된 회계기간에 비용으로 계상된다. 이상의 과정을 요약하면 다음과 같다.

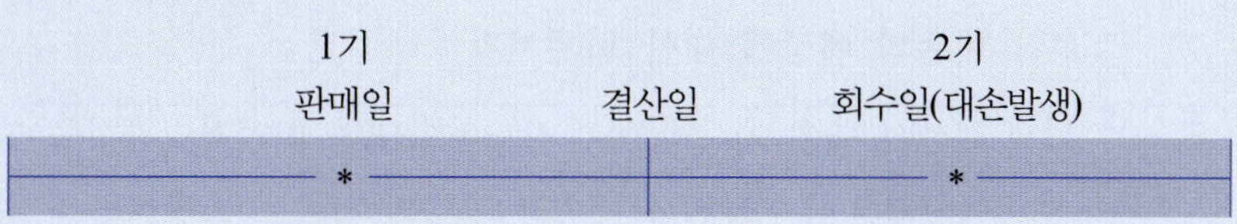

매출시 : (차) 외상매출금 10,000
(대) 매 출 10,000

결산시 : (차) 대손상각비 10,000
(대) 대손충당금 10,000

대손시 : (차) 대손충당금 10,000
(대) 외상매출금 10,000

이상에서 보는 바와 같이 충당금설정법을 이용하면 2기에 발생한 외상매출금의 대손액이 수익이 계상된 1기의 비용으로 기입되어 수익·비용대응의 원칙에 부합되고, 또한 1기말 재무상태표상에 외상매출금이 명목상가액이나 현재가치가 아닌 순실현가능가치로 계상되게 되어 직접상각법의 문세점을 해결하세 된나.

충당금설정법을 이용하는 경우 회계처리과정은 ① 대손의 예상 ② 대손의 발생 및 ③ 대손처리 후 회수로 구분할 수 있으므로 이를 단계별로 나누어 설명하기로 한다.

(1) 대손의 예상

충당금설정법을 이용하는 경우 먼저 대손예상액을 추산하고, 이를 대손충당금계정의 대변에 기입하여 재무상태표상 수취채권계정에서 차감하는 형식으로 계상한다. 대손예상액의 산출과정과 이에 대한 회계처리과정을 나누어 설명하면 다음과 같다.

(가) 대손예상액의 산출

대손예상액은 매 결산기마다 수취채권의 대손발생에 대한 객관적인 증거가 있는지를 평가해서 산출한다. 다음과 같은 사건이 발생하면 수취채권의 대손발생에 대한 객관적인 증거로 인정된다.

① 채무자의 부도발생과 같은 재무적 곤경 발생
② 이자지급의 지속적인 연체나 원금상환의 불이행과 같은 계약 위반
③ 채무자의 재무적 곤경에 관련된 경제적 또는 법률적 이유로 인한 당초 상환조건의 불가피한 완화
④ 채무자의 파산이나 기타 재무구조조정 가능성의 높은 상태
⑤ 채무불이행과 상관관계가 있는 국가나 지역의 경제상황(실업률 증가, 담보자산가격 하락, 거래처 판매제품의 가격하락 등)

(나) 대손의 예상에 대한 회계처리

이제 결산시 대손 예상액 산정 및 이에 대한 회계처리과정을 설명하기로 하자. 먼저 수취채권의 대손예상액은 수취채권을 개별적 및 집합적으로 손상여부를 평가하여 산출한다. 즉 개별적으로 중요한 수취채권의 경우 먼저 개별평가를 통해 손상여부를 판단하여 손상금액을 결정한다. 그리고 개별적으로 중요하지 않은 수취채권에 대해서는 개별 또는 집합평가를 통해 손상여부에 대한 판단과정을 거쳐 손상금액을 결정한다. 한편 개별평가를 통해 검토한 수취채권에 손상발생의 객관적인 증거가 없다면 그 자산은 또 다시 유사한 신용위험의 특성을 가진 수취채권의 집합에 포함시켜 집합평가를 통해 손상여부를 판단한다.

대손예상액 산정

중요한 수취채권 : 개별평가 + 중요치 않은 수취채권 : 집합평가 = 대손예상액

집합평가대손예상액 = Σ(신용위험도별 채권잔액×신용위험도별 대손예상률)

집합평가시 대손예상액을 계산하는 데는 연령분석법(aging method)이 사용된다. 이 방법은 수취채권의 경과기일에 따라 상이한 대손예상률을 곱하여 대손예상액을 산출하는 방법으로 이를 경과기일분석법이라고도 한다. 물론 경과기일이 길수록 보다 높은 대손예상률을 적용하게 된다.

이상에서 설명한 대손예상액의 산출과정을 예를 들어 설명하면 다음과 같다.

예제 8-20 충당금설정법의 회계처리

(주)연령의 결산일 현재 외상매출금잔액은 ₩2,100,000이고 외상매출금에 경과기일별 외상매출금잔액과 경과기일별 대손예상률은 다음과 같다고 하자.

경과기간	외상매출금잔액	대손예상률
회수기일전	₩1,000,000	1%
1 ~ 30일	500,000	2
31 ~ 60일	500,000	4
61 ~120일	100,000	10

이상의 자료를 이용하여 연령분석법에 의한 대손예상액은 다음과 같다.

경과기간	외상매출금잔액	대손예상률	대손예상액
회수기일전	₩1,000,000	1%	₩10,000
1 ~ 30일	500,000	2	10,000
31 ~ 60일	500,000	4	20,000
61 ~120일	100,000	10	10,000
계	₩2,100,000		₩50,000

대손예상액이 계산되면 이 금액을 차변에 대손상각비계정, 대변에 대손충당금계정으로 기입한다.

(차) 대손상각비	×××	(대) 대손충당금	×××

그러나 수정전 잔액시산표상에 대손충당금계정의 잔액이 존재하고 있으면 대손예상액과의 차액을 계산하여 이 금액을 대손예상액으로 기입하면 된다. 만약에 수정전 잔액시산표상의 대손충당금계정 잔액이 대손예상액을 초과하고 있다면, 이때는 그 차액만큼을 차변에 대손충당금계정으로 대변에 대손충당금환입계정으로 기입한다.

이상의 회계처리과정을 요약하면 다음과 같다.

① 대손예상액을 산출하여 재무상태표상 수취채권의 순실현가능가치를 확정한다.
② 수정전 잔액시산표상 대손충당금계정의 잔액을 확인한다.
③ 수정전 잔액시산표상 대손충당금계정의 잔액을 대손예상액으로 조정한다. 이를 정리하면 다음과 같다.

수정전 잔액시산표

	대손충당금	×××

⇒

재무상태표

외상매출금	×××	
대손충당금	(×××)	
	×××	

(차액증가시) (차) 대손상각비 ××× (대) 대손충당금 ×××
(차액감소시) (차) 대손충당금 ××× (대) 대손충당금환입 ×××

예제 8-21 대손예상시의 회계처리

(주)나들이의 결산일 현재 외상매출금잔액은 ₩2,000,000이고 외상매출금에 대한 대손예상액은 ₩20,000이며 수정전 잔액시산표상 대손충당금잔액은 다음과 같다고 하자.

① 대손충당금잔액 ₩0인 경우 ② 대손충당금잔액 ₩8,000인 경우
③ 대손충당금잔액 ₩20,000인 경우 ④ 대손충당금잔액 ₩23,000인 경우

이상의 거래를 회계처리하면 다음과 같다.

먼저 대손예상액이 ₩20,000이므로, 재무상태표상 대손충당금계정은 ₩20,000이며 외상매출금의 순실현가능가치는 ₩1,980,000이 된다.

① 대손충당금잔액 ₩0인 경우

수정전 잔액시산표

	대손충당금	0

⇒

재무상태표

외상매출금	2,000,000	
대손충당금	(20,000)	
	1,980,000	

수정분개 : (차) 대손상각비 20,000 (대) 대손충당금 20,000

② 대손충당금잔액 ₩8,000인 경우

수정전 잔액시산표				재무상태표		
	대손충당금	8,000	⇒	외상매출금	2,000,000	
				대손충당금	(20,000)	
					1,980,000	

수정분개 : (차) 대손상각비 12,000 (대) 대손충당금 12,000

③ 대손충당금잔액 ₩20,000인 경우

수정전 잔액시산표				재무상태표		
	대손충당금	20,000	⇒	외상매출금	2,000,000	
				대손충당금	(20,000)	
					1,980,000	

수정분개 : 분개없음

④ 대손충당금잔액 ₩23,000인 경우

수정전 잔액시산표				재무상태표		
	대손충당금	23,000	⇒	외상매출금	2,000,000	
				대손충당금	(20,000)	
					1,980,000	

수정분개 : (차) 대손충당금 3,000 (대) 대손충당금환입 3,000

자습문제 8-16 다음 자료를 이용하여 각 경우에 따라 대손의 예상시 수정분개를 하시오.

(주)신용의 결산일 현재 외상매출금잔액은 ₩2,000,000이고 외상매출금에 대한 평가 결과 대손예상액은 ₩40,000이다. 그리고 수정전 잔액시산표상의 대손충당금계정의 잔액은 다음과 같다.

① 대손충당금잔액 ₩0인 경우 ② 대손충당금잔액 ₩8,000인 경우
③ 대손충당금잔액 ₩40,000인 경우 ④ 대손충당금잔액 ₩63,000인 경우

(2) 대손의 발생

특정 수취채권을 회수할 수 없게 되는 경우를 대손의 발생 또는 대손의 확정이라 한다. 충당금 설정법에서 대손이 발생된 경우에는 대손된 금액만큼 수취채권을 감소시키기 위하여 대변에 수

취채권계정을 기입하면서, 차변에 **대손충당금계정**으로 기입한다. 이때 대손된 금액보다 대손충당금계정잔액이 작은 경우에는 그 차액을 직접 대손상각비계정으로 기입한다. 이는 전기에 대손을 예상한 것보다 당기에 실제로 대손된 금액이 많은 것으로, 그 차액에 대하여는 비용으로 처리가 되지 않았기 때문이다. 이상의 회계처리과정을 요약하면 다음과 같다.

① 대손발생액≤대손충당금잔액 :	(차) 대손충당금	×××	(대)	수취채권계정	×××
② 대손발생액>대손충당금잔액 :	(차) 대손충당금	×××	(대)	수취채권계정	×××
	대손상각비	×××			

예제 8-22 **대손발생시의 회계처리**

대손충당금 ₩30,000이 전기에서 이월된 상태에서 당기에 다음과 같이 대손이 발생하였다고 하자.

① 당기에 발생한 외상매출금 ₩15,000이 대손되다.
② 전기에 발생한 외상매출금 ₩20,000이 대손되다.
③ 당기말에 대손예상액은 ₩60,000이다.

외상매출금의 발생시점과는 관계없이 대손이 확정된 외상매출금을 대변에 기입하여 감소시키면서 대손충당금계정을 차변에 기입하고, 대손충당금이 부족한 경우에는 대손상각비계정으로 그 부족분을 차변에 기입하므로 회계처리의 결과는 다음과 같다.

①	(차) 대손충당금	15,000	(대) 외상매출금	15,000
②	(차) 대손충당금	15,000	(대) 외상매출금	20,000
	대손상각비	5,000		
③	(차) 대손상각비	60,000	(대) 대손충당금	60,000

자습문제 8-17 다음 거래를 각각 분개하시오.

외상매출금 ₩30,000이 대손되다. 전기에서 이월된 대손충당금잔액은 다음과 같다.

① 대손충당금잔액이 ₩40,000인 경우 ② 대손충당금잔액이 ₩30,000인 경우
③ 대손충당금잔액이 ₩10,000인 경우 ④ 대손충당금잔액이 ₩0인 경우

(3) 대손 확정 처리후 회수

수취채권중 대손이 확정되어 대손처리가 이루어진 후에 회수가능성이 회복되어 현금으로 회수되는 경우도 발생할 수 있다.

전기나 당기에 수취채권을 대손처리한 것이 현금으로 회수된 경우에는 다음과 같이 회계처리하면 된다.

(대손처리시)	(차) 대손충당금	×××		(대) 수취채권계정	×××
(현금회수시)	(차) 수취채권계정	×××		(대) 대손충당금	×××
	(차) 현　　　금	×××		(대) 수취채권계정	×××

따라서 이상의 회계처리과정을 압축하면 그 결과는 다음과 같다.

(차) 현　　　금　　××× 　　(대) 대손충당금　　×××

예제 8-23 **대손처리 후 회수시**

당기에 대손처리한 (주)신용의 외상매출금 ₩80,000이 현금으로 회수되다. 그리고 전기에 대손처리한 (주)정직의 외상매출금 ₩40,000을 현금으로 받다.

이상의 거래를 회계처리하면 다음과 같다.

(주) 신용의 외상매출금 회수 :	(차) 현　　금	80,000	(대) 대손충당금	80,000
(주) 정직의 외상매출금 회수 :	(차) 현　　금	40,000	(대) 대손충당금	40,000

자습문제 8-18 다음 거래를 분개하시오.

(1) 당기에 대손처리한 외상매출금 ₩300,000을 현금으로 회수하다. 단, 대손처리시 대손충당금잔액은 ₩200,000이었다.

(2) 전기에 대손처리한 외상매출금 ₩100,000을 현금으로 회수하다. 단, 대손처리시 대손충당금잔액은 ₩150,000이었다.

연습문제

❖ 주관식 문제

8-1 다음 자료를 이용하여 물음에 답하시오.

[자 료]

1) 통 화	₩100,000	2) 자기앞수표	₩1,300,000
3) 타인발행수표	1,200,000	4) 배당금영수증	700,000
5) 타인발행 선일자수표	600,000	6) 공사채만기이자표	300,000
7) 부 도 수 표	500,000	8) 우 표	100,000
9) 국고지급통지서	400,000	10) 급여가불증	350,000
11) 상품대금 결제를 위하여 발행한 미인도 당점발행수표			1,000,000
12) 5일 후 만기가 도래하는 타인발행어음			3,000,000

물음

재무상태표상 계상하여야 할 현금및현금성자산의 금액은?

8-2 다음 일련의 거래를 분개하시오.

(1) 은행과 당좌거래약정을 체결하면서 당좌차월한도액은 ₩1,000,000으로 하고 현금 ₩2,000,000을 예입하다.

(2) 상품 ₩1,500,000을 매입하고 대금 중 ₩500,000은 충청은행 발행 자기앞수표로 지급하고 잔액은 수표를 발행하여 지급하다.

(3) 상품 ₩1,000,000을 매출하고 대금은 앞서 발행지급한 당점수표로 받다.

(4) 차량 ₩6,500,000을 구입하고 대금 중 ₩1,500,000은 수표를 발행하여 지급하고 잔액은 외상으로 하다.

(5) 상품 ₩700,000을 매입하고 대금은 수표를 발행하여 지급하다.

(6) 상품 ₩1,000,000을 매출하고 대금은 현금으로 회수하여 즉시 당좌예입하다.

8-3 다음 소액현금과 관련된 일련의 거래를 분개하시오.

(1) 20×3년 1월 1일에 소액현금제도를 운영하기로 하고 매월 정액자금 ₩700,000으로 규정한 후 1월분 ₩700,000을 소액자금으로 설정하다.

(2) 1월말에 1개월 동안 사용된 소액자금을 보충하다. 사용내용은 다음과 같으며 현금의 실제 잔액은 ₩50,000이다.

사무용품비	₩250,000	통 신 비	₩150,000
수도광열비	130,000	교 통 비	100,000

(3) 싱기 현금부족액은 교통비를 지급하고 기장하지 않은 것으로 밝혀지다.

(4) 2월말에 1개월 동안 사용된 소액자금을 보충하다. 사용내용은 다음과 같다.

사무용품비	₩200,000	통 신 비	₩130,000
수도광열비	140,000	교 통 비	150,000

8-4 다음 현금과부족과 관련된 거래를 분개하시오.

(1) (주)남쪽여행은 결산시 원인을 알 수 없는 현금과잉액 ₩30,000을 발견하다.

(2) (주)독도여행은 결산시 원인을 알 수 없는 현금부족액 ₩40,000을 발견하다.

(3) (주)남쪽나라의 현금과부족계정 대변잔액 ₩7,000의 원인을 조사한 결과 교통비 ₩30,000을 ₩37,000으로 기입하였음이 밝혀지다.

(4) (주)즐거운여행의 현금과부족계정 차변잔액 ₩10,000의 원인을 조사한 결과 외상매입금 ₩5,000의 지급을 외상매출금 ₩5,000의 회수로 처리하였음이 밝혀지다.

8-5 다음 자료를 이용하여 은행계정조정표를 작성하고 필요한 정정분개를 하시오. (주)한우리의 당좌예금계정의 잔액은 ₩413,000이고, 은행의 예금잔액증명서상의 잔액은 ₩403,000이었다. 불일치의 원인은 다음과 같다.

① 당월분 이자 ₩5,000이 (주)한우리에 통보되지 않고 당좌예금계좌에서 직접 차감되었다.

② 당월에 발행한 수표 중 은행에 지급청구되지 않은 것은 다음과 같다.

수표번호	금 액
#124	₩20,000
#126	15,000

③ 거래처에서 (주)한우리에 통보하지 않고 외상매출금을 은행에 직접 예입한 금액이 ₩80,000이었다.

④ 거래처의 외상매입금을 지급하기 위하여 발행한 수표(#123) ₩20,000을 아직 교부하지 않고 (주)한우리의 금고에 보관하고 있다.

⑤ 당월에 예입한 금액 중 업무 마감시간이 지나 입금 처리되지 않은 것이 ₩100,000이었다.

⑥ (주)한우리가 거래처에서 받아 예입한 수표 ₩30,000이 부도 처리되었으나 (주)한우리에는 아직 통보되지 않았다.

⑦ 은행측에서 (주)한우리가 예입한 금액 ₩30,000을 ₩20,000으로 잘못 기입하였다.

8-6 (주)너와나의 당좌예금계정의 잔액은 ₩300,000이었다. 불일치의 원인이 다음과 같을 때 은행의 예금잔액증명서상의 잔액을 산출하시오.

① 당월에 발행한 수표 중 은행에 지급 청구되지 않은 것은 다음과 같다.

수표번호	금 액
#21	₩50,000
#24	30,000

② 당월에 예입한 금액 중 업무 마감시간이 지나 입금 처리되지 않은 것이 ₩50,000이었다.

③ 당월분 이자 ₩10,000이 (주)너와나에 통보되지 않고 당좌예금계좌에서 직접 차감되었다.

④ 당월분 이자 ₩30,000이 (주)너와나에 통보되지 않고 당좌예금계좌에서 직접 가산되었다.

⑤ 거래처에서 (주)너와나에 통보하지 않고 외상매출금을 은행에 직접 예입한 금액이 ₩100,000이었다.

⑥ (주)너와나가 현금 ₩78,000을 예입하고 ₩87,000으로 잘못 기입하였다.

⑦ (주)너와나가 거래처에서 받아 예입한 수표 ₩50,000이 부도 처리되었으나 (주)너와나에는 아직 통보되지 않았다.

8-7 20×3년 3월에 중소기업인 (주)새로나의 경리담당 여직원이 행방불명되었다. 나중에 밝혀진 일이지만 이 여직원은 해외 고급 휴양지에서 애인과 함께 많은 돈을 흥청망청 써대면서 살고 있었다. 이 회사의 사장은 장부상의 예금 잔액과 은행잔액간의 큰 차이가 있다는 것을 발견하고 회계책임자인 당신에게 이 상황을 조사하고 손실액을 보고하도록 하였다. 당신은 다음과 같은 정보를 알아냈다.

1. 경리담당 여직원은 현금수납 및 예금, 그리고 현금 및 외상매출 거래에 관한 장부기입 등의 업무를 책임지고 있었다. 또한 은행계정조정표 작성업무도 맡고 있었다.
2. 20×3년 3월의 예금과 관련된 정보는 다음과 같다.

   ① 3월 31일의 장부상 예금 잔액은 ₩118,218,000이었다.

   ② 은행잔액증명서에는 3월 31일 현재 잔액이 ₩5,250,000이었다.

   ③ 3월 31일의 미기입예금이 ₩178,340,000이었다.

   ④ 3월 31일의 현재의 미결제수표는 ₩192,560,000이었다.

   ⑤ 고객으로부터 받은 수표 ₩2,370,000이 부도수표로 판명됨에 따라 은행잔액증명서와 함께 반송되어 왔다.

   ⑥ 은행측의 실수로 (주)새나라의 타은행 이체액 ₩10,000,000이 (주)새로나의 계좌에서 처리되었다.

   ⑦ 3월중 예금에는 고객으로부터 받은 수표 ₩3,780,000이 포함되어 있다. 회사에는 이 수표의 금액을 ₩378,000으로 기록하였다.

   ⑧ 은행잔액증명서에는 추심 의뢰한 어음금액 ₩1,780,000이 포함되어 있다.

물음

(1) 이 회사의 20×3년 3월 31일 현재의 은행계정조정표를 작성하시오. 경리담당 여직원이 횡령한 것으로 추정되는 금액은 얼마나 되는가?

(2) 이 회사의 사장에게 건의할 현금예금의 내부통제제도에 대한 개선방안을 제시하시오.

8-8 다음 거래를 각각 분개하시오.

(1) (주)우리는 (주)푸른산으로부터 상품 ₩300,000을 매입하고 (주)우리 발행, 외상매출금이 있는 (주)미리내 인수, (주)푸른산 수취의 3개월 만기 환어음 ₩500,000을 발행하여 지급하다.

(2) (주)나래는 (주)창공의 외상매입금 ₩400,000을 지급하기 위하여 (주)나래발행, 외상매출금이 있는 (주)서울 앞, (주)창공 수취의 3개월 만기 환어음 ₩400,000을 발행하여 지급하다. (주)서울은 환어음을 즉시 인수하다.

(3) (주)미래는 외상매입금이 있는 (주)희망이 발행한 환어음 ₩300,000의 제시가 있어 이를 인수하다.

(4) (주)자유는 상품 ₩700,000을 매출하고 (주)미래 발행, (주)희망 인수의 환어음을 받다.

(5) (주)미리내는 상품 ₩500,000을 매출하고 당사가 인수한 환어음으로 받다.

(6) (주)한마을은 당사가 인수한 환어음 ₩200,000이 만기일이 되어 이를 현금으로 결하다.

(7) (주)대전은 (주)인천 발행, (주)부산 인수의 환어음 ₩600,000이 만기가 되어 이를 회수하여 즉시 당좌예입하다.

8-9 다음 거래를 각각 차입거래와 매각거래로 보고 분개하시오.

(1) 20×3년 7월 1일 (주)대선은 만도상사에 ₩1,000,000의 가격으로 기계를 처분하고무이자부어음(만기 6개월)을 그 대가로 받았다. 20×3년 7월 1일 (주)대선은 은행으로터 연 12%의 이자율로 동 어음을 할인받았다.

(2) 광운전자는 거래처로부터 수취한 발행일로부터 5개월 만기 액면가액 ₩1,000,000인 연 12% 이자부어음을 발행일로부터 1개월 후에 연 15%로 거래은행에서 할인받았다.

(3) 대전상사는 20×3년 4월 1일 거래처로부터 판매대금으로 6개월 만기, 연리 10%, 액면 ₩100,000의 약속어음을 받았다. 두 달 뒤인 6월 1일에 대전상사는 거래은행에서 이 약속어음을 할인(할인율은 연리 12%)하였다.

8-10 다음 거래를 분개하시오.

(1) 현금 ₩400,000을 대여(대여기간 5개월)하고 차용증서를 받다.

(2) 위의 대여금 ₩400,000과 그 이자 ₩20,000을 현금으로 받다.

(3) 현금 ₩800,000을 차입(차입기간 6개월)하고 무이자부 약속어음을 발행하여 교부하다.

(4) 위의 차입금에 대하여 발행한 약속어음의 만기가 도래하여 수표를 발행하여 지급하다.

(5) 현금 ₩1,000,000을 대여(대여기간 2년)하고 무이자부 약속어음을 받다.

(6) 원가 ₩6,000,000의 토지를 ₩9,000,000에 처분하고 3개월 만기 약속어음을 받다.

(7) 원가 ₩7,000,000의 건물을 구입하고 2개월 만기 약속어음을 발행하여 교부하다.

(8) 상품 ₩2,000,000을 매입하기로 하고 계약금 ₩200,000을 수표를 발행하여 지급하다.

(9) 상기 상품을 인수하고 잔액은 외상으로 하다.

(10) 상품 ₩5,000,000을 판매하기로 하고 계약금 ₩500,000을 송금수표로 받다.

(11) 상기 상품을 인도하고 잔액은 거래처가 발행한 약속어음으로 받다.

(12) (주)푸른산은 종업원 금나라씨가 요청한 가불금 ₩500,000을 현금으로 지급하다.

(13) 급여 지급일에 종업원 금나라씨의 급료 ₩1,400,000중 가불금 ₩500,000과 근로소득세 ₩30,000 및 조합비 ₩20,000을 차감한 잔액을 현금으로 지급하다.

(14) 종업원의 급여 지급시 공제해 두었던 근로소득세 ₩400,000과 의료보험료 ₩300,000을 해당기관에 현금으로 납부하다.

(15) (주)맑은음료는 음료수 ₩2,000,000을 판매하면서 빈병 대금 ₩100,000과 함께 현금 ₩2,100,000을 받다.

(16) (주)맑은음료는 이미 받아 놓은 빈병 대금 중 빈병과 교환하여 현금 ₩90,000을 지급하다.

(17) (주)안전은 경리사원을 채용하면서 신원보증금 ₩2,000,000을 현금으로 받다.

(18) (주)푸른강은 종업원에게 출장을 명하고 여비 계산액 ₩200,000을 현금으로 지급하다.

(19) 출장중인 종업원으로부터 내용불명의 송금수표 ₩500,000을 받다.

(20) 출장간 종업원이 귀사하여 출장비의 지급액 ₩200,000중 ₩30,000은 현금으로 반환하였으며 송금수표 ₩500,000은 상품의 계약금으로 확인되다.

(21) (주)재수는 화재로 인하여 공장건물 ₩8,000,000이 전소되었다. 이 공장은 보험에 가입된 것으로 보험금 ₩10,000,000을 청구하다.

(22) 위의 보험금 청구액 중 보험금이 ₩7,500,000으로 확정되었다는 통지를 받다.

8-11 다음 일련의 거래를 회계기준에 따라 분개하시오.

(1) 전기에서 대손충당금 ₩50,000이 이월되다.

(2) 당기에 발생한 외상매출금 ₩20,000이 대손되다.

(3) 전기에 대손처리한 외상매출금 ₩30,000이 현금으로 회수되다.

(4) 전기에 발생한 외상매출금 ₩40,000이 대손되다.

(5) (2)에서 대손처리한 외상매출금 ₩20,000이 현금으로 회수되다.

(6) 당기말 외상매출금의 평가 결과 대손예상액은 ₩30,000이다.

8-12 다음 일련의 거래를 회계기준에 따라 분개하시오.

(1) 전기에서 대손충당금 ₩100,000이 이월되다.

(2) 당기에 발생한 외상매출금 ₩120,000이 대손되다.

(3) 전기에 대손처리한 외상매출금 ₩30,000이 현금으로 회수되다.

(4) (2)에서 대손처리한 외상매출금 ₩120,000이 현금으로 회수되다.

(5) 전기에 발생한 외상매출금 ₩40,000이 대손되다.

(6) 당기말 외상매출금잔액을 평가한 결과 ₩3,050,000중 ₩350,000은 회수가 불가능하다는 객관적 증거가 입수되었다.

8-13 다음 일련의 거래를 기업회계기준에 따라 일자별 분개를 하시오.

20×1년 5월 20일 : 외상매출금 ₩80,000이 대손되다. 단, 대손충당금잔액은 ₩90,000이다.

12월 31일 : 기말 외상매출금잔액 ₩3,200,000을 평가한 결과 ₩32,000은 회수가 불가능하다는 객관적 증거가 입수되었다.

20×2년 8월 8일 : 당기분 외상매출금 ₩12,000이 대손되다.

9월 7일 : 전년도 대손처리한 외상매출금중 ₩20,000을 현금으로 회수하다.

12월 31일 : 기말 외상매출금잔액 ₩1,200,000에 대하여 평가한 결과 ₩12,000은 회수가 불가능하다는 객관적 증거가 입수되었다.

20×3년 7월 8일 : 전기분 외상매출금 ₩7,000이 대손되다.

9월 7일 : 당년도 대손처리한 외상매출금중 ₩5,000을 현금으로 회수하다.

12월 31일 : 기말 외상매출금잔액 ₩2,000,000에 대하여 평가한 결과 ₩20,000은 회수가 불가능하다는 객관적 증거가 입수되었다.

✤ 공무원시험(9급) 기출문제

1 한국채택국제회계기준에서 현금및현금성자산으로 분류하지 않는 것은?

① 결산일 현재 만기가 3개월 이내인 특정현금과 예금
② 취득 당시 만기가 3개월 이내인 상환우선주
③ 취득 당시 3개월 이내의 환매조건인 환매채
④ 당좌예금

2 20×3년 12월 31일 결산일 현재 (주)대한이 보유하고 있는 자산 중 재무상태표에 계상할 현금및현금성자산은?

통화	₩1,500	수입인지	₩100
만기도래 국채이자표	300	송금환	400
배당금지급통지표	50		
만기가 1개월 후인 타인발행 약속어음			200
20×3년 12월 1일에 취득한 환매채(만기 20×4년 1월 31일)500			

① ₩1,500 ② ₩2,250
③ ₩2,750 ④ ₩2,950

3 (주)한국의 당좌예금에 대한 다음의 자료를 이용하여 계산한 20×3년 12월 말의 정확한 당좌예금 잔액은?

(1) 20×3년 12월 31일 (주)한국의 당좌예금계정 잔액은 ₩920,000이다.
(2) 은행계정명세서상의 20×3년 12월 31일 잔액은 ₩1,360,000이다.
(3) 은행계정명세서와 (주)한국의 장부를 비교해 본 결과 다음과 같은 사실을 발견했다.
 - ₩60,000의 부도수표를 (주)한국은 발견하지 못했다.
 - 은행에서 이자비용으로 ₩5,000을 차감하였다.
 - 기발행미결제수표가 ₩520,000 있다.
(4) 마감시간이 경과한 후 은행에 전달하여 미기록된 예금은 ₩240,000이다.
(5) 자동이체를 시켜놓은 임차료가 ₩185,000 차감되었는데 (주)한국은 알지 못했다.
(6) 은행에서 (주)서울에 입금시킬 돈 ₩410,000을 (주)한국에 입금하였는데 (주)한국은 알지 못했다.

① ₩670,000 ② ₩680,000
③ ₩690,000 ④ ₩700,000

4 (주)한국은 매출채권의 회수불능액을 연령분석법에 의하여 추정한다. 20×3년 12월 31일 매출채권에 관한 정보는 다음과 같다. 20×3년 12월 31일 현재 수정전시산표상의 대손충당금잔액이 ₩450,000일 경우 기말에 계상될 대손상각비는?

경과기간	매출채권 금액	대손추정률
30일 이하	₩2,000,000	5%
31일 ~ 60일	1,500,000	10
61일 ~ 180일	1,000,000	30
181일 이상	500,000	50

① ₩350,000　　② ₩450,000
③ ₩800,000　　④ ₩1,250,000

5 매출채권의 대손 회계처리 중 옳지 않은 것은?

① 기말 현재 대손충당금 잔액이 없는 상태에서 매출채권 ₩1,000이 대손 추정되는 경우
(차변) 대손상각비 1,000　　(대변) 대손충당금 1,000

② 대손충당금 잔액이 ₩2,000인 상태에서 매출채권 ₩1,000이 회수 불가능한 것으로 확정된 경우
(차변) 대손충당금 1,000　　(대변) 매 출 채 권 1,000

③ 대손충당금 잔액이 ₩500인 상태에서 매출채권 ₩1,000이 회수 불가능한 것으로 확정된 경우
(차변) 대손충당금 500　　(대변) 매 출 채 권 1,000
대손상각비 500

④ 대손으로 확정된 ₩1,000의 매출채권 가운데 ₩500을 현금으로 회수한 경우
(차변) 현　　금 500　　(대변) 매 출 채 권 500

6 (주)갑을은 거래처의 부도로 인하여 회수 불가능한 것으로 판명된 매출채권 ₩1,000,000을 대손처리하였다. 이 때 대손충당금 잔액은 ₩700,000이었다. 매출채권의 대손 확정에 관한 회계처리가 (주)갑을의 유동자산과 당기순이익에 미치는 영향으로 가장 옳은 것은?

	당기순이익	유동자산
①	감 소	감 소
②	불 변	감 소
③	감 소	불 변
④	불 변	불 변

7 (주)ABC는 당기에 대손처리된 매출채권 ₩90,000을 당기에 다시 현금으로 회수하였다. 상각된 매출채권의 회수와 관련하여 가장 옳은 분개는? 단, 대손처리 당시의 대손충당금 계정 잔액은 ₩30,000이었다.

① (차변) 현　　금 90,000　　(대변) 대손상각비 90,000
② (차변) 현　　금 90,000　　(대변) 대손충당금 60,000
　　　　　　　　　　　　　　　　　대손상각비 30,000

③ (차변) 현 금	90,000	(대변)	대손충당금	30,000
			대손상각비	60,000
④ (차변) 현 금	90,000	(대변)	매출채권	90,000

8 (주)한국의 20×3년도 포괄손익계산서상 당기매출액은 ₩70,000이고, 대손상각비는 ₩15,000이다. 20×3년 동안 매출채권잔액이 ₩18,000 감소했다면 (주)한국이 20×3년 동안고객으로부터 수취한 현금은?

① ₩55,000 ② ₩67,000
③ ₩73,000 ④ ₩88,000

9 다음의 자료를 이용하여 계산한 (주)한국의 당기 외상매출금액은? 단, (주)한국의 매출은 전액 외상매출이다.

	기초가액	기말가액
매출채권	₩493,000	₩490,540
대손충당금	₩ 24,650	₩ 24,530

손익계산서상 대손상각비 계상액: ₩ 23,400
매출로부터의 현금유입액: ₩450,000

① ₩447,540 ② ₩397,540
③ ₩471,060 ④ ₩421,060

정답 1. ① 2. ③ 3. ① 4. ① 5. ④ 6. ① 7. ③ 8. ③ 9. ③

09 재고자산

在庫資産(inventory)이란 기업의 정상적인 영업활동과정에서 판매를 목적으로 보유하고 있는 상품이나 제품 또는 제품을 생산하는 과정에서 사용 혹은 소비될 원재료, 재공품, 반제품, 저장품 등을 말한다. 따라서 재고자산이란 기업의 가장 중요한 자산 중의 하나이며 회계처리상 중요한 부분을 차지하고 있다. 본 장에서는 상품을 중심으로 재고자산과 관련된 주요 회계처리과정을 설명한다. 다만, 상품의 매매와 관련된 회계처리는 제7장에서 이미 설명하였으므로, 본 장에서는 재무상태표상 계상하여야 할 재고자산 금액을 결정하는 평가와 관련된 부분을 설명하기로 한다.

1 재고자산 평가의 오류

재고자산의 평가는 하나의 중요한 특징을 지니게 되는데, 이를 설명하면 다음과 같다. 상품에서 설명한 것처럼 상품의 기초재고액에 당기 매입액을 가산한 금액(판매가능액)은 결산시 매출원가와 기말재고액으로 전환된다고 하였다. 이를 다시 정리하면 다음과 같다.

결산시 전환
기초재고액 + 당기 매입액 ⟹ 매출원가 + 기말재고액

따라서 결산시 재무상태표가액을 결정하는 재고자산의 평가란 당기 판매가능액을 매출원가와 기말재고액으로 안분하는 과정으로, 재고자산을 얼마로 평가하느냐에 따라 기업의 당기순이익에 직접적인 영향을 미치게 된다. 즉, 법인세를 고려하지 않는 경우 재고자산을 과대평가하면 매출원가가 과소계상되어 그 만큼 당기순이익은 과대계상되고, 반대로 재고자산을 과소평가하면 매출원가가 과대계상되어 그만큼 당기순이익은 과소계상된다. 이는 결과적으로 재고자산이 과대평가되면 그만큼 당기순이익은 과대계상되고 반대로 재고자산이 과소평가되면 그만큼 당기순이익은 과소계상된다. 전자의 분석방법을 손익계산서접근법이라 하고 후자를 재무상태표접근법이라 하면, 재고자산의 평가상 오류가 당기순이익에 미치는 영향에 대한 두 분석방법을 비교한 결과는 다음과 같다.

(손익계산서접근법)

재고자산 과대계상 → 매출원가 과소계상 → 당기순이익 과대계상
재고자산 과소계상 → 매출원가 과대계상 → 당기순이익 과소계상

(재무상태표접근법)

재고자산 과대계상 → 당기순이익 과대계상
재고자산 과소계상 → 당기순이익 과소계상

이와 같이 기말재고자산의 평가액은 당기순이익에 영향을 미치며 또한 당기의 기말재고자산 금액은 차기의 기초재고자산 금액이 되므로 차기의 이익에도 같은 금액이 반대방향으로 영향을 미치게 된다. 이러한 오류를 자동상계오류(counterbalancing error)라 한다. 즉, **자동상계오류란** 오류의 발생년도에 당기순이익이 과대(또는 과소)계상되면 차기년도의 당기순이익이 반대로 같은 금액만큼 과소(또는 과대)계상되어, 2회계기간이 경과되면 이익잉여금에 미치는 영향이 상쇄되는 오류를 말한다. 자동상계오류의 유형에는 재고자산의 평가상 오류와 미수수익·선수수익·선급비용·미지급비용의 계상누락 등을 들 수 있다. 자동상계오류가 당기순이익과 이익잉여금에 미치는 영향을 요약하면 다음 [표 9-1]과 같다.

표 9-1 자동상계오류가 당기순이익과 이익잉여금에 미치는 영향

	오류발생년도		차 기
당기순이익 :	과대(또는 과소)	⟹	동액과소(또는 과대)
	↓		↓
이익잉여금 :	과대(또는 과소)		적 정

이상에서 설명한 재고자산의 평가상 오류가 이익에 미치는 영향을 예를 들어 설명하기로 한다.

예제 9-1 **재고자산 평가상 오류가 이익에 미치는 영향**

(주)재평의 1기말 상품재고액이 ₩10,000 과대계상되고 나머지는 정확하게 산출된 것으로 자료는 다음과 같다고 하자.

	1기	2기
기초상품재고액	₩10,000	₩30,000
당기매입액	100,000	200,000
당기매출액	150,000	300,000
기말상품재고액	30,000	50,000

이상의 자료에서 1기말과 2기초의 정확한 상품재고액은 ₩20,000이다. 따라서 자동상계오류의 경우 자산이 과대계상된 만큼 당기순이익은 과대계상되고 반대로 차기의 이익은 같은 금액이 과소계상되므로, 1기말의 재고자산이 ₩10,000 과대계상된 오류가 1기와 2기의 이익과 이익잉여금에 미치는 영향을 재무상태표접근법을 이용하여 정리하면 다음과 같다.

	1기	2기
당기순이익	₩10,000과대	₩10,000과소
이익잉여금	10,000과대	적 정

이상에서 설명한 내용을 손익계산서를 이용(손익계산서접근법)하여 분석하면 다음과 같다.

정확한 손익계산서

	1기		2기	
매 출 액		150,000		300,000
매 출 원 가				
기초상품재고액	10,000		20,000	
당기매입액	100,000		200,000	
기말상품재고액	20,000	90,000	50,000	170,000
매출총이익		60,000		130,000

오류가 포함된 손익계산서

	1기		2기	
매 출 액		150,000		300,000
매 출 원 가				
기초상품재고액	10,000		30,000	
당기매입액	100,000		200,000	180,000
기말상품재고액	30,000	80,000	50,000	
매출총이익		70,000		120,000

자습문제 9-1 다음 재고자산의 평가상 오류가 매기 이익과 이익잉여금에 미치는 영향을 분석하고 정확한 당기순이익과 매출원가를 산출하시오.

(1) 오류가 포함된 상태에서 작성된 손익계산서상 당기순이익과 매출원가 및 기말재고자산의 오류는 다음과 같다.

기 간	1기	2기
당 기 순 이 익	₩200,000	₩400,000
매 출 원 가	800,000	900,000
기말재고자산	50,000과대	적 정

(2) 오류가 포함된 상태에서 작성된 손익계산서상 당기순이익과 매출원가 및 기말재고자산의 오류는 다음과 같다.

기 간	1기	2기	3기
당기순이익	₩200,000	₩400,000	₩300,000
매 출 원 가	700,000	900,000	750,000
기말재고자산	50,000과소	30,000과대	적 정

2 재고자산의 인식

재고자산은 법적 소유권과 소유에 따른 효익과 위험이 귀속되는 주체가 자산으로 인식하게 된다. 따라서 재무상태표일 현재 기업이 특정 재고자산에 대한 소유권을 갖고 있으며 그 자산을 실제로 점유하고 있는 경우에는 당연히 기업의 기말재고자산으로 인식 · 포함된다. 그러나 특정 항목의 경우에는 재고자산 포함여부에 대한 특별한 판단이 요구된다. 이러한 항목을 설명하면 다음과 같다.

(1) 운송중인 상품

운송중인 상품 또는 미착상품(goods in transit)은 결산일 현재 운송 중에 있는 매입상품을 말한다. 운송중인 상품의 재고자산 인식은 운송조건에 의해 결정된다.

선적지인도기준(FOB shipping point)인 경우에는 상품을 선적하는 시점에서 소유권이 판매자로부터 구매자에게 이전되므로 구매자의 재고자산으로 인식한다. 그러나 목적지인도기준(FOB destination)인 경우에는 상품이 계약상 목적지에 도달했을 때 소유권이 이전되므로 판매자의 재고자산으로 인식된다.

(2) 적송품(위탁상품)

위탁자가 수탁자에게 판매를 위탁하기 위해 발송한 상품을 적송품(goods on consignment)이라 한다. 수탁자는 적송품을 대신 판매해주면서 수수료를 챙길 뿐 적송품에 대한 법적 소유권을 가지지 못한다. 따라서 적송품(위탁상품)은 수탁자가 판매하기 이전까지는 소유권이 이전된 것이 아니므로 위탁자의 재고자산으로 인식한다.

(3) 시송품

시송품은 고객에게 일정 기간 사용해 본 다음에 매입여부를 결정하도록 발송한 상품을 말하며, 이러한 판매형태를 시용판매(sales on approval)라고 한다. 한다. 따라서 구매자의 구매의사표시 이전에는 소유권이 이전된 것이 아니므로 판매자의 재고자산으로 인식한다.

(4) 할부판매

할부판매(installment sales)는 상품을 인도하고 판매 대금을 여러 차례에 걸쳐 분할해서 나누어 받는 조건의 판매형태를 말한다. 일반적으로 할부판매의 경우 할부판매대금이 완불되는 시점에서 법적 소유권은 이전되나, 회계상 재고자산에 포함여부는 수익의 인식에 대한 회계처리방법이 따라 다르다. 회계기준에서는 일반적인 판매와 마찬가지로 할부판매에 대해서도 판매시점(또는 인도시점)에서 수익을 인식하고 장기할부매출에 대해서는 인도시점에서 현재가치평가액을 매출수익으로 인식하도록 하고 있다. 따라서 일반 판매와 마찬가지로 판매시점에서 재고자산으로 인식하지 않는다.

표 9-2 재고자산에 포함되는 항목

구 분		매출수익의 인식시기	재고자산의 귀속주체
미착품	선적지 인도조건	선적시점	선적 전에는 판매자, 선적 후에는 매입자
	도착지 인도조건	도착시점	도착 전에는 판매자, 도착 후에는 매입자
적송품		수탁자가 판매한 시점	수탁자가 판매하기 전까지는 위탁자
시송품		매입의사표시를 한 시점	매입의사표시 전까지는 판매자
할부판매상품		인도시점	매입자

3 재고자산의 수량결정

재고자산 금액은 보유재고수량에 단가를 곱하여 산출된다. 이를 식으로 정리하면 다음과 같다.

$$재고자산\ 금액 = 보유재고수량 \times 단가$$

따라서 재고자산 금액을 산출하기 위해서는 보유재고수량과 적용단가가 결정되어야 한다. 재고수량을 산출하는 방법은 앞에서 설명한 계속기록법과 실사법으로 구분되고, 적용단가를 산출하는 방법은 원가법과 시가법 및 저가법으로 구분된다. 먼저 재고수량의 산출과 관련된 부분을 설명하기로 한다.

재고수량결정을 위한 기록에는 계속기록법과 실사법이 있다. 계속기록법과 실사법에 대한 회계처리과정은 이미 제7장에 설명하였으므로 여기에서는 재고수량의 결정과 관련된 문제만을 설명하기로 한다.

1) 계속기록법

계속기록법(perpetual inventory system)이란 상품의 매입(입고)과 매출(출고) 내용을 장부에 기입하여, 장부를 통하여 기말재고수량을 산출하는 방법이다. 이때 이용되는 장부가 상품계정에 대한 보조원장인 상품재고장이다. 상품재고장의 작성방법은 뒤에서 설명하기로 한다. 계속기록법에 의한 기말상품재고수량은 기초상품재고수량에 당기 매입수량을 가산한 것(이를 판매가능수량이라 한다.)에서 장부상 매출수량을 차감하여 산출한다. 이를 정리하면 다음과 같다.

> 기말상품재고수량 = 기초상품재고수량 + 당기 매입수량 − 장부상 매출수량

따라서 계속기록법에 의한 경우 판매가능수량 중 장부상 매출수량을 제외한 나머지는 기말재고로 남아 있다는 가정으로 장부상 재고수량과 실제 재고수량과 다를 수가 있다. 이때 장부상 재고수량과 실제 재고수량과의 차이를 재고자산감모수량이라 하며 이 금액을 재고자산감모손실이라 한다. 계속기록법에 의한 경우에는 재고자산감모손실이 기말재고자산가액에 포함되는 문제점을 지닌다.

2) 실사법

실사법(periodic inventory system)이란 결산시 보관하고 있는 상품의 수량을 확인하여 기말재고수량을 파악하는 방법으로, 기말상품재고수량은 실사를 통하여 확인된 수량 그 자체가 된다. 따라서 당기 중 판매된 상품의 수량은 판매가능수량에서 기말상품재고수량을 차감한 것으로 계산된다. 이를 정리하면 다음과 같다.

> 기말상품재고수량 = 재고실사를 통하여 확인된 수량
> 당기중 판매수량 = 기초상품재고수량 + 당기 매입수량 − 기말상품재고수량

따라서 실사법에 의한 경우 판매가능수량 중 기말상품재고수량을 제외한 나머지는 당기중 판매된 것으로 가정하므로 장부상 판매수량과 실사법에서 산출된 판매수량이 다를 수 있다. 실사법은 앞에서 설명한 재고자산감모손실이 매출원가에 포함되는 문제점을 지닌다.

계속기록법과 실사법에 따른 기말상품재고액과 매출원가의 산출과정을 예를 들어 설명하면 다음과 같다.

예제 9-2 **계속기록법과 실사법**

재고자산과 관련된 자료는 다음과 같다고 하자.

	수량	단가	총원가
기초재고	200개	@100	₩20,000
매입	1,000	100	100,000
계	1,200		₩120,000
매출(장부상)	800		
기말재고(실제)	300		

이상의 자료를 이용하여 계속기록법과 실사법에 따라 재고자산수량을 파악할 경우 매출원가와 기말상품재고액은 다음과 같이 산출된다.

① 계속기록법

먼저 계속기록법의 경우에는 장부상 판매수량이 800개이므로 기말상품재고수량은 400개(=200개+1,000개−800개)가 된다. 따라서 매출원가와 기말상품재고액은 다음과 같다.

매출원가=800개×@100=	₩80,000
기말상품재고액=400개×@100=	40,000
계	₩120,000

② 실사법

실사법의 경우에는 실제 기말재고수량이 300개 이므로 판매수량은 900개(=200개+1,000개−300개)가 된다. 따라서 기말상품재고액과 매출원가는 다음과 같다.

기말상품재고액=300개×@100=	₩30,000
매출원가=900개×@100=	90,000
계	₩120,000

자습문제 9-2 다음 자료를 이용하여 계속기록법과 실사법에 의한 매출원가와 기말상품재고액을 산출하시오.

	수량	단가	금액
기초재고	500개	@200	₩100,000
매입	1,500	200	300,000
계	2,000		₩400,000
매출(장부상)	1,600		
기말재고(실제)	300		

4 재고자산의 가격결정

재고자산 금액을 결정하기 위해서는 수량결정법에 의해 산출된 보유재고수량에 적용할 단가를 산정하여야 하는데 이를 결정하는 방법에는 원가법, 시가법 및 저가법 등이 있다. 먼저 원가법을 설명하고 이어서 회계기준상 저가법에 대한 회계처리과정을 설명하기로 한다.

1) 원가법

原價法(cost method)이란 취득원가를 재무상태표상 재고자산 금액으로 계상하는 방법이다. 따라서 지금까지 설명한 회계처리방법이 원가법에 해당한다. 다만, 같은 재고자산이라 하더라도 구입시점에 따라 구입단가가 다를 수 있기 때문에 원가법에 의한 재고자산의 평가시 문제의 핵심은 어떤 구입단가를 기말재고자산에 적용할 것인가 하는 점이다. 예를 들어 설명하면 다음과 같다.

예제 9-3 원가흐름의 가정과 매출원가와 기말재고자산가액

상품의 매입과 매출에 대한 자료는 다음과 같다고 하자.

	수 량	단 가	금 액
기초재고	100개	@100	₩100,000
당기매입	400	120	48,000
계	500		₩58,000
당기매출	300	?	?
기말재고	200	?	?

이상의 자료에서 기초재고자산과 당기 매입분의 단가가 다르기 때문에 이 중 어떤 단가를 당기 매출분과 기말재고자산에 적용하느냐에 따라 매출원가와 기말재고자산가액은 달라지게 된다.

그러면 판매가능수량 500개중 어느 것이 판매되고 어느 것이 기말재고로 남게 되는가? 이를 알기 위해서는 다음과 같은 방법들을 생각해 볼 수 있다.

① 상품 하나 하나에 꼬리표를 붙여 상품의 판매된 부분과 기말재고분을 구분하는 방법이다. 이를 **개별법**이라 한다. 이러한 개별법은 취급 상품의 종류가 많거나 거래회수가 많은 경우 이용이 어렵다. 결산시 꼬리표를 확인한 결과 기말재고 200개 중에는 기초재고분 50개와 당기 매입분 150개가 남았다고 가정하면 매출원가와 기말상품재고액은 다음과 같다.

매출원가 :	50개×@100 =	₩5,000	
	250개×@120 =	30,000	₩35,000

기말상품재고액 :	50개×@100=	5,000	
	150개×@120=	18,000	23,000
			₩58,000

② 일반적인 상품의 판매순서에 따라 기초재고분부터 먼저 판매되는 경우를 생각할 수 있다. 이를 선입선출법이라 한다. **선입선출법**에 의하면 당기 매출수량 300개중에는 기초재고 100개와 당기 매입분 200개가 포함되므로 기말재고 200개는 당기 매입분중에서 남게 된다. 그러므로 매출원가와 기말재고액은 다음과 같다.

매출원가 :	100개×@100=	₩10,000	
	200개×@120=	24,000	₩34,000
기말상품재고액 :	200개×@120=		24,000
			₩58,000

③ 특수한 경우로 나중 매입분부터 먼저 판매되는 경우를 생각할 수 있다. 이를 후입선출법이라 한다. **후입선출법**에 의하면 당기 매출수량 300개는 당기 매입분 300개가 판매된 것으로 기말재고 200개는 기초재고 100개와 당기 매입분 중 100개가 남게 된다. 그러므로 매출원가와 기말재고액은 다음과 같다.

매출원가 :	300개×@120=		₩36,000
기말상품재고액 :	100개×@100=	₩10,000	
	100개×@120=	12,000	22,000
			₩58,000

④ 석유 등과 같은 경우로 기초재고분과 당기 매입분이 혼합되어 판매되는 경우를 생각할 수 있다. 이를 평균원가법이라 한다. 평균원가법에 의하면 이 상품의 평균단가는 @116(=58,000÷500개)으로 매출원가와 기말재고액은 다음과 같다.

매출원가 :	300개×@116=	₩34,800
기말상품재고액 :	200개×@116=	23,200
		₩58,000

이상에서 본 바와 같이 상품의 구입시점에 따라 단가가 다른 경우 기말상품재고액과 매출원가에 어떤 단가를 적용할 것인가의 문제가 발생하는데, 이를 해결해주는 방법을 **원가흐름의 가정**(cost flow assumptions)이라 한다. 원가흐름의 가정에는 개별법, 평균원가법, 선입선출법 및 후입선출법이 있다. 한국채택국제회계기준에서는 후입선출법이 가지는 단점으로 인해 재무제표가 왜곡 표시될 가능성이 높기 때문에 인정하고 있지 않다. 이들의 의미와 장·단점을 살펴보면 다음과 같다.

(1) 개별법

個別法(specific identification method)이란 실물흐름(actual physical flow)에 따라 기말재고자산에 대한 적용단가를 산출하는 방법을 말한다. 즉, 개별재고자산을 추적하여 어느 항목이 판매되고 어느 항목이 기말재고로 남아 있는가를 확인하여 원가를 측정하는 방법으로 원가흐름과 실물흐름이 일치하게 된다. 개별법의 장·단점은 다음과 같다.

(가) 장 점

① 실제원가와 실제수익이 대응되며, 기말재고자산은 실제원가로 보고되기 때문에 이상적이다.

② 재고자산의 종류가 적고 쉽게 구별될 수 있는 경우에 적용하기가 쉽다.

(나) 단 점

① 재고자산의 종류와 수량이 많은 경우 적용이 곤란하다.

② 경영자가 의도적으로 판매되는 자산을 선택함으로써 자산 및 이익을 조작할 수 있다.

③ 재고자산 구입시 발생한 부대비용을 임의적으로 배분하여 취득원가를 조작할 수 있다.

(2) 선입선출법

先入先出法(First－In First－Out method ; FIFO)은 물량의 실제흐름과 관계없이 먼저 구입한 재고자산이 먼저 판매되거나 소비된다는 가정 하에 기말재고자산 금액을 결정하는 방법이다. 선입선출법의 장·단점은 다음과 같다.

(가) 장 점

① 일반적으로 원가흐름의 가정과 실물흐름이 같다.

② 후입선출법과 달리 재고층을 조사할 필요가 없다.

③ 타 방법에 비하여 이익을 조작할 가능성이 적다.

④ 기말재고자산 금액은 현행원가의 근사치가 된다.

(나) 단 점

① 현행수익에 과거의 원가가 대응되어 수익과 비용이 적절히 대응되지 못한다.

② 물가가 상승하는 경우 일반적으로 기말재고자산이 타 방법에 비하여 높게 평가되어 이익이 높게 계상되므로 절세효과가 없다.

(3) 후입선출법

後入先出法(Last-In First-Out method ; LIFO)은 실물흐름과는 관계없이 재고자산의 구입역순으로 판매된다는 가정 하에 기말재고자산 금액을 결정하는 방법이다. 후입선출법의 장·단점은 다음과 같다.

(가) 장 점

① 현행수익에 현행원가가 대응되어 수익과 비용이 적절히 대응된다.

② 물가가 상승하고 재고수량이 감소하지 않는 경우 이익이 낮게 계상되어 법인세의 이연납부로 결국 법인세절감효과를 가져 온다.

③ 재고자산이 오래전의 낮은 가격으로 표시되므로 가격이 하락하는 경우에도 일반적으로 재고자산의 장부가액이 순실현가능가치보다 낮게 된다.

(나) 단 점

① 가격이 상승하는 경우 재무상태표상 재고자산 금액이 매우 적게 보고된다.

② 일반적으로 원가흐름의 가정과 실물흐름이 일치하지 않는다.

③ 물가가 상승하는 경우 재고자산이 감소하면 일시에 이익이 과대계상되는 후입선출법의 청산문제가 발생한다.

④ 필요 없는 재고자산의 구입 등 비합리적인 의사결정을 유도할 수 있으며 이익의 조작가능성도 있다.

(4) 평균원가법

平均原價法(average cost method)은 일정기간 동안 발생한 동종 또는 유사한 재고자산의 평균단가를 산출하여 평균단가를 기말재고자산에 적용하는 방법이다. 평균원가법은 이동평균법과 총평균법으로 구분된다. 계속기록법에서 적용된 평균법을 **이동평균법**(moving average method)이라 하고, 실사법에서 적용된 평균법을 **총평균법** 또는 **가중평균법**(weighted average method)이라 한다. 평균원가법의 장점은 다음과 같다.

① 적용이 쉽고 객관적이어서 타 방법에 비해 이익의 조작가능성이 적다.

② 총평균법의 경우 재고자산가액과 매출원가에 적용되는 단가가 같다.

③ 이동평균법의 경우 재고자산의 회전이 빠르면 선입선출법과 같이 기말재고자산 금액이 현행원가에 가깝다.

2) 수량결정법과 원가흐름의 가정과의 결합

지금까지 설명한 원가흐름에 대한 가정중 개별법을 제외한 나머지 3가지 방법과 재고수량의 결정법을 결합하면 다음 6가지 방법을 생각할 수 있다.

원가흐름 / 수량결정법	선입선출법	후입선출법	평 균 법
계속기록법	(계)선입선출법	(계)후입선출법	이동평균법
실 사 법	(실)선입선출법	(실)후입선출법	가중평균법

앞에서 언급한 것처럼 계속기록법의 적용시에는 상품재고장을 작성한다고 하였다. 상품재고장이란 상품의 매입(입고)과 매출(출고)시 수량·단가·금액을 기록하여 기말상품재고액을 산출하는 보조원장이다. 따라서 계속기록법의 적용시에는 원가흐름의 가정에 따른 매출원가와 기말상품재고액에 대한 적용단가를 상품재고장에서 자동적으로 알 수 있다. 그러나 실사법의 적용시에는 결산시 확인된 재고수량에 적용하여야 할 단가를 원가흐름의 가정에 따라 산출하여야 한다. 원가흐름의 가정에 따른 상품재고장의 작성방법과 실사법의 적용시 재고수량에 대한 적용단가의 산출방법을 예를 들어 설명하면 다음과 같다.

예제 9-4 수량결정법과 원가흐름의 가정과의 결합

(주)푸른산의 5월중 상품과 관련된 거래는 다음과 같다고 하자.

일자	적요	수량	취득·판매단가	금액
5/ 1	기초재고	100개	@100	₩10,000
7	매입	200	130	26,000
10	매출	250	200	
15	매입	100	135	13,500
20	매출	50	200	
31	기말재고	100		

이상의 자료를 이용하여 각 방법에 따른 매출원가와 기말상품재고액을 산출하면 다음과 같다.

(1) 계속기록법에 의한 선입선출법

상품재고장

일자	적요	입고			출고			잔고		
		수량	단가	금액	수량	단가	금액	수량	단가	금액
5/ 1	기초재고	100	100	10,000				100	100	10,000
7	매입	200	130	26,000				100	100	10,000
								200	130	26,000
10	매출				100	100	10,000			
					150	130	19,500	50	130	6,500
15	매입	100	135	13,500				50	130	6,500
								100	135	13,500
20	매출				50	130	6,500	100	135	13,500
31	기말재고				100	135	13,500			
		400		49,500	400		49,500			

상품재고장의 작성방법

① 기초(월초)재고와 기말(월말)재고는 전기(전월)이월과 차기(차월)이월로 기입해도 된다.

② 매입내용은 입고란에 매출내용은 출고란에 기입한다.

③ 취득단가가 다른 재고자산을 보유하고 있는 경우 구입순서에 따라 재고자산을 구분하여 기입한다.

④ 매출내용의 기입시 단가와 금액은 원가흐름의 가정에 따라 취득원가(잔고에 있는 금액)를 기입한다.

⑤ 기말재고(월말재고)를 출고란에 기입하여 입고란과 출고란의 합계를 일치시킨다.

⑥ 입고란과 출고란의 합계는 판매가능액을 나타낸다. 즉, 입고란의 합계는(기초재고액+당기 매입액)을, 출고란의 합계는(매출원가+기말재고액)을 나타낸다. 따라서 출고란에 기입된 매출시의 금액을 합산하면 바로 매출원가가 된다.

그러나 계산의 편의상 매출원가는 출고란의 합계에서 기말재고액을 차감하여 산출하여도 된다.

매 출 원 가 : ₩49,500－₩13,500＝	₩36,000
기말상품재고액	13,500

계속기록법에 의한 선입선출법을 적용하는 경우의 분개는 다음과 같다. 단 모든 거래는 현금거래라고 가정한다.

계속기록법과 선입선출법 적용시의 분개

5/ 1	기초재고에 대한 분개 없음			
5/ 7	상 품	26,000	현 금	26,000
5/10	현 금	50,000	매 출	50,000
	매 출 원 가	29,500	상 품	29,500
5/15	상 품	13,500	현 금	13,500
5/20	현 금	10,000	매 출	10,000
	매 출 원 가	6,500	상 품	6,500
5/31	기말 수정분개 없음			

(2) 실사법에 의한 선입선출법

실사법에 의한 선입선출법의 경우에는 상품재고장을 작성하지 않으므로 다음 순서에 의하여 기말상품재고액과 매출원가를 산출한다.

① 먼저 기말상품재고수량을 파악한다.

② 구입역순으로 기말재고수량을 확보한 후 이들의 단가를 적용단가로 확정한다.

③ 재고수량에 각 적용단가를 곱한 금액을 합산하여 기말상품재고액을 산출한다. 그리고 매출원가는 판매가능액에서 기말상품재고액을 차감하여 산출한다.

이를 예제를 이용하여 설명하면 다음과 같다.

5/ 1	기 초 재 고	100개×@100	⇒	100개×@100	매출원가
5/ 7	매 입	200개×@130		200개×@130	
5/15	매 입	100개×@135	⇒	100개×@135	기말재고

기말상품재고액 : 100개×@135 = ₩13,500
매출원가 : ₩49,500 − ₩13,500 = 36,000

실사법에 의한 선입선출법을 적용하는 경우의 분개는 다음과 같다. 단 모든 거래는 현금거래라고 가정한다.

실사법과 선입선출법 적용시의 분개

5/ 1	기초재고에 대한 분개 없음			
5/ 7	매 입	26,000	현 금	26,000
5/10	현 금	50,000	매 출	50,000
5/15	매 입	13,500	현 금	13,500
5/20	현 금	10,000	매 출	10,000
5/31	기말 수정분개			
	상 품(기말)	13,500	상 품(기초)	10,000
	매 출 원 가	36,000	매 입	39,500

(3) 계속기록법에 의한 후입선출법

상품재고장

일 자	적 요	입 고			출 고			잔 고		
		수 량	단 가	금 액	수 량	단 가	금 액	수 량	단 가	금 액
5/ 1	기초재고	100	100	10,000				100	100	10,000
7	매 입	200	130	26,000				100	100	10,000
								200	130	26,000
10	매 출				200	130	26,000			
					50	100	5,000	50	100	5,000
15	매 입	100	135	13,500				50	100	5,000
								100	135	13,500
20	매 출				50	135	6,750	50	100	5,000
								50	135	6,750
31	기말재고				50	100	5,000			
					50	135	6,750			
		400		49,500	400		49,500			

매출원가 : ₩49,500 − ₩11,750 = ₩37,750
기말상품재고액 11,750

계속기록법에 의한 선입선출법을 적용하는 경우의 분개는 다음과 같다. 단 모든 거래는 현금거래라고 가정한다.

계속기록법과 후입선출법 적용시의 분개

5/1	기초재고에 대한 분개 없음			
5/7	상 품	26,000	현 금	26,000
5/10	현 금	50,000	매 출	50,000
	매출원가	31,000	상 품	31,000
5/15	상 품	13,500	현 금	13,500
5/20	현 금	10,000	매 출	10,000
	매출원가	6,750	상 품	6,750
5/31	기말 수정분개 없음			

(4) 실사법에 의한 후입선출법

실사법에 의한 후입선출법의 경우에는 다음 순서에 의하여 기말상품재고액을 산출한다.

① 먼저 기말상품재고수량을 파악한다.

② 구입순서대로 기말재고수량을 확보한 후 이들의 단가를 적용단가로 확정한다.

③ 재고수량에 각 적용단가를 곱한 금액을 합산하여 기말상품재고액을 산출한다.

이를 예제를 이용하여 설명하면 다음과 같다.

5/ 1	기초재고	100개×@100	⇒	100개×@100	기말재고
5/ 7	매 입	200개×@130	⇒	200개×@130	매출원가
5/15	매 입	100개×@135		100개×@135	

기말상품재고액 : 100개×@100 = ₩10,000

매출원가 : ₩49,500 − ₩10,000 = 39,500

실사법에 의한 후입선출법을 적용하는 경우의 분개는 다음과 같다. 단 모든 거래는 현금거래라고 가정한다.

실사법과 후입선출법 적용시의 분개

5/ 1	기초재고에 대한 분개 없음			
5/ 7	매 입	26,000	현 금	26,000
5/10	현 금	50,000	매 출	50,000
5/15	매 입	13,500	현 금	13,500
5/20	현 금	10,000	매 출	10,000
5/31	기말 수정분개			
	상 품(기말)	10,000	상 품(기초)	10,000
	매출원가	39,500	매 입	39,500

(5) 계속기록법에 의한 평균법 : 이동평균법

상품재고장

일 자	적 요	입 고			출 고			잔 고		
		수 량	단 가	금 액	수 량	단 가	금 액	수 량	단 가	금 액
5 /1	기초재고	100	100	10,000				100	100	10,000
7	매 입	200	130	26,000				300	120	36,000
10	매 출				250	120	30,000	50	120	6,000
15	매 입	100	135	13,500				150	130	19,500
20	매 출				50	130	6,500	100	130	13,000
31	기말재고				100	130	13,000			
		400		49,500	400		49,500			

상품재고장의 작성방법

① 이동평균법의 적용시 잔고란의 단가는 매입시마다 금액(매입후 재고액)을 수량(매입후 재고수량)으로 나누어 산출한다.

매출원가 : ₩49,500 − ₩13,000 =	₩36,500
기말상품재고액	13,000

계속기록법에 의한 이동평균법을 적용하는 경우의 분개는 다음과 같다. 단 모든 거래는 현금거래라고 가정한다.

계속기록법과 이동평균법 적용시의 분개

5/ 1	기초재고에 대한 분개 없음			
5/ 7	상 품	26,000	현 금	26,000
5/10	현 금	50,000	매 출	50,000
	매출원가	30,000	상 품	30,000
5/15	상 품	13,500	현 금	13,500
5/20	현 금	10,000	매 출	10,000
	매출원가	6,500	상 품	6,500
5/31	기말 수정분개 없음			

(6) 실사법에 의한 평균법 : 총평균법

실사법에 의한 평균법의 경우에는 다음 순서에 의하여 기말상품재고액을 산출한다.

① 먼저 기말상품재고수량을 파악한다.

② 판매가능금액을 판매가능수량으로 나누어 평균단가를 구한다.

③ 재고수량에 각 평균단가를 곱한 금액으로 기말상품재고액을 산출한다.

이를 예제를 이용하여 설명하면 다음과 같다.

5/ 1 기초재고		⇒	100개×@123.75	매출원가
5/ 7 매　　입	100개×@123.75			
5/15 매　　입		⇒	100개×@123.75	기말재고

평균단가 : ₩49,500÷400개=	@123.75
기말상품재고액 : 100개×@123.75=	₩12,375
매출원가 : ₩49,500－₩12,375=	37,125

실사법에 의한 총평균법을 적용하는 경우의 분개는 다음과 같다. 단 모든 거래는 현금거래라고 가정한다.

실사법과 총평균법 적용시의 분개

5/ 1	기초재고에 대한 분개 없음			
5/ 7	매　　입	26,000	현　　금	26,000
5/10	현　　금	50,000	매　　출	50,000
5/15	매　　입	13,500	현　　금	13,500
5/20	현　　금	10,000	매　　출	10,000
5/31	기말 수정분개			
	상　　품(기말)	12,375	상　　품(기초)	10,000
	매출원가	37,125	매　　입	39,500

이상에서 설명한 각 방법의 매출원가와 기말상품재고액을 비교하면 다음과 같다.

방　　법	매출원가	기말상품재고액
(계)선입선출법	₩36,000	₩13,500
(실)선입선출법	36,000	13,500
이동평균법	36,500	13,000
총평균법	37,125	12,375
(계)후입선출법	37,750	11,750
(실)후입선출법	39,500	10,000

위의 결과를 분석하면 다음과 같다. 선입선출법의 경우에는 장부기장방법에 따른 기말재고액의 차이가 없으며, 이동평균법은 선입선출법에 가깝다. 그리고 물가가 상승하고 재고수량이 변동하지 않거나 증가하는 경우에는 선입선출법에 의한 기말재고액이 가장 크므로 당기순이익이 가장 크며, 실사법에 의한 후입선출법이 기말재고액이 가장 작아 당기순이익이 가장 작다. 위의 예제에서 선입선출법과 실사법에 의한 후입선출법의 이익의 차이는 ₩3,500(=₩13,500－₩10,000)이 된다. 왜냐하면 법인세를 무시하는 경우 자산이 클수록 이익은 커지기 때문(오류가 이익에 미치는 영향의 분석시 재무상태표접근법에서 설명)이다. 따라서 실사법에 의한 후입선출

법이 가장 보수적이고 선입선출법이 비보수적이다. 각 방법간의 재고자산가액과 당기순이익 및 매출원가를 비교하면 다음 [표 9-3]과 같다.

표 9-3 물가가 상승하고 재고수량이 감소하지 않는 경우 각 방법 간의 비교

(계)선입선출법 =(실)선입선출법	이동평균법	총 평 균 법	(계)후입선출법	(실)후입선출법

← 크다	재고자산가액	작다 →
← 크다	당기순이익	작다 →
← 작다	매 출 원 가	크다 →
← 비보수적	보 수 주 의	보수적 →

자습문제 9-3 다음 자료를 이용하여 다음 각 방법에 의한 기말재고액과 매출원가를 산출하시오.

일 자	적 요	수 량	단 가	금 액
5/ 1	기 초 재 고	100개	@200	₩20,000
6	매 입	200	230	46,000
11	매 출	100		
16	매 입	300	240	72,000
22	매 출	400		
29	매 입	100	244	24,400
31	기 말 재 고	200		

물음

(1) 계속기록법에 의한 ① 선입선출법 ② 후입선출법 ③ 이동평균법

(2) 실사법에 의한 ① 선입선출법 ② 후입선출법 ③ 총평균법

자습문제 9-4 다음 자료를 이용하여 다음 각 방법에 의한 기말재고액과 매출원가 및 매출총이익을 산출하시오.

물음

(1) 실사법에 의한 ① 선입선출법 ② 총평균선출법

(2) 매출총이익은 어느 방법이 크며 그 원인은 무엇인가?

일 자	적 요	수 량	단 가	금 액
5/ 1	기초재고	200개	@200	₩40,000
6	매 입	200	230	46,000
11	매 출	100	300	30,000
16	매 입	300	250	75,000
22	매 출	500	300	155,000
31	기말재고	100		

3) 후입선출법의 청산문제와 이익조작 가능성

후입선출법의 장점은 물가가 상승하고 재고수량이 일정하게 유지되거나 증가할 때만 유효하다. 후입선출법의 약점 중의 하나는 기말재고수준이 대폭 감소할 경우 오래전의 낮은 재고가액이 매출원가에 포함되게 되어 현행의 매출수익과 대응되게 됨에 따라 막대한 재고이익이 계상되는 결과가 발생하게 된다는 점이다. 이를 후입선출법의 청산(LIFO Liquidation)이라 한다.

후입선출법의 또 하나의 약점은 특정년도의 매출총이익이 경영자의 구매결정에 의해서 영향을 받을 수 있다는 점이다. 최종구입원가가 매출원가에 포함되므로 경영자는 기말에 구입을 하거나 또는 구입을 하지 않음으로써 매출원가와 매출총이익을 변경시켜 이익조작을 시도할 수 있다는 점이다.

예제 9-5 **후입선출법의 청산문제와 구매결정 따른 이익조작 가능성**

주)오일뱅크의 설립년도부터 4년간 재고자산의 매입과 매출자료가 다음과 같다고 하자. 설립년도의 기초재고자산은 ₩0이다.

	1기			2기			3기			4기		
	수량	단가	금액	수량	단가	금액	수량	단가	금액	수량	단가	금액
매 입	5	40	200	4	60	240	5	100	500	3	120	360
매 출	3	70	210	4	90	360	5	150	750	5	180	900

(1) 실사법에 의한 선입선출법

이상의 자료를 실사법에 의한 선입선출법을 적용하여 각 연도의 매출총이익을 산출하면 다음과 같다.

	1기			2기			3기			4기		
	수량	단가	금액	수량	단가	금액	수량	단가	금액	수량	단가	금액
매 출	3	70	210	4	90	360	5	150	750	5	180	900
매출원가			120			200			420			560

기초재고	0		0	2	40	80	2	60	120	2	100	200
매입	5	40	200	4	60	240	5	100	500	3	120	360
기말재고	2	40	80	2	60	120	2	100	200	0		0
이익			90			160			330			340

(2) 실사법에 의한 후입선출법

이상의 자료를 실사법에 의한 후입선출법을 적용하여 각 연도의 매출총이익을 산출하면 다음과 같다.

	1기			2기			3기			4기		
	수량	단가	금액	수량	단가	금액	수량	단가	금액	수량	단가	금액
매출	3	70	210	4	90	360	5	150	750	5	180	900
매출원가			120			240			500			440
기초재고	0		0	2	40	80	2	40	80	2	40	80
매입	5	40	200	4	60	240	5	100	500	3	120	360
기말재고	2	40	80	2	60	80	2	40	80	0		0
이익			90			120			250			460

이상의 결과에서 알 수 있듯이 물가가 지속적으로 상승하고 재고수량이 변동하지 않는 2기 및 3기에는 후입선출법이 이익이 적어 법인세 절감효과를 나타내나, 재고수량이 감소한 4기에는 후입선출법이 이익이 많아진다. 이와 같이 후입선출법의 적용시 재고수량이 감소하여 이익을 일시에 과대계상하는 문제점을 **후입선출법의 청산문제**라 한다.

만약 4기말에 재고자산 2단위를 단가 @120에 구입하는 경우 그 결과는 어떻게 될 것인가? 아래의 결과에서 알 수 있듯이 선입선출법에서는 이익의 변동이 없으나, 후입선출법에서는 이익이 감소하여 이익을 일시에 과대 계상되는 현상을 방지할 수 있다. 따라서 후입선출법의 경우 재고수량을 인위적으로 조정하여 이익을 조작할 수 있게 된다.

	선입선출법(제4기)						후입선출법(제4기)					
	재고자산 구입 전			재고자산 구입 후			재고자산 구입 전			재고자산 구입 후		
	수량	단가	금액	수량	단가	금액	수량	단가	금액	수량	단가	금액
매출	5	180	900	5	180	900	5	180	900	5	180	900
매출원가			560			560			440			600
기초재고	2		200	2	100	200	2	40	80	2	40	80
매입	3	100	360	5	120	600	3	120	360	5	120	600
기말재고	0	120	0	2	120	240	0		0	2	40	80
이익			340			340			460			300

5 재고자산의 감모손실과 평가손실

1) 재고자산감모손실의 산출

이미 설명한 것처럼 재고자산의 수량결정법은 계속기록법과 실사법으로 구분된다. 계속기록법에서 산출된 재고수량이 장부상 재고수량이고, 실사법에 의한 재고수량이 실제 재고수량이다. 장부상 재고수량과 실제 재고수량의 차이가 재고자산감모수량이며 이에 대한 원가가 **재고자산감모손실**이다. 따라서 재고자산감모손실은 다음과 같이 산출된다.

재고자산감모손실＝(장부상 재고수량－실제 재고수량)×취득단가

재고자산감모손실에 대한 회계처리는 정상적으로 발생하는 범위 내(원가성이 있는 경우라 함)에 있는 경우에는 매출원가에 포함하고 정상적으로 발생하는 범위를 벗어난 경우 즉, 원가성이 없는 경우에는 영업외비용인 재고자산감모손실로 계상한다. 여기서 원가성이 있는 경우라 함은 재고자산의 보관이나 판매과정에서 불가피하게 발생하는 것으로, 예를 들면 휘발성 품목의 판매시 증발에 의하여 없어지는 부분을 말한다.

재고자산의 취득원가보다 시가가 하락하여 저가법을 적용하는 경우에는 실제로 보유하고 있는 재고수량중 가격의 하락분을 재고자산평가손실으로 계상하여야 한다. 따라서 재고자산평가손실은 다음과 같이 산출되며, **재고자산평가손실**은 매출원가에 가산하여 처리한다.

재고자산평가손실＝실제 재고수량×(취득단가 － 단위당 시가)

2) 재고자산감모손실의 회계처리

(1) 계속기록법

상품에 대한 회계처리를 계속기록법으로 하는 경우 감모수량은 기말에 실사에 의해 확인한 실제 상품수량과 장부상의 수량과의 비교를 통해 파악된다. 즉 실제 상품수량이 장부상의 수량보다 적으면 그 차이가 감모수량으로 재고자산감모손실이 발생한 것이며, 재고자산감모손실이 정상적으로 발생하는 범위이라면 이는 다음과 같이 재고자산감모손실에 해당하는 금액을 기말 상품에서 차감시키기 위해 상품계정의 대변에 기입하고, 동시에 비용으로 부담시키기 위해 매출원가계정 차변에 기입한다.

① 정상적인 감모손실을 (이월)상품계정에서 매출원가로 대체

(가) 매출원가계정에서 매출원가를 산출하는 경우

(차) 매출원가 ×××(정상감모손실) (대) (이월)상품 ×××

그러나 재고자산감모손실이 정상적인 범위를 초과해서 발생한 부분이 있으면 그 부분에 대해서는 다음과 같이 재고자산감모손실에 해당하는 금액을 기말 상품에서 차감시키기 위해 상품계정의 대변에 기입하고, 동시에 비용으로 부담시키기 위해 재고자산감모손실 차변에 기입한다.

② 비정상적인 감모손실을 (이월)상품계정에서 영업외비용으로 대체

(차) 재고자산감모손실 ××× (대) (이월)상품 ×××

(2) 실사법

상품에 대한 회계처리를 실사법으로 하는 경우에는 먼저 결산시 수정분개를 통하여 매출원가를 산출하여야 한다. 그리고 재고자산감모손실과 재고자산평가손실이 발생한 경우에는 이를 계상하면서 장부상 기말재고액을 실제 기말재고액으로 수정하게 되는데, 수정분개 내용을 단계별로 정리하면 다음과 같다.

① 장부상 매출원가 산출

(차)			(대)		
	(이월)상품	×××(장부상 기말재고)		(이월)상 품	×××(기초재고)
	매출원가	×××(?)		매 입	×××(매 입 액)

② 정상적인 감모손실을 (이월)상품계정에서 매출원가로 대체

(차) 매출원가 ×××(정상감모손실) (대) (이월)상 품 ×××

③ 비정상적인 감모손실을 (이월)상품계정에서 영업외비용으로 대체

(차) 재고자산감모손실 ××× (대) (이월)상 품 ×××

위 방법처럼 단계별로 분개하는 대신에 결산 수정분개시 정상적인 감모손실을 직접 반영해서 결산 수정분개를 하는 방법도 있다. (위의 ①과 ② 의 분개를 통합한 방법)

(차)			(대)		
	(이월)상품	×××(실제 기말재고)		(이월)상품	×××(기초재고)
	매출원가	×××(감모손 반영후 금액)		매 입	×××(매 입 액)

마찬가지로 비정상적인 감모손실이 발생한 경우 다음과 같이 결산 수정분개에 반영해서 분개를 하는 방법도 있다. (위의 ①과 ③의 분개를 통합한 방법)

(차)			(대)		
	(이월)상품	×××(실제 기말재고)		(이월)상품	×××(기초재고)
	매출원가	×××(감모손 미반영 금액)		매 입	×××(매 입 액)
	재고자산감모손실	×××			

3) 저가법과 재고자산평가손실

(1) 저가법의 의의

회계상 저가법이란 취득원가와 시가를 비교하여 보다 낮은 금액을 재무상태표가액으로 하는 방법으로, **저가법**에 의한 재무상태표가액을 정리하면 다음과 같다.

> 취득원가<시가 ⇒ 재무상태표상 취득원가
> 취득원가>시가 ⇒ 재무상태표상 시가

이상에서 보는 바와 같이 저가법을 적용하는 경우 재무상태표가액은 취득원가를 초과한 금액으로 계상할 수 없으며, 경우에 따라 취득원가와 시가라는 서로 다른 측정기준을 사용하는 모순점을 지닌다. 그러나 저가법은 재무적 기초를 견실히 한다는 **보수주의** 논리하에서 인정되고 있는 방법으로, 가격하락으로 인한 미실현손실은 인식하나 가격상승으로 인한 미실현이득은 계상하지 않는 방법이다.

(2) 회계기준상 재고자산의 평가방법 : 저가법

회계기준상 재고자산은 재고자산의 **순실현가능가치**가 취득원가보다 하락한 경우에는 순실현가능가치를 재무상태표가액으로 하도록 하고 있어 저가법으로 평가한다.

재고자산을 저가기준으로 평가하는 경우에 발생하는 평가손실은 평가계정 즉, 재고자산평가충당금계정을 설정하여 취득원가에서 재고자산의 감소를 차감하는 형식으로 보고한다.

평가손실을 매출원가 대체

(차) 매출원가	×××	(대) 재고자산평가충당금	×××

저가법을 적용한 후 새로운 시가가 장부가액보다 상승하면 해당 재고자산의 최초의 장부가액을 초과하지 않는 범위 내에서 평가충당금을 환입시키며, 그 환입액은 매출원가에서 차감한다.

(차) 재고자산평가충당금	×××	(대) 재고자산평가손실환입	×××

예제 9-6 **재고자산감모손실과 재고자산평가손실**

(주)한마음의 결산일 현재 상품과 관련된 자료는 다음과 같다고 하자.

기초상품재고액	₩100,000			
당기 외상매입액	800,000			
기말상품재고액	장부상 수량	200개	원 가	@1,000
	실 제 수 량	150	시 가	800

(단, 감모수량 중 20개는 원가성이 있다.)

실사법의 경우 회계처리상 관련된 항목을 산출한 후 수정분개를 하면 다음과 같다.

장부상 기말상품재고액	200개×@1,000＝	₩200,000
정상감모손실액	20개×@1,000＝	20,000
비정상감모손실액	30개×@1,000＝	30,000
재고자산평가손실액	150개×@200＝	30,000
실제 기말상품재고액	150개×@800＝	₩120,000

① 장부상 매출원가 산출

(차)	(이월)상품	200,000	(대)	(이월)상품	100,000
	매출원가	700,000		매 입	800,000

② 정상적인 감모손실을 (이월)상품계정에서 매출원가로 대체

(차)	매출원가	20,000	(대)	(이월)상품	20,000

③ 비정상적인 감모손실을 (이월)상품계정에서 영업외비용으로 대체

(차)	재고자산감모손실	30,000	(대)	(이월)상품	30,000

④ 평가손실을 매출원가계정에 대체하여 매출원가에 포함시킴

(차)	매출원가	30,000	(대)	재고자산평가충당금	30,000

이상 회계처리내용을 원장에 전기하여 마감한 결과는 다음과 같다. 장부마감을 위한 대체분개는 생략한다.

(이월)상품

① 전월이월	100,000	① 제 좌	100,000
제 좌	200,000	② 매출원가	20,000
		③ 재고자산 감모손실	30,000
		차기이월	150,000
	300,000		300,000

매 입

	800,000		800,000

매 출 원 가

① 제 좌	700,000	집 합 손 익	750,000
② (이월)상품	20,000		
③ 재 평 충	30,000		
	750,000		750,000

		재고자산감모손실		
③	(이월)상품	30,000	집 합 손 익	30,000

자습문제 9-5 다음 자료를 이용하여 수정분개를 하고 원장에 전기한 후 이를 마감하시오.

기초상품재고액	₩200,000				
당기 외상매입액	700,000				
기말상품재고액	장부상 수량	300개	원	가	@1,000
	실 제 수 량	220	시	가	900
	(단, 감모수량 중 30개는 원가성이 있다.)				

6 추정에 의한 재고자산 평가방법

1) 매출총이익률법

賣出總利益率法(gross margin method)이란 과거 매출총이익률을 이용하여 당기 매출원가를 추정한 후 이를 이용하여 기말재고액을 산출하는 방법을 말한다. 따라서 이 방법은 실사법을 적용하는 기업이 화재 또는 도난 등으로 인한 재고자산의 손실액을 추정하는 등 특수한 경우에 이용할 수 있는 방법으로 재무보고목적으로는 사용할 수 없다. 매출총이익률은 과거 일정기간 동안의 자료를 이용하여 산출된 평균이익률을 사용한다. 재고자산가액을 추산하는 과정은 다음과 같다.

① 매출총이익률＝매출총이익÷매출액

② 추정매출원가＝매출액×(1－매출총이익률)

③ 추정재고자산가액＝기초재고자산가액＋당기순매입액－추정매출원가

예제 9-7 **매출총이익률법에 의한 재고자산가액의 추정**

(주)방심은 화재로 인하여 창고가 소실되었다. 보험회사에 보험금을 청구하고자 소실된 상품가액을 추산하고자 한다. (주)방심의 장부에서 추출한 상품과 관련된 자료는 다음과 같고 이익률이 각각 다음과 같다고 하자.

기초상품재고액	₩500,000	당기매입액	₩3,000,000
당기매출액	3,900,000		

매출총이익률 30%

이상의 자료를 이용하여 각 방법에 의하여 산출된 상품소실액은 다음과 같다.

추정매출원가 = ₩3,900,000×(1 − 0.3) = ₩2,730,000

상품소실액 = ₩500,000 + ₩3,000,000 − ₩2,730,000 = ₩770,000

자습문제 9-6 다음 자료를 이용하여 아래 물음에 답하시오.

(주)방심은 화재로 인하여 창고가 소실되었다. 보험회사에 보험금을 청구하고자 소실된 상품가액을 추산하고자 한다. 다음은 (주)방심의 장부에서 추출한 상품과 관련된 자료이다.

기초상품재고액	₩500,000	총매입액	₩2,500,000
환출 및 매입에누리액	200,000	총매출액	3,000,000
환입 및 매출에누리액	400,000	매입운임	200,000

물음

매출총이익률 30%일 경우 소실된 상품가액은 얼마인가?

2) 소매재고법(=매출가격환원법)

小賣在庫法(retail inventory method)은 재고자산에 관한 자료를 소매가격으로 기록·보존하였다가 기말에 원가와 소매가 사이의 일정한 관계를 이용하여 수정과정을 거쳐 원가로 환산하는 방법으로 일명 **매출가격환원법**이라고도 한다. 이는 소매점에 적합한 재고자산 평가방법이다. 그 이유는 소매점의 경우 취급품목이 다양하고, 단가가 낮으며, 거래의 발생빈도가 높아 계속기록법이나 실사법의 적용이 비경제적이기 때문이다.

매출총이익률법과는 달리 소매재고법은 당기 자료를 이용하여 재고자산 금액을 추정하므로 보다 신뢰할 수 있어 재무보고목적으로도 사용할 수 있다. 회계기준에서도 이 방법을 인정하고 있으나 남용을 방지하기 위하여 당해 회사의 업종이나 재고자산의 특성에 비추어 다른 방법을 적용하는 것보다 합리적이라고 인정되는 경우에 한하여 적용할 수 있도록 하고 있다.

소매재고법을 이용하기 위해서는 상품의 매입시 원가와 더불어 소매가격에 대한 자료를 확보하고, 매출시 매출액을 기록하여야 한다. 그러면 결산시 원가에 의한 판매가능액과 소매가에 의한 판매가능액을 알 수 있으므로, 이를 이용하여 먼저 원가율을 산출한다. 그리고 소매가에 의한 판매가능액에서 매출액을 차감한 소매가에 의한 기말재고액을 구하고, 이에 원가율을 곱하여 원가에 의한 기말재고액을 산출하게 된다. 이 과정을 정리하면 다음과 같다.

	원 가	소 매 가
기초재고액	×××	×××
당기매입액	×××	×××
계	×××	×××
당기매출액		(×××)
기말재고액	?	×××

① 기초재고액과 당기 매입에 대한 원가와 소매가의 자료를 정리한다.

② 원가와 소매가의 자료를 이용하여 원가율을 산출한다.

원가율＝원가에 의한 판매가능액÷소매가에 의한 판매가능액

③ 소매가에 의한 판매가능액에서 매출액을 차감하여 소매가로 측정된 기말재고액을 계산한다.

④ 소매가로 측정된 기말재고액에 원가율을 곱하여 원가에 의한 기말재고액을 산출한다.

예제 9-8 **소매재고법에 의한 기말재고액의 산출**

(주)동의약국의 상품과 관련된 원가와 소매가 자료는 다음과 같다고 하자.

	원 가	소 매 가
기초상품재고액	₩100,000	₩150,000
당 기 매 입 액	600,000	850,000
당 기 매 출 액		600,000

이상의 자료를 이용하는 경우 기말상품재고액은 다음과 같이 산출된다.

원 가 율＝₩700,000÷₩1,000,000＝0.7

소매가에 의한 기말재고액＝₩1,000,000－₩600,000＝₩400,000

원가에 의한 기말재고액＝₩400,000×0.7＝₩280,000

자습문제 9-7 다음 자료를 이용하여 소매재고법에 의한 기말상품재고액을 산출하시오.

	원 가	소 매 가
기초상품재고액	₩300,000	₩380,000
당 기 매 입 액	1,300,000	1,620,000
당 기 매 출 액		1,700,000

연습문제

✤ 주관식 문제

9-1 오류가 포함된 상태에서 작성된 손익계산서상 당기순이익은 다음과 같다. 다음 오류가 각 연도의 당기순이익에 미치는 영향을 분석하고 정확한 당기순이익을 산출하시오.

기 간	1기	2기	3기
당기순이익	₩200,000	₩400,000	₩700,000

① 1기말 재고자산이 ₩30,000 과대계상되다.
② 1기말 미수이자 ₩20,000을 계상하지 않다.
③ 2기말 재고자산 ₩10,000이 과소계상되다.
④ 2기말 선급보험료 ₩5,000이 계상되지 않다.

9-2 다음 자료를 이용하여 아래 방법에 따라 기말상품재고액과 매출원가 및 매출총이익을 산출하시오.

일 자	적 요	수 량	단 가	금 액
5월 1일	매 입	100개	@100	₩10,000
13일	매 입	100	120	12,000
22일	매 출	170	200	34,000
28일	매 입	10	131	1,310

① 계속기록법에 의한 선입선출법과 실사법에 의한 선입선출법
② 이동평균법과 총평균법
③ 계속기록법에 의한 후입선출법과 실사법에 의한 후입선출법

9-3 (주)목원은 A상품을 1개당 ₩200에 판매하고 있다. 이 회사는 실사법을 사용하고 있다. 다음은 1년간의 자료이다.

일 자	적 요	수 량	단 가	금 액
1/1	기초재고	500개	@100	₩50,000
2/5	매 입	350	110	38,500
4/12	매 출	550		
7/17	매 출	200		
9/22	매 입	400	130	52,000
11/5	매 출	300		

물음

(1) 평균법을 적용해서 매출원가를 계산하시오.

(2) 선입선출법을 적용하여 기말재고액을 계산하시오.

(3) 후입선출법을 적용하여 매출총이익을 계산하시오.

(4) 세율을 40%로 가정하고 선입선출법 대신에 후입선출법을 적용하였을 경우 절감되는 세액을 계산하시오.

9-4 (주)신바람은 사업을 개시한 첫 사업연도의 기말이 다가오고 있다. 이 회사는 다음과 같이 상품구입을 하였다.

월	수 량	단 가	금 액
1월	1,000개	@100	₩100,000
3월	1,000	100	100,000
5월	1,000	115	115,000
7월	1,000	130	130,000
9월	1,000	140	140,000
11월	1,000	160	160,000
합 계	6,000개		₩745,000

연간매출은 5,000단위에 ₩1,200,000이었다. 매출원가와 법인세를 제외한 비용이 ₩200,000이었다. 이 회사의 사장은 FIFO와 LIFO 중 어떤 방법을 채택할지 아직 결정을 못하고 있다.

이 회사는 현재 상품을 5,000단위 추가구입해서 보관할 수 있는 시설을 가지고 있다. 상품가격은 앞으로 몇 달 동안 @160의 단위당 가격을 유지할 것으로 기대된다. 사장은 연말 전에 4,000단위를 단가 @160에 추가 구입할 것을 고려 중에 있다. 그는 이러한 구입이 FIFO와 LIFO방법을 사용할 경우 당기순이익에 어떻게 영향을 미칠 것인지에 대해 궁금해 하고 있다. 법인세율은 40%이며, 법인세는 비용으로 처리된다.

물음

(1) 이 회사의 의사결정을 돕기 위해서 FIFO와 LIFO방법을 사용하여 상품을 추가 구입하는 경우와 추가구입하지 않는 경우로 나누어서 손익계산서를 작성하시오.

(2) 물음 (1)에 따른 당기순이익을 각각 비교해보시오.
상품의 연말 추가구입으로 인해 당기순이익에 더 큰 영향을 미치게 되는 것은 어떤 방법 하에서인가?

(3) 상품의 연말 추가구입을 가지고 당기순이익을 조작할 수 있게 해주는 재고평가방법은 어떤 방법인가?

9-5 결산일 현재 상품과 관련된 다음 자료를 이용하여 아래 물음에 답하시오.

기초상품재고액	₩200,000
당기 외상매입액	1,800,000
당기 외상매출액	2,500,000

기말상품재고액	장부상 수량	500개	원	가	@1,000
	실 제 수 량	400	시	가	700

(단, 감모수량 중 20개는 원가성이 있다.)

물음

(1) 수정분개를 한 후 상품과 관련된 계정을 마감하시오.

(2) 재무상태표상 계상하여야 할 재고자산 금액은 얼마인가?

(3) 손익계산서상 매출총이익은 얼마인가?

9-6 (주)푸른들은 화재로 인하여 재고자산이 소실되었다. 다음 화재발생시까지 자료를 이용하여 재고손실액을 구하시오.

기초재고액	₩500,000	매 입 액	₩2,300,000
현 금 매 출	450,000	기초외상매출금	375,000
외상매출금회수액	3,125,000	외상매출금잔액	500,000
매출총이익률	30%		

9-7 다음 자료를 이용하여 소매재고법에 의한 기말상품재고액과 매출원가를 산출하시오.

	원 가	소 매 가
기초상품재고액	₩1,200,000	₩1,400,000
당기매입액	6,000,000	6,600,000
당기매출액		6,000,000

✣ 공무원시험(9급) 기출문제

1 (주)갑은 20×3 회계연도 말 재고실사할 때 외부에 판매를 위탁한 적송품 중 미판매된 상품을 누락시킨 사실이 회계감사 도중에 발견되었다. 이 오류가 20×3 회계연도의 기말재고자산, 매출원가, 기말이익잉여금에 미치는 영향으로 옳은 것은?

	기말재고자산	매출원가	기말이익잉여금
①	영향없음	과소계상	과대계상
②	과소계상	과대계상	과소계상
③	과소계상	과대계상	과대계상
④	과대계상	영향없음	과소계상

2 (주)갑을의 20×3년 12월 31일 현재 실제 재고액은 ₩100,000이다. 실제재고액에는 다음과 같은 사항이 반영되지 않았으며, 주어진 금액은 모두 원가이다. 다음 사항을 모두 반영할 경우 20×3년 12월 31일 올바른 재고자산은?

(1) 20×3년 12월 29일 FOB선적지인도조건으로 구입한 상품 ₩15,000이 12월 31일 현재 운송 중이다.
(2) 20×3년 12월 26일 FOB도착지인도조건으로 판매한 상품 ₩20,000이 12월 31일 현재 운송 중이다.
(3) 위탁판매분 중 수탁자가 12월 31일까지 판매하지 못한 위탁품 ₩30,000이 있다.
(4) 시용판매분 중 고객이 12월 31일까지 매입의사를 표시하지 않은 시송품 ₩20,000이 있다.

① ₩155,000
② ₩165,000
③ ₩170,000
④ ₩185,000

3 (주)여수는 실지재고조사법에 의해 기말재고수량을 파악하고 원가흐름에 대한 가정으로 선입선출법을 적용한다. 20×3년 재고자산과 관련된 자료는 다음과 같다.

거래내용	수 량	단 가	금 액
기초재고	100개	₩10	₩1,000
1차 매입	500개	₩12	₩6,000
2차 매입	400개	₩15	₩6,000
합 계	1,000개		₩13,000

(주)여수의 20×3년 회계기말의 판매량은 700개, 기말재고는 300개이며, 단위당 판매가격은 ₩20으로 일정하다. (주)여수의 20×3년 매출총이익은?

① ₩4,400
② ₩4,700
③ ₩4,900
④ ₩5,500

4 (주)한국의 10월 한 달간의 상품매입과 매출에 관한 자료는 아래와 같다. 회사는 실사법에 의한 기말재고수량을 파악하고, 원가흐름에 대한 가정으로 선입선출법을 적용한다. 10월 31일 현재 실사결과 상품재고수량은 100개로 파악되었다. (주)한국의 10월 31일 현재 상품재고액은?

일 자	적 요	수 량	단 가	금 액
10월 1일	전월이월	100개	₩1,000	₩100,000
10월 10일	매 입	300개	₩1,200	₩360,000
10월 11일	매입에누리(10월 10일 매입상품)			₩ 30,000
10월 20일	매 출	350개	₩2,000	₩700,000
10월 25일	매 입	50개	₩1,300	₩ 65,000

① ₩ 65,000
② ₩ 75,000
③ ₩120,000
④ ₩125,000

5 (주)한국의 6월 중 재고자산 거래가 다음과 같을 때 이에 대한 설명으로 옳지 않은 것은?

일 자	적 요	수 량	단 가
6월 1일	월초재고	100개	₩10
6월 9일	매 입	300개	₩15
6월 16일	매 출	200개	₩25
6월 20일	매 입	100개	₩20
6월 28일	매 출	200개	₩30

① 회사가 총평균법을 사용할 경우 매출원가는 ₩6,000이다.

② 회사가 선입선출법을 사용할 경우 월말재고자산 금액은 ₩2,000이다.

③ 총평균법을 사용할 경우보다 이동평균법을 사용할 경우에 순이익이 더 크다.

④ 계속기록법과 선입선출법을 사용하는 경우보다 실지재고조사법과 선입선출법을 사용할 경우에 매출원가 더 크다.

6 다음 자료를 이용하여 매출총이익을 계산하면 얼마인가?

기초상품재고액	₩1,000 (₩10×100단위)
장부상 기말상품재고액	₩1,800 (₩10×180단위)
실제 기말상품재고수량	150단위
(상품재고감모량 중 80%는 원가성이 있음)	
당기상품매입액	₩ 9,000
당기상품매출액	₩12,000

① ₩4,040 ② ₩3,740

③ ₩3,560 ④ ₩3,500

7 다음은 (주)한국의 상품과 관련된 자료이다. (주)한국이 당기에 인식해야 할 총비용은?(단, 비정상적인 감모손실은 없다)

기초상품재고액	₩100,000	당기상품매입액	₩700,000
장부상 기말상품재고액(220개, 단가 ₩1,100)			₩242,000
기말상품 실제재고수량(200개)			
기말상품 개당 순실현가능가치			₩ 1,000

① ₩558,000 ② ₩578,000

③ ₩580,000 ④ ₩600,000

8 (주)한국의 기초상품재고는 ₩200,000(원가), 당기매입액은 ₩900,000(원가), 매출액은 ₩1,000,000(매가)이며, 매출액기준 매출총이익률은 30%이다. 기말에 창고에 화재가 발생한 후 남은 상품이 ₩100,000(원가)일 때, 상품의 화재손실액은? 단 (주)한국은 매출총이익률법에 의해 상품을 평가한다.

① ₩100,000
② ₩200,000
③ ₩300,000
④ ₩400,000

9 소매재고법(매출가격환원법)을 적용하여 매출원가와 기말재고원가를 계산하면?

구 분	원 가	매 가
기초재고액	₩ 240,000	₩ 360,000
당기매입액	₩2,700,000	₩3,840,000
매출액		₩3,900,000

	매출원가	기말재고
①	₩2,640,000	₩210,000
②	₩2,640,000	₩300,000
③	₩2,730,000	₩210,000
④	₩2,730,000	₩300,000

정답 1. ② 2. ② 3. ④ 4. ③ 5. ④ 6. ③ 7. ④ 8. ③ 9. ③

보론 상품의 보조장부

1 상품의 보조장부

상품의 보조장부에는 상품에 대한 보조원장인 상품재고장과 보조기입장으로 매입거래를 기입하는 매입장 및 매출거래를 기록하기 위한 매출장이 있다. 이들의 작성방법을 설명하기로 한다.

2 상품재고장

이미 앞에서 상품재고장의 작성방법을 설명하였다. 앞에서 설명한 상품재고장은 단순히 상품의 매입과 매출거래만을 기입하였으나, 여기서는 반품과 에누리 등이 포함된 경우 상품재고장의 작성방법을 설명하려고 한다. 상품재고장의 작성시 유의하여야 할 사항을 정리하면 다음과 같다.

(1) 특정 상품에 대한 상품재고장에는 같은 상품만을 기입한다.

(2) 입고란

① 매입운임은 취득원가에 가산하여야 하므로 부가적 평가계정을 사용하지 않는 경우에는 원가에 포함시켜 취득단가를 산정하여야 한다.

② 매입환출은 매입액에서 차감하기 위하여 입고란에 수량·단가·금액을 주기(朱記)한다. 물론 매입환출을 출고란에 흑기하여도 되나 이러한 경우 매출원가의 산출시에는 주의를 하여야 한다.

③ 매입에누리는 상품의 이동이 없으므로 수량은 기입하지 않고 입고란의 금액란에만 에누리액을 주기한다.

(3) 출고란

① 상품의 매출시 출고란에 잔고에 있는 내용을 원가흐름의 가정에 따라 기입한다.

② 발송운임은 상품의 원가와 무관하므로 기입하지 않는다.

③ 매출환입은 매출원가에서 차감하기 위하여 출고란에 수량·단가·금액을 주기한다.

④ 매출에누리는 원가에 영향을 미치지 않으므로 기입하지 않는다.

상품재고장의 작성과정을 예를 들어 설명하면 다음과 같다.

예제 9-9 ▶ 상품재고장

상품과 관련된 거래는 다음과 같다고 하자.

5월 1일 기초상품재고액 ₩10,000(갑상품 100개, @100)
4일 (주)서울에서 갑상품 ₩12,000(100개, @120)을 외상으로 매입하고 인수운임 ₩1,000은 현금으로 지급하다.
5일 (주)서울에서 매입한 상품에 대하여 ₩2,000을 에누리받다.
8일 (주)인천에서 을상품 ₩30,000(100개, @300)을 외상으로 매입하다.
10일 (주)부산에 갑상품 ₩22,000(110개, @200)을 외상으로 매출하고 운임 ₩2,000은 현금으로 지급하다.
11일 (주)부산에 판매한 상품 중 10개가 반품되어 오다.
15일 (주)경기에서 갑상품 ₩12,000(100개, @120)을 외상으로 매입하다.
16일 (주)경기에서 매입한 상품중 20개를 반품하다.
25일 (주)대구에 갑상품 ₩22,000(110개, @200)을 외상으로 매출하다.
26일 (주)대구에 매출한 상품에 대하여 ₩2,000을 에누리해 주다.

이상의 거래를 갑상품에 대한 상품재고장을 선입선출법으로 작성하면 다음과 같다.

상품재고장

(갑상품) (선입선출법)

일자	적요	입고			출고			잔고		
		수량	단가	금액	수량	단가	금액	수량	단가	금액
5/ 1	기초재고	100	100	10,000				100	100	10,000
7	매입	100	130	26,000				100	100	10,000
								100	130	13,000
5	에누리							100	100	10,000
								100	100	11,000
10	매출				100	100	10,000			
					10	110	1,100	90	110	9,900
11	환입				10	110	1,100	100	110	11,000
15	매입	100	120	12,000				100	110	11,000
								100	120	12,000
16	환출	20	120	2,400				100	110	11,000
								80	120	9,600
25	매출				100	110	10,000			
					10	120	1,200	70	120	8,400
31	기말재고				70	120	8,400			
		280		30,600	280		30,600			

4일 거래는 취득단가가 @130 = @120 + (₩1,000÷100개)이다.
5일 에누리의 기입으로 4일 매입분의 잔고는 취득단가는 @110, 금액은 ₩11,000으로 수정

된다.

8일 거래는 을상품이므로 갑상품의 상품재고장에 기입하지 않는다.

10일 거래의 발송운임은 기입하지 않는다.

11일 매출환입은 출고란에 주기하고 잔고는 증가시킨다. 매출시 단가가 다르다. 따라서 원가흐름의 가정인 선입선출법에 따라 나중 매입분이 재고로 남아야 하므로 환입으로 기입하여야 할 것은 나중 매입분이다.

16일 매입환출은 원가흐름의 가정과는 관계없이 반품한 상품을 입고란에 주기한다.

26일 매출에누리는 기입하지 않는다.

3 매입장과 매출장

이미 언급한 것처럼 매입장은 매입과 관련된 거래를, 매출장은 매출과 관련된 거래를 상세하게 기입하기 위한 보조기입장이다. 매입장과 매출장의 작성방법을 정리하면 다음과 같다.

① 기초재고액과 기말재고액은 기입하지 않는다.

② 적요란에는 거래처와 대금의 결제방법 및 상품의 종류·수량·단가를 기입한다.

③ 매입운임은 상품의 취득원가에 포함되므로 매입장에 기입하나 발송운임은 판매비와 일반관리비이므로 매출장에는 기입하지 않는다.

④ 반품과 에누리는 주기한다.

⑤ 한 거래에서 금액이 둘 이상 발생하는 경우에는 적요란의 금액란에 각각 기입하여 합계만을 금액란에 기입한다.

⑥ 거래를 구분하기 위하여 하나의 거래를 기입하고 다른 거래를 기입하고자 할 때에는 적요란에 붉은색으로 한 줄을 긋는다.

⑦ 매입장과 매출장은 차변과 대변의 의미가 없으므로 매월말에 (순)매입액과 (순)매출액을 산출하여 기입한 후 마감한다.

매입장과 매출장의 작성과정을 예를 들어 설명하면 다음과 같다.

예제 9-10 매입장과 매출장

상품과 관련된 거래는 다음과 같다고 하자.

5월 4일 (주)서울에서 갑상품 ₩12,000(100개, @120)을 외상으로 매입하고 인수운임 ₩1,000은 현금으로 지급하다.

5일 (주)서울에서 매입한 상품에 대하여 ₩2,000을 에누리받다.

8일 (주)인천에서 을상품 ₩30,000(100개, @300)을 외상으로 매입하다.

10일 (주)부산에 갑상품 ₩22,000(110개, @200)을 외상으로 매출하고 운임 ₩2,000은 현금으로 지급하다.

11일 (주)부산에 판매한 상품 중 10개가 반품되어 오다.

15일 (주)경기에서 갑상품 ₩12,000(100개, @120)을 매입하고 대금은 수표를 발행하여 지급하다.

16일 (주)경기에서 매입한 상품 중 20개를 반품하다.

25일 (주)대구에 갑상품 ₩22,000(110개, @200)과 을상품 ₩40,000(100개, @400)을 매출하고 대금은 수표로 받다.

26일 (주)대구에 매출한 상품에 대하여 ₩2,000을 에누리해 주다.

매 입 장

월	일	적 요			금 액
5	4	(주)서 울	외 상		
		갑상품(100개 @120)		12,000	
		인수운임 현금지급		1,000	13,000
	5	(주)서 울	에누리		2,000
	8	(주)인 천	외 상		
		을상품(100개 @300)			30,000
	15	(주)경 기	수 표		
		갑상품(100개 @120)			12,000
	16	(주)경 기	반 품		
		갑상품(20개 @120)			2,400
	31	총매입액			55,000
		환출 및 매입에누리액			4,400
		순매입액			50,600

매 출 장

월	일	적 요			금 액
5	10	(주)부 산	외 상		
		갑상품(10개 @120)			22,000
	11	(주)부 산	반 품		
		갑상품(10개 @200)			2,000
	15	(주)대 구	수 표		
		갑상품(110개 @200)		22,000	
		을상품(100개 @400)		40,000	62,000
	26	(주)대 구	에누리		2,000
	31	총매출액			84,000
		환입 및 매출에누리액			4,000
		순매출액			80,000

10 유형자산과 무형자산

회계기준상 비유동자산은 투자자산, 유형자산, 무형자산 및 기타 비유동자산으로 구분된다. 有形資産(property, plant and equipment)이란 장기간 영업활동에 사용할 목적으로 보유하고 있는 실물자산으로 이에는 토지, 설비자산(건물, 구축물, 기계장치, 선박, 차량운반구, 비품), 건설중인 자산 등이 포함된다. 유형자산과 관련된 회계처리 문제는 취득원가의 결정, 취득 후 추가적 지출, 상각, 재평가, 손상차손 및 처분 또는 장부에서의 제각 등으로 구분할 수 있다.

1 유형자산의 취득

유형자산의 취득시 취득원가(acquisition cost)는 구입가격에 부대비용을 가산한 금액이다. 여기서 구입가격이란 자산의 교환거래가 발생한 시점의 공정가치인 현금가격 또는 현금등가액을 의미하며, 부대비용에는 자산의 구입수수료, 운임, 취득세, 등록세, 기계의 설치비용 및 시운전비 등 자산의 취득시 발생하는 부수적인 비용을 말한다. 따라서 유형자산을 취득하는 경우 이를 증가시키기 위하여 차변에 유형자산계정을 취득원가로 기입한다. 유형자산의 취득시 회계처리를 정리하면 다음과 같다.

(차) 유형자산계정	×××	(대) 현 금 등	×××

다른 자산과는 달리 유형자산은 그 취득방법이 다양하다는 것이 하나의 특징이다. 일반적인 자산과 마찬가지로 현금으로 구입하는 경우도 있지만 그렇지 않은 경우가 많다. 예를 들면 외부에서 구입하지 않고 직접 제작하는 경우, 주주의 출자로 취득하는 경우, 보유하고 있던 자산과의 교환으로 취득하는 경우, 또는 정부 등으로부터 무상으로 증여를 받는 경우 등을 들 수 있다. 따라서 취득방법에 따른 취득원가를 어떻게 산출할 것인가의 문제가 제기된다. 유형자산의 종류와 그 취득방법에 따른 취득원가의 산출내용을 구체적으로 살펴보면 다음과 같다.

1) 토지취득

토지(land)의 취득원가는 구입가격에 구입수수료, 명의이전을 위한 등기비용, 취득세, 취득목적에 사용할 수 있도록 하기 위한 정지비 등 부대비용을 가산한 금액으로 한다. 그러나 토지를 취득하여 배수로를 설치하거나 정원을 조성하는 등 부대시설을 갖추는 경우와 건물을 신축하기 위하여 구건물이 있는 토지를 취득하는 경우에는 취득원가 산출시 주의를 하여야 한다. 이를 구분하여 설명하면 다음과 같다.

(1) 토지의 부대시설을 건축하는 경우

토지를 구입한 이후에 진입로 설치, 도로포장공사, 배수 및 하수공사, 담장 및 조경공사 등에 대한 회계처리는 다음과 같이 두 가지 방법을 생각할 수 있다. 먼저 이들의 내용연수가 영구적이거나 또는 설치 후 보수 및 유지 등의 책임이 지방자치단체에 있는 경우에는 영구적으로 경제적 효익을 향유할 수 있으므로 비상각자산으로 처리하기 위하여 토지의 취득원가에 포함시켜야 한다. 그러나 영구적으로 경제적 효익을 향유할 수 없는 경우에는 상각자산인 구축물(land improvement)계정으로 처리한다.

(2) 기존 건축물이 있는 토지의 취득

기존 건축물이 있는 토지를 취득하여 건물을 신축하는 경우에는 기존 건축물의 사용여부에 따라 회계처리가 다르다. 기존 건축물을 즉시 철거하고 신건물을 신축하는 경우에는 기존 건물의 철거비용에서 철거된 건축물의 잔여품을 처분하여 회수한 금액을 차감한 잔액을 토지의 취득원가에 포함시킨다. 이는 자산의 취득시 취득목적을 달성하기 위하여 희생된 또는 희생될 모든 경제적 가치를 자산의 취득원가에 포함시켜야 하기 때문이다. 그러나 기존 건축물을 일정기간 사용 후 철거하고자 하는 경우에는 그 사용기간 동안 예상되는 순현금유입액의 현재가치를 건물의 취득원가로 하고 구입가격에서 이를 차감한 잔액을 토지의 취득원가에 안분한다.

2) 건물과 기계장치의 취득

건물(building)계정으로 처리하여야 할 대상은 건물과 냉난방·조명·통풍 및 기타의 건물부속설비이며 기계장치계정은 기계장치·운송설비(컨베이어·기중기 등)와 기타의 부속설비이다. 이러한 건물과 기계장치는 외부에서 구입할 수도 있고 직접 건축할 수도 있다. 직접 제작하는 경우에 대한 회계처리는 자가건설자산에서 설명하기로 한다. 외부에서 구입하는 경우 건물과 기계장치의 취득원가는 구입가격에 구입수수료, 명의이전을 위한 등기비용, 취득세, 등록세, 운임, 기계의 설치비용 및 시운전비, 취득목적에 사용할 수 있도록 하기 위한 수선비 등 부대비용을 가산한 금액으로 한다.

3) 자가건설자산

기업이 영업활동에 사용할 건물이나 기계장치 등을 외부에서 구입하지 않고 스스로 건설할 수 있다. 자가건설을 하는 경우 일반적으로 건설기간이 장기간 소요되고 많은 건설자금이 소요되므로 회계처리상 문제는 건설기간 중에 소요된 원가에 대한 회계처리와 건설자금을 외부에서 차입하였을 때 발생하는 이자에 대한 회계처리로 구분할 수 있다.

(1) 건설기간중의 회계처리

건물이나 기계장치 등을 자가건설하기 위하여 소요된 원가는 해당 자산이 완성되기 이전까지는 건물계정이나 기계장치계정으로 계상할 수 없고, 건설중에 있다는 것을 표시하기 위하여 **건설중인 자산**으로 처리한 후 완성시 해당계정으로 대체한다. 따라서 건설중인 자산도 유형자산으로 분류하나 토지와 마찬가지로 비상각자산이다. 왜냐하면 건설중인 자산은 현재 건설중에 있으므로 영업활동에 사용할 수 없어 수익창출에 기여하지 못하기 때문에 수익·비용대응의 원칙에 따라 비용을 인식할 수 없기 때문이다. 건설중인자산에는 건설을 위한 재료비·노무비 및 경비로 하되, 건설을 위하여 지출한 도급금액 또는 취득한 기계 등을 포함한다. 자가건설과 관련된 회계처리과정을 요약하면 다음과 같다.

① 건설원가의 발생	(차)	건설중인 자산	×××	(대)	현 금 등	×××
② 건설공사의 완료	(차)	건 물 등	×××	(대)	건설중인 자산	×××

(2) 건설자금의 이자

유형자산을 자가건설하는 경우 많은 건설자금이 소요된다. 건설자금은 기업 내에서 자체적으로 조달할 수도 있고 외부에서 차입할 수도 있다. 외부에서 차입하는 경우에는 그에 대한 이자를 지급하여야 하므로 이 이자를 어떻게 회계처리할 것인가의 문제가 발생한다. 왜냐하면 유형자산을 취득하기 위하여 발생한 이자이므로 취득원가에 포함시켜야 한다고 했을 때 자체적으로 조달한 자금에 대한 이자(이는 은행 등에 예입했을 때 얻을 수 있는 이자를 포기한 것이므로 기회비용이 발생하나 기회비용은 회계처리의 대상이 되지 않으므로 이자를 계상하지 않는다)와의 형평문제가 발생한다. 그렇다고 하여 외부에서 차입한 건설자금에 대한 이자를 이자비용으로 처리하는 경우에는 건설기간 중에는 수익 창출에 기여하지 못하는 상태에서 비용을 인식하는 결과를 가져오므로 수익·비용대응의 원칙에 위배된다.

회계기준에서는 제조 또는 건설에 상당한 기간이 소요되는 재고자산의 제작과 유형자산의 제작·매입·건설에 직접 사용하였음이 객관적으로 입증되는 차입금에 대하여 그 자산의 취득완료시까지 발생한 이자비용에서 그 차입자금의 일시예금에서 생기는 이자수익을 차감한 금액을 그 자산의 취득원가로 계상하도록 하고 있다.

예제 10-1 **토지와 건물 및 구축물의 취득원가**

(주)푸른산은 기존 건물이 있는 토지를 취득하여 건물을 신축하였다. 토지의 취득과 건물을 신축하기 위하여 소요된 원가가 다음과 같다고 하자.

토지의 구입가격	₩100,000,000
토지구입시 명의이전 비용	3,000,000
기존 건물의 철거비	4,000,000
토지굴착비	2,000,000
건물설계비	5,000,000
재료비 및 노무비	200,000,000
차입한 건설자금의 이자	20,000,000
담장 및 배수로 설치와 조경공사비	10,000,000

위의 자료를 이용하여 각 자산의 취득원가를 산출하면 다음과 같다.

① 토지의 취득원가	₩107,000,000
토지의 구입가격	100,000,000
토지구입시 명의이전 비용	3,000,000
기존 건물의 철거비	4,000,000
② 건물의 취득원가	₩227,000,000
토지굴착비	2,000,000
건물설계비	5,000,000
재료비 및 노무비	200,000,000
차입한 건설자금의 이자	20,000,000
③ 구축물의 취득원가	₩10,000,000
담장 및 배수로 설치와 조경공사비	10,000,000

자습문제 10-1 다음 거래를 분개하시오.

(1) 토지 ₩30,000,000를 취득하고 수수료 등 명의이전비용 ₩3,000,000과 함께 현금으로 지급하다.

(2) 토지를 구입한 후 토지의 정지비 ₩3,000,000과 배수로의 설치비 ₩5,000,000을 현금으로 지급하다.

(3) 건물 ₩50,000,000을 취득하고 대금은 수수료 ₩1,000,000과 함께 수표를 발행하여 지급하다. 그리고 건물 일부를 수선하여 수선비 ₩3,000,000을 현금으로 지급하다.

(4) 사용중인 건물의 냉난방시설을 교체하고 그 대금 ₩6,000,000을 현금으로 지급하다.

(5) 건물을 자가건설하기 위한 인건비 ₩5,000,000을 현금으로 지급하다.

(6) 건설기간 중에 건설자금으로 차입한 차입금에 대한 이자 ₩1,000,000을 수표를 발행하여 지급하다.

(7) 자가건설중인 건물이 완성되다. 건설에 소요된 원가는 ₩35,000,000이다.

(8) 기계 ₩30,000,000을 구입하고 설치비용 ₩1,000,000과 시운전비 ₩2,000,000을 수표를 발행하여 지급하다.

4) 일괄구입

두 종류 이상의 자산을 일괄구입(lump sum purchase)하는 경우 각 자산의 취득원가는 다음과 같이 산출한다. 먼저 취득한 자산의 공정가치를 모두 알 수 있는 경우에는 일괄구입가격을 각 자산의 **상대적 공정가치**를 기준으로 하여 개별자산에 **안분**한다. 그러나 일부 자산의 공정가치만을 알 수 있는 경우에는 해당자산은 공정가치로 평가하고 공정가치를 알 수 없는 자산의 취득원가는 일괄구입가격에서 공정가치를 차감한 잔액으로 한다. 이를 예를 들어 설명하면 다음과 같다.

예제 10-2 **일괄구입**

(주)푸른강은 비품과 기계를 동시에 구입하고 현금 ₩1,000,000을 지급하였으며 구입시 이들의 공정가치는 다음과 같다고 하자.

비 품	₩300,000	기 계	₩900,000

이상의 자료에서 비품과 기계의 취득원가를 산출하면 다음과 같다.

$$\text{비품의 취득원가} = ₩1{,}000{,}000 \times \frac{₩300{,}000}{₩300{,}000 + ₩900{,}000} = ₩250{,}000$$

$$\text{기계의 취득원가} = ₩1{,}000{,}000 \times \frac{₩900{,}000}{₩300{,}000 + ₩900{,}000} = ₩750{,}000$$

그러나 앞의 예에서 비품의 공정가치는 알 수 있으나 기계의 공정가치는 알 수 없다고 하자. 그러면 비품과 기계의 취득원가는 다음과 같이 산출된다.

비품의 취득원가 = ₩300,000
기계의 취득원가 = ₩1,000,000 − ₩300,000 = ₩700,000

자습문제10-2 다음 거래를 분개하시오.

(1) (주)푸른숲은 비품과 기계를 동시에 구입하고 구입가격 ₩1,100,000과 인수운임 ₩100,000을 수표를 발행하여 지급하였으며 구입시 이들의 공정가치는 다음과 같다.

비 품	₩500,000
기 계	1,000,000

(2) (주)푸른숲은 비품과 기계를 동시에 구입하고 구입가격 ₩1,200,000을 수표를 발행하여 지급하였다. 구입시 기계의 공정가치는 ₩900,000으로 확인되었으나 비품의 공정가치는 알 수 없었다.

5) 현물출자

기업이 주식을 발행하면서 그 대가를 현금으로 납입 받지 않고 다른 재화로 납입 받는 경우, 이를 현물출자라 한다. 현물출자로 자산을 취득하는 경우에는 현금이 개입되지 않았으므로 자산의 취득원가와 자본의 증가를 얼마로 할 것인가의 문제가 발생한다. 이를 분개로 정리하면 다음과 같다.

(차) 자산계정	×××(?)	(대) 자본계정	×××(?)

자산의 취득시 현금가격이란 구입시점의 공정가치를 의미하는 것이므로 자산의 취득원가와 자본의 증가액은 해당 자산이나 발행·교부한 주식의 **공정가치**로 계상하여야 할 것이다. 회계기준에서는 현물출자로 받은 자산은 출자자에게 교부한 주식의 발행가액을 **취득원가**로 할 수 있도록 하고 있다.

예제 10-3 **현물출자로 유형자산의 취득**

(주)푸른강은 현금가격 ₩24,000,000의 기계를 구입하고 그 대가로 당사 주식 4,000주(액면단가 ₩5,000, 1주당 시가 ₩6,000)를 액면금액으로 발행하여 교부하였다고 하자.

이러한 경우 공정가치를 취득원가로 하는 경우에는 기계의 취득원가와 자본의 증가액은 ₩24,000,000이지만 교부된 주식의 발행가액으로 하는 경우에는 기계의 취득원가와 자본의 증가액을 각각 ₩20,000,000으로 한다. 따라서 각각에 대한 분개는 다음과 같다.

(공정가치로 하는 경우)	(차) 기계장치	24,000,000	(대) 자 본 금	20,000,000
			주식발행초과금	4,000,000
(발행가액으로 하는 경우)	(차) 기계장치	20,000,000	(대) 자 본 금	20,000,000

자습문제10-3 다음 거래를 이용하여 아래 물음에 답하시오.

(주)푸른강은 현금가격 ₩60,000,000의 건물을 구입하고 그 대가로 당사 주식 10,000주(액면단가 ₩5,000, 1주당 시가 ₩6,000)를 액면금액으로 발행하여 교부하다.

물음

현물출자로 취득한 자산의 취득원가를 공정가치로 하는 경우와 교부된 주식의 발행가액으로 하는 경우에 대하여 각각 분개를 하시오.

6) 증여에 의한 취득

회계기준에서는 무상으로 취득한 자산의 가액은 **공정한 평가액**을 취득원가로 하여 자산으로 계상하면서, 대변에는 **자산수증이익계정**으로 기입하도록 하고 있다. 여기서 자산수증이익은 당기이익으로 처리한다. 따라서 무상으로 자산을 취득하는 경우의 회계처리는 다음과 같다.

(차)	자산계정	×××(공정가치)	(대)	자산수증이익	×××

예제 10-4 **유형자산의 무상취득**

(주)푸른강은 대주주로부터 공정가치가 ₩20,000,000인 건물을 무상으로 증여받았다고 하자. 이 경우 회계처리는 다음과 같다.

(차)	건 물	20,000,000	(대)	자산수증이익	20,000,000

자습문제10-4 다음 거래를 분개하시오.

(1) (주)푸른강은 대주주로부터 공정가치가 ₩50,000,000인 토지를 무상으로 증여받다.

(2) (주)푸른솔은 거래처로부터 공정가치가 ₩5,000,000인 기계를 무상으로 증여받다.

2 취득 후 추가적 지출

유형자산은 취득 후 장기간 영업활동에 사용하므로 이를 수선하거나 또는 증축 및 개량을 할 수 있어 이로 인한 지출이 발생하게 된다. 이러한 지출을 취득 후 추가적 지출이라 하며, 이는 취득시 수선 등으로 인하여 발생하는 지출과는 구분된다. 취득 후 추가적 지출에 대한 회계처리방법은 자본적 지출과 수익적 지출로 구분된다.

1) 자본적 지출

資本的 支出(capital expenditure)이란 유형자산의 내용연수를 연장시키거나 가치를 실질적으로 증가시키는 경우로, 이는 지출액만큼 해당 유형자산을 증가시키는 방법으로 회계처리를 한다. 이러한 자본적 지출의 예로는 개량, 증축, 재배치 등을 들 수 있다.

2) 수익적 지출

收益的 支出(revenue expenditure)은 당해 유형자산의 원상을 회복시키거나 능률유지를 위한 지출로, 이는 발생 즉시 수선비로 처리한다.

이와 같이 유형자산에 대한 추가적 지출을 자본적 지출과 수익적 지출로 구분하지만, 실무적으로는 이를 판단하기가 어려운 경우가 많다. 실무에서는 중요성원칙에 따라 일정금액 등을 정해 놓고, 이를 기준으로 구분하는 것이 일반적이다.

유형자산에 대한 취득 후 추가적 지출을 반대로 처리하는 경우에는 다음과 같은 문제점이 발생한다. 먼저 자본적 지출을 수익적 지출로 처리하는 경우에는 자산의 과소계상으로 인해 자본이 과소계상되어 **비밀적립금**(secret reserves)이 발생하며, 반대로 수익적 지출을 자본적 지출로 처리하는 경우에는 자산의 과대계상으로 인해 자본이 과대계상되어 **혼수자본**(watered capital)이 발생한다.

예제 10-5 **자본적 지출과 수익적 지출**

(주)성장은 20×3년 6월 1일 기계장치의 성능개선을 위해 ₩5,000,000 그리고 수리비로 ₩500,000을 지출하였다. 지출시 회계처리를 하시오.

(차)	기 계 장 치	5,000,000	(대)	현 금	5,500,000
	수 선 비	500,000			

3 감가상각

1) 감가상각의 의미

토지와 건설중인 자산을 제외한 유형자산은 영업활동에 사용되어 수익을 창출함으로써 그 경제적 가치는 소멸된다. 따라서 수익창출에 기여하는 동안 수익·비용대응의 원칙에 따라 소멸된 원가(expired cost)를 해당 자산에서 감소시키면서 비용으로 인식하여야 하는데 이를 감가상각이라 한다.

減價償却(depreciation)이란 원가를 내용연수 동안 체계적이고 합리적인 방법으로 기간별 할당하는 **배분과정**을 말한다. 따라서 감가상각이란 수익·비용대응의 원칙에 따라 특정 회계기간 내에 사용된 유형자산의 원가를 그 자산의 이용으로 창출된 수익에 대응시켜 비용으로 인식하는 과정이다. 이를 예를 들어 설명하면 다음과 같다.

예제 10-6 **감가상각의 의미와 감가상각비 계상액**

3년간 탈 목적으로 승용차를 ₩10,000,000에 구입하였다고 하자. 3년 후 중고차를 처분하는 경우 그 처분가치가 ₩4,000,000이라고 했을 때, 3년 동안 이 승용차를 사용하여 소멸되는 경제적 가치는 ₩6,000,000이다. 이때 승용차의 구입시 원가 ₩10,000,000은 자산이지만 3년 동안 사용함으로써 경제적 가치가 소멸된 ₩6,000,000은 비용인 감가상각비가 된다. 이를 도표로 정리하면 다음과 같다.

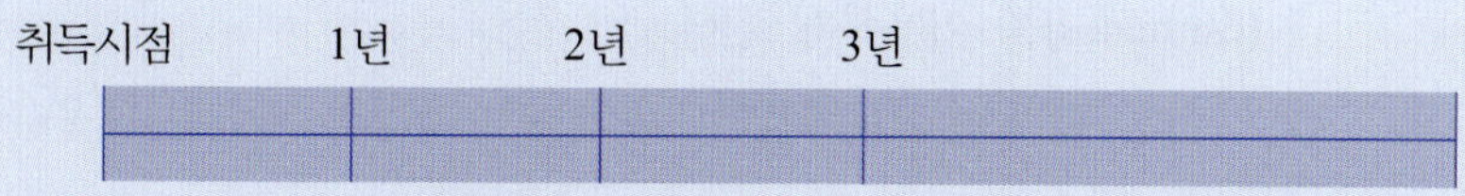

(취득시) | 자 산 ₩10,000,000

↓ (사 용)

(3년 후) | 비 용 ₩6,000,000 | 자 산 ₩4,000,000

이상의 내용을 재무상태표와 손익계산서에 표시하면 다음과 같다.

(취득시점) 재무상태표

차량운반구	10,000,000		

사 용(3년 후) 재무상태표

		차량운반구	10,000,000
		감가상각누계액	(6,000,000)
			4,000,000

손익계산서

감가상각비	6,000,000	매 출	×××

이때 3년간 감가상각비 ₩6,000,000을 매년 얼마씩 할당할 것인가 하는 문제가 발생한다. 물론 수익을 창출하기 위하여 매년 소멸된 원가를 객관적으로 측정할 수 있는 경우에는 문제가 없지만 현실적으로 이는 거의 불가능하다고 할 수 있다. 따라서 인위적인 원가의 할당으로 이익을 조작하는 것을 방지하고자 특정 계산방법을 선택하여 계속적으로 사용하도록 하고 있다. 이러한 계산방법을 감가상각방법이라 하며 이는 아주 다양하다.

2) 감가상각비의 결정요소

매기 계상하여야 할 감가상각비를 계산하기 위해서는 **취득원가, 잔존가치, 내용연수 및 감가상각방법**이 필요하다. 이를 감가상각비의 결정요소라 한다.

앞의 예에서 승용차를 ₩10,000,000에 구입하여 3년간 사용하기로 하였으나, 이를 승용차가 아닌 고속버스라 가정하자. 고속버스로서의 사용기간은 3년이며, 3년 후에는 일반버스로 용도가 변경된다. 일반버스로 용도 변경하여 처분하면 그 가치는 ₩4,000,000이다.

여기서 3년 후 처분가치 ₩4,000,000을 잔존가치라 하며, 고속버스로서의 사용기간 3년을 내용연수라 한다. 내용연수 3년 동안 감가상각비로 계상하여야 할 금액은 취득원가 ₩10,000,000에서 잔존가치 ₩4,000,000을 차감한 잔액 ₩6,000,000이 되는데, 이를 감가상각기준액이라 한다. 따라서 유형자산은 취득시 감가상각기준액과 내용연수가 결정되어야 이후 사용기간 동안 감가상각비를 계산할 수가 있다. 취득시점에는 잔존가치와 내용연수를 정확하게 알 수 없으므로 추정치(estimates)를 이용하게 된다.

이후 감가상각기준액과 내용연수의 추정과 관련된 내용을 설명한 후 감가상각방법을 설명하기로 한다.

(1) 감가상각기준액

감가상각기준액은 **취득원가**에서 잔존가치를 차감한 금액으로, 내용연수 동안 인식하여야 할 감가상각비의 총액을 말한다. 여기서 **殘存價値**(residual value)는 자산의 사용 후 처분시 예상되는 현금수입액에서 그 자산의 제거 및 처분과정에서 발생되리라 예상되는 비용을 차감한 금액이다. 앞의 예처럼 고속버스가 사용 후 일반버스로 용도가 변경되는 경우에는 고속버스로서의 내용연수가 경과된 시점에서는 잔존가치가 있을 수 있으나, 일반적인 건물 같은 경우에는 내용연수의 경과 후 현금수입액보다는 철거비용이 오히려 클 수 있다. 그러므로 처분비용이 현금수입액보다 큰 경우에는 부(−)의 잔존가치를 가질 수도 있는 것이다.

(2) 내용연수

耐用年數(useful life)란 자산이 수익획득과정에 사용될 것으로 기대되는 기간으로, 내용연수의 추정시에는 당해자산의 **물리적 요인**(마모, 훼손 등)과 **경제적 요인**(부적절, 진부화 등)을 고려하여, 보다 짧은 기간을 내용연수로 하여야 한다.

3) 감가상각방법

감가상각방법이란 감가상각기준액을 내용연수 동안에 체계적이고 합리적으로 배분하기 위한 일정한 공식이나 계산방법을 말한다. 이러한 계산방법은 다양하다. 계산방법의 특징에 따라 이를 분류하면 다음과 같다.

① 시간기준
- 정 액 법
- 체감상각법 : 정률법, 이중체감법, 연수합계법

② 사용기준 : 생산량비례법

시간기준이란 해당자산의 사용정도와는 관계없이 시간의 경과에 따른 감가상각비를 산출하는 방법이며, **사용기준**이란 해당자산의 사용정도에 따른 감가상각비를 산출하는 방법이다.

회계기준에 따르면 감가상각방법과 내용연수의 선택은 경제적 실질과 소비행태를 반영해서 합리적으로 추정해야 하며, 내용연수, 잔존가치, 감가상각방법에 대해 적어도 매 회계연도 말마다 재검토하도록 되어 있다.

감가상각비의 산출식은 대부분 다음과 같다.

감가상각비＝기준액×상각률

따라서 이후 설명하는 감가상각방법을 쉽게 정리하기 위해서는 각 방법의 상각률이 곱해지는 기준액과 그 상각률로 무엇이 사용되는지를 정확하게 이해하여야 한다.

각 감가상각방법에 의하여 산출된 감가상각비를 계상하는 방법에는 이미 제6장에서 설명한 것처럼 해당 자산에서 직접 차감하는 방법과 **감가상각누계액**이라는 **차감성 평가계정**을 이용하여 간접 차감하는 방법이 있다. 이들을 다시 정리하면 다음과 같다.

① 직접 차감하는 방법 :	(차) 감가상각비	×××	(대) 해당자산계정	×××
② 차감성 평가계정 사용법 :	(차) 감가상각비	×××	(대) 감가상각누계액	×××

회계기준에서 유형자산에 대한 감가상각비는 차감성 평가계정을 이용하여 간접 차감하도록 하고 있다.

감가상각방법을 상호 비교할 수 있도록, 이후 감가상각방법의 설명과정에서 사용할 기본예제는 다음과 같다.

기본예제 ▶ 감가상각비를 산출하기 위한 기본 자료

여객운송을 주목적으로 하는 (주)신바람은 취득원가가 ₩50,000,000인 버스를 회사 설립시점(1월 1일)에 취득하였다. 이 버스는 3년간 사용한 후 용도를 변경하여 처분하면 그 가치는 ₩5,000,000으로 추정된다. 그리고 3년 동안 예상 총주행거리는 100,000km이다. 결산일은 12월 31일이다.

(1) 정액법(직선법)

定額法(straight－line method)은 감가상각을 **시간의 함수**로 보아, 매 기간 같은 금액의 감가상각비가 반영되도록 하는 방법이다. 매기 같은 금액의 감가상가비를 계상하기 위해서는 감가상각비의 계산시 상각률이 곱해지는 기준액과 상각률이 매기 같아야 한다. 그리하여 기준액으로는 감가상각기준액을 이용하고 상각률은 $\frac{1}{\text{내용연수}}$를 이용한다. 각 회계기간의 감가상각비는 다음과 같이 계산한다.

$$감가상각비=(취득원가-잔존가치)\times\frac{1}{내용연수}$$

정액법은 계산이 간편하다는 것이 장점이다. 그리고 정액법은 매기 일정하게 원가가 소멸한다는 가정으로 사용정도와는 관계없이 내용연수 동안 시간당 같은 금액의 감가상각비가 계상되므로, 시간의 경과에 따라 가치가 감소되는 건물 등의 감가상각에 적용하기에 적합한 방법이다. 기본 자료를 이용하여 각 연도의 감가상각비를 산출하면 다음과 같다.

예제 10-7 **정액법에 의한 감가상각비의 산출**

$$각\ 연도의\ 감가상각비=(₩50,000,000-₩5,000,000)\times\frac{1}{3}=₩15,000,000$$

따라서 3년 동안 감가상각비와 자산금액의 변동을 표로 작성하면 다음과 같다.

연 도	감가상각대상금액	감가상각비	감가상각누계액	장부금액
20×1. 1. 1				₩50,000,000
20×1. 12.31	₩45,000,000	₩15,000,000	₩15,000,000	35,000,000
20×2. 12.31		15,000,000	30,000,000	20,000,000
20×3. 12.31		15,000,000	45,000,000	5,000,000

2기말 재무상태표에는 다음과 같이 계상·보고된다.

재무상태표 (2기말)

차 량 운 반 구	50,000,000	
감가상각누계액	(30,000,000)	
	20,000,000	

(2) 정률법(또는 이중체감법)

매기 일정하게 감가상각비가 계상되는 정액법과는 달리, 내용연수의 초기에는 감가상각비를 많이 계상하고 기간이 경과할수록 점차 적게 계상하는 방법을 **체감상각법**(accelerated depreciation method)이라 한다. 이에는 **정률법**, **이중체감법** 및 **연수합계법**이 있다. 내용연수의 초기에 보다 많은 감가상각비를 계상하는 체감상각법은 정액법에 비하여 보다 보수적인 회계처리방법이다. 따라서 내용연수 초기에 수익창출에 많이 기여하는 자산의 감가상각에 적합한 계산방법이다.

정률법과 이중체감법은 적용하는 상각률만 다를 뿐 감가상각비의 계산과정은 같으므로 이들을 함께 설명하기로 한다.

定率法(fixed-rate method)은 용어에서 알 수 있듯이 매기 감가상각비를 산출하기 위한 상각률이 일정하다. 정률법은 체감상각법중의 하나이므로 기간이 경과함에 따라 매기 감가상각비가 줄어야 하는데, 상각률이 일정하므로 정률법의 계산상 특징은 상각률을 곱하는 기준액이 점차 감소하여야 한다는 것이다. 따라서 정률법에서는 감가상각비의 계산시 기준액으로 매기초의 장부가액(미상각액)을 이용한다. 정률법의 식을 정리하면 다음과 같다.

$$\text{매기 감가상각비} = \text{기초의 장부가액(미상각액)} \times \text{정률} = (\text{취득원가} - \text{상각누계액}) \times \text{정률}$$

여기서 정률은 다음과 같이 계산한다.

$$\text{정률} = 1 - \sqrt[n]{\frac{\text{잔존가치}}{\text{취득원가}}}\ (n = \text{내용연수})$$

따라서 잔존가치가 ₩0인 경우에는 사용할 수 없고, 잔존가치의 크기에 따라 상각률이 크게 영향을 받으며 정률의 계산과정이 복잡하다. 그리하여 정률법과 똑같은 계산과정을 이용하나 상각률의 산출과정을 보다 단순화한 방법이 바로 **이중체감법**(double declining balance method)이다. 二重遞減法에서의 상각률은 $\frac{2}{\text{내용연수}}$를 사용한다. 이는 정액법 상각률의 2배가 되므로 일명 **정액법의 배법**이라고도 한다. 정률법은 내용연수가 종료되면 잔존가치가 남도록 상각률이 산출되지만, 이중체감법은 그렇지 않으므로 이중체감법의 적용시에는 마지막 연도의 감가상각비는 기초의 장부가액에서 잔존가치를 차감한 금액으로 한다. 기본 자료를 이용하여 각 연도의 감가상각비를 산출하면 다음과 같다.

예제 10-8 ▶ 정률법에 의한 감가상각비의 산출

기본 자료에서 정률은 60%라고 가정하자. 물론 정률의 계산식에 의한 정률은 53.58%가 되며 이중체감법의 상각률은 $\frac{2}{3}$ 가 되나, 계산과정을 단순화하기 위하여 상각률을 60%로 가정한 것이다.

정률법에 따른 각 연도의 감가상각비는 다음과 같이 계산된다.

1차 연도 감가상각비 = ₩50,000,000 × 0.6 = ₩30,000,000
2차 연도 감가상각비 = (₩50,000,000 − ₩30,000,000) × 0.6 = ₩12,000,000
3차 연도 감가상각비 = (₩50,000,000 − ₩42,000,000) × 0.6 = ₩4,800,000

그러나 3차 연도의 감가상각비는 위의 계산한 결과인 ₩4,800,000이 아니라 ₩3,000,000으로 보고된다. 그 이유는 마지막 연도에서는 반드시 잔존가액인 ₩5,000,000이 남아야 하기 때문이다. 따라서 마지막 연도인 3차 연도의 감가상각비는 3차 연도초의 장부금액인 ₩8,000,000에서 잔존가액 ₩5,000,000을 차감해서 계산된 것이다.

각 연도의 감가상각비와 자산금액의 변동을 표로 작성하면 다음과 같다.

연 도	감가상각대상금액	감가상각비	감가상각누계액	장부금액
20×1. 1. 1	₩45,000,000			₩50,000,000
20×1. 12.31		₩30,000,000	₩30,000,000	20,000,000
20×2. 12.31		12,000,000	42,000,000	8,000,000
20×3. 12.31		3,000,000	45,000,000	5,000,000

(3) 연수합계법

年數合計法(sum-of-the-years'-digits method)은 감가상각비의 계산시 상각률이 곱해지는 기준액은 매기 일정(감가상각기준액을 이용한다)하고, 상각률이 점차 감소하여 기간이 경과함에 따라 감가상각비를 적게 계상하는 방법이다. 상각률을 점차 감소시키기 위하여, 상각률의 분모는 내용연수의 합으로 하고 분자는 내용연수의 역순으로 한다. 예를 들어, 내용연수가 3년인 경우 분모는 1에서 3까지의 합인 6으로 하고 분자는 1기에는 3, 2기에는 2, 3기에는 1로 하여 매기 상각률은 1기에는 $\frac{3}{6}$, 2기에는 $\frac{2}{6}$, 3기에는 $\frac{1}{6}$이 된다. 따라서 매기 감가상각비를 산출하는 계산식은 다음과 같다.

$$\text{감가상각비} = (\text{취득원가} - \text{잔존가치}) \times \frac{\text{기초시점에서의 잔여내용연수}}{\text{내용연수의 합}}$$

예제 10-9 연수합계법에 의한 감가상각비의 산출

각 연도의 감가상각비는 다음과 같이 계산된다.

$$\text{1차 연도 감가상각비} = (₩50,000,000 - ₩5,000,000) \times \frac{3}{6} = ₩22,500,000$$

$$\text{2차 연도 감가상각비} = (₩50,000,000 - ₩5,000,000) \times \frac{2}{6} = ₩15,000,000$$

$$\text{3차 연도 감가상각비} = (₩50,000,000 - ₩5,000,000) \times \frac{1}{6} = ₩7,500,000$$

각 연도의 감가상각비와 자산금액의 변동을 표로 작성하면 다음과 같다.

연 도	감가상각대상금액	감가상각비	감가상각누계액	장부금액
20×1. 1. 1	₩45,000,000			₩50,000,000
20×1. 12.31		₩22,500,000	₩22,500,000	27,500,000
20×2. 12.31		15,000,000	37,500,000	12,500,000
20×3. 12.31		7,500,000	45,000,000	5,000,000

(4) 생산량비례법

生産量比例法(units-of-production method)은 생산단위당 균등한 금액의 감가상각비를 반영하는 방법으로, 이는 감가상각을 **사용** 또는 **생산량의 함수**로 본다. 따라서 원가를 사용 또는 생산정도에 따라 감가상각비로 배분하기 위하여, 단위당 상각액을 $\frac{\text{취득원가} - \text{잔존가치}}{\text{내용연수 동안의 총추정생산량}}$으로 하며, 매기 감가상각비는 실제생산량에 단위당 상각액을 곱하여 산출한다.

생산량비례법은 자산의 이용정도와 그 자산의 용역잠재력이 밀접한 관계가 있는 자산에 적용하기 적합한 감가상각방법이다. 그러나 총추정생산량을 추정하기 어렵고, 자산의 용역잠재력의 감소가 시간의 경과로 인하여 발생하거나 또는 경제적 요인(진부화나 부적응)에 기인하는 경우에는 부적합하다. 생산량비례법의 매기 감가상각비는 다음과 같이 계산한다.

$$\text{생산단위당 감가상각비} = \frac{\text{취득원가} - \text{잔존가치}}{\text{내용연수 동안의 총추정생산량}}$$

$$\text{매년 감가상각비} = \text{실제생산량} \times \text{생산단위당 감가상각비}$$

물론 위식을 다음과 같이 정리할 수도 있다.

$$\text{매년 감가상각비} = (\text{취득원가} - \text{잔존가치}) \times \frac{\text{실제생산량}}{\text{내용연수 동안의 총추정생산량}}$$

예제 10-10 **생산량비례법에 의한 감가상각비의 산출**

각 연도의 실제 주행거리가 1차 연도에 50,000Km, 2차 연도에 30,000Km, 3차 연도에 20,000Km라고 가정하자. 그러면 감가상각비는 다음과 같이 계산된다.

$$\text{주행거리 1km당 감가상각비} = (₩50,000,000 - ₩5,000,000) \times \frac{1}{100,000} = ₩450$$

1차 연도 감가상각비 = 50,000km × ₩450 = ₩22,500,000
2차 연도 감가상각비 = 30,000km × ₩450 = ₩13,500,000
3차 연도 감가상각비 = 20,000km × ₩450 = ₩9,000,000

각 연도의 감가상각비와 자산가액의 변동을 표로 작성하면 다음과 같다.

연 도	감가상각대상금액	감가상각비	감가상각누계액	장부금액
20×1. 1. 1	₩45,000,000			₩50,000,000
20×1. 12.31		₩22,500,000	₩22,500,000	27,500,000
20×2. 12.31		13,500,000	36,000,000	14,000,000
20×3. 12.31		9,000,000	45,000,000	5,000,000

자습문제 10-5 자료를 이용하여 각 방법에 따른 4년 동안 감가상각비를 산출하여 상각표를 작성하고 수정분개를 하시오.

20×1년 1월 1일 기계 ₩120,000을 취득(잔존가치 ₩20,000, 내용연수 4년, 총추정작업시간 5,000시간)하였으며 회계기간은 1월 1일부터 12월 31일까지이다.

(1) 정액법
(2) 정률법(이중체감법) : 상각률은 50%
(3) 연수합계법
(4) 생산량비례법 : 실제 작업시간은 20×1년 2,000시간, 20×2년 1,000시간, 20×3년 1,500시간, 20×4년 500시간

4) 감가상각방법이나 추정치의 변경

기준의 변경이나 회계환경의 변화 등으로 현재 채택하고 있는 회계정책이 적절하지 못한 경우 회계정책을 변경하게 되는데, 이를 **회계변경**(accounting changes)이라 한다.

회계변경의 예로는 회계추정의 변경, 회계원칙의 변경 등을 들 수 있다. 회계추정의 변경이란 내용연수나 잔존가치와 같은 추정치의 변경을 말하며, 회계정책의 변경이란 회계처리방법을 예를 들어 정액법을 정률법으로 변경하는 경우를 말한다.

회계기준에서는 감가상각방법, 내용연수 및 잔존가치의 적절성을 매년 검토하도록 요구하고 있으며, 변경시 회계추정의 변경으로 처리하도록 하고 있다.

회계변경의 회계처리방법에는 전진법과 소급법 및 당기일괄처리법이 있으나 회계기준에서는 회계정책의 변경과 회계추정의 변경 모두 **전진법**으로 회계처리하도록 하고 있다. 전진법이란 이전의 회계처리결과는 전혀 수정하지 않고, 회계변경연도의 기초의 장부가액에 회계변경연도와 그 이후의 회계기간에만 변경된 내용을 적용하는 방법이다.

예제 10-11 **회계변경에 대한 회계처리**

① 회계추정의 변경

20×3년 1월 1일에 취득한 기계 ₩110,000(내용연수 5년, 잔존가치 ₩10,000)을 정액법을 적용하여 상각하던 중 20×4년 중에 내용연수가 4년이고 잔존가치가 ₩0이 될 것이라는 새로운 정보를 얻어 내용연수와 잔존가치를 변경하다. 이러한 경우 20×4년도의 감가상각비를 구하면 다음과 같다.

전진법을 적용하기 위해서는 먼저 변경년도의 기초장부가액을 산출하고, 이를 이용하여 이후 변경된 내용을 적용하여 필요한 회계처리를 하면 된다.

20×4년도 초의 장부가액 $= ₩110,000 - ₩100,000 \times \frac{1}{5} = ₩90,000$

$$20\times4\text{년도의 감가상각비} = (₩90,000 - ₩0) \times \frac{1}{3} = ₩30,000$$

여기서 잔존가치는 ₩0로 변경되었으며, 내용연수는 5년에서 4년으로 변경되었으나 이미 20×3년도의 1년분을 감가상각하였으므로 이후 잔여내용연수는 3년이 된다.

② 회계추정의 변경과 자본적 지출

20×1년 1월 1일에 취득한 기계 ₩76,600(내용연수 8년, 잔존가치 ₩4,600)을 연수합계법을 적용하여 상각하던 중 20×3년 초에 남은 내용연수가 4년이고 잔존가치가 ₩2,600인 것으로 내용연수와 잔존가치를 변경하다. 20×4년 1월 2일에 ₩34,000을 지출하여 대폭적인 수선을 하다. 이로 인해 내용연수가 2년 증가하였으며, 잔존가치도 ₩3,000으로 증가되었다. 20×1년도부터 20×4년도까지의 감가상각비를 구하면 다음과 같다.

20×1년도의 감가상각비 = (₩76,600－₩4,600) ×8/36 = ₩16,000
20×2년도의 감가상각비 = (₩76,600－₩4,600) ×7/36 = ₩14,000
20×3년도 초의 장부금액 = ₩76,600－₩30,000 = ₩46,600
20×3년도의 감가상각비 = (₩46,600－₩2,600) ×4/10 = ₩17,600
20×4년도 초의 장부금액 = ₩46,600－₩17,600＋ ₩34,000 = ₩63,000
20×4년도의 감가상각비 = (₩63,000－₩3,000) ×5/15 = ₩20,000
(내용연수는 남은 기간 3년에다 증가한 기간 2년이 더해져서 5년이 되었음)

③ 회계원칙의 변경

20×3년 1월 1일에 취득한 기계 ₩110,000(내용연수 5년, 잔존가치 ₩10,000)을 정액법을 적용하여 상각하던 중 20×4년 중에 정률법(정률 40%)으로 변경하였다고 하자.

전진법을 적용하는 경우 20×4년도의 감가상각비를 구하면 다음과 같다.

$$\text{변경 이전방법에 의한 감가상각누계액} = ₩100,000 \times \frac{1}{5} = ₩20,000$$

$$20\times4\text{년도 초의 장부가액} = ₩110,000 - ₩100,000 \times \frac{1}{5} = ₩90,000$$

$$20\times4\text{년도의 감가상각비(정률법)} = ₩90,000 \times 0.4 = ₩36,000$$

자습문제10-6 다음 자료를 이용하여 회계변경연도의 감가상각비를 산출하시오.

(1) 20×1년 1월 1일에 취득한 기계 ₩500,000(내용연수 10년, 잔존가치 ₩0)을 정액법을 적용하여 상각하던 중 20×3년 중에 내용연수가 7년이라는 새로운 정보를 얻어 내용연수를 변경하다.

(2) 20×2년 1월 1일에 취득한 건물 ₩1,500,000(내용연수 15년, 잔존가치 ₩0)을 정액법을 적용하여 상각하던 중 20×3년 중에 정률법(정률 10%)으로 변경하다.

4 유형자산의 재평가

유형자산은 취득시에 취득원가를 산정해서 취득원가로 기록하게 된다. 이 금액을 계속 보고하는 입장을 원가모형(cost model)이라고 한다. 이에 반해 유형자산을 최초 취득시에는 취득원가로 기록하고, 그 이후 기간에는 공정가치를 신뢰성 있게 측정할 수 있는 경우에는 유형자산을 공정가치로 재평가해서 보고하자는 입장을 재평가모형(revaluation model)이라고 한다.

회계기준에서는 유형자산의 취득시점에는 취득원가로 측정·보고하지만 취득 이후에는 원가모형이나 재평가모형이 장단점을 갖고 있다는 점을 고려해서 두 모형 중 하나를 선택해서 적용하도록 하고 있다.

재평가모형을 선택하는 경우 자산의 공정가치가 증가하면 재평가로 인해 자산의 장부금액이 증가하게 되며, 그 증가액을 대변에 자산재평가이익으로 기입한다. 이때 자산재평가이익은 포괄손익계산서의 기타포괄손익에 포함되고, 재무상태표에는 자본 항목인 기타포괄손익누계액에 포함되어 보고된다. 재무상태표에 표시할 때 자산재평가잉여금(asset revaluation reserve)의 계정과목을 사용하기도 한다.

장부금액 증가시 분개

(차)	유형자산	×××	(대) 자산재평가이익	×××

자산의 공정가치가 하락하면 재평가로 인한 장부금액이 감소하게 되며, 그 감소액은 차변에 자산재평가손실로 기입한다. 이 때 이전에 발생한 자산재평가이익(재평가잉여금)이 존재하고 있는 경우에는 먼저 재평가이익에서 상계한다. 상계처리한 후에도 재평가손실이 남아 있으면, 그 금액을 자산재평가손실로 처리하면 된다.

장부금액 감소시 분개

(1) 자산재평가이익이 없는 경우

(차)	자산재평가손실	×××	(대) 유형자산	×××

(2) 자산재평가이익이 있는 경우

a) 자산재평가이익 > 자산재평가손실

(차)	자산재평가이익	×××	(대) 유형자산	×××

b) 자산재평가이익 < 자산재평가손실

(차)	자산재평가이익	×××	(대) 유형자산	×××
	자산재평가손실	×××		

한편 자산재평가손실은 재평가이익과는 달리 포괄손익계산서의 비용항목으로 처리하며, 이는 보수주의 회계관습에 따른 것이다.

예제 10-12 유형자산의 재평가

20×3년 1월에 ₩100,000에 취득한 기계장치(내용연수 5년, 잔존가액 ₩0, 정액법)을 12월 31일에 ₩90,000으로 재평가하였다고 하자. 재평가시의 분개를 하면 다음과 같다.

20×3년 감가상각비 계상분개

(차)	감가상각비	20,000	(대) 감가상각누계액	20,000

20×3년 재평가 분개

(차)	감가상각누계액	20,000	(대) 기계장치	10,000
			재평가잉여금	10,000

재무상태표 (재평가 후)

기계장치	90,000	
감가상각누계액	(0)	
장부금액	90,000	

여기서 재평가잉여금은 감가상각후 장부금액 ₩80,000과 공정가치 ₩90,000과의 차액 ₩10,000이다.

자습문제 10-7

(1) 20×2년 1월 1일에 ₩1,000,000에 토지를 취득하였다. 20×3년 12월 31일에 재평가를 한 결과 이 토지의 공정가치는 ₩1,500,000으로 평가되었다. 20×3년 12월 31일에 재평가를 한 결과 이 토지의 공정가치는 ₩1,200,000으로 평가되었다. 20×4년 12월 31일까지 분개를 하시오.

(2) 20×2년 1월 1일에 ₩1,000,000에 기계를 취득하였다. 내용연수는 5년, 잔존가치 ₩200,000으로 추정되며, 이중체감법으로 상각한다. 20×2년 12월 31일에 재평가를 한 결과 이 기계의 공정가치는 ₩700,000으로 평가되었다. 20×4년 12월 31일까지 분개를 하시오.

5 유형자산의 손상

유형자산이 진부화, 물리적 손상, 시장가치의 급격한 하락 등의 원인으로 가치가 손상되어 해당 자산의 회수가능액이 장부금액에 미달하는 경우에는 회수가능액을 장부금액으로 하고 그 차액을 손상차손(loss on impairment)으로 처리한다. 여기서 회수가능액이란 자산의 매각시의 매각예상가액에서 매각예상비용을 차감한 금액을 의미한다. 회수가능액은 순공정가치와 사용가치 중 큰 금액을 말한다. 순공정가치는 공정가치에서 처분비용을 차감한 금액이며, 사용가치는 자산에서 창출될 것으로 기대되는 미래현금흐름의 현재 가치이다.

손상차손은 당기비용으로 처리하고 동 금액을 손상차손누계액의 계정과목으로 당해 유형자산에서 차감하는 형식으로 표시한다. 그리고 감가상각비는 회수가능액으로 수정된 금액을 기준으로 계산한다.

손상차손을 인식한 이후에 회수가능한 금액이 장부금액 이상으로 회복되었을 경우에는 해당 자산의 손상차손이 인식되기 전의 장부금액에서 감가상각누계액을 차감한 잔액의 범위 내에서 장부금액을 회복시키면서 손상차손환입계정으로 보고한다.

예제 10-13 **유형자산의 손상차손**

20×3년 1월 1일에 구입한 기계(취득원가 ₩1,000,000, 잔존가치 ₩100,000, 내용연수 5년)가 20×4년 7월 1일에 종업원의 실수로 고장이 발생하게 되었다. 복구를 하였으나 성능이 저하되어 지금 처분한다면 ₩300,000 받을 것으로 예상되며, 잔존가치는 ₩0으로 예상된다. 손상차손과 20×4년 감가상각비를 계산하고 분개를 하시오. 단, 감가상각방법은 정액법을 사용한다.

20×4년 손상차손

(차) 유형자산손상차손	430,000*	(대) 손상차손누계액	430,000

감가상각누계액 계산 : (₩1,000,000 − ₩100,000)÷5=₩180,000

$$₩180{,}000 + ₩180{,}000 \times \frac{6}{12} = ₩270{,}000$$

기계장치의 장부금액 : ₩1,000,000 − ₩270,000 = ₩730,000

기계장치의 손상차손 : ₩730,000 − ₩300,000 = ₩430,000

20×4년 감가상각비 계상분개

(차) 감가상각비	12,500	(대) 감가상각누계액	12,500

감가상각비 계산 : (₩300,000 − ₩0)÷4 = ₩25,000

$$₩25{,}000 \times \frac{6}{12} = ₩12{,}500$$

6 유형자산의 처분

유형자산의 처분에는 제각(discarding), 매각(sale) 및 교환(exchange)이 있다. 제각은 보유 유형자산이 노후화 또는 진부화가 되었거나, 내용연수가 종료되었을 때 유형자산을 폐기하는 것을 의미한다. 매각이나 교환은 기업의 설비투자 계획으로 실행에 따라 보유 유형자산을 제 3자에게 매각하거나 제3자의 유형자산과 교환하는 것을 의미한다.

내용연수가 종료된 잔존가액이 없는 유형자산의 제각처분시 해당자산의 취득원가를 대변에 기입하고, 해당자산의 감가상각누계액을 차변에 기입하면 해당 유형자산은 장부에서 제거된다.

(차)	감가상각누계액	×××	(대) 기계장치	×××

이때 폐기처분 비용으로 현금이 지급되면 유형자산처분손실이 발생하게 된다. 그러나 내용연수가 종료되고 잔존가액이 있는 유형자산의 제각처분시에는 유형자산의 매각대금이 잔존가액과 같으면 유형자산처분손익이 나타나지 않으며, 매각대금이 잔존가액보다 많거나 적으면 유형자산처분손익이 나타나게 된다. 유형자산처분손익이 나타나는 제각처분에 대한 분개는 다음에 설명하는 매각시의 분개와 동일하다.

유형자산의 매각시 해당자산의 취득원가를 대변에 기입하고, 해당자산의 매각대금과 감가상각누계액을 차변에 기입한다. 이때 **유형자산처분손익**은 처분가액에서 처분비용을 차감한 금액과 장부가액의 차액으로 산출하여 당기손익으로 분류한다. 매각처분시의 분개를 정리하면 다음과 같다.

(차)	현　　금	×××	(대) 유형자산계정	×××(취득원가)
	감가상각누계액	×××	(유형자산처분이익 ×××)	
	유형자산처분손실	×××		

예제 10-14 유형자산의 처분

(1) 20×3년 1월 1일에 취득한 기계 ₩800,000(내용연수 10년, 잔존가치 ₩0)을 정액법을 적용하여 상각하던 중 20×4년 1월 1일에 ₩600,000에 처분하였다고 하자. 20×3년 12월 31일 현재 감가상각누계액은 ₩160,000이다. 처분시의 분개를 하면 다음과 같다.

(차)	감가상각누계액	160,000	(대) 기계장치	800,000
	현　　금	600,000		
	유형자산처분손실	40,000		

(2) 취득원가 ₩800,000, 감가상각누계액 ₩700,000년, 잔존가치 ₩100,000인 기계장치를 내용연수가 경과되어서 ₩50,000의 폐기처분비용을 지급하고 폐기하였다고 하자. 처분시의 분개를 하면 다음과 같다.

(차)	감가상각누계액	700,000	(대) 기계장치	800,000
	유형자산처분손실	150,000	현　　금	50,000

자습문제10-8

(1) 20×3년 1월 1일에 ₩30,000,000에 취득한 차량(내용연수 5년, 잔존가치 ₩0)을 20×4년 1월 1일에 ₩15,000,000에 처분하고 수수료 ₩200,000을 차감한 잔액은 현금으로 받다. 다음 감가상각방법에 따라 각각 분개하시오.

① 정액법 ② 연수합계법 ③ 이중체감법

(2) 20×2년 1월 1일에 구입한 기계(취득원가 ₩1,000,000, 잔존가치 ₩100,000, 내용연수 5년)를 20×5년 7월 1일 ₩300,000에 처분하였다. 처분시의 분개를 하시오. 단, 감가상각방법은 정액법을 사용한다.

(3) 20×2년 1월 1일에 구입한 기계(취득원가 ₩1,000,000, 잔존가치 ₩100,000, 내용연수 5년)를 20×7년 1월 1일 폐기처분하면서 ₩50,000에 처분하였다. 처분시의 분개를 하시오. 단, 감가상각방법은 정액법을 사용한다.

7 비화폐성자산간의 교환으로 취득

자산간의 교환(exchanges)으로 유형자산을 취득한 경우에 대한 회계처리방법에는 공정가치법과 장부금액법으로 구분된다.

(1) 공정가치법

자산간의 교환으로 유형자산을 취득하는 경우 교환거래가 상업적 실질(commercial substance)을 가지고 있거나, 취득한 자산이나 포기한 자산의 공정가치를 신뢰성 있게 측정가능하면 공정가치법을 적용하여 새로이 취득하는 자산의 취득원가를 공정가치로 평가한다.

여기서 상업적 실질이란 교환거래의 결과로써 미래 현금흐름이 변화하는 것을 의미한다. 즉, 두 거래당사자의 경제적 상태가 변동한다면 그 거래는 경제적 실질을 가진다고 말할 수 있다. 예를 들어 A회사가 보유하고 있는 기계장치를 B회사의 토지와 교환한다고 생각해보자. 이 경우 토지로 인해 발생하는 현금흐름의 시기와 금액이 기계장치로부터 발생하는 현금흐름과 크게 달라질 수 있다. 이에 따라 두 회사는 상이한 경제적 상태에 있게 된다. 따라서 이 교환은 상업적 실질을 갖게 되며, 각 회사는 교환으로 인한 유형자산처분손익을 인식하게 된다.

동종자산간의 교환시에도 상업적 실질이 나타날 수 있다. 예를 들어 차량간의 교환의 경우로 취득한 차량의 내용연수가 포기한 차량의 내용연수보다 더 길다면 차량의 현금흐름이 달라지기 때문에 상업적 실질이 발생하며, 이에 따라 공정가치를 적용해서 취득한 차량의 원가를 측정하게 된다.

공정가치법에 의한 회계처리 결과는 다음과 같다.

(차)	신 자 산	×××(공정가치)	(대)	구 자 산	×××(취득원가)
	감가상각누계액	×××(구자산)		현 금	×××
	(유형자산처분손실)	×××		유형자산처분이익	×××

신자산의 취득원가 = 구자산의 공정가치 + 현금지급액

- 자산간의 교환시 제공한 자산(구자산)의 공정가치의 합계와 취득한 자산(신자산)의 공정가치의 합계는 같다.

구자산의 공정가치(+현금지급액) = 신자산의 공정가치(+현금수취액)
유형자산처분손익 = 제공한 자산의 공정가치 − 제공한 자산의 장부금액

예제 10-15 유형자산의 교환취득: 공정가치법

(주)대전은 현재 보유하고 있는 기계를 (주)둔산이 보유하고 있는 토지와 교환하다. 교환시 각 자산에 관한 자료는 다음과 같을 때 공정가치법을 이용하여 (주)대전과 (주)둔산의 입장에서 각각 분개하시오.

	(주)대전의 기계	(주)둔산의 토지
취득원가	₩50,000,000	₩40,000,000
상각누계액	10,000,000	
공정가치	35,000,000	?
현금지급액	15,000,000	
현금수취액		15,000,000

(주)대전

(차)	토 지	50,000,000	(대)	기계장치	50,000,000
	감가상각누계액	10,000,000		현 금	15,000,000
	유형자산처분손실	5,000,000			

토지의 취득원가 = 기계장치의 공정가치 + 현금지급액

(주)둔산

(차)	기계장치	35,000,000	(대)	토 지	40,000,000
	현 금	15,000,000		유형자산처분이익	10,000,000

(2) 장부금액법

자산간의 교환으로 유형자산을 취득하는 경우 교환거래가 상업적 실질(commercial substance)을 결여하거나, 취득한 자산이나 포기한 자산의 공정가치를 신뢰성 있게 측정할 수 없으면 장부금액법을 적용하여 새로이 취득하는 자산의 취득원가를 포기한 자산의 장부금액으로 평가한다. 장부금액법에 따라 회계처리할 경우 유형자산처분손익은 나타나지 않는다. 장부금액법에 의한 회계처리 결과는 다음과 같다.

(차)	신 자 산	×××	(대) 구 자 산	×××(취득원가)
	감가상각누계액	×××(구자산)	현 금	×××

신자산의 취득원가= 구자산의 장부금액 + 현금지급액

예제 10-16 유형자산의 교환취득: 장부금액법

(주)대전은 현재 보유하고 있는 기계를 (주)둔산이 보유하고 있는 기계와 교환하다. 교환시 각 자산에 관한 자료는 다음과 같을 때 장부금액법을 이용하여 (주)대전과 (주)둔산의 입장에서 각각 분개하시오.

	(주)대전의 기계	(주)둔산의 기계
취득원가	₩40,000,000	₩70,000,000
상각누계액	10,000,000	25,000,000
공정가치	35,000,000	?

(주)대전

(차) (신)	기계장치	30,000,000	(대) (구) 기계장치	40,000,000
	감가상각누계액	10,000,000		

(주)둔산

(차) (신)	기계장치	45,000,000	(대) (구) 기계장치	70,000,000
	감가상각누계액	25,000,000		

8 무형자산

1) 무형자산의 의의와 종류

無形資産(intangible assets)이란 재화의 생산이나 용역의 제공, 타인에 대한 임대 또는 관리에 사용할 목적으로 기업이 보유하고 있으며, 물리적인 형태는 없으나 식별이 가능하고, 기업이 해당 자원에 대해 통제하고 있으며, 미래 경제적 효익이 있어서 장기간에 걸쳐 회사의 수익창출 또는 원가절감 등의 효익이 기대되는 비화폐성자산을 말한다. 특히 정보화시대의 기술집약산업에서 무형자산이 기업가치에서 차지하는 비중이 높아지고 있다. 무형자산은 물리적 형체가 없다는 형식적 특성 외에 자산의 정의 및 자산 인식 요건의 충족 여부의 판단에 상대적으로 불확실성이 높은 자산이다. 따라서 무형자산의 인식 및 측정에 있어서 자산의 과대평가 가능성을 항상 염두에 두어야 한다.

무형자산의 인식요건을 충족시키지 못할 경우에는 그것을 취득 또는 창출하는데 소요되는 지출이 발생했을 때 비용으로 인식한다.

무형자산의 종류에는 산업재산권, 라이선스와 프랜차이즈, 저작권, 컴퓨터소프트웨어, 개발비, 임차권리금, 광업권, 어업권, 영업권 등이 포함된다. 이 중 산업재산권은 법률에 의해 일정기간 독점적·배타적으로 이용할 수 있는 권리로서 특허권(patents)·실용신안권(utility model rights)·의장권(design rights)·상표권(trade marks or trade names)·상호권 및 상품명 등을 포함한다.

라이선스(licences)는 상표나 특허, 제조기술 등의 사용을 허가해주는 계약이며, 프랜차이즈(franchises)는 체인본부가 가맹점에 일정한 지역에서 자기의 상품을 독점적으로 판매할 수 있는 권리를 주면서 경영지도를 통해 판매망을 확보하는 계약을 말한다. 라이선스와 프랜차이즈 계약을 위해서는 계약대금과 매년 계약유지비용을 지출하게 되는데, 계약대금은 무형자산, 유지비용은 당기비용으로 처리한다.

저작권(copyrights)은 특정한 저작물(서적, 영화, 음반 등)을 독점적·배타적으로 사용할 수 있는 권리를 말한다. 컴퓨터소프트웨어는 자산인식조건을 충족하는 소프트웨어를 구입하여 사용하는 경우 소프트웨어 구입비용은 무형자산으로 분류한다. 개발비(development costs)는 기업내부적으로 신제품·신기술 등의 개발과 관련하여 발생한 지출로서, 개별적으로 식별가능하고 미래의 경제적 효익을 확실하게 기대할 수 있을 경우에 무형자산으로 인식된다.

이상에서 설명한 무형자산의 각 항목이 지니고 있는 특징을 살펴보면 다음과 같다.

(가) **식별가능성** : 무형자산이 식별가능하다는 것은 그 자산이 기업실체나 다른 자산으로부터 분리될 수 있거나 법적관리를 창출할 수 있는 경우 등을 말한다.

(나) **자원에 대한 통제** : 자원에 대한 통제란 그 자원으로부터 미래 경제적 효익을 획득할 수 있고, 그 효익에 대해 제3자의 접근을 제한할 수 있는 경우를 말한다.

(다) 미래의 경제적 효익 : 무형자산의 미래 경제적 효익은 재화의 매출, 용역수익, 원가절감 또는 그 자산의 사용에 따른 기타 효익의 형태로 발생한다.

2) 무형자산의 인식과 측정

무형자산은 자산의 정의인 ① 식별 가능성 ② 통제가능성 ③ 미래 경제적 효익 제공가능성이 엄격하게 적용되고 있다. 또한 자산의 인식요건인 ① 미래 경제적 효익의 유입가능성이 매우 높다 ② 자산의 취득원가를 신뢰성 있게 측정할 수 있다 등이 엄격하게 적용되고 있다.

따라서 내부 창출 영업권은 인식하지 않는다. 한편 내부 창출 무형자산의 경우 연구단계를 거친 이후의 개발단계의 지출 즉, 개발비에 대하여만 엄격한 조건하에 무형자산으로 인식하고 연구단계에서의 지출은 연구비의 과목으로 당기 비용으로 처리하며, 무형자산의 인식기준을 충족하지 못한 개발관련 지출은 경상개발비의 과목으로 비용처리한다.

무형자산의 측정은 다른 자산, 특히 유형자산의 측정과 동일하다. 취득원가는 구입가격에다 부대비용을 가산해서 결정된다. 구입가격은 자산을 취득하기 위해 자산 취득시점이나 생산시점에서 지급한 현금 및 현금성자산 또는 제공하거나 부담할 기타 대가의 공정가치로 측정된다. 취득 후 추가지출 중 자본적 지출은 자산화한다.

3) 무형자산의 취득시 회계처리

무형자산을 최초로 인식할 때에는 취득원가로 측정한다. 이 경우 취득원가는 자산의 취득시점이나 생산시점에서 지급한 현금 또는 현금성 자산 또는 제공하거나 부담할 기타 대가의 공정가치로 여기에는 구입원가뿐만 아니라 자산을 사용할 수 있도록 준비하는 데 직접 관련되는 지출도 포함된다.

예를 들어 외부로부터 구입한 산업재산권은 구입원가에 등록비용, 법률비용 등의 부대비용을 가산한 금액을 취득원가로 한다. 자체개발한 산업재산권은 법적인 권리를 획득하기 위해 직접적으로 지출한 등록비용이나 법률비용만을 취득원가로 산정한다. 개발활동에 대한 지출로서 이미 개발비로 계상된 부분은 산업재산권에 포함되지 않고, 개발비계정으로 계속 유지되면서 상각처리된다.

4) 무형자산의 상각

무형자산의 상각(amortization)과 관련된 회계처리내용을 정리하면 다음과 같다.

(1) 내용연수

개별적으로 식별가능한 무형자산에 대한 회계처리를 하기 위해서는 기업은 먼저 해당 무형자산의 내용연수가 유한 내용연수(finite or limited useful life)인지, 아니면 비한정 내용연수

(indefinite useful life)인지를 결정해야 한다. 여기서 비한정이란 용어는 내용연수가 매우 장기이거나 한정(또는 결정)하기가 어렵다는 의미를 가지고 있다.

계약상 권리 또는 기타 법적 권리로부터 발생하는 무형자산의 내용연수는 계약에 따라 정해진 기간 또는 법률에서 정한 기간을 초과할 수 없지만, 자산의 예상사용기간에 따라 단축될 수는 있다.

(2) 유한 내용연수 무형자산의 상각

유한 내용연수를 갖는 무형자산에 대해서는 내용연수 기간에 걸쳐 상각대상금액을 합리적 방법에 따라 체계적으로 적용하여 상각한다. 합리적 방법이란 자산의 경제적 효익이 소비 또는 사용되는 행태를 반영하여 상각하는 방법을 의미하며, 체계적 적용이란 합리적 방법을 매년 일관성 있게 적용하는 것을 의미한다. 상각방법으로는 정액법, 체감잔액법, 생산량비례법 등을 사용할 수 있다. 합리적인 상각방법을 정할 수 없는 경우에는 정액법을 적용한다.

무형자산의 상각은 자산이 사용가능한 시점부터 시작한다. 그리고 잔존가액은 일반적으로 없다고 본다.

상각액의 계상방법은 무형자산의 상각액을 해당 자산에서 직접 차감하거나, 유형자산처럼 취득원가에서 무형자산상각누계액을 차감하는 간접법 형식으로 표시할 수 있다. 직접 차감하여 표시하는 경우에는 취득원가와 무형자산상각누계액 등을 주석에 기재한다.

한편 내용연수나 상각방법의 변경이 발생하는 경우에는 추정의 변경으로 유형자산과 마찬가지로 남아있는 장부금액을 수정된 잔존 내용연수 기간에 걸쳐서 상각하여야 한다. 또한 회사는 정기적으로 무형자산의 손상검사를 실시하여야 한다. 무형자산의 장부금액이 회수가능하지 않고, 장부금액이 공정가치를 초과한다면 손상차손을 인식한다.

(3) 비한정 내용연수 무형자산의 상각

계약상 또는 법률적으로 내용연수를 결정하기 어려운 비한정내용연수를 가진 무형자산은 상각하지 않는다. 예를 들어 어떤 회사가 소비자에게 잘 알려진 상표를 구입하였으며, 10년마다 상표사용에 대한 계약을 갱신할 수 있다고 가정해보자. 그리고 이 상표를 부착한 제품이 한정할 수 없는 기간 동안에 현금흐름을 창출하는 것이 명백하다고 한다면 이 상표권은 비한정 내용연수를 가지게 되고, 상각대상에서 제외되게 된다.

한편 비한정 내용연수를 가진 무형자산은 상각 대신에 자산손상에 대한 회계기준을 적용하여 회수가능액과 장부금액간의 비교를 통해 손상여부를 검사한다. 자산손상 검사는 매년 또는 자산의 손상가능성에 대한 증거가 있을 때 실시한다.

자산손상검사를 통해 무형자산의 회수가능액이 장부금액에 미달할 때에는 그 차액을 차변에 손상차손이란 비용계정, 대변에는 손상차손누계액이란 차감계정으로 기입한다.

예제 10-17 무형자산의 회계처리

(1) (주)광운전자는 20×2년 1월 2일에 세계전자로부터 특허권을 ₩1,000,000에 취득하였으며, 이전비용으로 ₩100,000이 추가로 지출되었다. 20×3년 1월 3일에 신기술 개발 관련 비용으로 ₩1,000,000 지출하였으며, 20×4년 1월 5일에 신기술개발이 성공하여 등록비용 등 제비용 ₩500,000을 지출하여 특허등록을 마쳤다. 상각은 10년간 정액법 및 직접법으로 처리한다.

(20×2년 1월 2일의 회계처리)

(차) 산업재산권 1,100,000 (대) 현 금 1,100,000

(20×2년 12월 31일의 상각처리)

(차) 무형자산상각비 110,000* (대) 산업재산권 110,000

*(₩1,100,000 − ₩0) / 10년=₩110,000

(20×3년 1월 3일의 회계처리)

(차) 개 발 비 1,000,000 (대) 현 금 1,000,000

(20×3년 12월 31일의 상각처리)

(차) 무형자산상각비 110,000 (대) 산업재산권 110,000

개발비는 관련 수익이 실현되지 않았으므로 상각하지 않음

(20×4년 1월 5일 회계처리)

(차) 산업재산권 500,000* (대) 현 금 500,000

*자체 개발한 산업재산권은 법적인 권리를 확보하기 위해 직접적으로 지출한 비용만을 취득원가로 산정함.

(20×4년 12월 31일 상각비 계상)

(차) 무형자산상각비 160,000* (대) 산업재산권 160,000

*(₩1,100,000/10년) + (₩500,000/10년)

(차) 무형자산상각비 100,000* (대) 개 발 비 100,000

*(₩1,000,000 − ₩0)/10년 = ₩100,000

(2) (주)신세계는 20×2년 5월 1일에 상표권을 ₩2,000,000에 취득하고 법적 수수료 ₩300,000과 함께 대금은 수표를 발행하여 지급하다. 상표권은 10년마다 무한정으로 갱신할 수 있다. 20×4년 12월 31일 손상검사를 한 결과 경쟁사의 신제품 개발로 인해 상표권의 공정가치는 ₩1,000,000으로 평가하고 손상처리하기로 하였다.

(20×2년 5월 1일의 회계처리)

(차) 상 표 권 2,300,000 (대) 당좌예금 2,300,000

(20×2년 12월 31일의 상각처리)

내용연수가 비한정이기 때문에 상각하지 않음.

(20×4년 12월 31일의 손상처리)

(차) 무형자산손상차손 1,300,000 (대) 상표권손상차손누계액 1,300,000

자습문제10-9 다음 거래를 분개하시오.

(1) (주)신개발은 200×3년 6월 10일에 특허권을 ₩15,000,000에 취득하고 법적 수수료 ₩500,000과 함께 대금은 수표를 발행하여 지급하다.

(2) (주)신개발은 특허권 ₩1,000,000을 10년간 정액법으로 상각하기로 하고 20×3년 12월 31일에 1기분을 상각하다.

(3) (주)신바람의 20×3년 수정전 잔액시산표에 특허권이 ₩700,000으로 계상되어 있다. 이는 20×1년 중에 취득한 것으로 10년간 정액법으로 상각하기로 하였다. 20×3년 12월 31일 특허권을 상각하다.

(4) (주)신바람은 신제품을 개발하기 위하여 비경상적인 연구개발비용 ₩5,000,000을 수표를 발행하여 지급하다.

(5) (주)신바람은 경상적인 연구개발을 위한 연구개발비용 ₩1,000,000을 수표를 발행하여 지급하다.

(6) (주)신바람은 20×3년초 회계관리용 소프트웨어 구입대금 ₩3,000,000을 수표 발행하여 지급하였으며, 5년 후에 새로운 버전이 출시될 것으로 예상하고 있다.

(7) 도안카페는 20×3년 1월 스타벅스커피와 가맹점 계약을 체결하고 계약금 ₩5,000,000 수표 발행 지급하면서 대전 서구 지역의 독점판매권을 획득하다.

5) 영업권

(1) 영업권의 의의

營業權(goodwill)은 기업전체와 분리되어 독립적으로 거래될 수 없는 자산으로, 일반적으로 동종산업에 속한 기업들의 평균이익을 초과한 초과이익을 얻을 수 있는 능력을 의미한다. 따라서 영업권은 다른 회사를 합병하거나 다른 회사의 영업 일부를 양수하는 등의 사업결합의 경우에 유상으로 취득한 것에 한하여 이를 자산으로 기록한다. 이 경우 영업권은 초과이익이란 무형의 경제적 가치를 취득하기 위해 사업결합의 취득대가를 순자산의 공정가치를 초과해서 지불한 금액을 말한다.

(2) 영업권의 인식

사업결합시 예를 들어 합병의 경우 합병회사가 피합병회사의 소유주에게 합병대가를 지급하고 법적으로 피합병회사의 순자산(자산과 부채, 즉 모든 권리와 의무)을 승계하는 과정이라 할 수 있다. 그러므로 합병회사가 합병을 통하여 기업 자체를 인수하는 경우, 차변에는 피합병회사가 보유하고 있는 모든 자산을 공정가치로 기입하고 대변에는 부채를 기입하면서 합병회사가 지급하는 합병대가를 기입하게 된다.

합병대가는 현금으로 지급할 수도 있고(이를 합병교부금이라 한다) 합병회사의 주식을 발행하여 교부할 수도 있는데, 주식을 발행하여 교부하는 경우에는 회계기준상 교부한 주식의 액면가액으로 계상하도록 하고 있다. 이때 차변에 기입되는 자산의 합계와 대변에 기입되는 부채와 합병대가의 합계가 일치하지 않는 경우가 발생하게 된다. 대변합계가 큰 경우에는 그 차액을 차변에 무형자산인 **영업권**으로 계상하고, 차변합계가 큰 경우에는 염가구매이익(gain from bargain purchase)으로 계상하고 당기손익에 포함시킨다.

여기서 차변에 영업권으로 계상하는 이유는 피합병회사의 순자산가액보다 합병회사가 합병으로 인한 취득대가를 더 많이 지급한 것으로, 이는 식별되지 않아 피합병회사의 장부에 기록되지 않은 자산, 즉 영업권의 가치를 인정하는 것이다. 이상에서 설명한 합병시 합병분개는 다음과 같다.

(차)	제 자 산	×××	(대)	제 부 채	×××
	영 업 권	×××		자 본 금	×××
				현 금	×××

예제 10-18 **합병시 회계처리**

(주)대전은 (주)인천을 매입하여 합병하고자 한다. 합병시 (주)인천의 공정가치로 평가된 재무상태표가 다음과 같은 경우, 각 조건에 따른 합병분개는 다음과 같다.

재무상태표 (주)인천

제 자 산	10,000	제 부 채	6,000
		자 본	4,000
	10,000		10,000

① (주)대전의 주식 4,000주(액면단가 ₩1, 주당시가 ₩2)와 현금 ₩500을 교부하고 매입한 경우

(차)	제 자 산	10,000	(대)	제 부 채	6,000
	영 업 권	500		자 본 금	4,000
				현 금	500

② (주)대전의 주식 2,000주(액면단가 ₩1, 주당시가 ₩2)와 현금 ₩500을 교부하고 매입한 경우

(차)	제 자 산	10,000	(대)	제 부 채	6,000
				자 본 금	2,000
				현 금	500
				염가구매이익	1,500

자습문제10-10 다음 자료를 이용하여 각 조건에 따른 영업권가액을 산출하고 합병분개를 하시오. (주)푸른숲은 (주)푸른솔을 매입하여 합병하고자 한다. 합병시 (주)푸른솔의 공정가치로 평가된 재무상태는 다음과 같다.

재무상태표 (주)푸른솔

제 자 산	150,000	제 부 채	50,000
		자 본	100,000
	150,000		150,000

① (주)푸른숲의 주식 7,000주(액면단가 ₩10, 주당시가 ₩12)와 현금 ₩40,000을 교부하고 매입한 경우
② (주)푸른숲의 주식 5,000주(액면단가 ₩10, 주당시가 ₩12)와 현금 ₩30,000을 교부하고 매입한 경우

(3) 영업권의 평가와 손상차손

영업권과 같은 비한정 내용연수를 가진 무형자산은 상각하지 않는다. 대신에 자산손상에 대한 회계기준을 적용하여 회수가능액과 장부금액간의 비교를 통해 손상여부를 확인한다. 자산손상검사는 매년 또는 자산의 손상가능성에 대한 증거가 있을 때 실시한다.

자산손상검사를 통해 무형자산의 회수가능액이 장부금액에 미달할 때에는 그 차액을 차변에 손상차손이란 비용계정, 대변에는 영업권 등의 자산계정으로 기입해서 영업권의 장부금액을 회수가능액으로 감소시킨다. 영업권에서 발생한 손상차손은 추후에 환입으로 처리하지 않는다. 손상차손을 인식한 기간 이후에 증가된 회수가능액은 내부적으로 창출된 영업권의 증가액으로 간주하기 때문이다.

예제 10-19 **영업권 손상차손**

(주)푸른숲의 20×3년 수정전 잔액시산표에 영업권이 ₩120,000으로 계상되어 있다. 이는 20×1년 (주)푸른솔을 합병하는 과정에서 발생한 것이다. 20×3년 12월 31일 결산시 영업권의 손상가능성을 평가한 결과 경쟁회사의 신제품 출시로 인해 (주)푸른솔의 관련 제품에 대한 최근 수요의 급격한 감소가 회복하기 어렵다는 점을 반영해서 ₩50,000이 손상된 것으로 결정하였다.

(차) 영업권손상차손	50,000	(대) 영 업 권	50,000

6) 무형자산의 재평가

무형자산도 유형자산과 마찬가지로 취득시점에는 취득원가로 측정하지만 취득 이후에는 원가모형이나 재평가모형 중 하나를 선택해서 평가한다.

재평가모형을 선택하기 위해서는 공정가치를 제공해주는 활성시장(active market)이 존재해야 한다. 재평가를 통해 무형자산이 증가된 경우에는 그 증가액은 기타포괄 손익으로 인식하고 재평가잉여금의 과목으로 자본에 가산시키며, 반대로 감소하는 경우에는 그 감소액을 당기손실로 인식한다. 재평가잉여금은 관련 자산의 처분이나 폐기 시점에 이익잉여금으로 대체된다.

연습문제

❖ 주관식 문제

10-1 다음 자료를 이용하여 토지와 건물 및 구축물의 취득원가를 산출하시오.

(주)푸른산은 기존 건물이 있는 토지를 취득하여 건물을 신축하였다. 토지의 취득과 건물을 신축하기 위하여 소요된 원가가 다음과 같다고 하자.

토지의 구입가격	₩150,000,000
토지구입시 명의 이전 비용	4,000,000
기존 건물의 철거비	5,000,000
기존 건물의 잔여품을 처분	2,000,000
토지굴착비	4,000,000
건물설계비	6,000,000
건물의 도급금액	200,000,000
차입한 건설자금의 이자	20,000,000
차입자금의 일시예금으로 인한 이자	5,000,000
담장 및 배수로 설치와 조경공사비	20,000,000

10-2 다음 거래를 분개하시오.

(1) 토지 ₩35,000,000을 취득하고 수수료 등 명의이전비용 ₩2,000,000과 함께 대금은 수표를 발행하여 지급하다.

(2) 토지를 구입한 후 토지의 정지비 ₩5,000,000과 배수로 및 담장의 설치비 ₩8,000,000을 현금으로 지급하다.

(3) 건물을 취득하면서 일부를 수선하기 위하여 수선비 ₩5,000,000을 현금으로 지급하다.

(4) 사용중인 건물의 조명시설을 교체하고 그 대금 ₩3,000,000을 현금으로 지급하다.

(5) 건물을 자가건설하기 위한 재료비 및 노무비 ₩8,000,000을 현금으로 지급하다.

(6) 건설기간 중에 건설자금으로 차입한 차입금에 대한 이자 ₩2,000,000을 수표를 발행하여 지급하다.

(7) 자가건설중인 건물이 완성되다. 건설에 소요된 원가는 ₩55,000,000이다.

(8) 기계 ₩50,000,000을 구입하고 운임 및 설치비용 ₩2,000,000과 시운전비 ₩3,000,000을 수표를 발행하여 지급하다.

(9) (주)푸른숲은 건물과 토지를 동시에 구입하고 구입가격 ₩80,000,000을 수표를 발행하여 지급하였으며 구입시 이들의 공정가치는 다음과 같다.

건 물	₩40,000,000
토 지	60,000,000

(10) (주)푸른숲은 비품과 기계를 동시에 구입하고 구입가격 ₩2,000,000을 수표를 발행하여 지급하였다. 구입시 기계의 공정가치 ₩800,000으로 확인되었으나 비품의 공정가치는 알 수 없었다.

(11) (주)푸른강은 현금가격 ₩50,000,000의 건물을 구입하고 그 대가로 당사 주식 8,000주(액면단가 ₩5,000, 1주당 시가 ₩7,000)를 액면가액으로 발행하여 교부하다.

(12) (주)푸른숲은 공정가치가 ₩7,000,000인 기계를 무상으로 증여받다.

10-3 다음 (주)푸른강의 건물취득과 관련된 거래를 일자별로 분개하시오.

20×3년 2월 1일 쌍용건설과 건물신축공사계약(계약금액 ₩10,000,000)을 맺고, ₩2,000,000을 차입(이자율 연 12%, 만기 10개월)하여 착수금을 지급하다.

6월 1일 신축공사 중도금으로 ₩4,000,000을 현금지급하다.

10월 31일 건물이 완성되어 계약금액 중 잔액은 현금으로 지급하다.

11월 2일 취득세 및 등록세 ₩100,000을 현금지급하다.

12월 1일 차입금과 이자를 수표를 발행하여 지급하다.

10-4 다음 거래를 회계기준에 따라 각각 분개하시오.

(1) (주)푸른강은 현재 보유하고 있는 토지(취득원가 ₩50,000,000)와 교환하여 기계를 취득하다.

(가) 교환당시 토지의 공정가치는 ₩60,000,000이었다.

(나) 교환당시 기계의 공정가치는 ₩40,000,000이었다.

(2) (주)푸른산은 원가 ₩1,200,000(공정가치 ₩1,500,000)의 토지와 (주)푸른들의 토지(원가 ₩2,000,000)와 교환하면서 현금 ₩200,000을 지급하다.

(가) (주)푸른산의 경우

(나) (주)푸른들의 경우

10-5 다음 거래를 분개하시오.

(1) (주)푸른들은 건물을 증축하고 대금 ₩20,000,000을 수표발행하여 지급하다.

(2) (주)푸른산은 현금 ₩2,000,000을 들여 기계를 수선하였다. 이 수선으로 기계의 내용연수가 3년 연장되었다.

(3) (주)푸른강은 현금 ₩5,000,000을 들여 건물의 페인트칠을 하다.

10-6 당신은 두 기업 (주)푸른강과 (주)파란하늘 중 한 기업에 투자하고자 한다. 두 기업의 영업내용은 실제로 똑같고, 모두 금년에 영업을 개시하였다. 금년 중 두 기업은 다음과 같이 상품을 매입하였다.

월 일	수 량	단 가	금 액
1/ 4	10,000단위	@40	₩400,000
4/ 6	5,000	50	250,000
8/ 9	7,000	60	420,000

11/27	10,000	70	700,000
	32,000단위		₩1,770,000

금년도에 두 기업은 25,000단위를 판매하였다.

1월초에 두 기업은 10년의 내용연수와 잔존가치가 ₩200,000인 설비를 ₩1,500,000에 구입하였다. (주)푸른강은 재고자산의 평가방법으로 FIFO를 사용하기로 했고, 감가상각방법은 정액법을 사용하기로 하였다. 반면에 (주)파란하늘은 재고자산의 평가방법으로는 LIFO, 감가상각방법으로는 이중체감법을 사용하기로 하였다. 두 기업의 12월 31일 현재의 시산표에는 다음 항목이 포함되어 있다.

매 출 액	₩3,000,000
판매비와 관리비	800,000

물음

(1) 두 기업의 손익계산서를 작성하시오.

(2) 한 기업이 다른 기업보다 수익성이 좋게 보이는 이유를 설명하시오.

(3) 한 기업이 다른 기업보다 실제로 더 수익성이 있는 지를 설명하시오.

10-7 다음 거래를 분개하시오.

(1) 20×1년 7월 1일에 ₩30,000,000에 취득한 비품(내용연수 10년, 잔존가치 ₩0)을 정액법으로 상각해오던 중 20×4년 1월 1일에 ₩26,000,000에 처분하고 수수료 ₩200,000을 차감한 잔액은 현금으로 받다(월할상각).

(2) 20×2년 7월 1일에 ₩20,000,000에 취득한 기계(내용연수 5년, 잔존가치 ₩0)를 정률법(정률 40%)으로 상각해오던 중 20×4년 1월 1일에 ₩9,000,000에 처분하고 대금은 현금으로 받다.

(3) 20×2년 7월 1일에 ₩2,000,000에 취득한 기계(내용연수 5년, 잔존가치 ₩0)를 정액법으로 상각하여 오던 중 20×4년 1월 1일에 현금처분하여 유형자산처분손실 ₩100,000을 계상하다.

10-8 (주)광운은 20×2년 초 다음과 같은 기계를 취득하고, 연수합계법으로 감가상각하고 있다.

취득원가 : ₩1,000,000	잔존가치 : ₩100,000	내용연수 : 5년

20×4년 초 동기계의 감가상각방법을 정액법으로 변경하고 내용연수 7년(잔존 내용연수 5년) 잔존가치를 ₩0으로 추정변경 하였으며, 정당한 회계변경으로 인정된다. 20×4년에 기록할 감가상각비는?

10-9 (주)광운전자는 20×1년 1월 1일에 취득한 기계 ₩76,600(내용연수 8년, 잔존가치 ₩4,600)을 연수합계법을 적용하여 상각하던 중 20×3년 초에 남은 내용연수가 4년이고 잔존가치가 ₩2,600인 것으로 내용연수와 잔존가치를 변경하다. 20×4년 1월 2일에 ₩34,000을 지출하여 대폭적인 수선을 하다. 이로 인해 내용연수가 2년 증가하였으며, 잔존가치도 ₩3,000으로 증가되었다. 20×4년도의 감가상각비를 구하시오.

10-10 (주)한국의 회계담당자는 20×4년 12월 31일 현재의 재무상태표를 작성하고자 한다. 자산 기록에 대한 검토 결과 다음과 같은 내용을 알게 되었다.

(1) 자산A는 20×2년 7월 1일 ₩40,000에 구입하였으며, 정액법으로 감가상각을 해오고 있다. 내용연수는 6년이며 잔존가액은 ₩4,000이다.

(2) 자산B는 20×3년 1월 1일 ₩66,000에 구입하였으며, 정액법으로 감가상각을 해오고 있다. 내용연수는 6년이며 잔존가액은 ₩6,000이다. 그러나 20×4년 초에 회계담당자는 자산B의 내용연수가 3년 남았고, 잔존가액도 ₩2,000인 것을 알게 되었다.

(3) 자산C는 20×3년 1월 1일 ₩50,000에 구입하였으며, 이중체감법으로 감가상각을 해오고 있다. 내용연수는 4년이며 잔존가액은 ₩5,000이다.

물음

(1) 각 자산의 20×4년 12월 31일 현재의 감가상각누계액과 장부금액을 계산하시오.

(2) 자산B는 20×5년 1월 2일 ₩25,000에 매각하였다. 매각처분과 관련된 분개를 하시오.

10-11 다음 거래를 분개하시오.

(1) (주)푸른숲의 20×4년 수정전 잔액시산표에 영업권이 ₩300,000으로 계상되어 있다. 이는 20×1년 (주)푸른솔을 합병하는 과정에서 발생한 것이다. 20×4년 12월 31일 결산시 영업권을 평가한 결과 ₩100,000만큼 손상처리하기로 하다.

(2) (주)신개발은 20×3년 5월 1일에 상표권을 ₩12,000,000에 취득하고 법적 수수료 ₩300,000과 함께 대금은 수표를 발행하여 지급하다. 상표권은 10년마다 무한정으로 갱신할 수 있다. 20×4년 12월 31일 상표권을 평가한 결과 공정가치가 ₩9,000,000으로 판명되었다.

(3) (주)케이블TV는 20×4년 5월 1일 ₩10,000,000에 유선방송 허가권을 취득하고 대금은 수표를 발행하여 지급하다. 방송허가권은 10년마다 별다른 비용없이 계속적으로 연장할 수 있다.

(4) (주)도서출판지필은 전직 대통령의 회고록을 출판하기로 하고 20×3년 1월에 관련 판권을 ₩10,00,000에 수표 발행하여 구입하다. 20×4년 1월중에 도서가 출판되었으며, 향후 4년 동안 비슷한 수준의 판매가 이루어질 것으로 예상하고 있다.

(5) (주)푸른산은 20×4년 5월 1일에 광산을 ₩10,000,000에 취득하였다. 광물의 총추정매장량은 10,000톤이며 20×4년 실제 산출량은 2,000톤이다. 20×4년 결산시 광업권을 상각하다.

(6) (주)신바람은 신제품을 개발하기 위하여 비경상적인 연구개발비용 ₩6,000,000을 수표를 발행하여 지급하다.

(7) (주)신바람은 경상적인 연구개발을 위한 연구개발비용 ₩3,000,000을 수표를 발행하여 지급하다.

(8) (주)나이키는 20×3년 1월 1일 신제품에 대한 특허권을 취득하였으며, 특허권 관련 취득원가는 ₩3,000,000, 내용연수는 5년, 잔존가치는 없고 정액법으로 상각하고자 한다. 20×4년 1월 1일 경쟁사의 신제품 개발로 인해 나이키의 특허권은 가치가 없는 것으로 결정하고 손상처리하기로 하였다.

(9) (주)광운은 20×3년 1월 1일 회사의 영업에 매우 가치가 있는 인터넷 도메인 이름의 사용권을 ₩3,000,000에 수표발행 구입하였다. 회사는 현재의 시장상황을 고려할 때 경제적인 내용연수는 5년, 잔존가치는 없을 것으로 예상하고 있다.

(10) (주)한국피자는 20×4년 1월 피자헛회사와 가맹점 계약을 체결하기 위해 계약금 ₩5,000,000 수표 발행하여 지급하고 10년 동안의 대전 서부지역 독점판매권을 획득하다.

✤ 공무원시험(9급) 기출문제

1 (주)한국은 회사사옥 건립을 목적으로 기존 건물이 있는 토지를 ₩300,000에 취득하였다. 이 토지의 취득과정에서 다음과 같은 추가지출과 수입이 발생하였다. 토지의 취득원가는?

기존건물철거비용	20,000	철거건물 부산물 매각액	4,000
취득세와 등록세	6,000	토지의 구획정리비용	3,000

① ₩285,000　② ₩319,000
③ ₩325,000　④ ₩333,000

2 (주)대한은 다음 자료와 같이 기계장치를 취득하였다. 기계장치의 취득원가는?

기계장치 구입대금	₩20,000	운반비	₩1,000
설치비	3,000	시운전비	2,000
구입 후 수선비	2,000		

① ₩21,000　② ₩25,000
③ ₩26,000　④ ₩28,000

3 (주)한국은 20×3년도 초에 내용연수가 3년이고 잔존가치가 없는 기계장치를 구입하였다. 회사는 감가상각방법으로 정액법, 연수합계법, 이중체감법을 고려하고 있다. 이 기계장치를 구입한 후 3년째 되는 마지막 회계연도에 보고할 감가상각비가 큰 순으로 감가상각방법을 바르게 나열한 것은?

① 정액법 > 연수합계법 > 이중체감법　② 정액법 > 이중체감법 > 연수합계법
③ 이중체감법 > 정액법 > 연수합계법　④ 이중체감법 > 연수합계법 > 정액법

4 (주)한국은 20×1년 초에 기계장치를 ₩5,000,000에 구입하였으며, 이 기계장치의 잔존가치는 없고 내용연수는 10년이며, 감가상각은 정액법에 의한다. 이 기계장치를 5년간 사용한 후 20×6년 초에 ₩1,500,000을 들여 대폭적인 수선을 한 결과 내용연수가 3년 더 연장되었다. 20×6년에 계상해야 할 감가상각비는?

① ₩312,500　② ₩500,000
③ ₩520,000　④ ₩800,000

5 (주)한국은 20×2년 7월 1일에 건물을 ₩11,000에 취득하여 정액법(잔존가치 ₩1,000, 내용연수는 10년)으로 월할 상각하고 있다. (주)한국은 당기 중 예상치 못한 금융위기로 인해 부동산 가격이 폭락함에 따라 손상징후가 있다고 판단하였다. 20×2년 12월 31일 현재 동 건물의 순공정가치는 ₩2,000으로 추정되고 사용가치는 ₩2,500이다. (주)한국이 20×2년 12월 31일에 인식해야 할 손상차손은?

① ₩0 ② ₩8,000
③ ₩8,50 ④ ₩9,000

6 (주)한국은 20×1년 초에 기계장치를 취득하고 정액법으로 감가상각하였다. 기계장치의 취득원가는 ₩5,000이며, 내용연수는 4년, 잔존가액은 ₩1,000으로 추정하였다. 20×3년 초에 기업환경의 변화로 기계장치의 내용연수가 20×6년 말까지 연장될 것으로 추정하였다. 20×3년부터 기계장치의 감가상각방법을 정액법에서 연수합계법으로 변경하기로 하였으며, 이러한 변경의 타당성은 인정된다. 20×3년도 기계장치의 감가상각비는?

① ₩600 ② ₩700
③ ₩800 ④ ₩900

7 (주)한국은 20×2년 1월 1일에 추정내용연수는 8년이고 잔존가치는 ₩800,000인 절삭기계를 구입하였다. 연수합계법에 따라 20×5년 12월 31일에 계상한 감가상각비는 ₩1,000,000이었다. 이 기계의 취득원가는?

① ₩7,200,000 ② ₩8,000,000
③ ₩9,800,000 ④ ₩9,000,000

8 (주)한국은 보유하고 있는 토지에 대하여 20×1년부터 매년 말 재평가모형을 적용하여 평가하고 있다. 다음은 (주)한국이 보유하고 있는 토지의 장부가액과 공정가치에 대한 자료이다. 20×4년 말 현재 (주)한국의 토지와 관련된 기타포괄손익누계액은?

연 도	장부가액	공정가치
20×1	₩28,000	₩30,000
20×2	₩30,000	₩27,000
20×3	₩27,000	₩35,000
20×4	₩35,000	₩31,000

① ₩2,000 ② ₩3,000
③ ₩4,000 ④ ₩5,000

9 (주)한국은 20×2년 초에 기계장치를 ₩30,000에 취득하였다. 동 기계장치의 내용연수는 3년이고, 잔존가치는 ₩0이며, 정액법으로 감가상각한다. 20×2년 말 순공정가치가 ₩15,000(사용가치 ₩14,000)으로 급격히 하락하였다. (주)한국은 동 기계장치를 손상처리하였다. (주)한국이 원가모형을 채택할 때, 20×2년 말에 인식할 유형자산손상차손은?

① ₩5,000 ② ₩6,000
③ ₩7,000 ④ ₩8,000

10 원가모형에 의하여 평가하고 있는 (주)대한의 기계장치와 관련하여 20×3년 12월 31일 결산일 현재 인식해야 할 손상차손환입은?

> (주)대한은 20×2년 1월 1일 잔존가치 ₩0, 내용연수 5년인 기계장치를 ₩500,000에 구입하여 정액법으로 감가상각하기로 하였다. 20×2년 12월 31일 (주)대한은 해당 기계장치의 손상징후가 있어 손상검사를 실시하여 회수가능액을 추정한 결과 순공정가치가 ₩200,000, 사용가치 ₩150,000이었고, 20×3년 12월 31일 기계장치의 회수가능액은 ₩400,000이었다.

① ₩100,000 ② ₩150,000
③ ₩200,000 ④ ₩250,000

11 (주)한국은 20×2년 1월 1일에 기계장치를 ₩5,000,000에 취득하였다. 기계장치의 잔존가치는 ₩500,000, 내용연수는 5년이다. 매년 12월 31일에 감가상각을 실시하며, 20×4년 12월 31일에 해당 기계를 ₩2,000,000에 매각하였다. 해당 기계를 연수합계법으로 감가상각할 때, 매각시 인식할 유형자산처분손익은?

① 유형자산처분이익 ₩500,000
② 유형자산처분이익 ₩600,000
③ 유형자산처분손실 ₩500,000
④ 유형자산처분손실 ₩600,000

12 재무상태표에 표시되는 무형자산에 대한 설명으로 옳지 않은 것은?

① 영업권을 제외한 무형자산은 식별가능성을 충족하여야 한다.
② 연구단계에서 발생한 지출은 무형자산으로 인식할 수 없다.
③ 무형자산의 상각기간은 20년을 초과할 수 없다.
④ 영업권에서 발생한 손상차손은 추후 회복할 수 없다.

13 무형자산의 회계처리에 대한 설명으로 옳지 않은 것은?

① 내용연수가 비한정인 무형자산은 상각하지 않고, 매년 손상검사를 실시하여 손상차손(또는 손상차손환입)을 인식한다.
② 내부적으로 창출한 영업권은 무형자산으로 인식하지 않는다.
③ 연구개발활동과 관련하여 연구단계와 개발단계에서 발생한 지출은 무형자산의 취득원가로 처리한다.
④ 무형자산은 미래경제적효익이 기업에 유입될 가능성이 높고 취득원가를 신뢰성 있게 측정할 수 있을 때 인식한다.

⇨정답 1. ③ 2. ③ 3. ① 4. ② 5. ② 6. ③ 7. ③ 8. ③ 9. ① 10. ② 11. ② 12. ③ 13. ③

11 금융자산과 기타투자자산

본 장에서는 제8장에서 설명한 금융자산인 현금및현금성자산, 수취채권이외의 유가증권과 관련된 금융자산과 기타투자자산(관계기업투자주식과 투자부동산)을 설명하고자 한다.

한국채택국제회계기준에서는 현금및현금성자산을 제외한 금융자산을 상각후원가측정금융자산, 기타포괄손익-공정가치측정금융자산, 당기손익-공정가치측정금융자산으로 분류하고 있다.

1 금융자산의 의의

금융상품은 어느 한쪽에게는 금융자산을 발생시키고, 동시에 거래상대방에게 금융부채나 지분상품을 발생시키는 모든 계약을 말한다.

한국채택국제회계기준의 금융자산은 다음과 같다.

(1) 현금

(2) 다른 기업의 지분상품(예 다른 기업이 발행한 주식, 신주인수권 등)

(3) 다음 중 하나에 해당하는 계약상 권리

① 거래상대방에게 현금 등 금융자산을 수취할 계약상 권리(예 매출채권, 받을어음, 대여금, 투자사채 등)

② 잠재적으로 유리한 조건으로 거래상대방과 금융자산이나 금융부채를 교환하기로 한 계약상 권리(예 통화선도계약과 같은 파생상품)

(4) 기업 자신의 지분상품(이하 '자기지분상품'이라 함)으로 결제되거나 결제될 수 있는 다음 중 하나의 계약

① 수취할 자기지분상품[1]의 수량이 변동가능한 비파생상품

② 확정 수량의 자기지분상품에 대하여 확정금액의 현금 등 금융자산을 교환하여 결재하는 방법이 아닌 방법으로 결재되거나 결제될 수 있는 파생상품

1) 자기지분상품으로 결제되거나 결제될 수 있는 경우 수취할 자기지분상품이 확정되어 있는 경우는 지분상품이며, 이 경우 자본의 차감항목으로 회계처리한다.

2 금융자산의 분류

금융자산이 계약상 현금흐름 특성을 가지고 있는지, 그리고 기업의 사업모형(business model)이 무엇인지에 따라 상각후원가측정(AC, amortized cost)금융자산, 기타포괄손익-공정가치측정(FVOCI, fair value through other comprehensive income)금융자산, 당기손익-공정가치측정(FVPL, fair value through profit or loss)금융자산으로 분류하고 있다.

계약상 현금흐름 특성(contractual cash flow characteristics)은 계약조건에 따라 원금과 이자 지급만의 현금흐름이 특정일에 생기는 특성을 말한다.

계약상 현금흐름 특성조건을 갖는 채무상품과 같은 금융자산은 기업의 사업모형이 무엇인가에 따라 금융자산을 분류하는데, 다음의 3가지로 사업모형을 구분할 수 있다.

① 계약상 현금흐름을 수취하기 위해 금융자산을 보유하는 것이 목적인 사업모형
② 계약상 현금흐름의 수취와 금융자산의 매도 둘 다를 통해 목적을 이루는 사업모형
③ 기타의 사업모형(예 금융자산의 매도를 통한 현금흐름 실현이 목적인 사업모형 등)

1) 금융자산 분류

(1) 상각후원가측정금융자산(이하 'AC금융자산'이라 함)

다음 두 가지 조건을 모두 충족한다면 금융자산을 상각후원가로 측정한다.

① 금융자산의 계약 조건에 따라 특정일에 원금과 이자 지급만으로 구성되어 있는 현금흐름이 발생한다.
② 계약상 현금흐름을 수취하기 위해 보유하는 것이 목적인 사업모형 하에서 금융자산을 보유한다.

재무상태표 금융자산을 상각후원가로 표시하고, 유효이자율법으로 이자수익을 계산하여 당기손익으로 인식한다. 개정 전 기준으로는 사채와 같은 AC금융자산이 이에 해당한다.

(2) 기타포괄손익-공정가치측정금융자산(이하 'FVOCI금융자산'이라 함)

다음 두 가지 조건을 모두 충족한다면 금융자산을 기타포괄손익-공정가치로 측정한다.

① 금융자산의 계약 조건에 따라 특정일에 원금과 이자 지급만으로 구성되어 있는 현금흐름이 발생한다.
② 계약상 현금흐름의 수취와 금융자산의 매도 둘 다를 통해 목적을 이루는 사업모형하에서 금융자산을 보유한다.

재무상태표 금융자산을 **공정가치**로 표시하고, 금융자산 평가손익을 **기타포괄손익**으로 인식한

다. 개정 전 기준으로는 FVOCI금융자산이 이에 해당한다.

(3) 당기손익–공정가치측정금융자산(이하 'FVPL금융자산'이라 함)

금융자산을 상각후원가로 측정하거나 기타포괄손익-공정가치측정금융자산으로 측정하는 경우가 아니라면 당기손익-공정가치측정금융자산으로 측정한다. 그러나 당기손익-공정가치측정금융자산으로 측정되는 '지분상품에 대한 특정 투자'에 대해서는 후속적인 공정가치 변동을 기타포괄손익으로 표시하도록 최초 인식시점에서 선택할 수 있는데, 한번 선택하면 이를 취소할 수 없다(제1109호 4.1.4). 즉, 변경할 수 없다.

재무상태표 금융자산을 **공정가치**로 표시하고, 금융자산 평가손익을 **당기손익**으로 인식한다. 개정 전 기준으로는 FVPL금융자산이 이에 해당한다.

2) 금융상품별 분류

(1) 채무상품 분류

채무상품은 계약상 원금과 이자회수라는 특성을 가지므로 사업모형을 고려하여 분류한다. 사업모형은 현금흐름을 창출하기 위해 금융자산을 관리하는 방식을 의미한다. 즉, 사업모형에 따라 현금흐름의 원천이 금융자산의 계약상의 현금흐름의 수취인지, 매도인지 또는 둘 다 인지에 따라 다음과 같이 금융자산을 결정한다.

	사업모형	금융자산 분류
채무상품 (매출채권, 미수금, 국공채, 회사채 등)	원리금 회수	상각후원가측정금융자산
	매도	당기손익–공정가치측정금융자산
	원리금 회수 & 매도	기타포괄손익–공정가치측정금융자산

(2) 지분상품 분류

지분상품은 원리금 회수 개념 자체가 없으므로 사업모형을 고려할 필요가 없다. 투자지분상품은 **당기손익–공정가치**[2]로 측정한다.

단, 단기매매항목이 아니고 사업결합에서 취득자가 인식하는 조건부 대가가 아닌 지분상품에 대한 투자의 후속적인 공정가치 변동을 기타포괄손익으로 표시할 수 있다. 이러한 선택은 최초 인식시점에만 가능하며 이후에는 취소, 변경할 수 없다. 또한 이러한 선택은 주식별로 하게 된다.

2) 지분상품의 공정가치는 공시되는 시장가격으로 한다. 단, 활성시장이 없는 경우 가치평가법을 사용한 측정치(제한된 상황에서 원가는 공정가치의 적절한 추정치가 될 수 있음)로 한다.

지분상품 (지분증권-주식)	사업모형 고려 없음	금융자산 분류
	매도(원칙)	당기손익-공정가치측정금융자산
	선택	기타포괄손익-공정가치측정금융자산

(3) 파생상품 분류

파생상품은 원리금 회수 개념 자체가 없으므로 사업모형을 고려할 필요가 없다. 파생상품은 단기매매항목으로 분류하므로 **당기손익-공정가치**로 측정한다. 단, 파생상품이 위험회피수단으로 지정된 경우에는 위험회피목적에 따라 평가손익을 당기손익 또는 기타포괄손익으로 인식한다.

3 금융자산의 측정

1) 최초 측정

금융자산은 금융상품이 계약당사자가 되는 때에만 재무상태표에 인식한다. 단 금융자산의 정형화된 매입이나 매도는 매매일 또는 결제일에 인식한다.

금융자산은 최초 인식시 공정가치로 측정한다. 최초 인식시점에 금융상품의 공정가치는 일반적으로 거래가격(제공하거나 수취한 대가의 공정가치)이다. 기준서 제1113호 '공정가치측정'에서는 자산의 공정가치를 '주된(또는 가장 유리한) 시장에서의 정상거래에서 자산을 매도하면서 수취하게 될 가격(유출가격, exit price)'으로 정의하고 있으며, 자산의 거래가격(transaction price)을 '자산을 취득하면서 지급하는 가격(유입가격, entry price)'으로 정의하고 있다.

다만, 당기손익-공정가치측정금융자산이 아닌 경우 당해 금융자산의 취득과 직접 관련되는 거래원가는 최초 인식하는 공정가치에 가산하여 측정한다. 따라서 당기손익-공정가치측정금융자산과 관련된 거래원가는 당기비용으로 처리하며, 경과이자를 포함하여 채무상품을 취득할 때에는 경과이자를 미수이자로 회계처리하고, 향후 이자수령 시점에서 감소시킨다.

채무상품의 최초 인식시점의 공정가치는 채무상품에서 발생하는 미래현금흐름을 유효이자율로 할인한 현재가치(present value)로 측정할 수 있다.

예제 11-1 ▶ **채무상품의 취득**

(주)마당발의 단기 자금 운용을 위해 취득한 유가증권의 매매자료는 다음과 같다. 거래 일자별로 회계처리를 하시오.

5월 3일 : (주)대양의 주식 100주(액면단가 ₩5,000)를 주당 ₩10,000에 구입하고 대금은 수수료 ₩10,000과 함께 현금으로 지급하다.

9월 1일 : (주)동해의 액면 100,000원(액면이자율 12%)인 사채를 발생이자 2,000원을 포함하여 95,000원에 매입하였다. 이자지급일은 6월30일과 12월 31일이다.

12월 31일 : 사채에 대하여 12월31일에 이자를 현금으로 수령하였다.

이상의 거래를 분개하면 다음과 같다.

5월 3일	(차)	당기손익-공정가치측정금융자산	1,000,000	(대)	현　금	1,010,000
		수수료비용	10,000			
9월 1일	(차)	당기손익-공정가치측정금융자산	93,000	(대)	현　금	95,000
		미수이자	2,000			
12월31일	(차)	현금	6,000	(대)	미수이자	2,000
					이자수익	4,000

예제 11-2 ▶ **채무상품의 취득**

㈜목원은 1월 3일에 법인차량을 30,000,000원에 구입하였다.

이 차량을 구입하기 위하여 액면가액 1,000,000원, 무이자 5년만기 상환조건의 지방채를 액면가액으로 구입하였다. 시장이자율은 6%(5년만기 현가는 0.7473)이라고 가정한다.

〈요구사항〉

취득시와 회계기간말의 이자수취시의 분개를 하시오.

– 취득시 분개

(차)	차량운반구	30,252,700*	(대)	현금	31,000,000
	상각후원가측정금융자산	747,300**			

* 차량운반구의 취득원가 = 30,000,000 + 252,700 = 30,252,700원
차량운반구의 구입가액에 지방채의 현재가치할인차금(252,700=1,000,000-747,300)을 합한 금액이 차량운반구의 취득원가가 된다.

** 지방채의 공정가치 747,300 = 1,000,000 × 0.7473

– 회계기간말

(차) 상각후원가측정금융자산 44,838 (대) 이자수익 44,838*

* 이자수익 747,300 × 6% = 44,838

2) 후속 측정

최초 인식 후 금융자산은 상각후원가, 기타포괄손익-공정가치 및 당기손익-공정가치 중 하나로 측정한다. 다만, 기타포괄손익-공정가치측정금융자산으로 분류된 채무상품은 유효이자율법으로 이자수익을 계산하여 당기손익으로 인식 한 후, 공정가치 평가에 따른 금융자산평가손익을 기타포괄손익으로 인식한다.

상각후원가측정금융자산과 대여금 및 수취채권은 유효이자율법을 적용하여 상각후원가로 측정한다.

후속측정과 관련된 측정방법과 손익의 회계처리는 다음의 <표 11-2>와 같다.

표 11-2 후속측정과 관련된 측정방법과 손익의 회계처리

금융자산의 유형	후속 측정방법	손익 인식방법
상각후원가측정금융자산	상각후원가*	유효이자율법으로 이자수익 인식
기타포괄손익 –공정가치측정금융자산	공정가치	공정가치의 변동을 기타포괄손익으로 인식**
당기손익 –공정가치측정금융자산	공정가치	공정가치의 변동을 당기손익 인식***

* 할인효과가 중요하지 않는 단기채권과 관련된 현금흐름은 할인하지 않으므로 원가로 측정한다.

** 채무상품은 공정가치로 평가하기 전에 유효이자율법을 적용하여 이자수익을 먼저 인식하여야 하고, 지분상품으로부터 수령한 배당금은 권리확정시점에서 당기손익으로 인식한다.

*** 당기손익-공정가치측정금융자산에서 발생하는 손익과 같이 유사한 거래에서 발생하는 차손과 차익은 순액으로 표시하지만, 그 차손과 차익이 중요한 경우에는 구분하여 표시한다.

예제 11-3 채무상품의 후속측정

㈜목원은 A사가 20X1년 1월 1일에 발행한 사채를 동일자에 취득하였다. 취득한 사채와 관련된 자료는 다음과 같다.

– 액면가액 100,000원, 표시이자율 8%, 만기 3년
– 이자는 매년 12월 31일 후급하며, 이 사채발행시 유효이자율은 10%이다.
– 매년 말 공정가치 : 20X1년 말(95,000원), 20X2년 말 (98,500원)

〈요구사항〉 ㈜목원이 A사의 사채를 상각후원가측정금융자산으로 분류하는 경우와 기타포괄손익-공정가치측정금융자산으로 분류하는 경우로 각각 나누어 만기시점까지 회계처리 하시오.

1) 상각후원가측정금융자산으로 분류하는 경우

(1) 사채의 구입가액 : 액면가액의 현가 100,000×0.7513 = 75,130

표시이자의 현가 8,000×2.4868 = 19,894

95,024

(2) 현재가치할인차금(A사는 사채할인발행차금으로 처리)

= 100,000-95,024= 4,976

(3) 채무상품 상각후원가 상각표

일자	유효이자(10%)	표시이자(8%)	할인액상각액	기말 장부금액
20X1. 1. 1.	9,502	8,000	1,502	95,024
20X1. 12. 31.	9,653	8,000	1,653	96,526
20X2. 12. 31.	9,821*	8,000	1,821	98,179
20X3. 12. 31.		24,000	4,976	100,000

*. 단수조정

(4) 회계처리

20X1. 1. 1.

(차) 상각후원가측정금융자산	95,024	(대) 현금	95,024

20X1. 12. 31.

(차) 현금	8,000	(대) 이자수익	9,502
상각후원가측정금융자산	1,502		

20X2. 12. 31.

(차) 현금	8,000	(대) 이자수익	9,653
상각후원가측정금융자산	1,653		

20X3. 12. 31.

(차) 현금	8,000	(대) 이자수익	9,821
상각후원가측정금융자산	1,821		
(차) 현금	100,000	(대) 상각후원가측정금융자산	100,000

2) 기타포괄손익-공정가치측정금융자산으로 분류하는 경우

(1) 채무상품 상각후원가 조정과 공정가치 평가

일자	공정가치 평가전 장부금액	공정가치	포괄손익계산서 평가손익	재무상태표 평가손익
20X1. 12. 31.	96,526	95,000	(1,526)	(1,526)
20X2. 12. 31.	96,653*	98,500	1,847	321
20X3. 12. 31.	100,321**	100,000	(321)	

* 95,000 + 1,653 = 96,653 ** 98,500 + 1,821 = 100,321

(2) 회계처리

일자	계정과목	차변	대변
20X1. 1. 1.	(차) 기타포괄손익-공정가치측정금융자산	95,024	
	(대) 현금		95,024
20X1. 12. 31.	(차) 현금	8,000	
	기타포괄손익-공정가치측정금융자산	1,502	
	(대) 이자수익		9,502
	(차) 기타포괄손익-공정가치측정금융자산평가손실	1,526	
	(대) 기타포괄손익-공정가치측정금융자산		1,526
20X2. 12. 31.	(차) 현금	8,000	
	기타포괄손익-공정가치측정금융자산	1,653	
	(대) 이자수익		9,653
	(차) 기타포괄손익-공정가치측정금융자산	1,847	
	(대) 기타포괄손익-공정가치측정금융자산평가손실		1,526
	기타포괄손익-공정가치측정금융자산평가이익		321
20X3. 12. 31.	(차) 현금	8,000	
	기타포괄손익-공정가치측정금융자산	1,821	
	(대) 이자수익		9,821
	(차) 현금	100,000	
	기타포괄손익-공정가치측정금융자산평가이익	321	
	(대) 기타포괄손익-공정가치측정금융자산		100,321

지분상품이 기타포괄손익-공정가치측정금융자산으로 분류된 경우, 공정가치의 변동을 기타포괄손익으로 인식한다. 다만, 기타포괄손익-공정가치측정금융자산을 매도하는 경우 과년도에 기타포괄손익으로 인식했던 금융자산평가손익을 당기손익으로 재분류하지 않는다. 만약에 이를 당기손익으로 재분류를 허용하면 기업은 기타포괄이익을 인식했던 금융자산만을 선택하여 매도함으로써 처분이익을 증가시키는 이익조정을 할 수 있다. 기타포괄손익-공정가치측정금융자산에 인식한 기타포괄손익을 후속적으로 당기손익으로 재분류하지 못한다는 것은 기타포괄손익-공정가치측정금융자산을 처분하더라도 처분손익을 인식하지 않는다는 것을 의미한다.

기타포괄손익-공정가치측정금융자산으로 분류된 지분상품의 공정가치 변동에 따른 평가손익을 기타포괄손익으로 인식하기 때문에 반드시 제거일(처분일)에 공정가치로 재측정 후 처분하는 회계처리를 하여야 한다. 처분시 거래원가가 없다면 기타포괄손익-공정가치측정금융자산으로 분류한 지분상품의 처분손익은 없다.

예제 11-4 **지분상품의 후속측정**

㈜목원은 20X1년 7월 1일에 A사 보통주 100주를 주당 3,000원에 취득하였으며, 취득과 직접 관련되는 1,000원의 거래원가가 발생하였다. 20X2년 12월 31일까지 A사 보통주의 추가 취득이나 처분거래는 없다. 20X1년 12월 31일과 20X2년 12월 31일 현재 A사의 보통주 주당 공정가치는 각각 3,200원과 2,900원이다. ㈜목원은 20X3년 2월 5일에 A사 주식 전부를 315,000에 처분하였다.

〈요구사항〉 A사 보통주를 당기손익-공정가치측정금융자산으로 분류한 경우와 기타포괄손익-공정가치측정금융자산으로 분류한 경우로 구분하여 회계처리 하시오.

1) 당기손익-공정가치측정금융자산으로 분류한 경우

일자	계정과목	차변	대변
20X1. 7. 1.	(차) 당기손익-공정가치측정금융자산	300,000	
	수수료비용	1,000	
	(대) 현금		301,000
20X1. 12. 31.	(차) 당기손익-공정가치측정금융자산	20,000	
	(대) 당기손익-공정가치측정금융자산평가이익		20,000*

* 320,000 - 300,000 = 20,000

일자	계정과목	차변	대변
20X2. 12. 31.	(차) 당기손익-공정가치측정금융자산평가손실	30,000*	
	(대) 당기손익-공정가치측정금융자산		30,000

* 290,000 - 320,000 = (30,000)

일자	계정과목	차변	대변
20X3. 2. 5.	(차) 현금	315,000	
	(대) 당기손익-공정가치측정금융자산		290,000
	금융자산처분이익		25,000

2) 기타포괄손익-공정가치측정금융자산으로 분류한 경우

일자	계정과목	차변	대변
20X1. 7. 1.	(차) 기타포괄손익-공정가치측정금융자산	301,000*	
	(대) 현금		301,000

* 거래원가를 최초 인식금액에 가산한다.

일자	계정과목	차변	대변
20X1. 12. 31.	(차) 기타포괄손익-공정가치측정금융자산	19,000	
	(대) 기타포괄손익-공정가치측정금융자산평가이익		19,000*

* 320,000 - 301,000 = 19,000

일자	계정과목	차변	대변
20X2. 12. 31.	(차) 기타포괄손익-공정가치측정금융자산평가이익	19,000*	
	기타포괄손익-공정가치측정금융자산평가손실	11,000	
	(대) 기타포괄손익-공정가치측정금융자산		30,000

*. 290,000 - 320,000 = (30,000) 전기이월 기타포괄손익-금융자산 평가이익을 먼저 제거하고 초과액만 기타포괄손익-금융자산 평가손실로 처리한다.

20X3. 2. 5.	(차) 기타포괄손익-공정가치측정금융자산	25,000	
	(대) 기타포괄손익-공정가치측정금융자산평가손실		11,000
	기타포괄손익-공정가치측정금융자산평가이익		14,000
	(차) 현금	315,000	
	(대) 기타포괄손익-공정가치측정금융자산		315,000

4 금융자산의 손상

1) 손상차손

기업이 회계연도 말 현재 계약상 이자와 원금의 현재흐름을 수취할 금융자산을 보유하고 있는데, 당해 금융자산으로부터 미래에 회수할 현금흐름이 감소할 것으로 예상되는 경우가 있다. 예를 들어 거래처가 파산 가능성이 높아져 매출채권의 회수가 어렵다고 예상되는 경우와 같이 금융자산 발행자의 신용위험(credit risk)이 높아진 경우 미래에 수취하지 못할 금액을 추정하여 이를 비용으로 인식하여야 하는데, 그 비용을 손상차손이라고 한다.

종전 기준서(제1039호)는 손상 사건이 발생한 결과 금융자산이 손상되었다는 객관적 증거가 있는 경우에만 손상차손을 인식하도록 하는 발생손실모형을 적용하였다. 그 결과 금융자산에서 미래에 손실의 발생이 예상되더라도 객관적인 증거가 없다면 손상차손을 인식하지 못하는 문제가 있어 이를 해결하기 위하여 2018년 1월 1일부터 적용되는 기준서 제1109호는 기대신용손실모형(expected credit loss model)을 도입하여 보고기간 말에 신용위험이 유의적으로 증가하였다고 판단되면 기대신용손실을 추정하여 이를 손상차손으로 인식하도록 규정하고 있다. 기대신용손실모형은 결산일에 보유중인 매출채권 잔액에 대해서 미래 기간 동안 채무불이행으로 인해 예상되는 손실금액을 계산하여 이 금액을 현재가치로 평가한 금액을 손실충당금(대손충당금)으로 설정하는 방법이다. 기대손실모형을 적용하면 손상차손이 적시에 인식되므로 재무제표이용자에게 미래 현금흐름의 금액, 시기 및 불확실성을 평가하는 데 더욱 목적적합한 정보를 제공할 수 있을 것이다.

2) 손상차손 인식 대상 금융자산

모든 금융자산에 대하여 손상차손을 인식하는 것은 아니다. 당기손익-공정가치측정금융자산은 신용위험의 증가가 공정가치 하락에 반영되어 평가손실을 인식할 것이므로 별도로 손상차손을 인식하지 않는다. 또한 지분상품은 계약상의 현금흐름(원금 및 이자)이 발생하지 않기 때문에 손상 규정을 적용하지 않는다. 따라서 상각후원가금융자산과 기타포괄손익-공정가치측정금융자산으로 분류되는 계약상 현금흐름이 발생하는 채무상품, 대여금, 수취채권 등이 손상차손을 인식하는 금융자산에 해당한다. <표 11-3>은 금융자산 손상 여부를 금융상품별로 정리한 것이다.

표 11-3 금융자산 손상

구분	금융자산	손상적용 여부
지분상품	기타포괄손익-공정가치측정금융자산	해당 없음
	당기손익-공정가치측정금융자산	해당 없음
파생상품	당기손익-공정가치측정금융자산	해당 없음
채무상품	상각후원가측정금융자산	해당됨
	기타포괄손익-공정가치측정금융자산	해당됨
	당기손익-공정가치측정금융자산	해당 없음

3) 기대신용손실의 추정

기업은 손상차손 인식대상 금융자산에 대해서 추정한 기대신용손실을 손실충당금(loss allowance,대손충당금)으로 인식하는데 기대신용손실은 다음과 같이 추정한다.

> 신용손실 = 계약상 현금부족액의 현재가치
> 현금부족액 = 계약상 받기로 한 금액 - 받을 것으로 예상되는 금액 기대신용손실 = 신용손실은 개별 채무불이행 발생이험으로 가중평균한 금액

기대신용손실의 추정은 <표 11-4>에서와 같이 금융자산에 따라 보고기간 말부터 12개월까지의 기간으로 하거나 금융자산의 전체기간으로 한다. 기대신용손실은 신용위험의 유의적인 증가 여부에 따라 12개월 기대신용손실 또는 전체기간 기대신용손실을 각각 손실충당금으로 측정한다. 그러나 매출채권, 계약자산 및 리스채권에는 항상 전체기간 기대신용손실에 해당하는 금액으로 손실충당금을 측정하는 회계정책을 선택한다.

표 11-4 기대신용손실의 처리

구분	내 용
12개월 기대신용손실	-보고기간말 후 12개월 내에 발생 가능한 금융상품의 채무불이행 사건으로 인한 기대신용손실 -전체기간 기대신용손실의 일부 -신용위험이 유의적으로 증가하지 않은 상태
전체기간 기대신용손실	-금융상품의 기대존속기간에 발생할 수 있는 모든 채무불이행 사건에 따른 기대신용손실 -신용위험이 유의적으로 증가하고 신용이 손상된 상태

4) 손실충당금의 회계처리

대여금과 수취채권 및 상각후원가측정금융자산에서 손상이 발생하였다는 객관적인 증거가 있는 경우, 손상차손은 당해 잔산의 장부금액과 최초의 유효이자율로 할인한 추정미래현금흐름의 현재가치의 차이로 측정한다. 이 경우 아직 발생하지 아니한 미래의 손상차손은 미래예상현금흐

름에 포함하지 아니한다.

기대신용손실 추정액을 손실충당금(대손충당금)으로 인식하는데, 전기 이전에 인식한 손실충당금이 있는 경우에는 당기 말 손실충당금과의 차액에 대하여 매출채권손상차손(대손상각비) 또는 매출채권손상차손환입을 당기손익으로 인식한다. 손실충당금은 금융자산의 차감계정이다. 따라서 재무상태표에는 손실충당금을 차감한 순액으로 금융자산을 나타낸다.

손실충당금과 관련된 회계처리는 다음과 같다.

① 당기말 기대신용손실 추정액 > 수정전 시산표상 손실충당금(대손충당금) 잔액
- 차액만큼을 손상차손(대손상각비)으로 인식

(차) 손상차손	×××	(대) 손실충당금	×××

② 당기 말 기대신용손실 추정액 < 수정전 시산표상 손실충당금(대손충당금) 잔액
- 차액만큼을 손상차손환입(대손충당금환입)으로 인식

(차) 손실충당금	×××	(대) 손상차손환입	×××

예제 11-5 매출채권에 대한 손실충당금의 회계처리

㈜목원은 20X1년 12월 31일에 장부금액 1,000,000원의 매출채권에 대하여 기대신용손실을 8,000으로 추정하였다. 수정전 시산표 상 손상충당금 잔액 5,000원인 경우와 9,000원인 경우의 회계처리를 하시오.

수정전 시산표 상 손상충당금 잔액이 5,000원이라면 당기 말의 손실충당금 잔액이 8,000원이 되어야 하므로 차액을 추가로 다음과 같이 인식한다.

(차) 손상차손	3,000	(대) 손실충당금	3,000

수정전 시산표 상 손상충당금 잔액이 9,000원이라면 당기 말의 손실충당금 잔액이 8,000원이 되어야 하므로 차액을 다음과 같이 환입한다.

(차) 손실충당금	1,000	(대) 손상차손환입	1,000

5) 기타포괄손익-공정가치측정금융자산 회계처리

기타포괄손익-공정가치측정금융자산에 대해서는 인식하는 손상차손은 손실충당금으로 인식하지 않고 기타포괄손익(기타포괄손익-공정가치측정금융자산평가손익)에서 조정한다. 따라서 손실충당금을 인식하더라도 재무상태표상의 금융자산의 장부금액은 변화가 없다.

기타포괄손익-공정가치측정금융자산의 보고기간 말의 장부금액은 공정가치로 표시되어야 하는데, 손상차손(환입)을 인식하면서 손실충당금의 변동으로 회계처리하면 재무상태표상 금융자산의 장부금액(손실충당금을 차감한 손액)이 공정가치와 다른 금액이 표시되는 문제가 있다. 이

경우 손실충당금의 변동으로 회계처리하지 않고 다음과 같이 공정가치 평가시 인식했던 기타포괄손익과 상계한다.

다음과 같이 회계처리한다.

① 기타포괄손익-공정가치측정금융자산에 대한 평가손실 인식

(차) 기타포괄손익-공정가치측정금융자산평가손실	×××	
(대) 기타포괄손익-공정가치측정금융자산		×××

② 기타포괄손익-공정가치측정금융자산에 대한 손상차손 인식

(차) 기타포괄손익-공정가치측정금융자산손상차손	×××	
(대) 기타포괄손익-공정가치측정금융자산평가손실		×××

손실충당금으로 조정하기 위한 기대신용손실(또는 환입액)은 손상차손(환입)으로 당기손익에 인식한다(제1119호 5.5.8.) 손상차손(환입)을 제외하고는 기타포괄손익-공정가치측정금융자산의 손익은 해당 금융자산을 제거하거나 재분류할 때가지 기타포괄손익으로 인식한다.

예제 11-6 **기타포괄손익-공정가치측정금융자산의 손상차손 인식**

㈜목원은 20X1년 10월 31일에 채무상품 취득하고 기타포괄손익-공정가치측정금융자산으로 분류하였다. 동 채무상품은 취득시 신용이 손상되어 있지 않았다. 20X1년 12월 31일(회계기간 말) 현재 공정가치 평가 전 채무상품의 장부금액은 100,000원이며 공정가치는 95,000원이다. 회사가 채무상품의 최초인식 후 신용위험이 유의적으로 증가하지 않았다고 판단하고 12개월 기대신용손실을 3,000원으로 측정하였다. 금융자산과 관련된 회계처리를 하시오.

20X1년 10월 31일

(차) 기타포괄손익-공정가치측정금융자산	100,000	
(대) 현금		100,000

20X1년 12월 31일

(차) 기타포괄손익-공정가치측정금융자산평가손실	5,000	
(대) 기타포괄손익-공정가치측정금융자산		5,000
(차) 기타포괄손익-공정가치측정금융자산손상차손	3,000	
(대) 기타포괄손익-공정가치측정금융자산평가손실		3,000

예제 11-7 **채무상품의 손상차손 인식**

㈜목원은 A사가 20X1년 1월 1일에 발행한 사채를 동일자에 취득하였다. 취득한 사채와 관련된 자료는 다음과 같다.

– 액면가액 100,000원, 표시이자율 8%, 만기 3년
– 이자는 매년 12월 31일 후급하며, 이 사채발행시 유효이자율은 10%이다.
– 매년 말 공정가치 : 20X1년 말(95,000원), 20X2년 말 (98,500원)

(1) 사채의 구입가액 : 액면가액의 현가 100,000×0.7513 = 75,130

표시이자의 현가 8,000×2.4868 = 19,894

95,024

(2) 현재가치할인차금(A사는 사채할인발행차금으로 처리)

= 100,000-95,024= 4,976

(3) 채무상품 상각후원가 상각표

일자	유효이자(10%)	표시이자(8%)	할인액상각액	기말 장부금액
20X1. 1. 1.				95,024
20X1. 12. 31.	9,502	8,000	1,502	96,526
20X2. 12. 31.	9,653	8,000	1,653	98,179
20X3. 12. 31.	9,821*	8,000	1,821	100,000
		24,000	4,976	

* 단수조정

〈요구사항〉 ㈜목원이 A사의 사채를 상각후원가측정금융자산으로 분류하고 있으며 취득시 신용이 손상되어 있지는 않다.

물음 1. 20X1년 말에 상각후원가측정금융자산의 신용위험이 유의하게 증가하지 않았다고 판단하고 12개월 기대신용손실을 1,000원이라고 추정하였다. 20X1년 말에 해야 할 이자수익 인식 및 손상차손 인식의 회계처리를 하시오.

물음 2. 20X2년 말에 상각후원가측정금융자산의 신용위험이 유의하게 증가하였다고 판단하고 전체기간 기대신용손실을 10,000원이라고 추정하였다. 20X2년 말에 해야 할 이자수익 인식 및 손상차손 인식의 회계처리를 하시오.

20X1. 12. 31.

① 이자수익의 인식

(차) 현금 8,000 (대) 이자수익 9,502
상각후원가측정금융자산 1,502

② 손상차손의 인식

(차) 상각후원가측정금융자산-손상차손 1,000
(대) 상각후원가측정금융자산-손실충당금 1,000

20X2. 12. 31.

① 이자수익의 인식

(차) 현금 8,000 (대) 이자수익 9,653
상각후원가측정금융자산 1,653

② 손상차손의 인식

(차) 상각후원가측정금융자산-손상차손 9,000
(대) 상각후원가측정금융자산-손실충당금 9,000

5 금융자산의 재분류

금융자산을 관리하는 사업모형을 변경하는 경우에만 영향을 받은 금융자산을 재분류한다. 금융자산의 재분류는 사업모형을 변경하는 경우에만 가능하므로 지분상품은 재분류할 수 없고, 채무상품만이 재분류 대상이 된다. 재분류는 전진적으로 적용하며, 재분류일은 금융자산의 재분류를 초래하는 사업모형의 변경 후 첫 번째 보고기간의 첫 번째 날이다. 예를 들어, 회계기간의 말이 매년 12월31일인 기업이 20X1년 11월 1일에 사업모형을 변경하였다면 재분류일은 20X2년 1월 1일이 되며, 이때부터 전진적으로 회계처리한다. <표 11-5>는 금융자산의 재분류시 회계처리에 대하여 설명한 것이다.

표 11-5 금융자산의 재분류시 회계처리

재분류전	재분류후	회계처리
상각후원가 측정금융자산	당기손익-공정가치측정 금융자산	재분류일의 공정가치로 측정하고, 재분류 전 상각후원가와 공가치의 차이를 당기손익으로 인식
	기타포괄손익-공정가치측정 금융자산	재분류일의 공정가치로 측정하고, 재분류 전 상각후원가와 공가치의 차이를 기타포괄손익으로 인식, 재분류에 따른 유효이자율과 기대신용손실 측정치는 조정하지 않음
기타포괄손익-공정가치측정금융자산	상각후원가측정금융자산	재분류일의 공정가치를 측정하고, 재분류 전에 인식한 기타포괄손익누계액은 자본에서 제거하고 재분류일의 금융자산의 공정가치에서 조정, 재분류에 따른 유효이자율과 기대신용손실 측정치는 조정하지 않음
	당기손익-공정가치측정 금융자산	계속 공정가치로 측정, 재분류 전에 인식한 기타포괄손익누계액은 재분류일에 **재분류조정으로 자본에서 당기손익으로 재분류**
당기손익-공정가치측정금융자산	상각후원가측정금융자산	재분류일에 공정가치가 새로운 장부금액이 되며, 이를 기초로 유효이자율을 다시 계산함
	기타포괄손익-공정가치측정 금융자산	계속 공정가치로 측정하고, 재분류일의 공정가치에 기초하여 유효이자율을 다시 계산함

예제 11-8 **금융자산의 재분류**

㈜목원은 20X1년 중에 사업모형을 변경하였다. 다음의 각 문항은 독립적이다. 단, 회계연도 말은 12월 31일 이다.

(1) 상각후원가측정금융자산(재분류일 현재 장부가치 10,000원)을 기타포괄손익-공정가치측정금융자산과 당기손익-공정가치측정금융자산으로 재분류하기로 한 경우의 재분류일(20X2년 1월 1일)의 회계처리를 하시오. 단, 재분류일 현재 당해 금융자산의 공정가치는 10,500원이다.

– **기타포괄손익-공정가치측정금융자산으로 재분류한 경우**

		차변	대변
(차)	기타포괄손익-공정가치측정금융자산	10,500	
(대)	상각후원가측정금융자산		10,000
	기타포괄손익-공정가치측정금융자산평가이익		500

– **당기손익-공정가치측정금융자산으로 재분류한 경우**

		차변	대변
(차)	당기손익-공정가치측정금융자산	10,500	
(대)	상각후원가측정금융자산		10,000
	당기손익-공정가치측정금융자산평가이익		500

(2) 기타포괄손익-공정가치측정금융자산(재분류일 현재 장부가치 10,500원, 관련 기타포괄이익 500원을 익신한 상태)을 상각후원가측정금융자산과 당기손익-공정가치측정금융자산으로 재분류하기로 한 경우의 재분류일(20X2년 1월 1일)의 회계처리를 하시오. 단, 재분류일 현재 당해 금융자산의 공정가치는 10,500원이다.

– **상각후원가측정금융자산으로 재분류한 경우**

		차변	대변
(차)	상각후원가측정금융자산	10,000	
	기타포괄손익-공정가치측정금융자산평가이익	500	
(대)	기타포괄손익-공정가치측정금융자산		10,000
	상각후원가측정금융자산		500

* 재분류일의 공정가치로 상각후원가측정금융자산으로 인식하고 이미 기타포괄손익-공정가치측정금융자산으로 인식한 500을 제거하면서 상각후원가측정금융자산을 조정하므로 상각후원가측정금융자산은 10,000원이 된다.

– **당기손익-공정가치측정금융자산으로 재분류한 경우**

		차변	대변
(차)	당기손익-공정가치측정금융자산	10,000	
	기타포괄손익-공정가치측정금융자산평가이익	500	
(대)	기타포괄손익-공정가치측정금융자산		10,000
	당기손익-공정가치측정금융자산평가이익		500

(3) 당기손익-공정가치측정금융자산(재분류일 현재 장부가치 10,500원)을 상각후원가측정금융자산과 기타포괄손익-공정가치측정금융자산으로 재분류하기로 한 경우의 재분류일(20X2년 1월 1일)의 회계처리를 하시오. 단, 재분류일 현재 당해 금융자산의 공정가치는 10,500원이다.

– **상각후원가측정금융자산으로 재분류한 경우**

(차) 상각후원가측정금융자산	10,500	
(대) 당기손익-공정가치측정금융자산		10,500

– **기타포괄손익-공정가치측정금융자산으로 재분류한 경우**

(차) 기타포괄손익-공정가치측정금융자산	10,500	
(대) 당기손익-공정가치측정금융자산		10,500

6 금융자산의 제거

금융자산의 제거(derecognition)란 금융자산의 권리가 소멸되거나 금융자산을 양도함으로써 금융자산을 재무제표에서 제거하는 것을 말한다. 금융자산의 양도와 관련된 양도거래의 실질이 매각(true sale)에 해당되는지의 여부를 판단하는 것이 핵심이다.

금융자산의 현금흐름에 대한 계약상 권리가 소멸되었다면 금융자산을 제거한다. 그러나 금융자산을 양도(transfer)하였을 경우에는 형식적으로만 금융자산이 양도되었을 수 있으므로 실질적인 양도 여부를 판단해야 한다(1109:3.2.4). 금융자산의 현금흐름을 수취할 계약상 권리를 양도했고, 양도자가 금융자산의 소유에 따른 위험과 보상(risks and rewards)의 대부분을 이전했다면 당해 금융자산을 제거한다. 그러나 금융자산을 양도했더라도 양도자가 위험과 보상의 대부분을 보유하고 있다면 금융자산을 계속하여 인식한다.

따라서 금융자산을 계속 인식할 것인지, 아니면 제거할 것인지는 금융자산의 현금흐름에 대한 계약상 권리를 양도한 경우에 제거조건을 충족하는지 판단하기 위하여, 금융자산의 ① 위험과 보상의 이전 여부, ② 통제 여부 및 ③ 지속적 관여 여부를 순차적으로 판단하여 적용한다. <표 11-6>은 금융자산 양도의 회계처리를 요약한 것이다.

표 11-6 금융자산 양도의 회계처리

상황		회계처리
금융자산 소유에 따른 위험과 보상이 대부분 이전		금융자산 제거
금융자산 소유에 따른 위험과 보상의 대부분 보유		금융자산 계속 인식, 단 수령한 현금이 있다면 금융부채 인식
금융자산 소유에 따른 위험과 보상의 대부분을 보유하지도 않고, 이전하지도 않은 경우	양도자산을 양도자가 계속 통제함	지속적 관여부분까지 양도자산 계속 인식, 관련 부채도 인식
	양도자산을 양도자가 계속 통제하지 않음	금융자산 제거

7 관계기업투자주식 : 지분법

다른 회사가 발행한 의결권 있는 주식 중 20% 이상을 보유하면, 반증이 없는 한 투자회사가 피투자회사의 경영 이사결정에 중대한 영향을 미칠 수 있다고 가정한다. 이 경우 투자주식의 평가는 지분법을 적용한다.

持分法(equity method)은 투자주식을 취득원가로 유지하지 않고, 피투자회사의 순자산가액이 변동할 때 이를 투자회사의 투자주식계정에 직접 반영하는 회계처리 방법이다. 따라서 피투자회사가 당기순이익을 보고(순자산가액의 증가)하면 투자회사는 지분비율만큼 관계기업투자주식을 증가시키기 위하여 차변에 관계기업투자주식계정을 기입하고 대변에 관계기업투자이익계정으로 기입한다. 그리고 피투자회사가 배당을 지급(순자산가액의 감소)하면 투자회사는 수취한 배당금만큼 관계기업투자주식을 감소시키기 위하여 차변에 현금계정을 기입하고 대변에 관계기업투자주식계정을 기입한다. 관계기업투자손익은 당기손익항목으로 처리한다.

지분법의 회계처리

피투자회사의 순이익 보고

(차) 관계기업투자주식	×××	(대) 관계기업투자이익	×××

피투자회사의 순손실 보고

(차) 관계기업투자손실	×××	(대) 관계기업투자주식	×××

피투자회사가 배당의 지급

(차) 현 금	×××	(대) 관계기업투자주식	×××

이와 같이 지분법은 피투자회사의 순자산가액이 변동하여 그로 인한 투자회사의 지분이 변동하는 경우 이를 그대로 관계기업투자주식계정에 반영하므로, **發生主義**에 부합하는 회계처리방법이라 말할 수 있다. 그리고 지분법은 투자회사가 피투자회사의 경영정책에 영향력을 행사하여 투자회사의 이익을 조작하는 것을 방지할 수 있다.

예제 11-12 관계기업투자주식에 대한 지분법의 회계처리

(주)너와나는 20×4년 1월 1일에 (주)희망의 발행주식 중 30%를 ₩300,000에 현금을 주고 구입하였다. (주)희망은 결산일에 당기순이익 ₩200,000을 보고하였으며, ₩20,000을 현금배당하였다. 지분법을 적용해보면 다음과 같다.

(주)너와나의 20×4년 1월 1일의 회계처리는 다음과 같다.

(차) 관계기업투자주식	300,000	(대) 현 금	300,000

(당기순이익 보고시)

(차) 관계기업투자주식	60,000	(대) 관계기업투자이익	60,000

(배당 수취시)

(차) 현 금 6,000 (대) 관계기업투자주식 6,000

(당기순이익 보고시 지분증가 = ₩200,000×0.3 = ₩60,000)

(배당선언 · 지급시 지분감소 = ₩20,000×0.3 = ₩6,000)

자습문제 11-1 다음 자료를 이용하여 (주)너와나의 입장에서 아래 물음에 답하시오.

(주)너와나는 20×4년 1월 1일에 (주)우리가 발행한 주식 중 40%를 현금 ₩800,000에 취득하였으며, 이후 20×4년 12월 31일에 (주)우리는 당기순이익 ₩500,000을 보고하였으며 다음과 같이 배당을 선언하고 현금으로 지급하였다.

① 당기순이익 중 ₩100,000만을 배당한 경우

② 당기순이익 중 ₩400,000만을 배당한 경우

물음

(1) 지분법을 이용하여 20×4년 1월 1일과 12월 31일의 회계처리를 하시오.

(2) 지분법에 의한 투자이익과 관계기업투자주식계정의 가액을 산출하시오.

8 투자부동산

투자부동산(investment in property)이란 임대수익이나 시세차익을 얻기 위하여 보유하고 있는 토지나 건물 등의 부동산을 말한다. 투자부동산의 **취득원가**는 해당 부동산의 취득목적인 시세차익이나 임대수익을 얻을 수 있도록 판매 또는 임대할 상태에 이르기까지 취득과 직접 관련된 모든 지출을 포함한다. 이에 따라 취득원가는 **구입가격**에 **부대비용**을 가산한 금액이 된다. 여기서 부대비용에는 자산의 중개수수료, 등기료, 취득세, 등록세, 유지 보수비 등 자산의 취득 후 추가적으로 발생하는 부수적인 비용을 말한다. 따라서 유형자산을 취득하는 경우 이를 증가시키기 위하여 차변에 투자부동산계정을 취득원가로 기입한다.

(차) 투자부동산 ××× (대) 현 금 등 ×××

투자부동산을 최초로 인식한 후에는 원가모형(cost model)과 공정가치모형(fair value model) 중 하나를 선택하여 평가한다. 원가모형을 선택한 경우에는 유형자산과 마찬가지로 결산일에 감가상각과 손상차손을 인식한다. 그러나 공정가치모형을 선택하는 경우에는 결산일의 공정가치로 평가하여 평가손익을 당기손익으로 계상한다. 이 경우 감가상각은 하지 않는다.

투자부동산을 처분하거나 더 이상의 미래 경제적 효익을 기대할 수 없는 경우에는 투자부동산의 취득원가 장부금액을 장부에서 제거한다. 이 때 발생하는 처분손익은 순처분금액과 장부금액 간의 차액으로 당기손익으로 처리한다.

예제 11-13 투자부동산의 회계처리

(주)광운전자는 20×4년 1월 2일에 임대수익을 목적으로 건물을 ₩1,000,000에 취득하였으며, 중개수수료와 관련 세금 그리고 수선비용으로 ₩100,000이 추가로 지출되었다. 건물의 내용연수는 10년, 잔존가치는 없으며, 정액법으로 상각한다. 20×4년 결산일 현재 공정가치는 ₩1,300,000이다. 그 후 20×5년 1월 2일에 건물을 ₩1,500,000에 매각처분하였다.

(1) 원가모형

(20×4년 1월 2일)

(차)	투자부동산	1,100,000	(대)	현 금	1,100,000

(20×4년 12월 31일의 상각처리)

(차)	감가상각비	110,000*	(대)	투자부동산감가상각누계액	110,000

*(₩1,100,000 − ₩0)/10년 = ₩110,000

(20×5년 1월 1일의 매각처리)

(차)	현 금	1,500,000	(대)	투자부동산	1,100,000
	투자부동산감가상각누계액	110,000		투자부동산처분이익	510,000

(2) 공정가치모형

(20×4년 1월 2일)

(차)	투자부동산	1,100,000	(대)	현 금	1,100,000

(20×4년 12월 31일의 평가처리)

(차)	투자부동산	200,000	(대)	투자부동산평가이익	200,000

공정가치모형에서는 감가상각을 하지 않음

(20×5년 1월 1일의 매각처리)

(차)	현 금	1,500,000	(대)	투자부동산	1,300,000
				투자부동산처분이익	200,000

연습문제

❖ 주관식 문제

11-1 다음 연결된 거래를 회계기준에 의하여 회계처리하시오.

(1) 주식 100주를 주당 ₩24,000(액면단가 ₩5,000)에 구입하고 수수료 ₩20,000을 포함하여 현금으로 지급하다.

(2) 상기 주식에 대하여 현금배당 ₩5,000을 받다.

(3) 상기 주식 50주를 ₩30,000에 처분하고 수수료 ₩20,000을 차감한 잔액은 현금으로 받다.

(4) 상기 주식 50주를 ₩20,000에 처분하고 수수료 ₩10,000을 차감한 잔액은 현금으로 받다.

11-2 당기손익–공정가치측정금융자산과 관련된 일련의 거래를 회계기준에 따라 분개하시오.

(1) (主)인천의 주식 100주를 주당 ₩25,000(액면 ₩5,000)에 구입하고 대금은 수수료 ₩100,000과 함께 현금으로 지급하다.

(2) 1기 결산일에 상기 주식의 시가는 ₩23,000이다.

(3) 상기 주식 10주를 주당 ₩24,000(액면 ₩5,000)에 처분하고 수수료 ₩20,000을 차감한 잔액은 현금으로 받다.

(4) (主)인천의 주식 10주를 주당 ₩23,000(액면 ₩5,000)에 구입하고 대금은 수수료 ₩10,000과 함께 현금으로 지급하다.

(5) 2기 결산일에 상기 주식의 시가는 ₩25,000이다.

11-3 (主)포토의 다음 자료를 이용하여 회계기준에 의거 일자별 분개를 하시오.

(1) 1기말 : 보유주식의 취득원가와 결산일의 시가는 다음과 같다.

종 목	취득원가	시 가
A사 주식	₩400,000	₩380,000
B사 주식	500,000	550,000
C사 주식	750,000	620,000

(2) 2기중 : ① 상기 주식중 C사 주식을 ₩800,000에 처분하고 수수료 ₩10,000을 차감한 잔액은 현금으로 받다.

② D사 주식 ₩600,000을 구입하고 대금은 수수료 ₩5,000과 함께 현금으로 지급하다.

(3) 2기말 : 보유주식의 취득원가와 결산일의 시가는 다음과 같다.

종 목	취득원가	시 가
A사 주식	₩400,000	₩480,000
B사 주식	500,000	500,000
D사 주식	605,000	620,000

11-4 (주)둔산의 시장성 채무증권과 관련된 다음 자료를 이용하여 일자별 분개를 하시오.

(1) 1월 1일 (주)대전의 사채액면 ₩1,000,000(액면단가 ₩10,000)을 단가 ₩9,000에 현금구입하다(표시이자율 연 10%, 이자지급일 매년 6월말과 12월말).

(2) 6월 30일 (주)대전으로부터 6개월분 이자를 현금으로 받다.

(3) 7월 1일 (주)대전의 사채 전액을 단가 ₩9,500에 현금처분하다.

11-5 다음 자료를 이용하여 분개하시오.

(1) (주)하나를 지배할 목적으로 이 회사 주식의 20%에 해당하는 1,000주(액면금액 ₩5,000)를 주당 ₩7,000에 구입하고 대금은 수표를 발행하여 지급하다.

(2) 장기보유목적으로 당기 취득한 시장성주식(관계기업주식이 아님)의 당기말 현재 종가가 ₩970,000(취득원가 ₩1,000,000, 액면금액 ₩1,100,000)이다.

(3) 다음은 P회사의 장기보유목적 시장성주식과 관련된 거래이다.

20×3년 4월 7일	A사 주식 구입	100주 주당	₩9,000
5월 6일	C사 주식 구입	100주 주당	20,000
9월 1일	A사 주식 구입	100주 주당	11,000
12월 31일	(결산일) 종가	A사 주식 주당	8,000
		C사 주식 주당	21,000

20×4년 1월 18일 상기 주식 중 C사 주식 50주를 주당 ₩22,000에 처분하고 현금으로 받다.

(4) (주)지분은 20×3년 1월 1일에 예린상사의 총발행주식 300,000주의 40%를 ₩1,800,000에 취득하였다. 예린상사는 20×3년도에 총 ₩300,000의 배당금을 지급하였고 당기순이익은 ₩800,000이었다.

11-6 다음 자료를 이용하여 회계기준에 따라 당기손익-공정가치측정금융자산으로 분류된 경우와 기타포괄손익-공정가치측정금융자산으로 분류된 경우로 나누어 각각 일자별 회계처리를 하시오.
(주)너와나의 보유하고 있는 시장성주식의 자료는 다음과 같다.

(1) 20×3년말 : 보유주식의 취득원가와 결산일 시가

종 목	취득원가	시 가
A사 주식	₩1,000,000	₩1,200,000
B사 주식	2,000,000	1,700,000
C사 주식	3,000,000	2,900,000

(2) 20×4년

① 6월 15일 상기 주식 중 B사 주식을 ₩1,900,000에 처분하고 대금은 현금으로 받다.

② 9월 20일 D사 주식 ₩4,000,000을 구입하고 대금은 현금으로 지급하다.

(3) 20×4년말 : 보유주식의 취득원가와 결산기일의 시가

종　　목	취득원가	시　　가
A사 주식	₩1,000,000	₩900,000
C사 주식	3,000,000	2,700,000
D사 주식	4,000,000	4,100,000

11-7 20×1년 7월 1일 (주)가람이 상장기업인 (주)일신의 발행주식의 1%에 해당하는 보통주식 100주를 주당 ₩10,000에 장기투자목적으로 취득하였다(취득부대비용 포함). 20×1년 말에는 재무위기의 가능성이 극히 작은 것으로 판단되었으나, 20×2년 동안 (주)일신의 주요 제품 시장가격의 급격한 하락과 영업환경의 악화로 영업손실이 발생하였으며, 당사의 회사채 신용등급이 투기등급으로 하향조정되었다. 아울러 파산가능성이 높아져 자금시장에서 추가자금조달이 어려운 상황에 빠지게 되었다. 그러나, 20×3년에 들어 제품가격의 회복 및 영업환경의 호전으로 파산가능성이 현저히 감소하였으며, 주가가 다시 상승하여 당초의 취득원가를 상회하게 되었다. (주)가람은 위 주식을 20×4년 2월 1일에 주당 ₩13,000에 매각하였다. 각 결산일 위 주식의 주가는 다음과 같다.

20×1년 12월 31일	20×2년 12월 31일	20×3년 12월 31일
₩9,500	₩6,000	₩11,500

각 시점에서 필요한 분개를 하시오.

❖ 공무원시험(9급) 기출문제

1 FVOCI금융자산으로 인하여 수취한 현금배당액에 대한 회계처리로 옳은 것은?

① 재무상태표에 기타포괄손익누계액으로 표시한다.
② FVOCI금융자산의 장부금액을 감소시킨다.
③ 포괄손익계산서에 기타포괄손익누계액으로 표시한다.
④ 포괄손익계산서에 수익으로 표시한다.

2 (주)한국은 20×3년도 중에 (주)서울의 발행주식 10%에 해당하는 500주를 장기투자목적으로 주당 ₩1,000에 취득하였다. 20×3년도 말 (주)서울의 1주당 시장가격은 ₩1,200이고, 20×4년도 말 1주당 시장가격은 ₩900이었다. (주)한국이 FVOCI금융자산으로 보유하고 있는 (주)서울의 주식과 관련하여 20×4년도 말 현재 기타포괄손익누계액으로 표시된 기타포괄손익–공정가치측정금융자산평가손익으로 옳은 것은?

① 기타포괄손익-공정가치측정금융자산평가이익 ₩50,000
② 기타포괄손익-공정가치측정금융자산평가손실 ₩50,000
③ 기타포괄손익-공정가치측정금융자산평가이익 ₩150,000
④ 기타포괄손익-공정가치측정금융자산평가손실 ₩150,000

3 (주)한국은 20×3년 9월 5일에 취득한 (주)서울의 주식을 기타포괄손익-공정가치측정금융자산으로 분류한 후 20×4년 12월 31일 현재에도 그대로 보유하고 있다. 동 주식의 공정가치가 다음과 같이 변화하였다면, (주)한국의 20×4년 12월 31일 분개는?

취득시 공정가치	공정가치(시가)	
20×3년	20×3년 말	20×4년 말
₩500,000	₩480,000	₩510,000

	차변	금액	대변	금액
①	(차) FVOCI금융자산	30,000	(대) FVOCI금융자산평가손실	20,000
			FVOCI금융자산평가이익	10,000
②	(차) FVOCI금융자산	30,000	(대) FVOCI금융자산평가이익	30,000
③	(차) FVOCI금융자산평가손실	20,000	(대) FVOCI금융자산	20,000
④	(차) FVOCI금융자산	10,000	(대) FVOCI금융자산평가이익	10,000

4 (주)전라는 관계기업투자주식으로 (주)대전의 발행주식 중 40%에 해당하는 100주를 보유하고 있다. 동 주식의 20×3년 10월 31일의 장부가액은 주당 ₩10,000이었고, 시가는 주당 ₩12,000이었다. 20×3년 12월 31일 결산결과 (주)대전의 당기순이익은 ₩40,000이었다. (주)대전은 20×4년 1월에 주당 ₩100의 배당금을 지급하였다. (주)전라는 20×4년 3월 5일에 보유 중인 (주)대전의 주식을 주당 ₩13,000에 모두 처분하였다. (주)전라의 주식처분시 옳은 분개는?

	차변	금액	대변	금액
①	(차) 현 금	1,300,000	(대) 관계기업투자주식	1,000,000
			관계기업투자주식처분이익	300,000
②	(차) 현 금	1,300,000	(대) 관계기업투자주식	1,006,000
			관계기업투자주식처분이익	294,000
③	(차) 현 금	1,300,000	(대) 관계기업투자주식	1,200,000
			관계기업투자주식처분이익	100,000
④	(차) 현 금	1,300,000	(대) 관계기업투자주식	1,184,000
			관계기업투자주식처분이익	116,000

정답 1. ④ 2. ② 3. ① 4. ②

12 비유동부채

1 부채의 의의와 분류

負債(liabilities)란 과거의 거래 혹은 사건의 결과로 특정 기업이 제3자에게 미래에 재화나 용역을 제공하여야 할 현재의 의무를 의미한다. 부채의 정의상 나타난 특징을 정리하면 다음과 같다.

① 현재의 의무가 존재하여야 한다.
② 의무가 특정 기업에 속하는 것이어야 한다.
③ 부채를 발생시킨 거래 혹은 사건이 이미 발생했어야 한다.
④ 부채의 상환금액과 상환시기를 어느 정도 정확하게 측정할 수 있어야 한다.

이상에서 보는 바와 같이 회계상 부채는 법률적 채무와는 달리 부채를 계상하는 시점에 채권자나 상환시기 또는 상환금액이 확정되지 않아도 된다. 상환시기와 상환금액이 확정되지 않아 그 추정치를 재무상태표상 부채로 계상하는 경우 이를 추정부채(estimated liability)라 하며 이러한 예에는 충당부채 등을 들 수 있다. 그러나 추정부채가 아닌 부채는 확정부채라고 말한다.

회계기준에서는 부채를 1년 기준 또는 영업주기기준으로 유동부채와 비유동부채로 분류한다. **流動負債**(current liabilities)는 1년 이내에 만기가 도래하는 부채로 단기차입금·매입채무·미지급금·선수금·예수금·미지급비용·미지급법인세·미지급배당금·유동성장기부채·선수수익 및 1년 내에 사용되는 충당부채 등이 포함된다. 충당부채 등 일부를 제외한 나머지 항목들은 이미 앞에서 설명하였다. 그리고 **非流動負債**(long-term liabilities)란 1년 이후에 만기가 도래하는 부채로 장기차입부채(사채, 장기차입금)와 1년 후에 사용되는 장기충당부채 등이 포함된다.

한편 부채는 금융부채와 비금융부채로 분류할 수 있다. 금융부채는 ① 부채의 정의를 충족시키는 계약상의 의무로서 ② 현금 또는 자기지분상품 등의 금융자산으로 결제되는 부채를 말한다. 따라서 현금으로 결제되는 매입채무·미지급금·미지급비용·차입금 및 사채와 같은 대부분의 부채는 금융부채에 해당된다. 반면에 비금융부채란 금융부채가 아닌 부채로서 현금 이외의 수단으로 결제하는 부채를 말한다. 비금융부채로는 재화나 용역을 제공해주어야 할 의무를 나타내는 선수금과 선수수익 등이 있다.

2 금융부채

1) 금융부채의 정의

금융상품이란 거래낭사자 일방에게 금융자산을 발생시키고, 거래상대방에게 금융부채나 지분상품을 발생시키는 모든 계약으로 정의한다. 거래당사자 일방이 금융자산으로 인식하면 그 거래상대방은 금융부채로 인식할 수도 있다.

금융부채의 정의는 다음과 같다.

① 다음 중 하나에 해당하는 계약상 의무
   ㉠ 거래상대방에게 현금 등 금융자산을 인도하기로 한 계약상 의무
   ㉡ 잠재적으로 불리한 조건으로 거래상대방과 금융자산이나 금융부채를 교환하기로 한계약상 의무

② 기업 자신의 지분상품(이하 '자기지분상품')을로 결재되거나 결재될 수 있는 다음 중 하나의 계약상 의무
   ㉠ 인도할 자기지분상품의 수량이 확정되지 않은 비파생상품
   ㉡ 확정수량의 자기지분상품에 대하여 확정금액의 현금 등 금융자산을 교환하여 결제하는 방법이 아닌 방법으로 결제되거나 결제될 수 있는 파생상품. 이 경우에 자기 지분상품을 미래에 수취하거나 인도하기 위한 계약 자체는 자기지분상품에 해당하지 않는다.

확정 금액의 현금 등 금융자산을 대가로 확정 수량의 자기지분상픔을 수취하거나 인도하여 결제되는 계약은 지분상품이나 수취하거나 인도할 자기지분상품의 수량이 확정되어 있지 않거나, 대가로 지급하는 현금 등 금융자산이 확정되어 있지 않았다면 이는 금융자산 또는 금융부채로 분류한다.

2) 금융부채의 분류

금융부채는 당기손익-공정가치측정금융부채와 기타 금융부채를 제외하고는 후속적으로 상각후원가측정금융부채로 분류한다.

당기손익-공정가치측정금융부채는 다음 중 하나의 조건을 충족하는 금융부채를 말한다.

① 단기매매항목의 정의를 충족한다.
② 최초 인식시점에 당기손익-공정가치 측정 항목으로 지정한다.

위의 단기매매항목은 다음 중 하나의 요건을 충족하는 금융부채이다.

① 단기간에 매각하거나 재매입할 목적으로 부담한다.

② 금융상품의 포트폴리오의 일부로 운용 형태가 단기적 이익 획득 목적이라는 증거가 있다.

③ 파생상품이다(단. 금융보증계약인 파생상품이나 위험회피수단으로 지정되고 위험회피에 효과적인 파생상품은 제외한다).

금융부채를 당기손익-공정가치측정 항목으로 지정하는 것이 다음 중 하나 이상을 충족하여 정보를 더 목적적합하게 하는 경우에는 금융부채를 최초 인식시점에 당기손익-공정가치측정항목으로 지정할 수 있다. 단, 한번 지정하면 취소할 수 없다.

① 당기손익-공정가치측정 항목으로 지정하면, 서로 다른 기준에 따라 자산이나 부채를 측정하거나 그에 따른 손익을 인식하여 생길 수 있는 인식이나 측정의 불일치를 제거하거나 유의적으로 감소한다.

② 문서화된 위험관리나 투자전략에 따라 금융상품 집합을 관리하고 그 성과를 공정가치 기준으로 평가하며 그 정보를 주요 경영진에게 내부적으로 제공한다.

3) 금융부채의 최초 인식

금융부채는 금융상품의 계약당사자가 되는 때에만 재무상태표에 인식하며, 최초 인식시 공정가치로 측정한다. 금융부채의 발행과 직접 관련되는 거래원가는 당기손익–공정가치측정금융부채가 아닌 경우(즉, 상각후원가측정금융부채) 최초 인식하는 공정가치에서 차감하여 측정한다. 그리고 당기손익–공정가치측정금융부채의 발행과 관련된 거래원가는 당기비용으로 인식한다.

예제 12–1 **금융부채의 최초 인식**

금융부채 최초 인식시 공정가치 1,000,000원, 관련 거래원가는 10,000원이다. 금융부채를 상환할 때까지 현금 1,100,000을 지급하였다. 이 경우 당기손익-공정가치측정금융부채와 상각후원가측정금융부채로 최초 분류한 것으로 가정하여 회계처리하시오.

① 당기손익-공정가치측정금융부채로 분류한 경우

〈최초인식〉

(차)	현 금	1,000,000	(대)	당기손익-공정가치측정금융부채	1,000,000
(차)	비 용	10,000	(대)	현 금	10,000

〈상환일까지〉

(차)	당기손익-공정가치측정금융부채	1,000,000	(대)	현 금	1,100,000
	비용	100,000			

② 상각후원가측정금융부채로 분류한 경우

〈최초인식〉

(차) 현 금	1,000,000	(대) 상각후원가측정금융부채	1,000,000
(차) 상각후원가측정금융부채	10,000	(대) 현 금	10,000

〈상환일까지〉

(차) 상각후원가측정금융부채	990,000	(대) 현 금	1,100,000
금융비용	110,000		

* 위의 두가지로 분류한 금융부채의 최초 인식 후 상환할 때가지 총비용(110,000)은 동일하다.

4) 금융부채의 후속측정

당기손익-공정가치측정금융부채는 최초 인식 후 공정가치로 측정하고, 공정가치의 변동에 따른 손익을 당기손익으로 인식한다. 위험회피수단이 아닌 투자목적의 파생금융상품은 당기손익-공정가치측정금융부채에 해당하며, 공정가치로 평가하여 평가손익은 당기손익으로 인식한다.

그리고 상각후원가측정금융부채(사채)는 유효이자율법을 적용하여 상각후원가로 측정한다.

3 사채와 투자사채

1) 사채의 의의와 발행가액

社債(bonds)는 일반 대중으로부터 자금을 조달하기 위하여 사채증서를 발행·교부하고 집단적·대량적으로 금전을 장기 차입함으로써 발생하는 회사 채무이다. 금전을 차입한 경우에는 **이자**(interest)와 **원금**(principal)을 지급하여야 한다. 사채를 발행하여 금전을 차입한 경우에는 지정된 날짜(이자지급일)에 액면금액에 **표시이자율**(stated interest rate)을 곱한 **표시이자** 또는 **액면이자**(stated interest)를 정기적으로 지급하고, 만기일에 **액면금액**(face value)을 지급한다.

예를 들어, 액면금액 ₩100,000의 사채(표시이자율 연 10%, 이자지급일 매년 12월 31일, 만기 3년)를 20×3년 1월 1일에 발행하는 경우 이자와 원금의 지급은 다음과 같이 이루어진다.

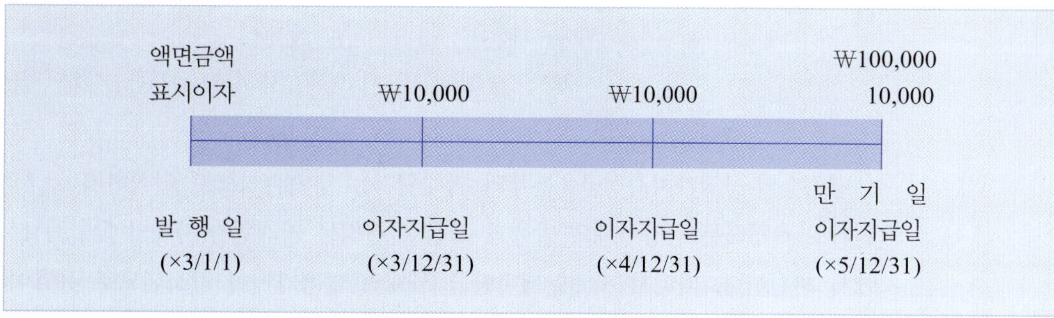

따라서 만기까지 이자와 원금을 합쳐 ₩130,000을 지급하기로 하고 금전을 차입하는 것이다. 그러면 사채의 발행시 금전의 차입금액(이를 사채의 발행가액이라 한다)과 실질적인 이자부담액(이를 이자상당액이라 한다)은 얼마가 될 것인가?

먼저 3년 후 ₩100,000을 갚기로 하고 금전을 차입한다고 하자. 그러면 차입금액은 얼마가 되겠는가? 당연히 여러분은 ₩100,000에서 3년간 이자를 차감한 금액이라 할 것이다. 이를 일정금액의 **현재가치**(present value)라 한다. 같은 방법으로 3년간 매년말에 ₩10,000씩 지급(총 ₩30,000 지급)하기로 하고 금전을 차입하는 경우에도 ₩30,000에서 3년간 이자를 차감한 금액(이를 정상연금의 현재가치라 한다)을 차입하게 된다. 따라서 앞의 사채를 발행하고 차입하는 금액(발행가액)은 액면금액 ₩100,000의 현재가치와 총표시이자 ₩30,000의 현재가치를 합산한 것이 된다. 그러므로 사채를 발행하여 사채의 발행가액만큼 금전을 차입하면서 총 ₩130,000(=액면금액+표시이자의 합계)을 지급하므로 이자상당액은 총지급액에서 발행가액을 차감한 금액이 된다.

이와 같이 사채의 발행가액은 액면금액의 현재가치에 표시이자의 현재가치를 가산한 금액이다. 사채의 발행가액과 이자상당액을 식으로 표시하면 다음과 같다.

사채의 발행가액=액면금액의 현재가치+표시이자의 현재가치
이자상당액=액면금액+표시이자의 합계−사채의 발행가액

이때 액면금액의 현재가치는 일정금액의 현재가치이므로 미래 ₩1의 현재가치표를 이용하고, 표시이자의 현재가치는 매기 일정금액이 지급되는 형태이므로 연금 ₩1의 현재가치표를 이용하여 산출한다. 현재가치를 산출하기 위해서는 기간(n)과 이자율(i)이 이용되는데, 기간은 만기까지의 이자지급기간을 의미하고 이자율은 **시장이자율**(market interest rate)을 의미한다. 시장이자율은 관련시장에서 형성되는 동종 또는 유사한 채권·채무의 이자율인 **증분차입이자율**(incremental borrowing rate)을 말하며, 증분차입이자율의 산정이 곤란한 경우에는 정기예금이자율을 이용한다. 시장이자율이란 결국 사채발행자가 실질적으로 부담하는 이자율이 의미하므로 일명 **유효이자율**(effective rate) 또는 **실질이자율**이라 한다. 따라서 사채의 발행가액은 다음과 같이 산출된다.

> 사채의 발행금액＝액면금액×미래 ₩1의 현재가치(이자지급기간, 시장이자율)
> ＋표시이자×연금 ₩1의 현재가치(이자지급기간, 시장이자율)

당기손익-공정가치측정금융부채의 거래원가는 당기손익으로 인식하지만, 사채와 같이 상각후원가로 측정하는 금융부채의 발행과 직접 관련되는 거래원가(사채발행비 등)는 사채의 발행가액에서 차감한다. 따라서 사채발행비만큼 사채의 발행가액이 감소되므로 유효이자율은 증가한다.

앞의 예제를 이용하여 시장이자율에 따른 사채의 발행가액과 이자상당액을 산출하면 다음과 같다.

예제 12-2 시장이자율과 사채의 발행금액

액면금액 ₩100,000의 사채(표시이자율 연 10%, 이자지급일 매년 12월 31일, 만기 3년)를 20×3년 1월 1일에 발행하였으며, 시장이자율은 다음과 같다고 하자.

(1) 시장이자율 연 10%
(2) 시장이자율 연 14%
(3) 시장이자율 연 6%

각 시장이자율에 따른 사채의 발행가액과 이자상당액은 다음과 같이 산출된다.

(1) 시장이자율이 연 10%인 경우

현재가치표에서 기간 3기, 이자율 10%인 경우 미래 ₩1의 현재가치는 0.7513이고 정상연금 ₩1의 현재가치는 2.4868이므로,

① 사채의 발행금액 :	액면금액의 현가＝₩100,000×0.7513＝	₩75,130
	표시이자의 현가＝₩10,000×2.4868＝	24,868
		₩100,000

여기서 사채의 발행가액은 정확하게 산출하면 ₩99,998이 되어 액면금액과 ₩2의 차이가 있으나 이는 현재가치의 산출시 끝수 처리로 인한 것이다.

② 이자상당액＝(₩100,000＋₩30,000)－₩100,000＝₩30,000

이 경우 만기까지 ₩130,000을 지급하기로 하고 사채를 발행하여 ₩100,000을 차입하는 것이므로 만기까지 이자상당액은 ₩30,000이 된다. 따라서 사채의 발행시 부채는 ₩100,000이며, 표시이자의 합계와 이자상당액이 같으므로 매기 실질이자는 표시이자 ₩10,000과 같다.

(2) 시장이자율이 연 14%인 경우

현재가치표에서 기간 3기, 이자율 14%인 경우 미래 ₩1의 현재가치는 0.6750이고 정상연금 ₩1의 현재가

치는 2.3216이므로,

① 사채의 발행금액 : 액면금액의 현가 = ₩100,000×0.6750 = ₩67,500

표시이자의 현가 = ₩10,000×2.3216 = 23,216

₩90,716

② 이자상당액 = (₩100,000 + ₩30,000) − ₩90,716 = ₩39,284

이 경우 만기까지 ₩130,000을 지급하기로 하고 사채를 발행하여 ₩90,716을 차입하는 것이므로 만기까지 이자상당액은 ₩39,284이 된다. 따라서 사채의 발행시 부채는 ₩90,716이며, 표시이자의 합계보다 이자상당액이 크므로 매기 실질이자는 표시이자 ₩10,000보다 커야 한다. 따라서 매기 실질이자 중 표시이자 ₩10,000만 지급하므로 그 차액만큼 부채는 점차 증가하게 된다.

(3) 시장이자율이 연 6%인 경우

현재가치표에서 기간 3기, 이자율 6%인 경우 미래 ₩1의 현재가치는 0.8396이고 정상연금 ₩1의 현재가치는 2.6730이므로,

① 사채의 발행금액 : 액면금액의 현가 = ₩100,000×0.8396 = ₩83,960

표시이자의 현가 = ₩10,000×2.6730 = 26,730

₩110,690

② 이자상당액 = (₩100,000 + ₩30,000) − ₩110,690 = ₩19,310

이 경우 만기까지 ₩130,000을 지급하기로 하고 사채를 발행하여 ₩110,690을 차입하는 것이므로 만기까지 이자상당액은 ₩19,310이 된다. 따라서 사채의 발행시 부채는 ₩110,690이며, 표시이자의 합계보다 이자상당액이 작으므로 매기 실질이자는 표시이자 ₩10,000보다 작아야 한다. 따라서 매기 지급되는 표시이자 ₩10,000에는 실질이자와 부채의 일부가 포함된 것으로 부채는 점차 감소하게 된다.

이상의 결과를 표시이자율과 시장이자율에 따른 액면금액과 발행가액 및 표시이자의 합계와 이자상당액을 정리하면 다음과 같다.

표시이자율/시장이자율	액면가액/발행가액	표시이자합계/이자상당액
10% = 10%	₩100,000 = ₩100,000	₩30,000 = ₩30,000
10% < 14%	₩100,000 > ₩90,716	₩30,000 < ₩39,284
10% > 6%	₩100,000 < ₩110,690	₩30,000 > ₩19,310

위의 예에서 보는 바와 같이 사채의 발행금액은 시장이자율에 따라 달라진다. 액면금액과 발행가액이 같은 경우를 **액면발행**이라 하고, 액면금액보다 발행금액이 적은 경우를 **할인발행**이라 하며, 액면금액보다 발행금액이 큰 경우를 **할증발행**이라 한다. 결과적으로 사채의 발행금액이란 사채의 시장가격을 의미하므로, 社債의 價格은 市場利子率에 의하여 결정된다. 따라서 시장이자

율이 상승하면 사채의 가격은 하락하고 시장이자율이 하락하면 사채의 가격은 상승한다.

자습문제 12-1 다음 자료를 이용하여 각 시장이자율에 따른 사채의 발행금액과 이자상당액을 산출하시오.

액면금액 ₩1,000,000의 사채(표시이자율 연 10%, 이자지급일 매년 12월 31일, 만기 4년)를 20×3년 1월 1일에 발행하였으며, 시장이자율은 다음과 같다.

(1) 시장이자율 연 10%
(2) 시장이자율 연 15%
(3) 시장이자율 연 5%

자습문제 12-2 다음 자료를 이용하여 각 표시이자율에 따른 사채의 발행금액과 이자상당액을 산출하시오. 액면금액 ₩1,000,000의 사채(이자지급일 매년 12월 31일, 만기 4년)를 20×3년 1월 1일에 발행하였으며 시장이자율은 연 10%이고 표시이자율은 다음과 같다.

(1) 표시이자율 연 10%
(2) 표시이자율 연 15%
(3) 표시이자율 연 5%

2) 사채의 종류

사채는 발행시 사채권면에 표시하는 조건에 따라 다음과 같이 분류된다.

(1) 전환사채와 신주인수권부사채

전환사채(convertible bonds)는 사채권자의 청구에 의하여 보통주로 전환할 수 있는 전환청구권이 부여된 사채이다. **신주인수권부사채(bonds with stock warrants)**는 사채권자에게 신주인수권을 부여한 사채로서, 당해 사채의 상환기간 내에 발행회사의 유상증자가 있는 경우 주주에 대한 신주배정주식 중 그 일부를 사채권자에게 배정하여 증자에 참여할 수 있도록 하는 조건부사채이다.

(2) 만기상환사채와 조기상환가능사채 및 연속상환사채

만기상환사채(term bonds)는 만기에 액면금액 전액을 일시에 상환하는 사채를 말하고, **조기상환가능사채(callable bonds)**는 발행회사가 만기 이전이라도 임의적으로 상환이 가능한 사채를 말하며, **연속상환사채(serial bonds)**는 액면금액을 분할 상환하는 조건으로 발행된 사채를 말한다.

3) 사채의 발행일과 이자지급일의 회계처리

사채의 의미와 그 발행가액의 산출방법은 이미 설명하였다. 이러한 사채를 발행하면 발행일로부터 만기일까지 일련의 회계처리과정이 필요하다. 이를 구분하면 일반적으로 발행시, 이자지급일 및 만기상환일로 나눌 수 있다. 그리고 사채의 발행형태로는 액면발행, 할인발행, 할증발행으로 구분된다. 이후 설명은 사채의 발행형태별로 구분하여 설명하기로 한다.

사채의 발행자 입장에서는 사채발행을 통하여 금전을 차입하는 것이지만 사채의 구입자 입장에서는 사채의 구입을 통하여 금전을 대여하는 것과 같다. 이를 발행자와 구입자의 입장에서 각 재무상태표에 표시하면 다음과 같다.

(발행자) 재무상태표

	부 채 :
	사 채 ×××

⇦

(구입자) 재무상태표

자 산 :	
투자사채 ×××	

사채는 일반적으로 시장성이 존재하므로 구입자 입장에서는 언제든지 이를 처분하여 현금화가 가능하다. 이러한 의미에서 구입자의 입장에서는 일반적인 대여금과는 달리 유가증권계정으로 처리한다. 이때 단기보유목적인 경우에는 유동자산인 단기매매금융자산 또는 FVOCI금융자산으로 분류하고 장기보유목적인 경우에는 투자자산인 FVOCI금융자산(만기 전 처분가능시) 또는 AC금융자산으로 분류한다. 이후 설명과정에서는 만기까지 보유하는 것으로 가정하여 이를 AC금융자산이라 지칭하기로 한다(11장에서 설명하였음).

유동자산인 FVPL금융자산과 투자자산인 AC금융자산의 회계처리상 차이점은 FVPL금융자산인 경우에는 공정가치법이 적용되지만 AC금융자산인 투자사채에서는 원가법만이 적용되며, 또한 취득원가와 액면금액이 다른 것은 그 차액을 상환기간에 걸쳐 유효이자율법 등을 적용하여 점차 가감한 가액 즉, 상각후 원가를 재무상태표가액으로 하도록 하고 있다는 점이다.

사채의 발행자와 **구입자**의 각 단계별 회계처리과정은 각각 **부채**와 **자산**이라는 점을 제외하고 나머지는 거의 유사하다. 물론 이자는 발행자의 경우에는 이자비용계정으로, 구입자인 경우에는 이자수익계정으로 기입한다. 그러므로 이후 단계별 설명과정에서는 발행자와 구입자의 각 입장별 회계처리를 설명하기로 한다.

(1) 액면발행

액면발행이란 표시이자율과 시장이자율이 동일하여 사채의 발행금액이 액면금액과 같으며 표시이자의 합계와 이자상당액도 같다. 단계별 발행자와 구입자의 회계처리는 다음과 같다.

	(발 행 자)		(구 입 자)	
① 발행 · 구입	(차) 현 금	×××	(차) AC금융자산	×××
	(대) 사 채	×××	(대) 현 금	×××

		발행자			구입자	
② 이자지급일	(차)	이자비용	×××	(차)	현　　금	×××
		(대) 현　　금	×××		(대) 이자수익	×××
③ 만 기 일	(차)	사　　채	×××	(차)	현　　금	×××
		(대) 현　　금	×××		(대) AC금융자산	×××

예제 12-3 **액면발행**

액면금액 ₩100,000의 사채(표시이자율 연 10%, 이자지급일 매년 12월 31일, 만기 3년)를 20×3년 1월 1일에 발행하였으며, 이때 시장이자율 연 10%였다. 그리고 매년 12월 31일마다 이자를 지급하였으며 만기일에 액면금액을 지급하였다고 하자.

3년간 회계처리과정은 먼저 사채의 발행가액과 이자상당액을 산출하고 이를 단계별로 분개하면 다음과 같다.

(1) 사채의 발행금액 : 액면금액의 현가 = ₩100,000×0.7513 = ₩75,130
표시이자의 현가 = ₩10,000×2.4868 = 24,868
₩100,000

(2) 이자상당액 = (₩100,000 + ₩30,000) − ₩100,000 = ₩30,000

(3) 단계별 회계처리

		(발 행 자)			(구 입 자)	
① ×3/ 1/ 1	(차)	현　　금	100,000	(차)	AC금융자산	100,000
		(대) 사　　채	100,000		(대) 현　　금	100,000
② 매년 12/31	(차)	이 자 비 용	10,000	(차)	현　　금	10,000
		(대) 현　　금	10,000		(대) 이 자 수 익	10,000
③ ×5/12/31	(차)	사　　채	100,000	(차)	현　　금	100,000
		(대) 현　　금	100,000		(대) AC금융자산	100,000

자습문제 12-3 다음 자료를 이용하여 사채의 발행일로부터 만기까지 발행자와 구입자의 입장에서 각각 분개를 하시오.

액면금액 ₩1,000,000의 사채(표시이자율 연 10%, 이자지급일 매년 12월 31일, 만기 3년)를 20×3년 1월 1일에 발행하였으며, 발행시 시장이자율은 연 10%이다.

(2) 할인발행

할인발행이란 시장이자율이 표시이자율보다 높아 사채의 발행금액이 액면금액보다 적은 경우로 표시이자의 합계보다 이자상당액이 크다. 이를 앞의 예제로 다시 정리해 보기로 하자.

액면금액 ₩100,000의 사채(표시이자율 연 10%, 이자지급일 매년 12월 31일, 만기 3년)를

20×3년 1월 1일에 발행하였으며, 시장이자율은 14%라고 하자. 사채의 발행금액과 이자상당액은 다음과 같다.

① 사채의 발행금액 : 액면금액의 현가 = ₩100,000×0.6750 = ₩67,500
표시이자의 현가 = ₩10,000×2.3216 = 23,216
₩90,716

② 이자상당액 = (₩100,000 + ₩30,000) − ₩90,716 = ₩39,284

이상의 예에서 사채발행일의 부채(사채계정)가액과 자산(AC금융자산계정)가액은 ₩90,716이다. 이때 **사채계정**은 재무상태표상 총액으로 표시하기 위하여 **액면금액**은 사채계정으로, 액면금액과 발행금액의 차액은 차감성 평가계정인 **사채할인발행차금계정**으로 기입한다. 그러나 **AC금융자산계정**은 순액으로 표시하므로 **발행금액**으로 기입한다. 이를 발행자와 구입자의 입장에서 재무상태표에 표시하면 다음과 같다.

(발행자) 재무상태표

	사 채	100,000
	사채할인발행차금	(9,284) ⇦
		90,716

(구입자) 재무상태표

AC 금융자산	90,716	

그리고 표시이자의 합계와 이자상당액이 같지 않으므로 매기 이자지급일에는 표시이자를 이자상당액으로 계상하고, 만기에는 액면금액이 상환되므로 발행가액을 액면금액으로 조정하기 위한 회계처리과정이 필요하다.

이때 매기 계상할 이자는 유효이자율법(effective interest method)에 따라 계상한다. **유효이자율법**이란 매기 계상하는 이자를 실질이자로 계상하는 방법이며, 이 방법에 의한 이자계상액은 다음과 같이 산출된다.

> (유효이자율법) 이자계상액 = 기초의 장부금액×시장이자율

따라서 이자지급일의 회계처리는 다음과 같다. **사채계정**인 경우에는 차변에 이자계상액을 **이자비용계정**으로 기입하면서, 대변에 표시이자를 현금계정에 기입하고 양변을 일치시키도록 사채할인발행차금계정을 기입하여 상각한다. 여기서 사채할인발행차금의 상각액만큼 사채의 장부금액은 증가한다. 이를 분개하면 다음과 같다.

(차)	이자비용	×××(이자계상액)	(대) 현 금	×××(표시이자)
			사채할인발행차금	×××(상각액)

그리고 AC금융자산계정인 경우에는 이자계상액을 대변에 이자수익계정으로 기입하면서, 차변에 표시이자를 현금계정에 기입하고 양변을 일치시키도록 AC금융자산계정을 기입한다. 여기서 AC금융자산계정에 기입되는 금액만큼 AC금융자산의 장부금액은 증가한다. 이를 분개하면 다음과 같다.

(차)	현 금	×××(표시이자)	(대)	이자수익	×××(이자계상액)
	AC금융자산	×××(증가액)			

이와 같은 회계처리로 만기까지 표시이자의 합계는 이자상당액으로, 발행가액은 액면금액으로 조정된다. 그리하여 만기일에는 액면금액의 상환으로 회계처리가 이루어져 종결된다.

이상에서 설명한 할인발행에 대한 단계별 회계처리과정을 정리하면 다음과 같다.

	(발 행 자)			(구 입 자)		
① 발행·구입	(차)	현 금	×××	(차)	AC금융자산	×××
		사채할인발행차금	×××		(대) 현 금	×××
		(대) 사 채	×××			
② 이자지급일	(차)	이자비용	×××	(차)	현 금	×××
		(대) 현 금	×××		AC금융자산	×××
		사채할인발행차금	×××		(대) 이 자 수 익	×××
③ 만 기 일	(차)	사 채	×××	(차)	현 금	×××
		(대) 현 금	×××		(대) AC금융자산	×××

이상의 회계처리과정을 예를 들어 설명하면 다음과 같다.

예제 12-4 할인발행

액면금액 ₩100,000의 사채(표시이자율 연 10%, 이자지급일 매년 12월 31일, 만기 3년)를 20×3년 1월 1일에 발행하였으며, 이때 시장이자율 연 14%였다. 그리고 매년 12월 31일마다 이자를 지급하였으며 만기일에 액면금액을 지급하였다고 하자.

3년간 회계처리과정은 먼저 사채의 발행가액과 이자상당액을 산출하고 이를 유효이자율법이나 정액법으로 매기 이자계상액을 산출하여 이를 단계별로 분개한다.

(1) 사채의 발행금액 : 액면금액의 현가＝₩100,000×0.6750＝ ₩67,500

표시이자의 현가＝₩10,000×2.3216＝ 23,216

₩90,716

(2) 이자상당액＝(₩100,000＋₩30,000)－₩90,716＝₩39,284

(3) 단계별 회계처리

유효이자율법

유효이자율법에서의 매기 이자계상액은 기초의 장부가액에 시장이자율을 곱한 것이 되므로 이자와 사채가액의 변동관계를 먼저 상각표로 작성하여야 한다.

T계정상각표의 작성방법은 다음과 같다. 사채는 부채이므로 기초잔액을 대변에 기입하고, 당기 이자계상액만큼 부채의 증가로 보아 대변에 기입하며, 표시이자와 액면금액의 지급액은 부채의 감소로 차변에 기입한다. 따라서 각 기말잔액은 기초 잔액에 이자계상액을 가산하고 현금지급액을 차감하여 산출하며, 이는 차기의 기초 잔액이 되므로 차기의 기초 잔액으로 기입한다. 사채계정에 대한 상각표만 제시하나 AC금융자산의 경우에는 차변내용과 대변내용의 위치가 다르고 이자가 이자수익으로 기입될 뿐 작성과정은 동일하다.

사 채

			×3/ 1/ 1	기초잔액	90,716
×3/12/31	현 금	10,000	×3/12/31	이자비용	12,700*
			×4/ 1/ 1	기초잔액	93,416
×4/12/31	현 금	10,000	×4/12/31	이자비용	13,078*
			×5/ 1/ 1	기초잔액	96,494
×5/12/31	현 금	10,000	×5/12/31	이자비용	13,506*
×5/12/31	현 금	100,000	×5/12/31	기말잔액	100,000

*이자비용＝기초잔액×0.14

이상의 상각표를 이용하여 단계별 회계처리를 하면 다음과 같다.

	(발 행 자)			(구 입 자)		
① ×3/ 1/ 1	(차)	현 금	90,716	(차)	AC금융자산	90,716
		사채할인발행차금	9,284	(대)	현 금	90,716
	(대)	사 채	100,000			
② ×3/12/31	(차)	이 자 비 용	12,700	(차)	현 금	10,000
	(대)	현 금	10,000		AC금융자산	2,700
		사채할인발행차금	2,700	(대)	이 자 수 익	12,700
③ ×4/12/31	(차)	이자비용	13,078	(차)	현 금	10,000
	(대)	현 금	10,000		AC금융자산	3,078
		사채할인발행차금	3,078	(대)	이 자 수 익	13,078
④ ×5/12/31	(차)	이 자 비 용	13,506	(차)	현 금	10,000
	(대)	현 금	10,000		AC금융자산	3,506
		사채할인발행차금	3,506	(대)	이 자 수 익	13,506
⑤ ×5/12/31	(차)	사 채	100,000	(차)	현 금	100,000
	(대)	현 금	100,000	(대)	AC금융자산	100,000

자습문제 12-4 다음 자료를 이용하여 사채의 발행일로부터 만기까지 발행자와 구입자의 입장에서 각각 분개를 하시오.

액면금액 ₩1,000,000의 사채(표시이자율 연 5%, 이자지급일 매년 12월 31일, 만기 3년)를 20×3년 1월 1일에 발행하였으며, 발행시 시장이자율은 연 10%이다.

(3) 할증발행

할증발행이란 시장이자율이 표시이자율보다 낮아 사채의 발행가액이 액면금액보다 큰 경우로 이자상당액이 표시이자의 합계보다 작다. 이를 앞의 예제로 다시 정리해 보기로 하자.

액면금액 ₩100,000의 사채(표시이자율 연 10%, 이자지급일 매년 12월 31일, 만기 3년)를 20×3년 1월 1일에 발행하였으며, 시장이자율은 6%라고 하자. 사채의 발행가액과 이자상당액은 다음과 같다.

① 사채의 발행금액 :	액면금액의 현가=₩100,000×0.8396=	₩83,960
	표시이자의 현가=₩10,000×2.6730=	26,730
		₩110,690

② 이자상당액=(₩100,000+₩30,000)−₩110,690=₩19,310

이상의 예에서 사채발행일의 부채(사채계정)가액과 자산(투자사채계정)가액은 ₩110,690이다. 이때 **사채계정**은 재무상태표상 총액으로 표시하기 위하여 **액면금액**은 사채계정으로, 액면금액과 발행금액의 차액은 부가적 평가계정인 **사채할증발행차금계정**으로 기입한다. 그러나 **AC금융자산계정**은 순액으로 표시하므로 **발행금액**으로 기입한다. 이를 발행자와 구입자의 입장에서 재무상태표에 표시하면 다음과 같다.

(발행자) 재무상태표

	사 채	100,000
	사채할증발행차금	10,690
		110,690

⇦

(구입자) 재무상태표

AC 금융자산	110,690	

할인발행과 마찬가지로 표시이자의 합계와 이자상당액이 같지 않으므로 매기 이자지급일에는 표시이자를 이자상당액으로 계상하고, 만기에는 액면금액이 상환되므로 발행가액을 액면금액으로 조정하기 위한 회계처리과정이 필요하다.

이때 매기 계상할 이자는 할인발행에서 설명한 유효이자율법에 의해 산출된다.

따라서 이자지급일의 회계처리는 다음과 같다. 사채계정인 경우에는 대변에 표시이자를 현금계정에 기입하고, 차변에 이자계상액을 이자비용계정으로 기입하면서 양변을 일치시키도록 사채할증발행차금계정을 기입하여 상각한다. 여기서 사채할증발행차금의 상각액만큼 사채의 장부금액은 감소한다. 이를 분개하면 다음과 같다.

(차)	이자비용	×××(이자계상액)	(대)	현 금	×××(표시이자)
	사채할증발행차금	×××(상각액)			

AC금융자산계정인 경우에는 차변에 표시이자를 현금계정에 기입하고, 이자계상액을 대변에 이자수익계정으로 기입하면서 양변을 일치시키도록 AC금융자산계정을 기입한다. 여기서 AC금융자산계정에 기입되는 금액만큼 AC금융자산의 장부금액은 감소한다. 이를 분개하면 다음과 같다.

(차)	현 금	×××(표시이자)	(대)	이자수익	×××(이자계상액)
				AC금융자산	×××(감소액)

이와 같은 회계처리로 표시이자의 합계는 이자상당액으로, 발행금액은 액면금액으로 조정된다. 그리하여 만기일에는 액면금액의 상환으로 회계처리가 이루어져 종결된다.

이상에서 설명한 할인발행에 대한 단계별 회계처리과정을 정리하면 다음과 같다.

	(발 행 자)			(구 입 자)		
① 발행·구입	(차)	현 금	×××	(차)	AC금융자산	×××
	(대)	사 채	×××	(대)	현 금	×××
		사채할증발행차금	×××			
② 이자지급일	(차)	이자비용	×××	(차)	현 금	×××
		사채할증발행차금	×××	(대)	이자수익	×××
	(대)	현 금	×××		AC금융자산	×××
③ 만 기 일	(차)	사 채	×××	(차)	현 금	×××
	(대)	현 금	×××	(대)	AC금융자산	×××

이상의 회계처리과정을 예를 들어 설명하면 다음과 같다.

예제 12-5 할증발행

액면금액 ₩100,000의 사채(표시이자율 연 10%, 이자지급일 매년 12월 31일, 만기 3년)를 20×3년 1월 1일에 발행하였으며, 이때 시장이자율 연 6%였다. 그리고 매년 12월 31일마다 이자를 지급하였으며 만기일에 액면금액을 지급하였다고 하자.

3년간 회계처리과정은 먼저 사채의 발행금액과 이자상당액을 산출하고 이를 유효이자율법으로 매기 이자계상액을 산출하여 이를 단계별로 분개한다.

(1) 사채의 발행금액 : 액면금액의 현가=₩100,000×0.8396= ₩83,960
표시이자의 현가=₩10,000×2.6730= 26,730
₩110,690

(2) 이자상당액=(₩100,000+₩30,000)−₩110,690=₩19,310

(3) 단계별 회계처리

유효이자율법에서의 매기 이자계상액은 기초의 장부가액에 시장이자율을 곱한 것이 되므로 이자와 사채가액의 변동관계를 먼저 상각표로 작성하여야 한다. 이를 T계정상각표로 작성하면 다음과 같다. 상각표의 작성 방법은 할인발행시와 같다.

사 채

			×3/ 1/ 1	기초잔액	110,690
×3/12/31	현 금	10,000	×3/12/31	이자비용	6,641*
			×4/ 1/ 1	기초잔액	107,331
×4/12/31	현 금	10,000	×4/12/31	이자비용	6,440*
			×5/ 1/ 1	기초잔액	103,771
×5/12/31	현 금	10,000	×5/12/31	이자비용	6,229*
×5/12/31	현 금	100,000	×5/12/31	기말잔액	100,000

* 이자비용=기초잔액×0.06

이상의 상각표를 이용하여 단계별 회계처리를 하면 다음과 같다.

	(발 행 자)		(구 입 자)	
① ×3/ 1/ 1	(차) 현 금	110,690	(차) AC금융자산	110,690
	(대) 사 채	100,000	(대) 현 금	110,690
	사채할증발행차금	10,690		
② ×3/12/31	(차) 이자비용	6,641	(차) 현 금	10,000
	사채할증발행차금	3,359	(대) 이자수익	6,641
	(대) 현 금	10,000	AC금융자산	3,359
③ ×4/12/31	(차) 이자비용	6,440	(차) 현 금	10,000
	사채할증발행차금	3,560	(대) 이자수익	6,440
	(대) 현 금	10,000	AC금융자산	3,560
④ ×5/12/31	(차) 이자비용	6,229	(차) 현 금	10,000
	사채할증발행차금	3,771	(대) 이자수익	6,229
	(대) 현 금	10,000	AC금융자산	3,771
⑤ ×5/12/31	(차) 사 채	100,000	(차) 현 금	100,000
	(대) 현 금	100,000	(대) AC금융자산	100,000

자습문제 12-5 다음 자료를 이용하여 사채의 발행일로부터 만기까지 발행자와 구입자의 입장에서 각각 분개를 하시오.

액면금액 ₩1,000,000의 사채(표시이자율 연 15%, 이자지급일 매년 12월 31일, 만기 3년)를 20×3년 1월 1일에 발행하였으며, 발행시 시장이자율은 연 10%이다.

4) 이자지급일과 결산일이 같지 않은 경우 : 결산일 회계처리

이자지급일과 결산일이 같지 않은 경우에는 직전이자지급일에서 결산일까지의 경과기간 동안 발생한 이자를 계상하고 상각액을 기입하여 사채의 장부가액을 조정하기 위한 **수정분개**를 하여야 한다. 이때 이자와 상각액은 1기분의 이자와 상각액을 1기의 기간에서 경과기간이 차지하는 비율만큼 안분하면 된다. 표시이자는 현금수수가 이루어지지 않으므로 **사채**인 경우에는 **미지급이자계정**으로 **투자사채**(AC금융자산)인 경우에는 **미수이자계정**으로 기입한다. 이에 대한 회계처리과정을 유효이자율법을 적용하는 경우 예를 들어 설명하면 다음과 같다.

예제 12-6 **결산일의 회계처리**

액면금액 ₩100,000의 사채(표시이자율 연 10%, 이자지급일 매년 6월 30일, 만기 2년)를 20×3년 7월 1일에 발행하였으며, 이때 시장이자율 연 14%였다. 그리고 매년 6월 30일마다 이자를 지급하였으며 만기일에 액면금액을 지급하였다고 하자.

2년간 회계처리과정은 먼저 사채의 발행금액과 이자상당액을 산출하고 이를 유효이자율법으로 이자계상액을 산출하여 단계별로 분개한다.

(1) 사채의 발행금액 : 액면금액의 현가 = ₩100,000×0.7695 = ₩76,950
표시이자의 현가 = ₩10,000×1.6467 = 16,467
₩93,417

(2) 이자상당액 = (₩100,000 + ₩20,000) − ₩93,417 = ₩26,583

(3) 단계별 회계처리(유효이자율법)

사 채

일자	계정	금액	일자	계정	금액
			×3/ 7/ 1	기초잔액	93,417
×4/ 6/30	현 금	10,000	×4/ 6/30	이자비용	13,078
			×4/ 7/ 1	기초잔액	96,495
×5/ 6/30	현 금	10,000	×5/ 6/30	이자비용	13,505
×5/ 6/30	현 금	100,000	×5/ 6/30	기말잔액	100,000

이상의 상각표를 이용하여 단계별 회계처리를 하면 다음과 같다.

	(발 행 자)		(구 입 자)	
① ×3/ 7/ 1	(차) 현 금	93,417	(차) AC금융자산	93,417
	사채할인발행차금	6,583	(대) 현 금	93,417
	(대) 사 채	100,000		
② ×3/12/31	(차) 이자비용	6,539	(차) 미수이자	5,000
	(대) 미지급이자	5,000	AC금융자산	1,539
	사채할인발행차금	1,539	(대) 이자수익	6,539

이자계상액 $= ₩13{,}078 \times \frac{6}{12} = ₩6{,}539$

미지급(미수)이자 $= ₩10{,}000 \times \frac{6}{12} = ₩5{,}000$

	(발 행 자)		(구 입 자)	
③ ×4/ 6/30	(차) 이자비용	6,539	(차) 현 금	10,000
	미지급이자	5,000	AC금융자산	1,539
	(대) 현 금	10,000	(대) 이자수익	6,539
	사채할인발행차금	1,539	미수이자	5,000

(12/ 1/ 1에 미지급이자와 미수이자가 역분개된 경우)

	(발 행 자)		(구 입 자)	
	(차) 이자비용	11,539	(차) 현 금	10,000
	(대) 현 금	10,000	AC금융자산	1,539
	사채할인발행차금	1,539	(대) 이자수익	11,539
④ ×4/12/31	(차) 이자비용	6,753	(차) 미수이자	5,000
	(대) 미지급이자	5,000	AC금융자산	1,753
	사채할인발행차금	1,753	(대) 이자수익	6,753

이자계상액 $= ₩13{,}505 \times \frac{6}{12} = ₩6{,}753$

미지급(미수)이자 $= ₩10{,}000 \times \frac{6}{12} = ₩5{,}000$

	(발 행 자)		(구 입 자)	
⑤ ×5/ 6/30	(차) 이자비용	6,752	(차) 현 금	10,000
	미지급이자	5,000	AC금융자산	1,752
	(대) 현 금	10,000	(대) 이자수익	6,752
	사채할인발행차금	1,752	미수이자	5,000
⑥ ×5/ 6/30	(차) 사 채	100,000	(차) 현 금	100,000
	(대) 현 금	100,000	(대) AC금융자산	100,000

5) 사채의 만기 이전 상환

조기상환가능사채는 만기 이전에 사채의 발행기업이 임의적으로 상환할 수 있다고 하였다. 조기상환시의 사채발행자의 회계처리는 다음과 같이 수행한다.

① 먼저 사채의 장부가액을 상환일의 장부가액으로 수정한다. 따라서 직전이자지급일에서 상환일까지의 경과기간 동안 발생한 이자를 계상하고 상각액을 기입하여 사채의 장부가액을 조정한다.

② 사채의 상환에 대한 회계처리를 한다. 이때 상환하는 사채의 액면금액과 미지급이자 및 사채할증발행차금의 미상각액은 차변에 기입하고, 현금지급액과 사채할인발행차금의 미상각액은 대변에 기입하면서 사채상환손익을 계상한다. 이에 대한 회계처리 결과는 다음과 같다.

(차)	사 채	×××(액면금액)	(대)	현 금	×××
	미지급이자	×××(경과이자)		사채할인발행차금	×××(미상각액)
	사채상환손실	×××		(사채상환이익)	×××

예제 12-7 **사채의 조기상환**

액면 ₩100,000의 사채(표시이자율 연 10%, 이자지급일 매년말, 만기 3년)를 20×3년 1월 1일 시장이자율 14%로 할인하여 ₩90,716에 발행하였다. 이후 20×4년 7월 1일에 사채 전액을 경과이자를 포함하여 ₩98,000에 상환하였다고 하자. 상환시의 회계처리를 하면 다음과 같다(예제 12-6 참조할 것).

① 상환일의 장부금액으로 조정(경과기간 6개월)

발행자		금액	투자자		금액
(차)	이자비용	6,539	(차)	미수이자	5,000
(대)	미지급이자	5,000		FVOCI금융자산	1,539
	사채할인발행차금	1,539	(대)	이자수익	6,539

이자계상액 = ₩13,078×6/12 = ₩6,539

미지급이자 = ₩100,000×0.1×6/12 = ₩5,000

투자사채의 구입자는 AC목적이 아니기 때문에 처음부터 FVOCI금융자산으로 처리하였거나, 중도에 변경하였을 것으로 가정함.

② 사채 상환에 대한 분개

발행자		금액	투자자		금액
(차)	사 채	100,000	(차)	현 금	98,000
	미지급이자	5,000		FVOCI금융자산처분손실	1,955
(대)	현 금	98,000	(대)	FVOCI금융자산	94,955
	사채할인발행차금	5,045		미수이자	5,000
	사채상환이익	1,955			

사채할인발행차금 미상각액 = ₩9,284 − ₩2,700 − ₩1,539 = ₩5,045

4 충당부채

1) 충당부채의 의의

充當負債(allowance of liability nature)란 지출의 시기 또는 금액이 불확실한 부채를 말하며 다음의 인식요건을 모두 충족하는 경우에 인식한다.

(가) 과거사건이나 거래의 결과로 현재의무가 존재한다.

(나) 당해 의무를 이행하기 위하여 자원이 유출될 가능성이 매우 높다.

(다) 그 의무의 이행에 소요되는 금액을 신뢰성 있게 추정할 수 있다.

현재의무의 존재 여부가 분명하지 않은 경우에는 모든 이용 가능한 증거를 고려하여 재무상태표일 현재 의무가 존재할 가능성이 매우 높다고 판단되면, 과거사건이 현재의무를 발생시킨 것으로 본다.

예제 12-8 **충당부채의 인식**

다음에 제시된 사례에서는 기업의 회계연도 말은 12월 31일이고 자원의 유출금액에 대하여 신뢰성 있는 추정이 가능하며 자원의 유출 가능성이 매우 높다고 가정한다.

사례 제품 보증

(주)한국은 판매시점부터 3년간 품질을 보증하는 조건으로 제품을 판매하였다. 판매일로부터 3년 이내에 제품의 결함이 발생하는 경우 수리 또는 교체해 주고 있다. 과거경험에 의하면, 이러한 보증판매에 따라 약간의 보증청구가 있을 가능성이 매우 높다.

- 과거의 의무발생사건의 결과로 현재의무가 있는가?
  의무발생사건은 제품의 보증판매이며 따라서 법적의무가 있다.
- 의무이행을 위한 자원의 유출 가능성이 매우 높은가?
  보증판매를 전체적으로 보면 자원의 유출 가능성이 매우 높다.
- 재무상태표일 이전의 보증판매에 따른 하자보상비에 대한 최선의 추정치로 충당부채를 인식한다.

자습문제 12-6 다음 사례에 대해 자원의 유출금액의 신뢰성 있는 추정이 가능하며 자원의 유출 가능성이 매우 높다고 가정하고, 충당부채 인식여부를 판단하시오.

(1) (주)맛나는 예식장 부근에서 대형 음식점을 경영하고 있다. 20×3년의 어느 날에 있은 결혼식 직후 음식물에 포함된 독극물 영향인지는 확실하지 않으나 10명이 사망했다. (주)맛나는 20×3년말 현재, 고객이 제소한 손해배상청구 소송의 피고로 재판을 받고 있으며 책임이 있는지의 여부에 대해 원고와 다투고 있다.

20×3년 12월 31일로 종료되는 회계연도의 재무제표가 승인되는 시점까지 법률고문은 회사가 법적의무를 지지 않을 가능성이 매우 높다고 조언하였다. 그러나 회사가 20×4년 12월 31일의 재무제표를 작성할 때 법률고문은 소송이 불리하게 진행됨에 따라 회사가 법적의무를 부담할 가능성이 매우 높다고 조언하였다.

(2) (주)도원의 어떤 자산은 일상적 유지 외에도 수년에 한 번씩 대대적인 수리나 주요부품을 교체하는 데 상당히 큰 금액의 지출을 필요로 한다. 예를 들면, 용광로를 사용하는 기업이 법률적인 요구사항은 아니지만 기술적인 이유 때문에 매 5년마다 용광로의 내벽을 교체해야 하는 경우를 가정해 보자. 재무상태표일 현재 그 내벽은 향후 3년 동안 사용 가능한 것으로 판단된다.

2) 충당부채의 종류

회계기준서의 적용대상이 되는 충당부채의 종류는 다음과 같다.

(가) 판매 후 품질 등을 보증하는 경우의 관련 부채
(나) 판매촉진을 위하여 시행하는 환불정책, 경품, 포인트적립·마일리지 제도의 시행 등과 관련된 부채
(다) 손실부담계약
(라) 타인의 채무 등에 대한 보증
(마) 계류 중인 소송사건
(바) 구조조정계획과 관련된 부채
(사) 복구충당부채 등의 환경관련부채

3) 충당부채의 측정

충당부채로 인식하는 금액은 현재의무의 이행에 소요되는 지출에 대한 최선의 추정치이어야 한다. 이 최선의 추정치는 기업이 현재의무를 직접 이행하거나 이해관계가 없는 제3자에게 이전시키는 경우에 합리적으로 지급하여야 하는 금액이다.

충당부채의 금액을 추정할 때에는 불확실성과 관련된 상황에 적합한 방법을 사용한다. 예를 들면, 현금유출이 발생 가능한 경우가 여러 가지일 때 충당부채는 각 경우의 현금유출 추정액에 각각의 발생확률을 곱한 금액의 합계금액으로 인식할 수 있다. 이 경우, 현금유출 발생확률에 따라 충당부채로 인식하는 금액은 달라지게 된다.

충당부채의 명목가액과 현재가치의 차이가 중요한 경우에는 의무를 이행하기 위하여 예상되는 지출액의 현재가치로 평가한다.

충당부채는 재무상태표일마다 그 잔액을 검토하고, 재무상태표일 현재 최선의 추정치를 반영하여 증감조정한다. 만일 상황변동으로 인하여 더 이상 충당부채의 인식요건을 충족하지 아니하게 되면, 관련 충당부채는 환입하여 당기손익에 반영한다.

예제 12-9 **충당부채의 측정**

(주)목원은 제품 구입 후 12개월 이내에 발생하는 제조상의 결함이나 다른 명백한 결함에 따른 하자에 대하여 제품보증을 실시하고 있다. 만약 20×3년도에 판매된 제품에서 중요하지 않은 결함이 발견된다면 12억원의 수리비용이 발생하게 되고, 치명적인 결함이 발생하게 되면 48억원의 수리비용이 발생하게 될 것으로 예상된다. 기업의 과거 경험과 미래 예측의 결과, 판매된 제품의 75%에는 하자가 없을 것으로 예상되며 제품의 20%는 중요하지 않은 결함이 발생될 것으로 예상되며 5%는 치명적인 결함이 있을 것으로 예상된다. 이와 같은 사례에서 최선의 추정치는 4.8억원(75%×0＋20%×12억원＋5%×48억원)으로 계산될 수 있다.

4) 품질보증충당부채와 공사보증충당부채

품질보증은 상품이나 제품 등을 판매하고 일정기간 내에 결함 등이 발견되는 경우 이를 교환 또는 수리해준다는 약정이며, 공사보증도 마찬가지로 건설공사 후 일정기간 내에 하자가 발생하는 경우 이를 보수해주는 조건을 말한다.

따라서 상품의 판매 후 일정기간 보증수리를 해주는 경우 판매 후 발생하는 비용을 판매시점에 인식하기 위하여 차변에 품질보증비(또는 공사보증비)계정으로 기입하면서 대변에 **품질보증충당부채**(또는 **공사보증충당부채**)계정으로 기입하고, 이후 보증수리시 부채인 품질보증충당부채(또는 공사보증충당부채)의 지급으로 회계처리한다. 이상의 회계처리과정을 요약하면 다음과 같다.

(보증비용 발생시)	(차) 품질보증충당부채	×××	(대) 현 금	×××
(결 산 시)	(차) 품질보증비	×××	(대) 품질보증충당부채	×××
	품질보증비＝매출액×보증기간 예상되는 총보증비용비율			

예제 12-10 **품질보증충당부채**

(주)A/S는 상품판매시 판매년도를 포함하여 상품보증기간을 2년으로 하고 있다. 과거 경험상 상품보증수리비용은 첫해에는 매출액의 2%, 이듬해에는 3%가 지출되고 있다. 20×3년도와 20×4년도의 거래는 다음과 같다고 하자.

20×3년 중	상품의 매출액	₩2,000,000
	상품보증비 지급액	30,000
20×4년 중	상품의 매출액	3,000,000
	상품보증비 지급액	120,000

이상의 거래를 연도별로 회계처리하면 다음과 같다.

20×3년	(지급시)	(차) 품질보증충당부채	30,000	(대) 현 금	30,000
	(결산시)	(차) 품질보증비	100,000	(대) 품질보증충당부채	100,000

품질보증비＝₩2,000,000×(0.02＋0.03)

20×4년	(지급시)	(차) 품질보증충당부채	120,000	(대) 현　　금	120,000
	(결산시)	(차) 품질보증비	150,000	(대) 품질보증충당부채	150,000

품질보증비＝₩3,000,000×(0.02＋0.03)

자습문제12-7 품질보증충당부채와 관련된 다음 거래를 품질보증비의 지급시와 결산시로 나누어 분개하고 아래 물음에 답하시오.

(주)A/S는 상품판매시 판매연도를 포함하여 품질보증기간을 2년으로 하고 있다. 과거 경험상 판매보증수리비용은 첫해에는 매출액의 1%, 이듬해에는 3%가 지출되고 있다. 20×3년도와 20×4년도의 거래는 다음과 같다.

20×3년 중	상품의 매출액	₩5,000,000
	품질보증비 지급액	60,000
20×4년 중	상품의 매출액	6,000,000
	품질보증비 지급액	200,000

물음

20×3년도와 20×4년도 재무상태표상 계상되는 품질보증충당부채는 얼마인가?

연습문제

❖ 주관식 문제

12-1 다음은 20×3년 12월 31일(결산일) 현재 (주)우발의 재무상황과 관련이 있는 항목들이다.

(1) 20×3년 12월 31일 (주)우발은 소송에 계류되어 20×3년 11월 15일에 지방법원으로부터 ₩6,000,000의 패소판결을 받았다. (주)우발은 이를 고등법원에 항소하였는데 고문변호사는 항소심에서 이 금액을 50%로 낮출 수 있다는 것이 거의 확실하다고 한다. (주)둘리는 이에 대한 회계처리를 하지 않았다.

(2) 20×3년 6월 30일 (주)우발은 주원료공급업체인 (주)확실로부터 계약위반으로 소송을 제기 당했다. (주)우발의 고문변호사는 (주)우발이 승소할 가능성이 매우 희박하며 그 금액은 ₩2,000,000에서 ₩3,000,000 범위로 예상되나 가장 합당한 금액을 추정할 수 없다고 한다. (주)둘리는 이에 대한 회계처리를 하지 않았다.

위 두 가지 상황으로 인하여 (주)우발이 20×3년 12월 31일의 재무상태표에 부채로 보고될 금액은 얼마인가?

12-2 (주)품질은 제품 판매시 판매연도를 포함하여 제품보증기간을 2년으로 하고 있다. 과거 경험상 제품보증수리비용은 판매연도에는 매출액의 2%, 다음년도에는 3%가 지출되고 있다. 매출액과 품질보증비용의 지급액이 다음과 같은 경우 20×4년도의 손익계산서상 품질보증비용의 계상액은 얼마인가? [단, (주)품질은 품질보증충당부채를 설정하고 있다.

	20×3년	20×4년
매 출 액	₩3,000,000	₩4,000,000
품질보증비 지급액	80,000	150,000

12-3 경기백화점은 201×4년도 6월 1일부터 9월 30일까지의 기간 중에 판매된 제품에 대해서는 매출액 ₩10,000당 경품권 1매씩을 제공하고, 20×4년 10월 1일부터 6개월 동안 이 경품권 20매를 제시하는 고객에게 식기 1세트를 교환해 주고 있다. 경기백화점은 경품에 해당하는 식기를 10,000세트 구입해 놓고 있으며, 1세트당의 구입원가는 ₩3,000이다. 이 경품제공과 관련된 자료가 다음과 같다.

- 제공된 경품권의 총수량(20×4년 6월 1일~9월 30일) 400,000매
- 경품권의 예상회수비율 60%
- 경품권의 실제 회수량(20×4년 10월 1일~12월 31일) 160,000매
- 경기백화점의 결산일 12월 31일

경기백화점은 경품비용에 대한 회계처리를 충당금을 사용하는 발생주의에 의하여 행하고 있다. 20×4년도의 손익계산서에서 인식할 경품비용과 재무상태표에 표시할 경품비용충당부채의 금액은 각각 얼마이겠는가?

12-4 다음 사채와 관련된 거래를 이용하여 발행자와 구입자의 입장에서 발행일로부터 만기일까지 아래 조건에 따라 분개를 하시오.

액면금액이 ₩1,000,000인 사채(표시이자율 연 8%, 이자지급일 매년말, 3년 만기)를 20×3년 1월 1일에 발행하다. 이때 시장이자율은 연 10%이고 결산일은 12월 31일이다.

12-5 다음 사채와 관련된 거래를 이용하여 발행자와 구입자의 입장에서 발행일로부터 만기일까지 아래 조건에 따라 분개를 하시오.

액면금액이 ₩1,000,000인 사채(표시이자율 연 12%, 이자지급일 매년말, 3년 만기)를 20×3년 1월 1일에 발행하다. 이때 시장이자율은 연 10%이고 결산일은 12월 31일이다.

12-6 다음 사채와 관련된 거래를 이용하여 발행자와 구입자의 입장에서 발행일로부터 만기일까지 아래 조건에 따라 분개를 하시오.

액면금액이 ₩1,000,000인 사채(표시이자율 연 8%, 이자지급일 매년 6월 30일, 3년 만기)를 20×3년 7월 1일에 발행하다. 이때 시장이자율은 연 10%이고 결산일은 12월 31일이다.

12-7 다음 사채와 관련된 거래를 이용하여 발행자와 구입자의 입장에서 아래 조건에 따라 사채상환일의 분개를 하시오.

액면금액이 ₩1,000,000인 사채(표시이자율 연 8%, 이자지급일 매년 말, 3년 만기)를 20×3년 1월 1일에 발행한 후 20×5년 7월 1일에 경과이자를 포함하여 ₩990,000에 상환하다. 사채발행시의 시장이자율은 연 10%이고 결산일은 12월 31일이다.

12-8 다음 사채와 관련된 거래를 이용하여 발행자와 구입자의 입장에서 아래 조건에 따라 사채상환일의 분개를 하시오.

액면금액이 ₩1,000,000인 사채(표시이자율 연 12%, 이자지급일 매년 말, 3년 만기)를 20×3년 1월 1일에 발행한 후 20×5년 7월 1일에 경과이자를 포함하여 ₩990,000에 상환하다. 사채발행시의 시장이자율은 연 10%이고 결산일은 12월 31일이다.

12-9 액면 ₩1,000,000의 사채(만기 5년, 이자는 연 10%로 6월말과 12월말에 지급)를 20×3년 1월 1일 발행하였다. 발행 시 시장이자율은 연 8%이다. 발행자와 구입자 입장에서 만기까지의 분개를 하시오. 단, 현재가치의 자료는 다음과 같다.

기 간	이 자 율	미래 ₩1의 현재가치	정상연금 ₩1의 현재가치
5기	8%	0.68	3.99
10기	8	0.46	6.71
5기	4	0.82	4.45
10기	4	0.68	8.11

❖ 공무원시험(9급) 기출문제

1 (주)한국은 판매한 제품에 대해 품질보증을 실시하고 있다. 20×3년도 말 현재 품질보증과 관련하여 미래에 지출될 충당부채의 최선의 추정치는 ₩1,700이고, 수정전시산표의 제품보증충당부채 계정 잔액은 ₩1,000이다. 20×3년도 중에 품질보증과 관련되어 ₩100의 지출이 있었다. 20×3년도 재무제표에 보고될 제품보증충당부채와 제품보증비용은?

	제품보증충당부채	제품보증비용
①	₩1,000	₩700
②	₩1,600	₩800
③	₩1,700	₩700
④	₩1,700	₩800

2 (주)대한은 20×3년 1월 1일에 표시이자율 10%, 액면금액 ₩1,000,000, 이자지급은 매년 12월 31일 후불조건, 만기 3년의 사채를 발행하였다. 발행시점에서 동 사채에 적용될 유효이자율이 15%일 경우 사채의 발행금액은? (단, 현재가치의 자료는 다음과 같다.)

기 간	이 자 율	미래 ₩1의 현재가치	정상연금 ₩1의 현재가치
3기	10%	0.75	2.49
3	15%	0.66	2.28

① ₩8,880　　② ₩9,090
③ ₩9,780　　④ ₩10,000

3 사채할인발행차금의 상각이 당기순이익과 사채의 장부금액에 미치는 영향은?

	당기순이익	사채장부금액
①	증 가	증 가
②	증 가	감 소
③	감 소	증 가
④	감 소	감 소

4 (주)한국은 사채할인발행차금을 액면이자를 지급하는 매년말 유효이자율법에 의하여 상각한다. 20×3년 말 (주)한국의 분개가 다음과 같고, 분개 후 사채의 장부가액은 ₩167,000일 때, 사채의 유효이자율은?

(차) 이자비용	40,000	(대) 현 금	33,000
		사채할인발행차금	7,000

① 10% ② 15%
③ 20% ④ 25%

5 (주)한국은 20×3년 1월 1일 만기 3년, 연 이자율10%(매년 12월 31일 지급), 액면금액 ₩100,000인 사채를 유효이자율 8% 기준으로 ₩105,151에 발행하였다. (주)한국은 해당 사채를 20×4년 12월 31일 ₩103,000에 조기상환하였다. 이러한 거래와 관련된 설명으로 옳지 않은 것은? 단, 사채발행차금은 유효이자율법으로 상각하며, 소수점 이하는 반올림한다.

① 20×3년 1월 1일 사채할증발행차금 ₩5,151을 대변에 기록한다.
② 20×3년 12월 31일 사채할증발행차금의 환입액은 ₩1,588이다.
③ 20×4년 12월 31일 사채이자비용은 ₩8,285이다.
④ 20×4년 12월 31일 사채상환손실 ₩152을 차변에 기록한다.

정답 1. ③ 2. ① 3. ④ 4. ④

보론 미래가치와 현재가치

1 화폐의 시간가치와 이자

화폐에 대한 시간선호성(time preference)에 따라 현재 ₩1은 일년 후의 ₩1보다 그 가치가 크다. 그러면 현재의 ₩1은 일년 후의 ₩1에 비하여 얼마만큼의 가치가 큰 것인가? 이를 계산하기 위해서는 동일시점으로 환산된 가치를 상호 비교하여야 할 것이다. 즉, 현재의 ₩1을 1년 후의 가치(이를 미래가치라 한다.)로 환산하여 비교하거나, 아니면 일년 후의 ₩1을 현재 시점의 가치(이를 현재가치라 한다.)로 환산하여 비교하면 된다. 이때 화폐의 시간가치를 산출하기 위하여 이용되는 개념이 바로 利子(interest)이다.

이자의 개념은 여러 가지로 정의할 수 있지만, 화폐의 시간가치를 고려할 때 이자란 일정기간 동안 화폐의 이용대가라 할 수 있다. 따라서 화폐의 시간가치를 포기(예를 들면 금전의 대여)하는 입장에서는 그 대가를 수입이자로 보상을 받게 되고, 화폐의 시간가치를 취득하는 입장(예를 들면 금전의 차입)에서는 그 대가로 이자비용을 부담하게 되는 것이다.

그러므로 현재 ₩1과 일년 후의 ₩1의 가치는 일년 간의 이자만큼 차이가 난다. 이를 비교하기 위하여 현재 ₩1을 일년 후의 가치로 환산하면 일년 후의 가치는 현재 ₩1에 일년 간의 이자를 가산한 금액이 된다. 즉, **미래가치**는 현재가치에 이자를 가산한 것이 된다. 이를 식으로 정리하면 다음과 같다.

미래가치 = 현재가치 + 이용기간의 이자

반대로 현재시점에서 가치를 비교하기 위해서는 일년 후의 ₩1을 현재시점의 가치로 환산하면 된다. 일년 후의 ₩1의 현재가치는 ₩1에서 일년 간 이자를 차감하면 된다. 즉, **현재가치**는 미래가치에서 이용기간 동안의 이자를 차감하면 된다. 이를 식으로 정리하면 다음과 같다.

현재가치 = 미래가치 − 이용기간의 이자

따라서 화폐의 가치란 시간이 경과할수록 경과기간의 이자만큼 증가하게 된다.

2 미래가치와 현재가치의 계산

이자계산방법에는 단리이자계산법과 복리이자계산법이 있는데 회계학에서 미래가치와 현재가치를 계산하기 위해서는 이자계산기간이 장기라는 전제하에서 복리이자계산법을 이용한다. **복리이자계산법**에서는 이자에 이자가 가산되는 것으로 이자는 미래가치나 현재가치를 계산한 후 이를 이용하여 산출한다. 그리고 미래가치와 현재가치의 계산유형은 단일금액과 연금형태로 구분되므로 이후 이를 구분하여 설명하기로 한다.

1) 일정금액의 미래가치와 현재가치

(1) 일정금액의 미래가치

원금 P를 매기 이자율 i로 n기 동안 은행에 예입하는 경우 n기말의 미래가치는 얼마가 되겠는가? n기말의 미래가치를 F_n이라 하면 다음과 같이 계산된다.

$$\text{n기말의 미래가치}(F_n) = P \times (1+i)^n$$

여기서 원금(현재가치) P를 ₩1이라 하면 n기말의 ₩1의 미래가치는 $(1+i)^n$이 되므로 이를 현재 ₩1의 미래가치라 한다. 이에 대한 계산을 편리하게 하기 위하여 이자율과 기간에 따른 현재 ₩1의 미래가치를 산출하여 표로 정리한 것을 현재 ₩1의 미래가치표(부록 참조)라 한다.

따라서 n기간의 총이자 I는 미래가치와 현재가치의 차이(왜냐하면 미래가치란 현재가치에 이자를 가산한 것이므로)로 다음과 같이 산출된다.

$$\text{n기간의 총이자}(I) = P \times (1+i)^n - P$$

지금까지 설명한 미래가치와 이자의 계산과정을 예를 들어 설명하면 다음과 같다.

예제 12-11 일정금액의 미래가치와 이자계산

원금 ₩100,000을 이자율 연 10%로 5년간 예입하는 경우 5년 후 미래가치와 5년간 총이자는 다음과 같이 계산된다. 이때 이자는 1년에 한 번씩 계산한다(이를 1년 1기 복리적용이라 한다)고 하자.

먼저 현재 ₩1의 미래가치표에서 이자율 10%와 기간 5기가 만나는 현재 ₩1의 미래가치 1.6105를 구한 후 이를 원금에 곱하여 미래가치를 산출하고 이를 이용하여 총이자를 산출하면 된다. 즉,

5기말의 미래가치 = ₩100,000 × 1.6105 = ₩161,050

5년간 총이자 = ₩161,050 − ₩100,000 = ₩61,050

이와 같이 현재의 ₩100,000은 5년 동안 화폐의 시간가치, 즉 이자 ₩61,050의 가치가 증가하여 ₩161,050이 되는 것으로, 이는 주어진 이자율(이자율 연 10%)에서 5년 후의 ₩161,050과 현재의 ₩100,000은 가치가 같다는 것이다.

(2) 일정금액의 현재가치

미래가치를 산출하는 과정에서 원금 P가 현재가치이므로 일정금액의 현재가치는 미래가치 산출 식에서 그대로 원금 P를 계산하기 위한 식으로 전환하면 된다. 따라서 미래 n기 후의 일정금액 F_n의 **현재가치** P는 다음과 같이 산출된다.

$$\text{n기말의 일정금액 } F_n \text{의 현재가치 } (P) = F_n \times \frac{1}{(1+i)^n}$$

여기서 n기말의 일정금액 F_n을 $₩_1$이라 하면 n기말 ₩1의 현재가치는 $\frac{1}{(1+i)^n}$이 되므로 이를 미래 ₩1의 현재가치라 한다. 이에 대한 계산을 편리하게 하기 위하여 이자율과 기간에 따른 미래 ₩1의 현재가치를 산출하여 표로 정리한 것을 미래 ₩1의 현재가치표(부록 참조)라 한다.

따라서 n기간의 총이자 I는 미래가치와 현재가치의 차이(왜냐하면 미래가치란 현재가치에 이자를 가산한 것이므로)로 다음과 같이 산출된다.

$$\text{n기간의 총이자}(I) = F_n - P$$

지금까지 설명한 현재가치와 이자의 계산과정을 예를 들어 설명하면 다음과 같다.

예제 12-12 일정금액의 현재가치와 이자계산

5년 후 ₩100,000을 지급하여야 할 부채를 현재 상환한다면 이자율 연 10%인 경우 현재 상환금액(현재가치)과 5년간 총이자는 다음과 같이 계산된다. 이때 이자는 1년에 한 번씩 계산한다(이를 1년 1기 복리적용이라 한다)고 하자.

먼저 미래 ₩1의 현재가치표에서 이자율 10%와 기간 5기가 만나는 미래 ₩1의 현재가치 0.6209를 구한 후 이를 미래금액에 곱하여 현재가치를 산출하고 이를 이용하여 총이자를 산출하면 된다. 즉,

현재가치 = ₩100,000×0.6209 = ₩62,090
5년간 총이자 = ₩100,000 − ₩62,090 = ₩37,910

자습문제 12-8 다음 각 물음에 답하시오.

1. ₩100,000을 이자율 연 10%로 은행예입시 3년 후의 미래가치와 3년간 이자상당액은?
   (1) 1년 1기 복리적용시
   (2) 반년 1기 복리적용시

2. 상품을 외상으로 구입하고 그 대금은 3년 후에 ₩1,000,000을 지급하기로 하였다. 이자율이 연 10%이고 1년 1기 복리적용시 상품의 취득원가와 3년간 이자상당액은?

2) 연금의 미래가치와 현재가치

(1) 정상연금의 미래가치

지금까지는 현재 일정금액의 미래가치와 미래 일정금액의 현재가치를 산출하는 과정을 설명하였다. 이제는 매기 일정금액이 지급되거나 회수되는 연금(annuity)형태의 미래가치와 현재가치를 산출하는 과정을 설명하기로 한다. 이때 연금액이 매기말에 지급되는 경우를 **정상연금**(ordinary annuity)이라 하고, 매기초에 지급되는 경우를 **이상연금**(annuity due)이라 한다. 정상연금의 미래가치와 현재가치의 계산과정만을 설명하기로 한다.

정상연금의 미래가치를 산출하는 과정은 다음과 같다. 예를 들어, 매년말에 ₩100,000씩 지급하여야 할 부채를 이자율이 연 10%인 경우 3년 후 일시에 갚는다면 얼마를 갚아야 하는가? 이러한 유형의 부채의 지급형태를 정리하면 다음과 같다.

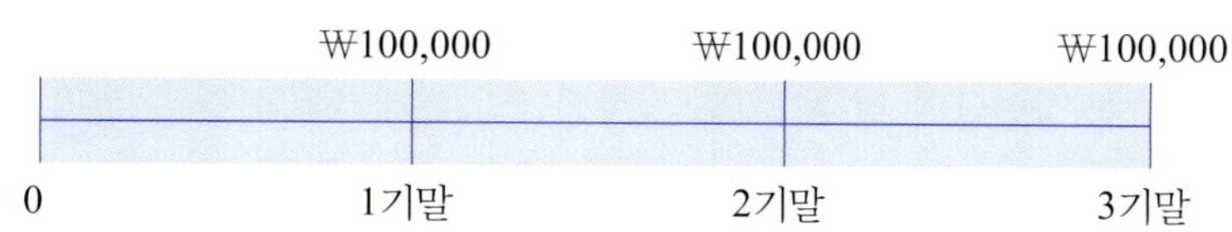

따라서 이 부채의 3년 후 미래가치는 1기말에 지급하여야 할 ₩100,000의 미래가치와 2기말에 지급하여야 할 ₩100,000의 미래가치 및 3기말에 지급하여야 할 ₩100,000의 미래가치를 모두 합산한 것이 된다.

이와 같이 **정상연금의 미래가치**란 매기말에 지급되는 연금액의 미래가치를 모두 합산한 것이 되므로, 정상연금의 미래가치를 FA, 매기말에 지급하여야 할 연금액을 A, 지급기간을 n, 이자율을 i라 했을 때 정상연금의 미래가치는 다음과 같다.

$$\text{정상연금의 미래가치(FA)} = A \cdot (1+i)^0 + A \cdot (1+i)^1 + \cdots A \cdot (1+i)^{n-1}$$
$$= A \times \sum_{t=1}^{n} (1+i)^{t-1}$$

이상의 식에서 연금액 A를 ₩1이라 하면 정상연금 ₩1의 미래가치는 $\sum_{t=1}^{n}(1+i)^{t-1}$이 되며 이자율과 기간에 따른 정상연금 ₩1의 미래가치를 산출하여 표로 정리한 것을 정상연금 ₩1의 미래가치표(부록 참조)라 한다.

이와 같이 연금의 미래가치를 산출하면 이를 이용하여 해당기간의 총이자를 산출할 수 있다. 연금형태의 문제에서 해당기간의 총이자를 산출할 때 유의할 점은 연금의 미래가치나 현재가치와 연금총액(＝연금액×지급기간)을 비교하여야 한다는 것이다. 따라서 n기간의 총이자 I를 산출하면 다음과 같다.

$$I = FA - A \cdot n$$

예제 12-13 **정상연금의 미래가치와 이자계산**

매년말에 ₩100,000씩 5년간 지급하여야 할 부채를 5년 후에 일시에 지급한다면 이자율이 10%인 경우 5년 후 지급하여야 할 금액(정상연금의 미래가치)과 5년간 총이자는 다음과 같이 계산된다.

먼저 정상연금 ₩1의 미래가치표에서 이자율 10%와 기간 5기가 만나는 정상연금 ₩1의 미래가치 6.1051을 구한 후 이를 연금액 ₩100,000에 곱하여 정상연금의 미래가치를 산출하고, 정상연금의 미래가치에서 연금총액 ₩500,000을 차감하여 총이자를 계산하면 된다. 즉,

정상연금의 미래가치＝₩100,000×6.1051＝₩610,510
5년간 총이자＝₩610,510－₩100,000×5＝₩110,510

(2) 정상연금의 현재가치

정상연금의 현재가치도 정상연금의 미래가치와 같은 논리로 설명할 수 있는데, 예를 들어 매년말에 ₩100,000씩 지급하여야 할 부채를 이자율이 연 10%인 경우 현재 일시에 갚는다면 얼마를 갚아야 하는가? 이러한 유형의 부채의 지급형태를 정리하면 다음과 같다.

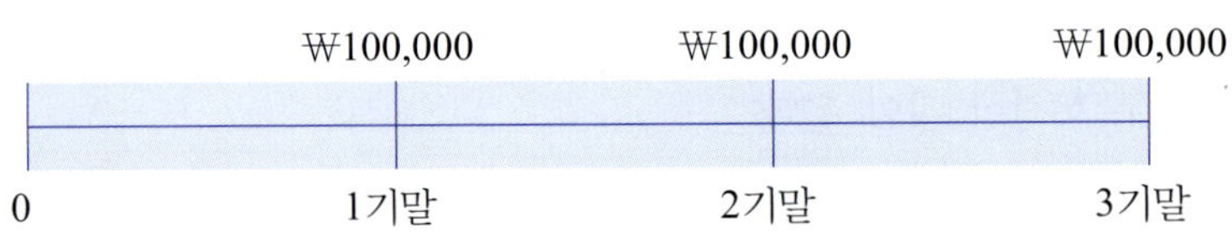

따라서 이 부채의 현재가치는 1기말에 지급하여야 할 ₩100,000의 현재가치와 2기말에 지급하여야 할 ₩100,000의 현재가치 및 3기말에 지급하여야 할 ₩100,000의 현재가치를 모두 합산한 것이 된다.

이와 같이 **정상연금의 현재가치**란 매기말에 지급되는 연금액의 현재가치를 모두 합산한 것이 되므로, 정상연금의 현재가치를 PA, 매기말에 지급하여야 할 연금액을 A, 지급기간을 n, 이자율을 i라 했을 때 연금의 현재가치는 다음과 같다.

$$\text{정상연금의 현재가치(PA)} = A \cdot \frac{1}{(1+i)^1} + A \cdot \frac{1}{(1+i)^2} + A \cdot \frac{1}{(1+i)^n}$$
$$= A \times \sum_{t=1}^{n} \frac{1}{(1+i)^t}$$

이상의 식에서 연금액 A를 ₩1이라 하면 정상연금 ₩1의 현재가치는 $\sum_{t=1}^{n} \frac{1}{(1+i)^t}$이 되며 이자율과 기간에 따른 연금 ₩1의 현재가치를 산출하여 표로 정리한 것을 정상연금 ₩1의 현재가치표(부록참조)라 한다.

이와 같이 정상연금의 현재가치를 산출한 후 이를 이용하여 해당기간의 총이자 I를 산출하면 다음과 같다.

$$I = A \cdot n - PA$$

이상에서 설명한 정상연금의 현재가치와 총이자의 계산과정을 예를 들어 설명하면 다음과 같다.

예제 12-13 **정상연금의 현재가치와 이자계산**

매년말에 ₩100,000씩 5년간 지급하여야 할 부채를 지금 일시에 지급한다면 이자율이 10%인 경우 지금 지급하여야 할 금액(정상연금의 현재가치)과 5년간 총이자는 다음과 같이 계산된다.

먼저 정상연금 ₩1의 현재가치표에서 이자율 10%와 기간 5기가 만나는 정상연금 ₩1의 현재가치 3.7908을 구한 후 이를 연금액 ₩100,000에 곱하여 정상연금의 현재가치를 산출하고, 연금총액 ₩500,000에서 정상연금의 현재가치를 차감하여 총이자를 계산하면 된다. 즉,

연금의 현재가치 = ₩100,000×3.7908 = ₩379,080
5년간 총이자 = ₩500,000 − ₩379,080 = ₩120,920

자습문제 12-9 다음 각 물음에 답하시오.

(1) 5년간 매년말에 ₩100,000씩 이자율 연 8%로 은행예입시 원리합계(정상연금의 미래가치)와 5년간 이자상당액은?(1년 1기 복리적용)

(2) 15년간 매년말에 ₩100,000씩 지급할 부채를 일시에 지금 상환한다면 현금지급액(정상연금의 현재가치)과 15년간 이자상당액은?(이자율 연 10%, 1년 1기 복리적용)

(3) 기계를 구입하고 4년간 매년말에 ₩1,000,000씩을 지급하기로 하였다. 기계의 취득원가(정상연금의 현재가치)와 4년간 이자상당액은?(이자율 연 12%, 1년 1기 복리적용)

13 자 본

1 자본의 의의

資本(capital)은 자산에서 부채를 차감한 **잔여지분**(residual equity)으로, 기업 자산에 대한 **소유주 지분**(owner's equity) 또는 **주주지분**(stockholders' equity)을 의미한다. 이미 설명한 것처럼 일반적으로 인정된 회계원칙에서는 특정 경제적 행위에 대한 회계처리방법을 다양하게 인정하고 있다. 각 회계처리방법에 따라 자산과 부채의 평가액은 달라지며, 그로 인한 기업의 자본금액은 영향을 받는다. 이와 같이 자본가액은 자산과 부채의 평가방법에 의하여 결정되는 것으로 자본 자체에 대한 평가방법은 따로 존재하지 않는다.

채권자에 대한 최종적인 담보역할을 하는 자본에 대해서는 상법 등 관련법규에 의해 많은 제약을 받고 있다.

기업의 형태에 따라 회계처리상 차이가 발생하는 대표적인 예가 자본이라 할 수 있다. 기업의 형태에는 **개인기업 형태**와 **회사 형태**로 구분된다. 개인기업 형태에는 기업주가 한 명일 때는 개인기업이라 하고, 두 명 이상일 때를 조합기업이라 한다. 그리고 회사형태에는 상법상 사원 또는 주주의 책임한계에 따라 합명회사, 합자회사, 유한회사 및 주식회사로 구분한다. 주식회사를 제외한 나머지 회사형태의 자본에 대한 회계처리방법은 개인기업과 거의 유사하다. 개인기업의 자본에 대한 회계처리의 특징은 자본총액을 자본금계정 하나로 처리한다는 점이다. 다만, 조합기업이나 주식회사를 제외한 회사형태에서는 자본금계정을 출자사원별로 구분하여 기입한다는 것이 개인기업과의 차이점이다.

2 개인기업의 자본

個人企業(proprietorship)의 특징은 주식회사와는 달리 자본에 대한 제약을 받지 않는다는 것이다. 따라서 개인기업의 자본과 관련된 모든 거래는 **자본금계정** 하나로 처리한다. 기업의 소유주가 자본을 추가출자하거나 인출하는 경우에는 자본금계정에 직접 가감하며, 결산시 확정된 당기순손익도 집합손익계정에서 자본금계정으로 직접 대체한다. 개인기업의 당기순손익은 손익계산서상 경상손익에 특별손익을 가감한 잔액인 소득세차감전순손익으로 보고한다. 법인세가 주식회사에서는 비용으로 인정되는 것과는 달리 개인기업에서는 사업소득세가 비용으로 인정되지 않는다. 개인기업의 자본과 관련된 회계처리과정을 정리하면 다음과 같다.

(추가출자시)	(차) 현　　금	×××	(대) 자 본 금	×××
(인 출 시)	(차) 자 본 금	×××	(대) 현　　금	×××
(당기순이익 대체)	(차) 집합손익	×××	(대) 자 본 금	×××
(당기순손실 대체)	(차) 자 본 금	×××	(대) 집합손익	×××

이상의 회계처리과정에서 추가출자나 인출을 자본금계정에 직접 가감하지 않고 임시적으로 **인출금**(drawing)계정으로 처리하는 경우도 있다. 이는 개인기업의 경우 자본의 출자나 인출이 자유롭기 때문에 당기중 추가출자나 인출로 인한 자본의 변동을 별도로 구분하여 표시하기 위한 것으로, 결산시 인출금계정의 잔액은 소멸시키면서 이를 자본금계정에 대체하여야 한다. 이에 대한 회계처리과정을 정리하면 다음과 같다.

(추가출자시)	(차) 현　　금	×××	(대) 인 출 금	×××
(인 출 시)	(차) 인 출 금	×××	(대) 현　　금	×××
(결산시 : 차변잔액)	(차) 자 본 금	×××	(대) 인 출 금	×××

예제 13-1 개인기업의 자본

한나라씨가 개인기업을 설립하여 운영하는 과정에서 다음과 같은 자본거래가 발생하였다고 하자.

(1) 현금 ₩100,000을 추가출자하다.
(2) 원가 ₩20,000의 상품을 가정용으로 사용하다.
(3) 회사분 재산세 ₩10,000과 개인 소유분 재산세 ₩20,000을 회사의 현금으로 납부하다.
(4) 한나라씨의 전년도 사업소득세 ₩15,000을 회사의 현금으로 납부하다.
(5) 현금 ₩70,000을 인출하다.
(6) 결산시 당기순이익은 ₩150,000으로 확정되다.

이상의 거래를 회계처리하면 다음과 같다. (3)에서 회사분 재산세는 세금과공과계정으로 처리하지만 개인 소유분 재산세를 회사가 자본가 대신 지급한 것은 자본가의 인출로 처리하며, (4) 사업소득세의 경우 회사 비용으로 인정이 되지 않으므로 이것도 자본가의 인출로 처리한다.

(1)	(차) 현　　금	100,000	(대) 인 출 금	100,000
(2)	(차) 인 출 금	20,000	(대) 매　　입	20,000

(3) (차) ┌ 인 출 금 20,000 (대) 현 금 30,000
　　　　 └ 세금과공과 10,000

(4) (차) 인 출 금 15,000 (대) 현 금 15,000

(5) (차) 인 출 금 70,000 (대) 현 금 70,000

(6) (결산시)

(인출금계정 정리) (차) 자 본 금 25,000 (대) 인 출 금 25,000

(당기순이익 대체) (차) 집 합 손 익 150,000 (대) 자 본 금 150,000

자습문제 13-1 다음 개인기업과 관련된 거래를 분개하시오.

(1) 현금 ₩200,000과 비품 ₩500,000을 출자하여 개인기업을 설립하다.
(2) 현금 ₩300,000을 추가출자하다.
(3) 원가 ₩100,000의 상품을 회사비품으로 사용하다.
(4) 회사분 자동차세 ₩250,000과 자본가 소유분 자동차세 ₩150,000을 회사의 현금으로 납부하다.
(5) 사업소득세 ₩100,000을 회사의 현금으로 납부하다.
(6) 결산시 인출금계정의 차변잔액 ₩500,000을 자본금계정으로 대체하다.
(7) 결산시 당기순손실 ₩700,000을 자본금계정으로 대체하다.
(8) 결산시 당기순이익 ₩600,000을 자본금계정으로 대체하다.

3 주식회사의 자본

株式會社(corporation)의 자본은 **자본금**, **자본잉여금** 및 **이익잉여금**으로 구분한다. 자본금이란 법정자본금으로 발행주식의 액면총액을 말하며, 자본잉여금은 자본가와의 거래에서 발생한 잉여금 등을 의미한다. 그리고 이익잉여금이란 기업의 경영성과 중 주주에게 배당을 하지 않고 기업내 유보한 잉여금으로, 자본잉여금과는 달리 이익잉여금은 자본가와의 거래 이외에서 발생한다. 또한 자본잉여금은 발생 즉시 손익계산서를 거치지 않고 재무상태표에 계상되나, 이익잉여금은 포괄손익계산서상 당기순손익이 재무상태표상 이익잉여금으로 대체된다. 자본잉여금과 이익잉여금이 재무상태표에 반영되는 과정을 정리하면 [표 13-1]과 같다.

표 13-1 자본잉여금과 이익잉여금의 비교

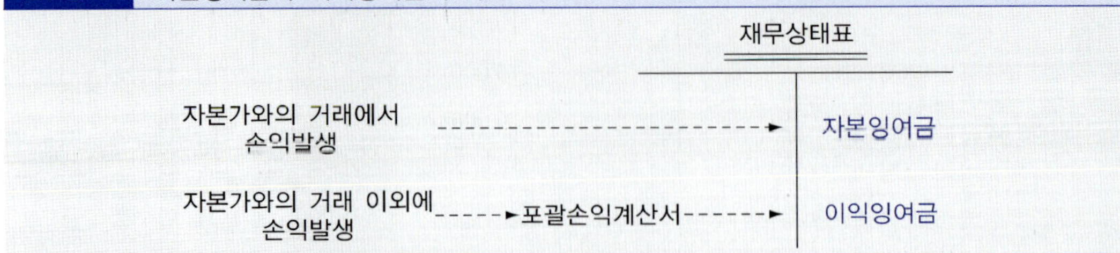

표 13-2 자본의 분류

대 분 류	소 분 류
Ⅰ. 자 본 금	1. 보통주자본금 2. 우선주자본금
Ⅱ. 자본잉여금	1. 주식발행초과금 2. 기타자본잉여금(감자차익, 자기주식처분이익, 전환권대가, 신주인수권대가 등)
Ⅲ. 자 본 조 정	1. 자기주식 2. 주식할인발행차금 3. 감자차손 4. 자기주식처분손실 5. 주식매수선택권 6. 출자전환채무
Ⅳ. 기타포괄손익누계액	1. FVOCI금융자산평가손익 2. 해외사업환산손익 3. 파생상품평가손익 4. 재평가잉여금
Ⅴ. 이익잉여금	1. 법정적립금 2. 임의적립금 3. 미처분이익잉여금 또는 미처리결손금

주식회사의 자본에 대한 회계처리과정에서 유념하여야 할 것은 자본이란 앞에서 지적한 것처럼 자산금액에서 부채금액을 차감한 잔액으로, 구체적인 자산으로 확보된 것이 아니라 잔여지분을 명목상으로 분류한 것이라는 점이다. 자본잉여금이나 이익잉여금에는 준비금이나 적립금이라는 용어를 많이 사용하는데, 이를 일상생활에서의 용어와 혼동하여 기업 내에 현금으로 보관하고 있느냐 아니면 은행에 예입해 두었느냐 하는 식으로 생각해서는 아니 된다는 것이다. 예를 들어, 기업의 자산총액이 ₩100,000이고 부채총액이 ₩60,000이라면 나머지 ₩40,000을 자본으로 하여, 이를 자본금이나 자본잉여금 또는 이익잉여금의 계정으로 분류한 것으로 이해하면 된다.

회계기준상 자본은 자본금, 자본잉여금, 자본조정, 기타 포괄손익누계액 및 이익잉여금으로 분류한다. 여기서 자본조정이란 자본금, 자본잉여금 및 이익잉여금에 속하는 것이 아니라 자본총액을 증가시키거나 감소시키기 위한 것으로 자본의 가산항목과 자본의 차감항목으로 구분된다. 회계기준상 자본의 분류를 요약하면 [표 18-2]와 같다.

4 주식회사의 자본금

資本金(capital stock)은 발행주식의 액면총액으로, 기업회계기준상 자본금은 주식의 종류별로 보통주자본금·우선주자본금 등의 과목으로 구분하여 재무상태표상 기재하도록 하고 있다. 먼저 주식의 종류를 설명하고 이어서 자본금의 증가와 감소에 대한 회계처리를 설명하기로 한다.

1) 주식의 종류

(1) 보통주

普通株(common stock)란 뒤에서 설명하는 다른 특수한 주식과 구별하기 위한 기준이 되는 주식을 말한다. 보통주를 소유하고 있는 주주는 주주총회에 참석하여 의결권을 행사할 수 있다. 그리고 기업의 경영성과에 대한 배당을 받을 권리와 또한 기업의 청산시 부채와 우선주의 지분을 상환하고 남은 잔여지분에 대한 청구권을 가지며 출자분에 한해서만 책임을 진다.

(2) 우선주

優先株(preferred stock)란 보통주에 비하여 특정사항에 대한 우선권이 부여된 주식으로, 우선주의 종류는 다음과 같다.

(가) 누적적 우선주와 비누적적 우선주

累積的 優先株(cumulative preferred stock)란 특정 연도에 이익배당을 하지 않은 경우, 차후년도의 이익 배당시 전기의 미지급배당액(연체배당액)을 우선적으로 지급받을 수 있는 권한이 부여된 우선주를 말한다. 이러한 권한이 부여되지 않은 우선주를 **非累積的 優先株**라 한다.

(나) 참가적 우선주와 비참가적 우선주

參加的 優先株(participating preferred stock)란 보통주의 배당액이 정해진 우선주의 배당액(=액면가액×우선주배당률)을 초과하는 경우, 일정한도까지 보통주와 함께 추가배당에 참여할 수 있는 권한이 부여된 우선주를 의미한다. 참가적 우선주는 참가범위에 따라 완전참가적 우선주와 부분참가적 우선주로 구분된다. 이러한 권한이 없는 우선주를 **非參加的 優先株**라 한다.

(다) 상환우선주

償還優先株(callable preferred stock)란 발행회사가 우선주를 발행하여 자금을 조달한 후, 여유

자금이 있을 때 이를 미리 약정된 가격으로 상환할 수 있는 우선주를 말한다.

(라) 전환우선주

轉換優先株(convertible preferred stock)란 우선주를 소유하고 있는 주주가 보통주로의 전환을 요구하는 경우 이를 보통주로 전환해주는 전환권이 부여된 우선주를 말한다.

2) 주식발행(증자)의 회계처리

주식회사의 자본금의 증가(이를 **증자**라 한다.)는 주식의 발행을 통하여 이루어진다. 주식의 발행시점은 기업의 창립시와 창립 후로 구분된다. 주식발행시 발생하는 주식발행비는 주식발행초과금에서 차감 처리한다. 한편 주식 할인발행시 발생하는 주식발행비는 주식할인발행차금에 가산 처리한다. 단 주식발행초과금이 존재할 경우 주식발행초과금과 상계처리하며, 부족한 금액이 있으면 주식할인발행차금에 가산 처리한다.

증자는 실질적인 증자와 형식적 증자로 구분할 수 있다. 어떤 형태에 의한 증자가 이루어지든지 자본금의 증가액은 발행주식의 총액면금액이 된다.

(1) 형식적 증자

形式的 增資란 주식발행을 통하여 법정자본금은 증가하지만 순자산은 변동되지 않는 경우이다. 예를 들면, 잉여금의 자본전입이나 주식배당을 들 수 있다. 잉여금의 자본전입이란 자본잉여금이나 이익잉여금을 감소시키면서 법정자본금을 증가시키는 경우로, 이때 발행하는 주식은 무상으로 주주에게 교부한다. 이러한 의미에서 형식적 증자를 일명 **무상증자**라 한다. 그리고 주식배당이란 기업의 경영성과인 이익을 주주에게 현금으로 배당하는 것이 아니라 신주를 발행하여 교부하는 것으로 결국 이익잉여금이 감소하면서 법정자본금이 증가되어 잉여금의 자본전입이나 동일한 결과가 발생한다. 형식적 증자에 대한 회계처리를 정리하면 다음과 같다.

(잉여금의 자본전입)	(차)	자본잉여금계정	×××	(대)	자 본 금	×××
		이익잉여금계정	×××			
(주식배당)	(차)	미처분이익잉여금	×××	(대)	자 본 금	×××

형식적 증자가 이루어지는 경우 주주(투자자)의 입장에서는 무상으로 신주를 교부받게 된다. 주식의 발행자와 투자자의 입장에서 형식적 증자에 대한 회계처리와 그 결과 재무제표에 미치는 영향을 예를 들어 설명하면 다음과 같다.

예제 13-2 **형식적 증자**

(주)희소식의 주주총회일인 20×4년 3월 5일 현재 자본내용은 다음과 같다.

자 본 금(발행주식수 1,000주, 액면단가 ₩5,000)	₩5,000,000
자본잉여금	2,000,000
이익잉여금	1,000,000

(주)희소식은 20×4년 3월 5일에 다음과 같은 방법으로 형식적 증자를 실시하였다고 하자.

(방법 1) 자본잉여금 ₩500,000을 자본전입하면서 신주 100주를 발행하여 구주 10주당 신주 1주를 무상으로 교부하다.

(방법 2) 주식배당을 실시하기로 하고 구주 10주당 신주 1주를 액면금액으로 발행·교부하다.

각 방법에 따른 형식적 증자의 회계처리와 그 결과는 다음과 같으며, 형식적 증자 전후의 자본총액이 동일함을 확인할 수 있다.

(방법 1) 자본잉여금의 자본전입

(차) 자본잉여금	500,000	(대) 자 본 금	500,000

재무상태표

(주)희소식

	자 본 금	5,500,000
	자본잉여금	1,500,000
	이익잉여금	1,000,000

(방법 2) 주식배당

(차) 이익잉여금	500,000	(대) 자 본 금	500,000

재무상태표

(주)희소식

	자 본 금	5,500,000
	자본잉여금	2,000,000
	이익잉여금	500,000

(2) 실질적 증자

實質的 增資란 주식의 발행을 통하여 법정자본금이 증가하면서 순자산이 증가하는 경우를 말한다. 실질적인 증자의 예로는 현금을 납입 받고 주식을 발행하는 경우와 현물을 납입 받고 주식을 발행하는 경우로 구분된다. 현물을 납입받고 주식을 발행하는 경우를 현물출자라 하며, 이에 대한 회계처리는 유형자산의 취득에서 이미 설명하였다. 이후에는 현금을 납입 받고 주식을 발

행하는 경우에 대한 회계처리만을 설명하기로 한다. 이때 주식의 발행가액에 따라 액면발행, 할증발행 및 할인발행으로 구분된다.

(가) 액면발행

액면발행이란 주식의 발행가액과 액면금액이 같은 경우로, 주식의 발행으로 액면총액이 납입된다. 이에 대한 회계처리는 다음과 같다.

(차) 현 금	×××	(대) 자 본 금	×××

(나) 할증발행

할증발행이란 발행가액이 액면금액을 초과하는 경우로, 액면금액의 초과분은 주식발행초과금 계정으로 처리한다. **주식발행초과금**은 주주와의 거래에서 발생한 이득으로 자본잉여금으로 분류한다. 이에 대한 회계처리는 다음과 같다.

(차) 현 금	×××	(대) 자 본 금	×××
		주식발행초과금	×××

(다) 할인발행

할인발행이란 액면금액보다 낮은 가격으로 주식을 발행하는 것으로, 법정자본금은 액면금액으로 계상한다. 따라서 자본가액으로 계상되는 법정자본금에 비하여 보다 적은 금액이 납입되므로 부실자본을 초래할 수 있어 상법에서는 설립 후 2년이 경과하고 법원의 인가를 얻은 경우에 한하여 할인발행을 허용하고 있다. 할인발행시 액면금액과 발행금액의 차액은 **주식할인발행차금계정**으로 하여 자본에서 차감하는 형식으로 계상하는 자본조정으로 분류한다. 그러나 할인발행시 주식발행초과금이 있으면 상계처리한 후의 잔액만을 주식할인발행차금으로 계상한다. 할인발행시의 회계처리는 다음과 같다.

(차) 현 금	×××	(대) 자 본 금	×××
주식할인발행차금	×××		

주식할인발행차금은 주식발행연도로부터 3년 이내의 기간에 매기 균등액을 상각할 수 있다. 이때 상각액은 **이익잉여금 처분**으로 한다.

자습문제 13-2 다음 거래를 분개하시오.

(1) (주)희소식은 주식 100주(액면단가 ₩5,000)를 주당 ₩7,000에 발행하고 현금으로 납입 받아 즉시 당좌예입하다.

(2) (주)희소식은 주식 100주(액면단가 ₩5,000)를 주당 ₩4,000에 발행하고 현금으로 납입 받아 즉시 당좌예입하다.

(3) 청약에 의한 주식발행

주식의 발행시 앞의 설명에서는 주금이 즉시 납입되는 것으로 가정하였다. 그러나 청약기간 동안 발행가액의 일부만을 신주청약증거금으로 먼저 납입 받고, 이후 납입기간 동안 주금이 납입된 후에 주식을 발행·교부할 수도 있다. 이러한 경우 먼저 신주청약증거금의 납입시 차변에 현금계정을 기입하면서 대변에 납입된 금액을 **신주청약증거금계정**으로 기입한 후, 주금이 전액 납입되어 주식을 발행·교부한 시점에 주식발행을 기입하기 위하여 차변에 신주청약증거금계정과 현금계정으로 기입하면서 대변에 자본계정을 기입한다. 이때 주식이 발행되기 전에 결산일이 도래하는 경우에는 청약기일이 경과된 신주청약증거금중 신주납입금으로 충당될 금액은 자본금 다음에 그 내용을 나타내는 과목으로 기재하고, 신주의 발행주식수·주금납일기일과 자본준비금으로 적립될 금액을 주석으로 기재한다. 이상의 회계처리과정을 정리하면 다음과 같다.

① 청약증거금 납입시	(차)	현 금	×××	(대)	신주청약증거금	×××
② 주식의 발행·교부시	(차)	현 금	×××	(대)	자 본 금	×××
		신주청약증거금	×××		주식발행초과금	×××

예제 13-3 **신주청약증거금의 회계처리**

(주)신바람은 주식 1,000주를 주당 ₩7,000(액면단가 ₩5,000)에 발행하기로 하고 주주를 공모하였다. 주식의 청약시 청약증거금으로 발행주식 1,000주에 대하여 주당 ₩3,000씩을 납입 받아 당좌예입하였으며, 납입기간 내에 나머지 주금을 납입 받아 당좌예입하고 신주를 발행·교부하였다고 하자.

이상의 거래를 단계별로 회계처리하면 다음과 같다.

(청약증거금 납입시)

(차)	당좌예금	3,000,000	(대)	신주청약증거금	3,000,000

(주식의 발행·교부시)

(차)	당좌예금	4,000,000	(대)	자 본 금	5,000,000
	신주청약증거금	3,000,000		주식발행초과금	2,000,000

자습문제 13-3 다음 거래를 분개하시오.

(1) (주)신바람은 주식 2,000주를 주당 ₩9,000(액면단가 ₩5,000)에 발행하기로 하고 주식을 공모하다. 주식의 청약은 4,000주가 이루어졌으며 주식의 청약시 청약증거금으로 주당 ₩4,000씩을 납입받아 당좌예입하다.

(2) (주)신바람은 위의 주식에 대하여 2,000주를 배정하고 나머지 2,000주의 청약증거금은 수표를 발행하여 지급하다.

(3) (주)신바람은 납입기간 내에 배정된 2,000주에 대하여 나머지 주금을 납입 받아 당좌예입하고 신주를 발행·교부하다.

3) 주식의 재취득(감자)에 관한 회계처리

주식회사의 자본금을 감소시키는 방법에는 발행된 주식을 매입하여 소각하는 방법과 발행주식수는 그대로 유지하면서 액면금액만을 줄이는 방법으로 구분된다. 이를 **減資**라 하며, 감자에는 형식적 감자와 실질적 감자로 나뉜다. 감자시 자본금의 감소액은 매입·소각된 주식의 총액면금액 또는 발행된 주식의 액면금액의 총감소액이 된다. 감자시 발생하는 이득은 주주와의 거래에서 발생한 것이므로 자본잉여금인 감자차익계정으로 처리한다.

(1) 형식적 감자

形式的 減資란 법정자본금은 감소하지만, 순자산가액은 변동되지 않는 경우로 예를 들면, 자본금을 감소시키면서 그 대가를 주주에게 지급하지 않고 이월결손금을 보전하는 경우를 들 수 있다. 이러한 의미에서 형식적 감자를 **무상감자**라고도 한다. 이때 법정자본금을 줄이기 위하여 액면단가는 그대로 유지하면서 발행주식수를 감소시키거나 또는 발행주식수는 그대로 유지하면서 액면단가를 줄이게 된다. 전자를 주식의 병합(併合)이라 하며, 후자를 주금액의 절삭(切削)이라 한다.

여기서 사용된 **株式併合**(reverse stock split)이라는 용어는 이와는 달리 발행주식수를 줄이면서 같은 비율로 액면단가를 증가시키는 경우에도 사용된다. 즉, 발행주식수가 1,000주이고 액면단가가 ₩1,000인 경우 이를 발행주식수는 200주로 하면서 액면단가를 ₩5,000으로 하는 것을 말한다. 따라서 이러한 경우에는 법정자본금에 영향을 미치지 않으므로 회계처리의 대상이 아니다. 이에 대비되는 개념을 **株式分割**(stock split)이라 한다.

주식분할이란 액면단가를 줄이면서 같은 비율로 발행주식수를 증가시키는 경우로, 예를 들면 발행주식수가 1,000주이고 액면단가가 ₩10,000인 경우 액면단가를 ₩5,000으로 줄이면서 발행주식수를 2,000주로 하는 것이다. 자본금의 변동없이 이루어지는 주식병합과 주식분할은 시장에서 주식의 매매를 원활하게 하기 위한 수단으로 이용된다.

예제 13-4 **형식적 감자**

이월결손금이 누적된 (주)너와나는 20×4년 3월 5일 주주총회에서 이월결손금을 보전하기 위해 액면단가는 그대로 유지하면서 발행주식수만 3대 1로 병합하기로 하다. 20×4년 3월 5일 현재 (주)너와나의 자본과 관련된 자료는 다음과 같다고 하자.

자 본 금(발행주식수 3,000주, 액면단가 ₩5,000)	₩15,000,000
이월결손금	(8,000,000)
	₩7,000,000

이러한 경우 회계처리의 결과는 다음과 같다. 발행주식수가 3,000주에서 1,000주로 감소하므로 법정자본금은 ₩10,000,000(=2,000주×₩5,000)이 감소하면서 이월결손금 ₩8,000,000과 상계된다. 이때 ₩2,000,000의 이익은 자본잉여금인 감자차익으로 계상한다.

(차)	자 본 금	10,000,000	(대) 이월결손금	8,000,000
			감자차익	2,000,000

형식적 감자 후 (주)너와나의 자본은 다음과 같이 변동된다. 감자 결과 자본의 구성항목에는 감자전과 차이가 있으나 순자산가액은 ₩7,000,000으로 같다.

자 본 금(발행주식수 1,000주, 액면단가 ₩5,000)	₩5,000,000
감자차익	2,000,000
	₩7,000,000

자습문제 13-4 다음 거래를 분개하시오.

(1) (주)결손은 이월결손금 ₩4,000,000을 보전하기 위하여 발행주식(발행주식수 2,000주, 액면단가 ₩5,000)을 액면금액은 그대로 유지하면서 발행주식수만을 2대 1로 병합하다.

(2) (주)결손은 이월결손금 ₩8,000,000을 보전하기 위하여 발행주식(발행주식수 2,000주, 액면단가 ₩10,000)을 발행주식수는 그대로 유지하면서 액면금액을 주당 ₩5,000으로 절삭하다.

(2) 실질적 감자 : 자기주식의 회계처리

實質的 減資란 발행된 주식을 매입·소각하면서 그 대가를 주주에게 지급함으로써 법정자본금이 감소하고 **순자산**이 **감소**하는 경우를 말한다. 이러한 실질적 감자를 위해서는 발행된 주식을 재취득하여야 하는데, 재취득한 주식을 **自己株式**이라 한다.

자기주식의 취득을 통하여 주가의 조작이 이루어질 수 있으므로 관련법규에서는 이를 엄격히 제한하고 있다. 그러나 소각을 위하여 또는 합병 등으로 인하여 불가피한 경우에는 이를 허용하고 있다. 불가피하게 자기주식을 취득한 경우에는 일정기간 내에 이를 처분하여야 한다. 따라서 자기주식에 대한 회계처리과정은 자기주식의 취득과 재발행 및 소각으로 나눌 수 있다. 자기주식에 대한 회계처리방법에는 액면법과 원가법이 있으나 회계기준에서는 **원가법**만을 인정하고 있으므로 원가법만을 설명하기로 한다.

자기주식에 대한 회계처리시 원가법이란 일반적인 자산과 마찬가지로 자기주식의 취득시 차변에 자기주식계정을 취득원가로 계상하고, 재발행시 대변에 자기주식계정을 취득원가로 기입하는 방법을 말한다. 따라서 재발행시 재발행가액(처분가액)과 취득원가가 다른 경우에는 이득이나 손실이 발생한다. 자기주식의 취득이나 처분은 주주와의 거래이므로 이때 발생하는 이득이나 손실은 당기순손익으로 처리할 수 없다. 그리하여 재발행가액보다 취득원가가 작아 차익이 발생하는 경우에는 대변에 **자본잉여금**인 **자기주식처분이익계정**으로 기입하고, 반대로 재발행가액보다 취득원가가 커 **손실**이 발생하는 경우에는 차변에 **자기주식처분이익계정**으로 기입하며, 자기주식처분이익이 없는 경우에는 **자기주식처분손실계정**으로 기입한 다음, 자본의 차감항목인 자본조정으로 분류하고 결손금처리순서에 따라 처리한다.

그리고 취득한 자기주식을 **소각**하는 경우에는 감자가 이루어진 것으로, 해당 주식의 발행시 대변에 기입한 자본금과 주식발행초과금을 감소시키기 위하여 차변에 자본금계정을 액면총액으로 그리고 발행시 계상한 주식발행초과금계정을 기입하고 대변에는 자기주식을 취득원가로 기입한다. 이때 차변에 기입되는 금액(발행가액)과 대변에 기입되는 금액(자기주식의 취득원가)이 같지 않는 경우에는 차익이나 차손이 발생한다. 감자로 인한 **차익**은 자본잉여금인 **감자차익계정**으로, **차손**인 경우에는 감자차익에서 우선적으로 차감하고 나머지는 감자차손으로 기입하며, 결손금의 처리순서에 준하여 처리한다. 지금까지 설명한 자기주식에 대한 회계처리과정을 정리하면 다음과 같다. 아래 분개에서 ( )로 표시된 내용은 손실이 발생한 경우이다.

① 취 득 시	(차)	자기주식(취득원가)	×××	(대)	현 금	×××
② 재발행시	(차)	현 금	×××	(대)	자기주식(취득원가)	×××
		(자기주식처분이익	×××)		자기주식처분이익	×××
		(자기주식처분손실	×××)			
③ 소 각 시	(차)	자 본 금(액면가액)	×××	(대)	자기주식(취득원가)	×××
		주식발행초과금	×××		감자차익	×××
		감자차익	×××			
		(감자차손	×××)			

취득한 자기주식을 재발행하거나 소각하지 않은 경우에는 재무상태표상 자본총계에서 차감하는 형식으로 기재한다. 따라서 자기주식은 자본을 감소시키는 **자본조정**으로 분류한다.

예제 13-5 **자기주식의 회계처리**

(주)자주는 액면 ₩10,000의 주식을 ₩12,000에 1,000주를 발행하여 설립하였다. 자기주식과 관련된 일련의 거래가 다음과 같이 발생하였다고 하자.

(1) 자기주식 5주를 ₩11,000에 취득하다.
(2) 상기 자기주식 중 1주를 ₩12,000에 재발행하다.
(3) 상기 자기주식 중 1주를 ₩9,000에 재발행하다.
(4) 상기 자기주식 중 2주를 소각하다.

이상의 거래를 회계처리하면 다음과 같다.

(1)	(차) 자기주식	55,000	(대)	현 금	55,000
(2)	(차) 현 금	12,000	(대)	자기주식	11,000
				자기주식처분이익	1,000
(3)	(차) 현 금	9,000	(대)	자기주식	11,000
	자기주식처분이익	1,000			
	자기주식처분손실	1,000			
(4)	(차) 자 본 금	20,000	(대)	자기주식	22,000
	주식발행초과금	4,000		감자차익	2,000

(2)의 경우 처분가액 ₩12,000과 취득원가 ₩11,000과의 차액을 자기주식처분이익으로 처리

(3)의 경우 처분가액 ₩9,000과 취득원가 ₩11,000과의 차액 ₩2,000을 먼저 자기주식처분이익계정 ₩1,000으로 처리하고 부족한 잔액 ₩1,000은 자기주식처분손실(자본조정)로 처리

(4)의 경우 액면가액 ₩20,000 및 주식발행초과금 ₩4,000과 취득원가 ₩22,000과의 차액 ₩2,000을 감자 시 발생한 차익이므로 감자차익(자본잉여금)으로 처리

자습문제 13-5 **다음 (주)자주의 자기주식과 관련된 일련의 거래를 분개하시오.**

(주)자주는 액면 ₩5,000의 주식을 ₩8,000에 1,000주를 발행하여 설립하였다. 자기주식과 관련된 일련의 거래가 다음과 같이 발생하였다.

(1) 자기주식 5주를 ₩10,000에 취득하다.
(2) 상기 자기주식 중 1주를 ₩12,000에 재발행하다.
(3) 상기 자기주식 중 2주를 ₩8,000에 재발행하다.
(4) 상기 자기주식 중 1주를 소각하다.

5 자본잉여금

資本剩餘金은 증자활동이나 감자활동 및 기타자본과 관련된 거래에서 발생한 잉여금으로, 이익잉여금과는 달리 손익계산서를 거치지 않고 직접 재무상태표에 계상되며, 자본전입이나 결손보전 등의 목적 이외에는 사용할 수 없다. 기업회계기준상 자본잉여금은 다음과 같이 분류한다.

자본잉여금 ─┬─ 주식발행초과금
　　　　　　└─ 기타자본잉여금 : 감자차익, 전환권대가, 신주인수권대가, 자기주식처분이익 등

1) 자본잉여금

資本剩餘金은 주식발행초과금과 기타자본잉여금으로 구분된다.

(1) 주식발행초과금

株式發行超過金은 주식의 발행시 발행가액이 액면가액을 초과한 경우 그 초과액으로 주주로부터 납입된 것이다.

(2) 기타자본잉여금

기타자본잉여금에는 감자차익·전환권대가·신주인수권대가 및 자기주식처분이익 등이 포함된다. 감자차익과 자기주식처분이익은 감자와 자기주식에 대한 회계처리시 설명하였다. 전환권대가는 전환사채의 발행시 발생하며 전환사채의 발행가액(액면가액)과 일반사채의 발행가액의 차액을 말한다. 신주인수권대가는 신주인수권부사채의 발행시 발생하며, 원칙적으로 당해 신주인수권부사채의 발행가액에서 액면금액과 총이자액을 적정한 이자율로 할인한 가액을 차감하여 산정한다.

6 이익잉여금

1) 이익잉여금의 의의와 분류

利益剩餘金(retained earnings)이란 기업의 창립 이후 창출한 경영성과중 배당이나 자본에 전입하지 않고 기업내 유보된 것을 말한다. 기업회계기준상 이익잉여금은 다음과 같이 분류한다.

- 이익잉여금
  - 법정적립금
    - 이익준비금
    - 기타법정적립금
  - 임의적립금 : 배당평균적립금, 결손보전적립금, 감채적립금 등
  - 차기이월미처분이익잉여금 또는 차기이월미처리결손금

2) 이익준비금

利益準備金은 상법에 의하여 강제적으로 적립되는 법정적립금으로, 이는 기업의 재무구조를 견고하게 하기 위한 취지에서 마련된 규정이다. 회계기준상 이익준비금은 상법의 규정에 의하여 매결산기의 주식배당이 아닌 이익배당액의 10분의 1 이상의 금액을 적립하는 금액으로 하며, 이익준비금의 총액이 자본금의 2분의 1에 달한 경우에는 그 이상 적립할 수 없도록 하고 있다. 따라서 이익준비금은 배당에는 사용할 수 없고 결손보전이나 자본전입에만 사용할 수 있다.

3) 기타법정적립금

其他法定積立金은 상법이 아닌 기타 관련법규에 의하여 적립되는 법정적립금이다.

4) 임의적립금

任意積立金은 법정적립금과는 달리 그 적립에 법정규제가 있는 것이 아니다. 임의적립금에는 감채적립금, 사업확장적립금, 배당평균적립금, 퇴직급여적립금, 결손보전적립금 및 별도적립금 등이 포함되며, 이들은 제3자와의 계약에 의하여(예를 들면, 감채적립금), 또는 정관이나 주주총회의 결의에 의하여(예를 들면, 사업확장적립금, 배당평균적립금, 결손보전적립금 등) 처분전이익잉여금 중 일부를 배당하지 않고 기업 내 유보한 것을 말한다. 따라서 임의적립금은 적립목적이 달성되지 않은 경우에도 주주총회의 결의에 따라 해제하여 적립목적을 변경하거나 또는 배당에 사용할 수 있다. 임의적립금은 소극적 적립금과 적극적 적립금으로 구분된다.

(1) 소극적 적립금

消極的 積立金이란 장래에 발생할 손실이나 순자산의 감소에 대비하기 위하여 설정되는 적립금으로, 적립사유가 발생하면 이익잉여금이 감소된다. 소극적 적립금에는 배당평균적립금, 결손보전적립금, 재해손실적립금, 퇴직급여적립금 등이 포함된다.

예제 13-6 **임의적립금**

(주)희망은 전기말까지 주주에 대한 안정적 배당을 위해 퇴직급여적립금으로 ₩80,000,000을 적립하였다. 당기중 부족한 배당금을 보충하기 위해 배당평균적립금 ₩30,000,000을 현금으로 지급하였다고 하자. 이에 대한 회계처리는 다음과 같다.

(차)	배당평균적립금	30,000,000	(대)	현 금	30,000,000

(2) 적극적 적립금

積極的 積立金은 부채의 상환이나 자산을 증가시키기 위하여 설정되는 적립금으로, 적립목적이 달성된 후에도 이익잉여금총액은 변동되지 않고 해당 임의적립금은 다른 임의적립금인 별도적립금 등에 대체되어 그대로 남게 된다. 이에는 사업확장적립금 및 감채적립금 등이 포함된다.

5) 이익잉여금의 증감원인과 변동과정

이익잉여금의 증감원인에는 당기순손익, 현금배당과 주식배당, 주식할인발행차금상각, 자기주식처분손실잔액, 상환주식의 상환액, 이익잉여금의 자본전입 및 자본금이나 자본잉여금에 의한 결손금의 보전 등을 들 수 있다. 이익잉여금의 증감원인을 T계정에 기입하면 [표 13-3]과 같다.

표 13-3 이익잉여금의 증감원인

차 변(감소)	대 변(증가)
당기순손실(P/L)	당기순이익(P/L)
현금 및 주식배당	자본금이나 자본잉여금에 의한 결손금보전
주식할인발행차금상각	
자기주식처분손실보전액	
감자차손보전액	
상환주식상환액	
이익잉여금의 자본전입	

이후 이익잉여금 변동내용에 대한 회계처리과정은 발생순서별로 정리하기로 한다.

(1) 당기순손익의 대체

결산과정에서 장부마감이 이루어지면 수익(이득)과 비용(손실)항목은 집합손익계정으로 대체되어 집합손익계정에서 당기순손익이 산출되고, 당기순손익은 자본계정인 이익잉여금으로 대체된다. 이때 이익잉여금은 당기의 경영성과에 대한 처분전의 금액으로 구체적으로 처분전이익잉여금계정이나 처리전결손금계정을 지칭한다. 처분전이익잉여금이나 처리전결손금은 전기이월이익잉여금이나 전기이월결손금에 당기순손익이 가감된 것으로, 그 결과가 이익잉여금인 경우에는 처분전이익잉여금계정으로 결손금인 경우에는 처리전결손금계정으로 처리한다.

따라서 당기순손익을 집합손익계정에서 처분전이익잉여금계정이나 처리전결손금계정으로 대체하는 경우 전기이월이익잉여금이나 전기이월결손금도 이월이익잉여금계정이나 이월결손금계정에서 처분전이익잉여금계정이나 처리전결손금계정으로 대체가 이루어지게 된다.

(가) 전기이월이익잉여금계정의 잔액이 있는 경우

① 장부마감 결과 당기말 처분전이익잉여금이 계상되는 경우

ⓐ 당기순이익	(차)	이월이익잉여금	×××	(대)	미처분이익잉여금	×××
		손　　익	×××			
ⓑ 당기순손실	(차)	이월이익잉여금	×××	(대)	손　　익	×××
		미처분이익잉여금	×××			

② 장부마감 결과 당기말 처리전결손금이 계상되는 경우(당기순이익인 경우에는 발생할 수 없음)

ⓐ 당기순손실	(차)	이월이익잉여금	×××	(대)	손　　익	×××
		미처리결손금	×××			

(나) 전기이월결손금계정의 잔액이 있는 경우

① 장부마감 결과 당기말 처분전이익잉여금이 계상되는 경우(당기순손실인 경우에는 발생할 수 없음)

ⓐ 당기순이익	(차)	손　　익	×××	(대)	이월결손금	×××
					처분전이익잉여금	×××

② 장부마감 결과 당기말 처리전결손금이 계상되는 경우

ⓐ 당기순이익	(차)	손　　익	×××	(대)	이월결손금	×××
		미처리결손금	×××			
ⓑ 당기순손실	(차)	미처리결손금	×××	(대)	이월결손금	×××
					손　　익	×××

예제 13-7 **당기순손익의 대체**

예 1] (주)신바람의 전기이월이익잉여금은 ₩50,000이고 당기순손익은 각각 다음과 같다고 하자.

① 당기순이익 ₩60,000 ② 당기순손실 ₩30,000 ③ 당기순손실 ₩80,000

(주)신바람의 각각 당기순손익에 따른 회계처리는 다음과 같다.

		차변	금액		대변	금액
①	(차)	이월이익잉여금	50,000	(대)	미처분이익잉여금	110,000
		손 익	60,000			
②	(차)	이월이익잉여금	50,000	(대)	손 익	30,000
					미처분이익잉여금	20,000
③	(차)	이월이익잉여금	50,000	(대)	손 익	80,000
		미처리결손금	30,000			

예 2] (주)푸른솔의 전기이월결손금은 ₩30,000이고 당기순손익은 각각 다음과 같다고 하자.

① 당기순이익 ₩50,000 ② 당기순이익 ₩20,000 ③ 당기순손실 ₩10,000

(주)푸른솔의 각각 당기순손익에 따른 회계처리는 다음과 같다.

		차변	금액		대변	금액
①	(차)	손 익	50,000	(대)	이월결손금	30,000
					미처분이익잉여금	20,000
②	(차)	손 익	20,000	(대)	이월결손금	30,000
		미처리결손금	10,000			
③	(차)	미처리결손금	40,000	(대)	이월결손금	30,000
					손 익	10,000

자습문제 13-6 다음 거래를 분개하시오.

(1) 당기순이익 ₩100,000을 대체하다. 전기이월이익잉여금의 잔액은 ₩50,000이다.
(2) 당기순손실 ₩30,000을 대체하다. 전기이월이익잉여금의 잔액은 ₩50,000이다.
(3) 당기순손실 ₩130,000을 대체하다. 전기이월이익잉여금의 잔액은 ₩50,000이다.
(4) 당기순이익 ₩100,000을 대체하다. 전기이월결손금의 잔액은 ₩60,000이다.
(5) 당기순이익 ₩50,000을 대체하다. 전기이월결손금의 잔액은 ₩60,000이다.
(6) 당기순손실 ₩30,000을 대체하다. 전기이월결손금의 잔액은 ₩60,000이다.

(2) 미처분이익잉여금의 처분(미처리결손금의 처리)

결산시에 확정된 처분전이익잉여금이나 처리전결손금은 차기의 주주총회에서 그 처분이나 처리가 이루어진다. 따라서 기업회계기준서에서는 재무상태표상 이익잉여금이나 결손금을 당기의 이익잉여금처분계산서 또는 결손금처리계산서의 처분내용을 반영하기 전의 금액, 즉 미처분이익잉여금 또는 미처리결손금으로 계상하도록 하고 있다.

(가) 미처분이익잉여금의 처분

먼저 미처분이익잉여금의 처분과정을 살펴보면 다음과 같다. 과거에 적립하였던 임의적립금은 다른 임의적립금에 대체하거나 아니면 배당에 사용할 수 있으므로 이러한 결의가 있는 경우에는 먼저 사용하고자 하는 임의적립금계정을 처분전이익잉여금계정으로 대체하여야 하는데, 이를 임의적립금의 이입이라 한다. 따라서 임의적립금이 이입된 경우에는 당기말 처분전이익잉여금에 임의적립금이입액을 가산한 금액이 처분가능한 금액이 되며, 이 금액에서 처분결의된 금액을 차감한 잔액은 차기로 이월되는 이월이익잉여금으로 이월이익잉여금계정으로 대체된다. 이상의 회계처리과정을 정리하면 다음과 같다.

① 임의적립금의 이입

(차)	(임의적립금)계정	×××	(대)	미처분이익잉여금	×××

② 이익잉여금의 처분

(차)	미처분이익잉여금	×××	(대)	이익준비금	×××(상법*[1])
				(기타법정적립금)계정	×××(관계법규)
				(임의적립금)계정	×××(임의적립)
				미지급배당금	×××(현금배당)
				미교부주식배당금	×××(주식배당)
				주식할인발행차금상각	×××(상각액*[2])
				이월이익잉여금	×××

*1. 이익준비금의 적립액은 주식배당이 아닌 이익배당의 10분의 1 이상으로 한다.
2. 주식할인발행차금상각액은 계상년도부터 3년 이내에 균등액 상각
3. 고딕체 부분은 잉여금 상호간의 거래로 이익잉여금의 증감은 이루어지지 않고 계정과목만 재분류되며, 나머지의 처분내용만이 실질적으로 이익잉여금을 감소시킨다.

(나) 미처리결손금의 처리

미처리결손금의 경우에는 임의적립금, 기타법정적립금, 이익준비금 및 자본잉여금 순으로 보전하고 그 잔액은 차기이월결손금계정으로 대체된다. 결손금이 이익잉여금으로 보전되는 경우 이는 이익잉여금 상호간의 거래로 이익잉여금총액에는 변동이 없으나, 자본잉여금으로 보전한 경우 이익잉여금은 증가(결손금 감소로)하나 자본잉여금은 감소하게 된다. 처리전결손금의 처리과정에 대한 회계처리는 다음과 같다.

(차)	(임의적립금)계정	×××	(대) 미처리결손금	×××
	(기타법정적립금)계정	×××		
	이익준비금	×××		
	(자본준비금)계정	×××		
	이월결손금	×××		

(3) 배 당

配當이란 기업의 경영성과를 주주에게 보상의 의미로 지급하는 것으로, 이에는 **현금배당**과 **주식배당** 등이 있다. 현금배당과 주식배당에 관한 회계처리과정을 설명하면 다음과 같다.

(가) 현금배당

배당과 관련된 주요 사건일은 배당기준일, 배당선언일 및 배당지급일로 구분된다. 배당기준일이란 배당금의 지급대상이 되는 주주명부를 확정하는 날을 의미하며 회계처리에는 영향을 미치지 않는다. 따라서 배당선언일에 선언된 배당금은 배당기준일 시점의 주주명부에 등록되어 있는 주주에게 지급된다. 각각에 대한 회계처리는 다음과 같다.

① 배당기준일 : 회계처리는 불필요
② 배당선언일 : (차) 미처분이익잉여금 ××× (대) 미지급배당금 ×××
③ 배당지급일 : (차) 미지급배당금 ××× (대) 현 금 ×××

(나) 주식배당

주식배당은 앞에서 설명한 것처럼 이익잉여금의 **자본전입**을 의미한다. 주식배당시 회계처리상 문제는 현금이 개입하지 않았으므로 차변에 기입되는 이익잉여금을 얼마만큼 감소시킬 것인가 하는 점이다. 이에는 발행되는 보통주의 시가법과 액면법이 있다. 시가법은 주식배당으로 발행되는 주식의 시가총액만큼 이익잉여금을 감소시키며, 액면법은 주식배당으로 발행되는 주식의 액면총액만큼 이익잉여금을 감소시킨다. 기업회계기준에서는 이에 대한 규정이 없으며, 상법에서는 액면금액을 기준으로 하고 있다. 다만, 투자자 입장에서 주식배당을 받은 경우 주식배당액을 액면금액이나, 액면금액과 발행금액이 다른 경우 발행금액으로 하도록 하고 있다. 액면법에 의한 회계처리과정을 정리하면 다음과 같다.

① 배당선언일 : (차) 미처분이익잉여금 ××× (대) 미교부주식배당금 ×××
② 주식발행일 : (차) 미교부주식배당금 ××× (대) 자 본 금 ×××

6) 이익잉여금처분계산서와 결손금처리계산서

지금까지 앞에서 설명한 이익잉여금의 변동내용을 반영·보고하기 위하여 작성하는 재무보고서를 利益剩餘金處分計算書 또는 缺損金處理計算書(statement of retained earnings)라 한다. 기업회계기준상 이익잉여금처분계산서와 결손금처리계산서의 양식은 다음과 같다.

표 13-4 이익잉여금처분계산서 및 결손금처리계산서

이익잉여금처분계산서

(회계기간)

(회사명) (처분예정일) (처분확정일) (단위 : 원)

과목	금액	금액
Ⅰ. 미처분이익잉여금		
1. 전기이월미처분이익잉여금(또는 전기이월미처리결손금)	×××	
2. 회계정책변경누적효과	×××	
3. 전기오류수정	×××	
4. 중간 배당액	(×××)	
5. 당기순이익(또는 당기순손실)	×××	×××
Ⅱ. 임의적립금이입액		
1. ××적립금	×××	
2. ××적립금	×××	×××
Ⅲ. 이익잉여금처분액		
1. 이익준비금	×××	
2. 기타법정적립금	×××	
3. 배 당 금	×××	
가. 현 금 배 당	(×××)	
나. 주 식 배 당	(×××)	
4. ××적립금	×××	(×××)
Ⅳ. 차기이월미처분이익잉여금		×××

결손금처리계산서

(회계기간)

(회사명) (처분예정일) (처분확정일) (단위 : 원)

과목	금액	금액
Ⅰ. 미처리결손금		
1. 전기이월미처분이익잉여금(또는 전기이월결손금)	×××	
2. 회계정책변경누적효과	×××	
3. 전기오류수정	×××	
4. 중간 배당액	(×××)	
5. 당기순이익(또는 당기순손실)	×××	×××
Ⅱ. 결손금처리액		
1. 임의적립금이입액	×××	
2. 법정적립금이입액	×××	
3. 자본잉여금이입액	×××	(×××)
Ⅳ. 차기이월미처리결손금		×××

예제 13-8 이익잉여금처분계산서

(주)신바람의 이익잉여금 내용이 다음과 같다고 하자.

전기이월이익미처분잉여금	₩110,000
당기순이익	300,000
별도적립금 이입	50,000
처분전이익잉여금의 처분	
이익준비금 적립	30,000
배당평균적립금 적립	100,000
현금배당 결의	300,000

이상의 자료를 단계별로 회계처리한 후 이익잉여금처분계산서를 작성하면 다음과 같다.

① 당기순이익의 대체

(차)	이월이익잉여금	110,000	(대)	미처분이익잉여금	410,000
	손 익	300,000			

② 임의적립금 이입

(차)	별도적립금	50,000	(대)	미처분이익잉여금	50,000

③ 이익잉여금 처분

(차)	미처분이익잉여금	460,000	(대)	이익준비금	30,000
				배당평균적립금	100,000
				미지급배당금	300,000
				이월이익미처분잉여금	30,000

이익잉여금처분계산서

Ⅰ. 미처분이익잉여금		
1. 전기이월미처분이익잉여금	110,000	
2. 당기순이익	300,000	410,000
Ⅱ. 임의적립금이입액		
1. 별도적립금이입	50,000	50,000
Ⅲ. 이익잉여금처분액		
1. 이익준비금	30,000	
2. 배당평균적립금	100,000	
3. 현금배당	300,000	(430,000)
Ⅳ. 차기이월미처분이익잉여금		30,000

자습문제 13-7 다음 이익잉여금의 변동내용을 단계별로 분개하고 이익잉여금처분계산서나 결손금처리계산서를 작성하시오.

(1) (주)신바람의 이익잉여금 내용

전기이월미처리결손금	₩180,000
당기순이익	800,000
별도적립금 이입	50,000
미처분이익잉여금의 처분	
이익준비금 적립	40,000
배당평균적립금 적립	200,000
현금배당 결의	400,000

자습문제 13-8 20×4년 중에 발생한 서울회사의 이익잉여금처분계산서 관련자료와 기타자료는 다음과 같다. 서울회사는 금전에 의한 배당액의 15%를 이익준비금으로 적립할 것을 결의하였다. 이하의 모든 사항들은 20×5년 2월 1일에 개최된 이사회에서 승인되고, 이후 주주총회에서 변경없이 확정되었다. 기업회계기준에 따라 이익잉여금처분계산서를 작성할 때 서울회사의 차기이월미처분이익잉여금을 구하시오.

현금배당	₩800,000	주식배당	₩9,000,000
당기순이익	8,500,000	중간배당	500,000
배당건설이자상각	500,000	전기이월미처분이익잉여금	50,000,000
사업확장적립금으로 처분	200,000	재무구조개선적립금으로 처분	900,000
감채기금적립금으로부터 이입액	2,000,000		

자습문제 13-9 대전회사는 다음 (보기)의 잉여금으로 20×4년도 결손금을 보전하기로 결정하였다. 결손금보전순서를 열거하시오.

ⓐ 자기주식처분이익	ⓑ 이익준비금	ⓒ 배당평균적립금
ⓓ 이월이익미처분잉여금	ⓔ 주식발행초과금	

7 자본조정

資本調整은 자본금, 자본잉여금 및 이익잉여금이 아니면서 재무상태조표상 자본에 계상되는 것으로, 자본을 증가시키거나 감소시키는 역할을 한다. 자본조정에는 자기주식, 주식할인발행차금, 자기주식처분손실, 감자차손, 주식매수선택권, 출자전환채무 등이 포함된다. 기업회계기준에서는 자본조성 중 자기주식은 별도 항목으로 구분하여 표시하도록 하고 있으며, 그 외의 항목은 기타자본조정으로 통합하여 표시할 수 있다.

8 기타포괄손익누계액

기타포괄손익누계액은 재평가잉여금, FVOCI증권평가손익, 해외사업환산손익 및 현금흐름위험회피 파생상품평가손익 등으로 구분하여 표시한다.

9 자본변동표

1) 자본변동표의 의의

資本變動表(statement of changes in equity)는 자본의 변동내용에 대한 포괄적인 정보를 제공한다. 자본변동표는 재무상태표에 표시되어 있는 자본의 변동내용을 설명하는 재무보고서로서, 자본을 구성하고 있는 모든 항목의 변동내용에 대한 정보를 제공하게 된다. 회계기준에서는 자본변동표를 재무제표로 포함시키고 대신에 이익잉여금처분계산서를 주석에 보고하도록 하고 있다.

자본변동표는 재무제표간의 연계성을 제고시키며 재무제표의 이해가능성을 높인다. 재무상태표에 표시되어 있는 자본의 기초잔액과 기말잔액을 모두 제시함으로써 재무상태표와 연결할 수 있고, 자본의 변동내용은 손익계산서와 현금흐름표에 나타난 정보와 연결할 수 있어 정보이용자들이 보다 명확히 재무제표간의 관계를 파악할 수 있게 된다.

자본변동표는 손익계산서를 거치지 않고 재무상태표의 자본에 직접 가감되는 항목에 대한 정보를 제공한다. 이러한 항목에는 FVOCI금융자산평가손익 또는 해외사업환산손익 등과 같은 미실현손익이 포함되는데, 자본변동표는 이러한 미실현손익의 변동내용을 나타냄으로써 손익계산서로는 전부 나타낼 수 없는 포괄적인 경영성과에 대한 정보를 직접적 또는 간접적으로 제공하게 된다.

2) 자본변동표의 양식

자본변동표는 자본금, 자본잉여금, 자본조정, 기타포괄손익누계액 및 이익잉여금 등의 자본구성항목을 각 항목별로 기초잔액과 변동사항 및 기말잔액으로 표시한다. 기초잔액은 전기말의 금액이고 기말잔액은 기초잔액에 기중변동사항을 가감한 것으로 각 항목별 변동사항이 자본변동표의 핵심정보라고 말할 수 있다.

자본변동표는 두 가지 양식 즉 행렬식과 직렬식이 있으며, 어떤 양식도 가능하다. 행렬식은 가로줄에 자본을 구성하는 항목 5가지를 나열하고, 세로줄에 기초잔액, 변동사항 및 기말잔액을 표시한다. 직렬식은 자본항목을 자본금부터 순서대로 기초잔액, 변동사항 및 기말잔액을 표시하는 방법이다.

다음에 제시하는 자본변동표 양식은 행렬식이다.

자본변동표(행렬식)

회사명　　제×기 20××년 1월 1일부터　20××년 12월 31일까지　　(단위 : 원)

구 분	자본금	자본잉여금	자본조정	기타포괄손익누계액	이익잉여금	총 계
20××. 1. 1(보고금액)	×××	×××	×××	×××	×××	×××
회계정책변경 누적효과					(×××)	(×××)
전기오류수정					(×××)	(×××)
수정후 이익잉여금					×××	×××
연차배당					(×××)	(×××)
처분후이익잉여금					×××	×××
중간배당					(×××)	(×××)
유상 증자(감자)	×××	×××				×××
당기순이익(손실)					×××	×××
자기주식 취득			(×××)			(×××)
해외사업환산손실				(×××)		(×××)
20××. 12. 31	×××	×××	×××	×××	×××	×××

예제 13-9 자본변동표의 작성

(주)목원의 20×4년 1월 1일 재무상태표상의 자본은 다음과 같다.

보통주 자본금	₩500,000
자본잉여금(주식발행초과금)	250,000
이익잉여금	100,000

20×4년의 자본과 관련된 거래내용은 다음과 같다.

(1) 3월 2일 주주총회에서 이익잉여금 처분항목으로 이익준비금 ₩10,000, 현금배당 ₩50,000을 의결하다. 배당금은 의결 직후 지급되었다.

(2) 5월 1일에 보통주 40주(액면단가 ₩5,000)를 ₩400,000에 발행하고 현금으로 납입받다.

(3) 12월 1일에 자사주 5주를 ₩30,000에 매입하다.

(4) 12월 31일 결산일에 FVOCI금융자산을 공정가치로 평가한 결과 ₩30,000의 평가이익이 발생하였다.

(5) 12월 31일 결산을 한 결과 당기순이익이 ₩200,000 발생하였다.

이상의 거래를 반영해서 작성한 자본변동표는 다음과 같다.

자본변동표

(주)목원 20×4년 1월 1일부터 20×4년 12월 31일까지 (단위 : 천원)

	자본금	자본잉여금	자본조정	기타포괄손익누계액	이익잉여금	총 계
20×4. 1. 1(기초)	₩500	₩250	₩0	₩0	₩100	₩850
연차배당					(50)	(50)
처분 후 이익잉여금					₩50	₩800
유상증자	200	200				400
자기주식취득			(30)			(30)
FVOCI금융자산평가이익				30		30
당기순이익					200	200
20×4. 12. 31(기말)	₩700	₩450	₩(30)	₩30	₩250	₩1,400

*자본 구성항목의 증가 또는 감소를 일으킨 거래만이 자본변동표에 반영된다. 그런데 이익준비금의 적립은 다음 분개를 보면 알 수 있듯이 이익잉여금의 금액에는 영향을 미치지 않기 때문에 자본변동표에 나타나지 않는다.

(차) 미처분이익잉여금 10,000 (대) 이익준비금 10,000

연습문제

❖ 주관식 문제

13-1 다음 (주)자유의 자기주식과 관련된 일련의 거래를 분개하시오.

(주)자유는 액면 ₩5,000의 주식을 ₩9,000에 1,000주를 발행하여 설립하였다. 자기주식과 관련된 일련의 거래가 다음과 같이 발생하였다.

(1) 자기주식 100주를 ₩10,000에 취득하다.
(2) 상기 자기주식 중 10주를 ₩13,000에 재발행하다.
(3) 상기 자기주식 중 20주를 ₩8,000에 재발행하다.
(4) 상기 자기주식 중 30주를 소각하다.

13-2 다음 거래를 분개하시오.

(1) 당기순이익 ₩500,000을 대체하다. 전기이월미처분이익잉여금의 잔액은 ₩80,000이다.
(2) 당기순손실 ₩330,000을 대체하다. 전기이월미처분이익잉여금의 잔액은 ₩550,000이다.
(3) 당기순손실 ₩430,000을 대체하다. 전기이월미처분이익잉여금의 잔액은 ₩150,000이다.
(4) 당기순이익 ₩400,000을 대체하다. 전기이월미처리결손금의 잔액은 ₩260,000이다.
(5) 당기순이익 ₩450,000을 대체하다. 전기이월미처리결손금의 잔액은 ₩560,000이다.
(6) 당기순손실 ₩130,000을 대체하다. 전기이월미처리결손금의 잔액은 ₩160,000이다.

13-3 다음 이익잉여금의 변동내용을 단계별로 분개하고 이익잉여금처분계산서나 결손금처리계산서를 작성하시오.

(1) (주)신바람의 이익잉여금 내용

전기이월미처분이익잉여금	₩200,000
당기순이익	900,000
별도적립금 이입	150,000
미처분이익잉여금의 처분	
이익준비금 적립	?
퇴직급여적립금 적립	100,000
배당평균적립금 적립	200,000
현금배당 결의	500,000
주식할인발행차금상각	50,000

단, 이익준비금은 법정 최저액을 적립하기로 하다.

(2) (주)한우리의 이익잉여금 내용

전기이월미처리결손금	₩200,000
당기순손실	970,000
미처리결손금의 처리	
별도적립금 이입	100,000
배당평균적립금 이입	200,000
이익준비금 이입	400,000
주식발행초과금 이입	300,000

✤ 공무원시험(9급) 기출문제

1 (주)한국은 액면가액 ₩5,000인 보통주 100주를 주당 ₩15,000에 발행하였다. 발행대금은 전액 당좌예금에 입금하였으며, 주식 인쇄 등 주식발행과 직접 관련된 비용 ₩20,000을 현금 지급하였다. 유상증자 이전에 주식할인발행차금 미상각잔액 ₩400,000이 존재할 때, 동 유상증자 후 주식발행초과금의 잔액은?

① ₩100,000　　② ₩500,000
③ ₩580,000　　④ ₩980,000

2 20×4년 12월 31일 거래에 대한 회계처리과정에서 나타나는 계정과 금액으로 옳은 것은? 단, 자기주식의 회계처리는 원가법으로 한다.

> 20×4년 1월 1일 : 보통주자본금 ₩10,000, 주식발행초과금 ₩2,000, 이익잉여금 ₩1,000이다.
> 20×4년 4월 1일 : 자기주식 10주를 주당 ₩700에 취득하였다. 취득한 자기주식은 주당 ₩600(주당 액면금액 ₩500)에 발행한 보통주이었다.
> 20×4년 12월 1일: 20×4년 4월 1일에 취득한 자기주식 5주를 소각하였다.

① 자기주식처분손실 ₩1,000　　② 감자차손 ₩500
③ 감자차익 ₩500　　④ 자기주식처분이익 ₩1,000

3 자본에 영향을 미치는 거래에 해당되지 않는 것은?

① 정기주주총회에서 10%의 현금배당을 결의하다.
② 임차한 건물에 대한 임차료를 현금으로 지급하다.
③ 창고에 화재가 발생하여 보관중인 상품 중 일부가 소실되다.
④ 기계장치를 구입하고 대금 중 절반은 현금으로 지급하고 잔액은 외상으로 하다.

4 다음은 (주)한국의 20×3년 12월 31일 현재의 자본항목들이다. 이 자료를 이용하여 20×3년 12월 31일 현재의 자본잉여금을 계산하면?

자본금	₩50,000	자기주식	₩20,000
감자차익	10,000	해외사업환산이익	10,000
미교부주식배당금	20,000	감채적립금	20,000
결손보전적립금	5,000	주식발행초과금	30,000
이익준비금	5,000	자기주식처분손실	10,000

① ₩60,000 ② ₩50,000
③ ₩40,000 ④ ₩30,000

5 다음 각 항목이 재무상태표의 자본금, 이익잉여금 및 자본총계에 미치는 영향으로 옳지 않은 것은?

	항목	자본금	이익잉여금	자본총계
①	무상증자	증가	증가	증가
②	주식배당	증가	감소	불변
③	주식분할	불변	불변	불변
④	유상증자	증가	불변	증가

6 자본변동표의 금액에 변화를 초래하지 않는 것은?

① 자기주식 취득
② 유상증자
③ 회계정책의 변경으로 인한 누적효과
④ 이익잉여금의 법정적립금 처분

정답 1. ③ 2. ② 3. ④ 4. ③ 5. ① 6. ④

14 수 익

기업가치 증대 활동에서 가장 중요한 수익과 비용의 인식에 대하여 학습한다. 즉, 수익의 개념 및 인식의 기초, 생산완료시점의 수익인식, 진행기준에서 따른 수익인식, 판매기준에 따른 수익인식, 회수기준에 따른 수익인식, 비용인식에 대하여 학습한다.

종전까지 국제회계기준은 기준서 제1018호를 비롯하여 여러 개의 기준서와 해석서로 수익인식의 기준들이 흩어져 있었고 각 기준서마다 일관되지 못한 부분이 있었다. 이에 국제회계기준위원회가 기준서 제1115호를 공포하여 단일의 일관된 기준서를 마련하였다.

본 장에서는 기준서 제1115호 '고객과의 계약에서 생기는 수익'을 해석하여 설명하고, 종전까지 적용되어 오던 기준서 제1011호 '건설계약'을 비롯하여 해석서 제2113호 '고객충성제도', 제2115호 '부동산 건설약정', 제2118호 '고객으로부터의 자산이전', 그리고 제2031호 '수익: 광고용역의 교환거래'가 폐지되었다.

1 수익의 의의

기준서 제1115호에서는 수익(income)을 자산의 유입 또는 가치 증가나 부채의 감소 형태로 자본의 증가를 가져오는, 특정 회계기간에 생긴 경제적 효익의 증가로서, 지분참여자의 출연과 관련된 것은 제외하는 것으로 정의하고 있다. 자본 즉, 순자산의 증가를 수익으로 본다.

기준서 제1115호를 적용해야 하는 수인은 전술한 수익에 비해 그 범위가 다소 좁아진다. 왜냐하면 리스계약, 보험계약, 금융상품 계약[3] 및 같은 사업 영역에 있는 기업 사이의 비화폐성 교환에 대해서는 기준서 제1115호를 적용하지 않도록 규정하고 있기 때문이다(1115:5). 또한 계약상대방이 고객이 아니라면 기준서 제 1115호를 적용하지 않는다.

3) 리스계약은 기준서 제1116호, 보험계약은 기준서 제1104호, 그리고 금융상품은 기준서 제1109호, 제1110호 '연결재무제표', 제1111호 '공동약적', 제1027호 '별도재무제표', 제1028호 '관계기업과 공동기업에 대한 투자'를 적용하여 관련 수익을 인식한다.

수익인식의 핵심은 기업이 고객에게 약속한 재화나 용역의 이전을 나타내도록 해당 재화나 용역의 대가로 받을 권리를 갖게 될 것으로 예상하는 대가를 반영한 금액으로 수익을 인식해야 한다는 것이다. 그리고 고객이란 기업의 통상적인 활동의 산출물인 재화나 용역의 대가와 교환하여 획득하기로 그 기업과 계약[4)]한 당사자를 말한다.

2 수익인식의 5단계

국제회계기준은 수익을 인식하고 측정하는데 적용하는 기분으로, 5단계 접근법을 제시하고 있다.

1단계 : 고객과의 계약 식별

계약은 둘 이상의 당사자 사이에 집행 가능한 권리와 의무가 생기게 하는 합의이다.

2단계 : 수행의무 식별

재화나 용역들이 구별된다면 약속은 수행의무이고 별도로 회계처리한다.

3단계 : 거래가격 산정

거래가격은 고객에게 약속한 재화나 용역을 이전하고 그 대가로 기업이 받을 권리를 갖게 될 것으로 예상하는 금액이다.
그리고 거래가격을 산정할 때에는 ① 변동대가, ② 변동대가 추정치의 제약, ③ 계약에 있는 유 의적인 금융요소, ④ 비현금 대가, ⑤ 고객에게 지급할 대가가 미치는 영향을 모두 고려한다.

4단계 : 거래가격 배분

거래가격은 일반적으로 계약에서 약속한 각 구별되는 재화나 용역의 상대적 개별 판매가격을 기준으로 배분한다.

5단계 : 수행의무 이행(수익인식)

수행의무를 이행할 때 또는 기간에 걸쳐 이행하는 대로 수익을 인식한다. 고객이 재화나 용역을 통제하게 되는 때 수익을 인식한다. 기간에 걸쳐 이행하는 수행의무의 수익은 그 수행의무의 진 행률을 적절하게 측정하는 방법을 선택하여 기간에 걸쳐 인식한다.

예제 14-1 수익인식의 5단계

㈜목원은 20×1년 1월 1일 건설장비를 1,000,000에 현금 판매하면서 고객에게 10년간의 품질보증에 따른 정비용역을 제공하기로 하였다. 10년간의 정비용역에 대한 예상현재가치는 200,000원이며, 만일 품질보증이 없을 경우 건설장비는 900,000원에 판매한다. 이 경우 건설장비 판매와 품질보증계약이 고객과의 계약으로 식별되며, 수행의무는 건설장비 인도와 정비용역 제공으로 식별된다. 총 거래가격 1,000,000은 독립 판매가격 비율에 따라 건설장비 판매에 818,182(1,000,000 × 90/110), 정비용역 제공에 181,818(1,000,000 × 20/110)을 배분한다. 건설장비 판매수닉은 인도시점인 20×1년 1월 1일에 인식하고, 정비용역 제공에 따른 수익은 10

4) 계약은 둘 이상의 당사자 사이에 집행 가능한 권리와 의무가 생기게 하는 합의이다.

년에 걸쳐 합리적인 방법으로 인식한다고 가정했을 때 수익인식의 5단계에 따라 구분하시오.

1단계 : 고객과의 계약 식별 => 건설장비판매 및 품질보증계약
2단계 : 수행의무 식별 => 건설장비 인도, 정비용역 제공
3단계 : 거래가격 산정 => 1,000,000
4단계 : 거래가격 배분 => 건설장비 판매 818,182(1,000,000 × 90/110)
정비용역 제공 181,818(1,000,000 × 20/110)
5단계 : 수행의무 이행(수익인식) => 건설장비 인도시 수익인식
기간에 걸쳐 정비용역의 제공에 대해 10년에 걸쳐 합리적인 방법으로 수익인식

3 단계별 수익인식

1) 1단계 : 고객과의 계약 식별

다음의 5가지 기준을 모두 충족하는 때에만 기준서 제1115호의 적용범위에 포함되는 계약으로 회계처리한다(1115.9).

① 계약당사자들이 계약을 승인하고 각자의 의무를 수행하기로 확약한다.
② 이전할 재화나 용역과 관련된 각 당사자의 권리를 식별(identify)할 수 있다.
③ 이전할 재화나 용역의 지급조건을 식별할 수 있다.
④ 계약에 상업적 실질[5]이 있다.
⑤ 고객에게 이전할 재화나 용역에 대하여 받을 권리를 갖게 될 대가의 회수 가능성이 있다.

대가의 회수 가능성을 평가할 때에는 지급기일에 고객이 대가를 지급할 수 있는 능력과 지급할 의도만을 고려한다. 기업이 고객에게 가격할인(price concessions)을 제공할 수 있기 때문에 대가가 변동될 수 있다면, 기업이 받을 권리를 갖게 될 대가는 계약에 표시된 가격보다 적을 수 있다.

고객과의 계약에서 다음 기준 중 하나 이상을 충족한다면, 같은 고객(또는 고객의 특수관계자)과 동시에 또는 가까운 시기에 체결한 둘 이상의 계약을 결합하여 단일 계약으로 회계처리한다.

① 복수의 계약을 하나의 상업적 목적으로 일괄 협상한다.
② 한 계약에서 지급하는 대가는 다른 계약의 가격이나 수행에 따라 달라진다.
③ 복수의 계약에서 약속한 재화나 용역 또는 각 계약에서 약속한 재화나 용역의 일부는 단일

5) 상업적 실질은 계약의 결과로 기업의 미래 현금흐름의 위험, 시기, 금액이 변동될 것으로 예상되는 것을 의미한다.

수행의무에 해당한다.

앞에서 기술한 5가지 기준을 충족하지 못하지만 고객으로부터 대가를 받은 경우에는 다음 사건 중 어느 하나가 일어난 경우에만 받은 대가를 수익으로 인식하고 그렇지 않으면 부채로 인식한다.

① 고객에게 재화나 용역을 이전해야 하는 의무가 남아 있지 않고, 고객이 약속한 대가를 기업이 모두(또는 대부분) 받았으며, 그 대가는 환불되지 않는다.

② 계약이 종료되었고, 고객에게서 받은 대가는 환불되지 않는다.

2) 2단계 : 수행의무의 식별

수행의무(performance obligation)는 고객과의 계약에서 다음의 어느 하나를 고객에게 이전하기로 한 각 약속을 말한다.

① 구별(distinct)되는 재화나 용역(또는 재화나 용역의 묶음)

② 실질적으로 서로 같고 고객에게 이전하는 방식도 같은 '일련의 구별되는 재화나 용역'

①의 재화나 용역을 각각 구별할 수 있다면, 재화나 용역 각각을 별개의 수행의무로 식별하여 각각 수익을 인식한다는 것을 의미한다.

그리고 ②의 일련의 구별되는 재화나 용역을 고객에게 이전하기는 하지만 그 재화나 용역이 실질적으로 같고 이전하는 방식도 같다면 회계처리를 단순하게 하기 위하여 이를 하나의 수행의무로 본다는 것을 의미한다.

계약을 이행하기 위해 해야 하지만 고객에게 재화나 용역을 이전하는 활동이 아니라면 그 활동은 수행의무에 포함하지 않는다(예 용역제공을 위한 준비활동 등).

3) 3단계 : 거래가격 산정

거래가격은 고객에게 약속한 재화나 용역을 이전하고 그 대가로 기업이 받을 권리를 갖게 될 것으로 예상하는 금액(고정금액, 변동금액 또는 둘다를 포함가능)이며, 제3자를 대신해서 회수한 금액은 제외한다. 거래가격은 궁극적으로 기업이 수익으로 인식할 금액인데, 다음의 사항이 미치는 영향을 모두 고려하여 거래가격을 산정한다.

① 변동대가

② 변동대가 추정치의 제약

③ 계약에 있는 유의적인 금융요소

④ 비현금대가

⑤ 고객에게 지급할 대가

(1) 변동대가

계약에서 약속한 대가에 변동금액이 포함된 경우에 고객에게 약속한 재화나 용역을 이전하고 그 대가로 받을 권리를 갖게 될 금액을 추정한다. 대가는 할인, 리베이트, 환불, 공세(credits), 가격할인, 장려금, 성과보너스, 위약금이나 그 밖의 비슷한 항목 때문에 변동될 수 있다. 변동대가는 기댓값과 가능성이 가장 높은 금액 중에서 기업이 받을 권리를 갖게 될 대가를 더 잘 예측할 것으로 예상하는 방법을 사용하여 추정한다. 여기서 기댓값은 가능성 대가의 범위에 있는 모든 금액에 각 활률을 곱한 금액의 합이며, 가능성이 가장 높은 금액은 가능한 대가의 범위에서 가능성이 가장 높은 단일 금액이다.

(2) 변동대가 추정치의 제약

변동대가의 추정치가 너무 불확실하거나, 기업이 고객에게 재화나 용역을 이전하고 그 대가로 받을 권리를 갖게 될 금액을 충실하게 나타내지 못하는 경우에는 이를 거래가격에 포함시키지 않는다. 이를 변동대가 추정치의 제약이라고 하는데, 변동대가 추정치를 제약하면 그 만큼 수익을 인식하지 않는다. 변동대가와 관련된 불확실성이 나중에 해소될 때, 이미 인식한 누적 수익금액 중 유의적인 부분을 되돌리지(환원) 않을 가능성이 높은 정도까지만 추정된 변동대가의 일부나 전부를 거래가격에 포함한다. 이는 이미 인식한 누적 수익금액 중 유의적으로 되돌릴 것으로 예상되는 금액에 대해서는 처음부터 이를 거래가격에 포함시키지 말라는 것이다.

그리고 계약을 개시한 후의 개별 판매가격 변동을 반영하기 위해 거래가격을 다시 배분하지 않는다. 이행된 수행의무에 배분되는 금액은 거래가격이 변동되는 기간에 수익으로 인식하거나 수익에서 차감한다.

(3) 계약에 있는 유의적인 금융요소

거래가격을 산정할 때, 계약 당사자들 간에 명시적으로나 암묵적으로 합의한 지급시기 때문에 고객에게 재화나 용역을 이전하면서 유의적인 금융 효익이 고객이나 기업에 제공되는 경우에는 화폐의 시간가치가 미치는 영향을 반영하여 약속된 대가를 조정한다.

유의적인 금융요소(이자)를 반영하여 약속한 대가를 조정하는 목적은 약속한 재화나 용역을 고객에게 이전할 때 또는 이전하는 대로 그 고객이 그 재화나 용역 대금을 현금으로 결재했다면 지급하였을 가격을 반영하는 금액 즉, 재화나 용역을 이전한 시점에 그 재화나 용역의 현금판매가격을 수익으로 인식하기 위해서이다. 즉, 현재가치에 의한 이자를 고려해야 한다는 것이다.

(4) 비현금대가

고객이 현금 외의 형태로 대가를 약속한 계약의 경우에 거래가격을 산정하기 위하여 비현금

대가를 공정가치로 측정한다. 비현금 대가의 공정가치를 합리적으로 추정할 수 없는 경우에는 그 대가와 교환하여 고객에게 약속한 재화나 용역의 개별 판매가격을 참조하여 간접적으로 그 대가를 측정한다. 기업이 계약을 쉽게 이행할 수 있도록 고객이 재화나 용역을 제공하는 경우에 기업이 그 제공받은 재화나 용역을 통제한다면 이를 고객에게서 받은 비현금 대가로 회계처리한다(1115:66-69).

(5) 고객에게 지급할 대가

고객에게 지급할 대가는 고객이 기업에 이전하는 구별되는 재화나 용역의 대가로 지급하는 것이 아니라면, 그 대가는 거래가격, 즉 수익에서 차감하여 회계처리한다(예: 리베이트).

고객에게 지급할 대가가 고객에게서 받은 구별되는 재화나 용역에 대한 지급이라면, 다른 공급자에게서 구매한 경우와 같은 방법으로 회계처리한다. 고객에게 지급할 대가가 고객에게서 받은 구별되는 재화나 용역의 공정가치를 초과하면 그 초과액을 거래가격에서 차감하여 회계처리한다. 고객에게서 받은 재화나 용역의 공정가치를 합리적으로 추정할 수 없다면, 고객에게 지급할 대가 전액을 거래가격에서 차감하여 회계처리한다(1115:71).

표 14-1 고객에게 지급할 대가

대가의 성격		회계처리
고객으로부터 제공받을 재화나 용역의 대가가 아닌 경우		수익에서 차감
고객으로부터 제공받을 재화나 용역의 대가인 경우	원칙	별도의 구매거래로 회계처리
	제공받는 재화나 용역의 공정가치를 초과한 경우	초과액을 수익에서 차감
	공정가치를 추정할 수 없는 경우	수익에서 전액 차감

4) 4단계 : 거래가격 배분

수행의무가 여러 개로 식별된 경우 거래가격을 각 수행의무에 적절히 배분할 필요가 있다. 이와 같이 거래가격을 배분하는 목적은 기업이 고객에게 약속한 재화나 용역을 이전하고 그 대가로 받을 권리를 갖게 될 금액을 나타내는 금액으로 각 수행의무에 거래가격을 배분하는 것이다(1115:73).

거래가격을 식별된 각 수행의무에 배분할 경우 상대적 개별 판매가격을 기준으로 배분한다.

(1) 개별 판매가격에 기초한 배분

계약 개시시점에 계약상 각 수행의무의 대상ㅇ인 구별되는 재화나 용역의 개별 판매가격을 산정하고, 이 개별 판매가격에 비례하여 거래가격을 배분한다. 이때 개별 판매가격(stand-alone selling prices)이란 기업이 고객에게 약속한 재화나 용역을 별도로 판매할 경우의 가격을 말한다.

재화나 용역의 개별 판매가격을 직접 관측할 수 없다면 다음의 방법으로 적절하게 추정한다. 다만, 추정방법이 이에 한정되지는 않는다.

① 시장평가 조정 접근법 - 기업이 재화나 용역을 판매하는 시장을 평가하여 그 시장에서 고객이 그 재화나 용역에 대해 지급하려는 가격을 추정한다.
② 예상원가 이윤 가산 접근법 - 수행의무를 이행하기 위한 예상원가를 예측하고, 여기에 그 재화나 용역에 대한 적절한 이윤을 더하는 방법이다.
③ 잔여접근법 - 재화나 용역의 개별 판매가격은 총 거래가격에서 계약에서 약속한 그 밖의 재화나 용역의 관측 가능한 개별 판매가격의 합계를 차감하여 추정할 수 있다. 그러나 잔여접근법은 다음 기준 중 어느 하나를 충족하는 경우에만 용역의 개별 판매가격 추정에 사용할 수 있다.
   ㉠ 같은 재화나 용역을 서로 다른 고객들에게 동시에 또는 가까운 시기에 광범위한 금액으로 판매한다.
   ㉡ 재화나 용역의 가격을 아직 정하지 않았고 과거에 그 재화나 용역을 따로 판매한 적이 없다.

(2) 할인액의 배분

계약에서 개별 판매가격 합계가 계약에서 약속한 대가를 초과하면 고객은 묶음으로 구매하면서 할인을 받을 것이다. 할인액 배분의 초점은 할인액을 모든 수행의무에 비례하여 배분하는가, 아니면 일부에만 배분하는가에 있다. 일부 수행의무에만 관련된다는 증거가 있는 때 외에는 할인액을 계약상 모든 수행의무에 비례하여 배분한다.

그러나 다음 기준을 모두 충족하면 할인액 전체를 계약상 하나 이상이나 전부는 아닌 일부 수행의무들에만 배분한다(1115:82).

① 기업이 계약상 각각 구별되는 재화나 용역을 보통 따로 판매한다.
② 또 기업은 ①의 재화나 용역 중 일부를 묶음 내의 재화나 용역의 개별 판매가격보다 할인하여 그 묶음을 보통 따로 판매한다.
③ ②에서 기술한 재화나 용역의 각 묶음의 할인액이 계약의 할인액과 실질적으로 같고, 각 묶음의 재화나 용역을 분석하면 계약의 전체 할인액이 귀속되는 수행의무에 대한 관측 가능한 증거를 제공한다.

(3) 변동대가의 배분

거래가격의 변동대가를 계약의 모든 수행의무에 배분하는 것이 적절하지 않을 수 있다. 예를 들어 서로 다른 시기에 두 제품을 제공하면서 두 번째 제품의 적시 인도 여부에 따라서만 결정되는 보너스를 받는 계약을 체결했을 때, 거래가격에 포함된 변동대가를 두 제품에 모두 귀속시키는 것은 부적절할 수 있다(1115:BC284).

따라서 다음의 1115:85의 두 가지 기준을 모두 충족하면 변동금액과 전부를 하나의 수행의무에 배분하거나, 단일 수행의무의 일부를 구성하는 구별되는 재화나 용역에 배분한다.

① 수행의무를 이행하거나 구별되는 재화나 용역을 이전하는 기업의 노력과 변동 지급조건이 명백하게 관련되어 있다.

② 계약상 모든 수행의무와 지급조건을 고려할 때, 변동대가를 전부 그 수행의무나 구별되는 재화 또는 용역에 배분하는 것이 거래가격의 배분 목적에 맞는다.

예제 14-2 **할인액 배분**

㈜목원은 보통 제품 A, B, C를 개별 판매하는데, 개별 판매가격은 다음과 같다.

제품	개별판매가격(원)
A	40
B	55
C	45
합계	140

보통 제품 B와 C를 함께 60원에 판매한다. 다음의 3가지 경우에 따라 배분하시오.

<경우 1> 하나 이상의 수행의무에 할인액 배분

<경우 2> 잔여접근법이 적절한 경우

<경우 3> 잔여접근법이 부적절한 경우

〈경우 1〉 하나 이상의 수행의무에 할인액 배분

계약에서는 거래 전체에 40원(140 - 100 = 40)의 할인액을 포함하고 있다. 그런데 보통 제품 B와 C를 함께 60원에 판매하고 있기 때문에 할인액 40원을 A, B, C 모두에 비례하여 배분하지 않고 제품 B와 C를 이전하는 약속에 배분한다.

따라서 같은 시점에 제품 B와 C에 대한 통제를 이전한다면 제품 A에 대해서 40원의 수익을 인식하고, 제품 B와 C를 묶어서 60원의 수익은 인식한다. 그러나 서로 다른 시점에 제품 B와 C에 대한 통제를 이전한다면 수익 60을 제품 B와 C의 개별 판매가격에 비례하여 배분한다.

① 같은 시점에 제품 B와 C의 통제 이전시

제품	배분된 거래가격
A	40
B, C	60
합계	100

② 다른 시점에 제품 **B**와 **C**의 통제 이전시

제품	배분된 거래가격
A	40
B	60×(55/100) = 33
C	60×(45/100) = 27
합계	100

〈경우 2〉 잔여접근법이 적절한 경우

제품 D를 이전하는 추가 약속을 포함하기로 하였으며 계약의 총 대가는 130원이다. 회사는 제품 D를 넓은 범위의 금액(15원 - 45원)으로 서로 다른 고객에게 판매하기 때문에 제품 D의 판매가격 변동성이 매우 높다고 보고 제품 D의 개별 판매가격을 잔여접근법으로 추정하기로 하였다. 잔여접근법을 사용하기 전에 회사는 할인액을 계약의 그 밖의 수행의무에 배분해야 하는지 판단한다. 제품 B와 C를 함께 60원에 판매하고 제품 A를 40원에 판매하므로 100원을 제품 A, B, C에 배분해야 하고, 40원의 할인액은 제품 B와 C를 이전하기로 한 약속에 배분한다. 따라서 잔여접근법을 사용하여 다음과 같이 제품 D의 개별 판매가격이 30원이라고 추정한다.

제품	배분된 거래가격	비고
A	40	직접 관측 가능
B, C	60*	할인, 직접 관측 가능
D	30	잔여접근법
합계	130	

* 제품 B, C의 통제 이전시점이 다르면 배분 필요(경우 1참조)

그리고 제품 D에 배분한 결과인 30원은 관측 가능한 판매가격의 범위(15 - 45)에 있다.

〈경우 3〉 잔여접근법이 부적절한 경우

<경우 2>에서 거래가격이 130원이 아니라 105원이라면 잔여접근법을 적용하여 추정한 제품 D의 개별 판매가격은 5원(105-100)가 된다. 다른 적절한 방법을 사용하여 제품 D의 개별 판매가격을 추정하고, 각 제품의 상대적인 개별 판매가격을 사용하여 제품 A, B, C, D에 105원을 배분한다.

5) 5단계 : 수행의무 이행(수익인식)

(1) 통제 이전의 시기 판단

이전 회계기준(기준서 제1018호)에서는 재화의 판매에 대해서는 인도기준, 용역의 제공에 대해서는 진행기준을 적용하여 수익을 인식하였다. 그러나 기준서 제1115호에서는 재화의 판매인

지, 용역의 제공인지를 구분하지 않고, 기간에 걸쳐 수행의무를 이해하면 기간에 걸쳐 수익을 인식하고, 한 시점에 수행의무를 이행하면 한 시점에 수익을 인식한다.

수행의무는 고객에게 약속한 재화나 용역 즉, 자산을 이전함으로써 이행된다. 그리고 잔산은 고객이 통제할 때 이전된다. 따라서 고객이 자산을 통제할 수 있다면 자산이 이전된 것이며, 이는 기업이 수행의무를 이행한 것이므로 수익을 인식한다.

재화나 용역에 대한 통제를 기간에 걸쳐 이전하면, 기간에 걸쳐 수행의무를 이행한 것으로 보고 기간에 걸쳐 수익을 인식한다. 반면에 재화나 용역에 대한 통제를 한 시점에 이전하면, 한 시점에 수행의무를 이행한 것으로 보고 그 시점에서 수익을 인식한다.

다음의 기준서 1115:35의 기준 중 어느 하나를 충족하면 기업은 재화나 용역에 대한 통제를 기간에 걸쳐 이전한 것으로 본다. 즉, 진행기준을 적용하여 수익을 인식한다.

① 고객은 기업이 수행하는 대로 기업의 수행에서 제공하는 효익을 동시에 얻고 소비한 다(예: 케이블TV용역제공).

② 기업이 수행하여 만들어지거나 가치가 높아지는 대로 고객이 통제하는 자산(예 재공품)을 기업이 만들거나 그 자산 가치를 높인다(예 건설공사).

③ 기업이 수행하여 만든 자산이 기업 자체에는 대체 용도가 없고, 지금까지 수행을 완료한 부분에 대해 진행가능한 지급청구권이 기업에 있다(예 자산의 주문제작).

예제 14-3 헬스클럽 용역제공의 수익인식(기준서 1115호 사례 18참조)

헬스클럽을 소유하고 운영하는 기업A는 고객과 1년 동안 그 기업의 어떤 헬스클럽이라도 사용할 수 있게 하는 계약을 체결하였다. 고객은 헬스클럽 사용에 제한이 없으며, 매월 100,000원을 지급하기로 약속한다. 기업A는 고객에게 헬스클럽 용역을 제공하기로 한 약속에 대하여 어떻게 수익을 인식하지 설명하라.

〈해답〉

기업A는 헬스클럽을 사용할 수 있도록 하는 대로 기업의 수행에서 고객이 효익을 동시에 얻고 소비한다고 결론짓는다. 따라서 기업A의 수행의무는 기업회계기준서 제1115호 문단 35(1)에 따라 기간에 걸쳐 이행된다. 또 기업A는 헬스클럽을 연중 고르게 사용할 수 있게 하는 기업의 용역에서 고객이 효익을 얻는다고 판단한다. (고객이 헬스클럽을 사용하든 안하든 상관없이 헬스클럽을 사용할 수 있다는 점에서 효익을 얻는다.) 따라서 기업은 기간에 걸쳐 시간기준으로 수행의무의 진행률을 측정하는 것이 최선이라고 결론짓고, 연중 매달 100,000원씩 정액기준으로 수익을 인식한다.

(2) 진행률의 측정

수행의무가 기간에 걸쳐 이행되는 것으로 판단되면 수행의무 각각에 대해 그 수행의무 완료까지의 진행률을 측정하여 기간에 걸쳐 수익을 인식한다. 진행률을 측정하는 목적은 고객에게 약속한 재화나 용역에 대한 통제를 이전하는 과정에서 기업의 수행 정도를 나타내기 위한 것이다.

그리고 시간이 흐르면서 수행의무의 산출물 변동을 반영하기 위해 진행률을 새로 수정한다.

진행률 측정방법에는 산출법과 투입법이 있다.

① 산출법은 계약에서 약속한 재화나 용역의 나머지 부분의 가치와 비교하여 지금까지 이전한 재화나 용역이 고객에 주는 가치의 직접 측정에 기초하여 수익을 인식한다. 지금까지 수행한 완료한 정도를 조사, 달성한 결과에 대한 평가, 도달한 단계, 경과한 시간, 생산한 단위, 인도한 단위 등으로 측정한다. 산출법의 단점으로는 산출물을 직접 관측하지 못할 수 있고, 과도한 원가를 들이지 않고서는 산출법 적용을 위해 필요한 정보를 구하지 못할 수 있다.

② 투입법은 행당 수행의무의 이행에 예상되는 총 추입물 대비 수행의무를 이행하기 위한 기업의 노력이나 투입물에 기초하여 수익 인식한다. 소비한 자원, 사용한 노동시간, 발생원가, 경과한 시간, 사용한 기계시간 등으로 측정한다. 투입법의 단점으로는 기업의 투입물과 고객에게 재화나 용역에 대한 통제를 이전하는 것 사이에 직접적인 관계가 없을 수 있다.

실무에서 가장 흔하게 사용되는 진행률 측정방법은 발생원가에 기초한 투입법으로 다음과 같이 누적진행률을 측정한다.

누적진행률 = 현재까지 누적 발생원가 / 총예상원가

예제 14-4 **진행률 측정(기준서 1115호 사례 19참조)**

기업A는 총 대가 500,000원에 3층 건물을 개조하고 새 엘리베이터를 설치하기로 20X2년 11월에 고객과 계약하였다. 엘리베이터 설치를 포함하여 약속된 개조 용역은 기간에 걸쳐 이행하는 단일 수행의무이다. 총 예상원가는 엘리베이터 150,000원을 포함하여 400,000원이다.

거래가격과 예상원가를 요약하면 다음과 같다.

	(단위: 원)
거래가격	500,000
예상원가	
엘리베이터	150,000
그 밖의 원가	250,000
총 예상원가	400,000

기업A는 수행의무의 진행률 측정에 발생원가에 기초한 투입법을 사용한다. 기업A는 엘리베이터를 조달하기 위해 들인 원가가 수행의무를 이행할 때 기업의 진행률에 비례적인지를 판단한다. 엘리베이터가 20X3년 6월까지 설치되지 않더라도, 20X2년 12월에 현장으로 인도될 때 고객은 엘리베이터를 통제한다. 엘리베이터 조달원가(150,000원)는 수행의무를 완료하기 위한 총 예상원가(400,000원)와 비교하면 유의적이다. 기업A는 엘리베이터를 설계하거나 제조하는 데 관여하지 않는다.

기업A는 진행률 측정에 엘리베이터 조달원가를 포함한다면 기업의 수행 정도를 과대평가할 것이라고 결론지었다. 따라서 기업A는 엘리베이터 조달원가를 발생원가 측정치와 거래원가에서 제외하여 진행률을 조정한다. 기업A는 엘리베이터 이전에 따른 수익을 엘리베이터 조달원가와 동일한 금액으로 인식한다[이익 영(0)].

20X2년 12월 31일 현재

(1) 그 밖의 발생원가(엘리베이터 제외)가 50,000원이고

(2) 수행은 20%(50,000원÷250,000원) 완료되었다고 본다.

〈물음〉 20X2년 12월 31일에, 기업이 인식할 수익, 매출원가, 이익은 얼마인가?

	(단위: 원)
수익	220,000(1)
매출원가	200,000(2)
이익	20,000

(1) 인식된 수익은 (20% × 350,000원) + 150,000원으로 계산된다.
(350,000원 = 거래가격 500,000원 – 엘리베이터 원가 150,000원)

(2) 매출원가 = 발생원가 50,000원 + 엘리베이터 원가 150,000원

(3) 한 시점에 이행하는 수행의무

수행의무가 전술한 1115:35의 세 가지 조건 중 어느 하나도 충족하지 못하는 경우 그 수행의무는 한 시점에 이행되는 것이다. 고객이 자산을 통제하는 시점을 판단하기 위해 다음과 같은 통제 이전의 지표를 참고한다. 단, 통제의 이전 여부 판단이 아래 지표에 한정되는 것은 아니다(1115:38).

① 기업은 자산에 대한 현재 지급청구권이 있다.
② 고객에게 자산의 법적 소유권이 있다.
③ 기업이 자산의 물리적 점유를 이전하였다.
④ 자산의 소유에 따른 유의적인 위험과 보상이 고객에게 있다.
⑤ 고객이 자산을 인수하였다.

4 기타의 고려사항

1) 계약자산, 수취채권 및 계약부채

계약 당사자 중 어느 한 편이 계약을 수행했을 때, 기업의 수행 정도와 고객의 지급과의 관계에 따라 그 계약을 **계약자산**이나 **계약부채**로 재무상태표에 표시한다. 대가를 받을 무조건적인 권리는 **수취채권**으로 구분하여 표시한다.

계약자산은 기업이 고객에게 이전한 재화나 용역에 대해 그 대가를 받을 권리이다.

고객이 대가를 지급하기 전이나 지급기일 전에 기업이 고객에게 재화나 용역의 이전을 수행하는 경우에, 그 계약에 대해 수취채권으로 표시한 금액이 있다면 이를 제외하고 계약자산으로 표시한다.

예제 14-5 **계약자산(기준서 1115호 사례 39참조)**

㈜목원은 고객에게 제품 A와 B를 이전하고 그 대가로 1,000,000원을 받기로 20X1년 1월 1일에 계약을 체결하였다. 계약에서는 제품 A를 먼저 인도하도록 요구하고, 제품 A의 인도 대가는 제품 B의 인도를 조건으로 한다고 기재되어 있다. 다시 말하면, 대가 1,000,000원은 ㈜목원이 고객에게 제품 A와 B 모두를 이전한 다음에만 받을 권리가 생긴다. ㈜목원은 제품 A와 B를 이전하기로 한 약속을 수행의무로 식별하고, 제품의 상대적 개별 판매가격에 기초하여 제품 A에 대한 수행의무에 400,000원을, 제품 B에 대한 수행의무에 600,000원을 배분한다. 제품 A와 제품 B의 이전시점에 해야 할 회계처리를 하시오.

– 제품 A를 이전시점

(차) 계약자산	400,000원	(대) 수익	400,000원

* 기업은 고객에게 이전하기 전까지는 대가를 받을 무조건적인 권리가 없으므로 수취채권을 인식하지 않는다.

– 제품 B를 이전시점

(차) 수취채권	1,000,000원	(대) 계약자산	400,000원
		수익	600,000원

* 기업은 제품 B를 이전하는 수행의무를 이행하고, 대가를 받을 무조건적인 권리를 인식한다.

계약부채는 기업이 고객에게서 받은 대가[또는 지급받을 권리가 있는 대가(금액)]에 상응하여 고객에게 재화나 용역을 이전하여야 하는 기업의 의무를 말한다. 기업이 고객에게 재화나 용역을 이전하기 전에 고객이 대가를 지급하거나 기업이 대가(금액)를 받을 무조건적인 권리(수취채권)를 갖고 있는 경우에 기업은 지급받은 때나 지급받기로 한 때(둘 중 이른 시기)에 그 계약을 계약부채로 표시한다.

수취채권은 기업이 대가를 받을 무조건적인 권리이다. 시간만 지나면 대가를 지급받기로 한 때가 되는 경우에 그 대가를 받을 권리는 무조건적이다. 예를 들면 기업에 현재 지급청구권이 있다면 그 금액이 미래에 환불될 수 있더라도 수취채권을 인식한다. 고객과의 계약으로 수취채권을 최초로 인식할 때, 수취채권의 측정치와 인식한 수익에 상응하는 금액 간의 차이는 비용(예: 손상차손)으로 표시한다.

예제 14-6 **계약부채와 수취채권(기준서 1115호 사례 38참조)**

〈경우 1〉 취소할 수 있는 계약

㈜목원은 20X1년 3월 31일에 고객에게 제품을 이전하는 취소 가능 계약을 20X1년 1월 1일에 체결한다. 계약에 따라 고객은 20X1년 1월 31일에 대가 1,000,000원을 미리 지급하여야 하나 실제로 고객은 20X1년 3월 1일에 대가를 지급한다. ㈜목원은 20X1년 3월 31일에 제품을 이전한다.

〈물음〉 ㈜목원의 20X1년 1월 31일, 3월 1일, 3월 31일의 회계처리를 하시오.

20X1년 1월 31일

회계처리 없음

20X1년 3월 1일

차) 현금	1,000,000원	대) 계약부채 (선수금)	1,000,000원

20X1년 3월 31일

차) 계약부채 (선수금)	1,000,000원	대) 제품매출	1,000,000원

〈경우 2〉 취소할 수 없는 계약

㈜목원은 20X1년 3월 31일에 고객에게 제품을 이전하는 취소 불가능 계약을 20X1년 1월 1일에 체결한다. 계약에 따라 고객은 20X1년 1월 31일에 대가 1,000,000원을 미리 지급하여야 하나 실제로 고객은 20X1년 3월 1일에 대가를 지급한다. ㈜목원은 20X1년 3월 31일에 제품을 이전한다.

〈물음〉 ㈜목원의 20X1년 1월 31일, 3월 1일, 3월 31일의 회계처리를 하시오.

20X1년 1월 31일

(차) 수취채권	1,000,000원	(대) 계약부채	1,000,000원

* 대가를 받을 무조건적인 권리를 갖기 때문에 수취채권을 인식한다.

20X1년 3월 1일

(차) 현금	1,000,000원	(대) 수취채권	1,000,000원

20X1년 3월 31일

(차) 계약부채	1,000,000원	(대) 제품매출	1,000,000원

2) 보증(warranties)[6)]

기업은 제품(재화든 용역이든)의 판매와 관련하여 (계약, 법률, 기업의 사업 관행에 따라) 보증을 제공하는 것이 일반적이다. 보증의 특성은 산업과 계약에 따라 상당히 다를 수 있다. 어떤 보

6) 기준서 제1115호 부록 B28-B33

증은 관련 제품이 합의된 규격에 부합하므로 당사자들이 의도한 대로 작동할 것이라는 확신을 고객에게 준다. 다른 보증은 제품이 합의된 규격에 부합한다는 확신에 더하여 고객에게 용역을 제공한다.

고객이 보증을 별도로 구매할 수 있는 선택권이 있다면(예: 보증에 대하여 별도로 가격을 정하거나 협상하기 때문), 그 보증은 구별되는 용역이다. 기업이 계약에서 기술한 기능성이 있는 제품에 더하여 고객에게 용역을 제공하기로 약속한 것이기 때문이다. 이 상황에서는 약속한 보증을 수행의무로 회계처리하고[7], 그 수행의무에 거래가격의 일부를 배분한다.

고객에게 보증을 별도로 구매할 수 있는 선택권이 없는 경우에는, 약속한 보증(또는 그 일부)이 합의된 규격에 제품이 부합한다는 확신에 더하여 고객에게 용역을 제공하는 것이 아니라면, 수행의무가 아니므로 이 보증을 기업회계기준서 제1037호 '충당부채, 우발부채, 우발자산'에 따라 회계처리 한다.

보증이 합의된 규격에 제품이 부합한다는 확신에 더하여 고객에게 용역을 제공하는 것인지를 평가할 때, ① 법률에서 보증을 요구하는지, ② 보증기간, ③ 기업이 수행하기로 약속한 업무의 특성 등의 요소를 고려한다.

3) 고객의 선택권 – 고객충성제도

무료나 할인된 가격으로 추가 재화나 용역을 취득할 수 있는 고객의 선택권은 형태[예: 판매 인센티브, 고객보상점수(points), 계약갱신 선택권, 미래의 재화나 용역에 대한 그 밖의 할인]가 다양하다. 계약에서 추가 재화나 용역을 취득할 수 있는 선택권을 고객에게 부여하고 그 선택권이 그 계약을 체결하지 않으면 받을 수 없는 중요한 권리를 고객에게 제공하는 경우에만 그 선택권은 계약에서 수행의무가 생기게 한다(예: 이 재화나 용역에 대해 그 지역이나 시장의 해당 고객층에게 일반적으로 제공하는 할인의 범위를 초과하는 할인). 선택권이 고객에게 중요한 권리를 제공한다면, 고객은 사실상 미래 재화나 용역의 대가를 기업에 미리 지급한 것이므로 기업은 그 미래 재화나 용역이 이전되거나 선택권이 만료될 때 수익을 인식한다.

예제 14-7 **고객충성제도(기준서 1115호 사례 52참조)**

기업A는 구매 10원당 고객충성포인트 1점을 고객에게 보상하는 고객충성제도를 운영한다. 각 포인트는 기업A의 제품을 미래에 구매할 때 1원의 할인과 교환할 수 있다. 20X1년에 고객은 제품을 100,000원에 현금구매하였다. 따라서 미래 구매에 교환할 수 있는 10,000포인트를 얻었다. 대가는 고정금액이고 구매한 제품의 개별 판매가격은 100,000원이다. 기업A는 9,500포인트가 교환될 것으로 예상한다. 교환될 가능성에 기초하여 포인트당 개별 판매가격을 0.95원(합계 9,500원)으로 추정한다. 포인트는 고객이 계약을 체결하지 않고는 받을 수 없는 중요한 권리를 고객에게 제공한다. 따라서 기업은 고객에게 포인트를 제공하는 약속을 수행의무라

7) 기준서 1115:22-30

고 결론짓는다. 기업은 다음과 같이 상대적 개별 판매가격에 따라 거래가격을 제품과 포인트에 배분한다.

물음 1. 20X1년도 판매시의 회계처리를 하시오.

물음 2. 20X1년 12월 31일(4,500포인트 교환되었다고 가정) 회계처리를 하시오.

물음 3. 20X2년 12월 31일(교환예상포인트가 9,700포인트로 수정되었고, 누적 8,500포인트 교환되었다고 가정) 회계처리를 하시오.

제품	91,324	[100,000원 × (개별 판매가격 100,000원 / 109,500원)]
포인트	8,676	[100,000원 × (개별 판매가격 9,500원 / 109,500원)]
계	100,000	

〈제품 판매시〉

(차) 현금	100,000	(대) 매출	91,324
		계약부채	8,676

*. 고객의 선택권(포인트)에 배분된 거래가격 8,676원은 계약부채로 인식한다.

〈20X1년 12월 31일〉

전체 9,500포인트 중 4,500포인트가 교환되었다.

(차) 계약부채	4,110*	(대) 매출	4,110

*. 8,676 × (4,500/9,500) = 4,110

〈20X2년 12월 31일〉

전체 9,700포인트 중 8,500포인트가 교환되었다.

(차) 계약부채	3,493*	(대) 매출	3,493

*. [8,676 × (8,500/9,700)] − 4,110 = 3,493

15 현금흐름표

제2장에서 설명한 것처럼 일반적으로 정보이용자들의 공통된 관심사는 특정 기업의 미래현금창출능력이다. 이러한 정보욕구를 충족시키기 위해서 회계는 정보이용자들이 특정 기업에 유입되리라 예상되는 미래의 순현금흐름의 금액과 시기 및 불확실성(amounts, timing and uncertainties)을 평가하는데 유용한 정보를 제공하여야 한다. 미래의 순현금흐름을 예측하기 위해서는 여러 정보를 이용할 수 있다. 예를 들면 기업의 단기 지급능력을 나타내는 유동성에 관한 정보라든가, 기업의 재무성과 또는 배당성향 등을 들 수 있다. 기업의 유동성에 관한 정보는 재무상태표에서, 재무성과는 포괄손익계산서에서 그리고 배당성향은 자본변동표에서 얻을 수 있다. 그러나 이러한 정보는 현금을 어떻게 조달하여 어디에 사용하였는지에 대한 명확한 정보를 제공하지 못하므로 미래의 현금흐름을 예측하는 데는 한계를 지닐 수밖에 없다. 그리하여 일정기간 동안 현금의 조달과 그 사용에 관한 정보를 제공하기 위하여 작성되는 재무보고서가 바로 현금흐름표(statement of cash flows)이다.

1 현금흐름표의 의의

현금흐름표는 기업의 현금흐름을 나타내는 표로서, 현금의 변동내용을 명확하게 보고하기 위하여 당해 회계기간에 속하는 현금의 수입과 지급내용을 영업활동·투자활동 및 재무활동별로 구분하여 표시한 재무보고서를 말한다. 현금흐름표는 일정기간의 각 경영활동별 현금흐름에 관한 정보와 이로 인한 현금의 증감액에 대한 정보를 제공할 뿐만 아니라 아울러 기초의 재무상태에서 기말의 재무상태로 변동된 원인을 설명한다. 현금흐름표가 재무상태의 변동원인을 설명하는 과정은 다음 재무제표간의 관계에서 설명된다.

2 재무제표간의 관계

재무회계는 정보이용자의 경제적 의사결정에 유용한 정보를 제공하기 위하여, 당해 기업의 경제적 자원과 경제적 자원에 대한 청구권 및 이들 양자의 변동을 초래하는 거래 또는 사건 등을 재무제표에 반영·보고한다. 당해 기업의 경제적 자원(자산)과 경제적 자원에 대한 청구권(부채와 자본)은 재무상태표 작성일 현재의 재무상태(financial position)를 의미하는 것으로, 이를 보고하기 위해 재무상태표가 작성된다. 거래가 발생하면 기업의 재무상태는 변동하므로 일정기간 재무상태의 변동내용을 설명하기 위한 재무보고서가 필요하다.

제2장에서 설명한 것처럼 포괄손익계산서는 재무상태의 변동내용중 이익잉여금의 증감원인만을 설명하므로 이외의 변동내용은 설명이 아니된다. 재무상태표와 포괄손익계산서 및 자본변동표를 통하여 설명되지 않는 재무상태의 변동내용을 설명하는 재무보고서가 바로 현금흐름표다.

기업의 거래는 궁극적으로 현금흐름을 발생시키게 하므로 뒤에서 설명하지만 현금흐름을 발생시키는 거래가 대부분 재무상태의 변동원인이 된다. 그러므로 기초의 재무상태에서 기말의 재무상태로 변동된 원인의 대부분이 현금흐름표에서 설명된다.

3 현금흐름표의 유용성

현금흐름표는 현금이 어떻게 조달되어 사용되었는가 또한 일정기간 동안 현금이 얼마만큼의 증감이 이루어졌는가에 대한 설명과 재무상태의 변동에 대한 설명을 통하여 다음과 같은 유용한 정보를 제공한다.

1) 기업의 미래현금흐름 창출능력에 관한 정보제공

재무보고의 기본목적은 정보이용자의 경제적 의사결정에 유용한 정보를 제공하기 위하여 당해 기업의 미래의 현금흐름을 예측할 수 있는 정보를 제공하는 것이라 하였다. 현금흐름표는 경영활동별 현금흐름을 반영·보고함으로써 재무제표를 이용한 미래 현금흐름에 대한 예측능력을 향상시키게 된다.

2) 이익의 질에 관한 정보제공

뒤에서 설명되지만 현금흐름표상 영업활동 현금흐름은 영업활동에서 발생한 현금수입액에서 현금지출액을 차감한 것으로, 이의 산출 시에는 추정 및 임의적인 원가배분 등이 개입되지 않으나 포괄손익계산서상 당기순이익은 발생기준이 적용됨으로써 회계담당자의 추정이나 임의적인 원가배분에 의한 결과로 산출된다. 그러므로 현금흐름표가 보다 신뢰성이 높은 정보를 제공하며 현금흐름표상 영업활동 현금흐름과 당기순이익을 비교함으로써 그 차이 및 차이에 대한 발생원인을 설명할 수 있게 된다. 따라서 현금흐름표상 영업활동 현금흐름과 포괄손익계산서상 당기순이익을 비교하여 이익의 질(Quality of earnings)을 평가할 수 있게 된다.

3) 투자활동에 관한 정보제공

현금흐름표는 투자활동 현금흐름을 반영·보고함으로써 미래에 대비하기 위한 신규투자는 얼마나 이루어졌는가 또는 어떤 자산을 취득하고 처분하였는가 등에 대한 정보가 제공된다.

4) 재무활동에 관한 정보제공

현금흐름표는 재무활동 현금흐름을 반영·보고함으로써 자금이 외부차입에 의존하고 있는지 아니면 주식발행을 통하여 이루어지는지에 대한 정보와 부채는 어느 정도 상환되고 있는지에 대한 정보를 제공한다.

5) 기업의 배당금 지급능력·부채의 상환능력 및 외부자금조달의 필요성에 관한 정보제공

기업이 건전한 재무구조를 갖기 위해서는 영업활동에서 발생한 현금으로 현금배당을 실시하고 부채를 상환하여야 한다. 그러나 영업활동에서 수입된 현금보다 지출된 금액이 많은 경우에는 부족한 영업자금을 메우기 위하여 보유하고 있는 자산을 처분한다든가 아니면 외부에서 자금을 조달하여야만 할 것이다. 만약에 영업활동에서 발생한 부족자금이 계속해서 누적되는 경우 심한 자금 압박으로 인한 도산의 가능성도 고려할 수 있을 것이다. 이와 같이 현금흐름표에 영업활동 현금흐름을 반영·보고함으로써 기업의 배당금 지급능력·부채의 상환능력 및 외부자금조달의 필요성에 관한 정보를 제공하게 된다.

4 현금흐름표상 현금의 정의

회계기준상 현금흐름표에서 現金이라 함은 **현금** 및 **현금성자산**을 말한다. 여기서 현금은 재무상태표상 현금과 예금으로 통화 및 통화대용증권과 당좌예금·보통예금을 말하며, 현금성자산이란 현금의 단기적 운용을 목적으로 한 유동성이 높은 유가증권으로서, 첫째 큰 거래비용 없이 현금으로 전환이 용이하고, 둘째 이자율변동에 따른 가치변동의 위험이 중요하지 않을 것 등의 조건을 충족하는 것(다만, 상환조건이 없는 주식 등은 제외한다)을 말한다. 현금성자산의 예를 들면 다음과 같다.

① 취득 당시 만기가 3개월 이내에 도래하는 채권
② 취득 당시 상환일까지의 기간이 3개월 이내인 상환우선주
③ 한매채(3개월 이내의 환매조건)

한편 금융회사의 요구에 따라 즉시 상환하여야 하는 당좌차월의 경우 현금 및 현금성자산에서 차감시켜야 한다.

이후 본 장의 설명과정에서 현금계정은 현금흐름표상 현금을 의미한다.

5 현금흐름에 미치는 영향에 따른 거래의 분류

현금흐름표는 일정기간의 현금흐름과 현금증감액을 경영활동별로 설명하면서 기초의 재무상태에서 기말의 재무상태로 변동된 원인을 아울러 설명한다. 따라서 일정기간 재무상태의 변동내용과 현금흐름과의 관계를 설명하기 위하여 먼저 현금증감액의 산출방법과 재무상태의 변동 내용을 살펴보고 현금흐름에 영향을 미치는 거래를 설명하기로 한다.

1) 현금증감액

일정기간 현금계정의 변동내용은 다음과 같다.

현 금

기 초 잔 액	×××	기중 감소액	×××
기중 증가액	×××	기말잔액	×××

현금계정에서 보는 것처럼 일정기간의 현금증감액은 기말현금잔액에서 기초현금잔액을 차감하여 산출하는 방법과 기중 증가액(유입액)에서 기중 감소액(유출액)을 차감하여 산출하는 방법으로 나눌 수 있다. 이를 식으로 정리하면 다음과 같다.

현금증감액 = 기말현금잔액 − 기초현금잔액
현금증감액 = 기중현금유입액(수입액) − 기중현금유출액(지출액)

첫번째 방법에 의한 현금증감액은 비교재무상태표를 이용하여 산출할 수 있다. 이 방법에 의

해 산출된 현금증감액은 증감결과만을 제시할 뿐 현금의 변동원인을 설명하지 못한다.

두 번째 방법에 의한 현금증감액은 총계정원장의 현금계정을 이용하여 산출할 수 있다. 따라서 이 방법은 일정기간 동안 현금의 증감내용을 분석하여 산출한 것으로 현금의 증감원인을 알 수 있다. 현금의 증감원인은 현금계정에 기입된 현금의 상대계정이다. 그러나 이들 현금의 증감원인은 발생순서별로 기입된 것이므로 정보로서의 가치를 지니지 못한다. 따라서 이러한 현금의 증감원인을 경영활동별로 구분하여 재정리한 것이 바로 현금흐름표다.

이상에서 설명한 두 방법에 의해 산출된 현금증감액은 어떤 방법을 이용하든 같게 된다. 따라서 비교재무상태표를 이용하여 산출된 당기순이익의 원인을 설명하기 위하여 포괄손익계산서가 작성되는 것과 마찬가지로 비교재무상태표에서 산출된 현금증감액의 증감원인을 설명한 것이 바로 현금흐름표가 된다.

2) 재무상태의 변동내용

회계상 모든 거래는 재무상태에 영향을 미치며 이를 장부에 기록하는 경우 거래의 이중성에 의하여 차변과 대변에 기입되는 금액은 항상 일치한다. 따라서 일정기간 동안 발생한 거래를 분석하여 항목별 증감액을 차변과 대변에 기입하면 차변의 합계액과 대변의 합계액은 같게 되는 대차평균의 원리가 성립된다. 일정기간의 거래로 인한 재무상태의 변동결과를 T계정에 반영하면 다음 [표 15-1]과 같다. 여기서 재무상태의 변동내용은 현금의 증감액과 현금이외항목(이를 이후 비현금이라 한다)의 증감액으로 구분한다. 각 항목별 증가액은 같은 변에 감소액은 반대 변에 기입되므로, 자산의 증가액과 부채·자본의 감소액은 차변에 그리고 자산의 감소액과 부채·자본의 증가액은 대변에 기입된다.

표 15-1 재무상태의 변동내용

재무상태의 변동

(차변)		(대변)	
현금 증가액	×××	현금 감소액	×××
현금 이외의 자산 증가액	×××	현금 이외의 자산 감소액	×××
부채 감소액	×××	부채 증가액	×××
자본 감소액	×××	자본 증가액	×××
	×××		×××

3) 거래의 분류

앞에서 설명한 재무상태의 변동내용은 기중거래에 의한 결과이므로 이를 기중거래 내용으로 분류할 수 있다. 현금흐름에 미치는 영향에 따른 거래는 현금간의 거래, 현금과 비현금간의 거래 및 비현금간의 거래로 구분된다.

(1) 현금간의 거래

현금간의 거래란 차변과 대변의 항목이 모두 현금계정으로 기입되는 거래로 예를 들면, 현금의 단기예입, 단기예금의 인출, 현금에 포함되는 유가증권의 취득과 처분 등을 들 수 있다. 이러한 현금간의 거래는 현금내용의 재분류일 뿐 현금증감액에는 영향을 미치지 않는다. 이를 분개하면 다음과 같다.

(차) 현금계정	×××	(대) 현금계정	×××

(2) 현금과 비현금 간의 거래

현금과 비현금 간의 거래란 차변과 대변항목 중 하나는 현금계정이, 다른 하나는 비현금계정이 기입되는 경우로 대부분의 거래가 이에 해당한다. 현금과 비현금 간의 거래는 현금의 유입과 유출을 발생시킨다. 현금계정이 차변에 기입되는 경우 현금의 증가가 이루어지며, 현금계정이 대변에 기입되는 경우 현금의 감소가 이루어진다. 이를 분개로 정리하면 다음과 같다.

① 현금의 유입 :	(차) 현금계정	×××	(대) 비현금계정	×××
② 현금의 유출 :	(차) 비현금계정	×××	(대) 현금계정	×××

(3) 비현금 간의 거래

비현금 간의 거래란 차변과 대변의 모든 계정이 비현금계정으로 기입되는 것으로 예를 들면, 상품의 장기신용거래, 현물출자로 인한 유형자산의 취득, 이익잉여금의 처분으로 인한 이익준비금이나 임의적립금의 적립, 결손금의 보전, 잉여금의 자본전입으로 인한 무상증자, 주식배당 등을 들 수 있다. 이러한 비현금 간의 거래는 현금흐름에 영향을 미치지 않는다. 이를 분개하면 다음과 같다.

(차) 비현금계정	×××	(대) 비현금계정	×××

지금까지 설명한 현금흐름에 미치는 영향에 따른 거래의 분류결과 현금의 증감은 현금과 비현금 간의 거래로 인하여 발생하므로, 이러한 거래만을 경영활동별로 구분하여 반영·보고한 것이 현금흐름표이다. 이때 현금과 비현금 간의 거래에서 현금계정의 상대계정과목은 현금증감액의 발생원인을 설명하면서 동시에 비현금계정의 증감내용을 설명하게 된다. 따라서 현금흐름표는 현금증감액을 포함한 대부분의 재무상태의 변동내용을 설명하지만, 비현금 간의 거래에서 발생한 재무상태의 변동원인은 설명되지 않으므로 이를 위해 회계기준에서는 비현금 간의 거래 중 중요한 거래는 현금흐름표에 주석으로 표시하고 있다.

6 경영활동별 현금흐름

현금흐름표는 기중에 발생한 거래중 현금흐름에 영향을 미치는 거래를 경영활동별로 구분하여 보고한다고 하였다. 회계기준상 기업의 경영활동은 영업활동과 투자활동 및 재무활동으로 구분하고 있으며 이를 살펴보면 다음과 같다.

1) 영업활동

營業活動이란 일반적으로 제품의 생산과 상품 및 용역의 구매·판매활동을 말하며, 투자활동과 재무활동에 속하지 아니하는 거래를 모두 포함한다. 영업활동으로 인한 현금유입에는 제품 등의 판매에 따른 현금유입(매출채권의 회수 포함), 단기매매금융자산 처분 대금 유입액, 이자수익과 배당금수익, 기타 투자와 재무활동에 속하지 아니하는 거래에서 발생된 현금유입이 포함된다. 영업활동으로 인한 현금 유출에는 원재료, 상품 등의 구입에 따른 현금유출(매입채무의 결제 포함), 기타 상품과 용역의 공급자와 종업원에 대한 현금지출, 단기매매금융자산 취득대금 지급액, 법인세비용(유형자산의 처분에 따른 특별부가세 제외)의 지급, 이자비용, 기타 투자와 재무활동에 속하지 아니하는 거래에서 발생된 현금유출이 포함된다.

한편 이자수익과 배당금수익은 투자활동으로 그리고 이자비용은 재무활동으로 분류하는 것이 가능하다는 점을 유념할 필요가 있다. 본서에서는 이들 거래를 모두 영업활동으로 분류해서 설명할 것이다.

2) 투자활동

投資活動이란 현금의 대여와 회수활동, 유가증권(현금성자산과 단기매매금융자산은 제외)·투자자산과 유형자산 및 기타자산의 취득과 처분활동 등을 말한다. 투자활동으로 인한 현금의 유입에는 대여금의 회수, 단기투자자산(단기매매금융자산 제외)의 처분, 투자자산과 유형자산 및 무형자산의 처분 등이 포함된다. 투자활동으로 인한 현금의 유출에는 현금의 대여, 단기투자자산(단기매매금융자산 제외)의 취득, 투자자산과 유형자산 및 무형자산의 취득에 따른 현금유출로서 취득 직전 또는 직후의 지급액(자본화되는 이자비용 포함) 등이 포함된다.

3) 재무활동

財務活動이란 현금의 차입과 상환활동, 신주발행이나 배당금의 지급활동 등과 같이 부채 및 자본계정에 영향을 미치는 거래를 말한다. 재무활동으로 인한 현금의 유입에는 장·단기차입금의 차입, 어음·사채의 발행, 주식의 발행 등이 포함된다. 재무활동으로 인한 현금의 유출에는 배당금의 지급, 유상감자, 자기주식의 취득, 차입금의 상환, 자산의 취득에 따른 부채의 지급 등이 포함된다.

이상에서 설명한 경영활동을 구분하여 각 활동별 세부적인 거래를 회계기준에 따라 정리하면 다음 [표 15-2]와 같다.

표 15-2 경영활동별 거래내용

활동별	현금유입	현금유출
영 업 활 동	① 재고자산(용역) 판매, 매출채권회수 ② 단기매매금융자산 처분 ③ 이자수입*1 ④ 배당금수입*1	① 재고자산 구입, 매입채무 결제 ② 판매비와 관리비 지급 ③ 단기매매금융자산 취득 ④ 이자비용 지급*2 ⑤ 법인세비용 지급
투 자 활 동	① 대여금 회수 ② 단기투자자산(단기매매금융자산 제외) 처분 ③ 투자·유형·무형자산 처분 ④ 미수금 회수	① 금전대여 ② 단기투자자산(단기매매금융자산 제외) 취득 ③ 투자·유형·무형자산의 취득에 따른 직전 또는 직후의 지급액(자본적 지출포함)
재 무 활 동	① 금전차입, 사채발행 ② 유상증자(자기주식 처분)	① 차입금 상환, 미지급금 지급 ② 유상감자(자기주식 취득) ③ 배당금 지급*3

*1. 투자활동으로 분류 가능　　*2. 재무활동으로 분류 가능　　*3. 영업활동으로 분류 가능

이상의 내용에서 이자비용·이자수익 및 배당금수익은 포괄손익계산서상 금융비용과 기타수익으로 분류된다. 그러나 현금흐름표에서는 이자 지급과 배당금지급은 영업활동 또는 재무활동으로 분류할 수 있으며, 이자와 배당금의 수취는 영업활동 또는 투자활동으로 분류할 수 있다. 법인세의 지급은 영업활동으로 분류되지만 투자활동 또는 재무활동에 기인한 법인세비용은 투자활동 또는 재무활동으로 분류된다. 또한 금전 대여와 대여금 및 미수금의 회수는 투자활동으로, 금전의 차입과 미지급금 및 차입금의 지급은 재무활동으로 분류되고 있는 점에 유의하여야 한다.

현금계정 이외의 재무상태표상 주요계정을 경영활동별로 분류하면 다음 [표 15-3]과 같다.

표 15-3 재무상태표계정의 경영활동별 분류

자산계정	활 동	부채와 자본계정	활 동
단기투자자산*	영 업/투 자	매 입 채 무	영 업
매 출 채 권	영 업	차 입 금	재 무
대 여 금	투 자	미 지 급 금	재 무
미 수 금	투 자	선 수 금	영 업
미 수 수 익	영 업	미 지 급 비 용	영 업
재 고 자 산	영 업	선 수 수 익	영 업
선 급 금	영 업	미지급법인세	영 업

선 급 비 용	영 업	사 채	재 무
투 자 자 산	투 자	장 기 차 입 금	재 무
유 형 자 산	투 자	충 당 부 채	영 업
무 형 자 산	투 자	자 본 금	재 무
개 발 비	투 자	자 본 잉 여 금	재 무

※ 단기투자자산이 단기매매금융자산이면 영업활동, FVOCI금융자산이면 투자활동으로 분류함

예제 15-1 경영활동별 거래의 분류

다음과 같은 거래가 발생하였다고 하자.

① 차입금 ₩300,000과 그 이자 ₩10,000을 수표 발행하여 지급하다.
② 상품 ₩50,000을 외상으로 매입하다.
③ 외상매입금 ₩50,000을 현금으로 지급하다.
④ 법인세 ₩40,000을 현금으로 납부하다.
⑤ 보통주 액면 ₩700,000을 액면발행하고 주금은 현금으로 받다.
⑥ 토지 ₩600,000을 현금구입하다.
⑦ 현금 ₩60,000을 대여하다.
⑧ 미수금 ₩70,000을 현금으로 회수하다.
⑨ 전화요금 ₩20,000을 현금으로 지급하다.
⑩ 특허권 ₩10,000을 상각하다.
⑪ 미지급금 ₩30,000을 현금지급하다.

이러한 거래를 분석하기 위해서는 먼저 분개를 하고, 이를 이용하여 현금이 증가했거나 감소한 경우에만 경영활동별으로 구분하면 된다. 각 거래를 분개하고 경영활동별 현금흐름을 표시하면 다음과 같다. 단, 상품거래는 계속기록법을 이용한다.

	(차 변)		(대 변)		활동별 현금흐름
①	차 입 금	300,000	당 좌 예 금	310,000	차입금지급은 재무활동
	이 자 비 용	10,000			이자지급은 영업 또는 재무활동
②	상 품	50,000	외상매입금	50,000	비현금간의 거래
③	외상매입금	50,000	현 금	50,000	매입채무지급은 영업활동
④	법인세비용	40,000	현 금	40,000	법인세지급은 영업활동
⑤	현 금	700,000	자 본 금	700,000	주식발행은 재무활동
⑥	토 지	600,000	현 금	600,000	유형자산취득은 투자활동
⑦	대 여 금	60,000	현 금	60,000	현금대여는 투자활동

⑧ 현 금	70,000	미 수 금	70,000	미수금회수는 투자활동
⑨ 통 신 비	20,000	현 금	20,000	영업비지급은 영업활동
⑩ 무형자산상각비	10,000	특 허 권	10,000	비현금간의 거래
⑪ 미지급금	30,000	현 금	30,000	미지급금지급은 재무활동

7 현금흐름표의 양식

현금흐름표는 영업활동 현금흐름의 표시방법에 따라 직접법과 간접법으로 나누어진다.

직접법은 영업활동에서 현금을 수반하여 발생한 수익 또는 비용항목을 총액으로 표시하는 방법을 말하며, **간접법**은 당기순이익(손실)에 현금의 유출이 없는 비용 등을 가산하고 현금의 유입이 없는 수익 등을 차감하며, 영업활동으로 인한 자산·부채의 증감액을 가감하여 표시하는 방법을 말한다.

직접법과 간접법에 의한 현금흐름의 표시방법 간의 차이를 명확하게 이해할 수 있도록 도표로 나타내면 각각 다음 [표 15-4], [표 15-5]와 같다.

표 15-4 직접법에 의한 현금흐름

	현금유입액		현금유출액		
영업활동 →	① 현금매출 (매출채권 회수 포함) ② 이자수익 유입액 ③ 배당금수익 유입액 등	−	① 현금매입 (매입채무지급 포함) ② 종업원에 대한 유출 ③ 이자비용, 법인세비용 유출 등	=	영업활동현금 흐름 증가(감소)액
					+
투자활동 →	① 대여금회수 ② 단기투자자산의 처분 ③ 투자자산의 처분 ④ 유형자산의 처분 ⑤ 무형자산의 처분 등	−	① 현금의 대여 ② 단기투자자산의 취득 ③ 투자자산의 취득 ④ 유형자산의 취득 ⑤ 무형자산의 취득 등	=	투자활동 현금 흐름 증가(감소)액
					+
재무활동 →	① 단기·장기차입 ② 사채 발행 ③ 유상증자 등	−	① 차입금의 상환 ② 사채의 상환 ③ 유상 감자 ④ 배당금의 지급 등	=	재무활동 현금 흐름 증가(감소)액
					‖
					당기의 현금 증가(감소)액

표 15-5 간접법에 의한 현금흐름

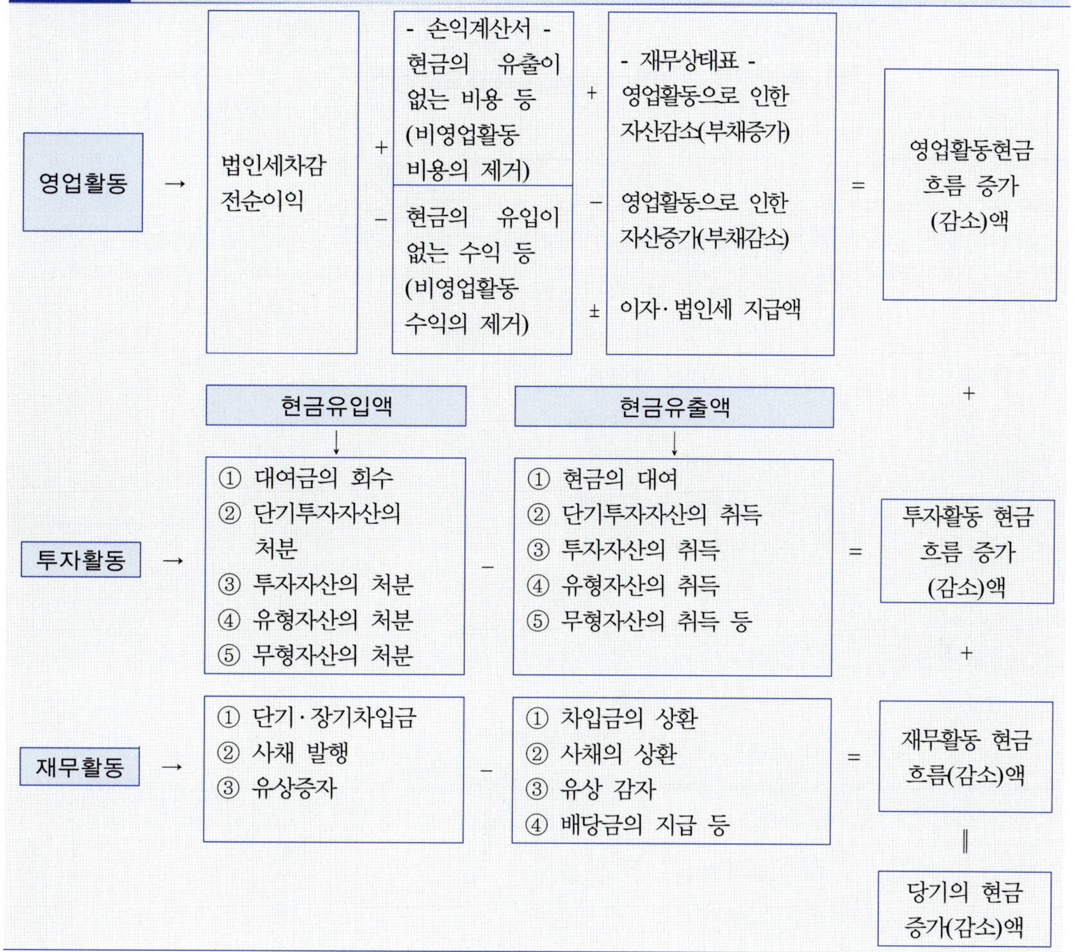

회계기준에 따른 **현금흐름표**의 양식을 살펴보면 다음과 같다.

1) 직접법에 의한 현금흐름표의 양식

현금흐름표

(회사명)	20×4. 1. 1~12. 31	(단위 : 원)
Ⅰ. 영업활동 현금흐름		×××
가. 매출 등 수익활동으로부터의 유입액	×××	
나. 매입 및 종업원에 대한 유출액	(×××)	
다. 이자수익 유입액	×××	
라. 배당금수익 유입액	×××	
마. 이자비용 유출액	(×××)	
바. 법인세 등 유출액	(×××)	
Ⅱ. 투자활동 현금흐름		×××
1. 투자활동으로 인한 현금유입액	×××	
2. 투자활동으로 인한 현금유출액	(×××)	
Ⅲ. 재무활동 현금흐름		×××
1. 재무활동으로 인한 현금유입액	×××	
2. 재무활동으로 인한 현금유출액	(×××)	
Ⅳ. 현금의 증가(감소) (Ⅰ + Ⅱ + Ⅲ)		×××
Ⅴ. 기초의 현금		×××
Ⅵ. 기말의 현금		×××

2) 간접법에 의한 현금흐름표의 양식

현금흐름표

(회사명)	20×4. 1. 1~12. 31	(단위 : 원)
Ⅰ. 영업활동 현금흐름		×××
1. 법인세비용차감전순이익(손실)	×××	
2. 현금의 유출이 없는 비용 등의 가산 (비영업활동 비용제거)	×××	
3. 현금의 유입이 없는 수익 등의 차감 (비영업활동 수익제거)	(×××)	
4. 영업활동으로 인한 자산증가(부채감소)	(×××)	
영업활동으로 인한 자산감소(부채증가)	×××	
영업활동창출 현금흐름	×××	
5. 이자와 법인세 유출액 차감	(×××)	
Ⅱ. 투자활동 현금흐름		×××
1. 투자활동으로 인한 현금유입액	×××	
2. 투자활동으로 인한 현금유출액	(×××)	
Ⅲ. 재무활동 현금흐름		×××
1. 재무활동으로 인한 현금유입액	×××	
2. 재무활동으로 인한 현금유출액	(×××)	
Ⅳ. 현금의 증가(감소) (Ⅰ + Ⅱ + Ⅲ)		×××
Ⅴ. 기초의 현금		×××
Ⅵ. 기말의 현금		×××

국제회계기준에서는 간접법의 경우 영업활동부분에서 이자 수취액, 이자지급액 및 법인세지급액을 별도로 공시하는 것이 원칙으로 되어 있다. 따라서 법인세비용차감전순이익에서 출발하여 여기에다 이자수익과 이자비용을 먼저 가감 조정하게 된다. 그리고 미수이자, 미지급이자 및 미지급법인세의 증감액에 대해서는 조정항목에서 제외시킨다. 그밖에 조정항목을 반영해서 영업활동창출현금흐름을 계산하고서 이자 수취액, 이자지급액 및 법인세지급액을 가감하여 영업활동 현금흐름을 표시하게 된다.

이렇게 계산된 영업활동 현금흐름은 종전에 작성 방법인 당기순이익에서 출발하여 가감항목을 반영해서 계산하던 금액과 동일하게 표시된다. 현재 실무에서는 국제회계기준하에서도 종전 방식대로 작성하는 회사도 많이 있고, 회계원리 교과서에도 이 방식을 소개하는 경우도 많이 있다. 다음 [예제 15-2]는 두 방식 간의 차이에 대한 비교를 제시해 주고 있다.

예제 15-2 간접법에 따른 영업활동 현금흐름 표시 비교

종전 방식(미국 회계기준)		국제회계기준 방식	
영업활동		영업활동	
당기순이익	40,000	법인세차감전순이익	65,000
		이자수익	(11,000)
		이자비용	12,000
감가상각비	10,000	감가상각비	10,000
유형자산처분이익	(10,000)	유형자산처분이익	(10,000)
매출채권의 증가	(10,000)	매출채권의 증가	(10,000)
미수이자의 감소	3,000		
재고자산의 감소	(10,000)	재고자산의 감소	(10,000)
매입채무의 증가	10,000	매입채무의 증가	10,000
미지급이자의 증가	2,000		
미지급법인세의 감소	(5,000)		
		영업활동창출 현금	56,000
		이자수취액	13,000
		이자지급액	(7,000)
		법인세지급액	(32,000)
영업활동 현금흐름	30,000	영업활동 현금흐름	30,000

* 국제회계기준에서는 법인세지급액을 공시하도록 되어 있기 때문에 법인세차감전순이익에서 가감항목을 조정하여야 한다.

8 현금흐름표의 작성방법

포괄손익계산서와 비교재무상태표를 이용하여 영업활동 현금흐름을 산출하는 방법에는 직접법과 간접법이 있다.

1) 영업활동 현금흐름의 산출방법

(1) 직접법

직접법은 영업활동 현금흐름을 발생원천별로 구분하여 표시하는 방법으로, 이는 포괄손익계산서에 계상된 매출액·매출원가·판매비와관리비·이자비용·이자수익·배당금수익·법인세비용 등을 현금수입액이나 현금지출액으로 전환시켜 현금흐름표에 반영·보고하는 방법이다. 항목별 현

금수입액이나 현금지출액의 산출방법은 T계정에서 구할 수도 있고, 식을 이용해서 구할 수 있는데 그 과정은 다음과 같다.

(가) 현금매출액

현금매출액은 포괄손익계산서상 매출액과 비교재무상태표상 매출채권을 이용하여 다음과 같이 산출한다.

매 출 채 권

기 초 잔 액	×××	현금회수액(?)	×××
매 출 액	×××	기 말 잔 액	×××

매출채권계정에 기입되어 있는 항목의 대차가 일치되는 관계를 등식으로 나타내서 회수액을 구하면 다음과 같다.

기초잔액 + 매출액 = 현금회수액 + 기말잔액
현금회수액 = 매출액 − (기말잔액 − 기초잔액)

위 등식에서 알 수 있듯이 현금매출액은 매출액에서 매출채권의 기말잔액과 기초잔액간의 차액을 반영해서 구해진다.

매출채권의 감소(기말잔액 < 기초잔액인 경우)는 현금회수액이 매출액보다 많다는 것을 의미하는 것으로 감소분만큼을 매출액에 가산시키게 되며, 반대로 매출채권의 증가(기말잔액 > 기초잔액인 경우)는 매출액이 현금회수액보다 많다는 의미로 증가분만큼을 매출액에서 차감시키게 된다.

(나) 현금매입액

현금매입액은 포괄손익계산서상 매출원가와 비교재무상태표상 상품과 매입채무계정을 이용하여 다음과 같이 산출한다.

상 품

기 초 잔 액	×××	매 출 원 가	×××
매 출 액(?)	×××	기 말 잔 액	×××

상품계정에 기입되어 있는 항목을 등식으로 나타내서 매입액을 구하면 다음과 같다.

기초잔액 + 매입액 = 매출원가 + 기말잔액
매입액 = 매출원가 + (기말잔액 − 기초잔액)

재고상품의 증가(기말잔액 > 기초잔액인 경우)는 판매된 것보다 상품이 더 많이 매입되었다는 것을 의미하는 것으로 그 만큼 매출원가에 가산되며, 재고상품의 감소(기말잔액 < 기초잔액인 경우)는 판매된 것보다 상품이 적게 매입되었다는 것을 의미하는 것으로 그만큼 매출원가에서 차감된다.

매 입 채 무

현금지급액(?)	×××	기 초 잔 액	×××
기 말 잔 액	×××	매 입 액	×××

상품계정에서 구한 매입액을 매입채무계정대변에 전기한 다음, 매입채무계정에 기입된 내용을 등식으로 정리해서 현금지급액을 구하면 다음과 같다.

현금지급액 + 기말잔액 = 매입액 + 기초잔액
현금지급액 = 매입액 − (기말잔액 − 기초잔액)

매입채무의 감소(기말잔액 < 기초잔액인 경우)는 상품에 대한 현금지급액이 매입한 것보다 많다는 의미로서 그 감소분만큼은 매입액에 가산되게 되며, 매입채무의 증가(기말잔액 > 기초잔액인 경우)는 상품에 대한 현금지급액보다 상품을 더 많이 매입하였다는 의미로 그 증가분만큼은 매입액에서 차감된다.

(다) 이자와 배당금의 현금수입액

현금수입액은 포괄손익계산서상 이자수익 및 배당금수익과 비교재무상태표상 미수수익과 선수수익을 이용하여 다음과 같이 산출한다.

수 익 계 정

기초미수수익	×××	기초선수수익	×××
수 익 계 상 액	×××	현 금 수 입 액(?)	×××
기말선수수익	×××	기말미수수익	×××

이자와 배당금의 현금수입액을 식으로 정리해서 구하면 다음과 같다.

기초미수수익 + 수익계상액 + 기말선수수익 = 기초선수수익 + 현금수입액 + 기말미수수익
현금수입액 = 수익계상액 − (기말미수수익 − 기초미수수익) + (기말선수수익 − 기초선수수익)

미수수익의 증가(기말잔액 > 기초잔액)는 발생수익보다 현금수입이 적다는 의미로 증가분만큼 계상된 해당수익에서 차감되며, 반대의 경우(기말잔액 < 기초잔액)는 발생수익보다 현금수입액이 많다는 의미로 감소분만큼을 해당수익에 가산시킨다.

선수수익의 증가(기말잔액 > 기초잔액)는 발생수익보다 현금수입액이 더 많았다는 의미로 증가액만큼 해당수익에 가산하며, 반대의 경우(기말잔액 < 기초잔액)는 현금수입액이 발생수익보다 적었다는 의미로 감소액만큼을 해당수익에서 차감시킨다.

(라) 판매비와 관리비 · 이자 및 법인세의 현금지급액

현금지급액은 포괄손익계산서상 판매비와 관리비·이자비용 및 법인세비용과 비교재무상태표상 선급비용과 미지급비용을 이용하여 다음과 같이 산출한다.

비 용 계 정

기초선급비용	×××	기초미지급비용	×××
현 금 지 급 액(?)	×××	비 용 계 상 액	×××
기말미지급비용	×××	기 말 선 급 비 용	×××

비용의 현금지급액을 식에 의해서 구하면 다음과 같다.

기초선급비용 + 현금지급액 + 기말미지급비용 = 기초미지급비용 + 비용계상액 + 기말선급비용
현금지급액 = 비용계상액 − (기말미지급비용 − 기초미지급비용) + (기말선급비용 − 기초선급비용)

미지급비용의 감소(기말잔액 < 기초잔액)는 지급된 비용이 발생된 비용을 초과했다는 의미로 감소분만큼은 해당비용에 가산되며, 반대의 경우는 (기말잔액 > 기초잔액) 발생비용이 지급분을 초과했다는 의미로 증가액만큼 해당비용에서 차감된다.

선급비용의 증가(기말잔액 > 기초잔액)는 발생비용보다 현금지급액이 더 많았다는 것으로 증가액만큼은 해당비용에 가산되며, 반대의 경우는(기말잔액 < 기초잔액) 현금지급액이 발생비용보다 적었다는 것으로 감소액만큼을 해당비용에서 차감시킨다.

식으로 계산한 결과를 수입과 지급의 종류별로 정리하면 다음과 같다.

수입/지급	포괄손익계산서 항목	재무상태표계정 잔액 변동액	
수 입:			
고 객	매 출 액	+ 매출채권감소액 − 매출채권증가액	
이 자	이 자 수 익	+ 미수이자감소액 − 미수이자증가액	+ 선수이자증가액 − 선수이자감소액
배 당 금	배당금수익	+ 미수배당금감소액 − 미수배당금증가액	
지 급:			
거 래 처	매 출 원 가	+ 재고상품증가액 − 재고상품감소액	+ 매입채무감소액 − 매입채무증가액

	판매관리비	＋선급비용증가액 －선급비용감소액	＋미지급비용감소액 －미지급비용증가액
종업원	급여	＋미지급급여감소액 －미지급급여증가액	
이자	이자비용	＋미지급이자감소액 －미지급이자증가액	＋선급이자증가액 －선급이자감소액
법인세	법인세비용	＋미지급법인세감소액 －미지급법인세증가액	

(2) 간접법

간접법은 포괄손익계산서상 법인세비용차감전순이익에 현금의 유출이 없는 비용 등은 가산하고 현금의 유입이 없는 수익 등은 차감하며, 영업활동과 관련된 자산·부채의 증감액을 가감하여 **영업활동 현금흐름**을 산출하고, 여기에다 이자 및 법인세지급액을 차감하는 것으로, 이는 포괄손익계산서상 발생기준의 당기순이익을 현금기준 순이익으로 전환시키는 방법이다.

여기서 현금기준 순이익이란 현금흐름표상 영업활동 현금흐름을 의미하는 것으로 회계기준상 현금흐름표의 작성 시 영업활동에는 이자수입·배당금수입·이자지급·법인세지급거래가 포함될 수 있으므로, 포괄손익계산서의 영업이익을 산출하기 위한 거래내용과는 차이가 있음을 유의하여야 한다. 따라서 현금기준 순이익은 영업수익 중 현금수입액(이를 현금영업수익이라 한다)에서 영업비용중 현금지출액(이를 현금영업비용이라 한다)을 차감하여 산출하며, 이때 현금영업수익과 현금영업비용에는 이자수익·배당금수익·이자비용·법인세비용도 포함시킬 수 있다. 발생기준의 당기순이익과 현금기준의 순이익(영업활동 현금흐름)을 산출하는 식은 다음과 같다.

> 발생기준 순이익＝수익－비용
> 현금기준 순이익＝현금영업수익－현금영업비용

회계기준에 따라 발생기준 순이익을 현금기준 순이익(영업활동 현금흐름)으로 전환시키기 위한 과정을 도표로 정리하면 다음과 같다. 단 이자지급액과 배당금 수입액 그리고 이자수입액은 영업활동으로 분류하는 경우를 전제로 한 것이다. 따라서 이자지급액과 배당금지급액을 재무활동으로 분류하고, 배당금 수입액과 이자수입액을 투자활동으로 분류하는 경우에는 아래 도표에서 제외된다는 점을 유의해야 한다.

법인세비용차감전순이익

가 산 항 목

① 현금의 유출이 없는 비용
감가상각비 · 무형자산상각비 · 손상차손 ·
단기매매금융자산평가손실 등
② 투자활동과 재무활동으로 인한 비용
투자 · 유형자산처분손실
사채상환손실 · 이자비용 등
③ 영업활동으로 인한 자산 · 부채의 변동
(자산의 감소 : 기초잔액 > 기말잔액)
매출채권의 감소
재고자산의 감소 등
(부채의 증가 : 기초잔액 < 기말잔액)
매입채무의 증가 등
④ 단기매매금융자산의 처분대금

차 감 항 목

① 현금의 유입이 없는 수익
단기매매금융자산평가이익
FVPL금융자산평가이익
② 투자활동과 재무활동으로 인한 수익
투자 · 유형자산처분이익 등
사채상환이익 등
③ 영업활동으로 인한 자산 · 부채의 변동
(자산의 증가 : 기초잔액 < 기말잔액)
매출채권의 증가
재고자산의 증가 등
(부채의 감소 : 기초잔액 > 기말잔액)
매입채무의 감소 등
④ 단기매매금융자산의 취득대금

영업활동창출 현금흐름
\+ 이자수취액
\+ 배당금수취액
− 이자지급액
− 법인세지급액

영업활동 현금흐름
(현금기준 순이익)

(가) 현금의 수입이 없는 수익은 법인세비용차감전순이익에서 차감하고 현금의 지출이 없는 비용은 가산하며, 수익으로 계상되지 않은 현금영업수익은 가산하고 비용으로 계상되지 않은 현금영업비용은 차감한다. 가감하여야 할 항목과 금액은 감가상각비 등 현금유출이 없는 비용과 [표 15-3]에서 제시한 재무상태표상 항목중 영업활동으로 분류된 계정과목의 기중 증감액이 된다. 이에 대한 예를 들어 설명하면 다음과 같다.

예를 들어 한 회계기간 동안 매출액 ₩300,000중 ₩200,000은 현금으로 회수하고 나머지 ₩100,000은 외상매출하였으며 이외의 거래가 없다고 하자. 그러면 회계처리는 다음과 같다.

(차)	현 금	200,000	(대)	매 출	300,000
	외상매출금	100,000			

따라서 현금기준 이익은 ₩200,000(현금 수입액)으로 재무상태표상 차변에 현금 ₩200,000이 증가되나, 발생기준 순이익은 ₩300,000으로 재무상태표상 대변에 자본

₩300,000이 증가되어, 각 방법에 의한 순이익은 외상매출금 증가액 ₩100,000만큼 차이가 발생한다. 이의 조정을 위해 포괄손익계산서상 순이익 ₩300,000에서 외상매출금 증가액 ₩100,000을 차감하면 현금기준 이익 ₩200,000이 산출된다.

(나) 포괄손익계산서상 순이익에 투자 및 재무활동에 따른 비용(또는 손실)은 가산하고 수익(또는 이익)은 차감시키는데, 이에 대한 예를 들면 다음과 같다.

예를 들어 취득원가 ₩20,000의 토지를 ₩25,000에 현금 처분하였다고 가정하자. 그러면 회계처리는 다음과 같다.

(차) 현 금	25,000	(대) 토 지	20,000
		유형자산처분이익	5,000

이상의 유형자산 처분거래는 현금흐름표상 투자활동 현금유입액 ₩25,000으로 계상되므로 현금수입액이 모두 기입된다. 그런데 유형자산처분이익 ₩5,000은 포괄손익계산서상 순이익에 포함되어 있으므로 순이익을 영업활동 현금흐름에 전액 포함시키는 경우 유형자산처분이익 ₩5,000은 이중계상(영업활동과 투자활동)되며 또한 이는 영업활동의 결과가 아니므로 영업활동 현금흐름에 포함시킬 수가 없어 순이익에서 유형자산처분이익 ₩5,000을 차감하는 것이다. 이외의 이득과 손실을 순이익에 가감하여 조정하는 논리도 이와 유사하다.

2) 현금흐름표의 작성과정

현금흐름표의 작성과정은 다음과 같다.

① 포괄손익계산서와 비교재무상태표를 이용하여 직접법이나 간접법에 의한 영업활동 현금흐름을 산출한다.

② 추가정보와 비교재무상태표 등을 이용하여 투자활동과 재무활동 현금흐름을 산출한다. 투자활동과 재무활동 현금흐름을 산출하기 위해서는 먼저 비교재무상태표를 이용하여 투자활동과 재무활동으로 인하여 발생한 자산·부채·자본계정의 증감액을 산출하고 추가정보를 분개하여 해당증감액을 전액 설명하였는지를 확인한다. 해당계정의 증감액중 추가정보로 설명되지 않은 경우에는 일반적인 거래(현금취득이나 처분 또는 상각 등)로 간주한다.

③ 이상의 분석내용을 현금흐름표의 양식에 정리한다.

예제 15-3 ▶ 현금흐름표의 작성

기중 거래와 현금흐름표와의 관계에서 이용한 (주)미래의 예를 그대로 이용하기로 한다. 다만, 기중거래는 제공되지 않고 앞에서 언급한 것처럼 비교재무상태표와 포괄손익계산서 및 투자와 재무활동에 관한 추가정보 등이 주어지게 된다.

1) 단기투자자산이 단기매매금융자산인 경우: 영업활동

(1) 비교재무상태표

비교재무상태표

(주)미래

계정과목	기초잔액	기발잔액	계정과목	기초잔액	기말잔액
현금	2,000	4,000	매입채무	10,000	15,000
단기투자자산	8,000	10,000	단기차입금	30,000	50,000
매출채권	10,000	15,000	감가상각누계액	5,000	6,000
상품	10,000	20,000	미지급이자	0	500
유형자산	120,000	130,000	자본금	100,000	100,000
			이익잉여금	5,000	7,500
	150,000	179,000		150,000	179,000

(2) 손익계산서

손익계산서

(주)미래

매출원가	10,000	매출액	15,000
관리비	2,000	유형자산처분이익	2,000
감가상각비	1,000	단기투자자산평가이익	1,000
이자비용	1,500		
법인세비용	1,000		
당기순이익	2,500		
	18,000		18,000

(3) 추가정보

① 단기투자자산(단기매매금융자산)을 ₩1,000에 현금 구입하다.

① 원가 ₩10,000의 유형자산(토지)을 ₩12,000에 현금처분하다.

② 유형자산(차량)을 ₩20,000에 현금 구입하다.

③ 현금 ₩50,000을 단기차입하다.

이상의 자료를 이용하여 현금흐름표를 작성하면 다음과 같다.

(가) 직접법

① 영업활동 현금흐름 산출

매출채권

기초잔액	10,000	현금회수액	10,000
매출액	15,000	기말잔액	15,000

상품

기초잔액	10,000	매출원가	10,000
매입액	20,000	기말잔액	20,000

단기투자자산

기초잔액	1,000		
평가이익	1,000		
현금지급액	1,000	기말잔액	2,000

매 입 채 무

현금지급액	15,000	기 초 잔 액	10,000
기 말 잔 액	15,000	매 입 액	20,000

관 리 비

기초선급액	0	비용계상액	2,000
현금지급액	2,000	기말선급액	0

이 자 비 용

현금지급액	1,000	기초미지급	0
기말미지급	500	비용계상액	1,500

법 인 세 비 용

현금지급액	1,000	기초미지급	0
기말미지급	0	비용계상액	1,000

② 투자활동과 재무활동 현금흐름액 산출

비교재무상태표에서 투자활동과 재무활동으로 인하여 발생한 자산·부채·자본계정은 유형자산·단기차입금·감가상각누계액·자본금·이익잉여금이다.

추가정보에 의한 증감원인을 확인하기 위하여 증감액을 2단 T계정 상단에 증감위치별로 기입하면 다음과 같다.

유 형 자 산

	10,000		
②	20,000	①	10,000

단기차입금

			20,000
③	30,000		50,000

감가상각누계액

			1,000
		④	1,000

자 본 금

			0

이익잉여금

			2,500
		⑤	2,500

2단 T계정에 증감액을 기입한 후 추가정보를 분개하면서 활동별 현금흐름을 다음과 같이 표시하고 2단 T계정에 표시된 관련계정의 하단에 금액만을 전기한다.

① (차) 현　　금(투자)	12,000	(대) 유형자산	10,000
		유형자산처분이익	2,000
② (차) 유형자산	20,000	(대) 현　　금(투자)	20,000
③ (차) 현　　금(재무)	50,000	(대) 단기차입금	50,000

추가정보의 분석 후 2단 T계정의 증감액 중 설명이 안 된 계정(차입금·감가상각누계액·자본금·이익잉여금)은 일반 거래로 간주하여 다음과 같이 분개하여 해당계정에 전기한다.

④ (차) 단기차입금	30,000	(대) 현　　금(재무)	30,000
⑤ (차) 감가상각비	1,000	(대) 감가상각누계액	1,000
⑥ (차) 손　　익	2,500	(대) 이익잉여금	2,500

이익잉여금의 증가원인은 당기순이익이고 당기순이익은 집합손익계정에서 대체된다.

이상에서 설명한 내용을 이용하여 현금흐름표를 작성하면 다음과 같다.

현금흐름표

(주)미래　　20×4. 10. 1~10. 31　　(단위 : 원)

Ⅰ. 영업활동 현금흐름			(10,000)
1. 매출 등 수익활동으로부터의 유입액		10,000	
2. 매입 및 종업원에 대한 유출액		(15,000)	
3. 관리비 유출액		(2,000)	
4. 단기투자자산구입액		(1,000)	
영업활동창출 현금흐름		(8,000)	
5. 이자지급액		(1,000)	
6. 법인세지급액		(1,000)	
Ⅱ. 투자활동 현금흐름			(8,000)
1. 투자활동으로 인한 현금유입액		12,000	
유형자산의 처분	12,000		
2. 투자활동으로 인한 현금유출액		(20,000)	
유형자산의 취득	20,000		
Ⅲ. 재무활동 현금흐름			20,000
1. 재무활동으로 인한 현금유입액		50,000	
단기차입금의 차입	50,000		
2. 재무활동으로 인한 현금유출액		(30,000)	
단기차입금의 상환	30,000		
Ⅳ. 현금의 증가			2,000
Ⅴ. 기초의 현금			2,000
Ⅵ. 기말의 현금			4,000

(나) 간접법

간접법에 의한 현금흐름표의 작성과정은 영업활동 현금흐름의 산출과정을 제외하곤 직접법과 같다. 영업활동 현금흐름의 산출과정은 다음과 같다. 먼저 포괄손익계산서에서 법인세비용차감전순이익에 가감하여야 할 항목을 정리한다. 본 예제에서는 감가상각비와 이자비용 및 유형자산처분이익이 이에 해당한다. 그리고 비교재무상태표상 영업활동과 관련된 자산과 부채의 증감액을 산출한다. 본 예제에서는 매출채권·상품·매입채무가 이에 해당한다. 마지막으로 이자지급액을 산출하는데, 이는 직접법에서 계산한 것과 동일하다.

이후 직접법과 마찬가지로 투자활동과 재무활동 현금흐름을 산출하고 이들을 현금흐름표에 정리한다.

이때 현금흐름표상 영업활동 현금흐름은 먼저 법인세비용차감전순이익(당기순이익에 법인세비용을 가산함)을 계상한 후 법인세비용차감전순이익에 가산할 항목과 차감할 항목을 기입한다. 당기순이익 또는 법인세비용차감전순이익에 가감조정할 항목에 대해서는 다음과 같은 방식으로 비현금지출비용과 비현금수익항목은 원래의 분개를 통해 확인하고, 또한 영업활동 관련 자산과 부채는 증감을 각각 차변이나 대변에 나타내면서 반대쪽에는 영업현금이란 계정을 나타내면서 영업현금이 차변에 나타나면 가산항목, 영업현금이 대변에 나타나면 차감항목으로 표시하면 간편하고 쉽게 영업활동 현금흐름을 계산할 수 있다.

영업활동 현금흐름 산출항목 분개 및 분석

①	(차) 감가상각비	1,000	(대) 감가상각누계액	1,000
	(비현금지출비용: 당기순이익에 가산)			
②	(차) 이자비용	1,500	(대) 미지급이자	1,500
	(비현금지출비용 : 당기순이익에 가산)			
③	(차) 미지급이자	1,000	(대) 현 금	1,000
	(이자지급액 : 당기순이익에서 차감)			
④	(차) 법인세비용	1,000	(대) 미지급법인세	1,000
	(비현금지출비용 : 당기순이익에 가산. 법인세비용차감전순이익에서 조정 시작되면 조정항목에서 제외함)			
⑤	(차) 미지급법인세	1,000	(대) 현 금	1,000
	(법인세지급액 : 당기순이익에서 차감)			
⑥	(차) 단기투자자산	1,000	(대) 단기투자자산평가이익	1,000
	(비현금수익: 당기순이익에서 차감)			
⑦	(차) 단기투자자산	1,000	(대) 현 금	1,000
	(단기투자자산 취득액 : 당기순이익에서 차감)			
⑧	(차) 매출채권	5,000	(대) 영업현금	5,000
	(매출채권의 증가액 : 당기순이익에서 차감)			
⑨	(차) 상 품	10,000	(대) 영업현금	10,000
	(재고자산의 증가액 : 당기순이익에서 차감)			
⑩	(차) 영업현금	5,000	(대) 매입채무	5,000
	(매입채무의 증가액 : 당기순이익에 가산)			

투자활동과 재무활동에 관련된 항목

⑪ (차) 현　　금(투자)	12,000	(대)	유형자산	10,000
			유형자산처분이익	2,000

(유형자산처분이익: 투자활동과 영업활동에 중복계상 방지위해 당기순이익에서 차감)

⑫ (차) 유형자산	20,000	(대) 현　　금(투자)	20,000
⑬ (차) 현　　금(재무)	50,000	(대) 단기차입금	50,000
⑭ (차) 단기차입금	30,000	(대) 현　　금(재무)	30,000

위의 분석 내용을 토대로 간접법에 의한 현금흐름표를 작성하면 다음과 같다.

현금흐름표

(주)미래　　20×4. 10. 1~10. 31　　(단위 : 원)

Ⅰ. 영업활동 현금흐름			(10,000)
1. 법인세비용차감전순이익		3,500	
2. 현금유출이 없는 비용 등의 가산		2,500	
감가상각비	1,000		
이 자 비 용	1,500		
3. 현금유입이 없는 수익 등의 차감		(3,000)	
단기투자자산평가이익	1,000		
유형자산처분이익	2,000		
4. 영업활동 관련 자산·부채의 변동		(11,000)	
매출채권의 증가	(5,000)		
상품의 증가	(10,000)		
매입채무의 증가	5,000		
단기투자자산 구입액	(1,000)		
영업활동창출 현금흐름		(8,000)	
이자지급액		(1,000)	
법인세지급액		(1,000)	
Ⅱ. 투자활동 현금흐름			(8,000)
1. 투자활동으로 인한 현금유입액		12,000	
유형자산의 처분	12,000		
2. 투자활동으로 인한 현금유출액		(20,000)	
유형자산의 취득	20,000		
Ⅲ. 재무활동 현금흐름			20,000
1. 재무활동으로 인한 현금유입액		50,000	
단기차입금의 차입	50,000		
2. 재무활동으로 인한 현금유출액		(30,000)	
단기차입금의 상환	30,000		
Ⅳ. 현금의 증가			2,000
Ⅴ. 기초의 현금			2,000
Ⅵ. 기말의 현금			4,000

2) 단기투자자산이 FVOCI금융자산인 경우: 투자활동

(1) 비교재무상태표

비교재무상태표

(주)미래

계정과목	기초잔액	기말잔액	계정과목	기초잔액	기말잔액
현 금	2,000	4,000	매입채무	10,000	15,000
단기투자자산	8,000	10,000	단기차입금	30,000	50,000
매출채권	10,000	15,000	감가상각누계액	5,000	6,000
상 품	10,000	20,000	미지급이자	0	500
유형자산	120,000	130,000	자본금	100,000	100,000
			기타포괄손익	0	1,000
			이익잉여금	5,000	6,500
	150,000	179,000		150,000	179,000

(2) 포괄손익계산서

포괄손익계산서

(주)미래

매출원가	10,000	매 출 액	15,000
관 리 비	2,000	유형자산처분이익	2,000
감가상각비	1,000	단기투자자산평가이익	1,000
이자비용	1,500		
법인세비용	1,000		
당기순이익	1,500		
포괄이익	2,500		
	18,000		18,000

(3) 추가정보

① 단기투자자산(FVOCI금융자산)을 ₩1,000에 현금 구입하다.

① 원가 ₩10,000의 유형자산(토지)을 ₩12,000에 현금처분하다.

② 유형자산(차량)을 ₩20,000에 현금 구입하다.

③ 현금 ₩50,000을 단기차입하다.

직접법

현금흐름표

(주)미래 20×4. 10. 1~10. 31 (단위 : 원)

Ⅰ. 영업활동 현금흐름		(9,000)
1. 매출 등 수익활동으로부터의 유입액	10,000	

2. 매입 및 종업원에 대한 유출액		(15,000)	
3. 관리비 유출액		(2,000)	
영업활동창출 현금흐름		(7,000)	
4. 이자지급액		(1,000)	
5. 법인세지급액		(1,000)	
Ⅱ. 투자활동 현금흐름			(9,000)
1. 투자활동으로 인한 현금유입액		12,000	
유형자산의 처분	12,000		
2. 투자활동으로 인한 현금유출액		(21,000)	
단기투자자산의 취득	1,000		
유형자산의 취득	20,000		
Ⅲ. 재무활동 현금흐름			20,000
1. 재무활동으로 인한 현금유입액		50,000	
단기차입금의 차입	50,000		
2. 재무활동으로 인한 현금유출액		(30,000)	
단기차입금의 상환	30,000		
Ⅳ. 현금의 증가			2,000
Ⅴ. 기초의 현금			2,000
Ⅵ. 기말의 현금			4,000

간접법

현금흐름표

(주)미래 20×4. 10. 1~10. 31 (단위 : 원)

Ⅰ. 영업활동 현금흐름			(9,000)
1. 법인세비용차감전순이익		2,500	
2. 현금의 유출없는 비용 등의 가산		2,500	
감가상각비	1,000		
이자비용	1,500		
3. 현금유입이 없는 수익 등의 차감		(2,000)	
유형자산처분이익	2,000		
4. 영업활동 관련 자산·부채의 변동		(10,000)	
매출채권의 증가	(5,000)		
상품의 증가	(10,000)		
매입채무의 증가	5,000		
영업활동창출 현금흐름		(7,000)	
이자지급액		(1,000)	
법인세지급액		(1,000)	
Ⅱ. 투자활동 현금흐름			(9,000)
1. 투자활동으로 인한 현금유입액		12,000	

유형자산의 처분	12,000		
2. 투자활동으로 인한 현금유출액		(21,000)	
유형자산의 취득	20,000		
단기투자자산 취득	1,000		
Ⅲ. 재무활동 현금흐름			20,000
1. 재무활동으로 인한 현금유입액		50,000	
단기차입금의 차입	50,000		
2. 재무활동으로 인한 현금유출액		(30,000)	
단기차입금의 상환	30,000		
Ⅳ. 현금의 증가			2,000
Ⅴ. 기초의 현금			2,000
Ⅵ. 기말의 현금			4,000

9 현금흐름표의 해석

현금흐름표의 유용성은 이미 앞에서 설명하였다. 그러나 정보이용자 입장에서 현금흐름표의 분석 시 유의할 점을 살펴보기로 한다.

발생기준 하에서 작성된 당기순이익은 기업을 운영하는데 필요한 현금의 실질적인 증감액이 아니다. 영업활동에서 실질적인 현금의 증감액을 나타내는 것이 바로 영업활동 현금흐름이다. 따라서 정상적인 기업인 경우 영업활동에서 창출된 현금을 이용하여 주주에게 배당하거나 부채를 상환하고, 또한 노후된 유형자산을 대체하거나 추가 투자함으로써 미래의 수요에 대비할 수 있게 된다. 그러나 영업활동에서의 현금유입액보다 현금유출액이 큰 경우에는 영업자금의 부족으로 재무적 위험에 직면할 수 있다. 만약에 영업자금의 부족한 상태가 지속되는 경우 기업은 부족한 자금을 조달하기 위하여 자금을 차입하거나 신주의 발행 또는 유형자산 등의 처분이 이루어지게 되는데, 이와 같은 자금의 조달방법은 한계가 있으며 또한 자금사정이 여의치 않은 경우에는 자금의 차입이나 증자는 사실상 어렵게 된다. 이러한 경우 부족한 자금은 유형자산 등의 처분을 통하여 조달하게 되는데, 이는 결국 기업의 규모가 축소될 뿐만 아니라 제품 등의 생산에도 영향을 미치게 되어 기업의 계속적인 유지도 어렵게 될 수 있다.

이와 같이 현금흐름표상 영업활동 현금흐름을 이용하여 기업의 현금배당능력·부채의 지급능력·기업의 존속여부 및 기업의 성장가능성 등 의사결정에 필요한 결정적인 정보를 얻을 수 있다.

현금흐름표상에는 나타나고 있지 않지만 실무에서 많이 사용되고 있는 현금흐름정보인 잉여현금흐름을 이용하면 현금흐름표 분석을 쉽게 할 수 있다.

잉여현금흐름이란 기업이 영업활동에서 창출한 현금흐름 가운데서 자유롭게(free) 사용할 수 있는 현금흐름으로 자유재량 현금흐름(discretionary cash flow) 또는 여유현금흐름이라고 부르기도 한다.

잉여현금흐름은 이론적으로 영업활동 현금흐름에서 현재 생산의 현상유지를 위한 기존 유형자산에 대한 대체투자액과 배당금 지급액을 차감한 잔액으로서 기업이 자유롭게 사용할 수 있는 현금흐름이라고 정의된다.

잉여현금흐름을 창출한 기업은 다음과 같은 일을 할 수 있다.

① 신규사업, M&A, 구조조정 등 미래를 위한 투자
② 부채상환을 통한 재무체질의 개선
③ 배당, 자사주 매입 등을 통한 주주에 대한 환원

예제 15-4 **잉여현금흐름계산**

(1) 다음의 자료로 ABC회사의 잉여현금흐름을 계산하여 보자.

영업활동 현금흐름	1,400,000
현재의 생산력 유지를 위한 투자액	450,000
생산능력 확장을 위한 투자액	300,000
배당금 지급액	100,000

계 산:

영업활동 현금흐름	1,400,000
현재의 생산력 유지를 위한 투자액	(450,000)
배당금 지급액	(100,000)
잉여현금흐름	850,000

영업활동 현금흐름은 회계기간별로 기복이 있을 수 있으며, 또한 영업활동 현금흐름상태에 대한 정보이용자의 관심이 높기 때문에 영업활동 현금흐름 상태를 실제와는 달리 양호한 것처럼 보이기 위한 조작(manipulation)을 행할 수도 있다.

조작의 예를 들어 보면 단기지급채무의 지급연기나 상품구입의 기간연기를 통해서 영업활동 현금흐름을 증가시킬 수 있으며, 투자자산의 매각을 통해서 투자활동 현금흐름을 증가시키거나, 부채상환의 기간연기나 배당금 지급의 연기를 통해서 재무활동 현금흐름을 증가시키는 것 등이 전형적인 예일 것이다. 이러한 조작은 당해기간의 현금흐름을 증가시키지만 다음 기간에는 반대의 영향을 미치게 된다.

따라서 현금흐름의 분석은 최소한 3내지 5년간 장기적인 추세분석을 해야 올바른 분석이 가능하다고 말할 수 있다. 미국에서 현재 3년분의 비교현금흐름표를 공시하도록 하고 있는 것도 바로 이런 점 때문이다.

한편 대개 분식결산을 통해서 사실상은 적자이거나 소폭의 흑자인데 이를 마치 실제보다 큰 폭의 흑자가 난 것처럼 발생기준 회계원칙을 최대한 악용하여 포괄손익계산서에 가공의 당기순이익을 보고하는 부도덕한 기업을 종종 발견하는 경우가 있다. 이런 기업의 경우 현금흐름표상의 영업활동 현금흐름을 활용한 다음과 같은 비율을 이용할 경우 분식결산의 가능성을 발견하는데 도움이 될 수 있다.

$$순이익\ 질비율 = \frac{당기순이익 - 영업활동\ 현금흐름}{자산총계}$$

이 비율은 연도에 따라 +값과 −값을 나타내면서 0값 주변에서 맴도는 것이 정상적인 모습이라 할 수 있다. 그러나 이 비율 값이 계속해서 여러 연도 동안에 걸쳐서 +값을 나타내며, 그것도 점진적으로 증가추세 즉 악화되는 모습을 나타내면 재무적인 곤경과 재무제표 분식이 발생하고 있을 가능성이 높다. 이러한 상황은 당기순이익은 증가추세인데 반해, 영업활동 현금흐름이 감소 추세를 보이면 양 수치간의 격차가 점점 더 벌어질 때 나타나게 된다.

예제 15-5 **순이익 질비율과 분식 기업 적발 사례**

1995년과 1998년 사이에 분식을 저질렀던 기업에 대해 순이익 질비율을 적용해서 재무제표 분식 조짐을 발견해보자. (단위는 1백만 달러이다.)

연 도	당기순이익	영 업 현 금	자 산 총 계
1995	$ 186.0	$ 14	$ 42
1996	22.3	(8)	89
1997	35.0	(49)	145
1998(3개월)	(32.0)		

비율 값을 계산해보면 1995년은 0.109{($ 186 − $ 14)/ $ 42 = 0.109}, 1996년은 0.510{($ 22.3 + $ 8)/ $ 89 = 0.50}, 1997년은 0.58{($ 35 + $ 48.9)/ $ 145 = 0.58}로 계속 악화하면서 당기순이익과 영업활동 현금흐름 간의 격차가 점점 더 벌어지고 있음을 알 수 있다. 이 비율은 회사가 저지른 분식의 내용에 관한 정보를 제공하지는 못하지만 재무제표 분식 가능성이 높고, 당기순이익이 조작되고 있을 거라는 경고 신호를 분명히 보여준다고 볼 수 있다. 설령 분식이 자행되지 않았다 하더라도 이 회사는 심각한 재무적 곤경 속에 처해 있는 것은 분명하다. 어느 쪽이든 간에 이 비율은 회사가 처한 어려운 상황을 잘 보여주고 있다(Fraud Examination, W. Steve Albrecht, South-Western, pp. 418~9, 2003 참고).

예제 15-6 현금흐름표의 해석

(주)불안의 현금흐름표를 보고 이 회사가 안고 있는 문제점을 발견해보자.

현금흐름표

(주)불안	20×4. 1. 1~12. 31		(단위 : 원)
Ⅰ. 영업활동 현금흐름			51,000,000
법인세비용차감전순이익		35,000,000	
감가상각비	14,000,000		
유동자산의 증가(현금제외)	(5,000,000)		
유동부채의 증가	8,000,000		
법인세 지급액	(1,000,000)	16,000,000	
Ⅱ. 투자활동 현금흐름			91,000,000
유형자산의 매각		91,000,000	
Ⅲ. 재무활동 현금흐름			(130,000,000)
사채의 발행		72,000,000	
장기차입금의 상환		(170,000,000)	
자기주식의 구입		(9,000,000)	
배당금의 지급		(23,000,000)	
Ⅳ. 현금의 증가			12,000,000

이 회사의 현금흐름표에 나타난 문제점을 살펴보면 다음과 같다.

첫째, 대부분의 우량기업은 영업활동 현금흐름의 비중이 제일 높은 것으로 알려지고 있다. 그런데 이 회사의 영업활동 현금흐름은 충분치 못하다.

둘째, 이 회사는 영업활동 현금흐름이 충분치 못하기 때문에 유형자산의 매각을 통해서 부족한 자금의 많은 부분을 보충하고 있는 것도 문제지만, 매각한 유형자산을 대체할 설비투자가 전혀 이루어지고 있지 않다는 것도 심각한 문제가 될 수 있다. 왜냐하면 미래의 회사의 제품을 제조하는 데 반드시 필요한 설비투자 없이 미래의 이익창출을 기대한다는 것은 불가능하기 때문이다.

셋째, 이 회사는 부채의 의존도가 높은 문제점을 가지고 있다. 이 회사는 사채발행을 통한 차입규모가 7천2백만원이나 된다. 어떠한 회사도 차입자금을 가지고 장기간 생존해 나갈 수는 없다. 왜냐하면 차입자금은 결국 상환해야 할 자금으로서 자금압박의 큰 원인이 될 수 있기 때문이다. 이 회사가 이번에 1억 7천만원이나 되는 차입금을 상환하고 있는 것에서 이런 사실을 잘 알 수 있다.

마지막으로 이 회사는 자금사정이 넉넉하지 못한 가운데서도 순이익에 버금가는 액수를 배당금으로 과대하게 지급하고 있는 것도 자금난을 가중시키는 원인이 되고 있다고 말할 수 있다.

연습문제

❖ 주관식 문제

15-1 다음 자료를 이용하여 아래 물음에 답하시오.

	20×2년	20×1년
매출채권	₩60,000	₩50,000
재고자산	109,000	115,000
매입채무	37,000	48,000
미지급배당금	45,000	42,000
이월이익잉여금	133,000	122,000
매 출 액	720,000	
매출원가	430,000	
당기순이익	71,000	

요구사항

(1) 20×2년 현금매출액은?

(2) 20×2년 재고자산의 현금매입액은?

(3) 20×2년 현금배당액의 선언액은?

(4) 20×2년 배당금의 현금지급액은?

(5) 감가상각비 ₩65,000 이외의 다른 수익과 비용이 없다고 했을 때 20×2년도의 영업활동 현금흐름은?

15-2 다음 (주)달무리의 자료를 이용하여 20×1년도의 현금흐름표를 작성하시오.

(1) 추가정보

① 원가 ₩30,000의 단기투자자산을 ₩40,000에 현금처분하다.

② 주주에게 ₩20,000의 현금배당을 선언하고 이를 지급하다.

(2) 비교재무상태표

재무상태표

(주)달무리

계정과목	20×0년	20×1년	계정과목	20×0년	20×1년
현 금	130,000	140,000	매 입 채 무	80,000	50,000
단기투자자산	80,000	60,000	단기차입금	170,000	80,000
매 출 채 권	80,000	75,000	미지급이자	30,000	20,000
상 품	100,000	60,000	감가상각누계액	40,000	45,000
유 형 자 산	320,000	420,000	자 본 금	300,000	450,000
			이익잉여금	90,000	110,000
	710,000	755,000		710,000	755,000

(3) 손익계산서

손익계산서

(주)달무리

매출원가	565,000	매 출 액	900,000
광고선전비	130,000	단기투자자산처분이익	10,000
임 차 료	150,000		
감가상각비	5,000		
이자비용	20,000		
법인세비용	10,000		
당기순이익	30,000		
	910,000		910,000

15-3 다음 (주)파란하늘의 자료를 이용하여 아래의 요구사항에 답하시오.

(1) 비교재무상태표

재무상태표

(주)파란하늘

계정과목	기초잔액	기말잔액	계정과목	기초잔액	기말잔액
현 금	65,000	55,000	매입채무	50,000	30,000
단기투자자산	30,000	10,000	미지급이자	5,000	2,000
매출채권	10,000	20,000	장기차입금	45,000	48,000
선급판매비	15,000	10,000	감가상각누계액	30,000	35,000
상 품	10,000	40,000	자 본 금	180,000	190,000
유형자산	200,000	200,000	이익잉여금	20,000	30,000
	330,000	335,000		330,000	335,000

(2) 손익계산서

손익계산서

(주)파란하늘

매출원가	230,000	매 출 액	300,000
판 매 비	50,000	단기투자자산처분이익	15,000
감가상각비	5,000		
이자비용	15,000		
법인세비용	5,000		
당기순이익	10,000		
	315,000		315,000

(3) 추가정보

① 원가 ₩20,000의 단기투자자산(단기매매금융자산)을 ₩35,000에 현금처분하다.

② 현금 ₩20,000을 장기차입하다.

③ 주식 ₩10,000을 발행하고 현금 납입받다.

요구사항

(1) 귀하가 기쁨은행의 대부계 대리인데 (주)파란하늘로부터 ₩60,000을 1년간 차입·요청받았다면 주어진 재무상태표와 포괄손익계산서만을 이용하는 경우 대부의 허용여부와 그 이유를 설명하시오.

(2) 기업규모와 매출액이 유사한 동종산업의 다른 기업들은 평균적으로 ₩10,000의 당기순이익을 보고하였다. (주)파란하늘이 신주를 발행하고지 하는 경우 주어진 재무상태표와 포괄손익계산서만을 이용한다면 당신은 (주)파란하늘의 신주를 구입하겠는가? 구입여부와 그 이유를 설명하시오.

(3) 주어진 자료를 이용하여 현금흐름표를 작성하고 단기투자자산의 감소와 장기차입금의 증가 및 자본금 증가이유를 설명하시오.

(4) 현금흐름표를 추가하여 [요구사항 1]과 [요구사항 2]에 답한다면 그 결과는 변하겠는가? 변한다면 그 이유를 설명하시오.

15-4 (주)미래로의 사장인 박경영씨는 회계담당자가 제출한 손익계산서를 살펴보았다.

손익계산서

(주)미래로	20×4/1/1~12/31	(단위 : 천원)
매 출		884,000
매출원가		(508,000)
매출총이익		376,000
판매비와 관리비		(204,000)
(감가상각비 ₩20,000포함)		
이자비용		(24,000)
법인세비용차감전순이익		148,000
법인세비용		(28,000)
당기순이익		120,000

손익계산서를 검토한 사장은 회계담당자인 이경리씨에게 질문을 던졌다. "손익계산서는 잘 만들어진 것 같소. 그러나 내가 알고자 하는 것은 어째서 이번 달에 수표발행도 제대로 하기 어려울 정도로 자금난을 겪고 있는가 하는 점이오. 손익계산서를 보면 올 한 해 동안에 ₩120,000,000을 벌어들인 것으로 나타나 있소. 그러나 현금예금의 잔액을 ₩24,000,000뿐이질 않소. 사채발행을 해서 건물구입도 하였고, 현금배당도 ₩48,000,000이나 했는데, 나머지 돈은 도대체 어디에다 썼다는 말이요?"
이에 대해 회계담당자는 다음과 같이 말하였다. "사장님의 질문에 답변 드리기 위해서는 비교재무상태표를 검토한 다음, 또 다른 형태의 재무제표가 작성되어야 합니다. 여기에 비교재무상태표가 있습니다. 보십시오." 회계담당자가 제시한 비교재무상태표는 다음과 같다.

비교재무상태표

(단위 : 천원)

	20×4년	20×3년
자 산		
현 금	24,000	40,000

매출채권(순액)	178,000	146,000
재고자산	240,000	180,000
선급비용	10,000	14,000
건　　물	400,000	–
감가상각누계액	(20,000)	–
자산합계	832,000	380,000
부채와 자본		
매입채무	74,000	96,000
미지급법인세	6,000	4,000
사　　채	400,000	–
자 본 금	200,000	200,000
이익잉여금	152,000	80,000
부채와 자본의 합계	832,000	380,000

물음

(1) 회계담당자가 언급한 또 다른 형태의 재무제표는 무엇인가? 위의 주어진 자료를 가지고 그 재무제표를 작성하시오.

(2) 이 회사는 영업활동에서 이익을 내고 있음에도 불구하고 자금부족의 어려움을 겪고 있는 이유는 무엇인지 설명하시오.

다음 요약된 자료는 (주)믿음의 것이다.

	20×4년	20×3년	20×2년
현　　금	₩75,000	₩70,000	₩60,000
유동자산(현금제외)	450,000	400,000	370,000
유동부채	335,000	240,000	250,000
감가상각비	50,000	48,000	41,000
당기순이익	15,000	57,000	54,000

모든 유동자산과 유동부채는 영업활동과 관련되어 있다.

물음

(1) 20×3년과 20×4년의 영업활동 현금흐름을 계산하시오.

(2) 이 회사가 외상매입금 ₩50,000의 지급을 20×3년 말에서 20×4년 초로 연기하기로 했다면 물음 (1)의 계산결과는 어떻게 되나? 외상매입금 지급연기는 20×3년 12월 31일 현재의 현금과 외상매입금을 증가시킬 것이나, 20×4년 12월 31일 현재의 금액에는 영향을 미치지 않을 것이다.

(3) 이 회사가 재고자산 ₩50,000의 현금구입을 20×3년 말에서 20×4년 초로 연기했다면 물음 (1)의 계산결과는 어떤가? 재고자산의 현금구입 연기는 20×3년 12월 31일 현재의 현금을 증가시키는데 반에 재고자산은 감소시킬 것이다. 그리고 20×4년 12월 31일 현재의 금액에는 영향을 미치지 않을 것이다. 단, 이 문제는 물음 (2)와 관련이 없다.

(4) 영업활동 현금흐름은 조작이 가능한지 설명하시오.

✤ 공무원시험(9급) 기출문제

1 현금흐름표에 관한 설명들 중 옳은 것은?

① 현금흐름표는 현금흐름의 종류를 크게 영업활동 현금흐름과 투자활동 현금흐름으로 구분한다.
② 영업활동 현금흐름을 직접법으로 작성하는 경우와 간접법으로 작성하는 경우, 영업활동 현금흐름의 크기가 달라질 수 있다.
③ 신용거래가 없을 경우 영업활동 현금흐름과 손익계산서상의 당기순이익은 일치하여야 한다.
④ 직접법이나 간접법 중 어떤 방법으로 작성하더라도 투자활동 현금흐름은 동일하게 표시된다.

2 한국채택국제회계기준에서 현금흐름표의 작성과 표시에 대한 설명으로 옳지 않은 것은?

① 영업활동 현금흐름은 직접법과 간접법 중 하나의 방법으로 보고한다.
② 금융회사가 아닌 다른 업종의 경우 배당금의 지급은 영업활동 또는 재무활동으로 분류할 수 있다.
③ 금융회사가 아닌 다른 업종의 경우 이자수입 및 배당금수입은 투자활동 또는 영업활동 으로 분류할 수 있다.
④ 법인세로 인한 현금흐름은 별도로 공시하지 않고 영업활동 현금흐름으로 분류한다.

3 다음은 (주)서울의 재무상태표와 현금흐름표에서 발췌한 20×4년 현금흐름 관련 자료이다. 20×4년 영업활동 현금흐름은?

20×3년 12월 31일 말 현금잔액	₩120,000
20×4년 투자활동 현금흐름 감소	40,000
20×4년 재무활동 현금흐름 증가	50,000
20×4년 12월 31일에 말 현금 잔액	150,000

① ₩10,000　② ₩20,000
③ ₩30,000　④ ₩40,000

4 (주)한국의 20×3년도 사업활동과 관련한 다음의 자료를 이용하여 계산한 영업활동 현금흐름은? (단, 이자지급은 재무활동으로 분류한다)(단위 : 천원)

법인세비용차감전순이익	5,000	유형자산감가상각비	750
유형자산손상차손	260	유형자산처분이익	340
매출채권증가	290	재고자산감소	300
매입채무증가	250	미지급이자증가	80
이자비용	310	법인세비용	1,500
미지급법인세증가	250		

① ₩4,680　② ₩4,760
③ ₩4,990　④ ₩5,020

5 (주)대한의 20×3회계연도 현금흐름표에 표시될 영업활동 현금흐름은? (단, 20×3회계연도 (주)대한의 당기순이익은 ₩300,000이었다)

감가상각비	₩20,000	유상증자	₩100,000
유형자산처분이익	30,000	사채의 상환	50,000
매출채권증가	60,000	매입채무증가	40,000

① ₩220,000 ② ₩270,000
③ ₩320,000 ④ ₩370,000

6 발생주의회계를 채택하고 있는 (주)대한의 20×3회계연도의 당기순이익은 ₩250,000으로 보고되었다. 20×2년 말과 20×3년 말의 발생항목과 이연항목이 다음과 같을 때 20×3회계연도의 현금주의에 의한 당기순이익은?

항 목	20×2년 말	20×3년 말
미수수익	₩8,000	₩12,000
미지급비용	₩6,000	₩ 4,000
선수수익	₩5,000	₩ 6,500
선급비용	₩7,000	₩ 4,500

① ₩23,000 ② ₩26,000
③ ₩27,000 ④ ₩30,000

정답 1. ③ 2. ④ 3. ② 4. ① 5. ② 6. ①

16 재무제표분석

기업과 이해관계를 갖고 있거나 갖고자 하는 많은 사람들이 기업에 대한 의사결정시 기업이 보유하고 있는 자산의 가치는 얼마인가, 채무는 어느 정도인가, 이익은 어느 정도 창출하여 어느 정도 배당을 하고 있으며, 이익창출능력은 어떤 방향으로 얼마만큼 변할 것인가, 자원은 얼마나 효율적으로 사용하고 있는가, 또한 현금은 어떻게 조달하여 어디에 사용하였으며, 배당과 부채상환 및 신규투자에 필요한 재원은 어떻게 마련하였는가 등에 관한 정보를 필요로 한다. 이러한 정보욕구를 충족시키기 위하여 재무회계는 기업의 경제적 행위를 측정하여 재무제표인 재무상태표·포괄손익계산서·자본변동표 및 현금흐름표를 작성·공시하고 있다.

따라서 정보이용자 입장에서는 기업이 공시한 재무제표를 분석하여 이를 의사결정에 활용할 수 있어야 하는데 본 장에서는 지금까지 부분적으로 언급한 재무제표의 활용방법을 보다 체계적이고 구체적으로 설명하고자 한다.

1 재무제표 분석의 의미와 목적

재무제표란 기업의 얼굴이라 할 수 있다. 기업이 설립되어 재무제표의 작성시점까지 수행한 경제적 행위의 재무적 결과와 경제적 행위의 발자취가 반영되어 작성되기 때문이다. 독자여러분이 기업의 경영자로서 신입사원을 채용한다고 하자. 신입사원의 채용시 무엇을 고려하여 채용여부를 결정할 것인가? 아마 면접을 하지 않고 신입사원을 채용하는 경영자는 없을 것이다. 그러면 면접과정에서 얻고자 하는 것은 무엇인가? 면접이라는 용어 자체에서 알 수 있듯이 일단 그 사람의 얼굴을 대하고 그 얼굴에서 그 사람이 살아온 발자취나 현재의 건강상태 및 성품 등을 파악하고자 할 것이다. 그리하여 첫 대면에서 받은 인상에 대한 주관적 판단이 옳은지를 확인하기 위하여 그 사람의 이력서나 자기소개서 등을 살펴보면서 관심사항에 대한 질문을 하게 된다. 이러한 여러 가지 사항을 종합하여 최종적으로 기업의 목적에 맞는 인물을 채용하게 될 것이다.

정보이용자의 입장에서 기업에 대한 평가도 마찬가지이다. 해당 기업의 지나온 발자취와 현재의 재무적 건실도 등을 기업의 얼굴인 재무제표를 통하여 확인·평가하고, 이를 토대로 앞으로

의사결정자가 원하는 바를 충족시켜줄 수 있을 것인지를 결정하게 된다. 이와 같이 재무제표를 통하여 해당 기업의 과거 발자취와 현재의 건강상태 등을 파악하여 앞으로 어떤 방향으로 얼마만큼 변할 것인가를 평가하는 과정이 바로 재무제표 분석이다. 따라서 **財務諸表 分析**(financial statement analysis)이란 재무제표를 통하여 기업의 과거 재무적 성과를 확인하고, 이를 토대로 미래의 재무적 전망을 평가하는 과정인 것이다.

그러면 정보이용자가 재무제표의 분석과정을 통하여 구체적으로 얻고자 하는 정보는 무엇인가? 당연히 정보이용자들의 관심사인 미래의 이익창출능력(수익성), 채무나 배당금의 지급능력(유동성), 장기적으로 정상적인 영업행위를 지속할 수 있는 능력(안정성), 부가가치 창출을 위해 한정된 자원을 효율적으로 운영할 수 있는 능력(효율성) 등으로 집약할 수 있다. 따라서 재무제표 분석의 목적은 당해 기업의 재무제표를 이용하여 과거의 **수익성**, **유동성**, **안정성** 및 **효율성** 정도를 평가하여, 이를 토대로 미래에 대한 재무적 전망을 하는 것이다.

과거의 재무제표 분석은 기업의 전통적인 재무제표인 재무상태표와 포괄손익계산서를 중심으로 이루어졌으나, 최근에는 물가가 상승하고 흑자도산 기업이 많아지면서 보다 신뢰성이 높은 현금흐름표의 중요성이 부각되고 있다. 따라서 이 후 설명과정에서는 현금흐름표를 포함한 재무제표의 효과적인 분석방법과 재무제표 분석을 통하여 얻고자 하는 각종 정보에 대한 지표의 산출방법 및 각 지표가 지니고 있는 의미를 중심으로 설명하고자 한다.

2 재무제표의 분석방법

재무제표는 기업의 경제적 행위에 대한 발자취와 이의 결과가 반영된 것이라 했다. 재무상태표에는 당해 기업의 현재까지의 경제적 행위에 대한 재무적 결과가 자산·부채·자본으로 요약되어 있으며, 포괄손익계산서에는 당해 회계기간의 이익창출을 위한 발자취인 수익과 이득 및 비용과 손실이 요약되어 있다. 그리고 현금흐름표에는 당해 회계기간의 현금의 유입경로와 유출경로가 요약되어 있다. 따라서 이들 자료가 분석되지 않고 기업에 대한 경제적 의사결정, 즉 경영자의 경영의사결정이나 주식의 취득 및 처분 또는 금전의 대여 등에 대한 의사결정을 하는 경우 잘못된 결론을 이끌어낼 수도 있다.

그러면 재무제표를 어떻게 효과적으로 이용할 수 있을 것인가? 특정 회계기간의 각 재무제표의 구성항목 하나하나를 분석하는 것은 아무런 의미가 없다. 왜냐하면 특정 회계기간에 대한 재무제표의 구성항목 하나하나를 분석한다는 것은 마치 코끼리의 몸을 구성하고 있는 신체 일부를 살펴보는 것과 마찬가지로 코끼리의 현재 건강상태나 다른 코끼리에 대한 상대적 크기 등을 알 수 없기 때문이다. 코끼리의 현재의 건강상태와 상대적 크기는 해당 코끼리의 과거 병력이라든가 영양분의 섭취 정도 등 지나온 발자취를 분석하고, 아울러 다른 코끼리와의 비교를 통해서 비로소 파악할 수 있게 된다.

기업에 대한 평가도 마찬가지이다. 그리하여 해당기업의 과거로부터 현재까지의 발자취를 기간별로 비교·분석하게 되는데, 이를 **水平的 分析**(horizontal analysis) 또는 **趨勢分析**(trend analysis)이라 한다. 이와는 달리 한 회계기간의 재무정보만을 분석하는 방법을 **垂直的 分析**(vertical analysis) 또는 **靜態分析**(static analysis)이라 한다. 그리고 동종산업의 다른 기업이나 동종산업의 평균치와 비교하여 상대적 크기나 위치를 파악하기 위하여 이용하는 방법을 産業間 比較라 한다.

이와 같이 재무제표를 효과적으로 활용하기 위해서는 해당 재무제표를 수평적 분석방법, 수직적 분석방법 및 산업간 비교방법을 이용하여 분석하여야 하는데, 이때 비교를 위해서는 어떤 자료를 이용할 것인가 하는 문제가 발생한다. 왜냐하면 이미 지적한 것처럼 각 재무제표의 구성항목의 절대금액을 단순 비교하여서는 의미가 없기 때문이다. 예를 들어, (주)기쁨의 20×2년도의 당기순이익이 60억이라 했을 때 이것이 과연 양호한 것인가 아니면 그렇지 않은 것인가를 판단할 때 다음과 같이 세 가지 방법으로 나누어 비교할 수 있다.

(1) 변동액과 변동률

(주)기쁨의 당기순이익은 20×0년도에 25억, 20×1년도에 40억이라 하자. 그러면 20×1년도에 당기순이익이 40억이었으므로 20×2년도에는 당기순이익이 20억이나 증가하여 이는 양호하다고 할 수 있는가? 물론 20×1년도에는 전연도에 비해 15억의 이익이 증가하였으나 20×2년도에는 전연도에 비해 20억의 이익이 증가하였으므로 양호하다고 할 수 있을 것이다. 그러나 이익의 증가율을 비교해 보자. 20×2년도에는 20×1년도의 이익에 비해 50%(=20억÷40억)가 증가하였으나 20×1년도에는 20×0년도에 비하여 60%(=15억÷25억)가 증가했으므로 오히려 20×1년도에 비해 증가율이 하락하였다. 이를 요약하면 다음 [표 16-1]과 같다.

표 16-1 이익증가액과 증가율

(주) 기쁨 (단위 : 원)

	20×0년	20×1년	20×2년
당기순이익	₩250,000,000	₩400,000,000	₩600,000,000
증 가 액		150,000,000	200,000,000
증 가 율		60%	50%

이와 같이 증가액만을 이용하여 재무분석을 하는 경우에는 오류를 범할 수 있다. 따라서 재무제표를 분석할 때는 변동액 뿐만 아니라 변동률도 같이 분석하여야 보다 효과적이다.

(2) 구성비율

構成比率(component ratio)이란 재무제표의 특정 항목을 100으로 하여 각 구성항목이 차지하는 비율을 의미한다. 예를 들면, 재무상태표에서 자산총액을 100으로 하고 유동자산이나 유형자산 등이 각각 차지하는 비율이라든가, 또는 포괄손익계산서에서 매출액을 100으로 하여 당기순이익이나 영업이익 등이 차지하는 비율 등을 들 수 있다. 여기서 당기순이익이 매출액에서 차지하는 비율을 순이익률이라 한다.

그러면 (주)기쁨의 재무성과의 평가에 구성비율을 이용하여 보자. 각 연도의 매출액과 당기순이익을 이용하여 산출한 순이익률은 다음 [표 16-2]와 같다고 하자.

(주)기쁨의 순이익률이 매년 증가하므로 양호하다고 할 수 있을 것인가? (주)기쁨에 대한 기간별 비교인 수평적 분석만을 하는 경우에는 양호하다고 할 수 있을 것이다. 그러나 유사업종의 다른 기업과 비교하면 어떻게 될 것인가? 다른 기업과의 비교를 위한 분석시 기업의 자산규모나 매출액 등이 유사한 기업을 찾기란 어렵다. 그리하여 일반적으로 동종산업의 평균치를 이용한다. 이를 산업평균비율이라 하며 이는 한국은행이 매년 발간하는 「기업경영분석」이나 한국산업은행에서 발간하는 「재무분석」을 통하여 얻을 수 있다.

표 16-2 순이익률

(주) 기쁨 (단위 : 원)

	20×0년	20×1년	20×2년
매 출 액	₩250,000,000	₩340,000,000	₩400,000,000
당기순이익	25,000,000	40,000,000	60,000,000
순 이 익 률	10%	12%	15%

(주)기쁨이 속한 순이익률에 대한 산업평균비율과 (주)기쁨의 순이익률을 비교하면 다음 [표 16-3]과 같다고 하자.

표 16-3 산업평균비율과 비교

	20×0년	20×1년	20×2년
산업평균비율	12%	15%	17%
(주)기쁨의 순이익률	10	12	15

산업평균과 (주)기쁨의 순이익률을 비교했을 때 (주)기쁨의 순이익률이 상대적으로 낮은 것을 알 수 있다. 이는 동종산업에 비해 그만큼 비용이 많이 발생하고 있는 것으로 (주)기쁨의 비용발생에 어떤 문제점이 없는가 하는 점을 제시해준다. 따라서 (주)기쁨은 이익이 증가하는 것에 만

족할 것이 아니라 보다 많은 이익을 창출할 수 있는 방안을 모색할 수 있는 것이다.

(3) 재무비율

財務比率(financial ratio)이란 앞에서 설명한 변동률이나 구성비율과는 달리 서로 상관관계가 있는 재무제표의 구성항목을 결합하여 의미있는 비율로 산출한 것을 말한다. 예를 들어, ₩1의 자원을 투자하여 얼마만큼의 이익을 창출하였는지를 나타내는 비율로 투자수익률을 들 수 있다. 이는 특정기업의 이익을 자산총계로 나누어 산출한다. 따라서 이익이라는 포괄손익계산서항목과 자산총계라는 재무상태표항목을 결합하여 비율을 산출한 것이다. 일반적으로 재무제표의 분석시 대표적으로 이용되는 비율이 바로 재무비율로 뒤에서 자세하게 설명된다. 이와 같은 재무비율도 앞에서 설명한 수평적 분석이나 산업간 비교방법을 사용하여 해당 기업에 대한 전망이나 상대적 위치 등을 알 수 있게 된다.

지금까지 설명한 재무제표의 분석방법을 정리하면 다음과 같다. 즉, 효과적인 재무분석을 위해서는 각 기업이 공시한 재무제표를 이용하여 각 재무제표의 구성항목에 대한 변동액이나 변동률 및 구성비율과 그리고 상관관계가 있는 항목들을 결합한 재무비율 등을 산출하여, 이를 해당 기업의 기간별 추세분석을 위한 수평적 분석방법이나 또는 산업평균비율과의 비교·분석을 병행하여 실시하여야 한다는 것이다.

기업의 재무제표에 관한 자료는 주위에서 쉽게 얻을 수 있다. 상장기업의 재무제표는 금융감독원 전자공시 웹사이트나 각 회사의 자료실에서 각 기업의 영업보고서를 이용하여 얻을 수 있으며, 요약된 형태의 재무제표는 한국상장회사협의회가 발행하는 「상장회사총감」이나, (주)한국신용평가에서 발행하는 「기업재무총람」 또는 각 증권회사가 발행하는 각종 자료상의 요약재무제표 등을 이용할 수 있다. 이들 재무제표에는 대부분 당해 기업의 재무제표구성항목의 구성비율과 주요 재무비율이 같이 보고된다.

(4) 재무제표 분석을 위한 기본자료

(주)나그네의 20×0년부터 20×2년까지의 비교재무제표는 다음 [표 16-4]와 같다.

여기서 각 연도의 증가 또는 감소액은 당해 연도의 금액에서 전연도의 금액을 차감한 것이고, 증감비율은 당해 연도의 증감액을 전연도의 금액으로 나누어 산출한 것이다. 예를 들어, 20×2년도의 현금감소액 ₩5,000은 20×2년 현금잔액 ₩30,000에서 20×1년 현금잔액 ₩35,000을 차감하여 산출한 것이고, 감소비율 14.3%은 현금감소액 ₩5,000을 20×1년의 현금잔액 ₩35,000으로 나누어 산출한 것이다. (주)나그네는 보통주만 발행하였으며 발행주식수는 4,500주이고 액면금액은 ₩10이다. 포괄손익계산서에서 영업손익에 영업외수익만을 가산하고 이자비용은 따로 구분·표시하였는데, 이는 뒤에서 재무비율 산출시 이용하기 위하여 양식을 약간 수정한 것이다.

표 16-4 비교재무제표

비교재무상태표

(주) 나그네

	20×2년	20×1년	20×0년	증가 또는 감소 20×2년	증가 또는 감소 20×1년	증감 비율 20×2년	증감 비율 20×1년
자 산							
Ⅰ. 유동자산							
현 금	30.0	35	35	(5.0)	–	(14.3)	–
외상매출금	20.0	15	10	5.0	5	33.3	50.0
단기투자자산	20.0	15	5	5.0	10	33.3	200.0
재고자산	50.0	45	50	5.0	(5)	11.1	(10.0)
유동자산 계	120.0	110	100	10.0	10	9.1	10.0
Ⅱ. 비유동자산	100.0	90	85	10.0	5	11.1	5.9
자산총계	220.0	200	185	20.0	15	10.0	8.1
부 채							
Ⅰ. 유동부채	55.4	50	52	5.4	(2)	10.8	(3.8)
Ⅱ. 비유동부채	80.0	75	70	5.0	5	6.7	7.1
부채총계	135.4	125	122	10.4	3	8.3	2.5
자 본							
Ⅰ. 자 본 금	45.0	45	45	–	–	–	–
Ⅱ. 이익잉여금	39.6	30	18	9.6	12	32.0	66.7
자본총계	84.6	75	63	9.6	12	12.8	19.0
부채와 자본총계	220.0	200	185	20.0	15	10.0	8.1

비교포괄손익계산서

(주) 나그네 (단위 : 천원)

	20×2년	20×1년	20×0년	증가 또는 감소 20×2년~20×1년	증가 또는 감소 20×1년~20×0년	증감 비율 20×2년~20×1년	증감 비율 20×1년~20×0년
매 출 액	80.0	102	47	(22.0)	55	(21.6)	117.0
매출원가	50.0	60	25	(10.0)	35	(16.7)	140.0
매출총이익	30.0	42	22	(12.0)	20	(28.6)	90.9
판매비와관리비							
판 매 비	11.0	13	8	(2.0)	5	(15.4)	62.5
관 리 비	4.0	7	4	(3.0)	3	(42.9)	75.0
소 계	15.0	20	12	(5.0)	8	(25.0)	66.7
영업이익	15.0	22	10	(7.0)	12	(31.8)	120.0
영업 외 수익	3.0	0	1	3.0	(1)	–	(100.0)
소 계	18.0	22	11	(4.0)	11	(18.2)	100.0
이자비용	2.0	2	1	–	1	–	100.0
법인세전순이익	16.0	20	10	(4.0)	10	(20.0)	100.0
법인세비용	6.4	8	4	(1.6)	4	(20.0)	100.0
당기순이익	9.6	12	6	(2.4)	6	(20.0)	100.0

비교현금흐름표

(주)나그네 (단위 : 천원)

	20×2년		20×1년	
Ⅰ. 영업활동 현금흐름				
1. 당기순이익	9.6		12	
2. 현금의 유출이 없는 비용 등의 가산	6.4		9	
3. 현금의 유입이 없는 수익 등의 차감	(10.0)	6	(7)	14
Ⅱ. 투자활동 현금흐름		(20)		(19)
Ⅲ. 재무활동 현금흐름		9		5
Ⅳ. 현금의 감소		(5)		0
Ⅴ. 기초의 현금		35		35
Ⅵ. 기말의 현금		30		35

3 수평적 분석

수평적 분석은 시간의 흐름에 따라 각 계정들에 대한 추세를 평가하는데 이용된다. 예를 들어, 특정 연도의 30억이라는 이익은 10억의 이익을 낸 연도의 다음 연도인 경우에는 매우 양호해 보이지만, 40억의 이익이 있는 연도의 다음 연도인 경우에는 양호해 보이지 않을 것이다. 그러므로 수평적 분석은 비교재무제표를 이용하여 분석한다.

수평적 분석은 여러 가지 계정들의 추세를 강조하기 때문에, 각 항목의 변화방향과 이상적 차이가 발생한 항목을 쉽게 찾을 수 있다는 것이 특징이다. 따라서 수평적 분석을 통하여 각 항목의 증감추세를 비교하여 변화방향을 찾아내고 아울러 이중 변동액이 급격히 증가하거나 감소한 경우 또는 변동률이 급격히 상승하거나 하락한 경우에는 보다 세밀한 분석을 하여야 한다. 이상적인 항목에 대한 추가분석 여부의 결정시 주의할 사항은 변동액과 변동률을 모두를 비교해 보아야 한다는 것이다. 왜냐하면 어느 한쪽만을 살펴보면 잘못된 분석결과를 초래할 수도 있기 때문이다. 예를 들어, (주)나그네의 이자비용이 20×0년에서 20×1년 사이에 100% 증가했지만, 그것은 불과 ₩1,000의 증가이기 때문에 보다 자세한 조사가 필요하지 않을 것이다. 이와 반대로 변동액은 크지만 변동률이 작은 경우 역시 관심을 갖지 않아도 되는 경우가 있다.

그리고 분석이 여러 해에 걸쳐 이루어질 때는 비교재무제표의 내용이 방대해질 수도 있으므로, 이러한 현상을 피하기 위해 특정 연도를 기준연도로 설정하고 각 연도의 각 계정에 대한 지수를 산출하여 기준연도와 비교하는 형식으로 수평적 분석을 할 수도 있다. 이러한 분석을 위해 각 연도의 각 계정에 대한 지수를 산출하는 방법은 다음과 같다.

기준연도의 각 계정들을 100으로 하고, 이후의 각 연도의 각 계정들의 지수는 해당계정 금액을 기준연도의 같은 계정의 금액으로 나눈 뒤 100을 곱하여 계산한다. 예를 들어, (주)나그네의 각 연도의 외상매출금에 대한 지수를 산출해 보자. (주)나그네의 비교재무상태표에서 20×0년을 기준으로 삼는다면 이때의 외상매출금 ₩10,000을 100으로 한다. 그러면 20×1년도와 20×2년도의 외상매출금지수는 다음과 같이 산출된다.

$$\text{20×1년도의 외상매출금지수} = \frac{₩15,000}{₩10,000} \times 100 = 150$$

$$\text{20×2년도의 외상매출금지수} = \frac{₩20,000}{₩10,000} \times 100 = 200$$

이와 같은 방법으로 (주)나그네의 비교재무상태표를 20×0년도를 기준연도로 하여 각 구성항목에 대한 지수를 산출하고 이를 수평적 분석방법으로 자료를 요약하면 다음 [표 16-5]와 같다.

표 16-5 지수를 이용한 재무상태표의 추세분석

지수로 표시한 비교재무상태표

(주) 나그네

	20×2년	20×1년	20×0년
자 산			
유 동 자 산	120	110	100
비유동자산	117.6	105.9	100
자 산 총 계	118.9	108.1	100
부 채			
유 동 부 채	106.5	96.2	100
비유동부채	114.3	107.1	100
부 채 총 계	111.0	102.5	100
자 본			
자 본 금	100	100	100
이익잉여금	220	166.7	100
자 본 총 계	134.3	119	100
부채와 자본총계	118.9	108.1	100

4 수직적 분석

수직적 분석은 **구성비율**을 이용하여 분석하는 방법이다. 재무상태표에 대한 수직적 분석을 위해서는 총자산을 ₩100으로 하여 각 자산계정들의 금액이 자산총계에서 차지하는 비율을 산출하고, 부채와 자본 역시 부채와 자본총계를 ₩100으로 하여 각 부채와 자본계정들의 금액이 부채와 자본총계에서 차지하는 비율을 산출한다. 포괄손익계산서에서는 순매출액을 ₩100으로 하여 기타 다른 계정들의 금액이 이 순매출액에서 차지하는 비율을 산출한다. 이와 같이 재무상태표와 포괄손익계산서를 각 항목에 대한 구성비율로 표시한 것을 공통형 재무상태표와 공통형 포괄손익계산서라 한다. (주)나그네의 공통형 포괄손익계산서를 작성하면 다음 [표 16-6]과 같다.

표 16-6 공통형 포괄손익계산서

공통형 포괄손익계산서

(주) 나그네

	20×2년		20×1년	
	금 액	비 율(%)	금 액	비 율(%)
매 출 액	80.0	100.0	102	100.0
매 출 원 가	50.0	62.5	60	58.8
매출총이익	30.0	37.5	42	41.2
판매비와 관리비				
판 매 비	11.0	13.8	13	12.7
관 리 비	4.0	5.0	7	6.9
소 계	15.0	18.8	20	19.6
영 업 이 익	15.0	18.7	22	21.6
영업 외 수익	3.0	3.8	0	0.0
계속사업순이익	18.0	22.5	22	21.6
이 자 비 용	2.0	2.5	2	2.0
법인세전순이익	16.0	20.0	20	19.6
법인세비용	6.4	8.0	8	7.8
당기순이익	9.6	12.0	12	11.8

이와 같은 **공통형 재무제표**를 이용한 수직적 분석은 기업의 내부구조를 파악하고 동종산업 내에서 해당기업의 상대적 위치를 평가하는 데 유용하다. 공통형 포괄손익계산서는 각 포괄손익계산서계정과 매출액 간에 존재하는 관계를 보여주고, 공통형 재무상태표는 각 자산의 구성비율과 자금조달 원천인 장·단기 부채와 자본의 구성비율을 보여준다.

지금까지 재무제표의 구성요소에 대한 변동액과 변동률을 이용한 수평적 분석방법과 각 항목의 구성비율을 이용한 수직적 분석방법을 설명하였다. 이러한 분석결과로 해당기업의 이상항목의 발견이나 변동방향 및 동종산업에서의 상대적 위치 등을 파악할 수 있으나 재무제표에 내재한 모든 의미있는 정보를 분석해낸 것은 아니다. 보다 심층적인 분석을 위하여 재무비율을 이용한 분석이 이루어져야 한다.

5 재무비율분석

수평적 분석과 수직적 분석은 동일한 범주 내에서 다른 수치와 비교하는 것이다. 그러나 다른 범주에 있는 수치들을 상호 비교하는 것도 역시 필요하다. 이것은 재무비율분석을 통하여 이루어질 수 있다. 앞에서 인급한 대로 재무비율이란 상관관계가 있는 항목들을 결합하여 의미있는 비율로 산출한 것이라 했다. 따라서 재무비율은 관점에 따라 아주 다양하게 산출하여 이용할 수 있다. 그러나 여기서는 가장 기본적인 재무비율만을 설명하기로 한다.

재무비율은 앞에서 지적한 것처럼 정보이용자들의 관심사를 반영하여 각 재무비율을 **수익성비율**, **유동성비율**, **안정성비율**, 및 **효율성비율**로 구분할 수 있다. 이외의 재무비율도 이용할 수 있으므로 이는 **기타비율**이라 하기로 한다. 이들 각각에 대한 비율들을 살펴보면 다음과 같다. 이후 각 비율을 설명과정에서 앞에서 제시한 (주)나그네의 비교재무제표를 이용하여 20×2년도 해당비율의 산출과정을 설명하기로 한다. 또한 기간별 비교분석을 위해 20×1년도의 해당비율은 그 산출결과만을 제시하기로 한다.

1) 유동성비율

流動性比率(liquidity ratio)이란 기업의 단기채무에 대한 지급능력을 말한다. 파업 등에 의한 기업활동의 중지, 경기침체 등으로 인한 영업손실의 발생 또는 원재료나 부분품의 가격급등과 같은 어려운 환경에 기업이 처하게 되었을 때 **단기지급능력**은 기업활동을 수행해 나가는데 아주 중요한 역할을 한다. 만약 단기적 지급능력이 이러한 어려움을 흡수하기에 불충분하다면 심각한 재무적 곤경에 처하게 될 지도 모른다. 따라서 취약한 단기의 지급능력은 재무상에 근본적 문제가 있음을 나타내는 징후라고 보아야 한다.

기업의 단기지급능력을 분석하는 것은 특히 채권자에게 중요하다. 만약 기업의 단기지급능력이 열악한 상태에 처해 있다면 아마도 이자지급일이나 채무의 만기일에 이자나 원금을 지급하지 못할 가능성도 있기 때문이다.

유동성비율은 본질적으로 회계연도 말의 일정시점을 기준으로 하여 산출되는 것으로 한 회계기간 동안의 단기지급능력을 나타내는 것이 아니라는 것이다. 따라서 전연도 말의 유동성비율이 양호하였다 하더라도 회계기간 중에 자금의 순환이 안 되는 경우 갑자기 악화될 수도 있는 것이다. 따라서 단기지급능력에 대한 평가 시 유동성비율 뿐만 아니라 경영자가 기대하는 미래의 현금흐름을 살펴보는 것이 아주 중요하다. 만약 현금유출이 유입에 비하여 높게 나타나리라 예상되는 경우 기업의 단기적 지급능력 상태는 나빠지게 될 것이다. 단기지급능력을 나타내는 지표에는 다음과 같은 것들이 있다.

(1) 순운전자본

純運轉資本(net working capital)은 유동자산에서 유동부채를 차감한 잔액이다. 이때 유동자산은 1년 이내에 현금화하거나 사용될 것으로 기대되는 자산이고, 유동부채는 1년 이내에 갚아야 하는 부채이며 유동부채는 결국 유동자산으로 지급된다. 따라서 순운전자본은 채권자에게는 안전장치와 같은 것으로 순운전자본이 클수록 기업의 단기지급능력은 커진다. 그러나 순운전자본이 많다는 것은 기업의 자원을 단기투자에 활용하고 있다는 것으로, 장기적으로 투자한 것에 비해 상대적으로 투자수익이 떨어지게 된다. 그러므로 기업이 급히 현금을 조달하기 어려울 경우에 대비하여 적정한 잔액을 항상 보유하도록 하여야 한다. (주)나그네의 20×2년도 순운전자본의 산출과정을 설명하면 다음과 같다.

$$\text{순운전자본} = \text{유동자산} - \text{유동부채} = ₩120{,}000 - ₩55{,}400 = ₩64{,}600$$

(주)나그네의 20×1년도와 20×2년도의 순운전자본은 각각 ₩60,000과 ₩64,600이다. 이렇게 순운전자본이 증가하는 것은 채권자의 입장에서 볼 때 양호한 징후이다.

(2) 유동비율

流動比率(current ratio)은 유동자산을 유동부채로 나눈 것이다. 따라서 이는 앞에서 설명한 절대금액인 순운전자본을 비율로 전환한 것으로 이해하면 된다. 그러므로 비율의 의미와 이에 담겨 있는 정보내용도 유사하다. 따라서 유동비율은 유동자산으로 유동부채를 지급할 수 있는 기업의 능력을 측정하는데 이용된다. 유동비율의 이용 시 이는 계절적 변동에 영향을 받기 쉽다는 점을 유의하여야 한다. 그 이유는 계절적인 영향으로 재고자산가액의 변동이 심한 경우 재고자산가액이 많을수록 유동비율은 높게 나타나기 때문이다.

유동비율의 이용시 또 다른 문제점은 이 비율이 기업도산 직전에 높게 나타날 수 있다는 점이다. 왜냐하면 기업이 자금압박으로 도산에 직면하는 경우에는 이를 타개하기 위하여 설비자산 등을 처분함으로써 현금을 확보할 가능성이 있기 때문이다. 이때 만약 유휴유형자산이 아닌 유형자산을 처분한 경우에는 기업의 생산능력에 치명적 영향을 미치게 된다. 또 다른 한계점은 물가가 지속적으로 상승하는 경우 재고자산 평가를 선입선출법으로 하는 경우 후입선출법에 비해 유동비율이 과도하게 높게 나타난다는 점이다. (주)나그네의 20×2년도 유동비율의 산출과정을 설명하면 다음과 같다.

$$\text{유동비율} = \frac{\text{유동자산}}{\text{유동부채}} = \frac{₩120{,}000}{₩55{,}400} = 2.17$$

(주)나그네의 20×1년도와 20×2년도의 유동비율은 각각 2.2와 2.17이다. 따라서 기간이 경과함에 따라 이 비율이 약간 감소하고 있음을 보여준다.

(3) 당좌비율

當座比率(quick ratio)은 당좌자산을 단기부채로 나누어 산출하는 것으로 일명 **산성시험비율**(acid test ratio)이라고도 한다. 따라서 당좌비율은 유동자산 중 재고자산을 포함하지 않고 산출된 비율로 유동성에 대한 엄격한 측성치이다. 재고자산을 현금화하는 데는 어느 정도 시간이 필요하고 또한 기업의 의사에 따라 현금화가 되는 것이 아니므로 재고자산은 여기에 포함되지 않는다. (주)나그네의 20×2년도 당좌비율의 산출과정을 설명하면 다음과 같다.

$$\text{당좌비율} = \frac{\text{당좌자산}}{\text{유동부채}} = \frac{₩30{,}000 + ₩20{,}000 + ₩120{,}000}{₩55{,}400} = 1.26$$

(주)나그네의 20×1년도와 20×2년도의 당좌비율은 각각 1.3과 1.26으로 기간이 경과함에 따라 약간 감소하고 있다.

(4) 영업활동 현금흐름

제15장 **현금흐름표**에서 현금흐름표상 제시되는 영업활동 현금흐름의 중요성을 이미 설명하였다.

영업활동에서 발생한 현금수입액이 현금지출보다 많은 경우에는 영업활동에서 창출한 현금으로 배당이나 채무의 지급 등에 사용할 수 있지만, 반대로 현금수입액이 현금지출액보다 적은 경우에는 부족한 영업자금을 차입하거나 주식의 발행 또는 유형자산의 처분 등을 통하여 조달된 자금으로 메워야 할 것이다. 만약 영업활동에서 발생한 현금부족액이 누적되어 그 부족자금을 메울 수 없는 경우에는 설령 기업이 이익을 남긴다 하더라도 심한 자금압박으로 어려운 상황에 처할 수 있으며, 심한 경우에는 도산이 될 수도 있다. 이와 같이 이익이 남은 상태에서 도산이 이루어지는 경우를 **흑자도산**이라 하며 현실적으로 도산된 기업 중 흑자도산한 경우를 흔히 볼 수 있다. 따라서 기업의 단기지급능력을 정태적 비율인 유동비율이나 당좌비율에만 의존하는 경우 그 한계를 지닐 수밖에 없으므로, 현금흐름표 정보의 활용을 통해 보완할 필요가 있다.

(주)나그네의 20×1년도와 20×2년도의 영업활동 현금흐름은 각각 ₩14,000과 ₩6,000으로, 기간이 경과함에 따라 감소하고 있음을 알 수 있다. 이의 원인은 매출채권의 증가와 재고자산에 대한 과대투자에 있다고 볼 수 있다. 이와 같이 영업활동 현금흐름이 감소한다는 것은 단기지급능력이 악화되고 있음을 나타낸다.

단기부채상환능력을 측정하는 비율로는 현금흐름유동부채보상비율이 있다. (주)나그네의 20×2년도 현금흐름유동부채보상비율의 산출과정을 설명하면 다음과 같다.

$$\text{현금흐름유동부채보상비율} = \frac{\text{영업현금흐름}}{\text{평균유동부채}} = \frac{₩6{,}000}{(₩55{,}400 + ₩50{,}000) \div 2} = 0.11$$

(주)나그네의 20×1년도와 20×2년도의 현금흐름유동부채보상비율은 각각 0.27과 0.11로 기간이 경과함에 따라 큰 폭으로 감소하고 있어 단기부채상환능력이 매우 조조함을 나타내고 있다.

앞에서 계산한 유동성비율이 양호한 것으로 나타난 것과는 달리 현금흐름유동부채보상비율은 매우 낮아 이 회사의 실제 단기지급능력은 매우 취약한 것으로 평가된다. 이 회사의 유동비율이 양호하게 나타난 것은 거액의 재고자산이 계상되었기 때문이다. 따라서 재고자산이 판매과정을 거쳐 현금으로 전환되지 않으면 이 회사의 단기지급능력은 심각한 문제를 안고 있다고 평가된다.

2) 효율성(또는 활동성)비율

效率性比率(efficiency ratio)은 자산이 얼마나 효율적으로 이용되고 있는지, 즉 얼마나 빠른 속도로 매출액이나 현금 등으로 변화되었는가를 측정하는데 이용되는 것으로 일명 활동성비율이라고도 한다. 앞에서 설명한 유동비율은 기업이 보유하고 있는 유동자산과 단기부채의 종류에 대한 차이를 고려하지 않기 때문에 기업의 실질적인 유동성을 적절히 나타내지 못한다. 따라서 특정의 자산계정으로 활동성이나 유동성을 평가하는 것이 필요하다. 이에 따라 외상매출금, 재고자산, 총자산 등의 활동성을 측정하기 위한 여러 가지 비율들이 이용되고 있다.

(1) 매출채권회전율과 평균회수기간

매출채권계정을 이용하여 산출한 재무적 지표에는 매출채권회전율과 평균회수기간이 있다.

賣出債權回轉率은 매출채권이 해당연도 동안에 회수된 회수(回數)를 나타내 준다. 이 비율은 외상매출액(만약 이를 계산할 수 없다면 순매출액)을 평균매출채권잔액으로 나누어 산출한다. 평균매출채권잔액은 기초와 기말의 매출채권잔액을 합산하여 2로 나누면 된다. 그리고 **平均回收期間**은 365일을 매출채권회전율로 나누어 산출한다. 따라서 매출채권회전율이 클수록 평균회수기간은 짧아지게 된다.

일반적으로 매출채권회전율이 높을수록 기업은 고객으로부터 판매대금을 빨리 현금으로 회수한다는 것을 의미하며, 또한 회수된 자금은 다시 투자될 수 있기 때문에 보다 효율적으로 자산을 이용하게 되는 것이다. 그러나 과도하게 높은 매출채권회전율은 기업의 신용정책이 너무 엄격하여 다소 위험성이 있는 고객에겐 신용판매를 하고 있지 않다는 것으로 이러한 고객에 대한 매출을 통해 얻을 수 있는 이익을 포기하고 있다는 것을 의미한다. 따라서 상대적으로 매출채권회전율이 높은 기업은 신용정책을 바꿀 필요성이 있는데, 이때 신용정책을 바꾸기 전에 위험성이 있는 고객에게 판매할 때에 부담하게 될 위험과 그로부터 얻을 수 있는 잠재적 이익을 비교·검토해야 한다는 점에 유의하여야 한다. (주)나그네의 20×2년도 매출채권회전율과 평균회수기간의 산출과정을 설명하면 다음과 같다.

$$\text{매출채권회전율} = \frac{\text{외상매출액(순매출액)}}{\text{평균매출채권잔액}} = \frac{₩80{,}000}{(₩15{,}000 + ₩20{,}000) \div 2} = 4.57$$

$$\text{평균회수기간} = \frac{365}{\text{매출채권회전율}} = \frac{365}{4.57} = 79.9$$

(주)나그네의 20×1년도와 20×2년도의 매출채권회전율은 각각 8.16회와 4.57회이고 평균회수기간은 각각 44.7일과 79.9일이다. 매출채권회전율이 20×2년에 4.57회로 하락한 것은 중대한 것이며 고객으로부터의 현금회수에 심각한 문제가 있음을 나타내는 것이다. 이 기업은 신용정책이나 외상대금 청구 및 회수에 대한 업무를 재평가해야 할 필요가 있다고 본다. 마찬가지로 매출채권회전율이 감소함에 따라 평균회수기간도 20×2년에는 20×1년에 비해 상당히 증가되었다. 이는 외상매출금에 대한 회수불가능의 위험이 존재하고 있음을 나타내는 것이다. 이와 같은 평균회수기간의 증가는 기업이 회수위험부담이 높은 고객들에게 신용판매를 하고 있는 것에 그 원인이 있을 수도 있다.

이상에서 설명한 매출채권을 이용한 분석 시에는 기업의 신용기간과 고객들의 지급기일 지연정도를 비교해야 한다. 이러한 비교를 위해서는 외상매출금을 기간에 따라 정리해 놓은 연령분석표가 도움이 될 수 있다.

(2) 재고자산회전율과 평균보유(재고)기간

만약 기업이 과도한 재고자산을 보유하고 있다면, 그것은 다른 곳에 투자할 수 있는 자금이 재고자산에 묶여 있다는 것을 의미하게 된다. 이와 같은 경우 진부화의 위험이 있으며 제품을 보관하는데 많은 유지비용이 들게 된다. 반면에 재고자산이 너무 적으면 재고자산의 부족으로 인해 고객을 잃게 될 수도 있다. 재고자산계정을 이용한 비율로는 재고자산회전율과 평균보유(재고)기간이 있다. **在庫資産回轉率**은 매출원가를 평균재고자산가액으로 나누어 산출하며, **平均保有期間**은 365일을 재고자산회전율로 나누어 산출한다. (주)나그네의 20×2년도 재고자산회전율과 평균보유기간의 산출과정을 설명하면 다음과 같다.

$$\text{재고자산회전율} = \frac{\text{매출원가액}}{\text{평균재고자산가액}} = \frac{₩50{,}000}{(₩45{,}000+₩50{,}000)\div 2} = 1.05$$

$$\text{평균보유기간} = \frac{365}{\text{재고자산회전율}} = \frac{365}{1.05} = 347.6$$

(주)나그네의 20×1년도와 20×2년도의 재고자산회전율은 1.26회와 1.05회이고 평균보유기간은 289.7일과 347.6일이다. 재고자산회전율의 하락은 재고자산이 쌓이고 있음을 의미한다. 이런 경우 기업은 어떤 특정 재고자산 품목이 잘 판매되지 않는지, 그리고 그 이유는 무엇인지를 파악하여야 한다. 아마도 보유하고 있는 재고자산 가운데 표시된 가치를 갖지 못하는 진부화된 재고자산이 있을지도 모른다. 그러나 신제품을 도입한 경우 이에 대한 광고효과가 아직 파급되지 않아 재고자산회전율이 하락한 것이라면 이러한 하락은 문제가 되지 않는다.

이상에서 산출한 매출채권의 평균회수기간과 재고자산의 평균보유기간을 합산하여 기업의 **正常營業週期**(normal operating cycle)를 산출할 수 있다. 정상영업주기란 이상에서 보는 것처럼 재고자산을 구입하여 판매한 후 현금으로 회수되는 기간을 의미한다. (주)나그네의 20×2년도 정상영업주기의 산출과정을 설명하면 다음과 같다.

$$정상영업주기 = 평균회수기간 + 평균재고기간 = 79.9 + 347.6 = 427.5$$

(주)나그네의 20×1년과 20×2년의 정상영업주기는 334.4일과 427.5일이다. 이러한 추세는 재고자산과 매출채권의 증가된 금액만큼 자금이 비현금자산에 묶여 있기 때문에 좋지 못한 현상이다.

(3) 총자산회전율

總資産回轉率이란 매출액을 평균자산총계로 나누어 산출한 것으로, 이는 기업이 이익을 획득하는데 있어서 자산을 얼마나 효율적으로 이용하고 있는지를 평가하는데 이용된다. 이 비율이 낮은 것은 여러 가지 이유가 있으므로 그 속에 내재되어 있는 원인을 파악하는 것이 중요하다. 예를 들어, 생산되는 제품의 가치에 비하여 자산에 대한 투자가 과도할 수도 있다. 만약 그렇다면 기업은 자산을 매각하고 더욱 높은 이익을 창출하는데 투자를 하거나 또는 더욱 이익을 많이 창출하는 제품의 생산에 이용하는 등 현재의 경영정책을 재검토해야 할 필요성이 있다. (주)나그네의 20×2년도 총자산회전율의 산출과정을 설명하면 다음과 같다.

$$총자산회전율 = \frac{매출액}{평균자산총계} = \frac{₩80,000}{(₩200,000 + ₩220,000) \div 2} = 0.381$$

(주)나그네의 20×1년도와 20×2년도의 총자산회전율은 각각 0.53과 0.381이다. 이 기업의 총자산 이용정도가 상당히 하락하였는 바 그 이유를 파악할 필요가 있다. 예를 들어, 적절한 보수유지가 이루어지고 있는지 또는 자산이 노후화되어 대체가 필요한지 등을 검토할 필요가 있는 것이다.

3) 안정성비율

安定性比率(safety ratio)이란 **장기지급능력**을 나타내는 비율로 이를 일명 **레버리지비율**(leverage ratio)이라 한다. 따라서 이는 만기 시 고정부채를 상환할 수 있는 기업의 능력을 말한다. 장기지급능력은 기업의 재무구조와 영업구조에 의해 영향을 받는다. 기업의 재무구조란 부채와 자본 간의 구성비율로 재무구조의 분석 시에는 고정부채가 포함된다. 또한 기업이 수익력이 없다면 장기적으로 부채를 상환할 수 없기 때문에 장기지급능력은 수익성에 의존하지 않을 수 없다. 부채가 과도할 때의 추가적 자금조달은 당연히 재무구조를 개선할 수 있도록 먼저 주식발행을 통하여 이루어져야만 한다. 경영자는 또한 부채의 만기일을 연장하여 부채지급일자에 대한 시차를 두는 것을 고려할 수도 있다. 안정성비율을 살펴보면 다음과 같다.

(1) 부채비율(총자산 대 부채비율)

負債比率은 총부채가 총자산에서 차지하는 비율로 총부채를 총자산과 비교하는 것이다. 즉, 채권자들로부터 조달한 자금총액이 총자산에서 차지하는 비율을 보여주는 것이다. 채권자는 보다 낮은 부채비율을 원한다. 왜냐하면 부채비율이 낮다는 것은 상대적으로 부채에 비해 자본이 크다는 것으로 채무에 대한 담보력이 그만큼 크기 때문이다. (주)나그네의 20×2년도 부채비율의 산출과정을 설명하면 다음과 같다.

$$\text{부채비율} = \frac{\text{부채총액}}{\text{자산총액}} = \frac{₩135,400}{₩220,000} = 0.62$$

(주)나그네의 20×1년도와 20×2년도의 부채비율은 각각 0.63과 0.62이다. 총자산에 대한 부채의 정도가 다소 낮아짐으로써 기간이 경과함에 따라 이 비율이 약간 호전되고 있다.

(2) 부채 대 자기자본비율

앞에서 설명한 부채비율은 부채총액을 자본총액으로 나누어 산출할 수도 있다. 이를 **부채 대 자기자본비율**이라 한다. 부채와 자본 중 부채의 비중이 높으면 기업이 정기적으로 부담하여야 할 이자가 그만큼 많게 되며 또한 만기의 원금상환을 위한 자금압박을 받을 수 있어, 높은 부채비중으로 인해 기업이 어려운 환경에 처했을 때 현금부족의 위험이 올 수도 있다. 또한 과도한 부채는 경색된 자금시장에서 자금을 확보하는데 훨씬 어려움을 겪기 때문에 돌발적인 사건의 발생 시 이에 필요한 자금을 조달하지 못하는 상황이 발생할 수도 있다. 이러한 현상을 **재무적 융통성**이 낮다고 한다. (주)나그네의 20×2년도 부채 대 자기자본비율의 산출과정을 설명하면 다음과 같다.

$$\text{부채 대 자기자본비율} = \frac{\text{부채총액}}{\text{자산총액}} = \frac{₩135,400}{₩84,600} = 1.60$$

(주)나그네의 20×1년도와 20×2년도의 부채 대 자기자본비율은 각각 1.67과 1.60이다. (주)나그네의 이 비율은 상당히 안정되어 있다. 바람직한 부채 대 자기자본비율은 동종산업의 평균부채비율, 부채의 조달 가능성, 수익력의 안정성 등 여러 변수에 따라 좌우된다.

(3) 현금흐름총부채보상비율

현금흐름총부채보상비율은 장기부채상환능력을 측정하는 비율로 영업활동에서 조달된 현금으로 평균총부채를 어느 정도 상환할 수 있는지를 측정하는 비율이다. (주)나그네의 20×2년도 현금흐름총부채보상비율의 산출과정을 설명하면 다음과 같다.

$$\text{현금흐름총부채보상비율} = \frac{\text{영업현금흐름}}{\text{평균총부채}} = \frac{₩6,000}{(₩135,400 + ₩125,000) \div 2} = 0.11$$

(주)나그네의 20×1년도와 20×2년도의 현금흐름총부채보상비율은 각각 0.11과 0.05로 매우 낮은 수준일 뿐만 아니라, 기간이 경과함에 따라 큰 폭으로 감소하고 있어 장기부채상환능력이 매우 저조함을 나타내고 있다. 앞에서 계산한 부채비율이 양호한 것으로 나타난 것과는 달리 현금흐름총부채보상비율은 매우 낮아 이 회사의 실제 장기지급능력은 매우 취약한 것으로 평가된다.

(4) 이자보상비율

利子報償比率(times interest earned)은 이자비용과 법인세의 차감전순이익을 이자비용으로 나누어 산출하는 것으로, 이것은 이익의 하락 시 어느 정도까지 기업이 흡수할 수 있는가를 나타낸다는 점에서 하나의 **안전한계지표**인 것이다. (주)나그네의 20×2년도 이자보상비율의 산출과정을 설명하면 다음과 같다.

$$\text{이자보상비율} = \frac{\text{이자와 법인세차감전순이익}}{\text{이자비용}} = \frac{₩18,000}{₩2,000} = 9$$

(주)나그네의 20×1년도와 20×2년도의 이자보상비율은 각각 11배와 9배이다. 이자보상비율의 이러한 하락은 이자비용을 보상할 수 있는 이익이 더 적어지고 있다는 점에서 좋지 못한 징후이다.

(5) 고정장기적합률

固定長期適合率은 기업의 비유동자산을 장기자금조달원천인 자기자본과 비유동부채의 합계로 나누어 산출한 것으로, 기업의 비유동자산을 취득하는데 필요한 자금을 어떤 방법으로 조달하였는가를 나타내주는 지표로 **자금조달**과 **자금운용의 안정성**을 동시에 평가하는 비율이다. 고정장기적합률이 높다는 것은 그만큼 유동자산이 적어 단기의 지급능력이 떨어지고, 고정장기적합률이 낮다는 것은 그만큼 유동자산이 많아 자원을 효율적으로 운용하지 못한 결과라 할 수 있다. 따라서 고정장기적합률은 100%수준으로 유지하는 것이 안정적이라 할 수 있다. (주)나그네의 20×2년도의 고정장기적합률은 다음과 같이 산출된다.

$$\text{고정장기적합률} = \frac{\text{비유동자산}}{\text{자기자본} + \text{비유동부채}} = \frac{₩100{,}000}{₩84{,}600 + ₩80{,}000} = 0.61$$

(주)나그네의 20×1년도와 20×2년도의 고정장기적합률은 0.6과 0.61이다. 고정장기적합률이 낮아 안정적이긴 하지만 상대적으로 장기적으로 조달된 자금을 유동자산에 많이 투자하여 그만큼 자원을 효율적으로 활용하고 있지 못하다.

4) 수익성비율

收益性比率(profitability ratio)이란 기업의 **이익창출능력**을 나타내는 비율을 말한다. 수익성비율은 재무구조와 자산의 효율적인 이용정도에 의하여 영향을 받게 된다. 양호한 재무구조를 지니고 있다는 것은 상대적으로 부채가 작음을 의미하므로 부채가 많은 기업에 비해 같은 영업이익을 창출한다 하더라도 이자비용이 상대적으로 적어 당기순이익은 그만큼 많아지게 되며, 또한 기업의 자산을 효율적으로 운용하고 있는 경우 투자수익률이 높은 곳에 적절히 자산을 투자하고 있다는 것으로 그만큼 수익성이 개선되기 때문이다.

이익창출능력이 낮은 기업은 배당가능이익이 작아 주가의 하락가능성이 있으므로 일반적으로 투자자는 신규투자를 기피할 것이다. 채권자도 마찬가지로 이익창출능력이 낮은 기업은 이자와 원금의 상환가능성이 낮기 때문에 이들 기업에 대한 추가신용의 제공을 기피할 것이며, 빌려준 자금은 가능한 조기에 회수하려 할 것이다. 이와 같이 수익성비율은 투자자나 채권자, 그리고 경영자 등 대부분 정보이용자들의 의사결정시 아주 중요한 영향을 미치는 것으로, 이에는 다음과 같은 것들이 있다.

(1) 매출총이익률

賣出總利益率은 매출총이익을 매출액으로 나누어 산출하는 것으로, 기업이 판매한 재고자산의 매출액 원당 이익비율을 나타낸다. 이러한 매출총이익률이 클수록 기업의 입장에서는 바람직한 현상이나 고객의 입장에서 볼 때는 기업이 원가에 비해 판매가격을 너무 높게 책정한 것을 의미한다. 따라서 동종 산업평균비율에 비해 과도하게 매출총이익률이 높다는 것은 상대적으로 원가절감에 성공하였다는 측면도 있으나 이익만을 추구하는 기업이라는 기업이미지에 나쁜 영향을 미칠 수도 있다. (주)나그네의 20×2년도 매출총이익률의 산출과정을 설명하면 다음과 같다.

$$\text{매출총이익률} = \frac{\text{매출총이익}}{\text{매출액}} = \frac{₩30{,}000}{₩80{,}000} = 0.38$$

(주)나그네의 20×1년도와 20×2년도의 매출총이익률은 각각 0.41과 0.38이다. 이렇게 비율이 감소하는 이유는 판매된 제품에 대한 생산원가가 상대적으로 높아지는 것을 포함하여 여러 가지 이유가 있을 수 있다.

(2) 매출액순이익률

賣出額純利益率이란 당기순이익을 매출액으로 나눈 것으로, 이는 매출액으로부터 창출되는 수익성을 나타내어 영업성과의 중요한 척도가 된다. 이 비율은 기업의 가격결정정책이나 원가구조 등을 파악할 수 있는 단서를 제공한다. (주)나그네의 20×2년도 매출액순이익률의 산출과정을 설명하면 다음과 같다.

$$\text{매출액순이익률} = \frac{\text{당기순이익}}{\text{매출액}} = \frac{₩9,600}{₩80,000} = 0.12$$

(주)나그네의 20×1년도와 20×2년도의 매출액순이익률은 각각 0.12로 같다. 이렇게 매출액순이익률이 일정한 것은 기업의 이익획득능력이 안정적으로 유지되고 있다는 것을 나타내는 것이다.

(3) 현금흐름이익률

현금흐름이익률은 매출액순이익률 산식의 분자에 나타나 있는 당기순이익 대신에 영업활동으로 인한 현금흐름으로 대체해서 만든 것으로 매출의 현금수익성을 측정한다.

이 비율은 기업의 전체적인 효율성과 경영성과를 측정하는 것으로써 매출을 통하여 현금을 창출하는 기업의 능력을 나타낸다. 매출을 통하여 얼마만큼의 현금을 창출하였는가에 대한 측정치는 매우 중요하다. 왜냐하면 기업이 부채의 상환, 배당금의 지급 및 설비투자를 위해서는 현금이 필요하기 때문이다. 현금흐름이익률은 높을수록 매출을 통한 현금창출능력이 양호한 것으로 판단한다.

(주)나그네의 20×3년도 현금흐름이익률을 계산하면 다음과 같다.

$$\text{현금흐름이익률} = \frac{\text{영업현금흐름}}{\text{매출액}} = \frac{₩6,000}{₩80,000} = 0.075$$

20×2년도와 20×3년도의 현금흐름이익률은 각각 0.14와 0.075로 전년도에 비해 큰 폭으로 하락하였음을 알 수 있다. 20×3년도의 현금흐름이익률이 매출액순이익률보다 낮게 나타나고 있는 것은 그 만큼 매출액의 현금흐름창출능력이 저조하다는 것을 의미하는 것으로 매출액의 현금수익성이 악화되고 있음을 보여주고 있다.

(4) 이익 질 비율

이익 질 비율이란 영업활동 현금흐름을 당기순이익으로 나눈 것으로, 이는 당기순이익 가운데 현금으로 실현된 부분이 얼마나 되는 지를 측정한다. 이 비율은 1.0 이상 되는 것이 바람직하다. 이익 질 비율이 높을수록 보수적인 회계판단을 하고 있는, 즉 순이익을 가능한 적게 계상하려는 기업이라고 볼 수 있다. 반대로 이익 질이 낮을수록 낙관적으로 회계판단을 하고 있거나, 회계조작(분식이라고도 함)을 통해서 가공의 이익이 계상되는 방식으로 순이익을 가능한 부풀려서 과대계상하고 있는 기업일 가능성이 농후하다.

(주)나그네의 20×2년도 이익 질 비율의 산출과정을 설명하면 다음과 같다.

$$\text{이익 질 비율} = \frac{\text{영업현금흐름}}{\text{당기순이익}} = \frac{₩6,000}{₩9,600} = 0.625$$

(주)나그네의 20×1년도와 20×2년도의 이익 질 비율은 각각 1.17과 0.625로 대폭 하락하고 있다. 이는 이익의 질이 매우 저하된 것으로 당기순이익에 대한 신뢰도에 문제가 있을 가능성이 높음을 보여주고 있는 것이다.

(5) 투자수익률

投資收益率(Return On Investment ; ROI)은 당기순이익을 평균자산총계로 나누어 산출하며 일명 **총자산순이익률** 또는 **총자본수익률**이라고도 하는 것으로, 재무성과에 대한 중요한 측정치로 이용된다. 이때 재무구조에 의한 영향을 제거하기 위하여 당기순이익 대신 영업이익을 사용하기도 한다. 투자수익률은 매출액순이익률과 총자산회전율로 나눌 수 있다. (주)나그네의 20×2년도 투자수익률의 산출과정을 설명하면 다음과 같다.

$$\text{투자수익률} = \frac{\text{당기순이익}}{\text{평균자산총계}} = \frac{₩9,600}{(₩220,000 + ₩200,000) \div 2} = 0.0457$$

$$\text{투자수익률} = \frac{\text{당기순이익}}{\text{매출액}} \times \frac{\text{매출액}}{\text{평균자산총계}} = 0.12 \times 0.381 = 0.0457$$

위 식에서 보는 바와 같이 투자수익률은 매출액순이익률이나 총자산회전율이 증가하면 높아지게 되어 있다. 이때 총자산회전율은 서비스업종과 공익사업보다는 소매업종인 경우가 이를 개선할 가능성이 높다. 따라서 총자산회전율은 어느 정도는 기업의 업종에 따라 좌우될 수 있다. 그러나 매출액순이익률은 매출액, 원가통제 및 가격결정 등에 의하여 영향을 받기 때문에 같은 산업 내에서도 아주 다양할 수가 있다. 투자수익률은 매출액순이익률이나 총자산회전율에 의하여 영향을 받기 때문에 이를 개선하기 위해서는 매출액을 증가시키거나 아니면 불필요한 자산을 처분하여 부채를 상환하거나 또는 원가를 절감하는 등 다양한 경영정책을 채택할 수 있다.

(주)나그네의 20×1년도와 20×2년도의 투자수익률은 0.0623과 0.0457이다. 이는 이익을 획득하기 위한 자산의 생산성이 20×2년에 저하되었다는 것을 나타낸다.

(6) 자기자본이익률

自己資本利益率(return on equity)은 당기순이익에서 우선주의 배당금액을 차감한 잔액을 평균보통주지분으로 나누어 산출하는 것으로, 보통주에 의해 투자된 자원을 이용하여 얼마나 많은 이익을 창출하였는지를 측정하는 것이다. (주)나그네의 20×2년도 자기자본이익률의 산출과정을 설명하면 다음과 같다.

$$\text{자기자본이익률} = \frac{\text{당기순이익} - \text{우선주배당금}}{\text{평균보통주지분}}$$

$$\text{자기자본이익률} = \frac{₩9{,}600}{(₩84{,}600 + ₩75{,}000) \div 2} = 0.12$$

(주)나그네의 20×1년도와 20×2년도의 자기자본이익률은 각각 0.17과 0.12이다. 따라서 20×1년도에 비해 20×2년도에는 상당히 하락하였다.

본 예에서의 자기자본이익률(12%)은 투자수익률 (또는 총자본이익률)(4.5%)에 비해 훨씬 높게 나타나고 있다. 그 이유는 재무레버리지에서 찾을 수 있다. 재무레버리지는 기업이 투자로부터 가득하는 투자수익률과 채권자에게 지급하는 이자율간의 차이에서 발생한다. 다시 말해 부채가 전혀 없는 기업의 총자본은 자기자본과 같으므로 총자본이익률과 자기자본이익률은 동일하다. 그러나 부채가 있으면 총자본이익률이 부채의 이자율을 초과하는 한 그 초과분이 자기자본이익률을 높이는데 기여하므로 자기자본이익률이 총자본이익률보다 높게 나타나게 되어 주주에게 유리한 결과를 가져온다. 그러나 반대의 상황이 나타나는 한 그 부족분이 자기자본이익률을 저하시키는 쪽으로 작용하므로 자기자본이익률이 총자본이익률보다 낮게 나타나게 되어 주주에게 불리한 결과가 초래된다.

이와 같이 부채조달에 따라 자기자본이익률이 총자본이익률보다 상승 또는 감소하는 효과를 재무레버리지효과(financial leverage effect)라고 하며, 다음 [표 16-7]에서 사채발행시 +의 재무레버리지효과를 확인할 수 있다.

표 16-7 총자본이익률과 자기자본이익률의 비교

	사 채 발 행	주 식 발 행
당기순이익	₩2,000,000	₩2,000,000
부 채	5,000,000	–
자 본	5,000,000	10,000,000
총 자 본	10,000,000	10,000,000
총자본이익률	20%	20%
자기자본이익률	40	20

한편 자기자본이익률이 다음과 같이 세 가지로 분해가 가능하기 때문에 이를 통해서도 자기자본이익률의 증감에 영향을 미치는 요인을 쉽게 파악할 수 있다.

표 16-8 자기자본이익률의 분해

$$\text{자기자본이익률} = \frac{\text{순이익}}{\text{평균자기자본}}$$

$$= \frac{\text{순이익}}{\text{매출액}} \times \frac{\text{매출액}}{\text{평균자산총계}} \times \frac{\text{평균자산총계}}{\text{평균자기자본}}$$

$$= \frac{\text{순이익}}{\text{매출액}} \times \frac{\text{매출액}}{\text{평균자산총계}} \times \left(1 + \frac{\text{부채}}{\text{평균자기자본}}\right)$$

$$= \text{매출액순이익률} \times \text{총자산회전율} \times (1 + \text{부채비율})$$

(7) 주당순이익

株當純利益(Earning Per Share ; EPS)은 보통주의 주당 당기순이익을 나타내는 지표로, 실무적으로 기업의 재무성과를 평가하는데 널리 사용되고 있다. 따라서 주당순이익은 예상할 수 있는 배당액 뿐만 아니라 기업의 영업성과를 나타내는 유용한 지표가 된다. 주당순이익은 우선주가 발행된 경우에는 당기순이익에서 우선주배당금을 차감한 잔액을 보통주의 가중평균유통주식수로 나누어 산출한다. (주)나그네의 20×2년도 주당순이익의 산출과정을 설명하면 다음과 같다.

$$\text{주당순이익} = \frac{\text{당기순이익} - \text{우선주배당금}}{\text{보통주의 가중평균유통주식수}} = \frac{₩9{,}600}{4{,}500} = ₩2.13$$

(주)나그네의 20×1년도와 20×2년도의 주당순이익은 ₩2.67과 ₩2.13이다. 이러한 주당순이익의 하락은 투자자들에게 주요 관심사가 될 수 있다. (주)나그네의 거의 모든 수익성비율이 20×1년도에 비해 20×2년도에 하락하였는데, 이는 매우 좋지 못한 징후이다.

5) 기타 비율

(1) 주가수익률

株價收益率(Price－Earnings Ratio ; PER)이란 주당시가를 주당순이익으로 나눈 것으로 기업이 창출한 ₩1의 이익에 대하여 증권시장에서 투자자들이 얼마의 대가를 지불하고 있는가를 측정하는 비율이다. 이와 같이 주가수익률은 주주와 기업의 관계를 평가해주는 비율이라 할 수 있다. 이때 주당순손실인 경우에는 주가수익률이 의미가 없기 때문에 0으로 한다.

주가수익률은 기업의 이익과 주식의 시장가격을 결합하여 산출한 비율로 기업의 가치는 당해 기업의 이익창출능력에 의하여 결정된다는 이론적 근거를 토대로 하고 있다. 따라서 주가수익률이 높다는 것은 일반투자자들이 기업의 미래이익창출능력을 낙관적으로 본다는 것을 의미한다. 그러나 투자자입장에서는 주가수익률이 높다는 것에 대한 의미를 해석할 때 유의하여야 한다. 만약 동종 산업의 평균적인 주가수익률보다 높다는 것은 당해 기업의 이익창출능력에 비해 주식의 시장가격이 높게 책정된 것으로 주가의 하락이 이루어질 수도 있다는 것을 의미하기 때문이다. 이와 같은 의미에서 주가수익률은 투자자들의 투자의사결정시 단일 지표로서 많이 이용하고 있다. 주가수익률에 관한 정보는 한국증권업협회가 발행하는 「증권시장」지 등을 통하여 얻을 수 있다.

(주)나그네의 20×1년도와 20×2년도 1주당 시가가 ₩26과 ₩20이라 가정하면 20×2년도 주가수익률은 다음과 같이 산출된다.

$$\text{주당수익률} = \frac{\text{주당시가}}{\text{주당순이익}} = \frac{₩20}{₩2.13} = 9.39$$

(주)나그네의 20×1년도와 20×2년도의 주가수익률은 각각 9.74와 9.39이다.

(2) 주당장부가치

株當帳簿價値(book value per share)는 보통주주의 지분인 재무상태표상 순자산가액을 유통주식수로 나누어 산출한 것으로, 당해 기업의 청산 시 보통주주가 수령하게 될 장부상 주당금액을 의미한다. 따라서 보통주지분인 분자는 자본총계에서 우선주지분을 차감한 것이다. 주당장부가격을 산출하여 이를 주당시장가격과 비교함으로써 투자자들이 기업을 어떻게 평가하고 있는지를 알 수 있다. 20×2년 (주)나그네의 주당장부가치의 산출과정은 다음과 같다.

$$\text{주당장부가치} = \frac{\text{자본총계}-\text{우선주지분}}{\text{보통주 유통주식수}} = \frac{₩84,600}{4,500} = ₩18.80$$

(주)나그네의 20×1년도와 20×2년도의 주당장부가치는 각각 ₩16.67과 ₩18.80이다. (주)나그네의 20×1년도와 20×2년도의 주당시가가 ₩26과 ₩20이라면 (주)나그네의 주당시장가격이 주당장부가치를 초과하고 있기 때문에 투자자들에 의해 호의적으로 평가받고 있다고 할 수 있다. 그러나 이러한 결론은 (주)나그네의 자산과 부채의 장부금액이 시가와 거의 같은 경우에만 가능하다는 것을 유의하여야 한다.

(3) 배당에 관한 비율

많은 주주들은 주로 배당을 받는데 관심을 갖는다. 배당과 관련된 비율은 두 가지가 있는데, 이는 配當收益率(dividend yield)과 配當性向(dividend payout)이다. **배당수익률**은 주당배당액을 주당시가로 나누어 산출하고, **배당성향**은 주당배당액을 주당순이익으로 나누어 산출한다. 배당수익률이 낮다는 것은 투자자입장에서 볼 때 그만큼 투자수익이 낮은 것을 의미하며, 배당성향이 낮다는 것은 그만큼 이익을 기업 내 유보하는 금액이 많다는 것을 의미한다. (주)나그네의 경우 전혀 배당이 이루어지지 않았으므로 배당수익률과 배당성향은 각각 0이 된다. 배당수익률과 배당성향의 산출식만을 정리하면 다음과 같다.

$$\text{배당수익률} = \frac{\text{주당배당액}}{\text{주당시가}} \qquad \text{배당성향} = \frac{\text{주당배당액}}{\text{주당순이익}}$$

6) 사례에 대한 종합적 추론

지금까지 설명한 (주)나그네의 각 재무비율을 요약하면 [표 16-9]와 같다.

표 16-9 (주)나그네의 재무비율 요약

비 율	산 출 식	20×1년	20×2년	변동추세
유 동 성:				
순운전자본	유동자산 − 유동부채	₩60,000	₩64,600	증 가
유동비율	$\frac{\text{유동자산}}{\text{유동부채}}$	2.2	2.17	감 소
당좌비율	$\frac{\text{당좌자산}}{\text{유동부채}}$	1.3	1.26	감 소
현금흐름유동부채보상비율	$\frac{\text{영업현금흐름}}{\text{평균유동부채}}$	0.27	0.11	감 소
활 동 성:				
매출채권회전율	$\frac{\text{외상매출액}}{\text{평균매출채권잔액}}$	8.16	4.57	감 소

평균회수기간	$\frac{365}{\text{매출채권회전율}}$	44.7일	79.9일	증 가
재고자산회전율	$\frac{\text{매출원가}}{\text{평균재고자산잔액}}$	1.26일	1.05	감 소
평균재고기간	$\frac{365}{\text{재고자산회전율}}$	289.7일	347.6일	증 기
정상영업주기	평균회수기간 + 평균재고기간	334.4일	427.5일	증 가
총자산회전율	$\frac{\text{매출액}}{\text{평균자산총계}}$	0.530	0.381	감 소
안 정 성 :				
부채비율	$\frac{\text{부채총액}}{\text{자산총액}}$	0.63	0.62	감 소
부채 대 자본비율	$\frac{\text{부채총액}}{\text{자본총액}}$	1.67	1.60	감 소
이자보상비율	$\frac{\text{이자와 법인세차감전순이익}}{\text{이자비용}}$	11배	9배	감 소
고정장기적합률	$\frac{\text{비유동자산}}{(\text{자기자본} + \text{비유동부채})}$	0.60	0.61	증 가
수 익 성 :				
매출총이익률	$\frac{\text{매출총이익}}{\text{매출액}}$	0.41	0.38	감 소
매출액순이익률	$\frac{\text{당기순이익}}{\text{매출액}}$	0.12	0.12	불 변
투자수익률	$\frac{\text{당기순이익}}{\text{평균자산총계}}$	0.0623	0.0457	감 소
자기자본이익률	$\frac{(\text{당기순이익} - \text{우선주배당금})}{\text{평균보통주지분}}$	0.17	0.12	감 소
주당순이익	$\frac{\text{보통주 귀속 당기순이익}}{\text{보통주유통주식수}}$	2.67	2.13	감 소
기타 비율 :				
주가수익률	$\frac{\text{주당시가}}{\text{주당순이익}}$	9.74	9.39	감 소
주당장부가치	$\frac{(\text{자본총계} - \text{우선주지분})}{\text{보통주유통주식수}}$	16.67	18.80	증 가
배당수익률	$\frac{\text{주당배당액}}{\text{주당시가}}$	0	0	
배 당 성 향	$\frac{\text{주당배당액}}{\text{주당순이익}}$	0	0	

이를 총괄적으로 정리하면 다음과 같다.

(주)나그네의 20×1년부터 20×2년까지 유동비율과 당좌비율은 하락하여 단기지급능력이 감소

하고 있으나 순운전자본은 증대되고 있다. 이것은 유동비율은 변동률이고 순운전자본은 변동액이기 때문에 나타나는 현상이다. 그리고 20×2년의 영업활동으로 인한 현금흐름은 20×1년도에 비해 감소하여 단기지급능력이 악화되었다. 이의 원인은 대부분 외상매출금과 재고자산의 증가로 인하여 나타나고 있음을 알 수 있다. 20×2년도의 재고자산증가액(₩5,000)이 20×1년도의 재고자산감소액(₩5,000)에 비해 무려 ₩10,000이나 증가하였다. 따라서 (주)나그네의 단기지급능력은 전반적으로 악화되었다.

활동성(효율성)비율을 분석해 보면 매출채권회전율과 재고자산회전율이 감소함으로써 재고자산을 구입·판매하여 현금을 회수하는 정상영업주기가 증가하는 현상을 보이고 있다. 이에 따라 재고자산가액과 매출채권잔액이 증가하게 되므로 그만큼 투자자원이 투자수익을 창출하지 못하는 자산에 묶여 기업의 전반적인 수익성이 악화되는 현상을 보이고 있다. 뿐만 아니라 총자산회전율도 감소하고 있어 전반적으로 자산을 비효율적으로 운용하고 있음을 알 수 있다.

안정성비율을 분석해 보면 부채비율과 부채 대 자기자본비율이 개선되어 장기지급능력은 호전되었다. 그러나 수익성의 악화로 이자보상비율은 감소하는 현상을 보이고 있다. 또한 고정장기적합률을 살펴보면 대체로 낮아 비유동부채와 자본금을 통하여 조달된 자금이 수익성이 높은 유형자산이나 투자자산에 투자되지 않고 수익성이 낮은 유동자산에 묶여 있음을 알 수 있다. 따라서 이는 활동성비율의 분석결과와 같다.

수익성은 전반적으로 악화되고 있다. 수익성의 감소원인은 여러 가지 원인이 복합적으로 발생하였겠지만, 매출액순이익률은 일정하게 유지되고 있으나 매출총이익률이 하락한 것을 보면 그만큼 제품의 제조원가나 상품의 구입가격이 상승한 것으로 볼 수 있다.

따라서 전반적인 물가상승으로 인한 경우에는 매출가격을 인상할 필요가 있겠지만, 물가의 상승으로 인한 경우가 아니라면 제품의 제조부문이나 원재료 및 상품의 구매부서에 비능률적인 부분이 있는지를 검토해 볼 필요성이 있다.

이상의 분석을 종합해 보면 (주)나그네의 유동성·활동성 및 수익성이 악화된 원인과 그 대책은 다음과 같이 정리할 수 있다.

첫째, 매출총이익률이 하락한 것은 제품의 제조원가나 원재료 및 상품의 구입원가가 상승한 것으로, 이의 원인이 물가상승 등 외부적인 요인이 아니라면 원가통제에 문제점이 발생한 것으로 볼 수 있으므로 원가발생요인을 분석해 보아야 할 것이다.

둘째, 매출채권의 회수기간이 증가하고 있다는 것은 매출액을 증대시키기 위하여 인위적으로 신용기간을 연장한 것이 아니라면 신용정책에 문제점이 있거나 거래처의 대금지급을 연장하려는 의도가 있을 수 있으므로, 신용정책을 재검토하고 불량 거래처 유무를 확인할 필요가 있다.

셋째, 재고자산의 보유기간이 증가하고 있다는 것은 제품이나 상품의 판매주기가 쇠퇴기에 접어들었을 가능성이 있으며 또한 진부화된 재고자산을 보유하고 있을 수도 있으므로, 재고자산의 라이프사이클(life cycle)을 검토해 볼 필요성이 있으며 진부화된 재고자산은 그 처분방안을 모색하여야 할 것이다.

넷째, 고정장기적합률과 활동성비율에서 알 수 있듯이 투자수익이 낮은 자산에 자원을 투자하고 있으므로 이를 개선하기 위한 정책을 고려하여야 할 것이다. 물론 이는 앞에서 지적한 매출채권과 재고자산의 문제점이 보완되면 활동성비율은 어느 정도 개선될 수 있지만, 고정장기적합률은 신규투자를 모색하거나 아니면 매출채권이나 재고자산의 감소로 유입된 자금으로 장기부채 등을 상환하여야 할 것이다.

6 비율분석의 종합적 활용 : 도산예측모형

비율분석시 개별비율들을 개별적으로 계산하여 평가하는 경우 문제의 단서를 제공하기는 한다. 그러나 그 비율을 가지고 어떤 상황, 예를 들어 도산가능성을 평가하고자 할 경우 어떤 비율이 연관되어 있고, 연관된 비율 간의 어떤 비율이 더 중요한지 판단하기가 어렵게 된다. 이에 따라 개별비율에 의존하는 분석방법은 분석가의 경험과 주관적 판단에 의존하게 되기 때문에 분석의 정확도가 떨어질 가능성이 높아질 수 밖에 없다. 이런 문제점을 제거하기 위해서는 개별비율에 의존해서 주관적으로 평가하기 보다는 여러 재무비율을 동시에 반영하여 종합적으로 분석하는 것이 분석의 정확도를 높일 수 있는 가장 객관적이고 효과적 방법임에 틀림없다.

이에 따라 재무비율간의 상호관계뿐만 아니라 기업의 특성을 전체적으로 고려하면서 여러 재무비율을 동시에 종합적으로 분석할 수 있게 해주는 객관성을 보장해주는 계량적 예측모형에 대한 관심이 높아지게 되었다. 대표적인 계량적 예측모형으로 도산예측모형, 신용등급평가모형, 분식적발모형 등이 개발되어 실무에서 활용되고 있다.

이 중 도산예측모형을 가지고 어떻게 개발되고 어떤 식으로 활용하고 있는지를 설명하고자 한다. 이 모형은 다변량 통계기법인 다변량 판별분석(multiple discriminant analysis)을 사용하여 개발되었다. 연구자들은 대체로 도산기업의 표본을 선정한 다음, 동일산업의 동일한 규모를 가진 정상기업을 쌍대 표본으로 선정하였다. 이러한 표본설계방법은 규모와 산업요인을 통제하기 위한 것으로, 이를 통해 기업도산을 설명해 줄지 모르는 다른 요인의 영향을 조사할 수 있게 된다. 그 다음 연구자들은 선험적으로 기업도산을 설명해주리라 기대되는 많은 재무비율의 값을 계산해서 투입시키게 되면, 다변량 판별분석모형은 도산기업과 정상기업 간의 판별을 가장 최적적으로 잘해주는 비율의 조합을 선택하게 된다. 이러한 과정을 통해 만들어진, 대략 4~6개의 비율변수로 조합된 다변량 판별분석모형은 계수가 포함하게 되며, 각각의 계수들은 비율변수 값과 곱해져서 다변량 점수를 산출해주게 된다.

이 때, 최적 절사점 미만의 점수는 도산확률이 높다는 표시이며, 반면에 최적 절사점 이상의 점수는 도산확률이 낮다는 것을 의미한다. 연구자들은 보통 추정표본(최초표본)으로부터 다변량 판별모형을 개발한 다음, 이 모형의 일반적인 적용가능성과 예측력을 검증하기 위해서 예측표본을 따로 분리해 놓았다가 개발한 다변량 판별모형을 적용하는 절차를 따르게 된다.

다변량 판별 도산예측모형으로는 Altman의 Z-score모형이 가장 많이 알려져 있다. Altman은 미국의 제조업에 속한 기업의 자료를 가지고 도산예측모형을 개발하였다.

알트만은 도산한 제조기업 및 이들 기업과 유사한 기업을 정상기업으로 표본을 선정하여 판별분석을 실시하여, 기업부실 예측모형인 Z-score를 제안하였다. 판별분석에 사용된 재무비율은 22개 선정되었고, 다시 여러 독립변수 중에서 상호간 상관관계가 가장 적은 5개 독립변수인 이들 재무비율 중 유동성, 수익성, 리버리지, 지급능력, 활동성 등 5개의 비율 중에서 가장 대표적인 재무비율을 각각 선정, 객관적인 가중치를 부여하여 합산한 후, 사전에 분류된 집단들 중 하나에 기업들을 분류할 수 있는 기준점수를 산출할 수 있게 하는 최적판별모형을 도출하였는데, 예측모형은 다음과 같다.

$$Z = 1.2X1 + 1.4X2 + 3.3X3 + 0.6X4 + 1.0X5$$

X1 : 순운전자본/총자산(%, 유동성)
X2 : 이익잉여금(유보이익)/총자산(%, 재투자이익수준)
X3 : 이자와 법인세차감전순이익(EBIT)/총자산(%, 수익성)
X4 : 자기자본(주주지분)의 시장가치/총부채(%, 레버리지비율)
X5 : 매출액/총자산(총자산회전율, 총자산회전율)

위 공식의 각 비율들은 수익성이나 위험에 대해서 서로 다른 크기를 나타내고 있다.

① **순운전자본/총자산** : 총자산에 대한 순운전자본(유동자산-유동부채)의 비율이다. 단기 유동성 위험을 분석하는 비율이다.

② **이익잉여금/총자산** : 기업의 연령에 따른 누적된 수익성을 나타내는 비율이다.

③ **이자와 법인세차감전순이익/총자산** : 이 비율은 투자수익률을 의미하며, 당기의 수익성을 측정한다.

④ **주주지분(자기자본)의 시장가치/총부채의 장부가액** : 이 비율은 부채비율(부채/자기자본비율)의 한 형태로 주주지분을 시장가치로의 평가와 연결시키고 있다. 그러므로 이 비율은 장기지급능력위험을 나타내며 기업의 수익성과 위험을 시장전체의 관점에서 측정하는 것이다.

⑤ **매출액/총자산** : 이 비율은 총자산회전율로 자산을 사용하여 매출을 창출할 수 있는 기업의 능력을 나타낸다.

이 모델을 적용해본 결과 Altman은 Z점수가 1.81보다 적으면 도산의 확률이 높고 반면에 Z점수가 3.00보다 높으면 도산의 가능성은 낮다는 것과, 1.81과 2.99 사이의 점수는 회색지대로 도산여부를 판별하기 힘들다는 점을 발견하였다.

Z-Score 모형에서 도산기업 판정기준
Z< 1.81 : 도산판정
Z ≥ 3.00 : 정상판정
1.81 ≤ Z ≤ 2.99 : 판정보류(Zone of Ignorance)

Altman은 이 모형을 적용해서 도산 1년 전에 95%, 도산 2년 전에 83%의 분류정확도를 확인하였다.

예제 16-1 **Altman의 도산예측모형 적용 사례**

Altman모형을 미국의 두 기업인 Campbell사와 Heinz사에 적용해 본 결과 이 두 회사의 Z점수를 다음과 같이 계산되었다.

$$Z\ 점수 = 1.2[\frac{순운전자본}{총자산}] + 1.4[\frac{이익잉여금}{총자산}] + 3.3[\frac{이자와법인세차감전이익}{총자산}]$$
$$+ 0.6[\frac{지분의시장가치}{부채의장부가치}] + 1.0[\frac{매출액}{총자산}]$$

$$\text{Campbell사}: 1.2[\frac{499.6}{3,609.6}] + 1.4[\frac{1,879.1}{3,609.6}] + 3.3[\frac{442.5}{3,609.6}] + 0.6[\frac{3,335}{1,714.6}]$$
$$+ 1.0[\frac{4,868.9}{3,609.6}]$$
$$3.83 = 0.17 + 0.73 + 0.41 + 1.17 + 1.35$$

$$\text{Heinz사}: 1.2[\frac{589.7}{3,605.1}] + 1.4[\frac{2,002.1}{3,605.1}] + 3.3[\frac{696.6}{3,659.1}] + 0.6[\frac{5,232.3}{2,011.2}]$$
$$+ 1.0[\frac{5,244.2}{3,605.1}]$$
$$4.63 = 0.20 + 0.78 + 0.62 + 1.56 + 1.45$$

이들 두 기업의 Z점수 계산을 해본 결과, 모두 3.00 이상을 나타내고 있어 도산의 가능성은 없는 것으로 보여진다. 한편 Heinz사의 Z점수가 높은 것은 Altman Z점수모형의 3번째와 4번째 변수값이 Campbell사 보다 크기 때문이다. 이는 Heinz사의 수익성이 Campbell사보다 높다는 것을 의미한다.

7 재무제표분석의 한계점

재무제표의 분석은 기업실체의 강점과 약점을 평가하기 위하여 보고된 재무적 수치를 이용하여 실시하는 것이다. 일반적으로 분석하는 사람에 따라 이용하는 재무비율은 다를 수 있다. 예를 들어, 은행의 대부담당자는 단기대출을 확대할 것인지의 여부를 결정하기 위하여 기업의 유동성비율에 관심을 가질 것이며, 반면에 장기채권자는 이자와 원금의 회수를 위해 지급능력과 수익성을 뒷받침해 주는 자산의 활동성비율과 수익성비율에 더욱 관심을 가질 것이다. 또한 투자자들은 기업의 장기수익성이 주식의 시장가격과 배당에 영향을 미치므로 장기적인 수익력에 더욱 관심을 가질 것이며, 경영자는 기업의 투자자와 채권자 집단 등 외부집단에 보다 잘 보이려 하기 때문에 모든 측면의 재무적 분석에 관심을 가질 것이다.

따라서 이들이 이용하는 재무비율은 다양할 수밖에 없으므로, 여기서 제시한 비율 중 일부만을 이용하고 여기서 제시하지 않은 또 다른 재무비율을 이용할 수도 있다. 다만, 한 가지 유념할 것은 상관관계가 없는 항목을 결합하여 재무비율을 산출한다는 것은 의미가 없다는 점이다.

당해 연도의 비율이 계산되면 이것은 추세분석이나 산업간 비교방법 등을 이용하여 종합적으로 분석을 실시하여야 한다. 특정 비율 하나만을 이용하여 의사결정을 하는 경우에는 잘못된 결론에 도달할 수 있기 때문이다. 또한 재무비율이란 재무제표를 이용하여 산출된 것이므로, 재무제표가 지닌 한계를 그대로 지니고 있기 때문에 이를 너무 과신해서도 아니 되며 그렇다고 아예 무시하는 것은 더욱 잘못된 의사결정을 할 수 있다는 점을 항상 유념하여야 할 것이다. 따라서 기업에 대한 보다 나은 평가를 위해서는 지금까지 설명한 재무비율을 이용하여 기업에 대한 기초 정보를 마련한 후, 이에 재무적 정보가 아닌 **質的 情報**(예를 든다면 기업의 대외적인 신용도나 이미지, 경영자의 건강상태 또는 전반적인 경기변동 등)를 추가하여 의사결정을 하여야 할 것이다.

이상에서 설명한 것처럼 재무제표분석을 통하여 얻은 정보는 의사결정에 아주 유용하지만, 재무제표는 그 자체에 한계를 지니고 있으므로 이를 이용한 의사결정시에는 재무제표가 지니고 있는 한계를 명확히 이해하고 이를 고려하여 활용하여야 한다. **재무제표의 限界點**을 정리하면 다음과 같다.

① 재무제표의 작성 시 측정단위를 화폐단위로 하고 있기 때문에 화폐단위로 측정 불가능한 기업의 경제적 가치(예를 들면, 기업의 인적자원, 종업원의 애사심이나 사기, 기업의 대외적 신용도 및 명성 등)는 재무제표에 반영되지 않으므로 재무제표의 분석을 이용한 기업에 대한 평가는 중요한 부분이 빠질 수 있다.

② 일반적으로 물가가 지속적으로 상승하고 있으나 재무제표의 작성 시에는 대부분 원가기준을 적용하고 있기 때문에 기업의 실질적인 가치를 반영하지 못한다.

③ 수익과 비용의 인식은 발생기준에 근거하고 있으므로 이로 인한 재무상태표와 포괄손익계

산서에 계상된 금액은 추정치나 인위적인 판단에 의한 결과가 많다.

④ 일반적으로 인정된 회계원칙에서는 동일한 경제적 사건에 대하여 다양한 회계처리방법을 인정하고 있으므로 기업 간의 비교 시에는 이를 고려하여야 한다.

⑤ 재무상태표는 일정시점의 상태를 표시하므로 이를 통해 산출된 재무비율은 정태적인 것이므로 변동의 흐름을 반영하지 못한다.

⑥ 공표된 산업평균비율은 단지 평균치일 뿐이므로 산업간 비교 시 이를 염두에 두어야 하며 가능한 경쟁기업의 비율을 이용하여 비교분석하여야 한다.

⑦ 많은 대기업들은 업종다각화를 통하여 많은 사업분야에 진출하고 있으므로 해당기업이 속해 있는 산업집단을 명확히 구분하는 것이 어렵다. 따라서 그들의 비율들을 산업평균비율과 비교하는 것은 무의미할 수도 있다.

⑧ 재무제표의 작성·공시책임자인 경영자는 재무적 수치를 숨기거나 과장하는 방법으로 재무제표를 악의적으로 분식할 수 있다. 이러한 경우 재무제표를 이용한 의사결정은 무의미하게 된다.

⑨ 실제로 결산을 앞두고 기업마다 결산대책의 수립을 통해 회계기준 범위 내에서 합법적으로 이익수준을 조정하는 경우가 많다. 이익수준을 조정하는 가장 주된 동기는 경영자의 이익평준화(income smoothing)욕구에서 비롯되는 것으로 알려져 있다. 따라서 재무제표를 분석함에 있어서 경영자의 의도를 염두에 두고 재무적 수치 뒤에 숨어 있는 기업의 이른바 결산정책을 눈여겨볼 필요가 있다.

연습문제

❖ 주관식 문제

16-1 (주)솔바람의 재무제표를 이용하여 산출된 비율이다. 이를 이용하여 아래 물음에 답하시오.

	20×0년	20×1년	20×2년	20×3년
유동비율	120%	150%	145%	200%
당좌비율	95	80	83	70

요구사항

(1) 유동비율과 당좌비율의 변화추세가 상반된 이유를 설명하시오.

(2) (주)솔바람이 당신에게 단기간의 금전차입을 요구하는 경우 이를 허용할 것인지를 결정하고 그 이유를 설명하시오. 또한 이러한 의사결정시 추가적인 정보를 설명하시오.

16-2 (주)산들바람의 다음 자료를 이용하여 아래 물음에 답하시오. 단, 이외의 유동자산과 유동부채는 없으며 이외의 자산·부채 및 자본은 거의 변동하지 않았다고 가정한다.

	20×0년	20×1년	20×2년	20×3년
현　　금	₩10,000	₩14,000	₩20,000	₩26,000
재고자산	20,000	30,000	50,000	80,000
단기차입금	40,000	50,000	70,000	98,000
당기순이익	4,000	7,000	12,000	19,000
감가상각비	1,000	1,000	1,000	1,000

요구사항

(1) 20×1년부터 20×3년까지 당좌비율과 유동비율을 산출하고 이를 평가하시오.

(2) 영업활동으로 인한 현금흐름을 산출하고 이를 평가하시오.

(3) 이 기업의 단기지급능력에 대한 종합적인 평가를 하시오.

16-3 동종산업군에 속하는 다음 두 기업의 자산규모와 재무구조는 비슷하다. 다음 자료를 이용하여 아래 물음에 답하시오.

	(주)목원	(주)한밭
평균자산총계	₩1,000,000	₩975,000
매　출　액	800,000	780,000
당기순이익	120,000	78,000

요구사항

(1) 두 기업의 총자산회전율과 투자수익률을 각각 산출하고 투자수익률이 차이가 나는 이유를 설명하시오.

(2) 은행의 정기예금이자율이 연 10%인 경우 각 기업의 재무성과와 각 기업의 자산을 은행에 예입하는 경우를 비교하여 논평하시오.

16-4 이재통씨는 전자산업에 속하는 (주)희망과 (주)미래 중 한 기업의 주식을 구입하고자 한다. 이 두 기업의 자산규모 및 시장점유율은 비슷하다. 각 기업의 주당순이익과 주당시장가격은 다음과 같다.

	(주)희망	(주)미래
주당순이익	₩2,000	₩2,500
주당시장가격	4,000	7,500

요구사항

(1) 상기 정보만이 이용가능한 경우 이재통씨는 어느 주식을 구입하여야 하겠는가? 그 이유를 설명하시오.

(2) 상기 정보를 이용한 투자의사결정시 고려하여야 할 사항과 추가적인 정보가 필요하다면 이를 설명하시오.

16-5 으뜸은행은 단기대출 신청건을 처리하려고 한다. 다음 정보는 대출 신청회사가 제출한 것이다.

	12월 31일		
	20×2년	20×1년	20×0년
현 금	₩3,000	₩5,000	
단기투자자산	3,500	9,000	
매 출 채 권	29,000	34,000	₩19,000
재 고 자 산	40,000	35,000	30,000
선 급 비 용	6,500	8,000	
매 입 채 무	32,000	49,000	27,000

	12월 31일로 종료되는 사업연도	
	20×2년	20×1년
매 출 액	₩115,000	₩106,000
매 출 원 가	85,000	79,000

요구사항

(1) 20×2년과 20×1년의 다음 비율을 계산하시오.

① 유동비율 ② 당좌비율

③ 재고자산회전율 ④ 매출채권회전율

(2) [요구사항 1]의 결과를 토대로 대출을 허용할 것인지 여부를 결정하시오.

(3) 당신의 분석에서 나타나는 한계점은 무엇입니까?
(4) 이러한 형태의 의사결정에 반기재무제표 자료는 도움이 됩니까?
(5) 으뜸은행은 대출신청회사가 제출한 재무제표가 감사받은 것이어야 한다고 주장해야 합니까?
(6) 대출신청회사가 단기가 아닌 장기대출을 요청한다면, 으뜸은행이 추가적으로 제출요청을 해야 할 재무자료는 무엇입니까?

16-6 다음 정보는 동일산업 내의 두 회사의 재무자료에서 발췌한 것이다.

	(주)한빛	(주)샛별
현 금	23,000	42,000
매출채권(순액)	43,000	53,000
재 고 자 산	125,000	90,000
유형자산(순액)	199,500	260,000
자 산 합 계	390,500	445,000
매 입 채 무	80,500	102,000
사 채	77,000	100,000
자 본 금	120,000	160,000
이 익 잉 여 금	113,000	83,000
부채와 자본합계	390,500	445,000
매 출	590,000	910,000
매 출 원 가	420,000	700,000
기 타 비 용	60,000	75,000
이 자 비 용	8,000	9,000
법 인 세 비 용	51,000	63,000
배 당 금	11,000	17,000

요구사항

(1) 관련비율을 비교해서 다음 질문에 답변하시오.
① 주주에게 더 이익을 가져다주는 회사는 어느 회사인가?
② 어떤 회사가 유동부채를 더 잘 상환할 수 있는가?
③ 당신이 한 기업의 사채를 구입하려고 한다면 어떤 회사를 선택할 것인가?
④ 어떤 회사의 매출채권 회수속도가 더 빠른가?
⑤ 각 회사의 재고자산 구입에서 현금으로 전환되기까지 걸리는 기간은 얼마인가?
⑥ 어떤 기업이 이익의 유보비율이 더 높은가?

(2) 투자수익률이 더 높은 회사는 어떤 회사인가?
(3) [요구사항 1]과 [요구사항 2]의 답변을 통해서 어떤 기업이 더 나은 투자대상인지 알 수 있는가를 설명하시오.

16-7 (주)은하수의 20×1년과 20×2년의 비교포괄손익계산서는 다음과 같다.

12월 31일로 종료되는 사업연도

(단위 : 원)

	20×2년	20×1년
매출	100,000,000	85,000,000
매출원가	(56,000,000)	(45,000,000)
매출총이익	44,000,000	40,000,000
판매비	(12,000,000)	(10,000,000)
관리비	(8,000,000)	(8,000,000)
영업이익	24,000,000	22,000,000
이자수익	500,000	200,000
이자비용	(1,000,000)	(500,000)
법인세차감전순이익	23,500,000	21,700,000
법인세비용	(9,400,000)	(8,680,000)
당기순이익	14,100,000	13,020,000
보통주평균주수	5,500주	5,000주

추가정보 : (1) 20×1년과 20×2년에는 우선주가 발행되지 않았다.

(2) 20×2년 12월 31일 이 회사 주식의 시가는 주당 ₩12,500이며, 20×1년 12월 31일 주식의 시가는 주당 ₩15,000이었다.

(3) 20×2년과 20×1년에 지급된 배당금은 각각 ₩6,000,000과 ₩7,500,000이었다.

요구사항

(1) 이 회사의 20×1년과 20×2년에 대해 수평적 분석을 하시오.

(2) 이 회사의 20×1년과 20×2년의 다음 비율을 계산하시오.

① 주당순이익　② 주가수익비율　③ 매출액이익률

④ 배당수익률　⑤ 이자보상비율

(3) 당신의 분석을 통해서 밝혀진 중요한 영업활동 결과의 변동에 대해 간략히 설명하시오.

16-8 지구촌은행의 대출담당 당신은 직원으로 발령받고 만기 5년의 ₩30,000,000의 대출을 신청한 (주)한국의 대출심사 업무를 처음으로 담당하게 되었다. 이 회사의 지난 2년간의 재무제표는 다음과 같다.

비교재무상태표

	당년도	전년도
자산		
유동자산 :		
현금	₩9,600,000	₩12,600,000

유가증권	–	3,000,000
매출채권(순액)	27,000,000	18,000,000
재고자산	39,000,000	24,000,000
선급비용	2,400,000	1,800,000
유동자산총계	78,000,000	59,400,000
공장 및 설비(순액)	93,000,000	89,400,000
자산총계	₩171,000,000	₩148,800,000
부채와 자본 :		
부채 :		
유동부채	₩39,000,000	₩27,600,000
지급어음	36,000,000	30,000,000
부채총계	75,000,000	57,600,000
자본 :		
우선주자본금(8%,₩18,000/주)	18,000,000	18,000,000
보통주자본금(₩12,000/주)	60,000,000	60,000,000
이익잉여금	18,000,000	13,200,000
자본총계	96,000,000	91,200,000
부채와 자본총계	₩171,000,000	₩148,800,000

손익계산서

	당년도	전년도
매출액(전액외상)	₩157,500,000	₩124,800,000
매출원가	126,000,000	99,000,000
매출총이익	31,500,000	25,800,000
판매비와관리비	15,900,000	15,600,000
영업이익	15,600,000	10,200,000
이자비용	3,600,000	3,000,000
법인세비용차감전순이익	12,000,000	7,200,000
법인세비용(30%)	3,600,000	2,160,000
당기순이익	8,400,000	5,040,000

자본변동표(이익잉여금 항목)

	당년도	전년도
전기이월이익잉여금 :	₩13,200,000	₩10,680,000
당기순이익	8,400,000	5,040,000
미처분이익잉여금	21,600,000	15,720,000

배당금지급액		
우선주배당금	1,440,000	1,440,000
보통주배당금	2,160,000	1,080,000
차기이월이익잉여금	18,000,000	13,200,000

1년 전에 (주)한국의 사장으로 영입된 신한국 씨는 회사가 과거의 어려운 시기를 벗어나 전년도에 비해 금년도의 매출이 25% 신장되고 순이익이 대폭 증가되는 등 회복조짐을 보이고 있다고 주장하고 있다. 신 사장은 또 투자자들이 (주)한국의 호전된 상황변화를 전반적으로 인식하고 있다고 지적했다. 현재 보통주의 시장가격은 주당 ₩10,800으로 작년보다 많이 올랐다(작년 ₩6,000이었음). 신 사장은 자신의 탁월한 경영능력과 대출금 ₩30,000,000으로 구입하게 될 현대적인 설비로 인해 앞으로 이익은 더 증가 할 것으로 예상하고 있다. 신 사장은 업계에서 주도면밀한 경영을 하기로 정평이 나있다. 처음 맡은 임무를 정확히 처리하기 위해 당신은 회사에 대해 파악할 수 있는 모든 정보를 수집하기로 했다. (주)한국이 속한 산업의 표준 비율값은 다음과 같다.

유 동 비 율	2.3
당 좌 비 율	1.2
매출채권의 평균회수기간	42일
재고자산 평균보유기간	66일
총자산이익률	6.0%
부 채 비 율	0.65
이자보상비율	6.5배
주 가 수 익 률	10

물음

(1) 먼저 회사가 창출하고 있는 수익성을 평가하기로 했다. 금년도와 전년도에 대해 다음 비율을 계산하시오.

① 총자산이익률(작년도 초의 총자산은 ₩129,600,000이다)

② 자기자본(보통주주지분)이익률(작년도 초의 자본은 총 ₩90,480,000이다)

③ 회사의 재무리버리지는 + 인가, − 인가? 그 이유를 설명하시오.

(2) 다음으로 당신은 보통주주의 부를 평가하기로 했다. 금년도와 전년도에 대해 다음 비율을 계산하시오.

① 주당순이익

② 보통주의 배당수익률

③ 보통주의 배당성향

④ 주가수익률. 산업내의 다른 기업과 비교할 때 투자자는 (주)한국에 대해 어떻게 생각하겠는가? 그 이유를 설명하시오.

⑤ 보통주의 주당장부가치. 주당시장가격과 장부가치의 차이로 볼 때 주식의 현재가격이 과소평가 되었다고 볼 수 있는가? 그 이유를 설명하시오.

(3) 끝으로 단기 부채지급능력과 장기 부채지급능력을 평가하기 위해 관련비율을 계산해보기로 했다. 금년도와 전년도에 대해 다음 비율을 계산하시오.

① 운전자본

② 유동비율

③ 당좌비율

④ 매출채권의 평균회수기간(전년도 초의 매출채권은 총 ₩15,600,000이다)

⑤ 재고자산의 평균보유기간(전년도 초의 매출채권은 총 ₩19,200,000이다)

⑥ 부채비율

⑦ 이자보상비율

(4) 위 (1)에서 (3)까지 계산한 자료에 대한 평가결과와 문제에 제시되어 있는 다른 추가자료를 이용해서, 대출 허용 여부에 대한 당신의 의견을 제시하시오.

❖ 공무원시험(9급) 기출문제

1 다음 중 유동비율에 영향을 미치지 않는 거래는?

① 사채의 만기가 되어 현금으로 상환하였다.

② 건물을 매각하고 대금은 1개월 후에 받기로 하다.

③ 장기성 지급어음을 발행하고 기계장치를 취득하다.

④ 상품을 실사한 결과 감모손실이 발생하다.

2 기초 및 기말 상품재고액이 각각 ₩46,000과 ₩34,000이고, 당기의 매출총이익이 ₩48,000이며, 당기의 재고자산회전율이 4.8회일 때, 당기 매출액은? (단, 재고자산회전율 계산시 평균금액을 이용한다.)

① ₩198,000　　② ₩200,000

③ ₩220,000　　④ ₩240,000

3 (주)갑을의 당기 매출액은 ₩50,000,000이다. 그리고 (주)갑을의 기말 현재 유동부채는 ₩3,000,000, 유동비율은 300%, 당좌비율은 200%이다. 재고자산회전율이 12회일 경우 매출총이익은? (단, 재고자산회전율은 기말재고자산과 매출원가를 기준으로 산정된 것이다.)

① ₩10,000,000　　② ₩14,000,000

③ ₩20,000,000　　④ ₩24,000,000

4 실지재고조사법을 사용하는 (주)한국은 기말 현재 선적지 인도 기준으로 운송 중에 있는 매입상품이 있다. 이 거래가 당기의 재무제표에 반영될 경우 당기의 총자산회전율과 이자보상비율에 미치는 영향으로 옳은 것은?

① 총자산회전율은 감소하고, 이자보상비율은 증가한다.

② 총자산회전율은 증가하고, 이자보상비율은 감소한다.

③ 총자산회전율은 감소하고, 이자보상비율은 변함없다.

④ 총자산회전율은 증가하고, 이자보상비율은 변함없다.

5 기업의 안전성을 나타내는 비율이 아닌 것은?

① 부채비율 ② 자기자본비율
③ 이자보상비율 ④ 배당성향

6 다음은 (주)ABC와 관련된 자료이다. 이를 활용하여 주가이익비율(PER: price earnings ratio)을 구하면?

(1) 당기순이익	₩200,000
(2) 우선주배당금	₩20,000
(3) 가중평균유통보통주식수	100주
(4) 보통주 시가(1주)	₩9,000

① 0.2 ② 4.5
③ 4.8 ④ 5.0

정답 1. ③ 2. ④ 3. ② 4. ① 5. ④ 6. ④

현재가치표

[표 1] 단일금액 ₩1의 현재가치표

$$P=\frac{1}{(1+i)^n}$$

기간수(n)	5%	6%	7%	8%	9%	10%	11%	12%	13%	14%
1	.9524	.9434	.9346	.9259	.9174	.9091	.9009	.8929	.8850	.8772
2	.9070	.8900	.8734	.8573	.8417	.8264	.8116	.7972	.7831	.7695
3	.8638	.8396	.8163	.7938	.7722	.7513	.7312	.7118	.6931	.6750
4	.8227	.7921	.7629	.7350	.7084	.6830	.6587	.6355	.6133	.5921
5	.7835	.7473	.7130	.6806	.6499	.6209	.5935	.5674	.5428	.5194
6	.7462	.7050	.6663	.6302	.5963	.5645	.5346	.5066	.4803	.4556
7	.7107	.6651	.6227	.5835	.5470	.5132	.4817	.4523	.4251	.3996
8	.6768	.6274	.5820	.5403	.5019	.4665	.4339	.4039	.3762	.3506
9	.6446	.5919	.5439	.5002	.4604	.4241	.3909	.3606	.3329	.3075
10	.6139	.5584	.5083	.4632	.4224	.3855	.3522	.3220	.2946	.2697

[표 2] 정상연금 ₩1의 현재가치

$$PA_n=\sum_{t=1}^{n}\frac{1}{(1+i)^t}$$

기간수(n)	5%	6%	7%	8%	9%	10%	11%	12%	13%	14%
1	0.9524	0.9434	0.9346	0.9259	0.9174	0.9091	0.9009	0.8929	0.8850	0.8772
2	1.8594	1.8334	1.8080	1.7833	1.7591	1.7355	1.7125	1.6901	1.6681	1.6467
3	2.7232	2.6730	2.6243	2.5771	2.5313	2.4868	2.4437	2.4018	2.3612	2.3216
4	3.5460	3.4651	3.3872	3.3121	3.2397	3.1699	3.1024	3.0373	2.9745	2.9137
5	4.3295	4.2124	4.1002	3.9927	3.8897	3.7908	3.6959	3.6048	3.5172	3.4331
6	5.0757	4.9173	4.7665	4.6229	4.4859	4.3553	4.2305	4.1114	3.9975	3.8887
7	5.7864	5.5824	5.3893	5.2064	5.0330	4.8684	4.7122	4.5638	4.4226	4.2883
8	6.4632	6.2098	5.9713	5.7466	5.5348	5.3349	5.1461	4.9676	4.7988	4.6389
9	7.1078	6.8017	6.5152	6.2469	5.9952	5.7590	5.5370	5.3282	5.1317	4.9464
10	7.7217	7.3601	7.0236	6.7101	6.4177	6.1446	5.8892	5.6502	5.4262	5.2161

찾아보기

ㅇ